Peter Wende

# Englische Könige und Königinnen

# Englische Könige und Königinnen

## Von Heinrich VII. bis Elisabeth II.

*Herausgegeben von Peter Wende*

Verlag C.H. Beck München

Mit 23 Abbildungen

Die Deutsche Bibliothek – CIP-Einheitsaufnahme

Englische Könige und Königinnen :
von Heinrich VII. bis Elisabeth II. / hrsg. von Peter Wende.
– München : Beck, 1998
ISBN 3-406-43391-X

ISBN 3 406 43391 x


Satz: Fotosatz Otto Gutfreund GmbH, Darmstadt
Druck und Bindung: Ebner, Ulm
Gedruckt auf säurefreiem, alterungsbeständigem Papier
(hergestellt aus chlorfrei gebleichtem Zellstoff)
Printed in Germany

# Inhalt



Anhang

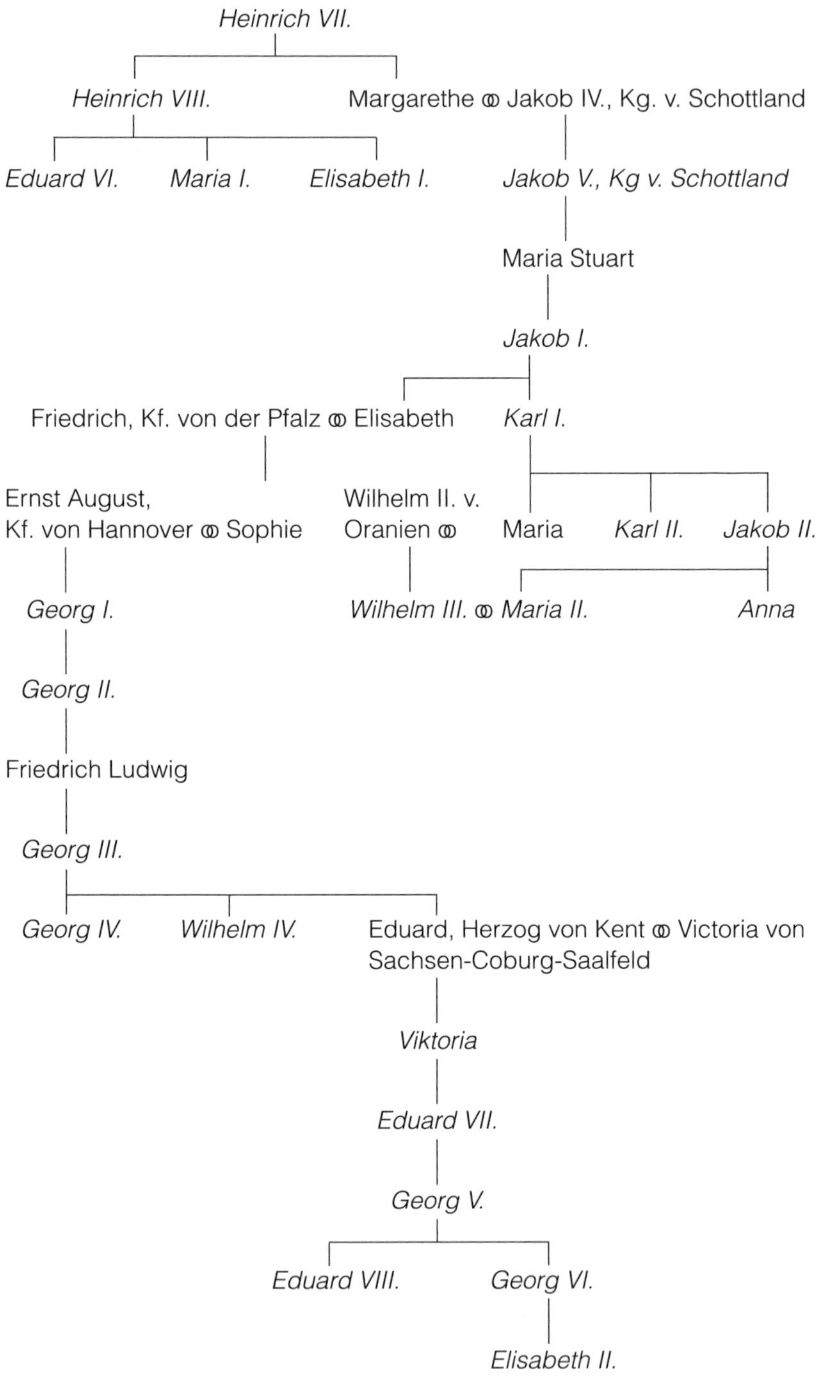
*Heinrich VII.*
*Heinrich VIII.*
Margarethe ⚭ Jakob IV., Kg. v. Schottland
*Eduard VI.*
*Maria I.*
*Elisabeth I.*
*Jakob V., Kg v. Schottland*
Maria Stuart
*Jakob I.*
Friedrich, Kf. von der Pfalz ⚭ Elisabeth
*Karl I.*
Ernst August,
Kf. von Hannover ⚭ Sophie
Wilhelm II. v.
Oranien ⚭
Maria
*Karl II.*
*Jakob II.*
*Georg I.*
*Wilhelm III.* ⚭ *Maria II.*
*Anna*
*Georg II.*
Friedrich Ludwig
*Georg III.*
*Georg IV.*
*Wilhelm IV.*
Eduard, Herzog von Kent ⚭ Victoria von
Sachsen-Coburg-Saalfeld
*Viktoria*
*Eduard VII.*
*Georg V.*
*Eduard VIII.*
*Georg VI.*
*Elisabeth II.*

# Einleitung

Nur selten lassen sich historische Anfänge eindeutig definieren. Dies gilt auch für den Ursprung der englischen Monarchie. Ein mögliches Datum liefert hier das Jahr 829, in welchem Egbert, Herrscher des südenglischen angelsächsischen Teilkönigreiches Wessex, von seinen Nachbarn im Norden, in Mercia und Northumbria, als gemeinsames politisches Oberhaupt anerkannt wurde. Und bis zu jenem Egbert hin läßt sich, zumindest bei großzügiger Anwendung genealogischer Gesetze, auch die Abstammung Elisabeths II., ›Königin des Vereinten Königreiches von Großbritannien und Nordirland‹, zurückverfolgen. D.h. Großbritannien ist nicht nur die älteste europäische Monarchie, sondern der – nahezu ungebrochenen – Kontinuität der Verfassungsform entspricht die zwar gelegentlich korrigierte, aber formal niemals aufgegebene Kontinuität der herrschenden Dynastie. Und so bezieht die Geschichte des englischen Könighauses ihren besonderen Reiz bereits daraus, sich in mehr als einem Jahrtausend oftmals stürmisch verlaufenden historischen Wandels als feste Größe behauptet zu haben.

Vor diesen Hintergrund sind die biographischen Skizzen der englischen Könige der Neuzeit gestellt, als Teilantworten auf die Frage nach den Gründen für jene imponierende Kontinuität, auf die Frage nach dem besonderen Beitrag, den einzelne Herrscher durch ihre Verdienste oder auch ihr Versagen in einem solchen Zusammenhang leisteten. Und wenn auch sicher die Geschichte der englischen Monarchie nicht gleichzusetzen ist mit der Geschichte Englands, so sind doch nicht nur in dem Bereich der Verfassung, sondern auf dem weiten Feld der inneren Geschichte des Inselstaates Knotenpunkte der allgemeinen Entwicklung zugleich markante Entscheidungssituationen in der politischen Biographie des jeweiligen Herrschers gewesen, zumindest bis hin zum Beginn des 20. Jahrhunderts.

Dies gilt selbstverständlich in besonderem Maße für jene Epoche, mit der dieser Band einsetzt, den Beginn der europäischen Neuzeit, der zugleich einen allgemeinen Aufschwung monarchischer Gewalt als Faktor der Ausbildung moderner Staatlichkeit markierte. In England wird gemeinhin 1485, das Jahr der Thronbesteigung Heinrichs VII., als diese Epochenschwelle definiert. Die Geschichte der englischen Könige der Neuzeit besitzt jedoch in der Geschichte der englischen Könige des Mittelalters ihre in mannigfaltiger Hinsicht bedeutsame Vorgeschichte.

In der mehr als drei Jahrhunderte, von der normannischen Eroberung (1066) bis zur Schlacht von Bosworth (1485) währenden Epoche des

Hoch- und Spätmittelalters hatten insgesamt 17 Könige über das Land geherrscht. Trotz vielfältiger innerer Wirren und selbst angesichts der Tatsache, daß drei dieser Herrscher, nämlich Eduard II. (1307–1327), Richard II. (1377–1399) und Heinrich VI. (1422–1461) im Kerker ermordet wurden, entsprach die Thronfolge während dieser Zeit im wesentlichen den Normen des Erbfolgeprinzips. Und wenn die Regeln der strikten Primogenitur durch Usurpatoren wie Heinrich IV. (1399–1413), Eduard IV. (1461–1483) oder schließlich Heinrich VII. (1485–1509) gebrochen wurden, beriefen auch sie sich stets auf ihre durchaus vorhandenen Erbansprüche. Zudem ging es bei den zahlreichen inneren Konflikten und Kämpfen der Epoche weniger um Thronstreitigkeiten als vielmehr um die Fixierung des Machtbereichs königlicher Herrschaft.

Die normannischen Eroberer hatten von ihren angelsächsischen Vorgängern eine starke königliche Zentralgewalt übernommen und diese durch die Einführung des Lehnswesens zunächst noch verstärkt. Von da an waren die ständigen innerenglischen Machtkämpfe weniger Thronstreitigkeiten um den Besitz der Krone, sondern galten vielmehr der Ausdehnung bzw. Eingrenzung der Macht des Königs, wobei sich entweder Monarch und Adel gegenüberstanden oder einzelne aristokratische Gruppierungen um die Kontrolle der königlichen Macht stritten. In diesem Zusammenhang war es von besonderer Bedeutung, daß in England der Konflikt zwischen Adel und Königtum nicht zur Ausbildung autonomer adliger Partikulargewalten führte, hier entstand kein Landesfürstentum wie in Deutschland. Statt dessen blieben lokale und regionale Interessen in den Gesamtkomplex der Monarchie eingebunden, zum einen dadurch, daß die in vielem durchaus eigenständigen Organe der Selbstverwaltung im Rahmen eines das ganze Land erfassenden gemeinen königlichen Rechts operierten, zum andern dadurch, daß sie durch ihre Vertretung im Parlament Mitsprache und Kontrolle ausüben konnten. Dieses Parlament, das aus dem Rat der Krone hervorgegangen war, verkörperte ebenso wie die königliche Gewalt die für das Mittelalter ungewöhnlich stark ausgebildeten zentripetalen Tendenzen des englischen Königreiches, denn es galt schon bald als die Vertretung des gesamten Landes und nicht nur einzelner Stände.

So kennzeichnet bei Ausgang des Mittelalters ein eigentümliches Paradoxon die Position der englischen Krone: Auf der einen Seite war die königliche Zentralgewalt machtvoll und zugleich differenziert organisiert, auf der anderen Seite jedoch eingeschränkt sowohl durch ihre Bindung an das Recht als auch an den Konsens und die Kooperation der gesellschaftlich und politisch relevanten Kräfte, d. h. im wesentlichen den Adel. Selbst die Rosenkriege (1455–85) minderten nicht die zentrale politische Funktion der Krone, um deren Besitz die Häuser York und Lancaster ein Menschenalter lang erbittert stritten und in deren Verlauf ganze Adelsgeschlechter ausgerottet wurden.

Doch nicht nur das Ende dieses letzten großen Thronstreits markiert den Beginn der englischen Neuzeit, sondern auch die damit verbundene Aufgabe aller kontinentaleuropäischen Besitzungen. Hatte die englische Monarchie des Mittelalters – nicht zuletzt infolge ihrer normannischen Ursprünge – immer wieder versucht, ihre Herrschaft nach Frankreich hin auszudehnen, so bleibt im Gegensatz dazu die englische Monarchie der Neuzeit auf die britischen Inseln konzentriert, auch wenn der aus den mittelalterlichen Herrschaftsansprüchen herrührende Titel eines Königs von Frankreich erst im Jahre 1837, mit der Thronbesteigung der Königin Viktoria, offiziell aufgegeben wurde.

Im 16. Jahrhundert markierten vor allem die Regierungszeiten Heinrichs VIII. und Elisabeths I. die Höhepunkte königlicher Machtentfaltung, so daß gelegentlich in diesem Zusammenhang von einem Absolutismus der Tudors die Rede ist. Dies darf jedoch nicht darüber hinwegtäuschen, daß die Politik der Herrscher weiterhin an den Konsens der politischen Nation gebunden blieb. Nach wie vor verfügten die Könige nicht über ein stehendes Heer, die Regierungsbürokratie blieb gegen Ende des 16. Jahrhunderts auf ca. 1200 Amtsinhaber beschränkt, die königliche Justiz wurde durch in der Grafschaft ansässige Friedensrichter verwaltet, und parallel zum Aufstieg der Krone wuchs die Bedeutung des Parlaments als staatliche Institution. Besonders durch massive Legislation im Zusammenhang mit der englischen Reformation hatte es seine politische Funktion ausbauen können, so daß herrschender zeitgenössischer Rechtsauffassung zufolge die Souveränität des englischen politischen Gemeinwesens im Verbund von Krone, Oberhaus und Unterhaus (»King-in-Parliament») verortet war.

Im 17. Jahrhundert, als den Gesetzen der Erbfolge entsprechend das Haus Stuart auf den Thron gelangte, zerbrach aus vielfältigen Ursachen und Anlässen heraus dieser die englische Monarchie tragende Fundamentalkonsens. 1640 strebte das rebellierende Parlament nach der zentralen politischen Entscheidungsgewalt. Der Konflikt gipfelte 1649 in der Hinrichtung des militärisch unterlegenen Königs Karl I., doch die Monarchie behauptete sich nach kurzem republikanischen Intermezzo 1660 in der Restauration Karls II.

Als dieser und der ihm nachfolgende Bruder Jakob II. abermals versuchten, die Macht der englischen Krone dem Vorbild des französischen Absolutismus eines Ludwig XIV. entsprechend zu gestalten, war die diesmal unblutige »Glorreiche» Revolution des Jahres 1688 die Folge. Deren verfassungsrechtliche Ergebnisse wurden im Staatsgrundgesetz der *Bill of Rights* fixiert, mit dem das englische Königtum endgültig auf den Weg hin zur parlamentarischen Monarchie gebracht wurde.

Die Geschichte der britischen Könige des 18. und 19. Jahrhunderts ist damit die Geschichte der zunehmenden Kontrolle und Bindung königlicher Rechte durch und an die Macht des Parlaments. Seinen deutlichsten Ausdruck fand dieser Wandel in der Regulierung der Thronfolge durch Parlamentsgesetze, welche die klassischen Regeln der Erbfolge durch politische Vorhaben teilweise außer Kraft setzten, indem 1689 sowie 1701 sämtlichen Erbberechtigten katholischen Glaubens ihre Ansprüche aberkannt wurden. Nachdem durch die Regelung der Nachfolge das Parlament seine Kompetenz für die Fixierung der Grundlagen der englischen Monarchie unter Beweis gestellt hatte, waren damit implizit die Voraussetzungen für eine Verfassungspraxis geschaffen, die den König in zunehmende Abhängigkeit von seinen Parlamenten stellte. Dies galt besonders für die Kontrolle der Politik der königlichen Regierung mittels der Kontrolle der Finanzen. Nach den Revolutionen des 17. Jahrhunderts führte kein Weg mehr am Steuerbewilligungsrecht des Unterhauses vorbei. Und die Einführung der königlichen Zivil-Liste 1697 unterstellte selbst Haus- und Hofhaltung des Monarchen parlamentarischer Aufsicht. Zugleich unterstrich die damit ausgesprochene Trennung von Staatshaushalt und königlicher Privatschatulle, daß der König in England eben nicht mehr die staatliche Gewalt in vollem Umfang in seiner Person verkörperte, wie dies Ludwig XIV. von Frankreich in der berühmten Formel »L` état c`est moi» für sich in Anspruch genommen hatte. Und ebenso konnten die Könige das klassische Machtinstrument aller Politik, das Heer, ohne parlamentarische Zustimmung weder aufstellen noch einsetzen.

Dennoch blieb auch nach 1689 die Krone zentrale Instanz im Entscheidungsfeld staatlicher Politik. Auch wenn die Zielsetzungen und Aktionen der königlichen Regierung keineswegs immer die Umsetzung des königlichen Willens beinhalteten, so konnten sie gegen diesen kaum realisiert werden. Der Weg in die parlamentarische Monarchie, in der schließlich die Krone zum rein repräsentativen Staatsoberhaupt reduziert wurde, war lang und keineswegs gradlinig. Um ihn zu verfolgen, genügt es nicht, die spärlichen legislatorischen Marksteine der ungeschriebenen englischen Verfassung zu interpretieren oder scheinbar eindeutig signifikante Stationen der sich wandelnden Verfassungswirklichkeit zu markieren.

So darf z. B. die Tatsache, daß Königin Anna als letzte in aller Form durch Einlegen ihres Vetos ein Gesetz zum Scheitern brachte, nicht darüber hinwegtäuschen, daß auch weiterhin dem Monarchen wirkungsvolle, wenn auch weniger spektakuläre Mittel zur Verfügung standen, die parlamentarische Legislation zu beeinflussen oder gar lahmzulegen. Bis weit ins 19. Jahrhundert hinein ernannte der König die Minister, die allerdings zumindest mittelfristig in der Lage sein mußten, ausreichenden Rückhalt im Parlament zu mobilisieren. Vor allem verfügte die Krone über »Einfluß», den sie z. B. im Oberhaus gegen Gesetzesinitiativen des Unterhauses mobilisieren konnte und den sie besonders bei Parlamentswahlen einsetzen konnte, deren Ausgang durch die Vergabe von

Ämtern und Pfründen bis weit ins 19. Jahrhundert hinein zu manipulieren war, auszuüben vermochte. So markierten die Wahlen des Jahres 1841 erstmals die Niederlage einer königlichen Regierung. Zuvor waren Regierungswechsel das Ergebnis politischer Manöver gewesen, in die stets auch, zumindest formal, die Krone involviert war. Mit Fug und Recht kann daher die Geschichtswissenschaft darüber streiten, in welchem Umfang die königliche Regierung im 18. Jahrhundert noch die Regierung des Königs war. Zwar hatte sich unter den ersten beiden Herrschern aus dem Haus Hannover das Kabinett, als diejenige Instanz herausgebildet, in der die Richtlinien der Politik bestimmt wurden, doch nach der Thronbesteigung Georgs III. konstatierten Zeitgenossen, daß «die Macht der Krone von Tag zu Tag wachse».

Im 19. Jahrhundert wurde schließlich der Übergang zur parlamentarischen Monarchie vollzogen, ohne daß dies in spektakulären Akten der Verfassungsgesetzgebung seinen Niederschlag fand. Statt dessen fanden klassische Rechte des konstitutionellen Monarchen schlicht keine Anwendung mehr. Nachdem bereits 1707 die Krone zum letzten Mal durch ihr Veto ein Gesetz blockiert hatte, entließ 1834 der König zum letzten Male aus eigenem Antrieb eine Regierung, nämlich das liberale Kabinett Melbourne. Hinfort sollte der königliche Akt der Einsetzung und Entlassung von Premiers und Ministern lediglich Entscheidungen sanktionieren, die keine Willensentscheidungen des Königs, sondern Ergebnisse parteipolitischer Konstellationen waren. Das gleiche gilt für das klassische Recht der Auflösung des Parlaments. Parallel zur Formierung moderner politischer Parteien und der damit verbundenen Ausbildung der Strukturen und Mechanismen einer parlamentarischen Demokratie gerieten nicht nur die traditionellen Prärogativrechte der Krone in Verfall, sondern auch der zuvor oftmals bedeutsame «Einfluß» der Krone schwand. Spätestens 1829 mit den Gesetz über die Gleichberechtigung der Katholiken. Und mit der Legislation zur großen Parlamentsreform des Jahres 1832 wurde deutlich, daß Politik auch gegen den ausgesprochenen Willen des Königs durchsetzbar war. Nur noch in Zeiten der Krise, d. h. wenn keine klaren parlamentarischen Mehrheiten bestanden oder eine Partei nicht über die notwendigen Nechanismen verfügte, aus sich heraus eindeutig den Kandidaten für das Amt des Premierministers zu bestimmen, wie dies bei den Konservativen bis 1965 der Fall war, konnte der Monarch weiterhin unmittelbaren politischen Einfluß nachhaltig geltend machen.

Der für das 19. Jahrhundert eindeutig zu registrierende Rückzug des Königs aus dem Entscheidungsbereich staatlicher Politik läßt dabei die Frage offen, inwieweit jene königlichen Prärogativrechte, die der Herrscher nun nicht mehr anwendet, damit tatsächlich in Verfall geraten oder lediglich ruhen, um in bestimmten Entscheidungssituationen reaktiviert zu werden. Zumindest noch zu Anfang des 20. Jahrhunderts schien diese Frage offen, als Georg V. im Zusammenhang mit der irischen Krise ernsthaft den Einsatz seines Vetos erwog, um den seiner Ansicht nach drohenden Bürgerkrieg abzuwenden. Auch ließe sich, zumindest theoretisch, die Frage stellen, wo letztlich die Grenzen für die Begrenzung königlicher Macht liegen, ohne die eine Monarchie zur Farce gerät.

Der Historiker muß dabei jedoch zunächst eine Entwicklung beschreiben, in der der Verlust an direkter politischer Macht der Krone parallel zu einem Funktionswandel stattfand, welcher dem Monarchen neue politisch bedeutsame Aufgaben zuwies. In dem Maße, in dem die Gestaltung staatlicher Politik zum Monopol der jeweils regierenden Partei wurde, fiel dem Monarchen die Rolle des über den Parteien stehenden und damit die Einheit der Nation verkörpernden Staatsoberhauptes zu. Wo der politische Alltag durch den fortwährenden Machtkampf der Parteien bestimmt ist, bleibt damit die höchste Position im Staat dem politischen Ehrgeiz dieser Parteipolitiker vorenthalten, denn sie ist in einer parlamentarischen Monarchie ein für allemal besetzt. Notwendige Voraussetzung hierfür war selbstverständlich der Übergang politischer Macht: vom Herrscher auf die Parteien. Danach blieb es von sekundärer Bedeutung, mit welcher politischen Richtung der König sympathisieren mochte, wurde es doch fortan seine Pflicht, bei der jährlichen Parlamentseröffnung die Regierungserklärung des jeweiligen Premiers als seine Thronrede zu verlesen, ohne an ihrer Formulierung beteiligt zu sein.

Statt zu herrschen übernahm die Krone in einer Ära fortschreitender Demokratisierung, als in der 2. Hälfte des 19. Jahrhunderts mit der kontinuierlichen Ausdehnung des Wahlrechts einem immer größeren Teil der Bevölkerung formal Anteil an politischer Macht gewährt wurde, die Aufgabe, politische Legitimität und nationale Identität zu stiften. Diese Funktion findet ihren Ausdruck in zahlreichen symbolträchtigen Handlungen und Staatsakten. Hierzu zählen nicht nur Krönung und Begräbnis des jeweiligen Herrschers, sondern insbesondere die feierliche jährliche Parlamentseröffnung sowie die Rolle, welche die Krone bei nationalen Gedenktagen oder Besuchen ausländischer Staatsoberhäupter spielt beziehungsweise zu spielen hat. Das durchgängige Thema monarchischer Symbolhandlungen ist die Darstellung nationaler Identität vor dem Hintergrund ungebrochener Traditionen. Gerade in Zeiten beschleunigten und nahezu universalen Wandels verkörpert beziehungsweise suggeriert der scheinbar ungebrochene Fortbestand monarchischen Zeremoniells ausgleichende Kontinuität und beruhigende Stabilität. Es ist daher kein Zufall, daß solche Rückgriffe auf die Tradition beziehungsweise die Wiederbelebung oder gar Erfindung bestimmter Traditionen die Schöpfung des ausgehenden 19. Jahrhunderts waren und somit den Funktionswandel der Monarchie nicht nur begleiteten, sondern geradezu verkörperten. Das Königtum als glanzvolle Fassade, hinter der ungestört, da unbeobachtet, Politik gemacht werden kann? – ein solches Urteil greift sicherlich zu kurz, wenn auch Walter Bagehot als scharfsichtiger Beobachter und Kritiker der englischen Verfassung bereits vor mehr als einem Jahrhundert konstatierte, die Monarchie sei eine Regierungsform, «in which the attention of the nation is concentrated on one person doing interesting actions». Doch zugleich erwächst die Faszination königlicher Würde aus der Distanz, die erst jenes Mysterium schafft, welches den Einfluß des monarchischen Staatsoberhaupts im Rahmen einer allgemeinen Öffentlichkeit begründet. Gegen Ende des 20. Jahrhunderts zeichnet sich hier allerdings ein Wandel ab, dessen Folgen schwerlich einzuschätzen sind. Der zunächst erfolgreiche Versuch Georgs V. und Georgs VI., das Haus Windsor dem englischen Volk als Musterfamilie der Nation zu präsentieren, droht zu scheitern, wenn das Privatleben dieser Familie nahezu ungeschützt ins Visier um die Befriedigung öffentlicher Neugier konkurrierender Massenmedien gerät. Vor allem seit der Tod Dianas, der letzten Prinzessin von Wales, in der britischen Öffentlichkeit Reaktionen auslöste, deren Auswirkungen auf die Zukunft der Monarchie noch nicht abzuschätzen sind, stellt sich die Frage, ob diese Monarchie damit erneut in eine Krisensituation geraten ist und wie diese gegebenenfalls zu bewältigen sei. Seit ihrer Scheidung vom Thronfolger Prinz Charles hatte sich Diana ebenso konsequent wie erfolgreich bemüht, weiterhin in der Öffentlichkeit eine prominente Rolle zu spielen, bis, unter geschicktem Einsatz der Medien, ihre Popularität die der übrigen Mitglieder des königlichen Hauses bei weitem übertraf. Mit dem spektakulären Unfalltod des neuen Idols erreichte diese dann Dimensionen bislang nicht gekannten Ausmaßes. Die Öffentlichkeit ergriff nun eindeutig Partei gegen die Königin und deren Familie und forderte, indem man sich als Vollstrecker eines ungeschriebenen Vermächtnisses der Toten verstand, eine neue, andere Monarchie, in welcher die aus der Distanz geschöpfte Majestät des Monarchen durch eine neue Nähe zum Volk zu ersetzen sei. Von Elisabeth II. wurde nun verlangt, daß sie sozusagen als Hohepriesterin der Öffentlichkeit die Zeremonien einer allgemeinen emotionalen Befindlichkeit zelebriere. Da mit dergleichen Forderungen die gültigen Regeln der monarchischen Erbfolge ernsthaft in Frage gestellt sind – man wird von einer 70jährigen Königin nicht verlangen können, den Geboten der Pop-Kultur zu folgen – wurden dementsprechend bereits erste Stimmen laut, die entsprechende Eingriffe in die Thronfolge verlangten und Prinz William, den ältesten Sohn der Diana, zum unmittelbaren Nachfolger seiner Großmutter designierten.

Doch der Historiker sollte hier keine Prognose wagen, nicht zuletzt angesichts der beeindruckenden Kontinuität der englischen Monarchie. Der Republikanismus blieb in England auf ein nahezu in Vergessenheit geratenes Intermezzo beschränkt und bildet selbst heute die Position einer einflußlosen Minderheit. Die erstaunliche Lebens- und Überlebensfähigkeit der Krone mag allerdings auch darauf zurückzuführen sein, daß England eben nie absolute Monarchie war, vor allem nicht in jenem Sinne, daß die Summe politischer Macht und gesellschaftlich-kulturellen Lebens über lange Zeit hindurch ausschließlich am Hofe des Königs konzentriert war. Vielleicht mit der Ausnahme einiger Dekaden des 17. Jahrhunderts war die englische Gesellschaft bis ins 20. Jahrhundert hinein aristokratisch geprägt, wobei diese Aristokratie zugleich ihr materielles Fundament in einer kapitalistischen Normen gehorchenden Marktgesellschaft besaß. Nirgends wird dieses deutlicher als in der Geschichte und dem Erscheinungsbild Londons. Die Hauptstadt war stets Symbiose von Bürgerstadt und Residenz; niemals gelang es dem Herrscher, ihre Struktur seinem Gestaltungswillen zu unterwerfen. Eh und je triumphierten hier kommerzielle Interessen, vor allem auch die des Adels, der bis heute ganze Stadtteile zu eigen hat. Zugleich ist die britische Gesellschaft bis heute durch hierarchische Stufungen geprägt, d. h. sie ist eine Gesellschaft, in der Standes- und Status-, Klassen- und Einkommensunterschiede stets akzeptiert wurden. Dergleichen Hierarchien liefern geeignete Fundamente für Monarchien – beide Formen stützen und bestätigen sich gegenseitig, zumindest solange die britische Monarchie darauf besteht, eine «Rolls-Royce-Monarchie» zu bleiben und nicht dem Beispiel kontinentaler «Fahrrad-Monarchien» zu folgen.

Doch die einsichtigste Erklärung für die erstaunliche Kontinuität der britischen Monarchie, für deren Anpassungs- und Überlebensfähigkeit, liefert letztendlich die Summe der Geschichten der einzelnen Herrscher, wie sie in diesem Bande vorgelegt wird.

*Karl-Friedrich Krieger*

# Heinrich VII.
## 1485–1509

*Heinrich VII., geb. 28. Januar 1457; Vater: Edmund, Earl of Richmond (ca. 1430–1456); Mutter: Margarete Beaufort (1443–1509); 1461 (nach der Hinrichtung seines Großvaters Owen Tudor) Enterbung und Erziehung am Hofe William Herberts: nach dem mißglückten Restaurationsversuch der Lancastermonarchie (1471) Flucht in die Bretagne und 1484 weiter nach Frankreich; mit französischer Unterstützung 1485 Landung bei Milford Haven/Wales und Durchsetzung seiner Thronansprüche gegen König Richard III., der in der Entscheidungsschlacht von Bosworth/Leicestershire (22. August 1485) Krone und Leben verlor; Krönung in London am 30. Oktober 1485; gest. 21. April 1509 in Richmond/Surrey; begraben in Westminster.*

*Eheschließungen: 18. Januar 1486 mit Elisabeth von York (1466–1503), Tochter aus der Ehe König Eduards IV. (1461–1483); mit Elisabeth Woodville (1437–1495); Kinder: Arthur (1486–1502), vermählt mit Katharina von Aragon; Margarete (1489–1541), vermählt mit König Jakob IV. von Schottland (1488–1513); Heinrich (VIII.), geb. 1491, seit 1509 König von England (gest. 1547); Maria (1496–1533), vermählt mit König Ludwig XII. von Frankreich (1498–1515); Edmund (1499–1500) und drei weitere, früh verstorbene Kinder.*

Nach Eduard Hall, einem Chronisten des 16. Jahrhunderts, wandte sich Heinrich Tudor am 22. August 1485 unmittelbar vor der Entscheidungsschlacht von Bosworth in einer flammenden Rede an seine Soldaten. Wenn Gott jemals Grund gehabt habe, Menschen in einem gerechten Kampf den Sieg zu gewähren, dann müsse dies für ihre gemeinsame Sache gelten. «Denn,» so Heinrich, «was kann ehrenhafter, besser und gottgefälliger sein als gegen jemanden zu kämpfen, der sich als ein Totschläger und Mörder an seiner eigenen Blutsverwandtschaft, als extremer Verderber des Adels, als ein tödliches Übel, ein feuriges Brandmal und eine untragbare Last für dieses, unser Land und dessen arme Untertanen erwiesen hat? … Laßt Gott als den, der den Sieg gibt, urteilen und entscheiden, ob unsere Sache gottgefällig und gerecht ist oder nicht! …»

Bei dem hier als Mörder und blutrünstigen Tyrannen geschilderten Gegner Heinrichs handelt es sich um niemand anderen als König Richard III., der als der Prototyp des infamen Bösewichts und tyrannischen Königs schlechthin in die Geschichte eingegangen ist. Wenn auch dieses von der späteren Tudor-Geschichtsschreibung und vor allem von William Shakespeare in seinem berühmten Königsdrama vermittelte

Bild dem letzten König aus dem Hause York sicher nicht gerecht wird, so wirken andererseits aber auch die teilweise in der Literatur unternommenen Versuche, ihn von allen Vorwürfen reinzuwaschen und zum «good king Richard» hochzustilisieren, wenig überzeugend. Zu sehr war Richards Königtum bereits in den Augen der Zeitgenossen durch Usurpation und politischen Mord belastet, als daß der moderne Historiker an diesen Fakten einfach vorbeigehen könnte. So bleibt die Tatsache unbestritten, daß Richard nach dem Tode seines älteren Bruders, König Eduards IV. (1483), die ihm anvertraute Vormundschaftsführung über die noch minderjährigen Söhne des Verstorbenen dazu nutzte, sich auf dubiose Weise die Krone anzueignen, indem er seine jungen Neffen für illegitim erklären und im Tower einkerkern ließ. Da die Prinzen aus dieser Haft nie mehr auftauchten, waren nicht nur die Zeitgenossen, sondern auch die meisten späteren Historiker davon überzeugt, daß sie auf Befehl oder zumindest mit Wissen Richards umgebracht wurden, um dessen Usurpation nicht zu gefährden.

Wenn auch vieles dafür spricht, daß die zitierte, Heinrich Tudor in den Mund gelegte Rede vom späteren Chronisten frei erfunden wurde, so gibt sie doch die Argumentation des neuen Thronprätendenten im Grundsatz zutreffend wieder, der gegen den tyrannischen König das Urteil Gottes in der Entscheidungsschlacht anrief. Und in der Tat: Das erbetene Gottesurteil entschied offensichtlich gegen den amtierenden König Richard III., der nicht nur die Schlacht, sondern auch sein Leben und ganz im wörtlichen Sinne auch seine Krone verlor, die er bewußt im Kampfe getragen hatte und die ihm im Handgemenge vom Kopf gefallen war. Es schien daher nur folgerichtig, daß noch auf dem Schlachtfeld Sir Thomas Stanley, der durch sein Eingreifen auf Heinrichs Seite wesentlich zur Entscheidung beigetragen hatte, dem Sieger die inzwischen wiedergefundene Krone aufs Haupt setzte und diesen unter dem Jubel des Heeres zum neuen König von England ausrief. Gott hatte sich aus der Sicht der Zeitgenossen zwar zweifelsfrei gegen den «tyrannischen» König Richard entschieden, aber hatte er sich auch ebenso eindeutig für das Königtum Heinrich Tudors und seiner Nachkommen ausgesprochen? Hatte nicht gerade die jüngste Vergangenheit, die Zeit der Rosenkriege, gezeigt, wie kurzlebig der auf dem Schlachtfeld errungene Sieg sein konnte, wenn ein neuer Thronrivale ein neues Gottesurteil herausforderte? So gesehen machte der militärische Erfolg allein aus einem Usurpator noch lange keinen legitimen König; es blieb auch dem Sieger nicht erspart, seine Untertanen von der Rechtmäßigkeit seines Anspruches zu überzeugen und seine Königsherrschaft in der Praxis gegen weitere potentielle Thronbewerber durchzusetzen. Dies dürfte auch Heinrich Tudor bewußt gewesen sein, der bereits durch sein früheres Verhalten die konstitutive Bedeutung des Gottesurteils auf dem Schlachtfeld für sein Königtum erheblich relativiert hatte. Schon im Jah-

Heinrich VII. (1485–1509)

re 1484 hatte er bereits offiziell den Königstitel angenommen und damit zu erkennen gegeben, daß er seinen Thronanspruch noch auf eine andere Rechtsgrundlage zu stützen gewillt war, nämlich auf sein Erbrecht. Allerdings war dieser Erbanspruch wiederum – gelinde ausgedrückt – umstritten. Zwar galt Heinrich als der letzte Sproß des Lancasterkönigshauses, das auf Johann von Gent, den drittältesten Sohn König Eduards III., zurückging. Aber der über seine Mutter, Margarete Beaufort, hergeleitete Thronanspruch war unter zwei Gesichtspunkten anfechtbar. Zum einen konnte man gegen den Lancasteranspruch im allgemeinen einwenden, daß ihm nach dem strengen Erstgeburtsrecht das Thronrecht der Nachkommen des zweitältesten Sohnes König Eduards III., verkörpert durch die Angehörigen des Hauses York, vorging. Hatten somit die überlebenden Erben des Hauses York im Vergleich zu Heinrich schon nach strengem Erbrecht die besseren Karten, kam noch hinzu, daß die Beaufort-Linie, der Heinrich Tudor innerhalb der Lancasterdynastie angehörte, auf eine illegitime Verbindung Johanns von Gent mit seiner Mätresse Katharina Swinford zurückging. Nachdem auch Heinrich Tudor selbst in seiner Herrschaftspropaganda die Auseinandersetzung mit seinem Widersacher nicht als Kampf um das Lancastererbrecht, sondern als Widerstand gegen einen blutrünstigen Tyrannen und Mörder thematisiert hatte, konnte er jetzt kaum erwarten, daß der – auch mit Hilfe von Anhängern des Hauses York – erfochtene Sieg auf dem Schlachtfeld zugleich als ein Gottesurteil zugunsten des Lancasterthronrechts gedeutet wurde.

Auch sonst standen die Chancen für Heinrich, den Makel der Usurpation abzustreifen und seine Königsherrschaft auch in der Praxis durchzusetzen, zunächst einmal nicht allzu günstig. So galt es kaum als ein gutes Omen, daß der entscheidende Sieg mit einem Heer erfochten wurde, das sich zu einem großen Teil aus notorischen Landesfeinden, nämlich Franzosen und Schotten, zusammensetzte. Auch die Tatsache, daß Heinrich gerade in Wales besondere Unterstützung von seiten einheimischer Geschlechter erfahren hatte, war in den Augen der meisten englischen Zeitgenossen wenig geeignet, ihn als Bewerber um die englische Königskrone zu empfehlen. Denn noch zu Beginn des 15. Jahrhunderts war das Land von schweren Aufständen gegen die englische Herrschaft erschüttert worden, deren Folgen immer noch nicht völlig überwunden waren. Ein weiterer Schwachpunkt schien in der Person des Thronanwärters selbst zu liegen, der im Jahre 1485 in England praktisch nicht bekannt war. Auch sein Widersacher, König Richard, hatte ihn erst im Dezember des Vorjahres offiziell als Thronbewerber zur Kenntnis genommen, als er seine Untertanen in einem Manifest vor den Umtrieben einiger namentlich genannter Verräter warnte, die einen gewissen «Henry Tidder» zu ihrem Anführer gewählt hätten.

Schon die Zeitgenossen dürften sich daher gefragt haben: Wer war eigentlich dieser Heinrich Tudor? Wenn auch Heinrich selbst sowie einige zeitgenössische Chronisten immer wieder seine walisische Abstammung zu betonen pflegten, kann sich der Historiker diese Sichtweise nur bedingt zu eigen machen. So war Heinrichs Mutter, Margarete Beaufort, rein englischer Herkunft, während der Vater, Edmund von Hadham, Earl von Richmond, zwar väterlicherseits einem alten walisischen Geschlecht, mütterlicherseits jedoch der französischen Königsdynastie der Valois und der bayerischen Herzogsfamilie der Wittelsbacher entstammte. Heinrich selbst wurde zwar in Wales geboren und verbrachte hier die ersten vierzehn Jahre seines Lebens, es deutet aber nichts darauf hin, daß er walisisch sprach oder auch nur verstehen konnte.

Vom ersten Lebensjahr an wurde die Kindheit des ersten Tudorkönigs durch die Rosenkriege geprägt, in denen die Häuser Lancaster und York um die englische Königskrone rangen. Dabei gehörten sowohl sein Großvater Owen Tudor als auch sein bereits vor seiner Geburt verstorbener Vater Edmund und dessen Bruder Jasper Tudor zu profilierten Anhängern der Lancasterpartei. Unter diesen mußte Owen Tudor im Jahre 1461 seinen Einsatz für König Heinrich VI. mit dem Leben bezahlen, als er nach der verlorenen Schlacht von Mortimer's Cross auf Befehl des Siegers, des späteren Königs Eduard IV., hingerichtet wurde. Zwar war es dem überlebenden Sohn und Onkel Heinrichs, Jasper Tudor, gelungen, sich vor der Rache der Sieger in Sicherheit zu bringen; er konnte jedoch nicht verhindern, daß König Eduard IV. die Herzogtümer Richmond und Pembroke einzog und ihn und seinen Neffen Heinrich damit ihrer materiellen Lebensgrundlage beraubte. Während Jasper Tudor in der Folgezeit als mittelloser Flüchtling sein Leben fristete, wurde der junge Heinrich am Hofe William Herberts, eines entschiedenen Anhängers des Hauses York, dem König Eduard das eingezogene Earldom Pembroke verliehen hatte, aufgezogen. Nachdem der Versuch, die Lancasterherrschaft in England wiederherzustellen, nach anfänglichen Erfolgen in der Schlacht von Tewkesbury (1471) endgültig gescheitert war, floh Jasper Tudor mit seinem Neffen Heinrich, der von nun an als der letzte überlebende Thronanwärter der Lancasterdynastie galt, in die Bretagne, wo beide am Hofe Herzog Franz' II. allen Auslieferungsbegehren König Eduards zum Trotz Zuflucht fanden.

Eine neue Situation ergab sich für Heinrich durch die Usurpation König Richards, da von nun an auch ehemalige Yorkisten gegen den neuen König opponierten und Kontakt mit Heinrich aufnahmen. Ein erster Versuch, mit Hilfe des mächtigen Heinrich Stafford, Herzog von Buckingham, im Herbst 1483 Richard zu stürzen, schlug zwar fehl und endete mit Buckinghams Hinrichtung. Dieser Mißerfolg änderte jedoch nichts daran, daß der Flüchtling in seinem bretonischen Exil von nun an verstärkt zum Zentrum aller oppositionellen Kräfte Englands wurde, zumal er Weihnachten 1483 feierlich gelobte, nach dem Sturz König Richards Elisabeth, die überlebende Tochter König Eduards IV., zu heiraten und damit die verfeindeten Häuser Lancaster und York endgültig zu versöhnen.

Noch einmal sollte die Situation für Heinrich kritisch werden, als es der englischen Diplomatie zu gelingen schien, hinter dem Rücken des erkrankten alten Herzogs die Auslieferung der Flüchtlinge durchzusetzen. Rechtzeitig gewarnt, entkam Heinrich jedoch mit seinen Anhängern nach Frankreich, wo er am Hofe der Vormundschaftsregierung über König Karl VIII. freundliche Aufnahme fand. Französischer Unterstützung war es dann auch zu verdanken, daß Heinrich im Sommer 1485 in der Lage war, eine noch relativ kleine Streitmacht auszurüsten und mit ihr Anfang August in Milford Haven an der walisischen Küste zu landen, um von dort aus den Entscheidungskampf mit seinem Widersacher aufzunehmen.

Bedenkt man Heinrichs Jugend als enterbter Angehöriger einer geächteten Familie in Wales und seine folgende «Karriere» als mittelloser Flüchtling im Exil, so schien kaum ein englischer König seit der normannischen Eroberung so schlecht auf die Übernahme der Königsherrschaft vorbereitet zu sein wie er. Von einem kurzen, einige Monate währenden Aufenthalt in London und im Themsetal abgesehen, hatte der mittlerweile 28jährige noch keine Gelegenheit gehabt, England im engeren Sinne und seine Bewohner aus eigener Anschauung kennenzulernen, wie umgekehrt außerhalb seines Freundeskreises aus dem Exil auch kaum jemand ihn bisher zur Kenntnis genommen hatte. Ein wichtiger Schlüssel für Erfolg oder Mißerfolg lag allerdings auch in der Persönlichkeit des neuen Königs. Betrachtet man jedoch das einzige überlieferte Portrait Heinrichs, das mit Sicherheit noch zu seinen Lebzeiten angefertigt wurde, so drängt sich nicht gerade der Eindruck einer charismatischen Führergestalt auf, für die es ein leichtes war, die Massen in ihren Bann zu schlagen. Auch die sonstigen Nachrichten über sein äußeres Erscheinungsbild lassen kaum auf außergewöhnliche Vorzüge schließen: Ein hochgewachsener, aber eher schmächtig wirkender Mann mit schütterem Haar und schlechten Zähnen, der – gezeichnet von den bitteren Erfahrungen der Vergangenheit – zeit seines Lebens immer älter aussah als er war. Andererseits wurden in der harten Schule der Verbannung wohl auch bestimmte Charaktereigenschaften entwickelt oder verstärkt, die entscheidend mit dazu beigetragen haben, daß Heinrich seine schwierige Aufgabe am Ende doch mit Erfolg meistern konnte. Hierzu gehörte zunächst ein respektables Maß an Integrität, Vertrauenswürdigkeit und persönlicher Überzeugungskraft, gepaart mit einem sympathischen Hang zur Dankbarkeit gegenüber geleisteten Diensten – Eigenschaften, die Heinrich in die Lage versetzten, auch in schwierigen Zeiten Freunde und treue Anhänger an sich zu binden. Dazu kam ein pragmatischer Sinn für die Realitäten des Lebens mit der bemerkenswerten Fähigkeit, die richtigen Männer am richtigen Platze einzusetzen, ohne dabei die letzten Kontroll- und Entscheidungsmöglichkeiten aus der Hand zu geben. Endlich ließ Heinrich bereits im Exil erkennen, daß er in Krisensituationen in der Lage war, entschlossen und schnell, aber nie unüberlegt, zu handeln.

Angesichts der aufgezeigten Probleme überrascht es kaum, daß Heinrich im Rahmen seiner Herrschaftspolitik während nahezu seiner gesamten Regierungszeit eine entscheidende Priorität setzte, der sich andere Zielvorstellungen unterzuordnen hatten: die Sicherung der erkämpften Königskrone auf Dauer für sich und seine Familie.

So gehörte es zu seinen ersten Maßnahmen, – wohl nach französischem Vorbild – eine etwa 200 Mann starke Truppe (The Yeomen of the Guard) zu bilden, die als eine Art Leibwache vor allem seine persönliche Sicherheit zu gewährleisten hatte, wenn auch später repräsentative Aufgaben in den Vordergrund traten. Außerdem ordnete Heinrich bereits unmittelbar nach der Schlacht von Bosworth an, den nächsten potentiellen Thronprätendenten der Yorkisten, den mittlerweile fünfzehnjährigen Eduard, Earl von Warwick und Neffe König Eduards IV., nach London zu bringen und im Tower in Gewahrsam zu nehmen.

Obwohl formell noch durch offizielles Parlamentsdekret (act of attainder) als Hochverräter geächtet, wurde Heinrich freudig von der Londoner Bevölkerung begrüßt, als er Ende August feierlich in die Hauptstadt einzog. Bereits am 30. Oktober erfolgte die Krönung, und eine Woche später trat das von Heinrich einberufene Parlament zusammen, das jetzt nicht nur seinen und seiner Erben Anspruch auf die Königskrone bestätigte, sondern dem neuen König als besonderen Gunstbeweis auch lebenslange Einkünfte aus dem Zoll für Wolle bewilligte. Außerdem wurden nun Heinrichs Widersacher, der ehemalige König Richard III. und seine engeren Anhänger, rückwirkend als Hochverräter geächtet, so daß Heinrich auch deren Vermögen einziehen und der Krondomäne zuschlagen oder an seine Gefolgsleute ausgeben konnte.

Angesichts der Schnelligkeit, mit der der neue König diese Maßnahmen in die Wege leitete, fällt auf, daß er andererseits zunächst wenig Eile an den Tag legte, sein im Exil abgegebenes Versprechen, die Tochter König Eduards IV. zu heiraten, einzulösen. Für das Zögern Heinrichs, der ja selbst ein elementares Interesse an der Heirat und ihrer konsolidierenden und in den Augen vieler Zeitgenossen auch legitimierenden Wirkung für seinen Thronanspruch haben mußte, lassen sich zunächst objektive Gründe anführen. So war vor einer Heirat wegen zu naher Verwandtschaft noch eine päpstliche Ausnahmeerlaubnis (Dispens) einzuholen, und außerdem mußte die Braut noch vom Odium der Illegitimität, das seit der Usurpation Richards III. allen Abkömmlingen Eduards IV. anhaftete, durch einen förmlichen Parlamentsbeschluß befreit werden. Dazu kam allerdings auch, daß Heinrich von seinem Selbstverständnis als Lancastererbe her offenbar in hohem Maße daran interessiert war, aller Welt klarzumachen, daß sein Königtum nicht auf seiner Stellung als «Prinzgemahl» einer Königstochter, sondern auf eigenem Recht beruhte, was am besten dadurch geschehen konnte, daß er sich zunächst allein krönen und vom Parlament als König bestätigen ließ. Nachdem diese und auch die anderen noch fehlenden Voraussetzungen geschaffen waren, stand der Vermählung nichts mehr im Wege, die dann auch am 18. Januar 1486 mit großem Gepränge in London gefeiert wurde.

Schienen sich die Dinge somit auch ganz im Sinne des neuen Königs zu entwickeln, gab sich dieser dennoch wohl kaum Illusionen über die Stabilität der Lage hin. So war die Stimmung im Norden des Landes, vor allem in York, wo Richard III. viele Anhänger gehabt hatte, für den neuen Regenten nicht günstig. 1486 versuchten drei enge Vertraute des ehemaligen Königs, darunter Viscount Francis Lovell, eine bewaffnete Empörung gegen ihn anzuzetteln – allerdings ohne Erfolg. Doch schon bald sollte sich herausstellen, daß das mißglückte dilettantische Unternehmen nur den Auftakt für eine Reihe weiterer Verschwörungen und Revolten bildete, die zum Teil – da sie von ausländischen Mächten unterstützt wurden – für Heinrichs Königsherrschaft zu einer ernsten Herausforderung wurden. Anfang 1487 drang die Kunde nach London, daß in Irland ein neuer Thronprätendent aufgetreten sei, der sich als der im Tower inhaftierte Earl Eduard von Warwick ausgebe und als Erbe König Eduards IV. Anspruch auf die englische Königskrone erhebe. Bald wurde klar, daß hinter dem eher kurios anmutenden Hochstapler, der in Wirklichkeit Lambert Simnel hieß und der Sohn eines Orgelbauern war, mächtige Persönlichkeiten standen, die dem Unternehmen eine gefährliche Dimension verleihen konnten. Dabei handelte es sich zunächst um Margarete von York, eine Schwester Eduards IV. und Richards III., die im Jahre 1468 den burgundischen Herzog Karl den Kühnen geheiratet hatte. Nach dem Tode ihres Ehemannes (1477) wurde ihr Witwensitz in der Folgezeit zur bevorzugten Zufluchtstätte und Operationsbasis für alle Opponenten Heinrichs. Hier hatte im Januar 1487 der oben erwähnte Francis Lovell Unterschlupf gefunden. Ihm folgte wenig später der Earl von Lincoln, Johann de la Pole, ein Neffe Richards III., der von diesem zu seinem Erben und Nachfolger bestimmt worden war. Ihnen bot sich Irland nun als Ausgangsbasis für die Verschwörung schon deshalb an, weil die Yorkisten hier schon während der Rosenkriege eine starke Stellung innehatten und enge Beziehungen zu den einheimischen Geschlechtern, insbesondere zu den mächtigen Earls von Kildare, pflegten. So gelang es dem jungen Lambert Simnel mit Hilfe eines Priesters, der wohl von den Verschwörern instruiert war, das Vertrauen nicht nur der Massen, sondern auch der meisten einheimischen Herren zu gewinnen, die ihn als den Erben des Hauses York anerkannten und bereit waren, ihn in seinem Kampf um sein »Thronrecht» zu unterstützen.

Obwohl König Heinrich den echten Earl von Warwick aus dem Tower bringen und durch die Straßen Londons führen ließ, erhielt der Prätendent weiter Auftrieb, als Anfang Mai die beiden Hauptverschwörer Lovell und Lincoln mit einer ansehnlichen, von der Herzogin-Witwe Margarete ausgerüsteten Streitmacht von etwa 2000 kampferprobten deutschen Söldnern, an der irischen Küste landeten. Angesichts dieser militärischen Unterstützung ließen sich die Iren dazu hinreißen, ihren Prätendenten am 24. Mai als «Eduard VI.» zum König zu krönen und gemeinsam mit Lincoln, Lovell und den deutschen Söldnern den Waffengang mit König Heinrich zu wagen.

Bei Stoke an der Küste Lancashires kam es am 16. Juni 1487 zur entscheidenden Schlacht, die nach erbittertem Ringen zugunsten König Heinrichs endete. Unter den Gefallenen fand man den Earl von Lincoln und den deutschen Söldnerführer Martin Schwartz; Francis Lovell blieb vom Tage der Schlacht an verschollen. Der Thronprätendent und der ihn begleitende Priester wurden als Gefangene vor König Heinrich geführt, der gegenüber dem jungen Hochstapler Milde walten und ihm eine nützliche Aufgabe in der königlichen Küche, nämlich die Bedienung des Bratspießes, zuweisen ließ. Jahre später durfte er einigen irischen Herren, die ihn einst gefördert hatten und bei König Heinrich zu Gast waren, die Speisen reichen und auch zuprosten. Als diese auf das Wiedersehen peinlich berührt reagierten, soll Heinrich sie gefragt haben, ob sie sich nicht mit dem Gedanken trügen, nächstens auch einmal einen Affen zu ihrem König zu krönen.

Mit der Niederlage bei Stoke war zwar eine yorkistische Rebellion gescheitert, die weiter zum Widerstand entschlossenen Gegner Heinrichs wurden hierdurch jedoch nicht entscheidend getroffen. Eine gewisse Schwäche der Opponenten bestand allerdings darin, daß sich für den Kampf gegen das Tudorkönigtum (noch) kein echter Thronprätendent aus dem Hause York zur Verfügung stellte. Wieder war es daher ein Hochstapler, der bei der nächsten größeren Verschwörung als «Gegenkönig» aufgebaut werden mußte, und wieder begann dessen Karriere im nach wie vor unruhigen Irland. In der Stadt Cork überredeten im Jahre 1491 zwei eher unbedeutende Anhänger des Hauses York einen jungen Mann, der mit einem bretonischen Kaufmann an Land gekommen und ihnen durch seine noble Kleidung und sein gewandtes Auftreten aufgefallen war, dazu, sich als Richard von York, den jüngeren der beiden von Richard III. im Tower inhaftierten Söhne König Eduards IV., auszugeben, der auf wunderbare Weise den Mordanschlag seines Onkels überlebt habe und nun sein Recht auf das Erbe des Hauses York und die englische Krone geltend mache. Bei dem neuen Prätendenten handelte es sich um einen gewissen Perkin Warbeck, geboren um 1474 als

Sohn eines nicht unvermögenden städtischen Zollaufsehers in der niederländischen Stadt Tournai, der bisher ein unstetes Leben im Dienste mehrerer Herren geführt hatte. Entgegen den optimistischen Prognosen seiner ersten Förderer fand Warbeck in Irland jedoch nicht die begeisterte, breite Zustimmung, die noch seinem Vorgänger Lambert Simnel zuteil geworden war. Zur gefährlichen Herausforderung wurde der Hochstapler für Heinrich jedoch, als sich ausländische Mächte für ihn einsetzten und ihn als Werkzeug zur Durchsetzung eigener politischer Zielvorstellungen benutzten. Den Anfang machte die immer noch amtierende Vormundschaftsregierung um König Karl VIII. von Frankreich, die Warbeck an den französischen Hof zog und hier ehrenvoll aufnahm, um Heinrich im Streit um die Bretagne unter Druck zu setzen. Nach dem Ausgleich mit England im Frieden von Étaples (1492) mußte Warbeck jedoch Frankreich verlassen und fand zunächst Aufnahme in Flandern am Hof der Herzogin-Witwe Margarete von York. 1493 wandte er sich unmittelbar an Margaretes Schwiegersohn Maximilian, der inzwischen zum römisch-deutschen König gewählt worden war, und der – verbittert über Heinrichs Friedensschluß mit Frankreich – nun seinerseits den jungen Abenteurer als willkommenes Faustpfand gegen den ungeliebten Tudor betrachtete und ihn daher demonstrativ als rechtmäßigen Thronerben von England hofierte.

Auf der anderen Seite war jedoch auch König Heinrich auf der Hut. Einige Sympathisanten und Mitverschwörer Warbecks in England wurden entdeckt und als Hochverräter abgeurteilt, wobei diesen »Säuberungsmaßnahmen» auch Sir Thomas Stanley, der durch sein Eingreifen seinerzeit die Schlacht von Bosworth zugunsten Heinrichs entschieden hatte, zum Opfer fiel und hingerichtet wurde (16. 2. 1495). Als Warbeck Anfang Juli mit einer kleinen Flotte an der Küste Kents erschien, wurde er vom örtlichen Aufgebot blutig zurückgeschlagen und wandte sich mit den Resten seiner Truppe zunächst wieder nach Irland und schließlich nach Schottland. Dort wurde er am Hofe König Jakobs IV. nicht nur freundlich aufgenommen, sondern ebenfalls als englischer Thronbewerber anerkannt und sogar mit einer Angehörigen des Königshauses verheiratet. Der Versuch Jakobs IV., mit Waffengewalt in England einzufallen, blieb zwar in einem fruchtlosen Grenzkrieg stecken; dennoch wurde Heinrich durch die militärischen Auseinandersetzungen mit dem nördlichen Nachbarland indirekt in eine neuerliche gefährliche Krise gestürzt. Denn in Cornwall, weit weg von den gefährdeten Grenzregionen, weigerten sich die Bewohner, die für die Kriegführung beschlossenen Sondersteuern zu entrichten und erhoben sich zu einem bewaffneten Aufstand, als Heinrich Anstalten traf, die Gelder mit äußerster Härte einzutreiben. Wie prekär die Lage für die Regierung wurde, zeigt der Umstand, daß die Rebellenarmee immerhin in der Lage war, bis vor die Tore Londons vorzurücken. Bei Blackheath wurde sie jedoch am 17. Juni 1496 von den königlichen Truppen, die eiligst vom Marsch nach Schottland zurückbeordert worden waren, vernichtend geschlagen. Die Vergeltung Heinrichs blieb maßvoll; lediglich die drei Hauptverantwortlichen wurden als Hochverräter hingerichtet.

Warbeck, der inzwischen wieder mit einer kleinen Flotte an der englischen Westküste unterwegs war, hatte allerdings die sich ihm bietende Chance, mit den Rebellen in Cornwall gemeinsame Sache zu machen, verpaßt. Als er schließlich an der Südküste Cornwalls landete, war der Aufstand längst niedergeschlagen. Der labile Abenteurer gab seine Sache verloren, setzte sich von seinen Gefolgsleuten ab und unterwarf sich schließlich seinem Gegner. König Heinrich ließ, nachdem Warbeck vor der Londoner Stadtobrigkeit seine wahre Identität und Herkunft bekannt hatte, zunächst Milde walten und hielt den entlarvten Betrüger lediglich in lockerem Gewahrsam an seinem Hof. Als dieser jedoch in der Folgezeit zu fliehen versuchte, wurde er im Tower inhaftiert und wenige Monate später unter der Beschuldigung, mit anderen «politischen» Mitgefangenen eine Verschwörung angezettelt zu haben, gehängt (29. 11. 1499). Unter den angeblichen Mitverschwörern befand sich auch der bereits seit 1485 im Tower inhaftierte Eduard, Earl von Warwick und nächste Erbe des Hauses York. Jetzt ergriff Heinrich offenbar die Gelegenheit, um sich von dem an sich harmlosen Thronrivalen, dessen bloße Existenz für das Tudorkönigtum allerdings ein permanentes Sicherheitsrisiko bedeutete, für immer zu befreien. Des Hochverrats angeklagt und schuldig gesprochen, wurde Eduard am 28. November 1499 auf dem Tower Hügel enthauptet.

Doch auch mit diesem Gewaltakt war für Heinrich die drohende Gefahr aus den Reihen der York-Anhänger noch nicht endgültig gebannt, denn noch lebten mehrere Neffen König Eduards, die als potentielle Thronrivalen der Yorkisten in Frage kamen. Unter diesen war es Edmund, Earl von Suffolk, der drittälteste Sohn aus der Ehe Elisabeths, der Schwester König Eduards IV., mit dem Herzog Johann von Suffolk, der in der Folgezeit Heinrich das Leben schwer machen sollte. Er konnte auf Dauer der Versuchung nicht widerstehen, als ältester der überlebenden Neffen Eduards IV. die Erb- und Thronansprüche des Hauses York aufzugreifen. Erneut drohte die Situation für Heinrich prekär zu werden, da wiederum zu befürchten stand, daß der neue Prätendent ausländische Unterstützung erhalten werde, zumal es sich jetzt nicht mehr um einen Hochstapler, sondern um einen Thronkandidaten handelte, über dessen Identität keine Zweifel bestanden. So war es wieder König Maximilian, der dem im Juli 1501 heimlich aus England entwichenen Flüchtling zunächst in Imst/Tirol, dann in Aachen Zuflucht gewährte. Allerdings mußte jetzt auch Suffolk die bittere Erfahrung machen, daß sein Förderer ihn nur als Trumpfkarte in den damals mit den Engländern geführten Bündnisverhandlungen benutzte, um ihn darauf in

Aachen mehr oder weniger mittellos seinem Schicksal (und seinen Gläubigern) zu überlassen. Schließlich wurde der erfolglose Thronrivale 1506 an die Engländer ausgeliefert und im Tower inhaftiert, bis ihn Heinrichs Nachfolger, König Heinrich VIII., im Jahre 1513 ohne förmliches Prozeßverfahren hinrichten ließ.

Der Verlauf der geschilderten Thronprätendentenerhebungen hat bereits deutlich gemacht, daß auch Heinrichs *Außenpolitik* weitgehend von der Zielvorstellung geprägt wurde, die Königsherrschaft des Hauses Tudor in England auf Dauer zu sichern und zu legitimieren. So konzentrierte sich ein Großteil der außenpolitischen Aktivitäten zunächst darauf, durch ein kompliziertes System wechselnder Bündniskonstellationen und Handelsvereinbarungen auf die Mächte einzuwirken, bei denen die einzelnen Prätendenten Unterschlupf gefunden hatten, um letzteren den gewährten Beistand zu entziehen. Diese Politik war am Ende auch erfolgreich. Nicht nur wurden die Prätendenten auf diese Weise ihres politischen und materiellen Rückhaltes beraubt, es stellte sich auch insofern ein wertvoller «Nebeneffekt» ein, als der unfruchtbare, seit dem Jahre 1328 währende Dauerkriegszustand mit dem traditionellen Gegner Schottland beendet und durch einen dauerhaften Friedensvertrag (1502) ersetzt wurde. Unterstützt wurden diese Aktivitäten durch eine umtriebige Heiratspolitik, deren Hauptergebnis, die Eheverbindung des überlebenden Sohnes mit dem Hause Aragon, sicher mit dazu beigetragen hat, die neue Dynastie im Kreise der europäischen Königshäuser hoffähig zu machen und auf Dauer zu etablieren.

Ein besonderes außenpolitisches Problem ergab sich, als im Jahre 1492 der französische Königshof Anstalten traf, das Herzogtum Bretagne dem französischen Machtbereich einzuverleiben. Obwohl sich Heinrich auch dem französischen Hof gegenüber, der seine Thronerhebung entscheidend gefördert hatte, verpflichtet fühlte, entschloß er sich unter dem Druck der öffentlichen Meinung in England im Bündnis mit den in Personalunion verbundenen Königreichen Kastilien und Aragon sowie mit dem römisch-deutschen König Maximilian zum militärischen Eingreifen. Als er Anfang Oktober mit einer Invasionsarmee in Calais landete und mit der Belagerung der Stadt Boulogne begann, schien alles darauf hinzudeuten, daß der Tudor-König im Begriff war, die traditionelle Kriegspolitik seiner Vorfahren gegen Frankreich wieder aufzunehmen. In Wirklichkeit hatte Heinrich jedoch schnell erkannt, daß von seinen Verbündeten keine Hilfe zu erwarten war. So nutzte er seine militärische Präsenz lediglich als Trumpfkarte in den bereits laufenden Friedensverhandlungen mit dem Ziel, für sich optimale Bedingungen herauszuschlagen. Im folgenden Friedensvertrag von Étaples (3.11. 1492) ist ihm dies auch weitgehend gelungen. Während er lediglich auf seine Eroberungspläne verzichtete und die durch die Heirat Karls VIII. mit der bretonischen Herzogin Anna geschaffenen Realitäten, die faktische Angliederung der Bretagne an Frankreich, anerkannte, mußte sich der französische König dazu verpflichten, in Zukunft keine Feinde Heinrichs mehr in seinem Lande zu dulden und diesem die gewaltige Summe von insgesamt 745 000 Goldkronen zu zahlen.

Neben diesen Aktivitäten war es jedoch besonders die *innere Herrschaftspolitik* König Heinrichs, die schon von jeher das Interesse der Forschung auf sich gezogen und zu ganz unterschiedlichen Wertungen Anlaß gegeben hat. Dabei steht auch heute noch ein Fragenkomplex im Mittelpunkt aller Diskussionen: Inwieweit hat Heinrich in seiner Herrschafts-, Rechts-, Verwaltungs- und Finanzpolitik im Vergleich mit seinen mittelalterlichen Vorgängern – insbesondere mit König Eduard IV. – neue Wege eingeschlagen, die es rechtfertigen, sein Regierungssystem als eine «neue Monarchie» und seine Regierungszeit daher als einen entscheidenden Wendepunkt in der englischen Geschichte zu bezeichnen?

Auf den ersten Blick überwiegt der Eindruck, daß der erste Tudorkönig in seiner Herrschaftspolitik eher traditionelle Wege beschritten hat. Schon der Umstand, daß Heinrich einen Großteil ehemaliger Berater Eduards IV. und Richards III. in seine Dienste nahm, deutet auf Kontinuität. Wie seine Vorgänger aus dem Hause York nutzte auch er die Möglichkeit, mit Hilfe der summarischen parlamentarischen Ächtungsgesetze (acts of attainder) nicht nur seine Gegner zu schwächen, sondern vor allem auch deren Vermögen der Krondomäne zuzuführen. Wie Eduard IV. gehörte auch Heinrich zu den (wenigen) Königen, die es fertigbrachten, ihre Ausgaben geringer zu halten als ihre Einnahmen, und die daher am Ende ihrer Regierungszeit ihren jeweiligen Nachfolgern solide Finanzen mit beträchtlichen Guthaben hinterließen. Darüber hinaus stützte sich auch Heinrich auf die hergebrachten Herrschaftsinstitutionen, insbesondere auf den königlichen Rat als umfassende Gerichts- und Beratungsinstanz sowie auf die königliche Kammer als Finanzbehörde, die als eine Institution des Haushaltes der unmittelbaren Kontrolle des Königs unterstand und mit der «offiziellen» Finanzbehörde des Landes, dem Schatzamt (exchequer), konkurrierte. Bei näherer Betrachtung werden jedoch auch erhebliche Unterschiede in der Regierungspraxis im Vergleich etwa zu Eduard IV. deutlich. Dies gilt zunächst einmal für den Umgang Heinrichs mit seinen Gegnern aus dem Lager der Nobilität. Während Eduard IV. auf der einen Seite nicht gerade zimperlich war, oppositionelle Adlige nach dem miltärischen Sieg aufs Schafott zu schicken, andererseits aber dazu neigte, die überlebenden Familienmitglieder großzügig – in etwa 85 % der Fälle – wieder in ihr Vermögen und die alte Machtposition einzusetzen, hielt sich Heinrich sowohl mit Exekutionen besiegter Opponenten als auch mit der Restituierung der betroffenen Familien merklich zurück. An Stelle einer pauschalen Restitution bot er dabei den überlebenden Gegnern im Einzelfall die Chance, durch künftiges Wohlverhalten schrittweise das frühere

Familienvermögen und die alte Rechtsstellung zurückzugewinnen. Diese Politik hatte zum einen den Vorteil, daß die absolute Vorrangstellung des Königs als größter Grundbesitzer im Lande und damit auch die sich hieraus ergebende Machtstellung gegenüber dem Hochadel gewahrt wurde. Dazu kam, daß die potentiellen Opponenten weitgehend ihrer Ressourcen beraubt und damit auch entscheidend geschwächt blieben. Endlich bot dieses Vorgehen für manchen ehemaligen Gegner verlockende Anreize zur Kooperation mit der neuen Regierung, die dem angestrebten Hauptziel Heinrichs, der Sicherung und Legitimierung der Tudorherrschaft in England, nur förderlich sein konnten.

Ein weiterer bedeutsamer Unterschied gegenüber den Vorgängern lag in der rigorosen *Fiskalpolitik,* die Heinrich gegenüber allen seinen Untertanen praktizierte. Die traumatischen Erinnerungen an die eigene Mittellosigkeit in der Exilszeit dürften bei ihm in besonderer Weise den Wunsch nach finanzieller Unabhängigkeit geweckt haben. Allerdings diente Heinrichs Fiskalpolitik nicht nur dem Ziel, den Staatsschatz anzuhäufen; sie wurde vor allem auch als ein herrschaftspolitisches Disziplinierungsinstrument genutzt. Dabei pflegte Heinrich schwere, aber auch verhältnismäßig geringe Verstöße gegen Gesetze oder Befehle des Königs zum Anlaß zu nehmen, von den Betroffenen vertraglich vereinbarte Schuldanerkenntnisse (indentures) mit entsprechenden Zahlungsverpflichtungen zu erpressen, die zum Teil rigoros eingetrieben wurden, zum Teil aber auch nach Gutdünken des Königs ermäßigt oder gar erlassen werden konnten. Voraussetzung für das Funktionieren dieses Systems war allerdings eine weitere Neuerung, die die Regierungsweise Heinrichs nachhaltig geprägt hat: eine zunehmende *Bürokratisierung* der königlichen Zentralverwaltung und Gerichtsbarkeit, verbunden mit dem massiven Einsatz gelehrter, dem König ergebener Juristen, die ohne Rücksicht auf adlige Patronage- und Klientelverhältnisse scheinbar »objektiv« mit Hilfe zahlreicher Kommissionen alle möglichen Rechts- und Gesetzesverstöße sowie bisher nicht geltend gemachte oder von den lokalen Herrschaften usurpierte königliche Rechte aufspürten. Waren die Betroffenen nicht zu «freiwilligen» vertraglichen Vereinbarungen mit der Krone bereit, mußten sie befürchten, in wenig aussichtsreiche Prozesse vor den königlichen Gerichten verwickelt zu werden, wobei seit 1498/99 ein besonderer, hierfür zuständiger Gerichtshof (Council Learned in the Law), bezeugt ist. Die mit diesem Vorgehen verbundene Tendenz, den Einfluß der königlichen Zentralverwaltung zu Lasten der adligen Lokalgewalten auszudehnen, wurde durch Heinrichs Bestreben, auf der regionalen Ebene gegenüber den Sheriffs das Amt der Friedensrichter aufzuwerten und hierzu bevorzugt Angehörige aus den unteren Schichten des niederen Landadels (Gentry) heranzuziehen, noch zusätzlich verstärkt. Wenn auch von einem Teil der neueren Forschung eingewandt wurde, daß Heinrichs Regierungssystem gerade im Lokalbereich nicht zu Recht und Ordnung, sondern zu Gewalt und Instabilität geführt habe und damit am Ende gescheitert sei, ändert dies nichts an der grundsätzlichen Feststellung, daß unter Heinrich im Vergleich zu seinen Vorgängern doch andere Herrschaftsmethoden praktiziert wurden, die – unter den gewandelten Umständen – auch zu einer neuen königlichen Herrschaftsqualität geführt haben. Ob man diesen Herrschaftsstandard – geprägt durch ein Mehr an Zentralismus und Bürokratie bei gleichzeitiger Schwächung adliger Herrschaftsautorität auf dem Lande – bereits als eine «neue Monarchie» bezeichnen sollte, wie dies in der jüngsten Forschung (wieder) vorgeschlagen wird, kann hier dahingestellt bleiben. Auf jeden Fall erscheint es gerechtfertigt, den Regierungsantritt des ersten Tudorkönigs nach wie vor als einen wichtigen Wendepunkt in der englischen Geschichte anzusehen.

*Michael Erbe*

# Heinrich VIII.
## 1509–1547

*Heinrich VIII., geb. 28. Juni 1491 in Greenwich; König 21. April 1509; gest. 28. Januar 1547 in Westminster, bestattet in der Lady Chapel, Windsor. Vater: Heinrich VII. von England (1457–1509); Mutter; Elisabeth, Tochter Eduards IV. von England (1466–1503), Geschwister: Arthur (1486–1502, zunächst Kronprinz), verh. seit 1501 mit Katharina von Aragon (seit 1509 Gemahlin Heinrichs VIII.); Margarete (1489–1541), verh. 1) seit 1503 mit König Jakob IV. von Schottland (gest. 1513); 2) seit 1514 mit Archibald Douglas, Earl of Angus (Ehe 1526 geschieden; 3) seit 1526 mit Henry Stuart, Lord Mehtven; Maria (1496–1533), verh. 1) seit 1514 mit König Ludwig XII. von Frankreich (gest. 1515); 2) seit 1515 mit Charles Brandon, Duke of Suffolk; Eheschließungen: 1509 mit Katharina (1485–1536), Tochter König Ferdinands II. von Aragon (1533 geschieden); 2) 1533 mit Anna Boleyn (1507–1536), Tochter von Thomas Boleyn, seit 1529 Earl of Wiltshire; 3) mit Jane Seymour 1536 (1509–1537), Tochter von Sir John Seymour; 4) Januar 1540 mit Anna von Kleve (1515–1557), Tochter Herzog Johanns III. von Kleve (im Juli 1540 für nichtig erklärt); 5) Juli 1540 mit Catherine Howard (1521/22–1542), Tochter von Lord Edmund Howard; 6) 1543 mit Catherine Parr (1512–1548), Tochter von Thomas Parr of Kendal; Kinder: aus der ersten Ehe Henry (*/† 1511); Maria (Mary) (1516–1558) = Königin Maria I. (ab 1553), seit 1554 verh. mit König Philipp II. von Spanien; aus der zweiten Ehe Elisabeth (1533–1603) = Königin Elisabeth I. (ab 1558); aus der dritten Ehe Eduard (Edward) (1537–1553) = König Eduard VI. (ab 1547); uneheliches Kind aus der Verbindung mit Elizabeth Blount Henry »Fitzroy», Duke of Richmond (1519–1536).*

Fast jeder kennt ihn als eine Art «König Blaubart» mit seinen sechs Frauen, von denen er zwei hinrichten ließ. Wer historisch etwas bewanderter ist, verbindet mit seinem Namen außerdem die Anfänge der englischen Reformation. Das berühmte Bildnis Hans Holbeins des Jüngeren, das zwischen 1537 und 1540 entstand, zeigt uns den Endvierziger als einen sehr großen, kraftstrotzenden, allerdings feist gewordenen Mann, der in kostbarer Gewandung und herrscherlicher Pose, die muskulösen Beine breit auf den Boden stemmend, die Schultern durch einen pelzverbrämten roten Mantel in ihrem Ausmaß betonend, königliche Größe an sich zu verkörpern scheint. Er wirkt auf den Betrachter wie der Inbegriff des «Renaissancemenschen»: stark, prachtliebend, selbstbewußt. Ein Blick auf die Gesichtszüge verrät allerdings, daß diese scheinbar so machtvolle Persönlichkeit auch von Sensibilität und Unsicherheit ge-

Heinrich VIII. (1509–1547)

prägt gewesen sein muß. In der Tat war Heinrich VIII. ein äußerst widersprüchlicher Charakter: Er war einerseits hochgebildet, sprachbegabt, musikalisch und poetisch veranlagt, dazu tat er sich in den Sportarten und Kampfesweisen des Adels stets siegreich hervor –, andererseits aber war er empfindlich, fast krankhaft mißtrauisch, launenhaft, unberechenbar und hatte selbst für ein Zeitalter, das in dieser Hinsicht für uns heute eher übertrieb, eine starke Neigung zur Grausamkeit. Seine Ehen standen vor allem unter dem Primat der Politik, und diese unter dem der Absicherung seiner Dynastie. Beides trieb ihn zu kirchenpolitischen Maßnahmen, deren Konsequenzen unabsehbar und von ihm sicherlich nicht gewollt waren. Am Ende hat er weder sein Haus absichern – die Tudors sollten eine Generation nach ihm aussterben – noch verhindern können, daß England sich völlig vom römisch-katholischen Bekenntnis abkehrte. Politisch ist er praktisch gescheitert. Dennoch markiert seine Regierung für England endgültig den Beginn einer neuen Epoche.

Heinrich VIII. kam am 28. Juni 1491 als drittes Kind König Heinrichs VII. und seiner Frau Elisabeth von York, der ältesten Tochter König Eduards IV. (1461–1482), im Schloß von Greenwich zur Welt. Er war der zweitgeborene Sohn nach dem damaligen Kronprinzen, der den programmatischen Namen des sagenumwobenen britischen Königs Arthur erhalten hatte. Thronfolger wurde er erst durch Arthurs Tod im Jahre 1502. Wir wissen daher über Heinrichs Kindheit und frühe Jugend recht wenig. In den Bereich der Sage gehört jedenfalls der Bericht seines ersten Biographen Lord Herbert of Cherbury aus der Mitte des 17. Jahrhunderts, der Prinz sei ursprünglich für die geistliche Laufbahn ausersehen gewesen und habe eine theologische Ausbildung erhalten, um dereinst Erzbischof von Canterbury zu werden. Allerdings sollte sich Heinrich später in theologischen Fragen als durchaus bewandert erweisen. Als Kronprinz wurde er von seinem Vater, der fürchtete, auch diesen Sohn zu verlieren, in strengster Abgeschiedenheit gehalten. Für seine Erziehung war vor allem seine strenge und eher gefühlskalte Großmutter väterlicherseits, Margarete Beaufort († 1509), zuständig. Seine humanistischen Tutoren haben den jungen Prinzen immerhin so gründlich Latein gelehrt, daß er es später in Wort und Schrift fließend beherrschte, ebenso wie im übrigen das Französische. Außerdem konnte er bruchstückweise Italienisch und etwas Spanisch, und für kurze Zeit hat er sich auch dem Griechischen gewidmet. Bemerkenswert waren seine musikalische Begabung und seine Liebe zur Musik: er spielte nicht nur vortrefflich mehrere Instrumente, sondern hat auch selber zwei Messen und etliche Lieder komponiert. Im Gegensatz zu seinem weniger robusten Bruder war er für die damalige Zeit überdurchschnittlich groß (nach den zwei von ihm erhaltenen Rüstungen maß er 1,88 Meter), kräftig und athletisch gebaut, zudem in sämtlichen körperlichen Übungen äußerst geschickt. Er brillierte als Reiter und Turnierkämpfer ebenso wie als Tennisspieler und Ringer. Der künftige König verkörperte also geradezu das Ideal des damaligen Hofmanns, wie es Baldassare Castiglione in seinem 1528 erschienenem »Libro del Cortegiano» anschaulich beschrieben hat.

Kurz nach der Thronbesteigung heiratete Heinrich die um sechs Jahre ältere Katharina, die jüngste Tochter König Ferdinands II. von Aragon (und seit dem Tod seiner Frau Isabella 1504 auch von Kastilien). Katharina war 1501 mit sechzehn Jahren bereits Heinrichs Bruder Arthur angetraut worden, jedoch hatten beide die Ehe noch nicht vollzogen, als dieser starb. Die in der Fremde unglückliche Prinzessin verblieb in England und wurde zum Spielball der Politik Heinrichs VII., der abwechselnd daran dachte, sie seinem zweiten Sohn zur Frau zu geben oder – nachdem er 1503 Witwer geworden war – selbst zu heiraten. Zur Hochzeit mit dem Kronprinzen bedurfte es wegen des kanonischen Verbots der Schwägerheirat eines päpstlichen Dispenses, der schließlich auch gewährt wurde. Heinrich VII. dachte dann aber, zumal es Probleme mit Katharinas Mitgift gab, zeitweilig auch an eine Eheverbindung seines Sohnes mit den Habsburgern oder dem französischen Königshaus. Heinrichs VIII. Entschluß zur Heirat erfolgte offenbar aus eigenem Antrieb, ohne bewußtes politisches Kalkül, und er befreite damit die spanische Prinzessin aus einer äußerst mißlichen Lage, in der sie sich bereits so zu kasteien begonnen hatte, daß man um ihr Leben fürchten mußte.

Nach der freudlosen Zeit des rigiden, sparsamen siebten Heinrich feierte man den Herrschaftsantritt des neuen Königs wie den Beginn einer neuen, glückseligen Epoche. Heinrich VIII. sorgte denn auch alsbald für ein glanzvolles Hofleben; er baute die vorhandenen königlichen Residenzen prächtig aus und erwarb zahlreiche neue. Zudem kümmerte er sich um den Ausbau der englischen Kriegsflotte, ja er kann geradezu als Begründer der englischen Seemacht gelten. Alles dies konnte er sich leisten, denn er trat sein Amt in einem wohlgeordneten Staatswesen mit soliden Finanzen und bewährten Ratgebern an, die er vorerst sämtlich beibehielt. Eine Ausnahme bildeten lediglich die beiden verhaßten Finanzfachleute Richard Empson und Edmund Dudley. Sie wurden sogleich verhaftet und – da man ihnen Mißgriffe oder Unterschlagungen nicht nachweisen konnte – wegen angeblichen Hochverrats abgeurteilt und hingerichtet, ein Justizmord, dem Heinrich noch zahlreiche folgen lassen sollte. Ansonsten verließ er bald die vorsichtige außenpolitische Linie seines Vaters und stürzte sich an der Seite der von Papst Julius II. im Oktober 1511 im Verein mit Kaiser Maximilian I., der Republik Venedig und Aragon-Kastilien gegen Frankreich gebildeten «Heiligen Liga» in einen Konflikt mit dem Erzfeind jenseits des Kanals. Im Land selbst war die Wiederauflage des Hundertjährigen Krieges offenbar nicht unpopulär, da die erforderlichen Mittel im Februar 1512 vom Parlament ohne weiteres bewilligt wurden. Heinrich ließ zunächst an der französisch-spanischen Grenze Truppen landen, die dort aber kaum etwas ausrichteten, und im August 1513 schlug er in der sogenannten Sporenschlacht bei Guinegate ein französisches Heer, das die vom ihm belagerte Stadt Thérouanne an der Grenze des Artois zu Flandern entsetzen sollte. Thérouanne und Tournai wurden eingenommen, und etwa zur gleichen Zeit besiegte ein englisches Heer die mit Franz I. verbündeten Schotten bei Flodden Edge, wobei Heinrichs Schwager König Jakob IV. den Tod fand. Da die Verbündeten jedoch hinter dem Rücken des englischen Königs mit dem Feind verhandelten, schloß er im Juli 1514 mit Ludwig XII. von Frankreich einen Separatfrieden, der Heinrich neben dem Besitz von Calais auch den des bald gegen eine jährliche Geldzahlung wieder abgetretenen Tournai sicherte und zugleich die Heirat zwischen seiner Schwester und dem französischen König besiegelte. Alles in allem waren das nur vordergründige Erfolge. Die Kosten überwogen die Gewinne erheblich.

Im Zusammenhang mit den Kriegshandlungen hat sich ein Berater des König besonders hervorgetan, den schon Heinrichs Vater für diplomatische Missionen verwandt und den der neue König bereits 1509 in den Kronrat aufgenommen hatte: Thomas Wolsey (ca. 1473–1530). Der geistig überaus begabte Sohn eines Metzgers hatte in Oxford studiert und die geistliche Laufbahn eingeschlagen. Der Krieg gegen Frankreich gab ihm die Gelegenheit, seinem Herrn sein außerordentliches Organisationsgeschick zu beweisen. Das dabei erworbene Vertrauen des Königs brachte ihm 1515 das Amt des Lordkanzlers, das er bis 1529 ausüben sollte. Da sich Heinrich in dieser Zeit kaum um die Regierungsgeschäfte kümmerte, konnte sich Wolsey, der nach und nach sämtliche wichtigen Ratgeber verdrängte und durch eigene Anhänger ersetzte, ferner in zwei der höchsten königlichen Gerichte, dem *Court of Chancery* und der *Star Chamber* den Vorsitz führte, geradezu zum Alleinherrscher aufschwingen. Zu seiner weltlichen Machtfülle kam die geistliche. Bereits 1513 Bischof von Tournai, wurde er im Frühjahr darauf Bischof von Lincoln und im September 1514 Erzbischof von York. Ein Jahr darauf ernannte ihn Papst Leo X. zum Kardinal und 1518 zum *Legatus a latere*, d. h. zum pästlichen Beauftragten für die englische Kirche mit Sondervollmachten, die zum Zweck einer durchgreifenden Reform eingesetzt werden sollten. Dieses zunächst nur befristet an ihn vergebene Amt wurde ihm 1524 sogar auf Lebenszeit überlassen, ohne daß es auch nur in Ansätzen zu Reformen kam. Wolsey, dem zu seinem Leidwesen die angesehenste geistliche Würde im Königreich, die des Erzbischofs von Canterbury (ebenso wie die Tiara, nach der er gleichfalls strebte), versagt blieb, gebot jedoch unumschränkt über die englische Kirche, die er nach Gutdünken für seine Zwecke und vor allem zur eigenen Bereicherung ausbeutete. Die spätere Kirchenpolitik Heinrichs VIII. wäre vielleicht kaum durchführbar gewesen, wenn man sich in England nicht bereits anderthalb Jahrzehnte hindurch daran gewöhnt gehabt hätte, daß der Papst hier in geistlichen Dingen faktisch nichts mehr zu sagen hatte.

Wolseys Innenpolitik stand in vieler Hinsicht unter dem Postulat seiner außenpolitischen Ambitionen. Nachdem der unter Heinrich VII. angesparte Staatsschatz verbraucht war, mußten neue Geldmittel erschlossen werden, um nach außen gegenüber den beiden großen Mächten Frankreich und Spanien weiterhin eine Rolle spielen zu können. Beide lagen wegen des bestimmenden Einflusses in Italien miteinander in Konflikt, wobei sich die Waagschale bald zugunsten des Habsburgers Erzherzog Karl (* 1500, † 1558) neigen sollte, dem Herrn über die Niederlande und Burgund sowie seit 1516 (als Karl I.) König über die vereinten Teile Spaniens und die aragonesischen Nebenlande in Italien. Ihm stand der seit Anfang 1515 über Frankreich regierende König Franz I. (* 1494, † 1547) gegenüber, der noch während des ersten Regierungsjahrs das Herzogtum Mailand eroberte und Papst Leo X. ein Jahr später zu einem Konkordat nötigte, das ihm faktisch die Herrschaft über die französische Kirche sicherte. Beide Fürsten bewarben sich 1519 um die Kaiserkrone, und nach langem Hin und Her wählten die Kurfürsten des Reiches den Enkel Kaiser Maximilians I., der als Karl V. den Thron bestieg. Auch Heinrich VIII. trug sich zeitweilig mit dem Gedanken, gegen die beiden etwas jüngeren Monarchen, von denen er sich an Glanz nicht übertreffen lassen wollte, bei der Kaiserwahl anzutreten. Zwischen 1516 und 1529 lavierte Wolseys Politik zwischen den beiden Rivalen hin und her, ohne daß England dabei viel ins Gewicht werfen konnte. In der Erinnerung hat lange das glanzvoll inszenierte Treffen Heinrichs mit Franz I. im Sommer 1520 fortgelebt, für das eigens in der Nähe von Calais ein hölzerner Palast und prächtiges Zeltlager aus Goldbrokat aufgeschlagen wurden (daher *Field of Cloth of Gold* bzw. *Camp du Drap d'Or*). Hier fanden ritterliche Turniere statt, an denen sich die Monarchen persönlich beteiligten, und der ostentativ herausgestellten Freundschaft zwischen den beiden Königen tat selbst die Tatsache keinen Abbruch, daß Heinrich von dem annähernd gleich großen und starken Franz im Ringkampf besiegt wurde. Ähnlich glanzvolle Treffen gab es mit Karl V., und zunächst nahm Wolsey 1522 die Partei des Kaisers, um nach dem Sieg von dessen Truppen über Franz I. bei Pavia im Februar 1525 der vom Papst Clemens VII. im Mai 1526 gegen die drohende habsburgische Hegemonie auf der Apenninenhalbinsel gegründeten Liga von Cognac beizutreten. Doch ein Jahr später eroberten Karls Truppen Rom und plünderten es (*Sacco di Roma*, Mai 1527). Der Papst wurde zum Gefangenen des Kaisers und schloß im Juni 1529 mit ihm Frieden. Der erneute Sieg der kaiserlichen über die französischen Truppen führte im August des gleichen Jahres zum sogenannten Damenfrieden von Cambrai, den die Mutter Franz' I. mit der Schwester Karls V. aushandelte. Die englische

Politik hatte daran nicht den geringsten Anteil, und England trug aus den Auseinandersetzungen zwischen den beiden Häusern Habsburg und Valois keinerlei Gewinn davon. Zudem waren die Staatskassen leer, und die Wirtschaft, die u. a. vom Wollexport in die Niederlande abhängig war, hatte großen Schaden genommen. Wolsey war außen- und innenpolitisch auf der ganzen Linie gescheitert.

Dazu trug nicht zuletzt die Krise um die Ehe Heinrichs VIII. bei, an deren Endpunkt die durch den König vollzogene Trennung der englischen Kirche von Rom stehen sollte. Heinrich hatte mit Katharina von Aragon lange Jahre harmonisch zusammengelebt, trotz zahlreicher Schwangerschaften hatte sie ihm aber keinen Thronerben gebären können. Ihre Kinder kamen entweder tot zur Welt oder starben in den ersten Tagen nach der Geburt. Lediglich eine Tochter, die 1516 geborene Maria, überlebte die Krisen des Säuglings- und Kleinkindalters. Seit 1518 wurde die Königin überhaupt nicht mehr schwanger. Der König begann um den Fortbestand seiner Dynastie zu fürchten, zumal man in England zwar die Thronfolge über die weibliche Linie, nicht aber die Herrschaft einer Königin kannte. Da Heinrich VIII. bei aller Genußsucht ein tieffrommer Mann war, begann er sich selbstquälerisch zu fragen, ob seine Ehe nicht laut Kap. 20, 21 des 3. Buchs Mose (Leviticus) – wonach die Ehe mit der Witwe des Bruders mit Kinderlosigkeit gestraft würde – verflucht sei und daher aufgelöst werden müsse. Die neuere Forschung nimmt diese Gewissensqualen, die mit zur Mentalität des »Renaissancemenschen« gehören, durchaus ernst. Hinzu kam, daß der öfter seinen Hofdamen nachstellende König sich zwischen 1525 und 1527 heftig in die junge Schwester einer seiner ehemaligen Mätressen, Anna Boleyn, verliebte. Sie war die Tochter von Thomas Boleyn, Mitglied des *Privy Council,* der 1529 zum Earl of Wiltshire und im Januar 1530 zum Großsiegelbewahrer (*Keeper of the Privy Seal*) ernannt wurde. Als Heranwachsende hatte sie einige Jahre als Hofdame der Gemahlin Franz I. am französischen Hof verbracht und zog nun die Aufmerksamkeit Heinrichs weniger durch Schönheit als durch natürlichen Charme auf sich. Sie gab jedoch nicht, wie er es gewohnt war, sogleich seinem Werben nach, sondern hielt ihn lange hin, während er ihr glühende französische und englische Liebesbriefe schrieb, die noch heute den Leser bewegen. Denn ihr Ziel war es, selbst Königin zu werden, und hierzu benötigte Heinrich die Scheidung.

Eine solche war nur vom Papst zu erlangen und selbst dann schwierig, wenn sich aus dem Kanonischen Recht stichhaltige Gründe dafür ergaben. Wolsey machte sich im Frühjahr 1527 anheischig, sie in Rom mit Erfolg zu betreiben. Ganz abgesehen von den juristischen Schwierigkeiten war aber Papst Clemens VII. zu dieser Zeit, als er sich in völliger Abhängigkeit von Karl V., dem Neffen der Königin Katharina, befand, auch politisch gar nicht in der Lage, den Wunsch Heinrichs VIII. zu erfüllen.

Für diesen war das der Anlaß, Wolsey im Oktober 1529 aus seinem Amt als Lordkanzler zu entlassen. Dessen jäher Sturz hätte wohl ein schlimmeres Ende genommen, da bereits eine Hochverratsklage gegen ihn angestrengt wurde, wäre der völlig gebrochene Kardinal nicht Ende November 1530 gestorben. Sein Nachfolger wurde – als erster Nicht-Geistlicher in diesem hohen Amt – der Jurist Sir Thomas More (1478–1535), der enge Freund des Erasmus von Rotterdam und Verfasser der berühmten «Utopia», der seit 1515 für den König in diplomatischen Missionen unterwegs gewesen war, seit 1518 dem *Privy Council* angehörte und sich 1523 als *Speaker* des *House of Commons* allgemein Respekt erworben hatte. Er trat die Kanzlerschaft allerdings unter der Bedingung an, daß er nicht in die Eheangelegenheit des Königs hineingezogen würde. More trachtete im übrigen keineswegs danach, in die Fußstapfen Wolseys zu treten und beschränkte sich auf die Aufsicht über die Rechtspflege. Die Regierungsgeschäfte, um die sich Heinrich nach wie vor wenig kümmerte, lagen in den Händen seines Schwagers Charles Brandon, Duke of Suffolk, von Thomas Howard, Duke of Norfolk sowie des Earls of Wiltshire, des Vaters von Anna Boleyn, der seine Position vor allem seiner Tochter verdankte. Politisch bewirkten sie sämtlich nicht viel, zumal die Spielräume schon aus finanziellen Gründen recht eng waren.

Im November 1529 wurde seit sechs Jahren zum ersten Mal wieder ein Parlament einberufen. Der König versuchte, die allgemeine antikirchliche Stimmung im Land für sich zu nutzen, die seit dem späten 14. Jahrhundert Tradition hatte und sich infolge der Mißbräuche Wolseys immer stärker bemerkbar machte. Damit sollte Druck auf die Kurie ausgeübt werden, was jedoch mißlang, da Karl V. nach wie vor am längerem Hebel saß. Heinrich holte zudem – beraten durch den Cambridger Theologen Thomas Cranmer – über seine Eheangelegenheit Rechtsgutachten bei verschiedenen europäischen Universitäten ein, von denen die beiden englischen, die französischen sowie die Universitäten Bologna, Ferrara und Padua für seine Auffassung eintraten, die restlichen italienischen sowie die spanischen und deutschen ihr dagegen widersprachen. Die eigene Kirche setzte er seit 1530 durch die Anwendung des *Statute of Praemunire* von 1353 unter Druck, das die Anrufung der päpstlichen Gerichtsbarkeit über den König hinweg verbot, und dies, indem er die Kirchenoberen gerade deswegen zu belangen drohte, weil sie sich Wolsey als Legaten des Papstes unterworfen hatten. Da die Enteignung der Kirchengüter durch den König zu befürchten war, zogen es die Synoden (*convocations*) der beiden Kirchenprovinzen Canterbury und York im Februar 1531 vor, ihm eine Geldbuße in Höhe von insgesamt 118 000 Pfund anzubieten. Außerdem gestanden sie ihm den Titel «einziger Beschützer, alleiniger und höchster Herr und, soweit es das Gesetz Christi erlaubt, selbst Oberhaupt» (*singular protector, only and supreme lord, and as far as the law of Christ allows even supreme head)* der englischen Kirche und Geistlichkeit zu. Damit sollte Heinrichs Position gegenüber Rom gestärkt werden, doch der Papst zeigte sich unbeeindruckt und ging sogar so weit, dem König ausdrücklich jede Wiederverheiratung zu verbieten. Im Frühjahr 1532 brachte dieser daraufhin das Parlament zu einer Petition gegen die Mißstände in der Kirche. Die Bittschrift diente als Druckmittel gegenüber der Povinzialsynode von Canterbury, die beschloß, daß künftig sämtliche kirchlichen Gesetze und Verordnungen erst nach königlicher Billigung rechtskräftig sein sollten. Parallel dazu verfügte das Parlament, daß von nun an keine Annaten, d. h. keine Einkünfte des ersten Jahres nach der Übernahme einer Kirchenpfründe, mehr an die Kurie gezahlt werden dürften. Allerdings wurde es dem König anheimgestellt, zu welchem Zeitpunkt er dieses Gesetz in Kraft treten lassen wolle. Denn immer noch hoffte Heinrich auf eine Einigung mit Rom.

Im August 1532 wurde der Erzbischofsstuhl von Canterbury vakant, und der König besetzte ihn mit seinem engsten theologischen Berater Cranmer. Da die Kurie an einer Zuspitzung der Lage nicht interessiert war, gab es dagegen keinen Einwand, und die Amtseinführung im Frühjahr 1533 erfolgte kanonisch korrekt. Die Situation spitzte sich dennoch zu, als im Januar 1533 feststand, daß Anna Boleyn, die den König endlich erhört hatte, schwanger war. Da der ersehnte Thronfolger als legitimes Kind geboren werden mußte, blieb Heinrich nun kein anderer Ausweg, als den förmlichen Bruch mit Rom zu vollziehen. Er heiratete Anna zunächst heimlich. Im März 1533 erließ das Parlament ein Gesetz, das verbot, künftig in kirchenrechtlichen Fragen an den Papst zu appellieren (*Act in Restraint of Appeals*) und gleichzeitig die geistliche Gerichtsbarkeit der königlichen unterstellte. Im Mai kam die von Cranmer präsidierte Provinzialsynode von Canterbury zu dem Beschluß, daß die Ehe des Königs mit Katharina von Aragon nichtig sei. Ende des Monats wurde Heinrichs Heirat mit Anna Boleyn für gültig erklärt, und am 1. Juni erfolgte deren Krönung zur Königin. Die Sanktionen des Papstes folgten auf dem Fuße: im Juli wurden der König, der Erzbischof und die Mitglieder der Synode, die Heinrich den Weg in die neue Ehe ermöglicht hatten, mit dem Kirchenbann belegt, der – als der König keinerlei Bereitschaft einzulenken erkennen ließ – im September öffentlich verkündet wurde.

Da es jetzt gegenüber Rom kein Zurück mehr gab, folgten von Heinrichs seiten weitere Maßnahmen zu Stabilisierung seiner Position gegenüber der englischen Kirche. Die bereits 1532 erfolgte Unterwerfung der Kirche unter den Monarchen wurde zu Beginn des Jahres 1534 vom Parlament gesetzlich in Kraft gesetzt (*Act for the Submission of the Clergy*). Es folgten bis zum Jahresende die Suprematsakte (*Act of Supremacy*), die dem König die Funktion eines geistlichen Oberhaupts mitsamt dem Recht übertrug, auch über häretische Ansichten zu entscheiden, ferner die Sukzessionsakte (*Act of Succession*), wonach die Tochter aus der Ehe mit Katharina von Aragon für illegitim erklärt und von der Nachfolge ausgeschlossen und dafür die Kinder aus der zweiten Ehe als rechtmäßige Erben der Krone anerkannt wurden, schließlich die Hochverratsakte (*Treason Act*), wonach jede Äußerung, die die Stellung des Königs als Kirchenoberhaupt bzw. die Rechtmäßigkeit seiner Ehe in Frage stellte, gerichtlich geahndet werden konnte. Hinzu kamen Gesetze, die jegliche Zahlung von kirchlichen Abgaben an die Kurie verboten und sie statt dessen dem König zugestanden. Damit war die Trennung von Rom vollzogen, Heinrich VIII. gewissermaßen zum Papst im eigenen Königreich geworden. Die neue Stellung des Königs, die Gültigkeit seiner zweiten Ehe und die Thronfolgeregelung hatten sämtliche Untertanen durch einen Eid anzuerkennen. Wer ihn verweigerte, wurde wegen Hochverrats hingerichtet. Dieses Schicksal traf u. a. den Bischof von Rochester John Fisher und den als Kanzler bereits 1532 zurückgetretenen Thomas More, die beide im Sommer 1535 geköpft wurden.

Alle diese Maßnahmen gingen auf den seit 1530 im *Privy Council* tätigen Thomas Cromwell (1485–1540) zurück. Der Sohn eines Schmieds und Tuchwalkers aus Putney im Südwesten Londons war zunächst als Kaufmann auf dem Kontinent weit herumgekommen und hatte sich schließlich aufgrund seiner Rechtskenntnisse als Anwalt niedergelassen. Seit 1520 war er Berater Kardinal Wolseys und hatte ähnliches Organisationsgeschick wie dieser an den Tag gelegt. 1529 ins *House of Commons* gewählt, tat er sich als Sachwalter des Königs bei den antiklerikalen Diskussionen hervor und erregte die Aufmerksamkeit des Königs, der ihn in seine Nähe zog. Seit 1531 gehörte er zum engsten Kreis von Heinrichs Ratgebern. Nach verschiedenen Ämtern auf höchster Regierungsebene bekleidete er schließlich ab Juni 1536 das des *Keeper of the Privy Seal*. Er war es, der jene Politik vorschlug, die zur Trennung von der Papstkirche führte, während dem König selbst eher eine Regelung vorgeschwebt zu haben scheint, wie sie Franz I. für die Kirche Frankreichs mit dem Konkordat von 1516 erreicht hatte. Aber Cromwell ging es um wesentlich mehr: er zielte auf die Unterstellung des gesamten Landes unter die – allerdings im Verein mit dem Parlament ausgeübte – königliche Autorität und zugleich auf die völlige Unabhängigkeit des Monarchen von äußeren Gewalten. Die Macht des Königs erfuhr denn auch dadurch, daß er sich zum Oberhaupt der Kirche seines Reichs machte, eine bisher in England nie gekannte Steigerung. Er war damit nahezu das, was der französische Staatstheoretiker Jean Bodin gegen Ende des 16. Jahrhunderts als «souverän» bezeichnen sollte. Zur Machtfülle des Königs trugen im übrigen die Straffung des Finanzwesens und eine durchgreifende Bürokratisierung der Verwaltung bei. In der neueren Forschung ist das von Cromwell Bewirkte als «institutionelle Revolution der Tudorzeit» bezeichnet worden, allerdings wurde auch darauf hingewiesen, daß manche der Reformen bereits unter den Vorgängern Heinrichs VIII. geplant worden seien. Doch bei aller Macht, die dieser König in seiner Person vereinigte, kann man von einem «Tudor-Absolutismus» bei Heinrich VIII. ebensowenig sprechen wie später bei seiner Tochter Elisabeth I., da beide ihre Politik nur im Verein mit den in den beiden Häusern des Parlaments vertretenen gesellschaftlichen Eliten durchsetzen konnten.

Die Klosterpolitik Heinrichs zeigt dies besonders deutlich. Die Kritik, die seit langem an den kirchlichen Institutionen geübt wurde, betraf nicht nur die Langsamkeit und Willkür der geistlichen Gerichte, sondern auch das Klosterwesen als solches. Hierbei spielte nicht zuletzt der Neid der weltlichen Grundherren auf den reichen Besitz vieler Abteien – man schätzt ihn auf etwa ein Zehntel des bestellbaren Bodens – eine Rolle. Die Krone mit ihrem gerade unter Heinrich unersättlichen Geldbedarf unterlag daher leicht der Versuchung, die Gunst der Stunde für eine enorme Bereicherung zu nutzen. Die juristische Handhabe dazu bot das dem König als Kirchenoberhaupt zuerkannte Visitationsrecht, d. h. die Kontrolle über Lebens- und Wirtschaftsführung in den einzelnen Häusern. Aufgrund der von königlichen Krontrolleuren durchgeführten Visitationen wurde 1536 zuerst die Auflösung der kleineren Klöster, nämlich derjenigen mit Jahreseinkünften bis zu 200 Pfund, verfügt und durch Parlamentsbeschluß abgesichert. Die Klosterauflösungen blieben allerdings nicht unwidersprochen, ja sie lösten im Sommer und Herbst 1536 in verschiedenen Landesteilen Aufstände aus, zunächst in der Grafschaft Lincoln, später in Nordengland. Die von dort ausgehende *Pilgrimage of Grace* erschien zeitweilig als nicht ungefährlich, wurde aber schließlich beendet, weil die Aufständischen letzten Endes die Autorität des Königs nicht anzweifelten und auf sein Wort bauten, daß Mißstände, gegen die sie sich erhoben hatten, abgestellt würden. Der Rebellion folgte nicht nur ein fürchterliches Strafgericht, sondern sie bot auch den Vorwand, die größeren Abteien ebenfalls aufzulösen, was im April 1539 geschah. Die Eingliederung des klösterlichen Grundbesitzes in die königlichen Domänen wurde von einem eigens dafür geschaffenen Gerichtshof, dem *Court of the Augmentation of the King's Revenue*, überwacht. Insgesamt wurden die Staatseinkünfte so in etwa verdoppelt. Die Krone sollte allerdings nicht den gesamten enteigneten Besitz auf Dauer für sich behalten. Etwa zwei Drittel davon gelangten zum Verkauf und wurden vor allem an den kleineren, infolge seines – verglichen mit der Hocharistokratie – marktgerechteren Wirtschaftens äußerst finanzkräftigen Landadel, die *Gentry*, veräußert. Dies hatte gesellschaftliche wie politische Auswirkungen, die ein Jahrhundert später die politische Landschaft in England erheblich verändern sollten.

Gerade die Auflösung der Klöster zeigt, daß Heinrich, seine Ratgeber sowie seine Helfer im Parlament in kirchlicher Hinsicht unterschiedliche Ziele im Auge hatten. Cromwell wie Cranmer sympathisierten mehr oder weniger mit der Reformation, die auch im Parlament wie überhaupt im Lande zahlreiche Anhänger hatte. Der König hingegen blieb im Innersten den Dogmen der Kirche, in deren Glauben er erzogen worden war, treu. Nicht umsonst hatte er sich 1523 mit keinem Geringeren als Martin Luther in einen theologischen Disput über die Sakramentslehre eingelassen und war für seine Schrift «Assertio septem sacramentorum» vom Papst mit dem Ehrentitel *Defensor fidei* (Verteidiger des Glaubens) ausgezeichnet worden. Jedoch wurden in den 1536 erlassenen «Zehn Artikeln» über Glaubensinhalte und Liturgie von der reinen katholischen Lehre kleinere Abstriche vorgenommen. Zudem wurde verfügt, daß in allen Kirchen die Bibel in englischer Übersetzung auszuliegen habe, und es wurden Wallfahrten ebenso wie Heiligenbilder verboten. Heinrich ließ es einige Zeit in der Schwebe, ob sich die Kirche von England ganz der Reformation öffnen werde. 1539 allerdings wurden die religiösen Gegensätze so offenbar, daß er die Provinzialsynoden über den künftigen Weg debattieren ließ. Hierbei zeigte sich, daß die Reformer erheblich in der Minderheit waren. Daraufhin erließ der König die vom Parlament sanktionierten «Sechs Artikel», in denen die Transsubstantiation, die Ohrenbeichte, die Rechtmäßigkeit von Mönchsgelübden, das Recht auf Privatmessen und der Zölibat für Priester ebenso festgeschrieben wurden wie die Kommunion in der traditionellen Form (d.h. ohne Laienkelch). Jedoch blieb die Anwendung dieses Gesetzes sehr lax, und die Gedanken der Reformation konnten weiter an Boden gewinnen.

Heinrich plagten im übrigen andere Sorgen als die um das Kirchendogma. Zu seiner tiefen Enttäuschung hatte Anna Boleyn im September 1533 nicht den ersehnten Thronerben geboren, sondern war von einer Tochter, der späteren Königin Elisabeth, entbunden worden. Die Liebe des Königs zu ihr begann zu erkalten, und um die Mitte des Jahres 1534 wandte er sich einer anderen Hofdame, Jane Seymour, zu. Annas Position wurde vor allem schwierig, nachdem Katharina von Aragon im Januar 1536 an einem Krebsleiden gestorben war. Denn sich kurz nach der Scheidung von der ersten Frau von der zweiten zu trennen, solange die erste noch lebte, war auch für einen König ein Unding. Die letzte Hemmung, sich von Anna zu trennen, fiel, als sie Ende Januar 1536 nach dreieinhalb Monaten Schwangerschaft eine Fehlgeburt hatte (bei der man vermutet, daß es sich um einen männlichen Foetus handelte). Sie war möglichweise auf den Schock zurückzuführen, den sie bei der Nachricht erlitten hatte, daß Heinrich nach einem schweren Reitunfall stundenlang bewußtlos gewesen war. Wie dem auch sei: im Frühjahr beschloß der König, sich seiner Frau zu entledigen. Hierfür wurde eine Untersuchungskommission eingesetzt, die den – offenbar völlig aus der Luft gegriffenen – Vorwurf des Ehebruchs mit mehreren jungen Höflingen erhob und der Königin deswegen den Prozeß machte. Sie wurde am 15. Mai 1536 hingerichtet, nachdem ein kirchlicher Gerichtshof, erneut unter dem Vorsitz von Cranmer, zuvor festgestellt hatte, daß ihre Ehe mit dem König nichtig sei, da dieser zuvor mit Annas Schwester Verkehr gepflogen habe.

Bereits am 30. Mai heiratete Heinrich seine neue Favoritin. Eine neue Sukzessionsakte des Parlaments erklärte seine Tochter Elisabeth für illegitim und erkannte ihm das Recht zu, im Fall des Ausbleiben rechtmäßiger Nachkommen über die Nachfolge selbst zu bestimmen. Möglicherweise dachte er dabei an seinen 1519 von seiner damaligen Geliebten Elizabeth Blount geborenen gleichnamigen Sohn, den er 1525 zum Herzog von Richmond hatte erheben lassen. Doch dieser starb noch im gleichen Jahr. Die älteste Tochter Maria hatte der König nach dem Tod der Mutter dazu genötigt, ihre Illegitimität selbst anzuerkennen und den von allen Untertanen geforderten Suprematseid zu leisten. Alles kam jetzt darauf an, daß seine dritte Ehe ihm den ersehnten Thronfolger brachte. Seine Hoffnung trog nicht: bereits im Oktober 1537 kam Jane mit einem Sohn, Prinz Edward, nieder. Allerdings mußte die Geburt durch Kaiserschnitt erfolgen, und die junge Königin starb zwölf Tage später. Das Kind blieb schwach und kränklich. Es sollte 1547 zwar dem Vater nachfolgen, aber nie das Erwachsenenalter erreichen.

Diesmal dauerte es nahezu drei Jahre, bis Heinrich sich wieder verheiratete. Die Entscheidung für seine vielleicht kurioseste Ehe hing in erster Linie mit außenpolitischen Optionen zusammen, zu denen er sich Ende der dreißiger Jahre genötigt sah. Die Scheidung von seiner ersten Frau und die Trennung von Rom hatten ihn im Kräftespiel der europäischen Großmächte – hie Frankreich, da Spanien mit den übrigen von Karl V. beherrschten Gebieten – zu einer Außenseiterrolle verdammt. Denn der Habsburger verübelte ihm die Behandlung seiner Tante, und Franz I., an den sich Heinrich VIII. ab 1533 zunächst anlehnte, gingen dessen Maßnahmen gegen den Papst schließlich zu weit. Cromwell, der nun auch außenpolitisch zum maßgebenden Mann im königlichen Rat wurde, versuchte, das Gewicht Englands im Ringen zwischen den Häusern Valois und Habsburg zur Geltung zu bringen, wobei ein sich 1535 anbahnender Ausgleich zwischen den beiden bedeutendsten romtreuen Fürsten des Festlands seinen König in eine ausweglose Lage bringen mußte. Seit dem Frühjahr 1536 befand sich Karl V. jedoch mit Franz I. erneut wegen der Vorherrschaft in Nord-Italien im Krieg. Nach dem Tod von Heinrichs ersten beiden Gemahlinnen schien der Kaiser eher bereit, sich wieder mit dem englischen König einzulassen. Cromwell streckte Fühler zum französischen wie zum spanischen Hof aus. Dabei ging es auch um eine mögliche Wiederverheiratung seines Königs, für die zuerst einige französische Prinzessinnen, dann eine Habsburgerin in Aussicht genommen wurden. Diese Pläne zerschlugen sich, als Karl V. und Franz I. nach päpstlicher Vermittlung Mitte Juni 1538 in Nizza einen zehnjährigen Waffenstillstand abschlossen. Für Cromwell stand nun zu befürchten, daß das neuerliche Einvernehmen zwischen den Häusern Habsburg und Valois zu einer gemeinsamen Intervention führen würde. Gerade dies versuchte der 1536 zum Kardinal ernannte englische Theologe Reginald Pole (* 1500, † 1558) auf seinen Reisen von Hof zu Hof auf dem Kontinent zu bewirken. Seine Agitation war vor allem deswegen gefährlich, weil seine Familie mütterlicherseits dem Hause York entstammte. Gegen seine Mutter und gegen seinen älteren Bruder, der auf den Königsthron Anspruch gehabt hätte und sich auch in dieser Richtung äußerte, ging Heinrich VIII. mit der gewohnten Härte vor: letzterer wurde 1538, erstere 1541 (nach langer Haft) hingerichtet.

Angesichts der verfahrenen außenpolitischen Lage hielt Cromwell nach neuen Bundesgenossen Ausschau und knüpfte Kontakte mit den Lutheranern im Reich an, die bereits einige Jahre zuvor angebahnt worden waren. Darüber hinaus erschien es als aussichtsreich, mit dem wichtigsten Machtfaktor am Niederrhein, den seit 1521 durch Johann III. von Kleve gemeinsam regierten Herzogtümern Berg, Jülich und Kleve ins Einvernehmen zu kommen. Der seit Februar 1539 hier regierende Herzog Wilhelm V., dem im August auch noch die Stände von Geldern die Herrschaft über ihr Land antrugen, tendierte offen zur Reformation, und seine Territorien bildeten eine ernst zu nehmende Gefahr für die habsburgische Stellung in den Niederlanden. Daher betrieb Cromwell die Heirat der Schwester des Herzogs, Anna von Kleve, die denn auch – nachdem sich Heinrich durch ein Bild seines Hofmalers Holbein von ihrem Liebreiz hatte überzeugen lassen – vereinbart wurde. Allerdings war der König, als Anna Anfang Januar 1540 nach England kam, von ihrem Aussehen bitter enttäuscht. Soweit es sich heute noch feststellen läßt, war sie eine überaus schüchterne, wohl auch verkrampfte, auf jeden Fall durch den Verlust ihrer heimatlichen Umgebung völlig verschreckte junge Frau, an der der sinnenfrohe König nichts Gutes finden konnte. Die Hochzeit fand zwar unverzüglich statt, doch die Ehe wurde nie vollzogen, und bereits ab Ostern traf man Vorbereitungen, um sie für nichtig zu erklären, was seitens der zuständigen kirchlichen Instanz am 10. Juli erfolgte. Anna blieb, mit einer angemessenen Apanage versehen, in England, nahm 1553 an der Krönung von Heinrichs Tochter Maria teil und starb vier Jahre später. Der König, der sich bereits im April in eine ihrer Hofdamen, die erst neunzehnjährige, quirlige und recht attraktive Catherine Howard, verliebt hatte und wohl hoffte, mit ihr noch weitere Kinder haben zu können, heiratete diese bereits am 28. Juli.

Das Fiasko der Bündnis- und Heiratspolitik gegenüber den vereinigten Herzogtümern am Niederrhein zog unmittelbar den Sturz Cromwells nach sich, der bereits am 10. Juni verhaftet, sowohl des Hochverrats wie der Ketzerei beschuldigt und ohne förmliches Gerichtsverfahren durch einen sogenannten *Act of Attainder*, d. h. Rechtsloserklärung ohne gesetzliche Grundlage, zum Tode verurteilt wurde.

Fünf Tage vor der erneuten Heirat des Königs erfolgte seine Hinrichtung. Der Sturz dieses Ministers war von der Hofpartei Thomas Howards, Herzog von Norfolk und Onkel der neuen Königin, betrieben worden, der von dem in religiöser Hinsicht konservativen Bischof von Winchester, Stephen Gardiner, unterstützt wurde. Beide neigten einem Bündnis mit Frankreich zu, dem Cromwell schon wegen der engen Handelsbeziehungen zwischen England und den habsburgischen Niederlanden im Grundsatz abgeneigt war. Die Howard-Partei beeinflußte denn auch in den folgenden beiden Jahren die Politik des Königs, obwohl er weder die religiösen Reformer um Cranmer fallen ließ, noch sich ganz dem französischen König in die Arme warf. Vielmehr achtete er, seit die Beziehungen zwischen diesem und dem Kaiser sich im Sommer 1541 wieder verschlechtert hatten, vorläufig auf strikte Neutralität, zumal er wegen des Einflusses, den die Franzosen im nach wie vor gegenüber England feindlich eingestellten Schottland ausübten, wenig Anlaß hatte, ganz auf die französische Karte zu setzen. Die Frankreich zuneigende Hofpartei mußte im übrigen bald einen schweren Schlag hinnehmen. Im November 1541 erhielt Heinrich Hinweise darauf, daß Catherine Howard schon vor ihm mit Männern intime Beziehungen gehabt hatte und daß ihre Untreue anhielt. Die Liebe des in seine um drei Jahrzehnte jüngere Frau geradezu vernarrten Königs schlug alsbald in Haß um. Auf sein Betreiben verurteilte das Parlament sie wegen Hochverrats zum Tode, und am 13. Februar 1542 bestieg sie das Schafott. Ihr Onkel entging ihrem Schicksal nur dadurch, daß er im *House of Lords* selbst dem Todesurteil zustimmte.

Seit Cromwells Sturz hat Heinrich keinem seiner Ratgeber mehr sein volles Vertrauen geschenkt, sondern versucht, die Regierungsgeschäfte selbst zu leiten. Als im Sommer 1542 wiederum Krieg zwischen Karl V. und Franz I. ausbrach, schlug er sich auf die Seite des Kaisers und entsandte 1543 Truppen nach den Niederlanden sowie weitere nach Calais, die von dort aus das nördliche Frankreich einnehmen sollten. Obwohl Heinrich diese Verbände selbst begleitete, richteten sie faktisch nichts aus. Die beiden Bundesgenossen entzweiten sich, und als Karl V. im September 1544 in Crépy mit dem französischen König Frieden schloß, mußte Heinrich, der die von ihm eroberte Stadt Boulogne behalten wollte, den Krieg gegen Franz allein weiterführen. Erst im Juni 1546 kam zwischen ihnen ein Frieden zustande, der Heinrich zwar vorläufig im Besitz von Boulogne ließ, aber sonst keinerlei Gewinn brachte. Dagegen waren die Aufwendungen mit rund zehn Millionen Pfund so groß, daß die Staatsfinanzen in eine schwere Krise gerieten. Sie war der Hauptgrund dafür, daß ein erheblicher Teil des im vergangenen Jahrzehnt eingezogenen Klosterguts veräußert werden mußte. Im übrigen zog man die Steuerschraube scharf an und schritt zum Mittel der Münzverschlechterung, was die englische Wirtschaft vollends in den Ruin trieb.

Heinrich war damals nur noch ein Schatten seiner selbst, ein frühzeitig gealterter, hinfälliger Mann, der nur noch wenige Monate zu leben hatte. Seit längerem litt er an Fettleibigkeit und Gicht, beides Folgen jahrzehntelangen unmäßigen Essens und Trinkens. Schon seit 1528 hatte er gelegentlich offene Beinwunden, ein Leiden, das seit Ende der dreißiger Jahre immer häufiger auftrat und schließlich chronisch wurde. Während des letzten Frankreichkriegs konnte er seine Truppen nur in einer Sänfte begleiten. Der erzwungene Bewegungsmangel machte den Monarchen, der sich bis zu seinem schweren Reitunfall im Januar 1536 oft tagelang auf der Jagd getummelt und dabei nicht selten mehrere Pferde nacheinander müde geritten hatte, zunehmend unleidlicher und aggressiver. Seine mit ihm seit Juli 1543 verheiratete sechste Frau Catherine Parr, die bereits zweimal verwitwete Tochter eines Landadligen aus der Grafschaft Northhampton, der seit langem zum engen Gefolge des Königs zählte, umsorgte ihn und ertrug seine Launen mit bewundernswerter Gelassenheit. In den letzten Monaten litt Heinrich an fortschreitendem Nierenversagen, wodurch sein Körper immer mehr aufgeschwemmt wurde. Auf einem kurz vor seinem Tod angefertigten Portrait ist er stark aufgedunsen und sein Gesicht kaum wiederzuerkennen. Dennoch blieb er bei klarem Verstand und behielt die Fäden der Politik in der Hand. Seine Hauptsorge galt jetzt der Nachfolge. Die Sukzessionsakte von 1543 hatte festgelegt, daß zuerst sein Sohn Edward und – falls dieser ohne Nachkommen bliebe – die Töchter Maria und Elisabeth auf den Thron gelangen sollten. Die Partei um die Howards und Bischof Gardiner, die sich Hoffnungen auf die Vormundschaft über den Kronprinzen machte und ihn im altgläubigen Sinn beeinflussen wollte, sah sich Ende 1546 vom König, der den Sohn des Herzogs von Norfolk noch hinrichten ließ, völlig kaltgestellt. Der protestantisch erzogene Sohn sollte nach dem Tod des Vaters, der selbst beim katholischen Bekenntnis blieb, der Einführung der Reformation keinen Widerstand entgegensetzen, sondern sie durchweg begünstigen.

Heinrich VIII. starb an einem durch Niereninsuffizienz verursachten Herzstillstand in den frühen Morgenstunden des 28. Januar 1547 in Westminster. Bei ihm weilte Erzbischof Cranmer, der einzige seiner Ratgeber, dem er trotz bisweilen divergierender theologischer Ansichten nie das Wohlwollen entzogen hatte. Der Tote wurde im Grab seiner dritten Frau Jane in der Marienkapelle (*Lady Chapel*) des Schlosses Windsor beigesetzt. An sich sollte dies nicht die endgültige Ruhestätte sein, jedoch war die dafür vorgesehene und prachtvoll geplante Grabstätte an gleicher Stelle noch nicht fertiggestellt. Sie wurde im übrigen nie vollendet. Teile davon wurden 1646 auf Beschluß des Parlaments hin verkauft, der Sarkophag wurde 1805 in die St. Pauls-Kathedrale nach London verbracht und diente dort als letzte Ruhestätte des Admirals Nelson. Der Leichnam Heinrichs ist verschollen. Über sein Schicksal geht das Gerücht, daß er unter der Herrschaft und auf Anordnung seiner Tochter Maria durch Kardinal Reginald Pole aus dem Grab genommen und den Flammen überantwortet worden sei, damit der «Ketzer» noch im Tode seine gerechte Strafe erleide.

Die Bilanz der Regierung Heinrichs VIII. ist zwiespältig. Die durch die Unionsakte von 1536 vollzogene Verschmelzung Englands mit Wales ist zweifellos ein Markstein in der englischen Geschichte. Die engere Anbindung Irlands, für das Heinrich 1540 den Königstitel annahm, gelang hingegen nur unvollkommen, wobei sicherlich die Religionspolitik bereits damals eine Rolle gespielt hat. Für England selbst jedoch bedeutet seine Herrschaft einen kulturellen Höhepunkt, und zwar sowohl in geistes- wie auch in kunstgeschichtlicher Hinsicht. Während seiner Regierung findet der englische Humanismus Anschluß an den auf den Kontinent, und in der Baukunst wie in der Malerei hat das Mäzenatentum des Königs zu imponierenden Leistungen geführt. Mit Heinrich VIII. nimmt die anglikanische Kirche ihren Anfang, wird – ähnlich wie in den Ländern, in denen die Reformation durchgeführt wurde – der Bereich des kirchlichen Lebens den politischen Interessen des Staates untergeordnet. In administrativer Hinsicht beginnt die Modernisierung der Zentralgewalt, und zugleich schweißt die Einbeziehung des Parlaments in die großen religionspolitischen Entscheidungen das Land zusammen und führt zu einer besonderen Form der Solidarität unter den Eliten der politischen Nation. Wenn auch vom König ursprünglich nicht gewollt, hat doch die Auflösung der Klöster, deren Besitz später veräußert wurde, den Aufstieg der Gentry begründet. Auf der anderen Seite hat Heinrich sein Land aus Ruhmsucht in sinnlose Kriege verwickelt und außen- wie wirtschaftspolitisch ein Fiasko hinterlassen. Die Behandlung seiner Frauen mag in mancher Hinsicht politisch begründet gewesen sein, zeugt aber von Herzlosigkeit wie von einem Hang zu grausamem Verhalten, das vielleicht zu seiner Zeit üblich, jedoch seinem Vater, der unter viel stärkerem Druck stand, sein Königtum zu festigen, weitgehend fremd war. Ähnliches gilt für sein Verhalten gegenüber den Ratgebern, denen er erst in überreichlichem Maße seine Gunst schenkte, um sie, wenn er sie fallen ließ, hinrichten zu lassen. Heinrich war ein krankhafter Egomane, der sich selbst über alles stellte. In der Forschung sieht man hierin Parallelen zum Charakter Eduards IV., seines Großvaters mütterlicherseits. Dennoch scheint er bei seinen Untertanen sehr beliebt gewesen und von ihnen geradezu verehrt worden zu sein, sicherlich auch deshalb, weil er als kraftvolle Herrscherpersönlichkeit für viele echtes Königtum verkörperte. Dies schmeichelte dem sich langsam entwickelnden englischen Nationalstolz. Für den Historiker, der ihn mit kritischem Auge betrachtet, bleibt auf jeden Fall die Feststellung, daß sein Königtum voller Widersprüche war. Wahrscheinlich besteht darin die Faszination, die Heinrich VIII. noch immer ausübt.

*Bärbel Brodt*

# Eduard VI.
## 1547–1553

*Eduard VI., geb. am 12. 10. 1537 in Hampton Court; König: seit 28. 1. 1547; Krönung 20. 2. 1547 in der Westminster Abtei durch Erzbischof Thomas Cranmer; gest. 6. 7. 1553 in Greenwich; bestattet 8. 8. 1553 in der Westminster Abtei; Vater: Heinrich VIII.; Mutter: Jane Seymour; Geschwister: Maria (1516–1558); Henry Fitzroy (unehel. 1519–1536); Elizabeth (1533–1603) Eheschließungen: 1543 Vereinbarung einer Ehe mit Maria von Schottland; 1552 Ehevertrag mit Elisabeth Tochter Kg. Heinrichs II. von Frankreich.*

In Eduard VI., dem langersehnten männlichen und legitimen Erben Heinrichs VIII., begegnet uns eine historische Figur, die auf den ersten Blick schemenhaft erscheint. Eduard VI. wurde nur fünfzehn Jahre alt; es ist zumindest fragwürdig, inwieweit der gesalbte Monarch die Geschicke seines Königreiches in Eigenverantwortung mitgestalten konnte. Während seiner Herrschaft wurden für ihn, aber auch durch ihn, die Weichen der religiösen Entwicklung Englands gestellt. Das Protektorat seines Onkels, Edward Seymour, war ein singuläres Ereignis in der Geschichte des Landes. Gerade die ältere Tudor-Forschung hat die Herrschaft Eduards VI. als «politisch schwaches Interim» charakterisiert; Eduard VI. begegnet uns in diesen Werken – wie seine Halbschwester und Nachfolgerin Maria – nur zu häufig als «Fußnote» in der Historie Englands, überschattet von seinem Vater und seiner zweiten Halbschwester Elizabeth I. Doch war dies wirklich so?

«The year of Our Lord 1537 a prince was born to King Harry the Eight[h] by Jane Seymour then Queen». So kommentierte Eduard VI., König von England, Frankreich und Irland, *Defender of the Faith and of the Church of England and also of Ireland on Earth the Supreme Head*, in seinem *Chronicle* rund zwölf Jahre später seine Geburt. Diese knappen Worte lassen schwerlich die Freude aber auch die Erleichterung ahnen, die dies Ereignis begleitete. Die Nachricht verbreitete sich rasch durch das Königreich und wurde besonders in London begeistert aufgenommen: die Glocken der Stadt läuteten, die Truppen im Tower feuerten zweitausend Salven Salut, in St. Paul wurde ein Hochamt zelebriert, und man schenkte Bier und Wein in den Straßen aus. Am 15. Oktober wurde der Prinz in Hampton Court in Anwesenheit seiner Eltern und rund vierhundert geladener Gäste von Erzbischof Cranmer getauft und wie seine beiden in frühester Kindheit verstorbenen Brüder aus Heinrichs Ehe mit Katharina von Aragon erhielt er zugleich den Titel eines Herzogs von Cornwall.

Die Marchioness von Exeter trug den Täufling, der Graf von Arundel hielt die Schleppe seines Taufhemdes; seine Halbschwester Maria, Erzbischof Cranmer und der Herzog von Norfolk amtierten als Paten. Noch am Abend der Taufe zeigten sich bei Jane Seymour erste Anzeichen des gefürchteten Kindbettfiebers und sie verstarb am 24. Oktober.

Eduard war ein gesundes Kind, und er entwickelte sich – glaubt man seinem ersten Portraitisten Hans Holbein – in der Pflege seiner Amme, Mutter Jack, geradezu hervorragend. Holbeins Portrait aus dem Jahre 1538 zeigt einen pausbäckigen Knaben in vollem Ornat und königlicher Pose – die Kinderrassel, die der Knabe in der Linken hält, ist dem königlichen Szepter nachempfunden. Die politische Bedeutung und die politische Verantwortung des Thronfolgers unterstrich Holbein in seiner Imprimatur, in der er zugleich Heinrich VIII. pries: Knabe, strebe Deinem Vater nach und sei der Erbe seiner Tugenden; die Welt kennt nichts Gewaltigeres als diese. Himmel und Erde könnten kaum einen Sohn erschaffen, dessen Glanz den eines Vaters übertreffen würde. Versuche, in Deinen Taten es Deinem Vater gleichzutun und niemand kann mehr von Dir verlangen. Solltest Du ihn übertreffen so hast Du alles übertroffen und niemand wird Dich in aller Zeit je übertreffen können.

Im März 1539 etablierte Heinrich für seinen Sohn einen eigenen Haushalt in Hampton Court. Zu den zahlreichen Gästen Eduards in dessen ersten Jahren zählten die Prinzessin Maria, der französische Botschafter, sowie Con O'Neil, Graf von Tyronne. 1543 wurde der Haushalt nach Ashridge in Kent verlegt. Dieses Jahr markiert zugleich den ersten Einschnitt im Leben des jungen Prinzen. Eduard vermerkt in seinem *Chronicle*, daß er bis zum Alter von sechs Jahren «was brought up among the women». Nun jedoch hielt Heinrich VIII. den Zeitpunkt für gekommen, die Erziehung seines Sohnes in die Hände von Experten zu legen, und er ernannte den Cambridger Humanisten Sir Richard Cox zu seinem ersten Lehrer. Im Juli des folgenden Jahres berief Heinrich VIII. – wohl auf Anraten Catherine Parrs – noch Sir John Cheke, den Cambridger Regius Professor für Griechisch, sowie Sir Anthony Cooke und William Grindal. Roger Ascham sollte den Prinzen in den nächsten Jahren in der Paläographie unterweisen; doch konzentrierte sich Eduards Erziehung primär auf die klassischen Sprachen (bereits mit acht Jahren verfaßte er lateinische Briefe an Erzbischof Cranmer) und auf das Französische. 1546 verkündete Dr. Cox seinem Vater, daß der Prinz vier Bücher Catos auswendig rezitieren könne, er «sei mit Teilen der Bibel vertraut, beschäftige sich mit Vives, Aesop und mit Übersetzungen in das Lateinische».

Die drei erhaltenen Übungshefte Edwards aus den Jahren 1548 bis 1550 enthalten hauptsächlich übersetzte Extrakte aus Ciceros philosophischen Werken und Aristoteles' Ethik. In einem Brief an Jakob Sturm vom 14. Dezember 1550 teilt Roger Ascham diesem mit, daß Eduard Ari-

Eduard VI. (1547–1553)

stoteles Ethik und auch dessen Dialektik komplett gelesen habe; zur Zeit arbeite er an einer Übersetzung von Ciceros «De Philosophica» in das Griechische. Gleichzeitig verfügte Eduard über eine beeindruckende eigene Bibliothek, die neben sämtlichen Schriften seines Vaters auch eine Komplettausgabe der Werke Thukydides' enthielt. Anders als sein Vater brachte Eduard der Musik nur mäßiges Interesse entgegen, doch zählten mit Philip van Wilder und Dr. Christopher Tye zwei herausragende Musiker zu seinem Lehrstab. Eine große Leidenschaft Eduards war dagegen die Astronomie, und wir verfügen über einen Essay des Prinzen aus dem Jahre 1551, in dem er diese Wissenschaft verteidigt. Das Bild des intellektuellen, altklugen Bücherwurms wird modifiziert, wenn man die beinahe täglichen Unterweisungen im Lanzenstechen, dem Bogenschießen, der Jagd und der Falknerei berücksichtigt – ein für den modernen Betrachter kaum nachvollziehbares, den Tag voll ausschöpfendes Programm, zu dem auch noch Unterweisungen im höfischen Protokoll und der Etiquette zu rechnen sind. Das Lob des französischen Botschafters Annebaut vom August 1546 und das des *Clerk of the Council* William Thomas aus dem folgenden Jahr, noch nie hätten sie derartige sprachliche und rhetorische Fähigkeiten, Wissen, und höfisches Wesen bei einem Jungen von weniger als zehn Jahren beobachten können, mag protokollarisch verzerrt sein, es dokumentiert jedoch die Sorgfalt und den Anspruch der Erziehung des Prinzen. Eduard war das Zentrum dieser Erziehung, doch ihn umgaben, der höfischen Tradition gemäß, gleichaltrige Knaben aus den Kreisen des höheren und niederen Adels. Der engste lebenslange Freund des Prinzen war jedoch Barnaby Fitzpatrick, der Erbe des irischen Peers Barnaby Lord Ossory, der auf Wunsch Eduards seine Erziehung am französischen Hof vervollständigte.

1543 wurde Eduard erstmals zur passiven Figur in der Politik seines Vaters, als der Krieg mit Schottland am 1. Juli 1543 durch den Frieden von Greenwich unterbrochen wurde. Herausragendes Moment des Friedensvertrages war die Vereinbarung einer zukünftigen Eheschließung zwischen dem sechsjährigen Eduard und der schottischen Königin Maria, zu diesem Zeitpunkt ein Kind von knapp sieben Monaten. Das schottische Parlament sollte diesen Passus des Friedensvertrages allerdings bereits im Dezember 1543 annullieren. Es darf auch als sicher gelten, daß Heinrich VIII. Eduard in einem feierlichen Akt zum Prinzen von Wales erheben wollte, doch dazu kam es nicht mehr. Am 21. Januar 1547 verstarb der König. In seinem Testament, das vom 30. Dezember 1546 datiert, hatte Heinrich Eduard als seinen rechtmäßigen Erben und Thronfolger benannt, und einen sechzehnköpfigen *Council of Regency* bestimmt, der die Geschicke des Reiches während der Minorität des Prinzen leiten sollte. Zur Unterstützung dieses *Councils* berief Heinrich VIII. zwölf weitere Ratgeber, die bei Bedarf zu hören waren. Das Testament Heinrichs VIII., besonders die Authentizität seiner

Signatur, hat die Forschung seit langem beschäftigt. Die «Reformierer» hatten in diesem Rat die überwiegende Mehrheit, lediglich Thomas Lord Wriothesley, Cuthbert Tunstall und William Paulet waren politisch wie religiös dem konservativen Lager zuzurechnen. Als herausragende Gruppe in diesem Gremium hatte sich jedoch bereits in den letzten Lebenswochen Heinrichs ein Triumvirat herauskristallisiert: Edward Seymour Graf von Hertford, John Dudley Viscount Lisle und Sir William Paget. Edward Seymour war es, der Eduard VI. am 22. Januar in Anwesenheit seiner Halbschwester Elizabeth die Nachricht vom Tode seines Vaters überbrachte. Zusammen mit Edward Seymour ritten Eduard und Elizabeth am folgenden Tag nach Enfield, bevor der Prinz am 31. Januar von Edward Seymour in den Tower begleitet wurde. Am nächsten Tag huldigten ihm dort die Mitglieder des Rates, und der Kanzler, Thomas Lord Wriothesley, informierte Eduard, daß der Rat Edward Seymour zum *Gouvernor and Protector* bestimmt hatte. Nun war Eduard beileibe nicht der erste Minderjährige auf dem englischen Thron; man denke nur an Eduard III., Richard II., Heinrich VI. und den unglücklichen Eduard V. Lediglich im Falle von Heinrich VI., der beim Tode seines Vaters gerade zehn Monate alt war, sanktionierte ein Parlamentsbeschluß das Reichsverweseramt für dessen Onkel John Herzog von Bedford, das dieser anläßlich der Krönung des nun neunjährigen Heinrichs am 5. November 1429 niederlegte. Ein derartiger Parlamentsbeschluß erfolgte für Edward Seymour jedoch nicht, vielmehr hatte der Rat eigenständig und wohl auch eigenmächtig diesen Beschluß gefaßt. Gleichzeitig traten der Kanzler und die übrigen Amtsträger zurück. Am 4. Februar übernahm Edward Seymour zugleich das Amt des *Lord Treasurer*, des Schatzkanzlers, und das des *Earl Marshall*, des Oberhofmarschalls. Dudley wurde zum Kämmerer und der Bruder des Protektors, Thomas Seymour, zum Admiral ernannt. Alle übrigen vormaligen Amtsträger wurden von Eduard bestätigt. Zwei Tage später schlug Edward Seymour Eduard im Tower zum Ritter. In einem feierlichen Akt erhob Eduard am 18. Februar den Protektor zum Herzog von Somerset, Dudley zum Grafen von Warwick und Sir Thomas Seymour zum Baron Seymour of Sudeley.

Am Samstag, dem 19. Februar, erfolgte der zeremonielle Ritt Eduards vom Tower nach Whitehall und am folgenden Tag krönte ihn Erzbischof Cranmer in der Abtei von Westminster nicht weniger als dreimal – zunächst mit der altehrwürdigen Krone Eduards des Bekenners, dann der englischen und schließlich mit einer eigens für Eduard angefertigten Krone. Gleichzeitig bestätigte ihn der Erzbischof als Haupt der Kirche. Die religiöse Ausrichtung Eduards VI. manifestierte sich rasch und wurde auch von Edward Seymour und der Mehrheit des Rates geteilt. Im ersten Jahr seiner Herrschaft folgte er noch dem katholischen Brauch und spendete Geld an allen Sonn- und Feiertagen, doch gab er dies bereits im Juni 1548 auf, obgleich er Almosen aufrechterhielt und großzügige Spenden zu Gründonnerstag und am Ostersonntag entrichtete. Dr. Nicholas Ridley, seit 1547 Bischof von Rochester, predigte oft vor dem König, doch schätzte Eduard besonders Hugh Latimer. Dieser gab 1549 seine berühmte Reihe der Fastenpredigten am Hofe und Eduard ließ für ihn ein eigenes Chorpult in seinen privaten Gärten in Whitehall errichten, so daß Latimers Predigten von einer größeren Kongregation verfolgt werden konnten. Eduard machte es sich zur Gewohnheit, umfangreiche Notizen der Predigten anzufertigen, und diese dann im Kreis seiner Gefährten zu diskutieren. Er verfolgte die Parlamentsdebatte am 23. November 1548 zum von Thomas Cranmer verfaßten *Book of Common Prayer* aufmerksam, und anläßlich eines Disputs über die Bedeutung des Sakraments analysierte und kritisierte er die Beiträge einiger Diskutanten. Die Durchsetzung des *Prayer Books*, der Gleichförmigkeit der Liturgie und der kirchlichen Riten waren die Hauptaspekte der frühen königlichen Legislative. Im Jahre 1550 predigten Hooper, Ponet, Lever und Day, allesamt prominente Reformer, vor dem König und gegen Ende seiner Herrschaft predigte auch John Knox häufig in Windsor, Hampton Court und in Westminster. John Knox sollte Eduard VI. nach dessen Tod als «that most godly and most virtuous king that has ever been known to have reigned in England» bezeichnen. Diesem Urteil wird man sich heute wohl kaum vorbehaltlos anschließen, doch führte die Metamorphose von der politischen Reformation Heinrichs VIII. zur doktrinären Reformation Eduards VI. zu einem konstanten Strom kontinentaler Protestanten nach England, und Eduard selbst, «the young Josiah», genoß bei seinen protestantischen Zeitgenossen hohes Ansehen und Respekt. Bereits 1548 attestierte Bartholomew Traheron, daß «a more holy disposition has nowhere existed in our time»; Martin Bucer schrieb 1550 an Calvin, daß «the king is exerting all his power for the restauration of God's kingdom», und Calvin selbst übermittelte Eduard im Januar 1551 einen langen Brief voller Ratschläge und geistlicher Ermahnungen.

Man kann sich des Eindrucks kaum erwehren, daß Eduard trotz seiner Freundschaft zu Barnaby Fitzpatrick und seinem Tutor John Cheke ein einsames Leben führte; seine Halbschwestern hatten ihre eigenen Haushalte, und wenn er sie sah, so waren diese Besuche durch protokollarische Gepflogenheiten reglementiert. Eingebunden in dieses protokollarische Netz, herausgehoben durch seine Position, ohne unmittelbaren familiären Rückhalt, muß der junge Eduard ein willkommenes Ziel für ambitionierte, skrupellose Höflinge dargestellt haben – aus ihrem Kreis ragt einer heraus: sein Onkel Thomas Seymour, seit Februar 1547 Baron Seymour of Sudeley, der Bruder des Protektors. Thomas Seymour begann seine Karriere durch die Protektion Thomas Cromwells und Heinrichs VIII., der ihn auf diplomatische Missionen nach Wien und in die Niederlande entsandte. 1544 wurde er Admiral der englischen Kanalflotte, und Eduard VI. ernannte ihn anläßlich seiner Erhebung in den Adelsstand zum *Lord High Admiral*. Doch Thomas wollte mehr – besonders jedoch die Vormundschaft über Eduard, und er versuchte mit allen Mitteln, seinen Bruder Edward beim jungen König in Mißkredit zu bringen. Seine Methoden waren nicht gerade subtil: diskreditierliche Bemerkungen über den Protektor, Geschenke (ein junger Hund etwa, an dem Eduard sehr hing), das Einschleusen ihm ergebener Bediensteter in den Haushalt Eduards, sogar offene Bestechung Eduards – der König wurde von Edward Seymour mit privaten Mitteln nicht gerade verwöhnt. Nach dem Tode Heinrichs VIII. heiratete Thomas Seymour in geheimer Zeremonie, aber mit nachträglicher Billigung Eduards VI., die Königinwitwe Catherine Parr. Nach deren Tod im Kindbett verfolgte er ein weiteres ambitioniertes Heiratsprojekt mit der Prinzessin Elizabeth, das der Rat, besonders Edward Seymour und John Dudley, zu unterbinden wußte. Thomas Seymour verfolgte nachdrücklich eine Verbindung Eduards mit dessen Großcousine Jane Grey. Zur Stärkung seiner eigenen Finanzen ging Seymour eine Allianz mit Kaperern an der englische Küste ein, obgleich es die Hauptaufgabe des *Lord High Admirals* war, Piraterie mit allen Mitteln zu unterbinden. Desweiteren verband er sich mit Sir Thomas Sharington, dem *Master* der Bristoler Münze, mit dessen Hilfe Seymour große Summen unterschlug. Während der Abwesenheit des Protektors in Schottland unternahm Thomas Seymour den mehr als amateurhaften Versuch eines Coups. Er drang in Eduards Gemächer ein – die wohl geplante Entführung jedoch wurde verhindert, Seymour gestellt und inhaftiert. Im Januar 1549 wurde er des Hochverrates für schuldig befunden; der Protektor verzögerte das Datum der Exekution, doch beugte er sich letztlich der Mehrheit des Rates und dem Votum Eduards VI. vom 24. Februar, und Thomas Seymour wurde am 20. März 1549 hingerichtet. Eduard VI. scheint ihn nicht sehr vermißt zu haben – sein Eintrag im *Chronicle* lautet: «Also the Lord Sudeley, Admiral of England, was condemned to death and died the March ensuing».

Gerade die ältere Forschung hat unter Rückgriff auf Eduards *Chronicle* und Einträge wie diesen betont, daß es ihm schwerfiel, persönliche Gefühle zum Ausdruck zu bringen. Es ist zumindest fraglich, ob der Befund dieser einzigartigen Quelle eine solche Analyse tatsächlich zuläßt. Vieles deutet darauf hin, daß das *Chronicle* zunächst als eine Art von Hausaufgabe von Eduards Tutoren um den Zeitpunkt seiner Krönung angeregt wurde. Für diese Überlegung spricht besonders die knappe und emotionslose, beinahe stereotype Darstellung der ersten Lebensjahre Eduards, aber auch die eher lebenslose Präsentation politischer Entwicklungen bis etwa 1549. Ab März 1550 schließlich entwickeln die Einträge eine individuellere, interpretierende und reflektierende Natur; das *Chronicle* wird beinahe zum Tagebuch. Seit dem Sommer dieses Jahres vermerkte Eduard darin auch seine Überlegungen zur Tagespolitik und zu Details in der Verwaltung. Eduard verfolgte etwa seit März 1552 die Debatten des Rates mit besonderer Aufmerksamkeit, er machte schriftlich wie mündlich Vorschläge zu Umstrukturierungen und Neuordnungen. Die außenpolitischen Entwicklungen auf dem Kontinent dominieren die Einträge der Monate Mai bis Juni 1552, sie dokumentieren das rege Interesse Eduards und reflektieren den Grad seiner Information durch seine Räte. Der letzte Eintrag datiert vom 28. November 1552, unmittelbar vor Einsetzen seiner Erkrankung.

Eduard VI. war der gesalbte Monarch, das Haupt des Staates. Es ist müßig darüber zu spekulieren, wie sich die Geschicke des Landes entwickelt hätten, hätte Eduard überlebt. Vieles deutet darauf hin, daß Eduard «a good king» geworden wäre. Noch aber war er unmündig und die wahre Macht lag in den Händen anderer, und hier ist zunächst sein Onkel, Edward Seymour, zu nennen, den der *Council* im Januar 1547 zum Protektor bestimmt hatte. Es darf als sicher gelten, daß Kanzler Thomas Wriothesley der stärkste Rivale Seymours war, möglicherweise das Amt des Protektors selbst anstrebte. Wriothesley konnte sich zwar nicht durchsetzen, doch erkannte der Rat selbst die Notwendigkeit, das Protektorat besonders auf der internationalen politischen Bühne zu legitimieren. Eine interne Kommission wurde gebildet, die am 1. März Seymour im Namen des Königs in seinem Amt bestätigte und zugleich die Zusammensetzung des königlichen *Privy Council* festlegte. Am 13. März ratifizierte eine weitere interne Kommission diese Entscheidung und bestätigte den *Council* zugleich in seinem Recht, im Namen des Königs außenpolitisch relevante Verhandlungen zu führen. Seymour, ein überzeugter Protestant, war zugleich Realist genug, den religiösen Wandel eher langsam und stetig als überhastet vorwärts zu bringen – was primär sicherlich in seinem Bestreben begründet war, sich nicht vollends mit Kaiser Karl V. zu überwerfen. Seymour setzte 1547 durch, daß die Kommunion sowohl im katholischen als auch im protestantischen Ritus erfolgen konnte, er unterstützte die Publikation des *Book of Common Prayer* (1549), so daß dieses – anders als die lateinischen Missalen – in seiner einheitlichen Form in ganz England Gebrauch finden konnte und nicht etwa von Diözese zu Diözese unterschiedlich gestaltet war. Diese Gleichförmigkeit der Liturgie sollte 1552 durch den *Act of Uniformity* bestätigt werden, in dem die zweite verbesserte Version des *Prayer-Books* zur verbindlichen Grundlage der Staatskirche erhoben wurde.

Albert Frederick Pollard, für lange Zeit der maßgeblichste Biograph des Protektors, bezeichnete Edward Seymour als den «guten Herzog», als einen großzügigen Liberalen, dessen Ziel es war, dem gemeinen Mann zu helfen und den Protestantismus zu fördern. Glaubt man Pollard, so war Seymour seiner Zeit voraus, und seine Bemühungen, das Volk ruhig und zufrieden zu stellen, resultierten in den Aufständen des

Jahres 1549, die letztlich zu Seymours Sturz durch Dudley und die Realpolitiker im Rat führten. Pollards Analyse ist erst von der jüngeren Forschung in Frage gestellt worden, die zu bedenken gibt, daß der Schlüssel zu Seymours Person und Politik in dessem beinahe obsessiven Verlangen lag, Schottland zu unterwerfen, einem Ziel, dem er alles unterordnete. Die schottische Frage war seit der Herrschaft Eduards I. ein bestimmendes Moment der englischen Politik. Edward Seymour hatte sich in den schottischen Kampagnen Heinrichs VIII. ausgezeichnet; er kommandierte die Truppen, die 1544 Edinburgh niederbrannten. Er befehligte die Truppen, die 1547 die Schlacht von Pinkie für sich entschieden. Seymour plante, Schottland mit einer Reihe englischer Festungen zu überziehen, und das Land von diesen Basen als englische Besatzungszone zu regieren. Sein Motiv dafür mag in dem idealistischen Wunsch begründet gewesen sein, die beiden Länder letztendlich in einer Union zu vereinen, und er gehörte zu den aktivsten Befürwortern der Heiratsverbindung zwischen Eduard VI. und Maria von Schottland. Die Geschichte zeigt, wie sehr sich Seymour irrte – England hatte weder die finanziellen Mittel noch die militärische Potenz für die von ihm geplante Besatzungspolitik. Schottland blieb nominell unabhängig, verstärkte die Bindungen an Frankreich und Maria heiratete den französischen Dauphin François. Frankreich attackierte englischen Besitz – der Protektor mußte 1548 den Verlust Boulognes akzeptieren.

Zur Finanzierung der schottischen Kampagnen griff die Krone auf das altbewährte und innenpolitisch oftmals kurzsichtige und die innere Ruhe gefährdende Mittel der Besteuerung zurück. Dies, vor allem in der Kombination mit einer erneuten Münzabwertung, führte zu einer Verstärkung der Inflation und dem Aufflackern sozialer Unruhen. In dem Bemühen, seine Popularität beim Volk aufrechtzuerhalten, hob Seymour den *Treason Act* von 1534 und den *Act of Six Articles* des Jahres 1539 auf und unterstützte nachdrücklich die Bestrebungen John Hales'. John Hales, Friedensrichter für Middlesex und Warwirkshire im Jahre 1547 und seit 1548 *Member of Parliament* für Preston in Lancashire, war ein bekannter Gegner der *Enclosure*-Politik, also der Umwandlung von Acker- in Weideland und der Einhegung der Allmende. Zusammen mit Seymour rief er eine Kommission ins Leben, die sich mit den *Enclosures* in den Midlands befassen sollte. Im Parlament brachte Hales drei Petitionen vor, in denen er den Wiederaufbau aller verfallener Gebäude, die Subventionierung des Ackerbaus, sowie das Verbot des Vorverkaufsrechts auf den Märkten des Königreiches forderte. Alle drei Anträge wurden abgelehnt, und durch die enge Verbindung Hales' zu Seymour waren diese Voten auch ein Votum gegen den Protektor. 1549 begannen in weiten Teilen des Landes, besonders jedoch in Norfolk und Cornwall, Unruhen, die – obgleich in allen allgemeine Faktoren, der Unmut gegen die Politik des Rates, religiöse Fragen, Fragen der Besteuerung und des

Wehrwesens eine Rolle spielten – örtlich stark differenziert zu interpretieren sind. Seymour selbst blieb zunächst untätig; seine Truppen waren in Schottland gebunden, und er entschied sich, auf Zeit zu spielen und darauf zu hoffen, daß die Rebellen sich untereinander entzweiten. Spätestens zu diesem Zeitpunkt sah John Dudley Graf von Warwick seine Chance zur Übernahme der Macht im Rat gekommen, und er war es auch, der die Unruhen in Norfolk blutig niederschlug. Der gesamte Rat – die moderaten und konservativen Mitglieder wie etwa Arundel und Southampton ebenso wie die Fraktion um Dudley – wandte sich nun gegen Edward Seymour, und am 6. Oktober brachte Seymour in einem eher verzweifelten Versuch, seine Position zu behaupten, den König mit einer Eskorte von fünfhundert Bewaffneten von Hampton Court nach Windsor. Dort suchten neun Mitglieder des Rates am 12. Oktober den König auf und beschuldigten Seymour, seine Gesundheit durch die hastige Flucht gefährdet zu haben; ein weiterer Anklagepunkt war, daß Seymour augenscheinlich die Gemächer des Königs nicht effektiv genug hatte bewachen lassen. Eduard notierte dies in seinem *Chronicle* und vermerkte die weiteren Anklagepunkte gegen seinen Onkel: «... seine Schwächen, Ehrgeiz, Eitelkeit, daß er während meiner Jugendzeit leichtsinnig Krieg führte, Newhaven nur nachlässig betreute, sich an meinen Schätzen bereicherte, daß er nur seiner eigenen Ansicht folgte, und daß er sich nur auf seine eigene Autorität berief». Eduard beugte sich dem Rat, der das Protektorat am 13. Oktober offiziell auflöste, und Edward Seymour am nächsten Tag zusammen mit seiner Familie im Tower inhaftierte. Der Weg zur Macht im Königreich schien nun frei für John of Dudley Graf von Warwick.

John Dudley, Sohn von Edmund Dudley, dem Finanzminister Heinrichs VII., den Heinrich VIII. unmittelbar nach Herrschaftsantritt hatte hinrichten lassen, wurde 1538 zum stellvertretenen Gouverneur von Calais ernannt. 1542 wurde er als Lord Lisle zum *Lord High Admiral* auf Lebenszeit erhoben. 1546 ernannte ihn der König zum Grafen von Warwick, und im folgenden Jahr war er einer der Testamentsvollstrecker Heinrichs VIII., der ihn zugleich als Mitglied der Ratskommission benannt hatte. In dieser spielte Dudley zunächst eine untergeordnete Rolle; er trat von seinem Amt als *Lord High Admiral* zurück, das an Thomas Seymour fiel, er anerkannte Edward Seymour als Protektor und unterstützte ihn, nicht zuletzt bei dessen schottischen Kampagnen. Als *Lord-Lieutenant* des Protektors bei Pinkie trugen seine militärischen Fähigkeiten entscheidend zum Gewinn der Schlacht bei. Dudley, von der älteren Forschung als Prototyp eines frühneuzeitlichen Magnaten charakterisiert, erfreute sich, anders als Somerset, keiner allzu großen Popularität im Volk. Ein zeitgenössisches Pamphlet, *The Epistle of Poor Partte,* stellt ihn als grausamen Tyrannen dar, als machtgierig und korrupt: «Halte fest, was Du besitzt: die Welt ist gefährlich. Der große Teufel Dudley herrscht: (ich hätte Herzog sagen sollen); nun, lass' es vorübergehen, und warte, bis es vorbei ist, denn ich glaube, er wird nicht lange [regieren].» Im Gegensatz zu Edward Seymour gab sich John Dudley jedoch mit dem weniger exponierten Titel eines *Lord President of the Council* zufrieden, und solange er dieses Amt ausübte, erfuhr er die Unterstützung aller seiner Ratskollegen. Edward Seymour wurde am 16. Februar 1550 begnadigt, am 31. März kehrte er an den Hof zurück und nahm am 10. April seine Ratsmitgliedschaft wieder auf – nun jedoch in sehr untergeordneter Position. Die jüngere revisionistische Forschung bezeichnet die Politik Dudley als moderaten Erfolg – er zeichnet für die Frieden von Boulogne (1550) und Angers (1551) verantwortlich, die die Kriege mit Frankreich und Schottland beendeten. Im Vertrag mit Frankreich wurde eine Ehe Eduards mit Elisabeth, Tochter Heinrichs II. vereinbart; doch wurde anläßlich einer Reise des Marquis von Northampton nach Paris im Mai 1551 beschlossen, mit der Heirat so lange zu warten, bis Elisabeth das zwölfte Lebensjahr erreicht hätte. Eduard erscheint in diesen Verhandlungen erneut als Spielball dynastischer Hochpolitik – Elisabeth war streng katholisch erzogen, und zum Zeitpunkt dieser Verhandlungen hatte der Rat mit Billigung und wohl auch auf Betreiben Eduards eine erneute Petition seiner Halbschwester Maria, die katholische Messe in ihrem Haushalt zelebrieren zu lassen, abgelehnt. Eduard blieb in diesem Punkt – trotz einer Intervention des Kaisers zugunsten Marias – auch gegen den Wunsch einzelner Ratsmitglieder standhaft. Dudley, von Eduard am 11. Oktober zum Herzog von Northumberland erhoben, sah seine Stellung im Rat nun als so gesichert, daß er die Anklage auf Hochverrat gegen Edward Seymour erneuerte. Eduard notierte in seinem *Chronicle* ausführlich die von Sir Thomas Palmer gegen Edward Seymour erhobenen Anklagen: die geplante Exekution Dudleys und des Marquis von Northampton, loyale Truppen Seymours stünden im Tower bereit, um für diesen die Herrschaft in der Hauptstadt zu sichern. Die Lektüre dieser Einträge läßt erkennen, daß Eduard den vorgebrachten Anschuldigungen rückhaltlos Glauben schenkte – Edward Seymour versuchte erfolglos, beim König in Westminster Gehör zu finden. Am 16. Oktober wurde er im Tower inhaftiert, am 24. Oktober beschuldigte ihn der Rat formal des Hochverrats. In einem Prozeß im *House of Lords* wurde Edward Seymour am 1. Januar 1552 für schuldig befunden (auch den Prozeßverlauf vermerkt Eduard minutiös und emotionslos in seinem *Chronicle*) und am 22. Januar auf dem Tower Hill enthauptet. Eduard schreibt lakonisch: «The Duke of Somerset had his head cut off upon Tower Hill between eight and nine o'clock in the morning». Sein Eintrag verschweigt, daß es während der Hinrichtung Seymours in London zu spontanen Protesten gegen Dudley, aber auch den König kam.

Unter Northumberland wurde Eduard VI. mehr und mehr in die Entscheidungen des Rates integriert – er nahm immer häufiger an den Sitzungen teil und verfaßte verschiedene Memoranden zu Umstrukturierungen (unter anderen plante er, die Mitglieder des Hosenbandordens auf «the truth wholly contained in the Scripture» zu vereidigen) und Ämterbefugnissen im Rat selbst. Doch gab bereits zu diesem Zeitpunkt die Gesundheit Eduards großen Anlaß zur Besorgnis. Im Frühjahr 1552 war er an Masern und Blattern erkrankt und augenscheinlich überanstrengte er sich auf seinem großen Umritt durch das Königreich im folgenden Sommer. Im August etwa vermerkte der spanische Botschafter: «Es wurde von allen Seiten bemerkt, wie kränklich er aussah und das Volk hatte großes Mitleid mit ihm». Dudley, der mit Eduard in Salisbury zusammentraf, engagierte für ihn den italienischen Arzt Girolamo Cardano. Am 15. September mußte Eduard seinen Umritt in Windsor beenden – für den Weiterritt nach London fehlten ihm die Kräfte. Cardano diagnostizierte Tuberkulose; dem Rat gegenüber jedoch (es war Hochverrat, den Tod des Königs vorauszusagen) bagatellisierte er Eduards Erkrankung. Der König wurde nach Hampton Court verbracht. Im Laufe des Herbst und Winter 1552 verschlechterte sich sein Zustand rapide. Die Frage der Thronnachfolge war erneut gestellt. Heinrich VIII. hatte 1544 im *Act of Succession* verfügt, daß im Falle von Eduards erbenlosen Tod die Krone an Maria und ihre Erben fallen sollte. Nach dem Erlöschen dieser Linie folgten Elizabeth und deren Erben, erst danach sollte die Krone an die Erben von Heinrichs jüngster Schwester, Mary Tudor, übergehen. Mary Tudor verstarb bereits 1533, ihre Erbin war Frances Brandon, Herzogin von Suffolk. Frances Brandon hatte drei Töchter, und die älteste von diesen, Jane Grey, sollte zum nur als tragisch zu bezeichnenden Werkzeug Suffolks und Dudleys Ambitionen werden. Jane Grey, Eduard in Intellekt und religiöser Ausrichtung sehr ähnlich, wurde wohl gegen ihren Willen am 21. Mai 1553 die Schwiegertochter Dudleys. Dieser überredete den todkranken Eduard, seine Halbschwester Maria wegen ihres ‹fanatischen› Katholizismus von der Thronfolge auszuschließen. In seinem eigenhändig verfaßten *Devise for the Succession* ging Eduard jedoch noch weiter – er eliminierte auch den Thronfolgeanspruch Elizabeths, vermutlich unter Berufung auf ihre einstmals durch Parlamentsbeschuß sanktionierte Bastardisierung. Eduard bestimmte statt dessen «Jane Grey and her heirs male» zu seiner Nachfolgerin. Am 21. Juni wurde Eduards *Device* in Anwesenheit von Erzbischof Cranmer, den Mitgliedern des *Privy Council, Lords of the Realm,* dem Bürgermeister von London und den Aldermännern der Hauptstadt, den Sheriffs von Middlesex, Surrey und Kent und verschiedenen anderen ratifiziert. Am 6. Juli 1553 verstarb Eduard. Sein Tod wurde zunächst geheimgehalten, da Dudley versuchen wollte, sich Marias zu bemächtigen. Wir wissen, was tatsächlich passierte. Maria erhielt den Beinamen ‹die Blutige›, John Dudley wurde am 22. August 1553 auf dem Tower Hill exekutiert und Jane Grey ist als die Königin der neun Tage in die Historie eingegangen. In den Wirren dieser Tage verblieb der Leichnam Eduards zunächst in Greenwich – erst am 8. August 1553 wurde er im protestantischen Ritus in der Kapelle Heinrichs VII. in der Abtei von Westminster beigesetzt. Maria ließ im Tower eine Messe für ihren Halbbruder lesen.

Geschichte ist eine Wissenschaft aber auch die Kunst, eine Geschichte aus ferner Zeit zu erzählen. Wie nachvollziehbar ist für den heutigen Betrachter das 16. Jahrhundert? Wie verständlich ist für diesen das strikte Reglement höfischen Protokolls? Wie interpretierbar sind Handlungsmotive, Charaktere, Taten von Ratgebern, Politikern, Monarchen? Eduard VI. wurde nur fünfzehn Jahre alt, und es wäre leicht, ihn als unbedeutende «Fußnote» der englischen Geschichte zu deklassieren. Der junge Eduard, von Holbein, dessen Schülern und Nachfolgern porträtiert, war blond, schlank und hochgewachsen, seiner Halbschwester Elizabeth sehr ähnlich, und als gesalbter Monarch Englands lastete eine heute kaum nachvollziehbare Verantwortung auf ihm. Von seinen reformatorischen Glaubensbrüdern im Königreich und auf dem Kontinent hoch geschätzt, trug er entscheidend mit dazu bei, den Protestantismus im Land zu verankern. Während seiner Herrschaft war England Ziel und sicherer Hafen zahlreicher religiöser Flüchtlinge; moderat in der Behandlung Andersgläubiger steht sein Regime als ein klarer Gegenpol zu dem seiner Halbschwester Maria. Eduard VI. war keine «Fußnote» der Geschichte. Erstmals verfügt der heutige Betrachter über umfangreiche Kenntnisse der humanistischen Erziehung eines frühneuzeitlichen englischen Prinzen, mit ihrer Betonung der Philosophie, den Artes Liberales, aber auch den ‹höfischen› Anforderungen. Eduard VI. hat uns ein erstaunlich reiches literarisches Erbe hinterlassen, sein *Chronicle* ist ein einzigartiges Zeugnis, seine Traktate und Essays zeigen uns Eduard als intelligenten, aufgeschlossenen, rhetorisch hoch begabten Jugendlichen, dem ein längeres Leben und die Möglichkeit, seine Persönlichkeit noch weiter zu entwickeln, mehr als zu wünschen gewesen wäre.

*Karl Heinz Metz*

# Maria die Katholische
## 1553–1558

*Maria I., geb. 18. Januar 1516 in Greenwich; 1525 selbständige Hofhaltung als Prinzessin von Wales; 1533 Verlust dieses Titels; 1544 erneute Anerkennung ihres Thronfolgerechtes; 10. Juli 1553 Thronanspruch Marys gegen Jane Grey; 18. Juli 1553 Anerkennung durch den Staatsrat; Krönung: 1. Oktober 1553 in Westminster Abbey; gest. 17. November 1558 in London; begraben in Westminster Abbey; Vater: Heinrich VIII.; Mutter: Katharina von Aragon (1485–1536); Geschwister: Halbschwester Elizabeth I. (1533–1603); Halbbruder Eduard VI. (1537–1553); Eheschließung: 25. Juli 1554 Heirat mit dem späteren spanischen König Philipp II.*

In der Geschichtsschreibung stehen die schließlichen Sieger stets höher als die Verlierer: das ist nicht nur sehr menschlich, sondern auch durchaus historisch, denkt die Historie doch letztlich von der Gegenwart her, von der Zeit ihrer Entstehung, aus der ihr Wertsetzungen, Fragestellungen, Interessennahmen zufließen. Jede Gegenwart jedoch ist das Ergebnis eines Sieges und das Selbstverständnis davon, und nur wenn sich die Siege ändern, wandeln sich auch die leitenden Geschichtsbilder. Man erinnert sich, wo man sich gemeint glaubt, und man verteilt Licht und Schatten, Ehre und Verachtung nach dem Zustand des jeweils letzten Sieges, der bisweilen Jahrhunderte überdauern kann. In einem solchen Zustand fortdauernder Finsternis existiert die Erinnerung an Mary Tudor, «Maria die Blutige», oder – kaum weniger schreckhaft für einen nachgeborenen Engländer bis fast zum heutigen Tag – «Maria die Katholische» oder die «spanische Maria». In ihrem Namen, ihren Beinamen vereint sich alle rhetorische Finsternis zum ideologischen Schattenriß jenes hellen Englischseins, das sich mit Marias Halbschwester und Nachfolgerin Elisabeth datierte und nach 1688 endgültig durchsetzte. Daß sich dieses Geschichtsbild jemals grundlegend ändert, ist wenig wahrscheinlich: Der Traum eines katholischen England, von Mary Tudor bis Kardinal Wiseman wieder und wieder geträumt, ist verblichen, die Religion als Politik der Bedingungslosigkeit in Mißkredit geraten.

Religion als Wahrheitskern der Welt, die dogmatisch geformte Konfession als Essenz des persönlichen Gewissens, die Politik als Praxis der Wahrheit: das ist der Existenzgrund von Marias persönlichem Leben wie politischem Streben. Marys Politik wurzelt in einem Existenzgrund, nicht in der Pragmatik des Tages. Historisch gesehen ist es «theologische» Politik vor dem religiösen Bürgerkrieg, doch bereits in dessen At-

Maria die Katholische (1553–1558)

mosphäre. So steht Maria nicht nur chronologisch zwischen dem wägenden Opportunismus der Vorsicht, wie er das Handeln Elisabeths I. kennzeichnete, und der autoritären Energie egomanischen Wollens, wie sie Heinrich VIII. schubartig antrieb und erschlaffen ließ. Zugleich steht sie damit gegen die große Triebkraft dieses Jahrhunderts englischer Geschichte, die Reformation und ihre Verbindung mit dem Parlament. Sie ist somit ein Beispiel dafür, was ein einzelner gegen «die Geschichte» – wie sie sich im nachhinein präsentiert – vermag und wo er von ihr überwältigt wird.

Marias Existenz, ihr äußeres wie inneres Leben, ist geprägt von den Erfahrungen ihrer Kindheit und vor allem von der Erfahrung der Katastrophe, der Verstoßung ihrer Mutter durch den Vater, welcher ihre eigene Verstoßung und Erniedrigung folgte. 1516 war sie geboren worden, das erste lebensfähige Kind nach vier toten, begrüßt vom Vater mit den Worten: «Durch Gottes Gnade werden die Söhne folgen.» Aber nur Tote folgten. Solange Heinrich VIII. noch auf Söhne hoffte, blieb ihr prinzipielles Erbrecht unbestritten, aber daß der König den illegitimen Sohn seiner langjährigen Mätresse anerkannt und an den Hof gebracht hatte, war ein bedenkliches Zeichen. Doch erst die Liebesgefühle des Königs für die schöne Anne Boleyn führten zur persönlichen Katastrophe Marys und ihrer Mutter, Katharina von Aragon. Obgleich der König seit 1527 seine Ehe mit Katharina zu lösen suchte, blieb Marias Stellung unangetastet, bis zur Verbannung ihrer Mutter, 1531, als Anna Boleyn deren Platz am Hofe einzunehmen begann, noch ohne Trauschein und Titel. Schwangerschaft und Geburt der Tochter Elisabeth brachten zwei Jahre später auch Titel und Ehe. Damit wurde aus der Thronerbin Maria endgültig ein Bastard. Sie verlor nicht nur den Titel einer Prinzessin von Wales an ihre eben geborene Halbschwester, sondern wurde sogar gezwungen, sich als Ehrenjungfrau deren Haushalt anzuschließen. Getrennt von ihrer Mutter, mit der sie nur noch heimlich zuweilen Botschaften austauschen konnte, und von ihren vertrauten Dienern, selbst in eine Rolle des zumindest symbolischen Dienens gezwungen, wuchsen Einsamkeit, Mißtrauen und ein Gefühl der Fremdheit in der heranwachsenden jungen Frau. Die ohnehin enge Beziehung zur Mutter vertiefte sich noch durch die Gemeinsamkeit eines bitteren Schicksals und die Religion, die ihr einzig wahre, katholische, diese Unerschütterlichkeit im Mut der Mutter, wurde auch für die Tochter zur Essenz des Daseins, hörbar im Gebet, in der Anrufung Gottes. Die Reformation hatte sie zum Bastard gemacht: Wie hätte sie je in ihr mehr sehen können als einen Bastard aus Lüsternheit und Ketzerei, aus der sinnlichen Begierde des Vaters auf den Leib der Anne Boleyn und seinem Verrat an der in der katholischen Kirche geoffenbarten Wahrheit. Doch seit 1534 stand auf solche Hartnäckigkeit die Todesstrafe, und Heinrich war kein Herrscher, der Prinzipien, die ihm als Hochverrat galten, bei seinen Untertanen geduldet hätte, bei keinem von ihnen. So brachte das Jahr 1536 Marias zweite persönliche Katastrophe, ihren Verrat an jenen Überzeugungen, auf denen ihre ganze Selbstgewißheit gründete, einen Verrat in der Furcht des Todes. Maria, die immer betont hatte, dem König «in allem zu gehorchen, das Gewissen ausgenommen», lieferte dem Vater nun selbst ihr Gewissen aus, verleugnete ihren Glauben und anerkannte Heinrich als Oberhaupt der englischen Kirche, verleugnete die Ehe der Mutter und erkannte ihre eigene Bastardisierung an. Maria fügte sich der Realität, der Wirklichkeit der Machtverhältnisse, um den Preis der Angst, und sie sollte es sich nie verzeihen, ihn bezahlt zu haben, trotz der erflehten päpstlichen Absolution. Dieses Versagen in den ihr heiligen Grundsätzen prägte Maria. Einmal hatte sie versagt, hatte Kompromiß, Opportunität, Kalkül und Furcht gegen Gewissen und Grundsätze siegen lassen. Die Härte ihrer späteren Politik als Königin, ihre Unfähigkeit zu jenen Halbheiten, aus denen erfolgreiche Politik weithin besteht, die geschichtstheologische Besessenheit, welche in allem den Willen Gottes erblickt: Es hatte eine tiefe Wurzel in der seelischen Erschütterung jenes panischen Versagens.

Zunächst jedenfalls besserte sich ihre Lage, denn das Jahr 1536 war auch das Jahr der Katastrophe für Anne Boleyn und ihr nunmehr gleichfalls bastardisiertes Kind Elisabeth. Maria erhielt erneut einen eigenen Haushalt und wurde, nach der Geburt ihres Halbbruders Edward, als Zweite in der Thronfolge anerkannt. Eine Eheschließung aber verhinderte der mißtrauische Vater, der fürchtete, Maria könne zur Gefahr für die Sicherheit seiner Herrschaft werden und zur Bedrohung für die Nachfolge seines Sohnes durch die Gefolgschaft all jener, die seinen «Innovationen» in Staat und Kirche entgegenstanden. Diese Sorge wurde drängender, als Heinrich 1547 starb und der zehnjährige Edward den Thron bestieg, beherrscht von rivalisierenden Adelscliquen, die, unsicher in ihrem Griff nach der Macht, den Protestantismus förderten, um Anhänger und eine Partei zu gewinnen. Maria, nun wieder Thronfolgerin, tat nichts, um ihre Ablehnung der neuen Maßnahmen zu verbergen. Ihre Person anzutasten wagte man dennoch nicht, obgleich die geltenden Konformitätsgesetze hierzu eine Handhabe geboten hätten. So wurde Maria allmählich zur Bezugsperson einer wachsenden Opposition, die weit über die konservativen Kreise mit katholischen Sympathien hinausreichte und sich gegen die Herrschaft John Dudleys richtete, des Herzogs von Northumberland, der als starker Mann des Staatsrates ein skrupelloses und korruptes Regiment führte und seit der Heirat seines Sohnes mit Lady Jane Grey, der Dritten in der Thronfolge nach Maria und Elisabeth, auch auf die Ausschaltung der beiden Prinzessinnen zugunsten seiner Schwiegertochter hinarbeitete. Edwards – von Northumberland fabriziertes – Testament, das Jane als Nachfolgerin benannte und damit Heinrichs durch Parlamentsgesetz gestützten Letzten

Willen aufhob, gab diesem Plan eine scheinbare Rechtsgrundlage, war aber nichts weniger als Hochverrat in den Augen der zahlreichen Gegner des Herzogs wie vieler Rechtsgelehrter. Entscheidend für seinen Erfolg war es deshalb, die Thronanwärterinnen in die Hand zu bekommen, ehe der todkranke König starb, vor allem Maria. Doch gelang es dieser, sich bei der Nachricht vom Tode Edwards dem Zugriff Northumberlands zu entziehen und nach Norfolk zu fliehen, wo sich ihre Anhänger sammelten. Der Herzog, im Besitz der Regierung und ihrer Machtmittel, ließ Jane in London als Königin (9. 7. 1553) ausrufen und machte sich dann daran, mit Heeresmacht Maria «wie eine Aufrührerin» zu fangen, lebendig oder tot. Das stärkste Argument aber, mit dem er Maria isolieren und ihren Rückhalt im Volk zerstören wollte, bestand im Hinweis auf ihren «Papismus», im Appell an die Unbedingtheitsgefühle der überzeugten Protestanten wie die gefährdeten ökonomischen Interessen all derer, die durch den günstigen Erwerb verschleuderten Kirchenbesitzes Wohlstand und gesellschaftliche Stellung gewonnen hatten. So schienen Marias Aussichten, die Krone doch noch zu gewinnen, denkbar gering. Daß es dennoch anders kam, erschien vielen als Wunder und Maria zuallererst. Die Zeit der Verzweiflung war zur Zeit des Heils geworden, der Widersinn der Geschichte, Gottes unergründliche Absicht in den Wirrnissen der Welt, war ergründbar geworden als Jetztzeit, war Sinn geworden.

In der Pragmatik der Welt war alles einfacher. Northumberland war es nicht gelungen, Maria zu ergreifen, ehe ihr Anhang zu zahlreich werden konnte. Auch vereinzelte protestantische Brandpredigten nutzten nichts: Das Argument der Legitimität blieb stärker als jeder religiöse Appell. Zudem war Northumberlands persönliche Herrschaft weithin verhaßt, denn Loyalität gab es keine, nur den Opportunismus derer, die sich mit ihm bereichert hatten, und die Wut jener, die davon ausgeschlossen worden waren. Bereits am 18. Juli brach Northumberlands Regime zusammen, als in London selbst der Staatsrat, obwohl durchsetzt von seinen Günstlingen, ihn stürzte und Maria anerkannte, bestrebt, sich rechtzeitig mit ihr zu einigen, die immer mehr Zulauf erhielt. Damit war der Damm gebrochen. Jane, Northumberland und ihr Anhang wanderten in den Tower, Maria war Königin. Ihr erster Befehl lautete, das Kruzifix in der Pfarrkirche von Framlingham, wo sie sich damals aufhielt, wieder aufzustellen. Die religiöse Restauration hatte begonnen. In ihr erblickte Maria mehr denn je den geschichtstheologischen Sinn ihrer Herrschaft, und keiner konnte sagen, sie habe das jemals verheimlicht. Am 29. September 1553 wurde sie in Westminster Abbey zur Königin gekrönt. Es war ihr stolzester Tag.

Maria war nun siebenunddreißig Jahre alt, klein und zierlich, mit einem schmalen Gesicht, in das die Zeit und die Bitterkeit Furchen gegraben hatten, das aber immer noch nicht ganz ohne weiblichen Reiz blieb.

Im Wesen hatte sie viel von der Lebhaftigkeit, auch dem cholerischen Temperament des Vaters, unterdrückt freilich und verbildet durch Jahrzehnte des Duckens und der Angst. Ferngehalten von aller Verantwortung, besaß sie keine Erfahrung und keine Kenntnisse in den Geschäften der Regierung, in den Intrigen und Kalkülen der Macht. Der Hof wie die führenden Vertreter des Adels waren ihr nahezu unbekannt. Nichts und niemand hatte sie auf ihr hohes Amt vorbereitet. Alles, was sie besaß, waren ihr königliches Selbtbewußtsein und die Entschiedenheit ihrer Religion, genug, um sie zu einer aus eigenem Entschluß handelnden Herrscherin zu machen, zu wenig, um ihr dabei jene Erfolge zu sichern, aus denen erst die Dauerhaftigkeit einer Herrschaft und ihrer Entscheidungen hervorgehen. Hinzu kam ihre schwankende Gesundheit, wohl als Folge psychosomatischer Leiden und ihrer frühen, ihr nur halbbewußten Entdeckung, daß Krankheit eine soziale Zuflucht sein kann, ein Asyl symbolischer Taubheit vor den Forderungen der Welt. So kann man das schließliche Scheitern Marias erklären, England zum alten Glauben zurückzuführen.

Doch es war mehr als nur ein in persönlichen Mängeln gegründetes Versagen, denn schwerer noch wogen strukturelle Probleme. Die neuen Eigentümer der Kirchengüter formten einen einflußreichen Bestandteil des hohen wie niederen Adels, aber auch der freien Bauern wie der spekulierenden Kaufmannschaft, und mehr noch, sie bildeten die ökonomische Basis des Neuadels, in dem sich die aufstiegsorientierten Gruppen der englischen Gesellschaft des 16. Jahrhunderts sammelten. Der Erwerb einst kirchlichen Grundbesitzes hatte sie wohlhabend werden lassen, die Verfügung über häufig damit verbundene Herrenrechte hatte vielen von ihnen selbst den Aufstieg in den Stand der Herren ermöglicht. In ihnen allen besaß die Reformation als politisches, institutionelles Ereignis einen machtvollen Rückhalt, doch zeigte sich bald, daß sie auch als religiöses Ereignis, als Veränderung kollektiver Mentalität, nicht ohne Wirkung geblieben war. So scheiterte Maria bereits in ihrem ersten Parlament, das vier Tage nach ihrer Krönung zusammentrat, mit dem Versuch, die gesamte Gesetzgebung Heinrichs und Edwards bis zurück auf die Erklärung ihrer Illegitimität aufheben zu lassen, an den Inhabern von Kirchenland im Unterhaus, denen damit die Rechtsgrundlage für ihren Besitz entzogen worden wäre. Auch der königliche Supremat über die englische Kirche fiel nicht, wie das Maria gewünscht hatte, jedoch wurde insgesamt wieder die Kirchenordnung Heinrichs hergestellt, wie sie in seinem letzten Lebensjahr bestanden hatte. Für Maria war das bloß ein erster Schritt, für die Mehrheit der «politischen Nation» Englands, bis hinein in das konservative Lager, die Grenze dessen, worin man sich ohne Widerstand fügen wollte. Zudem zeigte sich, daß Marias tiefe Überzeugung, die Wahrheit des Katholizismus werde sich allen von selbst erweisen, wenn man nur seine Verkündigung durch gute Priester möglich mache, auf einem Trugschluß beruhte: daß nämlich der englische Protestantismus bloß Opportunismus sei und nicht auch Spiritualität. Und sie übersah, wie sehr sich bereits das politische Selbstverständnis Englands mit dem Anglikanismus verbunden hatte, als Idee des Eigenseins, der stolzen Unabhängigkeit von fremden Herren und Mächten. Das wurde offenkundig, als Maria sich entschloß zu heiraten: einen Ausländer und Katholiken, den Spanier Philipp, Sohn Karls V. und späteren König. Daß Maria heiraten solle, war unumstritten, denn nie seit der vom Bürgerkrieg zerrissenen Regentschaft der Königin Mathilde im 12. Jahrhundert hatte eine Frau in England regiert. Ohne den Beistand eines Mannes schien die Herrschaft einer Frau ungesichert, zudem war die Geburt legitimer Kinder unmöglich. Doch die Heirat mit einem Fremden, einem Spanier und Katholiken zumal, erregte das Land. Das Unterhaus opponierte, und im Januar 1554 brach ein Aufstand aus, der die Aufrührer bis vor die Tore Londons führte, ehe er niedergeschlagen werden konnte. Daß der Führer dieser Erhebung für die nationale Unabhängigkeit und für die nationale Kirche, Sir Thomas Wyatt, einst unter den Kämpfern für ihre Thronfolge gewesen war, hätte Maria bedenklich stimmen müssen, zeigte es doch die wachsende Ablehnung ihrer Herrschaft selbst durch die Mehrheit all jener, deren tiefe monarchische Loyalität ihr im Juli des Vorjahres die Krone gesichert hatte. Zudem verfestigte sich der Widerstand gegen die katholische Restauration. Es kam zu Übergriffen gegen katholische Priester und zu Störungen katholischer Zeremonien.

Doch Maria blieb unerbittlich: England mußte Schisma und Häresie überwinden, und hierzu erschien ihr die Ehe mit Philipp und der katholischen Großmacht Spanien als das geeignete Mittel. Am 25. Juli 1554 heiratete sie ihn in London, bewegt und freudig erregt, den ersten Mann ihres nonnenhaften Lebens, «ältlich und schlaff» in ihrer körperlichen Erscheinung, ein «Kelch, ... den nur ein Gott ganz auszutrinken» vermöchte, wie der Vertraute des Prinzen notierte. Für Philipp war es eine politische Ehe: Die katholische Restauration, das Bündnis gegen Frankreich, die Isolierung der unruhigen Niederlande waren ihr Zweck. Und tatsächlich schien für kurze Zeit Marias Herrschaft wie ihr Leben nach vielen Hindernissen und Widrigkeiten in eine gerade Bahn einzulenken und zum Erfolg zu führen. Im November 1554 traf endlich Kardinal Reginald Pole in England ein, einer der wenigen von hohem Rang, der Heinrichs Reform widerstanden hatte und dem nun als Legaten des Papstes die endgültige Wiederherstellung der katholischen Kirche in England übertragen worden war, das «Seelengeschäft», um neben dem politischen eine Änderung der Kirchengesetze zu bewirken. Denn noch immer befand sich England im Bann, und jeder, der ohne Absolution verschied, mußte sich vor ewiger Verdammnis fürchten. Pole brachte Absolution und Besitzsicherung für die Eigentümer von Kirchenland, dafür anerkannte das Parlament «sehr reuig und betrübt» die Schuld des Glaubensabfalls. Die gesamte antirömische Gesetzgebung seit 1529 wurde aufgehoben, und die alten Ketzer- und Hochverratsbestimmungen wurden wieder in Kraft gesetzt. Die Reformation war rückgängig gemacht, England war erneut zu einem katholischen Land geworden. Zudem fühlte Maria, wie sich in ihrem Leib ein Kind bewegte, als sie den Kardinal begrüßte. Allein die Geburt eines Thronerben konnte der Restauration Dauer verschaffen, waren doch Versuche gescheitert, Philipp zum König mit allen Rechten dieses Amtes zu erklären oder zumindest Prinzessin Elisabeth von der Thronfolge auszuschließen, die als Hoffnung nicht nur der Protestanten, sondern der wachsenden Opposition galt.

Vorerst allerdings ging es darum, die Restauration in den Institutionen umzusetzen und den Katholizismus erneut zum Mittelpunkt in der Ordnung des Bewußtseins werden zu lassen. Lange hatte Maria gezögert, entschieden gegen die Protestanten vorzugehen, doch nun fühlte sie sich stark genug, um einem halben Tun ein Ende zu machen und das Ganze ins Werk zu setzen. Hatte man sich vorher noch damit begnügt, verheiratete Pfarrer von Pfarrstellen und Pfründen zu verdrängen, so brannten seit Februar 1555 die Scheiterhaufen, damit, wie Maria schrieb, «der Ruhm Gottes vermehrt und das Reich mit größerer Ruhe regiert» werden könne. Denn darum ging es, daß nämlich Protestantismus und politische Opposition identisch wurden und nicht wenige Prediger dazu aufriefen, einer in «Götzendienerei» verfallenen Herrscherin den Gehorsam zu verweigern. Der Widerstand verstärkte sich, als kurz nach Einsetzen der Ketzerverfolgung Maria daranging, Kirchenbesitz, soweit noch in Verfügung der Krone, zurückzuerstatten und Klöster neu zu errichten. Mehr noch, es erwies sich, daß ihre Schwangerschaft nur in ihrer Vorstellung existierte, was ihre Gegner auf eine baldige Nachfolge Elisabeths hoffen ließ. Elisabeth, die zwar vorsichtig genug war, sich nicht offen in eine der zahlreichen Verschwörungen einzulassen, für deren Kontakte mit der Opposition es aber Hinweise gab, durch einen inszenierten Prozeß aufs Schafott zu bringen, wie es etwa Marias Kanzler, Bischof Stephen Gardiner, empfahl, lehnte die Königin jedoch ab. Der Tod Gardiners und die Abreise Philipps ließen Kardinal Pole, den neuen Erzbischof von Canterbury, zum wichtigsten Ratgeber Marys werden. Eine «große Menge von Dornsträuchern und Gestrüpp», so Pole, wurde nun ins Feuer geworfen, darunter sein Vorgänger Cranmer, der prominenteste von knapp 300 verbrannten Ketzern, ein Opportunist als Märtyrer, denn bis fast zuletzt hatte er versucht, sein Leben durch Erklärungen der Reue zu retten, in denen er alles verwarf, was er in der Reformation getan hatte. Erst als keine Unterwerfung mehr helfen wollte, wurde er zum Bekenner: Das Leben war alles, und alle Prinzipien dienten dem Leben, nur im Tod wurden sie bedingungslos und starr, nur im Tod war Treue. Welch ein Gegensatz zu Maria, die Cranmer haßte, seine Opportunität im Absoluten, der Religion, seine Bereitschaft, theologische Formeln zu finden für ihre Bastardisierung und die Verstoßung ihrer Mutter, für die Zerstörung der alten Kirche.

Im März 1556 wurde eine neue Verschwörung aufgedeckt, bei der, wie bereits bei der Erhebung Wyatts, Frankreich eine wichtige Rolle spielte, dessen Machtkalkül jede übergreifende katholische Loyalität zunichte machte. Schlimmer noch für den Erfolg der katholischen Restauration in England war, daß der neue Papst, Paul IV., bemüht um den Ausbau territorialer Macht in Italien, zum bitteren Gegner Philipps II. – seit 1556 König von Spanien – wurde und dabei rücksichtslos die Mittel der geistlichen Zucht zur Durchsetzung politischer Interessen gebrauchte: Philipp, Marias Gatte und der Garant katholischer Universalität in Europa, wurde exkommuniziert, Kardinal Pole, der eigentliche Architekt der katholischen Restauration, wurde selbst der Ketzerei beschuldigt und seiner Legation für verlustig erklärt. In dieser Lage, nach einer neuerlichen, von Frankreich gestützten Verschwörung, kam es schließlich im Juni 1557 zum Kriegseintritt Englands auf seiten Spaniens gegen Frankreich. Im Januar fiel Calais, Englands letzte Besitzung auf dem Festland, in französische Hände, schlecht verteidigt, durch Verrat, wie manche munkelten, und im Norden gab es Krieg gegen das mit Frankreich verbündete Schottland.

Der Verlust von Calais traf den wachsenden englischen Nationalstolz tief, er kostete Maria die letzten Sympathien ihrer Untertanen. Ihre Politik, ihre Kirche, sie selbst, «die Spanierin», waren verhaßt geworden, und als sich im Sommer 1558 ihr Zustand verschlechterte, war es wie ein Aufatmen im ganzen Land. An Maria schied sich das englische Nationalbewußtsein, an ihr erkannte es das, was es als unenglisch, fremd, widerwärtig empfand. Alle Augen richteten sich auf Elisabeth, auch die der Sterbenden, die sie nun zur Thronfolge einlud, um den inneren Frieden zu wahren und in der sinnlosen Hoffnung, Elisabeth werde den Katholizismus aufrechterhalten. Am 17. November 1558 starb Maria, vielleicht an jenem Tumor im Leib, den sie, noch einmal im Sommer des Vorjahres, nach einem zweiten kurzen Besuch Philipps, für ein Kind gehalten hatte. Als sie starb, feierte das Volk.

Hinter dieser Geschichte wie hinter jeder, gleich ob sie Geschichte des Erfolges oder des Scheiterns sein mag, wirken der «Zufall» von Ereignissen und der «Zwang» langfristiger Tendenzen, die durch Ereignisse zu Strukturen verdichtet werden. Beide verbindet so etwas wie ein Mechanismus von «Problemen», der zu neuerlichem Handeln führt. Nimmt man die Parlamentarisierung der politischen Herrschaft als eine solch langfristige Tendenz der englischen Geschichte, so problematisieren die Ereignisse, etwa der Gründung einer neuen Dynastie durch Heinrich VII. oder des kirchlichen Schismas durch seinen Nachfolger, die Notwendigkeit, das Neue zu legitimieren, durch die Bezugnahme auf das Parlament: Auch wenn sich die Souveränität noch ganz im Besitz und Anspruch der Krone befindet, die Autorität des Politischen ist bereits geteilt. Erst unter den Stuarts wird sie sich spalten, um dann nach 1688 in eine neue Ordnung hinüberzuführen. Die Einbeziehung des Parlaments in die Herrschaftsgestaltung weit über bloße Steuerbewilligung hinaus, bei gleichzeitiger Aufwertung des Unterhauses, ist die wohl wichtigste strukturbildende Folgewirkung der Tudor-Zeit zusammen mit jenem Ereignis, das sie am meisten beförderte: der Reformation. Die Verarbeitung des hier angelegten Potentials an Konsequenzen nahm gut anderthalb Jahrhunderte englischer Geschichte in Anspruch. Marias Herrschaft insbesondere war ganz durchzogen von ihr, was sie zu einem originären Lösungsversuch und also zu mehr als einer Episode werden läßt. Marias religiöse Besessenheit ergibt somit durchaus Sinn, nicht nur biographischen, aus ihrer «bastardisierten» Lebensgeschichte heraus, oder epochalen, von einem Zeitalter der Glaubenskämpfe her gesehen, sondern auch strukturellen, insofern sie das geistlich-geistige Problem von Heinrichs schismatischer Reformation zu lösen suchte. Es war dies das Problem einer Reformation, die allein politisch-pragmatischen Charakter besaß. Aber mit Heinrichs Kirchenspaltung war nicht nur die Verfügung über Eigentum und Organisation der englischen Kirche in die Zuständigkeit der Politik, von Krone und Parlament, übergegangen, sondern ebenso die Verfügung über die Glaubenslehre, über das, was als religiöse Wahrheit zu gelten hatte und was nicht. Die Politik reduzierte die Religion auf ihre gesellschaftliche Funktion, aber es gelang ihr nicht, das Gewissen darauf zu reduzieren bzw. jene stillzustellen, die aus innerer Erregtheit ihrer Seele nach absoluter Wahrheit verlangten und sich dabei nicht mit parlamentarischen Regelungen zufriedengeben wollten, die je nach Machtlage unterschiedlich ausfielen. Konnte man etwa durch Parlamentsbeschluß entscheiden, ob es nun ein Fegefeuer gab oder nicht, ob Christus im Abendmahl vorhanden war oder nicht? Im Königtum Marias wurde dieses Problem zum historischen Ereignis.

Die Kirche vom Staat zu trennen, die Privatisierung der Religion also, war für die Zeitgenossen unvorstellbar, zu sehr noch blieb die Ordnung der Gesellschaft in ihrer Rechtfertigung an eine Idee kosmischer Ordnung gebunden. Religiöse Vielfalt, Pluralität der Gewissen, buchstabierten hier soziales und politisches Chaos. Aber war eine Kirche ohne theologische Autonomie überhaupt eine Kirche? Diese Frage trieb den Anglikanismus um, seit er bestand, und Maria gab die erste, politisch wirksame Antwort darauf: Nein, er war Perversion, geschaffen durch parlamentarische Gesetze, aber zerstörbar nur, wie sie zugestehen mußte, durch andere parlamentarische Gesetze. Gegen das Parlament zu handeln war unmöglich geworden, und Maria mußte den Preis der ökonomischen Reformation für die Anerkennung der theologischen Gegenreformation zahlen, ob sie wollte oder nicht. Immerhin aber hatte ihr das Paradox einer parlamentarischen Kirche ohne theologische Autonomie eine Partei geschaffen, Konservative wie Bischof Gardiner oder den Herzog von Norfolk, in denen erst die Phase protestantischer Expansion nach dem Tode Heinrichs VIII. theologische wie soziale Furcht vor einem Radikalismus entstehen ließ, der alle Tradition verwarf. Allerdings bildete diese «Partei» keine Einheit, zerfiel vielmehr rasch in einander bekämpfende Fraktionen, die Maria nicht zu kontrollieren vermochte, was die Wirksamkeit ihrer Regierung zunehmend beeinträchtigte. Es waren jedoch nicht einfach nur Marias Schwäche oder ihre Neigung, denen ihr Ohr zu leihen, die ihr sagten, was sie hören wollte, die dafür verantwortlich zu machen sind. Vielmehr mußte die neue Königin, um ihr gefährdetes Königtum zu sichern, eine Vielzahl der opportunistischen Freunde Northumberlands übernehmen, sofern sie nur rechtzeitig die Front gewechselt hatten. Diese folgten ihr nun so berechnend, wie sie einst dem Herzog gefolgt waren, doch auf sie zu verzichten konnte sich Maria nicht erlauben, fehlten ihr doch die Machtmittel zentraler Herrschaftsausübung, wie eine berufsmäßige Verwaltung oder ein stehendes Heer. Ohne die Loyalität des Adels, der großen Magnaten mit ihrem regionalen Einfluß, wie der kleinen Herren, aus deren Kreis die Friedensrichter kamen, die den Staat in die Dörfer hineintrugen, ohne diese Loyalität blieb England unregierbar. Marias Herrschaft bewegte sich damit in jener Epochenzone, in der die feudale Loyalität nicht mehr trug, der bürokratische Staat aber noch nicht entstanden war. Anders aber als in den Ländern des europäischen Festlandes handelte es sich in England nicht um eine Zwischenphase, sondern um eine gestaltende Periode, in der jenes typisch englische Regierungsgefüge ausgebildet wurde, in dem sich örtliche Selbstverwaltung, Friedensrichter, Parlament und Krone bzw. Regierung ergänzten und balancierten. Ein solches Gefüge, gesellschaftlich wie wirtschaftlich noch gestärkt durch den Verkauf der Kirchenländereien, war allenfalls bereit für eine Kirche des ungefähren Kompromisses, nicht für eine Kirche dogmatischer Wucht. Ein solches Gefüge war ebenso ungeeignet für die Gegenreformation wie für fürstlichen Absolutismus. Das Problem, einer solchen Gesellschaft eine einheitliche Kirche zu schaffen, vermochte Maria nicht zu lösen: Es blieb unlösbar für zweihundert Jahre und mehr, es löste sich erst, als der Knoten von kosmischer und politischer Ordnung zerfallen war und die Pluralität der Konfessionen nicht länger als Gefahr des öffentlichen Friedens galt. Das Problem der anglikanischen Kirche, ohne theologische Autonomie zu sein, in dessen Lösung Maria die Essenz ihres Königtums erblickte, war damit nicht gelöst, es hatte nur seine politische Bedeutsamkeit verloren, es privatisierte sich. Marias Politik der religiösen Restauration konfrontierte damit ein Dilemma: Sie versuchte, durchaus im Kontext der Epoche, die konfessionelle Konformität als Bedingung der politischen Einheit zu erreichen, bezog sich dabei jedoch auf ein Kirchenmodell, das mit den ihr verfügbaren Herrschaftsmitteln nicht durchzusetzen war.

Das außenpolitische Dilemma war dem innenpolitischen vergleichbar. Bereits vor Marias Thronbesteigung hatte Frankreich alles getan, diese zu verhindern, und in den Jahren danach hatte es ihren Gegnern bereitwillig Zuflucht gewährt sowie Versuche, sie vom Thron zu stürzen, unterstützt. Maria, die Tochter einer Spanierin, die in den Jahren ihrer Erniedrigung allein in Kaiser Karl V. eine zumindest symbolische Unterstützung gefunden hatte, galt den Franzosen als Verbündete Habsburgs und folglich als Verbündete des gefährlichsten Feindes. Marias spanische Heirat bekräftigte noch die französische Feindschaft, ergab aber durchaus politischen Sinn, nicht nur für Marias katholische Innenpolitik, auch für Englands wirtschaftliche und außenpolitische Interessen. Frankreich bildete eine ständige Bedrohung des letzten englischen Stützpunktes auf dem Festland, Calais, und es blieb ökonomisch von ungleich geringerer Bedeutung für den englischen Außenhandel als die von Spanien beherrschten Niederlande, mit Antwerpen als wirtschaftlichem Zentrum, die als Abnehmer von Wollstoffen und als Kreditgeber von fundamentaler Wichtigkeit für die Wirtschaft Englands waren. Eine Verbindung mit Spanien ergab zu diesem Zeitpunkt mehr Sinn denn irgendeine andere. Daß sie dennoch auf derartigen Widerstand in England traf, hatte vor allem mit den fremdenfeindlichen Haßreaktionen auf die spanische Heirat zu tun, mit der Ablehnung Philipps als Inkarnation des Fremden in seinem Ausländersein, in seiner Katholizität. Daß England im Juni 1557 in Philipps Krieg mit Frankreich hineingezogen wurde und dabei Calais verlor und daß auch der Konflikt mit dem Papst, verheerend in einer Zeit brüchiger Rekatholisierung, die Folge der engen Bindung an Spanien war, ließ dann allerdings aus einer zunächst durchaus sinnvoll scheinenden Option eine katastrophale Fehlentscheidung werden, die eine Regierung die letzten Sympathien kostete, deren Autorität ohnehin durch die Ketzerverfolgung und eine schwere Wirtschaftskrise zunehmend unterhöhlt worden war.

Vor diesem Hintergrund erscheint es bemerkenswert, daß sich Marias Herrschaft halten konnte. Zwei Gründe sind hierfür vor allem zu nennen, nämlich der eigentümlich pragmatische Charakter der englischen Reformation sowie die Ordnungseffekte der Loyalität. Bereits Zeitgenossen war aufgefallen, daß es im reformatorischen England mehr «Schismatiker als Häretiker» gab, was der Tatsache entsprach, daß im Parlament die Frage einer Rückkehr zur katholischen Kirche ausschließlich als Frage nach der Zukunft des früheren Kirchenlandes erörtert wurde. Marias Politik einer Sicherung der «Schismatiker» bei gleichzeitiger Verfolgung der «Häretiker» schien insofern durchaus Erfolg zu versprechen. Zudem zweifelte niemand am Recht, wenn nicht der Pflicht der politischen Herrschaft und der sie überzeitlich legitimierenden Kirche, die Häresie buchstäblich auszubrennen, auch jene nicht, die man verbrannte. Widerspruch regte sich nur dort, wo man andere für Häretiker hielt, die Hingerichteten dagegen für die wahren Gläubigen, oder da, wo man es als unklug erachtete, Märtyrer zu schaffen und so der konfusen religiösen Opposition zur symbolischen Inkarnation des Leidens zu verhelfen, in der sie zu einer Einheit verdichtet wurde, die sie sonst nicht besaß, und symbolische Strahlkraft gewann weit über den kleinen Kreis überzeugter Protestanten hinaus.

Die Spaltung in Marias Staatsrat wie unter ihren Beratern, obwohl in persönlichen Rivalitäten angelegt, zwischen «Römern» und «Politikern», vertiefte diese Problematik ins Grundsätzliche. Die «Römer», meist Geistliche und Verfolgte unter Edward VI., Männer wie Bischof Gardiner oder Kardinal Pole, verfochten einen harten anti-häretischen Kurs. Die «Politiker» um Lord William Paget oder den Earl of Arundel hielten sich hingegen stets die Option für Prinzessin Elisabeth offen, waren 1536 nur im letzten Augenblick von Northumberland zu Maria übergegangen und hatten sich dem Katholizismus so geschmeidig angepaßt wie vorher dem Protestantismus. Aus beiden Gruppen bestand die konservative «Partei», doch nur die letztere besaß Rückhalt im Land, während die erstere ohne Marias Königtum machtlos und verloren war und sie aus eben diesem Grund keine Zukunft besaß über jenes Königtum hinaus, was sie radikal werden ließ. Die «Politiker», wie die große Mehrheit der «politischen Nation», unterstützten Maria, weil die Kontinuität und Eindeutigkeit der Herrschaft allein jene «Stabilität und Disziplin» – und zwar Stabilität der sozialen Hierarchie, Disziplin des einfachen Volkes – zu gewährleisten schien, die ihnen als Zweck aller Herrschaft galt. Leidenschaften aufzuwühlen erschien ihnen als gefährlich und unpolitisch, doch das, was ihnen emotionale «Leidenschaft» war, das war für die Bischöfe und für die Königin selbst spirituelle «Lüge» im Kampf gegen die «Wahrheit», ausgefochten im Sinngefüge der Geschichtstheologie, nicht einer «fleischlichen» Politik. Und die Verfolgten sahen es nicht anders, Protestanten des harten Kerns, weit entfernt vom Anglikanismus, meist calvinistisch oder täuferisch geprägt, denen aber nun der Mantel des Nationalen, der nationalen Kirche zufiel, der ihnen Sympathie verschaffte. Radikaler Protestantismus, spektakulär öffentlich gemacht durch die Ketzerverfolgung, und ökonomischer Egoismus der Besitzer von Kirchenland, die sich nie ganz sicher fühlen konnten in einem rekatholisierten Staat: beide trugen die Reformation durch die Marianische Herrschaft und verhinderten damit, daß der Katholizismus Wurzeln schlagen konnte im Gefüge der englischen Gesellschaft.

Das Ringen um Reformation oder Katholizismus, exemplarisch ausgetragen in der Regierungszeit Marias, war zugleich das erste Stadium in der Ablösung Englands von Europa, in der Ausbildung eines «insularen» Blickes, der von der Abgrenzung vom Festland sehr allmählich fortlenkte auf das Meer und die dahinter liegenden Weltteile und Länder. Im 16. Jahrhundert war davon noch wenig zu spüren. England blieb wirtschaftlich ganz dem Festland verbunden, vor allem über die Ausfuhr von Wolle, die tiefgreifende Auswirkungen auf das Wirtschaftsleben hatte. England war bereits ein exportabhängiges Land, und Schätzungen, daß jeder zweite Engländer in seiner ökonomischen Situation direkt oder indirekt vom Wollgeschäft betroffen gewesen sei, mögen übertrieben sein, zielen aber doch in die richtige Richtung. Die Folgen waren eine nachhaltige Kommerzialisierung und Vergeldlichung der Wirtschaft und damit eine Zurückdrängung der traditionellen Subsistenzökonomie zugunsten profitbezogener Pachtverhältnisse und der Schafzucht. Das hatte während der Herrschaft Heinrichs VIII. zu einem nie dagewesenen Wirtschaftsschub geführt, der allerdings 1550 jäh zusammenbrach. Im Jahrzehnt danach erlebte England die schlimmste ökonomische Krise des Jahrhunderts. Der Preisverfall als Ergebnis eines Überangebotes an Wolle und Stoffen verband sich mit den inflationären Folgen der massiven Münzverschlechterungen unter Heinrich VIII. und einer drastischen Verminderung der Realeinkommen. Heinrichs Kriege hatten den Staat an den Rand des Bankrotts geführt und weithin handlungsunfähig gemacht, und die Situation hatte sich bei Marias Regierungsantritt noch verschlechtert. Mehrere Mißernten kamen hinzu, begleitet von schweren Grippewellen (1556–58). Das stete Wachstum der Bevölkerung in den vorangegangenen Jahrzehnten kehrte sich um: die Bevölkerung schrumpfte um bis zu zwanzig Prozent. In den sechziger Jahren kehrte sich diese Abwärtsbewegung erneut um, doch auf Marias Regierungszeit lastete der Alptraum einer geradezu katastrophischen wirtschaftlichen Krise, die vielen Menschen zum Verhängnis wurde, besonders jenen zwei Dritteln der Armenbevölkerung, die selbst in normalen Zeiten an oder unter der Subsistenzgrenze lebten. Die Düsternis der Marianischen Ära mit ihrer Ketzerverfolgung, dem Machtkampf rivalisierender Gruppen am Hof und einer zunehmend erschöpften Politik wurde dadurch nur noch verstärkt. So kam es, daß das Volk feierte, als Maria starb und mit ihr ein Gefühl der Fatalität verschwand, dem sich am Ende nur noch jene zu entziehen vermocht hatten, die den Scheiterhaufen bestiegen.

Marias Werk, der tiefste Sinn ihrer Existenz: die Wiederherstellung des Katholizismus als Staatsreligion sowie die Zerstörung der reformatorischen «Apostasie», zerbrach mit ihrem Tod. Bereits im April 1559 setzte das Parlament der Marianischen Restauration ein Ende und stellte die anglikanische Kirche und den königlichen Supremat wieder her. Maria war gescheitert, mehr noch, sie war zu jener Gestalt des Abscheus geworden, durch deren emphatische Ablehnung man sich des eigenen

Besserseins vergewissert. Denn sie stand mit ihrem Anliegen gegen die große Tendenz englischer Geschichte, die damals noch Zukunft war und erst heute zu Ende geht, nämlich die Abgrenzung von Europa und die Ausbildung eines insularen Bewußtseins, das zum Kern des englischen Selbstverständnisses wurde, und sie stand gegen die Entwicklung des religiösen Individualismus, der für Kultur und Politik Englands – wie Nordamerikas – so prägend geworden ist. Dennoch gab es auch aus ihrer Geschichte des Versagens Wirkungen in die Zukunft. Daß die anglikanische Kirche Bischofskirche blieb, daß der Katholizismus in England nicht völlig ausgelöscht wurde, aber auch, daß sich der Protestantismus zum Puritanismus verselbständigte und damit aus seiner dienenden Haltung der Krone gegenüber heraustrat: all das sind Wirkungen ihrer kurzen Regierung gewesen, die nicht so bedeutungslos gewesen ist, wie es eine spätere nationale Geschichtsschreibung behauptete, auch wenn es sein mag, daß die größte Bedeutung der Regentschaft Marias darin bestand, durch ihr Scheitern das Elizabethianische «Settlement» und damit das «moderne» England erst möglich gemacht zu haben.

*Günther Lottes*

# Elisabeth I.
# 1558–1603

*Elisabeth, geboren am 7. September 1533 in Greenwich; Königin: 17. November 1558; Krönung: am gleichen Tag; gestorben 24. März 1603; begraben in Westminster Abbey. Vater: Heinrich VIII. (1491–1547), Mutter: Anna Boleyn (1507–1536); Geschwister: Henry (*/† 1511); Eduard (1537–1553), seit 1547 König Eduard VI.; Maria Tudor (1516–1558), seit 1553 Königin Maria I.; Henry Fitzroy, Herzog von Richmond (1519–1536), unehelicher Sohn Heinrichs VIII.*

## I. Der Weg auf den Thron

Drei Tage nach ihrer Geburt am 7. September 1533 wurde Elisabeth Tudor mit allen einer königlichen Prinzessin gebührenden Ehren getauft. Einer jedoch blieb der Zeremonie fern: ihr Vater Heinrich VIII. Die Enttäuschung des Königs über die Geburt einer weiteren Tochter war groß. Er hatte alles gewagt und sogar den Bruch mit Rom in Kauf genommen. Aber immer noch fehlte der Dynastie der männliche Erbe.

Von den sechs Kindern, die Heinrichs erste Frau, Katharina von Aragon, ihm geboren hatte, hatte nur eines gelebt und überlebt, eine Tochter namens Maria. Seit Katharina die Vierzig überschritten hatte und keine Hoffnung mehr bestand, daß sie noch einen Sohn gebären würde, hatte der König in Rom deshalb die Annullierung der Ehe betrieben, um die Thronfolge in einer neuen legitimen Verbindung sichern zu können. Seine Bemühungen waren indes erfolglos geblieben. Weder konnte der Papst es wagen, Katharinas Cousin, den Kaiser Karl V., zu brüskieren, noch lag es in seinem Interesse, sich Heinrichs kirchenrechtliche Position zu eigen machen, derzufolge der bei Heinrichs Eheschließung eingeholte Dispens für wirkungslos erklärt werden müsse, weil auch der Papst nicht von Gottes in der Schrift offenbartem Gesetz entbinden könne.

Im Januar 1533 war die Zeit der diplomatischen Vorstöße nach beinahe sechs Jahren des Zuwartens auf ein Einlenken Roms plötzlich abgelaufen: Anna Boleyn, eine Hofdame Katharinas und die Geliebte des Königs, war schwanger. Gebar sie einen Sohn, so durfte sein Thronanspruch keinesfalls durch den Makel der Unehelichkeit geschwächt werden. Die Ehe mit Katharina von Aragon mußte nun unverzüglich annulliert werden, damit der König die Mutter des ersehnten Thronerben heiraten konnte. Am 25. Januar 1533 wurden Heinrich VIII. und Anna Boleyn heimlich getraut; am 23. Mai erklärte der nur zwei Monate zuvor noch von Rom ernannte Erzbischof von Canterbury, Thomas Cranmer, die Ehe mit Katharina von Aragon für nichtig; am 31. Mai wurde Anna Boleyn zur Königin von England gekrönt. Die Kurie reagierte am 11. Juli mit der Androhung der Exkommunikation und räumte Heinrich VIII. eine Frist bis September ein, die Trennung von seiner ersten Frau rückgängig zu machen. An eine Umkehr war indes nicht mehr zu denken. Der reformatorische Prozeß war unweigerlich in Gang gekommen.

Die politische Konstellation, in deren Zeichen ihre Geburt stand, der Anspruch einer weiblichen Thronerbin und die reformatorische Bewegung, ist für Elisabeth zeit ihres Lebens bestimmend geblieben.

Die Geburt einer Tochter schwächte unterdessen die Position der neuen Königin. Als sie im Januar 1536 eine Fehlgeburt erlitt, war ihr Schicksal besiegelt. Sie wurde des Ehebruchs mit mehreren Männern, darunter sogar mit ihrem eigenen Bruder, angeklagt und am 19. Mai hingerichtet. Zwei Tage zuvor war auch ihre Ehe mit Heinrich annulliert worden, wodurch Elisabeth gleich ihrer Halbschwester Maria zum illegitimen Kind wurde. Einen Tag nach der Exekution Anna Boleyns verlobte sich Heinrich mit Annas Hofdame Jane Seymour; am 30. Mai fand die Hochzeit statt. Nach knapp eineinhalb Jahren, am 12. Februar 1537, kam endlich der ersehnte Thronerbe Eduard zur Welt; seine Mutter starb zwölf Tage später. Heinrich sollte noch drei weitere Ehen eingehen, zuletzt 1543 mit Catherine Parr, die sich der drei Kinder des Königs aus seinen drei ersten Ehen schließlich als Stiefmutter annahm. In ihrem Haushalt erhielt Elisabeth eine gründliche humanistisch-protestantische Erziehung, die sie zu einer der gebildetsten Frauen ihrer Zeit machte. Ab wann und wie sie die Turbulenzen im königlichen Familienleben wahrnahm, vor allem, wie sie mit dem Tod ihrer Mutter und der Rolle, die ihr Vater dabei gespielt hatte, umging, wissen wir nicht.

1547 starb Heinrich VIII. Sein Tod stürzte das Land in eine über zehn Jahre währende politisch-religiöse Doppelkrise, die für das Verständnis der politischen Vorstellungswelt Elisabeths wichtig ist. Zum einen wurde der minderjährige Eduard VI. zum Spielball rivalisierender Adelsfraktionen, die sich am Ende nicht einmal scheuten, nach der Krone zu greifen. Elisabeth sah sich selbst kurzzeitig als Heiratsobjekt in diese Machtspiele hineingezogen. Wie gefährlich dies werden konnte, beweist das Schicksal der Jane Grey, der Enkelin von Heinrichs jüngerer Schwester. Der starke Mann in Eduards letztem Rat, der Herzog von Northumberland, hatte sie mit seinem Sohn verheiratet und zur Königin krönen lassen, nachdem er den König zu einem Thronfolgegesetz genötigt hatte, welches das Heinrichs VIII. von 1544 aufhob und Maria und Elisabeth von der Thronfolge ausschloß. Der Staatsstreich scheiterte jedoch; Lady Jane Grey bezahlte den Ehrgeiz ihres Schwiegervaters mit dem Leben, und Maria Tudor folgte wie geplant ihrem Halbbruder auf den Thron.

Elisabeth I. (1558–1603)

Die Lage beruhigte sich indes nicht. Im Gegenteil, nun erreichte zum anderen die religiöse Krise ihren Höhepunkt. Heinrich VIII. hatte die Reformation als ein politisches Unternehmen gesehen, das ihn, wie die Suprematsakte es ausdrückte, zum *supreme head of the Church of England*, also zum Oberhaupt der englischen Kirche, gleichsam zum *papa in regno suo*, machte, aber den theologischen, liturgischen und kirchenorganisatorischen *status quo* so wenig wie möglich veränderte. Diese Idee eines Nationalkatholizismus ohne Rom hatte freilich sowohl die Tragweite der obrigkeitlichen Eingriffe als auch die Dynamik der reformatorischen Bewegung sträflich unterschätzt. Nach dem Tod des Königs brachen die Dämme. Die reformatorische Bewegung machte weitreichende Fortschritte, die im zweiten eduardinischen *Prayer Book* ihren Niederschlag fanden. Marias Thronfolge brachte diese Bewegung nicht nur zum Stillstand, sondern kehrte sie um. Die Tochter Katharinas von Aragon betrieb die Rekatholisierung Englands und setzte durch ihre Heirat mit Philipp von Spanien im Juli 1554 ein untrügliches Zeichen. Im November erteilte dann Kardinal Pole dem englischen Volk die feierliche Absolution für die Sünde der Reformation. Wer sich weiterhin offen zum neuen Glauben bekennen wollte, dem blieb nur die Wahl zwischen Exil und Scheiterhaufen. Viele entschieden sich in der Hoffnung auf ein baldiges Ende dieser Prüfung Gottes aber auch für eine Art innere Emigration.

Zu dieser Gruppe gehörte Elisabeth selbst, die als präsumptive Thronfolgerin natürlich die Hoffnungsträgerin für alle Protestanten und deshalb besonders gefährdet war. Elisabeth blieb unter diesen Umständen gar nichts anderes übrig, als sich ihrer Halbschwester zu unterwerfen und ihre Bereitschaft zur Rückkehr in den Schoß der katholischen Kirche zu bekunden. Ob dies freilich ausgereicht hätte, sie auf Dauer zu schützen, darf bezweifelt werden. 1554 sah sie sich unter Hausarrest gestellt; 1556 wurde eine Verschwörung aufgedeckt, an der Angehörige ihres Haushalts beteiligt waren. Dergleichen Verstrickungen waren höchst gefährlich. Paradoxerweise waren es aber vorerst die außenpolitischen Interessen Spaniens, die der protestantischen Prinzessin ein gewisses Maß an Sicherheit verschafften. Denn als Nachfolgerin Maria Tudors war Elisabeth die einzige realistische Alternative zu Maria Stuart, der Tochter des schottischen Königs Jakob V. und seiner Frau Maria aus dem Hause der Guisen, die mit dem französischen Dauphin verheiratet worden war. Wäre Maria Stuart auch noch der englische Thron zugefallen, hätte dies nicht nur Spaniens Machtrivalen Frankreich entscheidend gestärkt, sondern einen französisch-englisch-schottischen Sperriegel zwischen Philipp und sein burgundisches Erbe geschoben. Die spanische Diplomatie schmiedete, nachdem sie die Hoffnung auf einen Erben aus der Ehe Philipps und Marias bereits aufgegeben hatte, schließlich sogar Heiratspläne für die protestantische Tochter der Frau, die einst Katharina von Aragon von der Seite Heinrichs verdrängt hatte.

## II. Der Thronwechsel und die Regelung der Religionsfrage

Am 17. November 1558 starb Maria Tudor. Auf dem Sterbebett noch hatte sie ihre Halbschwester als legitime Nachfolgerin anerkannt und ihr die Sorge für die katholische Kirche anempfohlen. Elisabeths Machtübernahme verlief reibungslos. Sie wurde noch am gleichen Tag zur neuen Königin proklamiert. Drei Tage später begann die Umbildung des Geheimen Rates mit der Berufung Sir William Cecils, der, ab 1571 Lord Burghley, bis zu seinem Tode 1598 Elisabeths einflußreichster und vertrautester Berater bleiben sollte. Die Krönung fand am 15. Januar 1559 statt.

Schon Elisabeths erste Personalentscheidungen besaßen Signalwert. Einerseits kündigten die Entlassung der meisten hohen Amtsträger mit Ausnahme des als Finanzexperte geschätzten Marquis von Winchester und weitere profilierte protestantische Berufungen in den Rat wie die des Earl of Bedford, Sir Nicholas Bacons oder Sir Francis Knollys' ein Ende der Rekatholisierungspolitik an. Andererseits entließ Elisabeth nicht alle Räte Marias – eine Geste, die teils den regionalen Machtverhältnissen Rechnung trug, teils konservative Gemüter beruhigen sollte. Ein weiteres wichtiges Zeichen: Es gab unter Elisabeths Räten nur einen Kleriker von mittlerem Rang, der sich als Geistlicher nicht profiliert hatte.

Unterhalb dieser Ebene, in der Regional- und in der Lokalverwaltung, stand der Thronwechsel im ganzen eher im Zeichen der Kontinuität. Der Vizekönig für Irland und der Präsident des Rates für den Norden blieben im Amt. Einen Wechsel gab es nur an der Spitze des für Wales zuständigen Organs, dem der abgelöste Amtsträger aber weiter angehörte. Von den Friedensrichtern, den Säulen der englischen Lokalverwaltung, verloren nur wenige ihre Bestallung. Freilich kehrten nun diejenigen in ihre Ränge zurück, die unter Maria aus konfessionellen Gründen ausgeschlossen worden waren. Deutlicher als im politischen Apparat fiel die Zäsur dagegen beim Personal des Hofes aus. Die meisten Hofämter wurden bis hin zu den unteren Chargen neu vergeben; keine der Hofdamen Marias wurde übernommen. Neue Familien und Cliquen gaben nun den Ton an und rivalisierten miteinander. Das konfessionelle Moment des Wechsels darf indes nicht darüber hinwegtäuschen, daß es sich hier um einen bei Thronwechseln durchaus normalen Vorgang handelte. Der personalpolitisch sensibelste Bereich war der kirchliche, weil hier zugleich über die Zukunft der Religionsfrage entschieden wurde, die nach zwei Jahrzehnten religionspolitischer Wechselbäder und tiefer Verunsicherung in weiten Kreisen der Bevölkerung dringend einer Lösung bedurfte. Daß diese Lösung nur eine protestantische sein konnte, verstand sich schon deswegen von selbst, weil eine katholische unweigerlich die Frage nach der Gültigkeit der Ehe, aus der

Elisabeth hervorgegangen war, und damit nach der Rechtmäßigkeit ihres Anspruchs auf den Thron aufwarf. Im Grunde konnte es deshalb nur noch darum gehen, wie protestantisch die anstehende Religionsregelung ausfallen sollte. Für Elisabeth war dies nicht nur eine Frage der politischen Zweckmäßigkeit, im Gegenteil, sie brachte ihre im ganzen eher konservativen persönlichen Überzeugungen mit bemerkenswerter Konsequenz und Durchsetzungskraft ins Spiel. Der Handlungsspielraum, über den sie verfügte, war allerdings gering. Von Marias Bischöfen war keine Unterstützung zu erwarten. Selbst von denen, die schon unter Heinrich VIII. im Amt gewesen waren und den Bruch mit Rom, wenn auch wider Willen, mitgetragen hatten, wollte sich niemand auf eine neuerliche Kehrtwendung einlassen. Für die Neubesetzungen in der kirchlichen Hierarchie, die dadurch notwendig wurden, mußte Elisabeth somit auf Geistliche zurückgreifen, deren Anschauungen sich in der inneren Emigration oder im Exil deutlich radikalisiert hatten. Selbst Matthew Parker, Elisabeths ehemaliger Tutor, der die Schlüsselposition des Erzbischofs von Canterbury erhielt und unter Maria den Weg der inneren Emigration gegangen war, dachte entschiedener protestantisch als seine Königin – gar nicht zu reden von prominenten Exulanten wie Edmund Grindal, der den Bischofsstuhl von London besetzte. Unterstützung erhielten die Vertreter einer klaren protestantischen Linie darüber hinaus von einer Reihe elisabethanischer Magnaten wie den Earls von Bedford, Huntingdon und Leicester sowie von führenden Mitgliedern des Rates und aus dem Parlament, wo die Protestanten in Sir Francis Knollys, Elisabeths Schwager, einen prominenten Fürsprecher hatten.

In diesem Spannungsfeld entstand der elisabethanische Religionskompromiß, der zur Grundlage der bis heute bestehenden anglikanischen Kirche werden sollte. Der erste Schritt war die Wiederherstellung der königlichen Kirchenhoheit. Die Suprematsakte vom April 1559 ersetzte allerdings die Bezeichnung «supreme head» durch «supreme governor», was in der Sache nichts änderte, aber sowohl im Hinblick auf Vorbehalte gegenüber einer Frau in der Rolle des Oberhaupts der englischen Kirche als auch als Signal in die katholische Richtung vielfältig interpretierbar war. Elisabeths kirchenpolitischer Stil blieb auch weiterhin zwar bestimmt, aber eher zurückhaltend. Sie übte ihre Kirchenhoheit weder durch einen Generalvikar noch durch ihren Rat aus, sondern setzte auf ihre Bischöfe.

Was die doktrinal-liturgische Seite der elisabethanischen Religionsregelung anging, hatte es Elisabeth schwerer, eine protestantisch-konservative Lösung durchzusetzen. Hinter den unter ihrem Bruder Eduard VI. mit dem zweiten *Prayer Book* erreichten Stand führte kein Weg mehr zurück. Elisabeth mußte sich mit kosmetischen Korrekturen zufriedengeben, von denen einige allerdings recht weitgehend und symbolträchtig waren. So wurden die Angriffe auf den Papst gestrichen; die Abendmahlsformel wurde so gefaßt, daß sie theologisch mehrdeutig war. Vor allem aber – und dies war sicherlich wirkungsvoller als theologische Feinabstimmungen – erreichte Elisabeth, daß die Meßgewänder wiedereingeführt wurden. In den Ausführungsbestimmungen für die Visitation, mit der die Umsetzung der elisabethanischen Religionsregelung beginnen sollte, setzte Elisabeth, ihre Exekutivmacht nutzend, zusätzliche konservative Akzente in für das alltägliche Erscheinungsbild der Kirche so wichtigen Fragen wie denjenigen der Präsenz von Bildern in der Kirche, der Stellung des Altars oder der Alltagskleidung der Kleriker. Allein, die Visitatoren kamen vielfach aus den Kreisen der Exulanten und verschafften vor Ort ihren Überzeugungen Geltung.

1563 vollendete eine Konvokation, eine nach dem Muster des Parlaments gestaltete Kirchenversammlung, das Reformwerk mit einer Art Kirchenverfassung, die in 39 Artikeln die bereits getroffenen Entscheidungen zusammenfaßte, präzisierte und mit einem doktrinalen Fundament versah. Der Kompromißcharakter der elisabethanischen Religionsregelung kam darin noch einmal deutlich zum Ausdruck. Einerseits konnte kein Zweifel bestehen, daß die elisabethanische Kirche protestantisch und vor allem nationalenglisch war. Andererseits bezog das Arrangement in den großen theologischen Fragen der Zeit so wenig und so wenig deutlich wie möglich Stellung. Größtmögliche Kontinuität in der äußeren Form sowohl der Kirchenorganisation als auch der Liturgie sollte mit einem Höchstmaß an Integrationsfähigkeit wenigstens innerhalb des protestantischen Spektrums kombiniert werden.

Der Erfolg dieser Konstruktion hing indes davon ab, ob er sich mit Leben erfüllen ließ und inwieweit er vom Klerus und natürlich auch von den Gläubigen angenommen wurde. Hier lagen die eigentlichen Schwierigkeiten. Was die Katholiken im Lande anging, so setzte Elisabeth nicht auf das Prinzip der inquisitorischen Verfolgung und widerstand auch dem sich im Zuge der Gegenreformation verstärkenden Druck der protestantischen politischen Nation, die Katholikengesetze zu verschärfen und dem inneren Feind endlich den Garaus zu machen. Vielmehr verband sie das Angebot der Kontinuität der äußeren Form mit einer Strategie der gesellschaftlichen Isolation und der Zermürbung durch Strafsteuern, die sogenannten Rekusantengelder, die nicht kurz-, wohl aber langfristig und damit letztlich auch generationell die Existenzfrage stellten.

Was das protestantische Lager anging, so verfolgte Elisabeth einen ähnlichen Weg. Ihre Handlungsmacht nutzend, suchte sie ihre Lösung der Religionsfrage vor allem personalpolitisch zu fördern. Wer in der elisabethanischen Kirche Karriere machen wollte, der mußte auf dem Boden des Religionskompromisses von 1559/1563 stehen. Schon die zweite Generation der elisabethanischen Bischöfe sah darin kein verbesserungsbedürftiges Provisorium mehr, sondern das Fundament eines eigenen kirchlichen Weges. Den Klimawechsel bekam selbst ein Mann der ersten Stunde wie Edmund Grindal zu spüren, den Elisabeth nach dem Tode Matthew Parkers 1576 zum Erzbischof von Canterbury erhoben hatte. Sein Versuch, eine schützende Hand über die Kräfte im Klerus zu halten, die die Protestantisierung der Religionsregelung vorantreiben wollten, führte zu einer scharfen Konfrontation mit der Königin, die beinahe mit Grindals Entlassung geendet hätte. Nur mit Mühe ließ sich Elisabeth davon überzeugen, daß eine formelle Amtsenthebung des Erzbischofs von Canterbury große rechtliche Probleme aufwarf und letztlich auch nicht in ihrem Sinne war. Sie begnügte sich schließlich mit Grindals faktischer Suspendierung und vertraute die Führung der englischen Kirche zwei seiner jüngeren Kollegen an, darunter John Whitgift, der 1583 Grindals Nachfolger wurde und eine entschieden konformistische Position einnahm.

So imponierend die elisabethanische Religionsregelung als politisch-taktische Leistung auch war, der man selbst das Bemühen um eine der Dimension der Religionsfrage durchaus angemessene strategische Perspektive nicht wird absprechen können, letztendlich wirkte der Versuch, durch eine relative doktrinale Offenheit und Unbestimmtheit zu integrieren, kontraproduktiv. Eine säkular motivierte Kompromißpolitik in der Heilsfrage konnte die Heilsängste gerade der engagierteren Geistlichen und Gläubigen nicht mindern. Diese empfanden die als Positiva gedachten Charakteristika der Religionsregelung keineswegs als solche. Sie erblickten darin im Gegenteil heilsgefährdende Mängel, die bestenfalls vorübergehend tolerierbar waren, aber im Heilsinteresse aller auf lange Sicht beseitigt werden mußten. Gerade die Unbestimmtheit der elisabethanischen Religionsregelung im doktrinalen Bereich nährte deshalb bei den engagierten Protestanten die Hoffnung, daß das letzte Wort noch nicht gesprochen und eine gesamtkirchliche Lösung am Ende doch noch möglich sei. Aus dieser Hoffnung erwuchs der gerade entstehenden anglikanischen Kirche eine puritanische – modern gesprochen fundamentalistische – Grundströmung, die der hierarchischen Vereinnahmung widerstand. Die personalpolitische Disziplinierung der Hierarchie und das Scheitern der Integration der Basis, die immer wieder zu Konformitätskampagnen Anlaß gab, bereiteten die Konfliktkonstellationen des kommenden Jahrhunderts vor.

## III. Herrschaftssicherung und Regierungsstil

Die Reibungslosigkeit, mit der der Thronwechsel vonstatten ging, darf indes nicht darüber hinwegtäuschen, daß die Rechtmäßigkeit und die Zweckmäßigkeit der Nachfolge Elisabeths keineswegs unumstritten waren. Elisabeths Anspruch litt vielmehr unter dem doppelten Legitimitätsdefizit der Umstände ihrer Geburt und ihres Geschlechts.

Zum einen war Elisabeth nach englischem Kirchen- und Landrecht illegitimer Abkunft, hatte Heinrich VIII. sich ihrer Mutter doch nicht nur durch die Verurteilung und Hinrichtung wegen Hochverrats entledigt, sondern die Ehe zudem annullieren lassen. Darüber hinaus hatte das Parlament Elisabeth zweimal per Gesetz zum Bastard erklärt und damit von der Thronfolge ausgeschlossen. Selbstredend hob Elisabeths erstes Parlament diese Gesetze auf. Und Elisabeth hegte auch keinerlei Selbstzweifel an der Rechtmäßigkeit ihres Anspruchs auf den Thron. Gleichwohl war sie sich darüber im klaren, daß ihre Abkunft immer wieder gegen sie ins Feld geführt werden konnte. Ihr Verhältnis zu schwächeren, aber weniger belasteten Prätendenten im eigenen Königreich blieb deshalb stets gespannt. Als bekannt wurde, daß Lady Catherine Grey – eine jüngere Schwester der oben erwähnten Jane Grey, die nach Heinrichs Testament thronfolgeberechtigt war – sich heimlich mit dem Earl of Hertford aus dem Hause Seymour vermählt hatte und ein Kind von ihm erwartete, ließ Elisabeth die Ehe annullieren und beide in den Tower werfen.

Die Konkurrentin mit dem besten Anspruch, Maria Stuart, blieb als selbständige Herrscherin für Elisabeth vorerst zwar unerreichbar, doch konnte sie sich sicher sein, daß diese Alternative in England auf wenig Gegenliebe stieß. Maria Stuart, die Erbin des schottischen Thrones, die Frau Franz' II. von Frankreich und die Verwandte der profiliert katholischen Guisen war die Personifikation des Alptraums der englischen Außenpolitik und der protestantischen Herrschafts- und Besitzelite. Gelangte sie in den Besitz der englischen Krone, drohte England in einem katholisch geprägten dynastischen Staatenverbund aufzugehen. Marias Entscheidung, nach dem Tode Franz' II. und der Übernahme der Regentschaft für seinen noch unmündigen Nachfolger durch Katharina von Medici in ihr schottisches Königreich zurückzukehren, entspannte das Verhältnis der beiden Königinnen nur oberflächlich. Man tauschte brieflich Freundlichkeiten aus und sprach auch über ein Treffen, das jedoch nie zustande kam. Gleichzeitig unterstützte Elisabeth vorsichtig den Widerstand der protestantischen schottischen Lords gegen ihre katholische Königin. Nach Marias Heirat mit Lord Darnley, einem Urenkel Heinrichs VII., spitzte sich die Lage in Schottland dann jedoch dramatisch zu. 1567 wurde der allseits verhaßte Gemahl der Königin ermordet und Maria schließlich, die eben mit dem Mörder ihres Mannes, dem Earl of Bothwell, die Ehe eingegangen war, in Haft genommen. 1568 entkam sie nach England.

Marias Flucht brachte Elisabeth in eine schwierige Lage. Sie sah sich nicht nur dem Dilemma gegenüber, daß sie einerseits die Absetzung einer rechtmäßigen Königin nicht gutheißen konnte und gar auf ihre Wiedereinsetzung hinwirken mußte, ohne die proenglischen protestantischen schottischen Lords zu schwächen, andererseits – und das war weitaus problematischer – befand sich ihre Rivalin nun im Land und wurde zur Hoffnungsträgerin aller oppositionellen Kräfte. Sogleich verfolgte eine Adelsverschwörung bei Hofe den Plan, Maria mit dem ranghöchsten englischen Aristokraten, dem Herzog von Norfolk, zu verheiraten. Im November 1569 kam es zu einem Aufstand katholischer Adeliger im Norden des Landes, bei dem die Rebellen auf Tutbury Castle zumarschierten, wo Maria festgehalten wurde. 1570/71 griff die sogenannte Ridolfi-Verschwörung das Heiratsprojekt wieder auf und plante den Staatsstreich. Elisabeth behielt die Situation jedoch unter Kontrolle und ging aus dieser bis dahin größten Krise ihrer Regierungszeit am Ende gestärkt hervor. Denn die Gefahr, in der sie sich befunden hatte, hatte die Loyalität der politischen Nation nur noch vertieft und die Forderung laut werden lassen, daß Maria für ihre Beteiligung an diesen Verschwörungen bestraft werden müsse. Elisabeth gab dem Druck ihrer protestantischen Berater, des Parlaments und der Öffentlichkeit vorerst indes nicht nach. Maria Stuarts Schicksal sollte sich erst eineinhalb Jahrzehnte später erfüllen, als Philipp II. von Spanien nach dem erfolgreichen Attentat auf Wilhelm von Oranien in den Niederlanden sich auch Elisabeths auf diese Weise zu entledigen suchte und auf die Signalwirkung ihres Todes für die katholische Opposition hoffte. Aber auch diesmal war die Strategie der verdeckten Operationen kontraproduktiv. Die Aufdeckung der Throckmorton-Verschwörung 1583 versetzte das Land in einen Zustand der Loyalitätshysterie. Tausende unterzeichneten eine *Bond of Association* genannte Verpflichtung, welche die Nutznießer einer Ermordung Elisabeths, ob beteiligt oder nicht, mit dem Verlust ihrer Vorteile und gar dem Tod bedrohte. Die Babington-Verschwörung von 1586 ließ Elisabeth schließlich, sei es aus eigener Einsicht, sei es auf den Druck ihrer Berater und der gesamten politischen Nation hin, das Todesurteil für Maria Stuart unterzeichnen. Am 8. Februar starb die Mutter des schottischen Königs, der Elisabeths Nachfolger werden sollte, 44jährig nach fast zwanzig Jahren in englischem Gewahrsam auf dem Schafott.

Auch Elisabeths zweiter Legitimitätsnachteil, ihr Geschlecht, verwandelte sich im Laufe ihrer langen Regierungszeit in ein Plus. In der patriarchalischen Weltsicht der Zeitgenossen war eine Frau nur bedingt fähig, vernünftig, selbständig und mündig zu handeln. Das weibliche galt als das schwache Geschlecht, das unter die Obhut des Mannes gehörte. Es war von Gott zur Geburt und Aufzucht von Kindern in der Familie bestimmt, die der Mann als Familienvater zu ernähren und nach außen zu vertreten hatte. Gerade vor dem Hintergrund der beliebten Analogie zwischen Familie und Staat haftete deshalb dem Gedanken der Herrschaft einer Frau etwas Widernatürliches an. Das berühmte Pamphlet des schottischen Reformators John Knox mit dem provozierenden Titel *The First Blast of the Trumpet against the Monstruous Regiment of Women* war zwar gegen die katholische Maria Tudor gerichtet, ließ sich aber ebensogut auf Elisabeth beziehen. Abgesehen davon ließen die Erfahrungen mit Maria Tudor von der Thronfolge einer weiteren Frau nichts Gutes erwarten.

Immer wieder wurde Elisabeth von ihren Beratern, vom Parlament und letztlich von der gesamten politischen Nation gedrängt, sich zu verheiraten und dem Königreich einen Erben zu geben. Elisabeth schloß diese Möglichkeit zwar nicht aus und versuchte sogar – zuletzt noch im Alter von immerhin 44 Jahren, als der Herzog von Anjou um sie warb – diplomatisches Kapital daraus zu schlagen. Am Ende entschied sie sich jedoch gegen eine Ehe. Diese Entscheidung hatte sicherlich auch einen persönlichen Hintergrund, doch gab es dafür auch gute politische Gründe. Heiratete Elisabeth wie ihre Stiefschwester Maria Tudor einen auswärtigen Herrscher oder Prinzen wie den österreichischen Erzherzog Karl, der eine Zeitlang zur Debatte stand, bestand die Gefahr einer dauerhaften außenpolitischen Festlegung. Ging Elisabeth dagegen die Ehe mit einem ihrer Untertanen ein, stellte sich die Frage nach dem politischen, gesellschaftlichen und rechtlichen Status des königlichen Gemahls, auf die es keine befriedigende Antwort gab. Ein Verhältnis der Gleichrangigkeit wäre schwerlich zu realisieren gewesen und hätte Legitimitätsprobleme aufgeworfen, während ein Prinzgemahl als besonders privilegierter Favorit das komplizierte Status- und Patronagegefüge der Adelsgesellschaft am und um den Hof dauerhaft gestört hätte. Elisabeth hatte ein feines Gespür für diese Mechanismen.

Die Rolle, die Elisabeth sich auf den Leib schrieb, war die der *Virgin Queen*, die ihren Höflingen eine teils unerreichbare, von ferne zu verehrende Geliebte und der Bevölkerung ein Muttterersatz war. Sie ließ um ihre Weiblichkeit und ihre Jungfräulichkeit einen Legitimitätskult entstehen, der manche Forscher dazu veranlaßt hat, von einem Elisabethkult als protestantisiertem Marienkult zu sprechen. Diese Interpretation mag, wie neuere Arbeiten meinen, das Phänomen der Elisabethverehrung im und seit dem 16. Jahrhundert nur unzureichend beschreiben und träfe wohl auch nicht für die gesamte Dauer der Regierungszeit, sondern wohl vor allem für die 1580er Jahre zu. Daran, daß der Elisabethkult das Legitimitätsdefizit des Geschlechts mehr als ausglich und die Elisabethbiographen noch heute in seinen Bann schlägt, kann kein Zweifel bestehen. Jedenfalls besaß Elisabeth ein bemerkenswertes Gespür für die Inszenierbarkeit von Herrschaft, das sie nicht nur bei der Organisation ihres Hofes, sondern auch bei ihren Umritten im Südosten ihres Königreichs unter Beweis stellte und das ihr das Legitimitätseinverständnis und die Loyalität ihrer Untertanen bis weit in die 1590er Jahre hinein sicherte.

Elisabeth wußte sich jedoch auch im Herrschaftsalltag zu behaupten. Sie hatte die Pole ihrer politischen Welt, den Hof, den Rat und sogar das

– freilich noch wenig einflußreiche – Parlament fest im Griff. Sie war sich der Funktion des Hofes bei der Zentralisierung der Macht im frühmodernen Staat wohl bewußt und achtete sorgfältig darauf, daß sie dessen Mittelpunkt und die «Quelle aller Ehren» blieb, zumal nicht nur das tatsächliche, sondern auch das symbolische Kapital, das sie zur politischen Umverteilung bringen konnte, knapp bemessen war. Elisabeth war eine Meisterin der symbolischen Politik und der Kreation symbolischen Kapitals. Doch das Geschäft, die Machtbalance unter den Magnaten und Beratern zu wahren, blieb diffizil und erforderte Elisabeths ganze Aufmerksamkeit. Selbst Robert Dudley, der Earl of Leicester, Elisabeths erster Favorit und vielleicht mehr als das, konnte sich seiner herausgehobenen Stellung nie ganz sicher sein. Weder genoß er die Gunst seiner Königin ausschließlich – es gab immer wieder mehr oder weniger bedeutende Konkurrenten wie Sir Christopher Hatton oder Sir Walter Raleigh oder Sir Thomas Heneage –, noch gestattete ihm Elisabeth, aus ihrer Gunst zuviel politisches Kapital zu schlagen.

Vielleicht erkannte Elisabeth als Frau, die mit der Vorstellung aufgewachsen war, daß die Männergesellschaft der Macht Frauen für lenkbar hielt, klarer, daß Hof und Rat zweischneidige Herrschaftsinstrumente waren, mit denen der Fürst nicht nur herrschte, sondern auch beherrscht wurde. Jedenfalls entwickelte sie subtile Strategien zur Wahrung ihrer Entscheidungshoheit. So ließ sie die Hof- und Ratsfraktionen sich immer wieder ausspielen, um auf diese Weise zu dokumentieren, daß sie es war, die das letzte Wort hatte. An Ratssitzungen nahm sie selten teil, obwohl dort die Schlüsselfragen der Innen- und vor allem der Außenpolitik auf dem höchsten denkbaren Niveau diskutiert wurden. Statt dessen ließ sie sich Ratgutachten als Entscheidungsgrundlage vorlegen oder suchte das individuelle Gespräch mit ihren Beratern, um zu verhindern, daß ihre Entscheidung stillschweigend von der Mehrheitsentscheidung des Rates und dem Kräftespiel der Ratsfraktionen abhängig wurde. Ganz ist ihr dies sicherlich nicht gelungen. Ein so langjähriger Berater wie William Cecil wußte, was er zu raten hatte, um die Entscheidung herbeizuführen, die er präferierte.

Auch im Umgang mit dem Parlament, dessen politisches Gewicht vor allem in den mittleren Jahrzehnten der Regierungszeit Elisabeths nicht aus der Perspektive der Entwicklungen im 17. Jahrhundert überbewertet werden darf, bewies Elisabeth politisches Gespür. Sie begegnete den Politisierungstendenzen der Institution, die sich daraus ergaben, daß die mit der elisabethanischen Religionsregelung unzufriedenen Kräfte auf diesem Wege politischen Druck auszuüben suchten, einerseits mit einer Mischung aus Zensur und Verständnis, die das größere Gewicht der Krone in der Verfassungsfigur des King-in-Parliament selbstverständlich zur Geltung brachte, andererseits mit ersten Versuchen des Parlamentsmanagements, die vielleicht noch nicht dem politischen Potential der Institution Tribut zollten, aber die Faktoren Popularität und Loyalität ins politische Kalkül einbezogen.

## IV. Selbstbehauptung im westeuropäischen Mächtesystem

Elisabeths Popularität als Identifikationsfigur der protestantischen politischen Nation hing nicht zuletzt damit zusammen, daß England im Zuge des gegenreformatorischen Ausgreifens Spaniens nach Nordwesten in die Rolle eines Bollwerks der Reformation in Nordwesteuropa gedrängt wurde, die mit einer tiefgreifenden Revision der Grundannahmen und strategischen Optionen der englischen Außenpolitik verbunden war. Die traditionelle doppelte Frontstellung gegenüber Schottland und Frankreich trat im Laufe der 1560er Jahre zunehmend in den Hintergrund. Zum einen blieben die protestantischen schottischen Lords auf den Rückhalt und die Unterstützung Englands angewiesen. Seitdem um die Mitte der 1570er Jahre endgültig feststand, daß Elisabeth ehelos bleiben und keinen leiblichen Erben haben würde, sprach überdies alles dafür, daß der Sohn Maria Stuarts, Jakob VI., Elisabeth auf dem englischen Thron folgen und die beiden Königreiche der britischen Hauptinsel in Personalunion vereinigen würde. Die noch bei Elisabeths Regierungsantritt so machtvolle Bedrohung durch Frankreich verblaßte ebenfalls, je tiefer sich das französische Königtum in den Konfessionskonflikt verstrickte und die widerstreitenden Interessen der französischen Konfessionsparteien die Einheit der außenpolitischen Interessen Frankreichs aufbrachen.

Statt dessen verschlechterte sich das traditionell gute Verhältnis zu Spanien seit dem Entschluß Philipps II., dem Widerstand und dem Unabhängigkeitsstreben seiner niederburgundischen Provinzen militärisch zu begegnen und 1568 den Herzog von Alba mit einer Interventionsstreitmacht in die Niederlande zu entsenden, zusehends – ein Verhältnis, das immerhin so gut gewesen war, daß Spanien trotz der Provokation, die in der Thronfolge der Tochter Anna Boleyns lag und trotz des ungeachtet aller konfessionskosmetischen Anstalten Elisabeths, die unverkennbaren konfessionellen Gegensätze zwischen beiden Ländern aufzuheben, die Exkommunikation Elisabeths in Rom über ein Jahrzehnt hinauszuschieben verstanden hatte. Als die Bannbulle im Mai 1570 heimlich an den Türen von St. Paul's angeschlagen wurde, geschah dies bezeichnenderweise auf dem Höhepunkt der Krise der Jahre 1568/72, in der die Reorientierungszwänge in den spanisch-englischen Beziehungen offenbar wurden. Einerseits nahm das spanische Interesse an einem guten Einvernehmen mit England in dem Maße ab, in dem die Rivalität mit Frankreich an Bedeutung verlor. Hier suchte die katholische Partei der Guisen in den konfessionellen Positionskämpfen den Rückhalt an der katholischen Vormacht jenseits der Pyrenäen. Andererseits berührte die militärische Präsenz Spaniens in den Niederlanden und der dezidiert gegenreformatorische Kampfauftrag Albas, wenn auch noch nicht direkt so doch absehbar, die englischen Sicherheitsinteressen.

Es fiel den außenpolitischen Entscheidungsträgern in England einschließlich Elisabeths selbst nicht leicht, sich auf die neuen Gegebenheiten einzustellen. In der Adelsverschwörung von 1569 spielten die außenpolitischen Reorientierungsängste eine nicht zu unterschätzende Rolle. Als problematisch erwies sich vor allem, daß die Optionen des neuen Kurses in der englischen Außenpolitik sehr viel weniger klar zu umreißen waren als die bisherigen. Die französischen Verhältnisse waren aus englischer Sicht unübersichtlich und unberechenbar geworden. Zum einen war die Frage des Ansprechpartners ungeklärt. Konnte man mit dem König bzw. der Regentin oder mußte man mit den Konfessionsparteien verhandeln? Zum anderen blieb die Unsicherheit, wie lange die innere Schwäche der französischen Monarchie wohl anhalten und wann sich die alten Konfliktkonstellationen wiederherstellen würden.

Noch schwieriger war es, eine erfolgversprechende Politik gegenüber den niederländischen Rebellen zu formulieren, deren erfolgreiche Selbstbehauptung gegenüber Spanien in den ersten Jahrzehnten des Konflikts keineswegs absehbar war. In den Niederlanden konnte Elisabeth bei einer Wiederkehr der alten außenpolitischen Konstellationen viel politisches Kapital verspielen. Ob überhaupt etwas und, wenn ja, was zu gewinnen war, blieb dagegen reichlich unsicher. Jedenfalls wäre es falsch, Elisabeths Burgundpolitik aus der Perspektive der 1590er Jahre unter dem Gesichtspunkt einer Vorwärtsverteidigung englischer Sicherheits- und Wirtschaftsinteressen zu beurteilen. Im Gegenteil liefert erst die Einsicht in die Unkalkulierbarkeit der außenpolitischen Entwicklung seit dem Beginn der Krise des französischen Königtums und der Loslösung der Niederlande von Spanien die Erklärung für die stets zögerliche, meist halbherzig wirkende und häufig tatsächlich halbherzige, immer um Rückversicherungs- und Ausweichmöglichkeiten besorgte elisabethanische Außenpolitik. Elisabeths Ziel war es, sich nur so weit festzulegen, als es unbedingt erforderlich war, reaktionsfähig und für alle Partner im mächtepolitischen Kräftespiel ansprechbar zu bleiben. Dabei hatte sie eine, verglichen mit den übrigen Monarchen Europas, bemerkenswert realistische Vorstellung davon, daß Außenpolitik finanzierbar bleiben mußte und die Möglichkeiten ihres Königreiches in dieser Hinsicht beschränkt waren. Sehr zum Verdruß ihrer engagiert protestantischen Berater bei Hof und im Rat wollte Elisabeth deshalb auch von einer Konfessionalisierung der zwischenstaatlichen Beziehungen nichts wissen, deren Nutzen und Kosten gleichermaßen unkalkulierbar waren. Konfessionellen Argumenten zeigte sich Elisabeth immer nur dann zugänglich, wenn sie realpolitisch-pragmatisch eingebettet waren.

Schließlich waren es die Konsolidierung der katholischen Mächte zu Beginn der 80er Jahre und deren drohende Offensive, die dazu führten, daß Elisabeth trotz aller Vorbehalte und finanzieller Risiken einer militärischen Intervention in den Niederlanden zustimmte und die Führung dieses Expeditionskorps im Bewußtsein der damit verbundenen Signalwirkung ihrem Favoriten, dem Earl of Leicester, anvertraute. Der Kampfauftrag der Truppe war indes immer noch ein defensiver; Philipp II. wurde signalisiert, daß es Elisabeth in den Niederlanden nicht um einen Eingriff in die spanische Interessensphäre, sondern nur um den Schutz der eigenen Sicherheitsinteressen ging. Entsprechend wütend reagierte Elisabeth, als der Earl of Leicester, ohne Gespür für die Feinheiten ihrer Hollandpolitik, sich von den Rebellen auf der Suche nach einem Alternativfürsten zu Philipp II. das Amt des Generalgouverneurs aufdrängen ließ, zog das englische Korps aber dennoch nicht zurück. Die Strategie einer mit Deeskalationssignalen verbundenen Politik des Interessenschutzes war indes zu fein gesponnen, um in der sich verschärfenden internationalen Lage der 1580er Jahre noch praktikabel zu sein. Seit dem Januar 1586 begann Philipp II. mit dem Aufbau der Armada, die das Ketzernest vor der Küste des reichen Burgund ausheben und Spaniens Stellung als Vormacht im Westen Europas bestätigen sollte. Nach Präventivaktionen Sir Francis Drakes, die immerhin so erfolgreich waren, daß sie Philipp II. zwangen, das große Unternehmen um ein Jahr zu verschieben und während dieser Zeit eine mächtige Invasionsstreitmacht zu verproviantieren und bezahlen, segelte die Armada am 30. Mai 1588 und scheiterte an einer Mischung aus witterungsbedingten Umständen, militärtaktischen Fehlplanungen und englischen Erfolgen. Als die Reste der Armada Ende September in ihre Heimathäfen zurückkehrten, hatte Philipp II. 60 Schiffe, 20000 Mann und den strategischen Vorteil der Initiative verloren. In England dagegen brannten Freudenfeuer und wurden Dankgottesdienste abgehalten. Vor den unter Leicester in Tilbury versammelten Landtruppen hatte Elisabeth in einer Rede ihrem Herrscherverständnis Ausdruck verliehen, die sehr viel über sie selbst und über die Loyalität, die zu mobilisieren sie in der Lage war, aussagt. Inmitten von Bewaffneten zu stehen machte ihr keine Angst. Denn:

«Let Tyrants fear / I have always so behaved myself that, under God, I have placed my chiefest strength and safeguard / In the loyal hearts and goodwill of my subjects. / And therefore I am amongst you. / As you see at this time / not for my recreation and disport / But being resolved in the midst and heat of battle, / To live or die amongst you all; / To lay down for my God, / and for my kingdom, / and for my people, / My honour and my blood / Even in the dust. / I know I have the body of a weak and feeble woman, / But I have the heart and stomach of a king, / And for a king of England too! / And think foul scorn that Parma or Spain, / Or any prince of Europe, / Sould dare to invade the borders of my realm...».

(«Laßt Tyrannen fürchten. Ich habe mich immer so verhalten, daß ich meine Kraft und Sicherheit außer in Gott in die treuen Herzen und den guten Willen meiner Untertanen gelegt habe. Und deshalb bin ich unter Euch, wie ihr jetzt seht, nicht zu meinem Vergnügen, sondern um in der Mitte und der Hitze der Schlacht mit Euch allen zu leben oder zu sterben, um für Gott und für mein Königreich und für mein Volk meine Ehre und mein Blut, wenn es sein muß, in den Staub niederzulegen. Ich weiß, ich habe den schwachen Körper einer Frau, aber ich habe das Herz und den Mut eines Königs, mehr noch, eines Königs von England! Und halte es für schimpflich und verachtenswert, daß der Herzog von Parma oder der König von Spanien, oder irgendein europäischer Fürst es wagt, die Grenzen meines Reichs zu überfallen...»)

Ein geradezu Shakespearescher Monolog, der, wenn er nicht so gesprochen worden ist, doch die Erwartungshaltungen und Identifikationspotentiale der Zeit zum Ausdruck bringt.

## V. Die Krise der 1590er Jahre

Die Zerschlagung der Armada stellte indessen nicht nur einen Höhe-, sondern auch einen Wendepunkt in der Herrschaft Elisabeths dar, der die Realitäten hinter den Stimmungen wieder in den Blick rückt. Philipp II. hatte durch das Scheitern seiner Invasionspläne eine zugegebenermaßen wichtige Schlacht, aber noch nicht den Krieg verloren. Die Konfrontation der Weltmacht Spanien mit der Regionalmacht England hatte gerade erst begonnen und war nicht nur durch eine Aktion zu entscheiden, wie symbolkräftig sie auch immer sein mochte und – man darf wohl sagen – in den kommenden Jahrhunderten auch interpretiert worden ist. Der bis heute in Historienfilmen und populären Biographien gepflegte Elisabethmythos darf uns nicht darüber hinwegtäuschen, daß England der Weltmacht Spanien in den folgenden 15 Kriegsjahren kaum widerstanden hätte, wenn es auf sich allein gestellt geblieben und es nicht zu einer Globalisierung des Konflikts gekommen wäre. Doch zum Nutzen Englands entwickelte sich der Konflikt schnell zu einem Vielfrontenkrieg, der in den Niederlanden, auf dem Atlantik und um die Atlantikhäfen, dazwischen immer wieder auch in Irland und vor allem auch in Frankreich ausgefochten wurde. Der englisch-spanische Krieg erscheint insofern eingebettet in einen ganz Westeuropa erfassenden Krieg gegen die spanische Hegemonialstellung mit den sich daraus ergebenden gegenreformatorischen Konsequenzen, an dem sich Elisabeth sowohl direkt durch die Entsendung von Truppen zur Unterstützung

Heinrichs IV. von Frankreich und der niederländischen Rebellen als auch indirekt durch Subsidienzahlungen und Kredite beteiligte. Ob dieses Engagement kriegsentscheidend war, darf bezweifelt werden. Gewiß war Elisabeths Bundesgenossenschaft willkommen und in vieler Hinsicht auch wichtig. So konnte sich Heinrich IV. sehr wohl darauf verlassen, daß Elisabeth alles tun würde, um die französische Atlantikküste nicht in die Hände spanischer Truppen gelangen zu lassen. Andererseits kam dem Kaperkrieg im Atlantik und spektakulären Einzelaktionen wie der Schlag des Earl of Essex gegen Cadiz wohl eher symbolische Bedeutung zu. Elisabeths Erfolg lag wesentlich darin begründet, daß sie zum einen konsequent eine den äußerst begrenzten finanziellen Möglichkeiten Englands angemessene Defensivstrategie verfolgte und zum anderen von der Zersplitterung der spanischen Kräfte und der strukturellen Überforderung des spanischen Finanzsystems profitierte. Darüber hinaus wirkte die Insellage als ein natürliches Bollwerk. Im Hinblick auf den Stand der militärtechnologischen Entwicklung wird man die Frage stellen müssen, was eigentlich geschehen wäre, wenn einer der spanischen Armaden die Landung geglückt wäre.

Der spanisch-französische Friedensschluß von Vervins brachte der erschöpften spanischen Weltmacht Entlastung, gab ihr jedoch nicht die Chance zu einer Regruppierung und Konzentration der Kräfte auf die verbleibenden Kriegsgegner. Überdies starb im September 1598 Philipp II., der große Architekt der spanischen Weltpolitik. Sein Sohn und Nachfolger auf dem spanischen Thron Philipp III. führte den Krieg gegen England und die Niederlande zwar weiter und versuchte es wieder im Wege der Unterstützung eines irischen Aufstands mit einem Vorstoß über die ungeschützte westliche Flanke. 1601 segelte gar eine neue Armada. Doch hatte der Krieg gegen Spanien, soviel die Niederwerfung des irischen Aufstands Elisabeth auch zu schaffen machte, seine Dynamik und Gefährlichkeit verloren. Der große westeuropäische Krieg des ausgehenden 16. Jahrhunderts schleppte sich seinem Ende entgegen. Elisabeth hat den Friedensschluß zwar nicht mehr erlebt. Aber die breite Zustimmung zu der Proklamation, mit der ihr Nachfolger Jakob I. die Einstellung der Feindseligkeiten verkündete, macht deutlich, daß der Krieg sich im Bewußtsein der Beteiligten und der englischen politischen Nation überlebt hatte.

Englands Selbstbehauptung im Konflikt mit Spanien kostete einen hohen innenpolitischen Preis. Trotz größter Sparsamkeit der Kriegführung hielt das Finanzsystem Englands der langjährigen Überbelastung nicht stand. Elisabeth mußte die finanzielle Basis des englischen Königtums durch Verkäufe von Kronland schwächen und die herkömmlichen Methoden der Geldbeschaffung aufs äußerste strapazieren. Dennoch konnte sie nicht verhindern, daß die Steuerbewilligungen des Parlaments einen immer größeren Anteil an der Kriegsfinanzierung einnahmen und dieses dadurch im politischen System der neuen Monarchie, welche die Tudors geschaffen hatten, tendenziell aufgewertet wurde. Vorerst erschien dies zwar nicht brisant, weil die protestantische politische Nation den Krieg gegen Spanien steuerlich mitzutragen bereit war und dreißig Jahre nach dem Religionskompromiß von 1559/63 eine Parlamentariergeneration ihre Sitze eingenommen hatte, die keine Neigung mehr zeigte, das Parlament zu einem politischen Forum des entschiedenen Protestantismus zu machen. Der scheinbare und anfängliche Mangel an Konfliktpotential war indes für Elisabeth trotz ihres großen Geschicks im Umgang mit dem Parlament kein Grund, am politischen Monopol der Krone irgendwelche Abstriche zu machen. Elisabeths Bemühen um den Herrschaftskonsens ihrer Untertanen fand auch in den 1590er Jahren keinen institutionellen Ausdruck.

Um die Jahrhundertwende zeigte sich, wie klug es gewesen war, keinen politischen Boden preiszugeben. Das Parlament attackierte nämlich die Politik der restlosen Ausschöpfung der konsensunabhängigen Finanzquellen der Krone. Vor allem die fiskalische Ausnutzung der wirtschaftspolitischen Kompetenzen der Krone in Gestalt der Vergabe von Monopolen geriet ins Kreuzfeuer der Kritik, weil sie die wirtschaftliche Bewegungsfreiheit aller zugunsten des Monopolisten einschränkte. In den Debatten zeichnete sich dabei schon jene wirkungsvolle Verbindung der Begriffe Eigentum und Freiheit ab, um die im 17. Jahrhundert gerungen werden sollte und in der die politische Kultur des 18. Jahrhunderts ihren Identitätskern erblicken sollte. In Elisabeths letztem Parlament, das 1601 zusammentrat, schlugen die Wellen der Empörung so hoch, daß die Regierungsvertreter die im 16. Jahrhundert noch selten in Frage gestellte Kontrolle über das Haus verloren und die Forderung nach Abschaffung der Monopole mit der Drohung der Steuerverweigerung verbunden zu werden drohte. Elisabeth konnte die Eskalation der Diskussionen zu einer Verfassungsdebatte nur durch eine Proklamation verhindern, die sofortige Abhilfe versprach.

Das elisabethanische Herrschaftsgefüge wurde in den letzten Jahren indes nicht nur an dieser Front brüchig. Als bedrohlicher und zugleich persönlich demütigender empfand Elisabeth wohl den Beinahezusammenbruch ihres höfischen Systems, der in der Rebellion des Favoriten ihrer späten Jahre, des Earl of Essex, gipfelte. Seit dem Ende der 1580er Jahre fand in Elisabeths engster Umgebung ein Generationswechsel statt; 1588 starb Leicester an einem Fieber, 1589 Sir Walter Mildmay, der Schatzkanzler, 1590 starben Blanche Perry, Elisabeths erste Hofdame, und Sir Francis Walsingham, einer der Lenker der elisabethanischen Außenpolitik, 1591 folgte Sir Christopher Hatton, um nur einige zu nennen. Für Elisabeth waren dies schmerzliche persönliche Verluste, die sie zugleich als den Anfang vom Ende ihrer Epoche deuten mochte. Am Ende war von den Weggefährten der ersten Stunde nur noch William Cecil, Lord Burghley, übrig, der 1598 im hohen Alter von 78 Jahren verstarb. Wichtiger noch als das persönliche Moment war allerdings, daß die neue Generation von Höflingen und Politikern ihre Positionen im Kräftefeld der elisabethanischen Innenpolitik erst finden und definieren mußte. Es konnte nicht ausbleiben, daß dieser Prozeß Anpassungsschwierigkeiten mit sich brachte und die sorgsam beachtete Balance im Kreise ihrer Magnaten und Ratgeber, um die Elisabeth sich stets bemüht hatte, Schaden nahm. Hinzu kam, daß Elisabeth in ihrem siebten Lebensjahrzehnt nicht mehr die Rolle spielen konnte, die sie für die Generation von Leicester und Hatton gespielt hatte. Der Earl of Essex, Leicesters Stiefsohn, der dessen Stellung als erster Favorit der Königin einnahm, konnte in Elisabeth bestenfalls eine eitle und am Ende doch zur Nachsicht verurteilte Mutterfigur sehen, für die er – nicht zuletzt als Erinnerung an Leicester – letztlich doch wichtiger war als sie für ihn. Umgekehrt konnte Robert Cecil, der Schritt für Schritt die Funktionen seines greisen Vaters übernahm, nicht in die Position des älteren Ratgebers eintreten, die die Basis von Burghleys Vertrauensstellung ausmachte. Ähnliches ließe sich für andere Exponenten der zweiten und dritten Generation der elisabethanischen Politik wie Anthony und Francis Bacon sagen.

Diese strukturellen Probleme wurden allerdings durch Essex' außerordentlichen Mangel an politischem Gespür, der darin seinen Stiefvater bei weitem übertraf, in dramatischer Weise verschärft. Sein Versuch, Ehrenkapital und Patronagemöglichkeiten in seiner Hand zu konzentrieren, störte nicht nur die Balance unter der Höflingen, sondern brachte ihn am Ende sogar in eine Position der Rivalität zu Elisabeth selbst. Wenn Essex wie vor Rouen 1591 oder in Cadiz 1594 kraft seines Feldherrnprivilegs Gefolgsleute in großer Zahl zu Rittern schlug, war dies eine Verletzung der Spielregeln, die Elisabeth nicht gleichgültig sein konnte. Essex geriet schließlich so sehr unter Erfolgsdruck, daß er Elisabeths Versuche, ihn durch die Verweigerung seiner Wünsche zu disziplinieren, mit der Drohung beantwortete, sich vom Hof zurückzuziehen. Die höfische Logik wurde durch dieses Verhalten geradezu umgekehrt. Nicht der Monarch gewährte dem Höfling die Gunst seiner Gegenwart, sondern umgekehrt der Höfling dem Monarchen. 1598 kam es zu einer Konfrontation, in der Elisabeth Essex beschimpfte, dieser in seiner Wut die Hand zum Griff seines Schwertes führte und Elisabeth mit der Bemerkung aufbrachte, eine solche Kränkung würde er nicht einmal von Heinrich VIII., geschweige denn von einer Frau hinnehmen. Zwar kam es noch einmal zu einer Aussöhnung. Als Essex jedoch bei der Niederschlagung des irischen Aufstandes scheiterte und, seine Truppen im Stich lassend, nach London zurückkehrte, war das Maß voll. Essex unterwarf sich zwar, schmiedete gleichzeitig jedoch Pläne für einen Staatsstreich. Unter anderem sollte Shakespeares Theatertruppe mit dem Königsdrama Richard II. über die Absetzung eines legitimen Königs auf die zu erwartenden Ereignisse vorbereiten. Nun endlich griff Elisabeth zu. Am 25. Februar 1601 wurde Essex mit seinen Mitverschwörern, darunter der Earl of Southampton und Sir Christopher Blount, hingerichtet. So endete Elisabeths Regierungszeit mit einer Serie von Anstrengungen, Enttäuschungen, Krisen und Mißklängen. Anfang März 1603 erkrankte Elisabeth an einem Fieber und starb am 24. März, nachdem sie auf dem Totenbett Jakob VI. von Schottland, den Sohn ihrer einstigen Rivalin Maria Stuart, zu ihrem legitimen Nachfolger erklärt hatte. Ende April wurde Elisabeth in Westminster Abbey – wie der Chronist berichtet – unter großer Anteilnahme der Bevölkerung beigesetzt.

*Ronald G. Asch*

# Jakob I.
# 1603–1625

*Jakob I., geb. 19. Juni 1566 in Edinburgh Castle; Krönung: 29. Juli 1567 in Stirling als Jakob VI. zum König von Schottland; König von England und Irland 24. März; Krönung: 25. Juli 1603 in Westminster Abbey; gest. 27. März 1625 in seinem Schloß Theobalds in Hertfordshire; begraben 7. Mai 1625 in Westminster Abbey, London; Vater: Henry Stuart Lord Darnley (geb. 1545, ermordet 1567), Sohn von Matthew Stuart, dem vierten Earl of Lennox, und von Lady Margaret Douglas; Mutter: Maria Stuart, Königin von Schottland (geb. 1542, hingerichtet 1587), Tochter Jakobs V. von Schottland und von Marie de Guise; Eheschließung: am 20. August 1589 in Kopenhagen (durch Stellvertreter) und am 23. November in Oslo mit Anna von Dänemark (1574–1619), Tochter Friedrichs II. von Dänemark und Sophias von Mecklenburg; Kinder: Heinrich Friedrich (1594–1612); Elizabeth (1596–1662); Karl I. (1600–1649); drei weitere Kinder starben kurz nach der Geburt oder als Kleinkinder.*

## I. Vorbemerkung

Unter den englischen Monarchen der Neuzeit ist Jakob I. in mehr als einer Hinsicht eine Ausnahme. Er war nicht nur außerhalb Englands aufgewachsen und erzogen worden, also ein landesfremder Herrscher – dies gilt ja auch für die ersten beiden Hannoveraner, Georg I. und Georg II. –, sondern er besaß auch eine ausgeprägte Neigung zur Welt der Wissenschaft und gelehrter Kontroversen wie kaum ein anderer englischer Monarch. Er war, wenn man so will, ein Intellektueller, den man sich auch leicht als Schulmeister oder Universitätsdozenten vorstellen könnte, wie denn der König auch selbst bekannte, daß er, wäre er nicht als Herrscher geboren worden, Lehrer an einer Universität hätte werden wollen. Die Gelehrsamkeit des ersten Stuarts auf dem englischen Thron und seine Neigung, seiner Umgebung mit didaktischem Nachdruck seine wirkliche oder vermeintliche intellektuelle Überlegenheit zu demonstrieren und mit einem zuweilen ausgeprägten Mangel an Taktgefühl Streitfragen zu thematisieren, die man in England lieber mit Schweigen überging oder zumindest den Spezialisten, den Theologen und Juristen, überließ, wirkten auf seine Untertanen südlich des Tweed – wohl anders als in Schottland, wo man in dieser Hinsicht toleranter war – allerdings oft genug irritierend. Es waren freilich nicht nur solche Züge des Herrschers, die in England Kritik hervorriefen, sondern auch sein nach englischen Maßstäben oft allzu ungezwungenes, wenn nicht gar grobiani-

Jakob I. (1603–1625)

sches Auftreten, sein für einen König allzu beißender, gelegentlich auch skatologische oder obszöne Anspielungen nicht verschmähender Witz und ein, wie viele meinten, Mangel an königlicher Würde. Dennoch war es im wesentlichen späteren Generationen vorbehalten, aufbauend auf manchen kritischen Äußerungen von Zeitgenossen, jenes durchweg negative Bild Jakobs I. zu zeichnen, das in der Geschichtsschreibung lange vorherrschte. Namentlich die zugleich liberale und viktorianisch-moralistische Geschichtsschreibung des 19. Jahrhunderts trug dazu bei, die unerfreulichen Züge des Herrschers hervorzuheben. Anders als sein Sohn Karl I. profitierte der erste Stuart überdies nicht davon, Held einer romantischen royalistischen Tradition – «wrong but romantic» – zu sein. Noch 1972 konnte der amerikanische Historiker Lawrence Stone pauschal feststellen: «As a hated Scot, James was suspect to his English subjects from the beginning and his ungainly presence, mumbling speech and dirty ways did not inspire respect.» Eigentlich erst seit den 70er Jahren dieses Jahrhunderts ist es zu einer gewissen Revision des traditionellen Bildes gekommen, einer Revision, die mit einer allgemeinen Überprüfung der bis dahin stillschweigend akzeptierten Wertmaßstäbe einer den Aufstieg des Parlamentes im 17. Jahrhundert zelebrierenden Geschichtsschreibung, aber auch mit der stärkeren Berücksichtigung der schottischen Regierungszeit des Königs vor 1603 zusammenhängt.

## II. Jugend und Herrschaft in Schottland bis 1603

Die Kindheit und Jugend Jakobs VI. von Schottland waren überschattet von den Wirren, die zur Vertreibung seiner Mutter, der Königin Maria Stewart (oder englisch: Stuart), führten. Maria hatte 1565 ihren Cousin Henry Stewart Lord Darnley, Sohn des vierten Earl of Lennox, geheiratet. Darnley war in England aufgewachsen und stammte wie die Königin von Margaret Tudor, der Gattin Jakobs IV. von Schottland ab, da Margaret in zweiter Ehe Archibald Douglas Earl of Angus, seinen Großvater, geheiratet hatte. Die Ehe Maria Stewarts mit Darnley geriet jedoch schon rasch in eine Krise, und der Gemahl der schottischen Königin ließ im März 1566 in ihrer Gegenwart einen Mordanschlag auf ihren engsten Vertrauten, den Italiener David Riccio, ausführen, bei dem auch Marias eigenes Leben und das ihres ungeborenen Kindes, des zukünftigen Königs, in Gefahr geriet, was er offenbar billigend in Kauf nahm. Als der zukünftige Jakob VI. von Schottland kurz nach der Ermordung Riccios im Juni 1566 geboren wurde, war die Ehe seiner Eltern vollständig zerrüttet. Jakobs Vater wurde im Februar 1567 in Kirk o' Fields vor den Toren Edinburghs selber ermordet. Falls die Königin nicht persönlich in das Mordkomplott verwickelt war, so doch mit hoher Wahrscheinlichkeit James Hepburn Earl of Bothwell, der die Herrscherin unter seinen Schutz genommen hatte und wohl schon damals ihr Liebhaber war. Zur allgemeinen Empörung ihrer Untertanen heiratete Maria kurz nach der Ermordung ihres Mannes Bothwell – ein Vorgang, der an Shakespeares Drama Hamlet gemahnt und dieses Stück auch mit inspiriert haben mag. Die Eheschließung mit Bothwell führte jedoch zu einem Aufstand gegen die nicht zuletzt wegen ihres Katholizismus ohnehin schon unpopuläre Königin. Maria wurde vertrieben und mußte in England Zuflucht suchen. Dort beteiligte sie sich an mehreren Verschwörungen gegen Elisabeth I., die sie als nächste Verwandte zu beerben hoffen konnte. Elisabeth entschloß sich schließlich, die gefährliche Rivalin 1587 hinrichten zu lassen.

Formell herrschte zu diesem Zeitpunkt Jakob VI. von Schottland, der Sohn der Königin, bereits 20 Jahre, denn er war im Juli 1567 gekrönt worden. Allerdings nahmen zunächst eine Reihe von Regenten die Regierungsgeschäfte für den minderjährigen Herrscher wahr, und der junge König war lange Zeit Spielball unterschiedlicher Adelsfaktionen, die nicht davor zurückschreckten, sich mit Gewalt der Person des Monarchen zu bemächtigen.

Die Erziehung Jakobs übernahm George Buchanan, ein großer Humanist, aber auch einer der entschiedensten Vertreter eines Widerstandsrechtes des Volkes und des Adels gegen tyrannische Herrscher. Buchanan rechtfertigte in seinem ‹De iure regni apud Scotos›, das er seinem königlichen Schüler widmete, und in seiner ‹Geschichte Schottlands› nachdrücklich die Absetzung ungerechter Herrscher im allgemeinen und der Königin Maria Stuart, einer – wie er meinte – königlichen Hure ohne alle Hemmungen, im besonderen. Ihrem Sohn suchte er seine Widerstandslehren ebenso nachhaltig wie die Regeln der lateinischen Grammatik einzuprügeln. Von dieser drastischen Erziehung blieb Jakob VI. (I.) zeit seines Lebens geprägt; er verdankte ihr seine humanistische Bildung ebenso wie seine Abneigung gegen die Theorien der Monarchomachen.

Trotz oder wegen dieser Erziehung zögerte der König nicht, seiner Autorität Achtung zu verschaffen, als er 1585 nach dem oft gewaltsam beendeten Regiment mehrerer adliger Regenten und Reichsverweser selbst die Regierung übernahm. Es gelang ihm, geschickt die großen adligen Magnaten gegeneinander auszuspielen und kraft der überlegenen Legitimität seines Amtes aristokratische Verschwörungen und Fehden einzudämmen. Bei der Befriedung seines Königreiches spielte das schottische Parlament eine wesentliche Rolle. In Schottland war das entscheidende Problem für den Herrscher nicht, einen eventuellen Anspruch des Parlamentes auf politische Mitsprache zurückzuweisen, sondern den unter seiner Leitung gefaßten Beschlüssen des Parlamentes Anerkennung zu verschaffen und – dies war eine Voraussetzung dafür – die adligen Magnaten zur Teilnahme an den Sitzungen zu bewegen. Dies schloß gelegentliche Konflikte zwischen Herrscher und Parlament nicht aus, aber insgesamt ließ sich die schottische Ständeversammlung, mit der Ausnahme vielleicht von kirchlichen Kontroversen, relativ leicht steuern. Schwieriger gestaltete sich die Auseinandersetzung des Königs mit den presbyterianischen Theologen der Kirk of Scotland, die im König, wie es einer ihrer Führer, Andrew Melville, formulierte, nur Gottes schwachen Vasallen («silly vassal») sahen und Gottes Willen weitaus besser zu kennen glaubten als der König. Schrittweise gelang es Jakob VI. aber in Schottland, wo die Reformation gegen die Krone eingeführt worden war, die Grundlagen für ein königliches Kirchenregiment zu legen, das seit 1600 durch die allmähliche Wiedereinführung der Episkopalverfassung vollendet wurde. Als der König Schottland 1603 verließ, war die königliche Autorität im Lande gefestigter denn je, die Aristokratie war ebenso wie die Geistlichkeit in ihre Schranken verwiesen worden, und nach langen Jahren bürgerkriegsähnlicher Wirren genoß Schottland, zumindest in den Lowlands, wieder Frieden.

## III. Das erste Regierungsjahrzehnt in England

Als Elisabeth I. von England am 24. März 1603 starb, trafen ihre leitenden Minister, allen voran der Secretary of State Robert Cecil, der schon seit Jahren eine Korrespondenz mit dem schottischen König unterhielt, die notwendigen Vorkehrungen für einen reibungslosen Übergang der Krone auf Jakob. Der schottische Herrscher wurde schon acht Stunden nach dem Tode seiner Vorgängerin zum König von England proklamiert. Dieser rasche und reibungslose Thronwechsel war nicht selbstverständlich. Jakob I. leitete seinen Anspruch von Margaret Tudor ab, einer Tochter Heinrichs VII. von England, die in erster Ehe mit Jakob IV. von Schottland verheiratet gewesen war. Allerdings hatte Heinrich VIII. die Stewarts / Stuarts von der Sukzession in England 1546 testamentarisch weitgehend ausgeschlossen, und Elisabeth I. war 1571 vom Parlament das Recht zugesprochen worden, nach eigenem Ermessen einen Nachfolger zu nominieren. Von diesem Recht hatte sie freilich nicht Gebrauch gemacht, aber nachdem im 16. Jahrhundert sich zeitweilig – besonders in den Jahren, als Maria von Schottland die besten Erbansprüche auf den englischen Thron hatte – eine Einschränkung der Erblichkeit der Krone durch das Prinzip der Designation oder gar der Wahl des Monarchen abgezeichnet hatte, bedeutete die Nachfolge des schottischen Königs die Bestätigung des reinen Erbrechtes, das vom Parlament nur in rein deklaratorischer Weise anerkannt wurde.

So reibungslos der Übergang der englischen Krone auf Jakob sich auch vollzog, so sollte sich freilich schon bald zeigen, daß es keine leichte Aufgabe war, England zu regieren. Elisabeth I. hinterließ ihrem Nachfolger eine wenig effiziente Finanzverwaltung und ein weitgehend veraltetes Steuersystem. Da Jakob I. überdies eine Neigung hatte, recht sorglos mit Geld umzugehen – aus seiner schottischen Perspektive war England ein unermeßlich reiches Land –, sah er sich schon sehr bald mit der Gefahr eines Staatsbankrotts konfrontiert. Das Parlament zögerte, ausreichend Steuern zu bewilligen, da man glaubte, der Herrscher müsse in Friedenszeiten aus den Einkünften des Kammergutes und der Regalien und Zölle leben. Robert Cecil, der zunächst weiterhin als Staatssekretär, dann seit 1608 auch als Lordschatzmeister der wichtigste Minister des Königs war, suchte in dieser Frage einen Kompromiß mit dem 1604 gewählten Parlament, das mit mehreren langen Unterbrechungen bis 1610 tagte. Das Parlament sollte dem König auf Dauer Steuern in Höhe von jährlich £ 200 000 bewilligen. Im Gegenzug hätte der König auf alte feudale Hoheitsrechte, möglicherweise aber auch auf die umstrittenen, von ihm einseitig ohne Mitwirkung des Parlamentes verfügten Zollerhöhungen, die *impositions*, verzichtet. Dieses Übereinkommen – der sogenannte *Great Contract* – scheiterte jedoch 1610 endgültig an den überzogenen Forderungen beider Seiten. Zu diesem Zeitpunkt war auch das andere große Projekt der ersten englischen Regierungsjahre, die staatliche Union zwischen Schottland und England, bereits nahezu aufgegeben worden. Trotz aller Bemühungen gelang es dem König nicht, aus seinen beiden britischen Königreichen, die ja seit 1603 nur durch eine Personalunion verbunden waren, einen einheitlichen Staat mit einem Parlament, einer Staatskirche und womöglich auch einem einheitlichen Rechtssystem zu formen. Der Widerstand gegen derartige Pläne war vor allem in England, aber auch in Schottland zu groß. Die, wie er meinte, kleinkarierte Verteidigung überkommener Privilegien durch das Parlament, aber auch die vehemente, an Rassismus grenzende Feindseligkeit, die seinen schottischen Höflingen entgegenschlug, schufen bei Jakob I. einen dauerhaften Widerwillen gegen die englische Ständeversammlung, vor allem gegen das Unterhaus, und erst 1621 kam es wieder zu einer über Monate hin leidlich guten, wenn auch am Ende nicht von Erfolg gekrönten Zusammenarbeit zwischen Herrscher und Parlament.

Erfolgreicher als in der Frage der englisch-schottischen Union oder in der Finanzpolitik war Jakob I. nach 1603 in der Kirchenpolitik. Anfang 1604 fand in Hampton Court unter seinem Vorsitz eine große Debatte über eine weitergehende Reform der englischen Kirche statt, an der die führenden Bischöfe ebenso wie ihre «puritanischen» Kritiker teilnahmen. Der König, der selbst ein strenger Calvinist war, machte den Befürwortern einer «further reformation» einige Zugeständnisse, verteidigte aber den hierarchischen Aufbau der Kirche und die Autorität der Bischöfe entschieden; sein Diktum «No bishop, no king» drückte seine schottische Erfahrung aus, daß die Episkopalverfassung und die Monarchie voneinander abhängig waren. In den folgenden Jahren säuberte der vom König ernannte neue Erzbischof von Canterbury, Bancroft (1604–10), die Kirche von radikalen Presbyterianern und anderen «Puritanern», aber sein Nachfolger Abbott (1611–33, 1621 wegen eines unabsichtlichen Totschlags suspendiert) verfolgte eine versöhnlichere Politik. Zwischen 1610 und 1620 waren die internen Spannungen in der englischen Kirche vermutlich geringer als je zuvor seit der Reformation. Dieser innerkirchliche Frieden wurde erst durch den Ausbruch des Dreißigjährigen Krieges in Deutschland in Frage gestellt, der den traditionellen Antikatholizismus zu neuem Leben erweckte und erneut die Frage nach der wirklichen Identität der Church of England, ihrem konfessionellen Standpunkt zwischen Rom und Genf, aufwarf. Solange Jakob I. regierte, konnten diese neuen Spannungen allerdings eingedämmt werden. Der König bemühte sich im übrigen auch um einen Ausgleich mit den gemäßigten Katholiken, die in Grenzen auf eine stillschweigende Tolerierung rechnen konnten, solange sie ihr Bekenntnis nicht offen zur Schau trugen. Diese Politik wurde allerdings durch die katholische Pulververschwörung vom November 1605, der der König und das gesamte Parlament zum Opfer hatten fallen sollen, schon bald unterbrochen und später nicht mehr mit gleicher Konsequenz verfolgt.

## IV. Gottesgnadentum und Absolutismus? Jakob VI. und I. als politischer Theoretiker

Anders als andere Herrscher begnügte sich Jakob I. nicht damit, seine Politik durch die in seinem Dienst stehenden Juristen und Theologen legitimieren zu lassen, er trat vielmehr selbst als Autor theoretischer Werke und politischer Streitschriften auf. Noch in Schottland hatte er 1598 ein Manuskript verfaßt, das er in Griechisch als ‹Basilikon Doron›, als königliche Gabe bezeichnete. Die Abhandlung war für seinen Nachfolger bestimmt und ist zugleich Fürstenspiegel und politisches Testament, wurde aber anders als andere Instruktionen für Kronprinzen zunächst als Privatdruck und später, 1603, auch in größerer Auflage (ca. 10 000 bis 15 000 Exemplare) veröffentlicht. Im selben Jahr (1598) publizierte der König ‹The Trew Law of Free Monarchies›, einen Traktat, der die Herrschaftsrechte der Monarchen gegen die Vertreter des Widerstandsrechtes verteidigte. In dieser recht kurzen Schrift vertrat Jakob I. (oder vielmehr Jakob VI. von Schottland) mit besonderem Nachdruck die Idee des Gottesgnadentums. Könige sind ein Ebenbild Gottes, sie sitzen auf Erden auf seinem Throne, ein Widerstand gegen sie ist schon deshalb verwerflich, aber auch weil ihre Autorität eine väterliche ist und Kinder sich nicht gegen ihre Eltern auflehnen dürfen. Könige stehen überdies über dem Gesetz, das sie selber geschaffen haben, insbesondere dann, wenn sie wie die Könige von Schottland und England ihre Herrschaft dem Recht des Eroberers verdanken.

Auf diese Ideen griff Jakob I. in späteren Schriften verschiedentlich zurück, besonders in seiner Auseinandersetzung mit der Staatslehre des gegenreformatorischen Katholizismus, die er besonders intensiv in den Jahren 1606 bis 1615 führte. Anlaß für diese Polemik war der das päpstliche Recht Monarchen abzusetzen negierende besondere Loyalitätseid (*Oath of Allegiance*), der den katholischen Untertanen des Königs 1606 nach der Pulververschwörung auferlegt wurde. Jakob I. verteidigte diesen Eid in der ‹Apologie of the Oath of Allegiance›, die zunächst 1608 anonym erschien, setzte den publizistischen Streit mit katholischen Theologen aber auch in den folgenden Jahren fort; 1615 veröffentlichte er ‹A Remonstrance for the Right of Kings and the Independence of their Crowns›. In dieser gegen den papsttreuen französischen Kardinal du Perron gerichteten Schrift nahm er die 1614 durch den dritten Stand der französischen Generalstände formulierte rigorose Ablehnung eines kirchlichen, besonders päpstlichen Rechtes, weltliche Herrscher abzusetzen, in Schutz. Alle theoretischen Schriften des Königs sind von dem Bewußtsein durchdrungen, daß die Position des Herrschers in einer Welt, in der er von religiösen Fanatikern und den Apologeten des Herrschermordes umgeben ist, eine prekäre ist, eine Tatsache, die Jakob I. in seiner Jugend in Schottland, aber auch durch die Pulververschwörung in England und die Ermordung des französischen Königs Heinrich IV. 1610 nur allzu deutlich vor Augen geführt worden war. Dieses Bewußtsein fand seinen Ausdruck unter anderem in der für den König typischen zugespitzten Formulierung der ‹Remonstrance› von 1615: «A King is not like a cat, howsoever a cat may looke upon a King: he cannot fall from a loftie pinacle of royalty to light on his feet upon the hard pavement of a private state, without crushing all his bones to pieces».

Die Betonung der gottgleichen, sakral legitimierten Stellung des Herrschers durch Jakob I. war zunächst eine Reaktion auf die Schwäche des Königtums, mit der sich der Sohn einer vertriebenen und schließlich hingerichteten Königin in Schottland konfrontiert fand. Dort standen dem Königtum eigentlich wenig reale Machtmittel, sondern eben nur die sakrale Legitimation seines Herrschaftsanspruches, die überdies vor allem von presbyterianischer Seite energisch bestritten wurde, zur Verfügung; daher wurde diese Legitimation von Jakob I. so nachdrücklich hervorgehoben. Auch später richtete sich der Kampf Jakobs I. für den Gedanken des Gottesgnadentums vor allem gegen Gegner, die Theologen waren, gegen Presbyterianer und Jesuiten, oder gegen weltliche Monarchomachen wie seinen Lehrer Buchanan, nicht gegen Juristen, die für konkrete, aber begrenzte Freiheitsrechte des Parlamentes und seiner Untertanen fochten. Das heißt nicht, daß der König nicht auch hier, etwa im Streit mit seinem eigenen, 1616 entlassenen, *Chief Justice* Sir Edward Coke, dem wohl berühmtesten aber auch eigenwilligsten englischen Rechtsgelehrten der Epoche, seine Autorität und seinen Machtanspruch energisch verteidigt hätte, aber er verfocht keinen programmatischen «Absolutismus», sondern er wollte sich einen letzten Ermessensspielraum innerhalb der geltenden Rechtsordnung sichern, für den im Denken eines Mannes wie Coke zunehmend weniger Raum blieb. Es ist am Ende nicht überzeugend, einen Herrscher als Absolutisten zu bezeichnen, der in einem Land – Schottland – seine entscheidenden politischen Erfahrungen gesammelt hatte, in dem dem König kaum wirkliche Zwangsmittel zur Durchsetzung seiner Anordnungen zur Verfügung standen und in dem seine Einkünfte so gering waren, daß er sich nicht einmal eine Leibgarde leisten konnte.

## V. Der König und sein Hof

Jakob I. blieb sich letzten Endes zeitlebens bewußt, daß er nur erfolgreich regieren konnte, wenn seine Herrschaft unter der politisch-sozialen Elite Zustimmung fand, und er erkannte, daß sein Hof ein wesentliches Instrument zur politischen Integration dieser Elite war. Er bemühte sich daher auch nach 1603, einen wesentlichen Teil der Positionen in seinem Hofstaat – vor allem die Kammerherrenpositionen – für den schottischen Adel zu reservieren, so umstritten diese Maßnahme auch in England war, um den Kontakt mit seinem Heimatland nicht zu verlieren. Ebenso sorgte er dafür, daß englische Familien und Adelskreise, die in den letzten Regierungsjahren seiner Vorgängerin vom Zugang zur Königin weitgehend ausgeschlossen worden waren – etwa die Anhänger des 1601 hingerichteten Earl of Essex, aber auch die überwiegend kryptokatholischen Mitglieder der Familie Howard (Nachkommen der Herzöge von Norfolk) –, wieder Aufnahme in die höfische Gesellschaft fanden. Dieser Versuch, eine Balance zwischen unterschiedlichen Hoffraktionen zu halten, war allerdings wegen der damit verbundenen Vergabe von Pensionen und Gnadenerweisen sehr kostspielig und auch sonst nicht unproblematisch, da der Hof damit mehr denn je zum Ort politischer Konflikte wurde, die sich zum Teil mit recht brisanten persönlichen und erotischen Verwicklungen verbanden.

So hatte der König 1606 eine Heirat zwischen Robert Devereux, Earl of Essex (dem Sohn des 1601 hingerichteten elisabethanischen Earl), und Frances Howard, der Tochter seines Lord Chamberlain, des Earl of Suffolk, arrangiert, um die Howards und die Devereux auszusöhnen. Sieben Jahre später, 1613, hatten sich seine Prioritäten allerdings gewandelt. Jetzt erklärte eine Kommission von Theologen die Ehe auf Druck des Königs für ungültig, weil Essex impotent sei; der entehrte Essex übernahm später, 1642, den Oberbefehl über die Armee des Parlamentes im Bürgerkrieg, eine vielleicht nachvollziehbare Entscheidung. Der eigentliche Grund für die Eheauflösung von 1613 war, daß Frances Howard nunmehr den damaligen Favoriten des Königs, den Earl of Somerset, heiraten sollte, der sich in die reizvolle Frances verliebt hatte. Somerset und Frances vermählten sich in der Tat nach der Auflösung der Ehe mit Essex, doch sah sich Frances genötigt, den engsten Vertrauten ihres neuen Mannes, Sir Thomas Overbury, der ursprünglich eine Liaison zwischen seinem Herrn und der Gräfin gefördert hatte, sich nun aber der Ehe entgegenstellte, durch Giftmord aus dem Weg zu räumen. Somerset selbst verlor im übrigen schon bald nach der Heirat seinen Einfluß auf Jakob I., der seine Gunst nun George Villiers (seit 1617 Earl of, und seit 1623 Duke of Buckingham) zuwandte. 1616 wurde der Giftmord aufgedeckt, Somerset und seine Gattin wurden verurteilt und für einige Jahre im Tower in Haft gehalten. Dies war nur einer von zahlreichen Skandalen, die dem Hof Jakobs I. in England den Ruf verschafften, ein Ort der Sittenlosigkeit und abgründiger Intrigen zu sein. Der neue Favorit, Buckingham, der schon bald als erster Kammerherr und Oberstallmeister den Hof dominierte und 1619 auch das wichtige und prestigeträchtige Amt des *Lord Admiral* übernahm, verhielt sich freilich vorsichtiger als Somerset, doch auch er suchte die Patronagepolitik des Herrschers ganz für sich, seine Verwandten und Klienten zu instrumentalisieren. Daß sein Einfluß auf den alternden König nicht zuletzt auf der wohl von homoerotischen Neigungen geprägten sehr persönlichen Zuneigung Jakobs I. beruhte – ähnliches hatte schon für Somerset gegolten –, machte ihn keineswegs populärer. Allerdings hatte Jakob I. es zumindest bis in seine beiden letzten Lebensjahre stets verstanden, Buckingham für seine eigenen politischen Zwecke – insbesondere die Beherrschung der unterschiedlichen Hoffaktionen – einzusetzen, und konnte damit auch einen Teil des Mißmutes gegen die Favoritenherrschaft, die nach dem Tode Robert Cecils 1612 eingesetzt hatte, auffangen.

Im übrigen war der Hof keineswegs nur der Ort handfester politischer Konflikte, zeittypisch exzessiver Trinkgelage und gesellschaftlicher Skandale, sondern auch ein kultureller Mittelpunkt. Immerhin wurden bei Hofe die Stücke eines Shakespeare und eines Ben Jonson aufgeführt, und Jonson trat auch als Autor der vom König sehr geschätzten opernhaften Maskenspiele auf, für die der Baumeister des Herrschers, Inigo Jones (seit 1615 *Surveyor of the King's Works*) die Bühnenbilder entwarf. Jones, einer der größten englischen Architekten überhaupt, baute unter anderem das Banqueting House als Ergänzung des antiquierten Palastes von Whitehall sowie das elegante Queen's House in Greenwich. Er kann als Begründer des palladianischen Stils in England gelten. Trotz seiner Rolle als Mäzen der Künste gelang es Jakob I. allerdings dennoch selten, sich so wirkungsvoll in Szene zu setzen wie seine Vorgängerin, Elisabeth I.; eine deutliche Scheu vor größeren Menschenmengen führte zu einem gewissen Rückzug des Herrschers aus der Öffentlichkeit, der im übrigen auch oft wochen- und monatelang von London abwesend war, um seiner großen Leidenschaft, der Jagd zu frönen. Gleichzeitig minderte sein ungezwungenes, in Fragen des Zeremoniells und der äußeren Formen oft allzu sorgloses Verhalten die Wirkung seines Auftretens. Der König blieb lange von den weniger strengen Umgangsformen des schottischen Hofes, der sich am Vorbild des französischen orientierte, geprägt, und dies führte in England zu mancherlei Irritationen.

## VI. Die europäische Politik: Rex pacificus

Erfolgreicher war der Monarch zunächst als Außenpolitiker. Er beendete 1604 den Krieg mit Spanien und verfolgte auch in den folgenden Jahren eine konsequente Friedenspolitik, die sowohl seiner inneren Überzeugung als auch rationalem Kalkül entsprach, denn er wußte, daß seine drei Königreiche der Belastung eines längeren Krieges kaum gewachsen waren, besonders wenn dies ein Engagement auf dem Kontinent einschloß. Die Friedenspolitik des Königs war auch zunächst keineswegs chancenlos. 1609 schlossen die Niederlande und Spanien, die seit den 1570er Jahren gegeneinander gekämpft hatten, einen Waffenstillstand ab, und in den folgenden Jahren konnte der Ausbruch eines neuen Krieges zwischen Spanien und seinen Gegnern, der sich 1610 an der Frage der Nachfolge in den niederrheinischen Herzogtümern Jülich, Kleve und Berg (der letzte Herzog war 1609 ohne männlichen Erben gestorben) zu entzünden drohte, nicht zuletzt durch englische Vermittlung verhindert werden. 1613 verheiratete Jakob I. seine Tochter Elisabeth mit dem Kurfürsten Friedrich V. von der Pfalz. Der Kurfürst war der Führer der reformierten Fürsten und Stände im Reich, die sich, verbündet mit einigen lutherischen Reichsständen, auf einen offenen Konflikt mit dem Kaiser und den Katholiken vorbereiteten und diesen zum Teil auch bewußt suchten. Diese Politik unterstützte der englische König allerdings nicht wirklich, der bereits damals erwog, seinen Sohn Karl mit einer Tochter des spanischen Königs zu verheiraten, um somit dynastische Beziehungen zu beiden Seiten, den radikalen Protestanten und der wichtigsten katholischen Macht, zu knüpfen. Diese Ausgleichspolitik wurde freilich durch den Ausbruch des Dreißigjährigen Krieges 1618 nachhaltig in Frage gestellt. Jakob I. mißbilligte das böhmische Abenteuer seines pfälzischen Schwiegersohnes, der sich 1619 in Prag zum König krönen ließ, nur um ein Jahr später von dort durch die katholischen Heere vertrieben zu werden; er konnte es aber nur schwer hinnehmen, daß Friedrich von der Pfalz 1620–22 auch aus seinen pfälzischen Stammlanden verdrängt wurde.

Der König versuchte trotz gelegentlicher Kriegsdrohungen dennoch weiterhin, in einer Zusammenarbeit mit Spanien eine Lösung für dieses

Problem zu finden. Anfang 1623 reiste sein Sohn Karl in Begleitung des Herzogs von Buckingham sogar nach Madrid, um dort um die Hand der spanischen Infantin Maria zu werben. Auch wenn die Idee zu dieser politischen Ritterromanze wohl eher von Karl selber stammte, stellte der König sich dieser riskanten Form der Brautwerbung doch nicht nachhaltig entgegen. Die Reise nach Spanien erwies sich in jeder Hinsicht als verhängnisvoll. In England selber bestärkte sie jene in ihren düstersten Befürchtungen, die den König und seinen Erben verdächtigten, mit den verhaßten «Papisten» im Bunde zu stehen und die Reformation rückgängig machen zu wollen. Der Prinz andererseits sah sich in Spanien in die Position einer Geisel Philipps IV. versetzt. Der spanische König und sein Minister Olivares verlangten von den Engländern vollständige Religionsfreiheit für die englischen Katholiken, waren aber nicht bereit, eine Garantie für die Rückerstattung der besetzten pfälzischen Territorien im Reich abzugeben, obgleich man an einer wohlwollenden englischen Neutralität, die für den Fortgang des 1621 wieder ausgebrochenen spanisch-niederländischen Krieges von großer Bedeutung war, durchaus ernsthaft interessiert war. Erst nachdem Jakob I. in England und der Prinz selber in Spanien den Heiratsvertrag mit Spanien mit entsprechenden Toleranzzusagen für die englischen Katholiken beschworen hatten, konnten Karl und Buckingham Spanien Ende August 1623 nach zahlreichen Demütigungen wieder verlassen – ohne in der pfälzischen Frage wirklich greifbare Zusagen der Spanier erlangt zu haben. Diese Zusagen waren auch nach der Rückkehr des Prinzen nach England nicht zu erreichen, und das Projekt einer spanischen Heirat, damit aber auch die Verständigungspolitik gegenüber Spanien selbst mußten als gescheitert gelten.

Der Prinz von Wales und Buckingham drängten jetzt auf einen Krieg gegen Spanien, aber die Haltung des Königs blieb zumindest ambivalent. Bis unmittelbar vor seinem Tode setzte er letztlich seine Friedenspolitik, soweit es noch möglich war, im Widerstand gegen eine nunmehr sehr aggressive antispanische Stimmung in ganz England sowie gegen seinen Sohn und seinen eigenen Favoriten nach Kräften fort, aber sein außenpolitisches Konzept war doch Ende 1625, als er starb, unrealistisch geworden. Der König überschätzte nicht nur die Tragfähigkeit einer traditionellen dynastischen Heiratspolitik, ihm fehlte letzten Endes auch das tiefere Verständnis für die Vorgänge im Reich, dem eigentlichen Kriegsherd. Die Gefahren eines Krieges für den inneren Frieden Englands und die Stabilität der Monarchie hatte er allerdings, wie sich nach 1625 zeigen sollte, richtig eingeschätzt.

## VII. Jakob I. und seine Parlamente 1614–24

1610 hatte der König voller Ärger über den Widerstand gegen seine Politik das 1604 gewählte Parlament aufgelöst. Die finanziellen Probleme, mit denen er zu kämpfen hatte, bewogen ihn aber 1614 doch wieder ein Parlament einzuberufen. Sein wichtigster Minister, Cecil, war jedoch 1612 gestorben, und die unterschiedlichen Hoffaktionen, insbesondere die prospanischen, kryptokatholischen Howards und antispanisch eingestellte Adlige wie der Earl of Pembroke, kämpften erbittert um sein politisches Erbe. Es weist vieles darauf hin, daß Thomas Howard Earl of Suffolk und seine Anhänger durch Verbreitung von Gerüchten über eine angebliche Manipulation der Wahlen zum Unterhaus und mit ähnlichen Methoden bewußt auf einen Konflikt zwischen König und Unterhaus hinarbeiteten, da die Mehrheit der Abgeordneten antikatholisch und antispanisch eingestellt war und somit der von ihnen favorisierten Politik im Wege stand. Jedenfalls wurde das am 5. April 1614 eröffnete Parlament, das als fruchtloses («addled») Parlament in die Geschichte einging, schon am 7. Juni wieder aufgelöst, nachdem zahlreiche Abgeordnete Kritik an den angeblichen Versuchen des Königs und des *Privy Council*, ihre Beratungen zu lenken und zu beeinflussen, geäußert hatten. Kontrovers war allerdings auch das Schicksal der *impositions*, der einseitig vom König verfügten Zollerhöhungen, auf die Jakob I. kaum verzichten konnte, die aber viele Unterhausabgeordnete als Vorstufe zu einer Steuererhebung ohne Beteiligung des Parlamentes sahen.

Das Parlament hatte kein einziges Gesetz verabschiedet und natürlich auch keine Steuern bewilligt. Der König suchte nun die dringendsten finanziellen Probleme durch den Verkauf von Adelstiteln und die Vergabe von Handels- und Gewerbemonopolen an einflußreiche Höflinge und die Gläubiger der Krone zu lösen. Zugleich bemühte sich der Londoner Großkaufmann Lionel Cranfield, gestützt von seinem Förderer Buckingham, um eine Reduktion der ungeheuren Ausgaben für den Hofstaat, die königliche Kleiderkammer und die verrottende Kriegsflotte. Cranfield, der 1619 Leiter des königlichen Vormundschaftsamtes und Mündelgerichtes (*Court of Wards*) und 1621 Lordschatzmeister wurde, hatte genug Erfolg, um einen vollständigen finanziellen Zusammenbruch zu verhindern. Es waren daher auch nicht in erster Linie finanzielle Fragen, sondern vielmehr außenpolitische Probleme, die den König Ende 1620 bewogen, erneut ein Parlament wählen zu lassen, das im Januar des folgenden Jahres zusammentrat. Um seine Position in den anstehenden Verhandlungen mit Spanien über die Wiederherstellung des Friedens in Europa zu stärken, brauchte Jakob I. ein Parlament, das zumindest den Eindruck erweckte, es sei bereit, einen Krieg gegen die Habsburger zu finanzieren, und dessen aggressiv antispanische Haltung die Mäßigung des Königs in einem um so günstigeren Licht erscheinen ließ. Es erwies sich allerdings bald, daß die einmal entfesselte antispanische Stimmung sich nur schwer kanalisieren ließ.

Zunächst verliefen die Verhandlungen des Parlamentes noch recht harmonisch, auch wenn der König dem Ärger des Unterhauses über die Monopolprivilegien der vergangenen Jahre seinen Kanzler Bacon, der für die Monopole und andere Unregelmäßigkeiten verantwortlich gemacht und in einem formellen *Impeachment* vor dem Oberhaus angeklagt wurde, zum Opfer bringen mußte. Dies fiel ihm allerdings, wie es scheint, nicht allzu schwer. Kritisch wurde die Situation erst, als das Unterhaus, dessen Mitglieder sich nicht schlüssig waren, welche Ziele der König außenpolitisch wirklich verfolgte, einen Krieg gegen Spanien verlangte und zugleich sein Veto gegen eine mögliche Heirat des Thronfolgers mit einer Katholikin einlegte. Diese Resolution des Parlamentes war von Buckingham nahestehenden Höflingen inspiriert, die glaubten, nur auf diese Weise die Voraussetzungen für größere Steuerbewilligungen zur Finanzierung von Rüstungen schaffen zu können. Wie seine Vorgängerin sah Jakob in der dynastischen Heiratspolitik freilich ein dem Herrscher selbst vorbehaltenes Arkanum und verbot den Abgeordneten die Diskussion dieser und anderer außenpolitischer Fragen, die er eigentlich selbst provoziert hatte.

Das Parlament protestierte gegen die königliche Einschränkung seiner Redefreiheit und wurde daraufhin im Dezember 1621 aufgelöst; die Protestresolution riß der König eigenhändig aus dem offiziellen Register des *House of Commons*. Diese Vorgänge hatten eigentlich gezeigt, daß es außerordentlich riskant war, in Öffentlichkeit und Parlament Kriegsbegeisterung zu provozieren, um dann das Parlament als diplomatisches Instrument gegen Spanien einzusetzen. Dennoch wurde dieses Experiment 1624 wiederholt, vor allem auf Druck des Prinzen von Wales und des Herzogs von Buckingham, die nach ihrer Demütigung in Madrid, wo die Verhandlungen mit Spanien endgültig gescheitert waren (s. o.), nun auf einen Krieg drängten, da sich nur so ihr Ansehen in England und Europa wiederherstellen ließ. Der König war allerdings in letzter Instanz wohl trotz allem entschlossen, eine direkte Konfrontation mit Spanien zu vermeiden. Vor allem aber wollte er sich erst dann auf Kampfhandlungen – welcher Art auch immer – einlassen, wenn das Parlament ihm zuvor blanko alle notwendigen Mittel für einen längeren Krieg zu Lande und zur See zugesagt hatte. Das Parlament andererseits war zu größeren Steuerbewilligungen nur bereit, wenn der König sich zuvor unwiderruflich auf einen Krieg und zwar einen Seekrieg gegen Spanien festlegte. Dieses Dilemma ließ sich während der Parlamentssitzung von 1624 (Februar bis Mai) nicht wirklich lösen. Die vom Parlament schließlich doch bewilligten Mittel, ca. £ 300 000, reichten für einen größeren Krieg keineswegs aus, aber andererseits hatte sich der König auch nicht auf einen offenen Konflikt mit Spanien festlegen lassen. Immerhin war er genötigt worden, seinen jeden Krieg ablehnenden Lordschatzmeister Cranfield fallenzulassen, der, wie drei Jahre zuvor der Kanzler Bacon, in einem parlamentarischen Prozeßverfahren, hinter dem der Thronfolger, der Herzog von Buckingham und die parlamentarische «Kriegspartei» standen, wegen Korruption verurteilt worden war. Der unklare, von beiden Seiten nicht wirklich ehrlich gemeinte finanzielle und politische Kompromiß, mit dem das Parlament von 1624 endete und dessen Genese von der historischen Forschung trotz bedeutender neuerer Arbeiten noch nicht vollständig geklärt worden ist, schuf die Grundlagen für die schweren Verfassungskonflikte, in die sich Karl I. nach 1625 verwickelt sah, kann aber Jakob I. nur zum Teil zur Last gelegt werden.

## VIII. Ende und Bilanz der Regierungszeit

Mit dem ihm 1624 bewilligten Geld finanzierte Jakob I. größere Rüstungsanstrengungen und ein Expeditionskorps, das in die Niederlande geschickt wurde, um von dort in den Krieg in Deutschland einzugreifen, direkte Kämpfe mit spanischen Truppen aber vermeiden sollte. Dieses Unternehmen, das den Bedingungen, an die das Parlament seine Steuerbewilligungen geknüpft hatte, widersprach, endete jedoch in einem Fiasko, da die schlecht ausgerüsteten und noch schlechter bezahlten englischen Truppen nach der Landung in den Niederlanden im Winter 1624–25 zu Tausenden an Unterernährung und Krankheit starben. Jakob I. überlebte diese Katastrophe nicht lange; am 27. März 1625 erlag der König einer Krankheit, die vermutlich als Nierenversagen zu identifizieren ist. Nach einer mehrwöchigen öffentlichen Aufbahrung in einer seiner Londoner Residenzen, Denmark House, wurde der König schließlich am 7. Mai in der Westminsterabtei zur letzten Ruhe gebettet; die Trauerfeier, die unter Beteiligung von Inigo Jones inszeniert worden war, zählte über 9000 offizielle Teilnehmer und kostete ein Vermögen. Der König hinterließ seinem Nachfolger sicherlich innen- wie außenpolitisch ein schwieriges Erbe, aber während seiner eigenen Lebenszeit hatte er es trotz aller finanziellen Probleme, trotz der höfischen Skandale und Intrigen und trotz der zeitweilig erheblichen Konflikte mit starken Kräften im Parlament doch verstanden, meist Herr der politischen Lage zu bleiben. In einer Zeit, als extreme konfessionelle Gegensätze in vielen Staaten und zwischen ihnen nahezu unüberbrückbare Gegensätze schufen, als schwere Wirtschaftskrisen wie besonders um 1620 den Wohlstand und damit auch die soziale Ordnung der europäischen Länder und so auch Englands unterminierten und als neue finanzielle Herausforderungen die traditionelle Steuerverfassung rasch obsolet werden ließen, hatte er seinen Königreichen zumindest den Frieden erhalten, nach außen aber auch im Inneren, denn selbst in Irland, das während der Regierungszeit seiner Vorgängerin im Chaos versunken war, kam es zwischen 1603 und 1625 zu keinem Krieg oder bewaffneten Aufstand. Auch wenn Jakob I. vielleicht kein Salomon war – eine Rolle, in der er sich gerne darstellen ließ und in der ihn auch nach seinem Tode sein letzter Lordkanzler, Bischof Williams, in der offiziellen Leichenpredigt verherrlichte –, ein *rex pacificus*, ein Friedensfürst war er ohne Zweifel, und dies keineswegs nur aus Schwäche, sondern aus Einsicht.

*Peter Wende*

# Karl I.
## 1625–1649

*Karl I., geb. 19. November 1600 in Dumfernline, Schottland; 23. Dezember Taufe und Ernennung zum Herzog von Albany; 16. Januar 1605 Ernennung zum Herzog von York; nach dem Tode seines Bruders Heinrich (6. November 1612) Thronerbe; Prinz von Wales 3. November 1616; König: 27 März 1625; Krönung: 2. Februar 1626; 22. August 1642 Ausbruch des Bürgerkrieges. Am 5. Mai 1645 ergibt sich Karl den Schotten; 20. Januar 1649 Eröffnung des Hochverratsprozesses gegen ‹Charles Stuart› durch das Parlament; am 27. Januar 1649 zum Tode verurteilt; am 30. Januar 1649 hingerichtet. Vater: Jakob I. (VI.) (1566–1625). Mutter: Anna (1574–1619), Tochter Friedrichs II. von Dänemark; Geschwister: Heinrich Friedrich (1594–1612); Elisabeth (1596– 1662), Gemahlin des Kurfürsten Friedrich von der Pfalz; vier weitere früh verstorbene Geschwister; Eheschließung: am 23. April 1625 mit Henrietta Maria von Frankreich, Schwester Ludwigs XIII., (1609–1669); Kinder: Karl, später Karl II. von England (1630–1685); Maria (1631–1660), Gemahlin Wilhelms II. v. Oranien; Jakob (1633–1701), später Jakob II. von England; Henriette–Anne (1644–1670), sowie ein weiterer Sohn und eine Tochter.*

Unter bestimmten Voraussetzungen «machen Männer Geschichte», in der Regel dann, wenn zur rechten Zeit der rechte Mann am rechten historischen Ort das Rechte tut. Nicht selten wird ihm dann von der Nachwelt der Beiname «der Große» zuerkannt, wie als einzigem unter den englischen Monarchen Alfred von Wessex (871–899). Darüber sollte jedoch nicht vergessen werden, daß vielleicht ebenso häufig nicht durch den Erfolg, sondern durch das Scheitern eines einzelnen der Gang der Dinge entscheidend bestimmt wurde. In diesem Sinne hat Karl I. von England die Geschichte der englischen Monarchie so nachhaltig beeinflußt wie kein zweiter Herrscher vor ihm oder nach ihm. Und dies dadurch, daß sein Leben und seine Herrschaft auf dem Schafott endeten und damit zugleich die bislang einzige Phase eines republikanischen Regiments in der englischen Geschichte eingeleitet wurde. Die Geschichte Karls kann daher nur von diesem Ende her erzählt werden, d. h. indem nach den Ursachen der Katastrophe dieses Königs gefragt wird.

Diese lagen – und darin sind sich die Historiker heutzutage weitgehend einig – zu einem beträchtlichen Maß in der Person Karls. Denn als dieser 1625 nach dem Tode seines Vaters Jakob I. den englischen Thron bestieg, konnte von einer Krise des Staates beziehungsweise dessen monarchischer Verfaßtheit nicht die Rede sein. Im Gegenteil: Erstmals wieder seit dem Ende Heinrichs VIII. implizierte der Erbgang keine politischen Probleme, da ein volljähriger männlicher Erbe dem Vater folgte; für die klassische Krise der mittelalterlichen und frühneuzeitlichen Monarchie, eine strittige Thronfolge, fehlten sämtliche Voraussetzungen. Darüber hinaus kennzeichneten ökonomische und politische Stabilität die allgemeine Situation der englischen Monarchie. Die große Versorgungskrise des 16. Jahrhunderts, die sogenannte «Preisrevolution», hervorgerufen durch ein wachsendes Mißverhältnis von stagnierender Agrarproduktion und steigender Bevölkerungszahl, begann sich zu Beginn des Jahrhunderts abzuschwächen. Vor allem aber blieb England während der ersten Jahrzehnte des Jahrhunderts von Kriegsfolgen aller Art verschont, und dies in einer Epoche, in der das übrige Europa zum Schauplatz ständiger, z. T. verheerender militärischer Auseinandersetzungen geworden war. Damit verglichen erfreute sich England der Vorzüge der Insellage, es geriet nicht in den Strudel des Dreißigjährigen Krieges. Jene Kriege, die es tatsächlich in den 20er Jahren gegen Spanien und Frankreich führte, blieben begrenzte Unternehmungen, die zwar die Staatsfinanzen, jedoch nicht das Land in Mitleidenschaft zogen. Die Geschichte Karls I. – und das heißt zugleich, Englands Weg in den Bürgerkrieg nachzuzeichnen – ist somit die Geschichte einer ‹hausgemachten›, einer inneren Krise der englischen Monarchie, zu deren Entfaltung Persönlichkeit und Handeln des Monarchen in erheblichem Maße beitrugen.

Inwieweit die Eindrücke und Erfahrungen der Kindheit die Person dieses Herrschers maßgeblich formten, läßt sich nur schwer bestimmen. Da es keineswegs unüblich war, wenn das königliche Kind fern von Mutter und Vater in der Obhut von Pflegeeltern aufwuchs, sollten aus dergleichen Tatsachen keine allzu weitreichenden Schlüsse gezogen werden. Doch Karl war, allen zeitgenössischen Berichten zufolge, ein ungewöhnlich schwächliches Kind, das erst mit drei Jahren anfing zu sprechen und sich anfangs nur mit eisernen Gehhilfen fortzubewegen imstande war. Zudem stand es ganz im Schatten der älteren Geschwister: der geliebten Schwester Elisabeth und des bewunderten Bruders Heinrich. Als dieser 1612 achtzehnjährig starb und Elisabeth an den Kurfürsten Friedrich von der Pfalz verheiratet wurde, führte der nunmehrige Thronfolger weiterhin ein eher isoliertes Leben am Rande eines Hofes, dessen derber Stil den jungen Prinzen ohnehin mit Abscheu erfüllte. Doch dies änderte sich, als Karl in den Bannkreis des Herzogs von Buckingham geriet und in diesem seine neue Bezugsperson fand. Der elegante und gewandte junge Adlige Georg Villiers war als Favorit des Königs zum einflußreichen Höfling aufgestiegen, der, von seinem Gönner 1623 zum Herzog von Buckingham erhoben, einen erheblichen Teil der königlichen Macht verwaltete. Er verstand es darüber hinaus, bald auch gleichermaßen in der Gunst des Thronfolgers zu stehen, ohne daß

Karl I. (1625–1649)

allerdings diese Beziehung jene homoerotischen Züge aufwies wie die zwischen dem Herzog und Karls Vater. Die enge Beziehung zum Herzog öffnete dem Kronprinzen den Weg in die Politik, die allerdings in dem Maße, in dem sie nicht mehr durch den alternden König Jakob, sondern durch den Günstling und dessen willigen Schüler Karl bestimmt wurde, nicht aus der nüchternen Analyse von Staatsinteressen hervorging, vielmehr eher Reflex persönlicher Neigungen war. Die englische Außenpolitik der 20er Jahre bezeugt dies aufs eindrücklichste.

Von dem Ausbruch des Dreißigjährigen Krieges war das englische Herrscherhaus insofern betroffen, als der Schwiegersohn und Schwager, Kurfürst Friedrich von der Pfalz, dessen erstes prominentes Opfer war. Als Haupt der protestantischen Fraktion im Reich von den aufständischen böhmischen Ständen zum König erhoben und bald darauf in der Schlacht am Weißen Berge vernichtend geschlagen, verlor der Pfälzer Land und Herrschaft und sah sich fortan gezwungen, als Flüchtling von Holland aus für Unterstützung seiner Sache zu werben. Die seit der Reformation und besonders seit Elisabeth vorherrschende antispanische und antikatholische Ausrichtung der englischen Politik hätte, verstärkt noch durch die königlichen Familienbande, ein militärisches Engagement Englands zugunsten Friedrichs erwarten lassen. Doch König Jakob hatte von Anbeginn seiner Regierung auf einen Ausgleich mit Spanien hingearbeitet mit dem Ziel, England als gleichberechtigten Partner in den Kreis der europäischen Großmächte einzuführen und so auf dem Wege der friedlichen Vermittlung die Wiederherstellung der Pfalz zu erreichen. Im Stile der Zeit sollte eine Allianz mit Spanien durch die Ehe des Thronfolgers mit der Schwester des spanischen Königs besiegelt werden, sehr zum Mißfallen von Jakobs Untertanen, die in ihrem Parlament dagegen aufs schärfste protestierten. Auf der anderen Seite befürworteten Buckingham und somit auch Karl nicht nur diesen Plan, sie drangen darauf, ihn um jeden Preis zu verwirklichen. Der Prinz hatte sich in ein Porträt der spanischen Prinzessin verliebt und beschloß, sie zu erobern. Am 17. Februar brachen er und der Herzog ohne Wissen des Königs mit Pistolen bewaffnet und mit falschen Bärten maskiert nach Madrid auf. Was als romantische Brautfahrt gedacht war, geriet zum skurril-tolpatschigen Unternehmen vor dem Hintergrund eines elaborierten Hofzeremoniells. Schließlich entdeckten die enttäuschten Freier, daß die spanische Politik der Stuarts auf Illusionen gegründet war, die Differenzen der Interessen unüberbrückbar blieben und selbst weitgehende Zugeständnisse Spanien niemals bewegen würden, sich für eine Restituierung der Pfalz einzusetzen.

Nach England zurückgekehrt, setzten Karl und Buckingham ihre Enttäuschung in Politik um und zwangen den todkranken König geradezu zum Krieg gegen Spanien, und nun wurde beim klassischen Gegner der Habsburger, in Frankreich, die Braut gefunden, die Karl zunächst in

Madrid gesucht hatte. 1625, kurz nach der Thronbesteigung, schloß der junge König die Ehe mit Henrietta Maria, der Schwester Ludwigs XIII. von Frankreich. Zwei Jahre später befand er sich jedoch auch mit Frankreich im Krieg, d. h. Buckingham und Karl hatten, gegen jede politische Vernunft handelnd, statt den spanisch-französischen Gegensatz im eigenen Interesse zu nutzen, nun beide katholischen Großmächte zum Gegner.

Diese Aktion gegen Frankreich war die letzte verzweifelte Reaktion auf zahlreiche Niederlagen und Demütigungen, welche die überlegene Diplomatie Richelieus seinen englischen Partnern zugefügt hatte, waren doch sogar englische Schiffe von den Franzosen gegen Hugenotten, d. h. protestantische Glaubensgenossen der Engländer, in Dienst genommen worden. Allerdings spielten auch hier persönliche Motive, vor allem Buckinghams Haß auf Richelieu, abermals eine nicht zu unterschätzende Rolle. Und schließlich steigerte das klägliche Scheitern sämtlicher militärischer Unternehmungen die negativen Auswirkungen solch chaotischer Außenpolitik beträchtlich, die auch dadurch nicht wesentlich gemildert werden konnten, daß Karl, nachdem Buckingham 1628 einem Attentat zum Opfer gefallen war, 1630 rasch nach allen Seiten hin Frieden schloß.

Die Anfänge der Herrschaft Karls I. standen somit unter keinem glücklichen Stern, denn Folgen zeitigte die chaotische Außenpolitik besonders in jenem zentralen Bereich der Innenpolitik, wo es um den Ausgleich der Interessen von Parlament und Krone ging. Nicht ohne Grund ließ der Zeitgenosse Clarendon seine Geschichte des englischen Bürgerkriegs, der ein Krieg zwischen Parlament und Krone war, mit der Thronbesteigung Karls im Jahre 1625 beginnen.

Die Stärke und Schwäche der englischen Monarchie der Frühen Neuzeit beruhte seit der Regierung Heinrichs VIII. auf Konsens und Kooperation der politischen Nation, d.h. der keineswegs nur adligen Führungsschicht des Landes, wie sie im Parlament vertreten war. Hier suchte und fand in der Regel der Herrscher Rat und Unterstützung für seine Politik in der Form der Mitwirkung des Parlaments an der Gesetzgebung und durch dessen Steuerbewilligungen. Wenn zeitgenössische Juristen die Souveränität des englischen Staates beim *King in Parliament* verankert sahen, verwies dies allerdings nicht auf das Zusammenwirken zweier gleichberechtigter Kräfte, sondern betonte vor allem die Aufgabe des Parlaments, als Vertretungskörperschaft der Nation den Willen der Krone zur Geltung zu bringen und zu verstärken.

In einer Epoche der europäischen Geschichte, die wesentlich durch den Auf- und Ausbau des modernen Staates geprägt war, wobei die Ausdehnung, Zentralisierung und Rationalisierung öffentlicher Gewalt in der Regel durch die Steigerung monarchischer Machtfülle bewirkt wurde, war dieses ohnehin komplexe Verhältnis zwischen Krone und

Parlament in England besonderen Belastungen ausgesetzt. Besonderen Konfliktstoff bot der wachsende Finanzbedarf des Staates, der nicht mehr durch die ordentlichen Einkünfte der Krone, die ihr aus Grundbesitz und bestimmten Privilegien zuflossen, gedeckt werden konnte, sondern nur noch mit Hilfe außerordentlicher Einnahmen – und dies waren damals in erster Linie Steuern, die in England jeweils durch das Unterhaus bewilligt werden mußten. Vor allem miltärische Unternehmungen konnten nur noch auf diesem Wege finanziert werden, denn neue Entwicklung und Techniken im Bereich des Kriegswesens hatten hier die Kosten spektakulär ansteigen lassen. Damit waren nun die allgemeinen Voraussetzungen geschaffen, unter denen die außenpolitischen Zielsetzungen und die daraus resultierenden militärischen Eskapaden Karls und Buckinghams in die innere Krise des englischen Staates münden konnten.

Zwischen dem 27. März 1625, dem Tag, an dem sein Vater starb und Karl ihm auf dem Thron nachfolgte, und dem 2. März 1629, an dem das sogenannte «persönliche Regiment» Karls begann, hatte er insgesamt vier Parlamente einberufen, doch keines hatte ihm ausreichende Gelder zur Finanzierung seiner Kriege bewilligt. Statt der oftmals beschworenen Eintracht bestimmte das Verhältnis zwischen Krone und Parlament eine Serie von Zwistigkeiten, die aus der Rückschau leicht als Etappen eines eskalierenden Grundsatzkonfliktes interpretiert werden können. Dabei hatten die Parlamentsabgeordneten wie überhaupt die Londoner Öffentlichkeit Karl noch begeistert gefeiert, als dieser 1624, nach seinem gescheiterten Madrider Abenteuer, zurückgelehrt war. Erleichtert darüber, daß der Thronfolger glücklich den Machenschaften des spanischen Erbfeindes entronnen war, unterstützte man willig die politische Kehrtwendung hin zum Krieg gegen Spanien. Doch bereits kurz darauf zeigten sich erste Differenzen. Während Karl und Buckingham zwar auch auf Vergeltung für erlittene Schmach drangen, in erster Linie jedoch das Ziel verfolgten, Habsburg zur Rückgabe der Pfalz zu zwingen, dachten die Parlamentsabgeordneten eher an die Wiederaufnahme der glorreichen Tradition des elisabethanischen Seekriegs gegen Spanien, d. h. an maritime Unternehmungen und reiche Beute. Desgleichen bestanden später keine grundsätzlichen Einwände gegen die Allianz mit Frankreich, wohl aber dagegen, daß Richelieu englische Schiffe gegen protestantische Glaubensgenossen, nämlich die Hugenotten, einzusetzen versuchte. Die Folge solcher Differenzen waren unzureichende Steuerbewilligungen sowie Versuche, diese Gelder einer ausdrücklichen, sogar vom Parlament kontrollierten Zweckbindung zu unterwerfen, gegen die sich der König zu Recht verwahrte, da seit jeher die Gestaltung der Außenpolitik in die ausschließliche Kompetenz der Krone fiel. Zugleich versuchten die Parlamente direkt in den Bereich der königlichen Regierung einzugreifen, indem sie Buckingham, dem die Verantwortung für das klägliche Scheitern militärischer Expeditionen gegen Cadiz und La Rochelle angelastet wurde, durch ein sogenanntes Impeachment-Verfahren, d.h. Anklage vor dem Oberhaus wegen schwerwiegender Verbrechen, zu stürzen versuchten; mit dem Ergebnis, daß der König stets eilig das Parlament auflöste, um seinen Günstling vor einer sicheren Verurteilung zu bewahren.

Für das englische Parlament besaßen diese Auseinandersetzungen eine zusätzliche Dimension dadurch, daß Außenpolitik im Zeitalter von Reformation und Gegenreformation auch stets Religions- und damit Innenpolitik war. Sowohl die spanischen Heiratspläne als auch die Eheschließung mit Henrietta Maria mußten jeweils als Ausdruck einer Allianz mit einer katholischen Großmacht gewertet werden, zumal die aus solchem Anlaß geschlossenen Eheverträge stets Erleichterungen für die dem Buchstaben des Gesetzes nach als Staatsfeinde zu betrachtenden einheimischen Katholiken vorsahen. Hinzu kam die Kirchenpolitik des jungen Herrschers, der offenkundig dem sogenannten Arminianismus zuneigte. Dieser lehnte die strenge calvinistische Prädestinationslehre ab, welche bislang offiziell die Grundlage des Bekenntnisses der englischen Staatskirche bildete. Statt dessen verkündeten die Anhänger dieser neuen Richtung die Universalität der göttlichen Gnade, die dem mit freiem Willen ausgestatteten Menschen durch dessen Werke, sein Tun und Lassen stets zugänglich bleibe. Darüber hinaus näherten die Arminianer die liturgischen Formen des Gottesdienstes wieder stärker an katholische Traditionen an. Als Karls Präferenz für diese, dem radikalen Calvinismus der sogenannten Puritaner entgegengesetzte Glaubensrichtung offenkundig wurde, sahen hier viele einen Zusammenhang mit dessen Außenpolitik und werteten so die Kirchenpolitik des Königs als weiteres Indiz für eine erfolgreiche Strategie der England seit Philipp II. bedrohenden Gegenreformation. Diese großangelegte Offensive der ‹Papisten›, wie man in England zu sagen pflegte, bedrohte im Urteil der Zeitgenossen nicht nur die anglikanische protestantische Kirche, sondern auch den Kern der überlieferten Verfassung. Denn in den meisten europäischen Staaten ging die Gegenreformation mit dem Ausbau königlicher und dem Abbau ständischer Gewalt einher. Und so sahen viele im König das Opfer oder gar den Agenten einer papistischen Verschwörung, die sich die Eroberung der letzten Bastion der Freiheit und des Protestantismus zum Ziel gesetzt hatte.

Unter dergleichen Voraussetzungen, und angesichts solcher Voreinstellungen gerieten die zahlreichen Gegensätze und Kontroversen zwischen dem Herrscher und der überwiegenden Mehrheit der Parlamentsabgeordneten dann zum Grundsatzkonflikt, der im Jahre 1628 in der *Petition of Right*, einem der großen Fundamentalgesetze der englischen Verfassung, seinen geschichtsmächtigen Niederschlag fand. Hierin wird der König aufgefordert, künftig keine Gelder mehr ohne Zustimmung des Parlaments von seinen Untertanen zu erheben, keine Soldaten mehr bei Privatleuten einzuquartieren, im Lande das Kriegsrecht nicht mehr anzuwenden sowie niemanden ohne Rechtsgrund in Gewahrsam zu nehmen. Indem man somit Karl auffordert, sämtlichen Maßnahmen abzuschwören, auf die er in seiner Notlage zurückgegriffen hatte, steht hinter diesen Aufforderungen der allgemeine Grundsatz der Bindung der königlichen Gewalt an das Recht beziehungsweise an den Konsens der politischen Nation. Karl unterzeichnete zwar dieses Dokument, doch mit dem unausgesprochenen festen Vorbehalt, an dessen Inhalt nur gemäß dem eigenen Ermessen gebunden zu sein. Basierte doch all sein Handeln auf der unverrückbaren Grundüberzeugung, als von Gott eingesetzter Herrscher nur diesem gegenüber verantwortlich und damit in seinen politischen Entscheidungen und Handlungen frei zu sein. Von daher schloß er auf die unbedingte Pflicht des Parlaments zur Kooperation als letztlich einer dem Herrscher zum Gehorsam verpflichteten Institution. So mündeten schließlich unterschiedliche Interpretationen einer von allen immer wieder beschworenen ungeschriebenen sakrosankten Verfassung in eine Spirale gegenseitigen Mißtrauens, die schließlich in die Willenserklärung des Königs vom März 1629 gipfelte, fortan ohne Parlamente regieren zu wollen, es sei denn, diese würden ausdrücklich künftig auf jede Form der Opposition beziehungsweise Obstruktion verzichten.

Diese folgenschwere Zuspitzung des Konflikts war zum erheblichen Teil in der Person des Königs, seinem Charakter und dem daraus fließenden Handeln begründet. Dabei mag man darüber spekulieren, inwieweit seine Schroffheit und Unnahbarkeit, sein Starrsinn, seine hochgradige Sensibilität gegenüber allen auch nur möglichen Einschränkungen oder Herabsetzungen seiner königlichen Würde letztlich auf Kompensierung der Erfahrungen seiner frühen Jahre basieren, in denen er als partiell zurückgebliebenes, gehemmtes Kind mehr oder weniger einsam aufwuchs. In jedem Falle ist sicher, daß Karl zeit seines Lebens eine engere persönliche und vertrauensvolle Beziehung nur zu Buckingham und – bezeichnenderweise erst nach dessen Ermordung – zu seiner Frau Henrietta Maria entwickelte. Seine Schweigsamkeit, seine mangelnde Bereitschaft oder gar seine Unfähigkeit, sich mitzuteilen, mag darüber hinaus auf einen durch häufiges Stottern gehemmten Sprachduktus zurückzuführen sein; in jedem Falle waren die politischen Auswirkungen beträchtlich. Während sein Vater jederzeit bereit war zu argumentieren, immer wieder die Grundsätze seiner Politik in Reden dem Parlament gegenüber darlegte, galt Karl, nicht nur in den Augen des venezianischen Botschafters, als ein Herrscher, der wenig Worte verliert. Selbst in der Krisensituation des Jahres 1640, als nach elf Jahren erstmals wieder ein Parlament einberufen wurde, um dem König die nötige Unterstützung im Krieg gegen die aufständischen Schotten zu gewähren, leitete Karl seinen Appell mit dem Satz ein: «Wie es meine Art ist, will ich Euch nicht mit langen Worten behelligen». Doch abgesehen von möglicherweise psychologisch erklärbaren Ursachen war solches Verhalten zugleich unmittelbarer Ausdruck von Karls Amtsauffassung, die man in die Formel pressen könnte: ‹Der König herrscht, aber er diskutiert nicht›. So wie er das Verhältnis von König und Parlament verstand, bedurfte es lediglich der knappen Offenbarung des königlichen Willens, dem dann die in beiden Häusern versammelten Vertreter seiner Untertanen zu folgen hatten. Persönliche Schroffheit und Unverbindlichkeit gerieten so zur politischen Demonstration. Karls politisches Dilemma bestand darin, daß er stets König aber kein Politiker war. Und von daher beantwortet sich auch die Frage, inwiefern Karls Politik als Ausdruck einer monarchischen Offensive im Sinne des Absolutismus gewertet werden kann.

Was gemeinhin von der Geschichtswissenschaft als monarchischer Absolutismus bezeichnet wird, charakterisiert eine spezifische Form und Phase der politischen Modernisierung durch den Ausbau des Staates auf dem Wege über die Konzentration politischer Gewalt in der Kompetenz des Herrschers. Eine solche Politik bedarf eines Konzeptes, einer Strategie sowie Konsequenz in der politischen Durchsetzung. An allem mangelte es Karl, der darüber hinaus keinen Staatsmann in seinen Diensten hatte, der solches Defizit hätte ausgleichen können; Buckingham war kein Richelieu, Lord Strafford, sein wichtigster Ratgeber in den Jahren der akuten Krise 1639/40, ließ sich nicht mit Mazarin vergleichen, der für den minderjährigen Ludwig XIV. von Frankreich die Geschäfte führte. Andererseits interpretierten Zeitgenossen Karls Politik als absolutistische Offensive. Dies gilt besonders für die Jahre nach 1629, die Jahre der parlamentslosen königlichen Regierung. Was Karl lediglich als Unterbrechung in einer auch in die Zukunft reichenden Traditionslinie verstand, deuteten Zeitgenossen als Ausdruck der Absicht, die Staats- und Kirchenverfassung von Grund auf zu ändern.

Dementsprechend bezeichneten liberale Historiker im nachhinein die elf Jahre persönlichen Regiments als Episode der Tyrannei. Tatsächlich verpflichtete die überlieferte Verfassung die Krone keineswegs auf regelmäßige Einberufung eines Parlaments, strittig blieb lediglich, inwiefern der Herrscher in bestimmten Bereichen, wie z. B. der Steuererhebung, ohne Zustimmung des Parlaments tätig werden konnte. Wenn vor allem auf diesem Felde Karl in den folgenden Jahren tatsächlich gegen die überlieferte Verfassungspraxis verstieß, wobei es ihm gelang, den öffentlichen Finanzbedarf zu einem gewissen Maß unabhängig von parlamentarischer Mitwirkung zu decken, so geschah dies bezeichnenderweise stets in dem Bemühen, jede Innovation zu vermeiden, statt dessen, wenn nötig, hierbei eher an alte Rechte und Verfahren anzuknüpfen. So wurden z. B. mitttelalterliche Privilegien gewinnträchtig wiederbelebt, wie etwa das Recht des Königs, als Vormund sämtlicher adliger Waisen zu handeln oder jene mit Geldstrafen zu belegen, die es versäumt hatten, trotz entsprechender Voraussetzungen, sich in den Ritterstand erheben zu lassen. Und selbst das umstrittene Schiffsgeld, von vielen als neue, ungesetzliche Steuer attackiert, war letztlich nur die Ausweitung eines alten Rechts, gegebenenfalls die Hafenstädte zur Verteidigung des Landes heranzuziehen. Die Jahre des persönlichen Regiments leiteten keine Ära des staatlichen Umbaus ein, sondern die Politik beschränkte sich auf ein System von Aushilfen, um die Lücken zu füllen, welche durch den Fortfall des Parlaments entstanden waren. Hierbei spielte der Hof des Herrschers eine besondere Rolle; ohnehin von alters her Brennpunkt königlicher Herrschaft, fungierte er nun als das alleinige Zentrum der Macht.

Im Gegensatz zum Parlament fand Karl im Hof die geeignete Bühne, auf der er die Rolle des Herrschers seinen Vorstellungen entsprechend ausgestalten und spielen konnte, denn hier war er selbst nicht nur Hauptdarsteller, sondern zugleich Produzent und Regisseur. Sogleich nach der Thronbesteigung ging er daran, den Augiasstall, den sein Vater ihm hinterlassen hatte, zu säubern. Die Gaukler und Narren, die Schauspieler, Säufer und Lustknaben wurden aus dem Palast vertrieben; eine der ersten Reformen war die Einführung eines strengen Hofzeremoniells, vorwiegend orientiert am spanischen Vorbild, welches den jungen Prinzen so nachhaltig beeindruckt hatte. Ordnung und Hierarchie bestimmten fortan das Hofleben, der Zugang zum König war genauestens geregelt. Doch nicht nur Anstand und Dekorum zeichneten Whitehall vor den meisten Höfen des übrigen Europa aus, sondern zugleich von erlesenem Geschmack geleitete Prachtentfaltung. Besonders was die Malerei betraf, war Karl Kenner, Sammler und Mäzen. Van Dyck beschäftigte er als Hofmaler, er konnte Stunden in einem Atelier verbringen und dem Maler bei seiner Arbeit zuschauen. Als gerade Zwanzigjähriger sandte er ein bei Rubens in Auftrag gegebenes Gemälde zurück mit dem Hinweis, dies sei wohl ein Werk seiner Schüler, und der Meister beeilte sich sogleich, höchsteigenhändig für Ersatz zu sorgen. In Kenntnis dieser Kunstbesessenheit des englischen Monarchen ließ Philipp IV. von Spanien 1629 die Friedensverhandlungen mit England durch eben jenen Rubens als Gesandten führen – mit durchschlagendem Erfolg. Und sieben Jahre später schmückte Rubens die Decke des Bankettsaals zu Whitehall mit einem kolossalen prachtvollen Gemälde, für das ihm ein stattliches Honorar von 3000 Pfund gewährt wurde. 1638 zählte die Gemäldesammlung des Königs, die nach dem Urteil von Zeitgenossen ihresgleichen in Europa nicht fand, insgesamt 1760 Bilder, darunter Werke von Raphael, Tizian, Mantegna und Correggio. Als später, während der Revolution, die Republik den größten Teil der Sammlung veräußerte und nur die erlesensten Stücke im Staatsbesitz behielt, brachten die Gemälde 31913 und die Skulpturen 17990 Pfund ein (zum Vergleich: 1625 bewilligte Karls erstes Parlament Steuern in der Höhe von 160000 Pfund). Daneben wurde am Hof vor allem das Theater gepflegt und besonders das Maskenspiel, eine Mischung aus Oper, Ballett und Drama, aufwendig inszenierte, einmalige Aufführungen für die geschlossene Gesellschaft des Hofes, wobei in der Regel das Spiel in einer Apotheose des Herrschers gipfelte, der wie sein Hofstaat schließlich in die Aufführung einbezogen wurde. Wenn dabei Realität und Schein verschmolzen, so entsprach dies Karls Vorstellung von der Rolle des Monarchen, die sich zwar nicht im Ritual erschöpfte, die jedoch in symbolischen Handlungen ihren essentiellen Ausdruck fand, wie z.B. im Zeremoniell der Krönung, die für ihn das Sakrament seiner Herrschaft war.

Wenn Karl somit bemüht war, seine Idee der Königsherrschaft am Hofe zu realisieren, hier alles und alle nach seinem Willen auszurichten, so darf darüber nicht vergessen werden, daß, was auf den ersten Blick als Flucht in eine Scheinwelt erscheinen mag, zugleich eminente politische Konsequenzen beinhaltete. Denn spätestens seit den Tudors funktionierte der Hof als wichtigste Vermittlungsinstanz zwischen Herrscher und politischer Nation, als Börse von Machtinteressen und Karrieren durch den Kontakt, der hier zwischen dem König und den Spitzen der Gesellschaft gepflegt wurde. Hier wurde um königliche Gunst und Gnade, um einflußreiche Ämter und ergiebige Pfründen gerungen. In diesem Spiel um Macht und Einfluß gab es Allianzen und Gegnerschaften und letztendlich Gewinner und Verlierer. Dabei hatte in der Vergangenheit gegolten, daß Interessen beziehungsweise ‹Parteien›, die bei Hofe nicht zur Geltung kamen, im Parlament zumindest die Chance erhielten, ihre Ansprüche zu artikulieren. In der parlamentslosen Zeit bestand für den bei Hofe Unterlegenen diese Alternative nicht. Hinzu kam, daß Karl, im Gegensatz etwa zu seiner Vorgängerin Elisabeth, an seinem Hofe seine Gunst einseitig verteilte, d.h. nicht vermittelnd über den Parteien zu stehen versuchte, sondern selbst Partei wurde, indem er die Partei seines Günstlings beziehungsweise der Arminianer usw. ergriff. In dem gerade für die englische Monarchie so bedeutsamen komplexen Prozeß der Interessenvermittlung fiel somit nicht nur das Parlament aus, sondern auch der Hof konnte seine politische Funktion nur noch unvollkommen erfüllen. Die Folge war, daß Enttäuschungen, Unzufriedenheit und Mißtrauen sich aufstauten, ohne zunächst ein Ventil zu finden, um dann um so heftiger artikuliert zu werden. Auch dies war Karls Werk; auch hier lassen sich die politischen Folgen persönlicher Idiosynkrasien registrieren.

Die Auswirkungen eines solchen «persönlichen» Regiments verdeutlicht z.B. die Rolle, welche die Königin in diesem Umfeld spielte. Die Ehe mit Henrietta Maria war, wie üblich, aus politischen Erwägungen geschlossen worden, und bezeichnenderweise entwickelte der König erst nach dem Tode Buckinghams eine tiefempfundene Beziehung zu seiner Gemahlin, die damit zur einzigen Person seines uneingeschränkten Vertrauens wurde. Karl war von nun an vorbildlicher Ehemann und Familienvater – seit 1629 wurden ihm sechs Kinder geboren, die das Säuglingsalter überlebten, das letzte, eine Tochter namens Henriette, am 14. Juni 1644, auf der Flucht nach Frankreich. In spürbarem Maße vermischten sich in diesem Verhältnis für Karl emotionale und politische Abhängigkeit. D. h. bei Hofe bildete die Königin samt ihrem katholischen Anhang eine eigene und schon bald äußerst einflußreiche Partei, so daß der Eindruck sich verstärken mußte, daß hier im Zentrum des Staates mit Unterstützung des Königs der Gegenreformation Tür und Tor geöffnet würden.

Elf Jahre lang regierte Karl, ohne ein Parlament einzuberufen; erfolgreich, wie es schien, denn die Staatsfinanzen brachen trotz der immensen Kosten einer aufwendigen Hofhaltung nicht zusammen, und die Untertanen rebellierten nicht, obwohl der König die in der *Petition of Right* niedergelegten Rechtsgrundsätze mehrmals gebrochen hatte. Dennoch täuscht der Eindruck von der Stabilität der Herrschaft auf der Basis des persönlichen Regiments. In Wahrheit war die Krise des Staates nur verdeckt und brach offen hervor, sobald der Herrscher sich veranlaßt sah, zu den Waffen zu greifen. Gemessen an den Realitäten des 17. Jahrhunderts waren die Jahre der parlamentslosen Herrschaft die Ausnahme insofern, als es Jahre des Friedens waren in einer Epoche, in der der Krieg die Regel bildete. Und diese Regel wurde für England wieder in Kraft gesetzt im Jahre 1639, und abermals war es König Karl, der durch seine persönlichen Entscheidungen der Krise zum Ausbruch verhalf.

Den unmittelbaren Anlaß für den Bürgerkrieg und die daraus folgende Katastrophe der englischen Monarchie lieferte die Religionspolitik des Königs unter den besonderen Umständen des vereinigten Königreiches, d. h. der Tatsache, daß Karl als König auch über Schottland und Irland herrschte.

Konfessionelle Konformität galt im Zeitalter von Reformation und Gegenreformation als unabdingbare Voraussetzung innerstaatlicher Stabilität. Angesichts der zentralen Rolle, welche die Kirche in der Frühen Neuzeit wahrnahm als diejenige Institution, die unmittelbarer noch als der Staat mit dessen Untertanen in direkten Kontakt trat, galt die Maxime ‹cuius regio, eius religio› in der Ära der Religionskriege als Fundamentalgesetz praktischer Politik. Damit stand Karl I. als König von England, Schottland und Irland vor einer schwierigen Aufgabe, denn die Reformation hatte in den drei Ländern seiner Herrschaft unterschiedliche Folgen gezeitigt. In England gründete die anglikanische Staatskirche mit ihrer hierarchischen Bischofsverfassung auf einem gemäßigten Calvinismus, besonders seit sie unter ihrem Erzbischof Laud sich zunehmend der arminianischen Richtung zuwandte und damit die wachsende Kritik radikalerer einheimischer Calvinisten, der sogenannten Puritaner, herausforderte. Demgegenüber besaß die schottische Kirche als Produkt einer Reformation ‹von unten› eine Synodalverfassung, und ihre Geistlichen verkündeten die strikte Version der calvinistischen Lehre. In Irland hing der überwiegende Teil des Volkes weiterhin der römisch-katholischen Lehre an. Wenn Karl nun unter diesen Voraussetzungen das Ziel der konfessionellen Vereinheitlichung verfolgte, geschah dies weniger aus religiöser Überzeugung, noch in Verfolgung eines großangelegten strategischen Konzepts, sondern war Ausdruck einer allgemeinen, umfassenden Vorstellung von der gottgewollten hierarchischen Ordnung der Dinge, wie er sie besonders in der Verfassung und der Lehre des Anglikanismus verkörpert sah.

Und so ordnete Karl Ende Juli 1637 die Einführung des neu erarbeiteten anglikanischen *Prayer Book* und damit des anglikanischen Ritus für die schottische Kirche an und unternahm erste Schritte zur konsequenten Wiedereinführung der Bischofsverfassung. Dies alles geschah in der gewohnten autokratischen Manier und provozierte den energischen Widerstand der Schotten, die ihre konfessionelle und damit zugleich ihre nationale Tradition und Identität bedroht sahen. Im nationalen Schwurbund des sogenannten *Covenants* schlossen sich Adel und Kirche gegen Karl in einem Akt offener Empörung zusammen. Damit waren die Fronten geklärt, und jede Seite sah sich in ihren Vorurteilen bestätigt; die Schotten und englischen Puritaner in ihrer Furcht vor der papistischen Offensive, der König in seinem Glauben an die subversiven Tendenzen des entschiedenen Calvinismus.

Aus diesen unüberbrückbaren Gegensätzen erwuchs schließlich der Bürgerkrieg. Um die aufständischen Schotten zur Raison zu bringen, mußte Karl Parlamente einberufen. Diese wiederum wollten sich nicht in den Dienst einer Politik stellen, welche die Macht des Königs stärkte und entsprechend die eigene Position gefährdete. Statt ohne Wenn und Aber Gelder zu bewilligen, verlangte das Parlament Garantien für die eigene Sicherheit. Da Karl zunächst über keinen nennenswerten Anhang verfügte, mußte er nicht nur vor den Schotten kapitulieren, sondern sah sich zudem gezwungen, wesentlichen Beschneidungen seiner königlichen Rechte, schließlich sogar der Hinrichtung seines wichtigsten Ratgebers, des Earl of Strafford, zuzustimmen. Als dann schließlich das Parlament angesichts eines blutigen Aufstands der katholischen Iren den Anspruch auf die Kontrolle des militärischen Oberbefehls erhob, war die Machtfrage gestellt, die nur noch durch Waffengewalt entschieden werden konnte. Und nachdem Karl bei dem für sein rasches, ungestümes und unüberlegtes Vorgehen typischen Versuch, die politischen

Häupter der Opposition aus dem Parlament heraus zu verhaften, spektakulär gescheitert war, verließ er das aufrührerische London, in das er erst als Gefangener zurückkehren sollte. Am 12. August pflanzte er in einer für ihn charakteristischen Symbolhandlung die königliche Standarte auf einem Hügel bei Nottingham auf, bei strömendem Regen, der dem Herold die Schrift der Proklamation verwischte, die sein Herrscher ihm zu verlesen befohlen hatte, und kaum hatten die versammelten Soldaten pflichtgemäß ihr «Gott schütze den König» ausgerufen, wehte der Sturm das Banner in den Schlamm.

Die Chancen für einen militärischen Sieg des Königs standen zunächst nicht schlecht. Inzwischen war ihm eine Partei zugewachsen, vor allem als Reaktion auf Forderungen und Handlungen des Parlaments, die mit der überlieferten Verfassung nicht mehr zu vereinbaren war. Wenn am Ende, nach knapp drei Jahren, dennoch die Armee des Parlaments triumphierte, so war dies abermals zum nicht unerheblichen Teil auf das Verhalten des Königs zurückzuführen. So wie er als Politiker versagte, versagte Karl auch als Heerführer, mit dem Unterschied allerdings, daß er Politiker nie hatte sein wollen, die Rolle des Königs als Heerführer an der Spitze seiner Truppen allerdings durchaus wahrzunehmen beabsichtigte. Und wenn auch sein Arbeitseifer im Zusammenhang mit den alltäglichen Regierungsgeschäften eines Königs meist zu wünschen übrigließ, so war er dennoch ein guter Soldat, wie in Friedenszeiten auf der Jagd, so jetzt im Kriege unermüdlich im Sattel und in der Schlacht meist an der Spitze seiner Truppen zu finden. Doch der König war kein Feldherr, kein Stratege. Besonders verstand er es nicht, seine Siege zu nutzen. Auch gelang es ihm nicht, seine zusammengewürfelten Haufen in eine disziplinierte Armee zu verwandeln. Und schließlich versagte er weiterhin in der Politik, besonders als er sich um Unterstützung durch irische Truppen bemühte und damit der Gegenseite abermals den Beweis für die große papistische Verschwörung lieferte.

Doch auch nach dem militärischen Sieg des Parlaments, dessen Heer in den Schlachten von Marston Moor und Naseby die entscheidenden Erfolge errungen hatte, blieb Karl selbst als Gefangenem seiner Feinde noch erheblicher politischer Spielraum, den er allerdings nur unzureichend zu nutzen verstand. Das Parlament und sein Anhang waren nämlich nicht gegen die Monarchie, sondern gegen die Person des Königs zu Felde gezogen; man erstrebte keine neue Verfassung, sondern wollte lediglich die Position des Parlaments als Kontrollorgan der königlichen Regierung stärken sowie die Monopolstellung der anglikanischen Kirche beseitigen. Karl erkannte die Stärke seiner Position, und da er ohnehin niemals in Betracht gezogen hatte, durch irgendwelche Zugeständnisse die angestammten Rechte der Krone zu schmälern, waren seine Verhandlungen lediglich darauf gerichtet, Zeit zu gewinnen. Zu-

## Diese Karte entnahm ich dem Buch

### Haben Sie dieses Buch

☐ gekauft ☐ geschenkt bekommen?

### Was war für Ihre Kaufentscheidung ausschlaggebend? (Mehrfachnennung möglich)

☐ Beratung in der Buchhandlung
☐ Präsentation des Titels in der Buchhandlung
☐ Prospekte / Verzeichnisse
☐ Rezensionen / Bücherlisten
☐ Empfehlungen durch Freunde und Bekannte
☐ Umschlag / Ausstattung
☐ Themen
☐ Werbung / Anzeigen

### Ihre Altersgruppe?

☐ bis 30 Jahre ☐ 30 – 45 Jahre
☐ 46 – 60 Jahre ☐ über 60 Jahre

### Welche Zeitungen / Zeitschriften lesen Sie regelmäßig?

☐ SZ ☐ taz
☐ FAZ ☐ Stern
☐ DIE ZEIT ☐ Die Woche
☐ NZZ ☐ Brigitte
☐ Der Spiegel ☐ örtliche Zeitungen
☐ Focus ☐ ____________

### Welche Themen unseres Programms interessieren Sie?

☐ Alte Geschichte (1037) ☐ Belletristik (1042)
☐ Mittelalter (1038) ☐ Literaturgeschichte (1013)
☐ Neuere Geschichte (1039) ☐ Islam (1016)
☐ Zeitgeschichte Politik (1040) ☐ Judaica (1017)
☐ Theologie / Philosophie (1012) ☐ Gesundheit / Medizingeschichte (1041)
☐ Kunst / Kunstgeschichte (1015)

dem setzte er zu Recht darauf, daß das Lager seiner Gegner in einzelne rivalisierende Gruppen zerfallen würde. Und tatsächlich erhoben sich 1648 abermals vielerorts die Anhänger des Königs, der nun seinerseits mit dem schottischen Adel ein förmliches Bündnis schloß.

Auch in diesem zweiten Bürgerkrieg 1648 erfocht die Armee des Parlaments unter der Führung Oliver Cromwells rasch die entscheidenden Siege, und danach mehrten sich im Lager der Soldaten die Stimmen, die forderten, Karl als den Urheber zweier Bürgerkriege zur Rechenschaft zu ziehen, besonders dann, als der König sich nach wie vor mit der ihm eigenen Intransigenz weigerte, Kompromisse einzugehen, vor allem in der so zentralen Frage der Religion Konzessionen zu machen. Als daher im Dezember 1648 die Armee die Macht an sich riß und am 4. Januar 1649 das nunmehr von der Armee kontrollierte Unterhaus beschloß, den König wegen Hochverrats vor ein außerordentliches Gericht zu stellen, war Karls Schicksal endgültig besiegelt. Denn in dem nun folgenden politischen Prozeß stand das Todesurteil des Angeklagten von vornherein fest.

Dieser Prozeß war Fortsetzung und, als das Todesurteil gefällt und vollstreckt wurde, zugleich Ende des Krieges zwischen Karl I. und seinem Parlament. Er bezeichnet dabei das Scheitern der Politik des Königs, denn nach seinem Tode proklamierten die Sieger am 17. März 1649 die Errichtung der Republik in England. Paradoxerweise markiert dieser Prozeß jedoch zugleich den größten politischen Erfolg, den Karl je zu verbuchen hatte. Er, der vergeblich ausgezogen war, Macht und Glanz der Krone zu wahren und zu mehren und der statt dessen das Ende seines Königtums mit seinem Tod besiegelte, trug damit erheblich dazu bei, den Bestand der englischen Monarchie bis in unsere Gegenwart zu wahren. Und zwar waren es eben jene spezifischen Eigenschaften, welche zuvor Karls Handeln in einem verhängnisvollen Sinne geleitet hatten, die ihm nun ein Moment von Größe verliehen.

Politik war für Karl stets Prinzipienpolitik, d.h. geleitet durch klare Zielsetzungen und unverrückbare Wertmaßstäbe, die er aus seinen persönlichen Vorstellungen von der Würde seines Amtes und der damit verbundenen Unantastbarkeit seiner Person ableitete. Von daher erklärt sich sein Sinn für zeremonielle und symbolische Handlungen. Wo das schwierige Geschäft der Machtpolitik Interessenausgleich beziehungsweise Kompromisse erforderte, mußte eine solche Prinzipienpolitik scheitern. Wo hingegen kein Raum mehr für taktische Manöver besteht, wo ein zuvor beschlossenes Urteil jede Verhandlung zur Farce werden läßt, wo ein Prozeß bewußt als Schauprozeß inszeniert wird, war Karl I. der richtige Mann am richtigen Ort.

«Wir werden Ihm den Kopf mit der Krone drauf abschlagen», soll Cromwell geäußert haben, als er auf die Eröffnung des Prozesses drang. D.h., obwohl nur wenige überzeugte Republikaner 1649 die Abschaffung der Monarchie anstrebten, hatte Karls Unnachgiebigkeit dazu geführt, daß man, um diesen König auszuschalten, zugleich der Monarchie den Prozeß machen mußte. Um über den König, der von alters her als Hüter und Quelle des Rechts über diesem stand, überhaupt urteilen zu können, galt es zuvor eine völlig neue Rechtsgrundlage zu schaffen, und dementsprechend verkündete das Parlament in einer Resolution am 4. Januar 1649, «daß unter Gottes Herrschaft alle Gewalt vom Volk ausgeht». Nun konnte «Charles Stuart, King of England» angeklagt werden «als der Urheber, Verursacher und Betreiber all dieser ... widernatürlichen, grausamen und blutigen Kämpfe».

Doch Karl weigerte sich grundsätzlich, dergleichen Rechtsgrundlage anzuerkennen, das Gericht überhaupt zu akzeptieren. «Weil ich Euer König bin, könnt Ihr mir nicht den Prozeß machen, weil ich König bin, kann keine irdische Gewalt mich zur Rechenschaft ziehen», hielt er denen entgegen, die sich zu seinen Richtern erhoben hatten. Indem er so Prinzip gegen Prinzip stellte, vertrat Karl seine Position, die des von Gott eingesetzten und nur diesem verantwortlichen Herrschers, mit Würde und Geschick. In dieser extremen Situation wuchs er über sich hinaus, nicht von ungefähr verschwand plötzlich jenes Stottern, das seine Rede bislang gehemmt hatte. Sein offenkundiger Erfolg vor Gericht zwang seine Richter, die Öffentlichkeit dieses Schauprozesses sorgfältig zu kontrollieren. Im Gerichtssaal war der König so plaziert, daß seine Worte Zuhörern und Schaulustigen unverständlich bleiben mußten, denn die überwiegende Mehrheit der Engländer lehnte aus einer für die Zeit selbstverständlichen monarchistischen Grundeinstellung heraus das Verfahren ab. Und als am Mittag des 30. Januar, einem kalten grauen Wintertag, König Karl I. von England auf das Schafott vor dem Bankettsaal seiner Londoner Residenz Whitehall geführt wurde, schirmte ein starkes Kontingent Cromwellscher Reiter die Richtstätte gegenüber den Menschenmassen ab, die sich auf der Straße drängten. Keiner dort konnte die letzten Sätze seines Herrschers vernehmen, die mit den Worten schlossen: «Meine Sache ist gerecht, so wahr mir Gott gnädig ist – mehr will ich hier nicht sagen.» Und nur die in engster Umgebung waren Zeuge, als Karl den bis zur Unkenntlichkeit vermummten Henker bat, mit dem Schlag zu warten, bis er sein Gebet verrichtet habe und durch Ausstrecken seiner Hände das Zeichen gebe, worauf dieser antwortete: «Wie es Euer Majestät belieben». Doch alle sahen, wie der König nach einer kleinen Pause die Arme vorstreckte und der Henker mit einem Schlag das Haupt vom Rumpf trennte und «in dem Augenblick, als der Streich fiel – so berichtet der zeitgenössische Chronist – stieg ein allgemeines, grausliches Stöhnen aus der Menge auf».

Im Urteil der Geschichte hat Karl I. seinen Prozeß nicht verloren. Während seiner gesamten Regierungszeit war er niemals so populär gewesen wie während seiner letzten Wochen und nach seinem Tode. Bereits einen Tag nach seiner Hinrichtung erschien die angeblich von ihm selbst verfaßte Schrift «Eikon Basilike», die ihrem Untertitel zufolge «das Bild seiner heiligen Majestät in ihrer Einsamkeit und ihrem Leiden» zeichnete und die eine ungeahnte Verbreitung erreichte. Und mehr als ein Jahrhundert später sollte Ludwig XVI. von Frankreich sich Karls Verhalten vor Gericht und auf dem Schafott zum Vorbild nehmen, als er seinerseits von den Revolutionären verurteilt und hingerichtet wurde. Erst durch seinen Tod hatte Karl sein Ziel erreicht: die Position der englischen Monarchie zu festigen. Er hatte mit seinem Ende somit wesentlich zur Restauration der Königsherrschaft beigetragen, die dann 1660 Ereignis wurde. Fortan sollte die Erinnerung an das Ende Karls als mahnendes abschreckendes Beispiel und somit als Moment einer auf Kontinuität gerichteten Politik bis weit in die neueste Zeit hin wirken. Als Politiker hat Karl versagt, als königlicher Märtyrer eröffnete er der Monarchie in England eine neue Zukunft.

*Peter Wende*

# Karl II.
## 1649/60–1685

*Karl II., geb. 29. Mai 1630 im St. James Palast London, Taufe am 7. Juli; nach der Hinrichtung Karls I. am 5. Februar 1649 in Edinburgh als König Karl II. anerkannt, desgleichen auch in Teilen Irlands; nach dem Zusammenbruch der englischen Republik am 8. Mai 1660 zum König von England proklamiert; gest. 6. Februar 1685, begraben in Westminster Abbey. Vater: Karl I. (1600–1649), König von England seit 1625; Mutter: Henrietta Maria von Frankreich (1609–1669), Schwester Ludwigs XIII. Geschwister: Maria (1631–1660), verehelicht mit Wilhelm II. von Oranien; Jakob (1633–1701), als Jakob II. (1685–1689) König von England; Henriette (1644–1670); Eheschließung: am 31. Mai 1662 mit Katharina von Braganza (1638–1705), Tochter König Johanns IV. von Portugal; die Ehe blieb kinderlos, jedoch zahlreiche illegitime Nachkommen Karls, deren ältester, Jakob, Herzog von Monmouth (1649–1685), gelegentlich als Thronfolger gehandelt wurde.*

Vergleicht man das Lebenswerk König Karls II. von England mit dem seines Vaters, so überwiegen die Kontraste, vor allem angesichts der Tatsache, daß beide in eine Krisensituation der englischen Monarchie gestellt waren, in der beide die gleichen Ziele verfolgten, nämlich die Sicherung und den Ausbau monarchischer Herrschergewalt im Staat. Der eine scheitert im Kampf gegen sein Parlament, sein Ende auf dem Schafott markiert zugleich den zumindest zeitweiligen Triumph der Republik über die Monarchie; der andere behauptet sich auch ohne Waffengewalt in zähem Kampf gegen seine Parlamente, und bei seinem Tode triumphiert, so scheint es, der monarchische Absolutismus nun auch in England.

Und da unter den Bedingungen der Monarchie in jedem Falle «Männer Geschichte machen» in dem Sinne, daß hier die Reichweite persönlicher Entscheidungen der Herrscher beträchtlich ist, sind Erfolg und Mißerfolg königlicher Politik immer auch aufs engste mit der jeweiligen Persönlichkeit des Monarchen verknüpft. Und tatsächlich verkörperten Vater und Sohn in ihrem Wesen entschiedene Gegensätze. Jener, hinter der Fassade eines hochfahrenden, verschlossenen Auftretens, gehemmt und unsicher und dabei zugleich der Person ergeben, der er sich öffnet; dieser, weltmännisch gewandt und umgänglich, dabei zugleich zynisch kalkulierender Egoist; der Vater prinzipienstreng, religiös und von untadelig moralischem Lebenswandel, der Sohn ostentativer barocker Sinnenfreude hingegeben, die eine robuste Natur ihm auszuleben gestatte-

Karl II. (1649/60–1685)

te, so daß Karl I. seinem Volk als Märtyrer, Karl II. ihm als *Good* oder *Merry King Charles* in Erinnerung bleiben sollte.

Dabei war der junge Kronprinz Karl, für den nach seiner Geburt acht Personen allein damit beauftragt waren, seine Wiege zu schaukeln und für dessen Garderobe zusammen mit der seiner Schwester jährlich 3000 Pfund aufgewendet wurden, als Heranwachsender durch die harte Schule des Bürgerkriegs gegangen. Im Alter von elf Jahren sandte ihn König Karl als seinen Abgesandten in das Oberhaus, um dort für seinen Ratgeber, den zum Tode verurteilten Lord Strafford, vergebens um Gnade zu bitten. Ein Jahr später erlebte er an der Seite des Vaters die Schlacht von Edgehill und entging dabei nur knapp der Gefangennahme durch die Truppen des Parlaments, das sich gern seiner Person als wertvolles Unterpfand versichert hätte. Später erhielt der junge Prinz das nominelle Oberkommando über die Truppen im Südwesten des Landes, um hier als Fixpunkt royalistischer Loyalität zu dienen. Doch der 15jährige blieb ohne Einfluß auf die chaotischen Entscheidungsprozesse in seinem Kriegsrat, und die militärische Situation zwang ihn im März 1646 zur Flucht, zuerst nach den Scilly-Inseln, anschließend nach Jersey und schließlich nach Frankreich, wo seine Mutter von St Germain aus seit zwei Jahren vergeblich versuchte, aktive Unterstützung für die englische Krone zu mobilisieren.

Am Hof seines französischen Vetters, des damals achtjährigen Ludwig XIV., blieb Karl eine Randfigur ohne Gewicht und Bedeutung, und obwohl nach dem unfaßbaren *Königsmord*, der Hinrichtung des Vaters durch die Sieger, die gekrönten Häupter Europas sich beeilten, den nunmehrigen Karl II. als ihresgleichen anzuerkennen, versagten sie ihm jegliche militärische Hilfe. Doch als die Schotten signalisierten, sie seien bereit für ihren König zu sterben, setzte Karl mutig auf die Insel über. Der Kampf um die Krone geriet zum waghalsigen bunten Abenteuer im Sog eines Krieges, auf den er abermals keinen maßgeblichen Einfluß ausüben konnte. In der Entscheidungsschlacht von Worcester am 3. September 1651 entging der König der Schotten nur knapp dem Tod beziehungsweise der Gefangennahme. Sechs Wochen befand er sich auf der Flucht. Während überall im Lande Steckbriefe verbreitet werden, auf denen für die Gefangennahme des «über zwei Yards großen dunkelhaarigen Mannes» 1000 Pfund ausgesetzt waren, suchte er, als Landarbeiter verkleidet, auf Schleichwegen die Küste zu erreichen, von treuen katholischen Landedelleuten versteckt, mal in einer Scheune, dann in einer geheimen Kammer oder gar in einer hohlen Eiche, bis er schließlich zu Schiff nach Frankreich zurückgelangte. Weitere Jahre ruheloser politischer Ohnmacht im Exil folgten. Chronische Geldnot sowie eine politische Konstellation, in der Frankreichs leitender Minister Mazarin eine Allianz mit dem Königsmörder Oliver Cromwell schloß, zwangen den König ohne Königreich zur Wanderschaft durch Europa; erst suchte er

Zuflucht an den Höfen des deutschen Südwestens, dann im spanischen Flandern, wo er und sein Gefolge – eine arg verlotterte und stets verschuldete Gesellschaft – dank der finanziellen Unterstützung durch den spanischen König ein bescheidenes Dasein fristeten. Das selbstverständliche Ziel allen Strebens, die Restauration der englischen Monarchie durch ihren Herrscher Karl II., schien in unerreichbare Ferne gerückt; dennoch war es das Thema unzähliger Beratungen und Korrespondenzen, man versuchte royalistische Verschwörungen zu inszenieren, plante immer wieder Attentate gegen Cromwell und erwog zur gleichen Zeit, Karl durch eine Heirat mit dessen Tochter u. U. den Weg auf den Thron zu ebnen.

Als dann schließlich doch das zwar Erstrebte doch zugleich Unverhoffte Ereignis wurde und Karl am 23. Mai 1660 das Flagschiff einer englischen Flotte, *The Royal Charles*, bestieg, um als Herrscher in sein Königreich heimzukehren, war dies nicht das Ergebnis weitschauender, erfolgreicher Politik aus dem Exil heraus, sondern die Folge des raschen Zusammenbruchs der englischen Republik nach Cromwells Tod. Dessen Herrschaft hatte letztlich auf der unangefochtenen Kontrolle der schlagkräftigsten Armee seiner Zeit beruht. Nach seinem Ende zerfiel diese Machtbasis in Lager rivalisierender Heerführer, so daß die monarchistische Grundströmung in der Bevölkerung ungehemmt zum Ausdruck kommen konnte, als der mächtigste der ehemaligen Generäle Cromwells, Robert Monk, als Befehlshaber der in Schottland stationierten Truppen freie Wahlen garantierte. Die neugewählte Versammlung war am 25. April 1660 zusammengetreten, beschloß am 1. Mai die Wiederherstellung der Monarchie und proklamierte eine Woche später Karl II. zum König. Dieser landete am 25. in Dover, zog am 29., seinem 30. Geburtstag, von einer jubelnden Menge stürmisch gefeiert, in London ein, und am Tage des heiligen Georg des folgenden Jahres, am 23. April 1661, markierte das pompöse Schauspiel der Krönung die bis in unsere Tage gültige Restauration der Monarchie.

Karl hatte somit nicht sein Königreich erobert, war nicht als Sieger an der Spitze eines Heeres in London einmarschiert, sondern war von einer gewählten Vertretung des Landes zur Rückkehr aufgefordert worden. Die Restauration war Wunsch und Werk der politischen Nation, der Führungsschicht des Landes. Mit dieser sich zu arrangieren beziehungsweise unter solchen Voraussetzungen die Interessen der Krone durchzusetzen, dies sollte, dem Herkommen englischer Verfassungswirklichkeit entsprechend, Ziel und Aufgabe künftiger königlicher Politik sein.

In dieser Situation handelte Karl mit Augenmaß, trat nicht als Rächer auf, war vielmehr auf Ausgleich bedacht. Bereits auf holländischem Boden hatte er die *Deklaration von Breda* verfaßt, die unter anderem eine allgemeine Amnestie sowie weitgehende Glaubensfreiheit zusicherte, allerdings unter dem Vorbehalt der Zustimmung eines künftigen Parlaments. Und soweit das Parlament dies zuließ, handelte Karl II. gemäß der Maxime: Stabilität durch Versöhnung. Bezeichnenderweise berief der König in seinen Kronrat neben 16 bisherigen Royalisten vier ehemalige Anhänger Cromwells, die sogleich in den Adelsstand erhoben wurden, sowie acht frühere Mitglieder des Langen Parlaments der Revolution. Nur die «Königsmörder», d. h. diejenigen, welche ihre Unterschrift unter das Todesurteil Karls I. gesetzt hatten, wurden nachträglich zur Rechenschaft gezogen. Aus der Zeit der Revolution herrührende Besitzverschiebungen blieben hingegen weitgehend erhalten. Vor allem aber wurde Stabilität durch die Auflösung der Armee gewährleistet. Nachdem sie ihren noch ausstehenden Sold erhalten hatten, wurden ca. 40 000 Soldaten entlassen; der Militärstaat Cromwells blieb fortan abschreckendes Beispiel in der nationalen politischen Erinnerung. Statt dessen nahm die grundbesitzende Führungsschicht, die sogenannte *gentry*, ihre angestammte Machtposition als Kerngruppe der politischen Nation wieder ein. Mit ihr, die in dem fast 19 Jahre währenden sogenannten *Kavaliersparlament* die eindeutige Mehrheit stellte, hatte der König sich künftig zu arrangieren, wobei die Position der Krone schwächer als zuvor war, da auf die verfassungsrechtliche Situation des Jahres 1641 zurückgegriffen wurde und somit gewisse Errungenschaften, die seinerzeit das Lange Parlament Karl I. abgetrotzt hatte, erhalten blieben, wie z. B. die Aufhebung der Sondergerichtsbarkeit des königlichen Rats in der Form der sogenannten *Star Chamber* sowie der Verzicht auf eine Reihe finanziell nutzbarer Feudalrechte.

Erste Differenzen zwischen König und Parlament wurden schon früh deutlich, als nämlich die Mehrheit der im Unterhaus versammelten anglikanischen Landedelleute sich weigerte, das religionspolitische Ziel des Herrschers, die weitgehende Garantie einer allgemeinen Glaubensfreiheit, mitzutragen. Statt dessen übten diejenigen, die in einem Bürgerkrieg, der auch ein Glaubenskrieg gewesen war, zuerst unterlegen waren, nun Rache an den ehemaligen Siegern, den Vertretern eines entschiedenen Puritanismus. In einer Reihe von Gesetzen sicherte das Parlament das politische Monopol der anglikanischen Staatskirche durch die Ausgrenzung radikaler protestantischer Gruppen, deren Anhänger, nun als *Dissenters* bezeichnet, künftig in die Rolle von Staatsbürgern zweiter Klasse gedrängt wurden. So konnte, unter dem Deckmantel der Religion, entgegen der erklärten politischen Zielsetzung des Monarchen doch noch manche alte Rechnung beglichen werden. Vergeblich suchte Karl hier eine Kursänderung durchzusetzen, als er 1672, nun allerdings unter maßgeblichem Druck seiner Ratgeber, während einer Sitzungspause des Parlaments in einer Indulgenzerklärung allen Glaubensgemeinschaften freie Religionsausübung zusicherte. Da hier auch ein Schlupfloch für die nach wie vor der Verfolgung ausgesetzten Katholiken geöffnet war, reagierte das Parlament unverzüglich. Die alte Furcht vor der Gefahr des «Papismus» bestand nicht nur wie eh und je, sie nahm erneut zu, und so verabschiedete das Parlament die *Test Act*, in der festgelegt wurde, daß nur derjenige ein Staatsamt bekleiden dürfe, der das Abendmahl dem anglikanischen Ritus entsprechend feierte.

Dergleichen Spannungen zwischen Parlament und Krone, die zu einem gewissen Maß an die Konfliktsituation unter den frühen Stuarts erinnern, kulminierten allerdings vorerst nicht in der unmittelbaren Konfrontation. Denn Karl war – abermals im Gegensatz zu seinem Vater – kein Prinzipienpolitiker. Jener endete für sein anglikanisches Glaubensbekenntnis auf dem Schafott, dieser bekannte sich erst auf dem Totenbett öffentlich zum Katholizismus, war ansonsten jedoch nicht bereit, für seinen Glauben seine Krone aufs Spiel zu setzen. Gravierender hingegen waren jene Differenzen, die sich im Bereich der englischen Außenpolitik auftaten.

Hier hatte Karl zunächst einen Krieg geführt, der zumindest bei Teilen seines Volkes, besonders bei den einflußreichen Kreisen des Londoner Handels, durchaus populär war, da er gegen Holland gerichtet war. Obwohl in Glaubensdingen protestantische Brudernation, hatte bereits die englische Republik zur Wahrung eigener Handels- und Schiffahrtsinteressen gegen den holländischen Konkurrenten gewinnbringend Krieg geführt. Diese Tradition nahm Karl II. auf mit seinem ersten holländischen Krieg 1664–1667, im Ergebnis durchaus erfolgreich, nicht nur durch einen spektakulären Seesieg zu Beginn, sondern langfristig vor allem dadurch, daß mit der Eroberung Neu-Amsterdams, des späteren New York, holländische Konkurrenz in Nordamerika endgültig ausgeschaltet war. Doch solche Erfolge wurden alsbald durch die Katastrophen des Jahres 1666 überschattet, in dem nicht nur die Pest London heimsuchte, bevor ein riesiger Brand den größten Teil der City in Schutt und Asche legte, sondern darüber hinaus die Holländer in einem maritimen Handstreich themsaufwärts bis fast nach London vordrangen und dabei große Teile der englischen Flotte und deren Werftanlagen zerstörten. Dergleichen Desaster wurden wie selbstverständlich der Regierung angelastet, so daß der König sich gezwungen sah, dem im Parlament versammelten geballten Zorn seiner Nation den langjährigen politischen Ziehvater und Weggefährten und nunmehrigen leitenden Minister, den Earl of Clarendon, zu opfern, der eiligst ins Exil entfloh.

Fortan segelte Karl II. außenpolitisch im Kielwasser seines mächtigen Vetters, Ludwigs XIV. von Frankreich. Im Zusammenhang mit dessen konsequenter, auf territoriale Expansion ausgerichteten Hegemonialpolitik erfüllte England dabei eine wichtige Funktion, indem es die zum Meer hin offene östliche Flanke Frankreichs deckte. Dabei motivierten weder die Erinnerungen an die Jahre des französischen Exils noch seine heimlichen katholischen Neigungen diese Präferenz; Karl erlag vielmehr der Faszination, die von den Taten des Sonnenkönigs und dem Glanz des Hofes von Versailles ausging. Hier sah er das Vorbild, welches er für sich in England verwirklicht sehen wollte. Darüber hinaus zahlte dies Bündnis sich für ihn im wahrsten Sinn des Wortes aus, da Ludwig willens war, mit der Überweisung erheblicher Geldbeträge sich der Neutralität der aufsteigenden Seemacht zu versichern und seinem Vetter Karl damit zugleich jenes Maß an finanzieller Unabhängigkeit zu verschaffen, das ihn vor lästiger Einmischung des Parlaments bewahrte.

Diese letztlich von den privaten Interessen des Königs geleitete Außenpolitik kulminierte 1670 im Vertrag von Dover. Hierin schlossen England und Frankreich eine förmliche Militärallianz gegen Holland. Darüber hinaus verpflichtete sich Karl in einer Geheimklausel, zum geeigneten Zeitpunkt offen zum Katholizismus überzutreten, wofür ihm Ludwig die entsprechende militärische und vor allem finanzielle Unterstützung zusicherte. Dazu sollte es nie kommen. Doch der Vertrag verdeutlicht wie kein zweites Dokument die tiefe Kluft, welche nun die Interessen des Königs von denen seiner Nation trennte; vor allem dadurch, daß hier ein Herrscher private Politik betreibt, die er nicht nur vor seinen Untertanen, sondern sogar vor der Mehrheit seines Kabinetts geheimhalten muß. Offen zutage traten diese Differenzen, als Karl, gemäß den vertraglichen Vereinbarungen, 1672 gemeinsam mit Frankreich den Krieg gegen Holland eröffnete. Das nun unverhohlen geäußerte Mißtrauen und Unbehagen weiter Kreise der englischen Führungsschicht an einer Außenpolitik, die einer katholisch-absolutistischen Offensive in Gestalt der französischen Expansion Handlangerdienste zu leisten schien, fand seinen Niederschlag in entschlossener Opposition des Parlaments, das Karl schließlich zum Sonderfrieden mit Holland zwang.

Spätestens mit dem Vertrag zu Dover, dessen geheime Passagen übrigens 1682 der Öffentlichkeit zur Kenntnis gelangen sollten, war das politische Dilemma der englischen Stuartherrscher, das zugleich den Grund für die englischen Revolutionen des 17. Jahrhunderts lieferte, abermals virulent geworden: das Unvermögen des Monarchen, seine Interessen mit denen der Nation in Einklang zu bringen. Dies führte stets dazu, daß Konfrontation statt Kooperation das Verhältnis von König und Parlament kennzeichnete, um schließlich im Verfassungskonflikt zu kulminieren.

Die Fragen nach den Ursachen dieser Krisenkonstellation müssen dabei stets auch auf die Zielsetzungen und Inhalte der Politik des jeweiligen Herrschers gerichtet sein, um zu einer angemessenen historischen Beurteilung seines Handelns zu gelangen.

Nun hat Karl II., im Unterschied zu manch anderem gekrönten Haupt, sich niemals den Ratschlägen seiner Ratgeber völlig ausgeliefert, sondern seine Politik weitgehend selbst bestimmt. Dabei hat er jedoch deren Grundzüge niemals niedergelegt, nicht wie so mancher Zeitgenosse ein politisches Testament hinterlassen, so daß im nachhinein programmatische Zielsetzungen beziehungsweise durchgängige Interessen aus seinen Handlungen abzuleiten sind.

Läßt man diese Revue passieren, wird deutlich, daß für Karl Anfang und Ende aller Politik stets er selbst war. Bis 1660 ging es darum, König zu werden, danach König zu sein und zu bleiben. Nun war dies im klassischen Zeitalter monarchischer Alleinherrschaft nichts Ungewöhnliches; wo Ludwig XIV. den Satz aufstellte: «L'état c'est moi», gehörte egomanische Selbstdarstellung zu den öffentlichen Pflichten des Herrschers. Doch wenn hier die Entfaltung von Eleganz, Prunk und raffiniertem Luxus als Teil der Aufgabe, Frankreichs Ruhm zu mehren, gesehen wurde und daher in die Pflicht des Herrschers gestellt war, erschöpfte sich für Karl der Sinn seines Königtums, wenn auch nicht ausschließlich, so doch weitgehend, in der Gewährleistung seines Privatvergnügens – «L'état, c'est mon plaisir», der König als Lebemann.

Karl war, wie ihn seine Bilder zeigen und die Zeitgenossen ihn schildern, von stattlicher Figur, dabei ein ausgeprägt brunetter Typ mit dichtem schwarzen Lockenhaar, wobei der schwere Blick der dunklen Augen und das leichte Lächeln der vollen Lippen die für ihn so charakteristische Mischung von Zynismus und Sinnlichkeit signalisieren. Kraft, Vitalität und eine exzellente Gesundheit lieferten die Voraussetzungen für zahlreiche und intensiv betriebene sportlich-athletische Aktivitäten. Oft um fünf Uhr in der Frühe begann der König den Tag mit einem Tennisspiel, einem Ausritt oder einem ausgedehnten Spaziergang im Park, und des Abends gehörte er zu den eifrigsten Tänzern seines Hofes. Überhaupt praktizierte er sämtliche Formen modischen aristokratischen Freizeitvergnügens wie Jagen und Fischen, Schwimmen und Segeln, Croquet und Bowling; aber auch dem Glücksspiel frönte er, und im Theater, wo er dafür sorgte, daß weibliche Rollen von nun an nicht mehr mit Knaben, sondern mit Schauspielerinnen besetzt wurden, schätzte er besonders die frivolen Komödien seiner Zeitgenossen Dryden, Etheredge und Sedley. Obwohl kein Kenner und Mäzen von Rang wie sein Vater, folgte er dennoch den Moden der Zeit, wenn er eifrig Kunstgegenstände aller Art in seinem Kabinett anhäufte. Ebenfalls im Trend der Epoche lag sein Interesse für die Naturwissenschaften, und Zeitgenossen bescheinigtem ihm überdurchschnittliche Kenntnisse auf dem Feld der Chemie und Mathematik. Und immerhin wurde unter seiner Herrschaft 1662 die *Royal Society* als Akademie der Wissenschaften und schönen Künste gegründet.

Karls große Leidenschaft galt allerdings den Pferden und den Frauen. Selbst ein glänzender und wagemutiger Reiter, erhob er Pferderennen zum Sport der Könige. 1665, im Jahr der Pest und als der Krieg gegen Holland eigentlich seine ganze Aufmerksamkeit und Arbeitskraft gefordert hätte, begründete er die Rennwochen in Newmarket, die er fortan regelmäßig im Frühjahr und Herbst eines jeden Jahres besuchen sollte. Kurze Zeit vor seinem Tode ritt er selbst noch auf einem Sieger durchs Ziel.

Dabei waren diese Rennwochen stets mehr als nur sportliche Ereignisse. Sie waren stets begleitet von oftmals zügelloser Geselligkeit eines nicht selten außer Rand und Band geratenden Hofes, war doch sogar davon die Rede, eines Nachts sei Karl in einem Bordell bis aufs Hemd ausgeraubt worden und habe nur durch Lüften seines Inkognitos sein Leben retten können. Anekdoten wie diese, welche von der überbordenden Vitalität und Virilität des Königs zeugen, wurden besonders im 18. Jahrhundert von den Tories gepflegt und verbreitet, um den liebenswerten großen Stuartherrscher mit den faden, langweiligen, von der Gegenpartei der Whigs geförderten Königen aus dem Hause Hannover zu kontrastieren.

Tatsächlich lieferte Karls Lebenswandel den Stoff für solche Anekdoten zuhauf. Besonders mit der Geschichte seiner zahlreichen Affären ließen sich mehrere Bände einer *chronique scandaleuse* füllen. Bereits 1649 schenkte ihm seine erste Geliebte, eine gewisse Lucy Walters, einen Sohn, James, den späteren Herzog von Monmouth. Insgesamt wurden ihm 14 Nachkommen zugeschrieben, ein legitimer Thronfolger befand sich allerdings nicht darunter. Denn die 1662 geschlossene Ehe mit Katharina von Braganza, der Tochter des Königs von Portugal, blieb kinderlos. Es war dies, der Regel folgend, eine politische Heirat gewesen, ein Produkt französischer Diplomatie, die England auf der Seite der Gegner Spaniens wissen wollte, und Karl war besonders durch die Aussicht auf reiche Mitgift – 300 000 Pfund in bar sowie Bombay in Indien – zu dieser Ehe animiert worden. Die junge Königin war keine Schönheit, zudem von eher schlichtem Gemüt und als Produkt klösterlicher Erziehung mehr als unzureichend auf die Extravaganzen des Londoner Hoflebens vorbereitet. Zunächst war Karl seiner Frau ein zwar eifriger aber keineswegs treuer Ehemann. Wohl nahm er seine ehelichen Pflichten durchaus ernst, doch er verlangte zugleich von Katharina, seine derzeitige Mätresse, die zur Gräfin von Castlemaine erhobene Barbara Palmer, als eine ihrer Hofdamen zu akzeptieren. Und als schließlich deutlich wurde, daß seine Gemahlin ihre Pflicht, die Thronfolge zu sichern, nie werde erfüllen können, respektierte der König sie zwar weiterhin und stellte sich in Krisensituationen schützend vor sie, doch letztlich führte die unglückliche Katharina nur mehr ein Schattendasein im Hintergrund des bunten Treibens bei Hofe. Die wahren Königinnen waren fortan wieder Karls Mätressen, und zwar in der Regel mehrere, die zur gleichen Zeit mit den Waffen der Frau um den ersten Rang in der Gunst des Herrschers stritten. Barbara, deren Ehemann demonstrativ das Land verlassen hatte, nachdem seine Frau ihrem König 1662 ein zweites Kind geschenkt hatte, wurde 1670 mit dem Geschenk eines königlichen

Palastes und dem Titel einer Herzogin von Cleveland für sich selbst und dem eines Grafen von Southampton für ihren ältesten Sohn abgefunden. An ihre Stelle trat die schöne, charmant-ordinäre Schauspielerin Nell Gwyn, die Karl 1668 von der Bühne in sein Bett geholt hatte. Sie nannte ihn zärtlich «mein Karl der Dritte», da zuvor zwei Herren gleichen Namens sich ihrer Gunst erfreut hatten, schenkte ihm ebenfalls zwei Söhne und wurde mit einem Haus in Pall Mall und einer jährlichen Pension von 4000 Pfund dafür belohnt. Obwohl auch sie bald hinter anderen zurücktreten mußte, bewahrte Karl ihr seine Zuneigung sein Leben lang, und noch auf dem Totenbett soll er seinem Bruder befohlen haben: «Laßt mir die arme Nelly nicht verhungern.»

Während Nell Gwyn niemals daran dachte, ihren Einfluß auf den König in Politik umzumünzen, besaß die Liaison Karls mit Louise de Kéroualle durchaus diese politische Dimension. Die aparte, dunkelgelockte, aus verarmtem bretonischen Adel stammende Hofdame seiner 1670 verstorbenen Schwester Henriette wurde, nachdem sie Karls Aufmerksamkeit erregt hatte, auf Weisung Ludwigs XIV. von dem französischen Botschafter in London im Bunde mit dem englischen Minister Lord Arlington geradezu in die Verbindung mit dem König gedrängt, weil man sich durch solch zarte Bande eine spürbare Verstärkung der Bindung des englischen Monarchen an die französische Politik erhoffte. Als Louise schließlich dem Drängen nachgab, erfüllte sie damit die Wünsche beider Herrscher, und Ludwig XIV. beglückwünschte die neue Ehrenjungfrau der Königin Katharina am 2. November 1670 in aller Form zu ihrer neuen Position als Mätresse des Königs. 1672 wurde auch sie eines Sohnes entbunden, 1674 zur Herzogin von Portsmouth erhoben und mit einem luxuriösen Apartment in Whitehall sowie einer jährlichen Pension von 10.000 Pfund ausgestattet. Bis zu seinem Lebensende übte sie beträchtlichen Einfluß auf den König aus, so daß kluge Politiker fortan sich ihrer Fürsprache zu versichern suchten.

Neben diesen drei mehr oder weniger offiziellen Mätressen ließen sich noch zahlreiche Schöne aufzählen, wie z. B. die Schauspielerin Moll Davis, die Pfarrerstochter Jane Roberts, die Sängerin Mrs. Knight und die Gräfin von Kildare, die nächtens über eine Geheimtreppe in das königliche Gemach geführt wurden. Die genaue Zahl der Liebschaften Karls wird sich nie ermitteln lassen, und nur von einer Dame ist überliefert, daß sie dem Werben des Königs jahrelang widerstand, Francis Stuart, die sogar wagte, gegen dessen ausdrücklichen Befehl den Herzog von Richmond zu ehelichen, und dies, obwohl der König ihr Bild in Gestalt der Britannia auf bis heute gültigen Münzen des Reiches hatte verewigen lassen.

Trotz mancher Exzesse, trotz seiner Leutseligkeit und Umgänglichkeit, trotz seiner Vorliebe für krude Scherze und ordinäre Zoten pflegte Karl andererseits peinlich genau auf das Dekorum des höfischen Zeremoniells, auf ausgesuchte Höflichkeit im offiziellen Umgang zu achten und die Würde seines Amtes stets hochzuhalten. Wenn es darauf ankam, war Karl ganz König von Gottes Gnaden, der selbst nahezu in Vergessenheit geratene symbolische Handlungen wie das Handauflegen bei Skrofelkranken wieder praktizierte. Und obwohl er regelmäßige und konzentrierte Arbeit am Schreibtisch verabscheute, dem Lesen und Schreiben überhaupt abhold war, nahm er doch an den Sitzungen des königlichen Rates wie auch des Oberhauses stets teil, dabei keineswegs passiver Zuhörer, vielmehr in der Regel aktiv partizipierend und nicht selten den Gang der Diskussion bestimmend. Und so war, wie bereits erwähnt, trotz intensiven Hof- und Privatlebens Karl ein König, der nicht nur herrschte, sondern auch regierte und die Richtlinien der Politik selbst festlegte. Dazu bediente er sich allerdings weniger der Ratsversammlung als des klassischen Organs monarchischer Regierung als vielmehr privater Zirkel, wo er mit wenigen Vertrauten die Zielsetzungen seiner Politik bestimmte, wobei er nicht selten divergierende Strategien gleichzeitig entwickelte und seine Ratgeber gegeneinander ausspielte. Das Ergebnis war allerdings, daß so gelegentlich taktisches Manövrieren, welches er meisterhaft beherrschte, zum bloßen Selbstzweck wurde, ohne daß die politischen Grundprobleme einer Lösung näher gebracht waren.

Wie für seine Vorgänger, so lieferte auch für Karl II. die Regelung der Staatsfinanzen mit dem Ziel der Sicherung der finanziellen Unabhängigkeit der Krone die übergreifende Zielvorgabe für alle Politik. Bis weit in die 70er Jahre hinein überstiegen die königlichen Ausgaben die ordentlichen Einkünfte der Krone mit dem Ergebnis, daß 1672 die Staatskasse offiziell sämtliche Abzahlungen bestehender Schulden einstellte und mancher Staatsgläubiger in den Bankrott gestürzt wurde. Dabei hatte man im Zusammenhang mit der Wiederherstellung des Königtums eine dauerhafte, alle Seiten befriedigende Lösung angestrebt. Im Einverständnis mit dem König waren damals jährliche Einkünfte der Krone in der Höhe von 1,2 Mill. Pfund festgesetzt worden, die im wesentlichen aus Zöllen und indirekten Steuern fließen sollten und somit unabhängig von parlamentarischer Zustimmung garantiert blieben. Schon bald stellte sich heraus, daß auf der einen Seite die allgemeine wirtschaftliche Situation, mitbedingt durch die Auswirkungen der Pest und des großen Brandes von London sowie die durch die Kriege gegen Holland verursachte Flaute im Bereich des Handels diese Einnahmen sinken ließen, auf der anderen Seite die Rückzahlung alter Schulden der Krone rasch zu einem beträchtlichen Defizit führte. Dabei rissen natürlich die Exzesse des königlichen Lebenswandels sowie die aufwendige Hofhaltung weitere große Löcher in den Staatssäckel.

Die Folge war, daß die Krone über das vorgesehene Maß hinaus von zusätzlichen Geldbewilligungen des Parlaments abhängig blieb, dieses somit regelmäßig einzuberufen war und entsprechenden Einfluß auf die Gestaltung der Politik auszuüben versuchte. Die daraus resultierenden Spannungen folgten dem Muster jener Konfliktspirale, welche bereits unter Jakob I. und Karl I. das Verhältnis zwischen Parlament und Krone bestimmt hatte. Nicht zuletzt in seinem Bestreben, sich aus der finanziellen Abhängigkeit vom Parlament zu befreien, hatte Karl sich auf das außenpolitische Abenteuer des Vertrags von Dover eingelassen mit dem Ergebnis, daß die Kluft zu seinem Parlament nur vertieft wurde. Wie zu Zeiten Karls I. fürchteten nun abermals die Abgeordneten, ihr König stelle sich mit seiner Politik in den Dienst der Gegenrevolution, d. h. jener papistischen Offensive, die sowohl die politische Freiheit wie auch den protestantischen Glauben der Engländer zu vernichten drohe. Sobald der Konflikt zwischen Krone und Parlament in den Bereich der Religion übersprang, gewann er wiederum Grundsatzcharakter, bis er schließlich in der sogenannten *Exclusion-Crisis*, dem Streit um die Regulierung der Thronfolge, kulminierte.

Auslösender Faktor war die Aufdeckung einer angeblichen katholischen Verschwörung durch einen Informanten namens Titus Oates. Dieser gab zu Protokoll, daß geplant sei, durch gezielte Gerüchte über eine angeblich prokatholische Politik des Königs diesen seinem Volke zu entfremden und schließlich zu ermorden, worauf sich in London 20000 Katholiken erheben würden, um unter den Protestanten ein Blutbad anzurichten. Als König Karl davon berichtet wurde, wertete er die Geschichte zunächst als das, was sie tatsächlich war, nämlich als Ausgeburt der Phantasie eines notorisch geltungssüchtigen Schwindlers. Doch auf dem Nährboden allgemeiner antikatholischer Hysterie gedieh die Glaubwürdigkeit dieser Geschichte, vor allem als sich im Besitze eines der von Oates als Mitverschwörer bezeichneten Edward Coleman Briefe fanden, die belegten, daß ein Gefolgsmann des designierten Thronfolgers, des Herzogs von York, tatsächlich mit einem Beichtvater des französischen Königs Projekte zur Förderung des Katholizismus in England diskutiert hatte. Und schließlich wurde der Richter, vor dem Oates erstmals seine Enthüllungen zu Protokoll gegeben hatte, drei Wochen später ermordet aufgefunden. Nun konnte auch der König die allgemeine Panik nicht mehr steuern; die aufgeregten Londoner feierten Oates als Retter der Nation, und vor Gericht wurde jeder verurteilt, gegen den der Informant als Zeuge auftrat. Fünfunddreißig Justizmorde waren zu verzeichnen, am Ende geriet sogar die Königin in Verdacht und Karl mußte sich schützend vor sie stellen. Schließlich mündete die Affäre in eine Verfassungskrise, als nämlich die politische Opposition im Parlament unter der Führung Lord Shaftesburys die aufgeputschte Öffentlichkeit für eigene Zielsetzungen zu mobilisieren verstand. Shaftesbury und sein Anhang forderten nämlich als Garantie englischer protestantischer Freiheit den Ausschluß des Bruders des Königs, des Herzogs von York, von der Thronfolge, da dieser sich inzwischen offen zum Katholizismus bekannt hatte. Nachdem wegen solch entschiedener Opposition Karl 1679 das seit der Restauration bestehende sogenannte Kavaliersparlament aufgelöst hatte, wurden in der kurzen Zeit zwischen dem März 1679 und dem März 1681 drei neue Parlamente gewählt, in denen jedoch stets die Opposition eine stattliche Mehrheit besaß und dementsprechend jedesmal ihr radikales Thronfolgegesetz erneut einbrachte. Die Wahlerfolge dieser Opposition basierten dabei nicht nur auf der in diesen Monaten dominierenden antikatholischen Hysterie, sondern auch darauf, daß es Shaftesbury gelang, erstmals in der Geschichte so etwas wie eine Partei ins Leben zu rufen. D.h. sein Anhang im Parlament basierte auf einer umfangreichen außerparlamentarischen Gefolgschaft, die durch ihre Homogenität und ihren Organisationsgrad beträchtliche politische Effizienz erzielte. In ihr waren in erster Linie die durch die Restauration ins politische Abseits gedrängten radikalen protestantischen Gruppierungen, die sogenannten Dissenters, vertreten. Von den Zeitgenossen als ‹Whigs› – als puritanische Straßenräuber – bezeichnet, standen sie als Vorläufer der späteren liberalen Partei am Anfang aller britischen Parteigeschichte. Ihre Forderung nach Regulierung der monarchischen Thronfolge durch das Parlament besaß revolutionäre Sprengkraft, denn damit stellten sie die überlieferten Grundlagen der Monarchie entscheidend in Frage und beanspruchten so letztlich für das Parlament die oberste Entscheidungsgewalt im Staate. Die Situation glich in vielem der bei Ausbruch des Bürgerkrieges vierzig Jahre zuvor; abermals war die politische Gretchenfrage nach dem Ort der Souveränität gestellt.

Doch Karl II. war nicht Karl I. Im Gegensatz zu seinem Vater meisterte er die Krise. In gewisser Hinsicht waren die Voraussetzungen günstiger. Karl II. verfügte von Anbeginn über einen beträchtlichen Rückhalt im Volke, waren doch die Erfahrungen der letzten Revolution im allgemeinen Bewußtsein durchaus noch lebendig. Und so besaß auch die Krone ihren Anhang, die ‹Tories›, so benannt nach irischen katholischen Wegelagerern, die zwar im Parlament in der Minorität waren, jedoch die ‹schweigende Mehrheit› des Volkes repräsentierten. Außerdem befahl der König über ein stehendes Heer, das zwar zahlmäßig gering war, das er jedoch im entscheidenden Moment an der entscheidenden Stelle zu postieren verstand. Denn – und dies sollte den Ausschlag geben – Karl II. behielt in der Krise die Nerven und damit die Übersicht. Wohl besuchte er wie stets zur Saison die Rennen von Newmarket, doch er verlor darüber nie sein Ziel aus den Augen, in seinem und seines Hauses Interesse die Macht und das Ansehen der Krone ungeschmälert zu erhalten. Und so verweigerte er standhaft den von den Whigs immer wieder präsentierten Thronfolgegesetzen seine Zustimmung und löste statt dessen jedes Mal das Parlament auf, um auf Neuwahlen zu setzen.

Zugleich entfaltete er beträchtliches taktisches Geschick. Da angesichts der vorherrschenden allgemeinen Stimmung sowie aufgrund überlegener Wahlkampfstrategien die Opposition auch aus jeder Parlamentsneuwahl als Sieger hervorging, machte er gelegentliche Zugeständnisse, entließ z. B. seinen ersten Minister, den Grafen Danby, der unter Anklage gestellt wurde und einige Jahre im Tower verbrachte, und nahm vorübergehend in sein Kabinett einige prominente Vertreter der Opposition auf, in der Absicht, diese zu spalten. Außerdem setzte Karl im Jahre 1679 seine Unterschrift unter die Habeas-Corpus-Akte, die künftig Schutz vor willkürlichen Verhaftungen garantieren und so zu einem zentralen Dokument abendländischer Menschenrechte werden sollte. Doch im entscheidenden Punkt, dem Recht seines Bruders auf die Thronfolge, blieb er selbst dann unnachgiebig, als das Land auf einen erneuten Bürgerkrieg zuzusteuern schien. Als auch im dritten der in kurzer Folge gewählten Parlamente die Whigs über eine klare Mehrheit verfügten, berief der König es nicht wie üblich nach Westminster, sondern nach Oxford ein, um es seines Rückhalts in der Londoner Bevölkerung zu berauben. Gleichzeitig postierte er Regimenter in der Nähe des Tagungsortes, und als er bereits nach einer Woche die Versammlung erneut auflöste, regte sich nirgends Widerstand. Von nun an regierte Karl bis zu seinem Lebensende ohne Parlament. Er konnte dies insofern, als sich seine Finanzlage spürbar verbessert hatte. Ein deutlicher Aufschwung im Überseehandel bescherte ihm reichliche, durch gesetzliche Regelungen garantierte Einnahmen aus den Zöllen, und regelmäßige französische Subsidien taten das übrige, um dem Herrscher finanzielle Unabhängigkeit zu garantieren.

In der langen wechselvollen Geschichte der Auseinandersetzungen zwischen Krone und Parlament, die die englische Geschichte des 17. Jahrhunderts prägt, markieren die letzten Regierungsjahre Karls II. eine erfolgreiche monarchische Gegenoffensive. Sie war keineswegs das Ergebnis einer langfristig ausgerichteten und beharrlich verfolgten politischen Strategie, sondern die konsequente Reaktion auf erneute Versuche des Parlaments, die Krone in ihren Rechten zu beschneiden beziehungsweise zu kontrollieren. Wenn Karl dagegen nun seinerseits bestehendes Recht brach und einfach jenes Gesetz ignorierte, das mindestens alle drei Jahre die Einberufung eines Parlaments vorsah, dann konnte er nun seinerseits diese Politik auf die in der Öffentlichkeit vorherrschende politische Stimmung gründen, die 1681 einen vollständigen Umschwung erfahren hatte. Die Aufregungen um die angeblichen Enthüllungen des Titus Oates waren zunehmend verebbt, besonders als die politische Kampagne der Whigs, die so viel von der antikatholischen Hysterie profitiert hatte, mit der Auflösung des Parlaments von Oxford endgültig zusammenbrach. Als dann noch eine gegen das Leben des Königs und seines Bruders gerichtete Verschwörung aufgedeckt wurde, in die führende Whigs offenkundig verstrickt waren, nutzten dies die konservativen Anglikaner, die stets ihre Interessen unter dem Deckmantel ausgewiesener Königstreue verfolgten, zum politischen Gegenschlag. Nun galt die politische Hetzjagd erneut den protestantischen Dissentern und den Whigs. Führende Oppositionspolitiker wie Lord Russell und Algernon Sidney endeten auf dem Schafott, der Earl of Essex nahm sich im Tower das Leben, Shaftesbury floh ins holländische Exil, ebenso sein Leibarzt, der politische Philosoph John Locke. Nachdem die bis vor kurzem scheinbar übermächtige politische Opposition nun vollständig ausgeschaltet war, gingen Karl und seine Berater daran, die Herrschaft des Königs und seines Anhangs, der Tories, auf Dauer zu festigen. Als Mittel dazu dienten gezielte Eingriffe in die Selbstverwaltungsstrukturen der Städte, die bislang als Bastionen der Opposition gedient und entsprechend radikale Abgeordnete ins Parlament entsandt hatten. Sie erhielten neue Stadtverfassungen, die garantierten, daß die Magistrate künftig Repräsentanten der Royalisten waren und Wahlen in Zukunft eine dem Monarchen günstige Zusammensetzung des Unterhauses versprachen. Das erste Parlament Jakobs II. stellte den Erfolg dieser Strategie unter Beweis.

Kurz vor dem Ende seiner Herrschaft hatte Karl II., so schien es, die Uhr der Geschichte zurückgestellt, indem er wie sein Vater vierzig Jahre zuvor das Parlament als Organ politischer Zustimmung und Mitwirkung ausgeschaltet hatte. Weil sich dagegen keinerlei nennenswerter Widerstand formierte, liegt der Schluß nahe, Karl II. habe in den letzten Jahren seiner Regierung kurz davor gestanden, das große Ziel der Stuarts, die Aufrichtung eines absolutistischen Systems in England, endgültig zu verwirklichen. Doch während sein Vater immerhin nahezu ein Jahrzehnt sein persönliches Regiment scheinbar erfolgreich praktizieren konnte, bis äußere Umstände dessen Brüchigkeit offenkundig werden ließen, wurde die absolutistische Herrschaftspraxis Karls II. zu seinen Lebzeiten nicht ernsthaft auf die Probe gestellt; denn knapp vier Jahre nachdem er sein letztes Parlament nach Hause geschickt hatte, starb der König im Februar 1685. Kurz zuvor noch scheint er einschneidende Veränderungen geplant zu haben. Doch die überlieferten Nachrichten sind unvollständig und widersprüchlich, und so meinen einige Historiker, er habe kurz davor gestanden, selbst die Thronfolge neu zu regeln und den ältesten Bastard, den Herzog von Monmouth, zu seinem Nachfolger zu bestimmen, während andere vermuten, daß er bereit gewesen sei, den Wünschen des katholischen Bruders entsprechend seine Regierung neu auszurichten. Die Geschichte seines Sterbens ist hingegen mehrfach und bis ins Detail gehend überliefert. In der Nacht zum 2. Februar ereilte den bis dahin nahezu unverwüstlich gesunden König ein Schlaganfall, wohl infolge eines Nierenleidens, wie man im nachhinein meint diagnostizieren zu können. Vier Tage brauchten seine Ärzte, um ihn mit den damals üblichen Therapien auf qualvolle Weise ins Jenseits zu befördern. Der König ertrug dies alles mit tapferer Gelassenheit. Kurz vor dem Ende, aber als er noch bei Bewußtsein war, wurden alle Anwesenden bis auf zwei Getreue des Sterbezimmers verwiesen. Danach betraten der Bruder und ein katholischer Priester durch eben jene Tapetentür, die sich zuvor für Karls Schöne der Nacht geöffnet hatte, den Raum, um dem Sterbenden nach römisch-katholischem Ritus die Letzte Ölung zu erteilen. Einen Tag später, am Morgen des 6. Februar, starb er. Sein Hofstaat beeilte sich, dem neuen Herrscher seine Aufwartung zu machen. Mit einem Laken bedeckt und nur von einem Pagen bewacht wurde der königliche Leichnam zurückgelassen, um bald darauf, ohne zuvor öffentlich aufgebahrt zu sein, überhaupt ohne jeden Pomp in der Abtei von Westminster in einer Gruft beigesetzt zu werden, die zwei Jahrhunderte lang nicht einmal seinen Namen trug. Im Bewußtsein seines Volkes jedoch blieb Karl II. lebendig als «merry King Charles», als die Inkarnation leutseliger Lebensfreude, als derjenige, dessen Hof und Herrschaft den üppigen barocken Lebensstil einer europäischen Epoche auch in England, zumindest für ein Vierteljahrhundert, Wirklichkeit werden ließ.

*Ronald G. Asch*

# Jakob II.
# 1685–1689

*Jakob II., geb. am 14. Oktober 1633 im St. James's Palace in London; 6. Februar 1685 Nachfolger seines Bruders als König von England, Schottland und Irland; Krönung am 23. April desselben Jahres in Westminster Abbey; gest. am 5. September 1701 in St. Germain en Laye in Frankreich; begraben in Paris, St. Germain en Laye, Chaillot bei Paris und in St. Omer. Vater: Karl I. von England; Mutter: Henrietta Maria; Eheschließungen: 1. am 3. September 1660 (auf Grund eines Eheversprechens vom 24. November 1659) in Worcester House in London mit Anne Hyde (12. März 1637 – 31. März 1671), Tochter von Edward H., erster Earl of Clarendon und Frances Hyde, Tochter von Sir Thomas Aylesbury; 2. am 30. September 1673 durch seinen Stellvertreter, den Earl of Peterborough, in Modena mit Maria Beatrice Anna Margareta Isabella von Modena (1658–1718), Tochter von Alfonso d'Este, Herzog von Modena, und seiner Gattin Laura geb. Prinzessin Martinozzi; Kinder (außer im Säuglingsalter verstorbenen) aus erster Ehe: Maria (1662–1694); Anna (1665–1714); Kinder aus zweiter Ehe: James Francis Edward (1688–1766) und Louisa Maria (1692–1712); mehrere andere Kinder verstarben kurz nach der Geburt oder in sehr jungen Jahren; illegitime Kinder (soweit bekannt): 1. von Arabella Churchill (1648–1730): Henrietta, verh. mit Sir Henry Waldegrave (1667–1730); James Fitzjames, Herzog von Berwick, Marschall von Frankreich (1670–1734); Henry Fitzjames, Herzog von Albemarle, Großprior von Frankreich (1673–1702); 2. von Catharine Sedley, Lady Dorchester (1657–1717); Lady Catherine Darnley (gest. 1743) verh. 1. mit James Annesley, Earl of Angelsey und 2. mit John Sheffield, Herzog von Buckingham*

## I. Jugend und Übertritt zum Katholizismus

Jakob II. wurde 1633 als zweitältester Sohn Karls I. geboren und trug als ältester Bruder des Thronerben den Titel eines Herzogs von York . Seine Jugend war durch den Bürgerkrieg überschattet. 1646 von den Truppen des Parlaments gefangengenommen, entkam er 1648 in die Niederlande. Im Exil stand er stärker als sein älterer Bruder unter dem Einfluß seiner Mutter, der Bourbonin Henrietta Maria und ihrer katholischen oder prokatholischen Berater, was zeitweilig zu Spannungen mit Karl II. führte. Noch mehr als sein Bruder entfremdete er sich daher der Church of England oder zumindest jener Richtung innerhalb der Kirche, die eine klare Trennlinie zwischen Katholizismus und Anglikanismus ziehen wollte. Jakob hörte hingegen auf Männer wie John Cosin, der in Paris am

Jakob II. (1685–1689)

zeitweiligen Exilhof der Stuarts als Kaplan amtierte und für den die Reformation eine «Deformation» der Kirche war. 1652 übernahm Jakob ein Kommando in der französischen Armee. Als Frankreich aber 1655 Karl II. auswies – der französische Premierminister Mazarin hatte sich für eine Zusammenarbeit mit Cromwell entschieden –, trat er auf Wunsch seines Bruders in spanische Dienste und kommandierte in der sogenannten Dünenschlacht (bei Dünkirchen) von 1658, in der Spanier gegen Franzosen und Engländer kämpften, den rechten Flügel des spanischen Heeres. Jakob kehrte 1660 mit seinem Bruder nach England zurück und heiratete im selben Jahr Anne Hyde, die Tochter des Lordkanzlers und wichtigsten Ministers der ersten Regierungsjahre Karls II., des Earl of Clarendon. Zur Heirat hatte sich Jakob verstehen müssen, weil Anne Hyde schwanger war und er ihr überdies unvorsichtigerweise ein Eheversprechen gegeben hatte.

Die Heirat hielt ihn nicht von zahlreichen Affären ab; er scheint zwar als Liebhaber vergleichsweise unbeholfen gewesen zu sein und warb um Frauen eher mit eindeutigen Blicken (wie es hieß, war er «the most unguarded ogler of his time») als durch galante Konversation, aber dies hinderte ihn nicht, sich zahlreiche Mätressen zu halten. Zu ihnen zählten unter anderem Arabella Churchill, eine ältere Schwester John Churchills, des späteren Herzogs von Marlborough, und Catherine Sedley, die 1686 den Titel einer Countess of Dorchester erhielt. Beide Frauen galten im übrigen als eher häßlich, und über Catherine bemerkte Karl II. gar boshaft, die Beziehung zu ihr sei seinem Bruder wohl von seinem Beichtvater als eine Buße auferlegt worden. Jakobs Frau tröstete sich über ihr Los durch üppige Mahlzeiten und galt als «one of the highest feeders in England», mit entsprechenden Resultaten für ihr Körpergewicht und ihre Gesundheit.

In politischen Fragen hatte Anne Hyde allerdings auf ihren Mann einen erheblichen Einfluß, und der Sturz Clarendons, seines Schwiegervaters, dem Jakob ergeben war, im Jahre 1667 bedrohte auch seine Position, zumal er als Oberbefehlshaber der Flotte – er war schon als Kind zum Lord High Admiral ernannt worden – im Krieg gegen die Niederlande (1665–67) manche Schlappe hatte hinnehmen müssen. Als Soldat und Flottenkommandeur besaß er zwar durchaus Talent und hatte sich auch um eine Reform der Seestreitkräfte bemüht, aber die Probleme, die sich aus der unzureichenden finanziellen Ausstattung der Flotte ergaben, hatte er nicht wirklich lösen können.

Seine Hinwendung zum Katholizismus erfolgte nach dem Sturz seines Schwiegervaters, der ein vorbehaltloser Anhänger der Church of England und Verteidiger der High Church in ihrer ganzen Intoleranz gegenüber den protestantischen Dissenters war, und mag durch die politische Krise der Jahre nach 1667 mitbedingt gewesen sein. Sie fand im übrigen in einer Zeit statt, als auch der König mit dem Gedanken einer

Konversion spielte und diese im Vertrag von Dover (1670) seinem Verbündeten, Ludwig XIV., sogar in Aussicht stellte. Jakob glaubte daher seinem Bruder nur auf einem Weg voranzugehen, den auch dieser bald beschreiten würde. Er scheint im Katholizismus aber auch jenen Halt und jene religiöse Eindeutigkeit gefunden zu haben, die ihm die Church of England nicht geben konnte. Mehr Soldat als Politiker, tendierte er dazu, nach Gewißheiten zu suchen, die es ihm erlaubten, klar zwischen richtig und falsch zu unterscheiden, und der Katholizismus, wie er ihn verstand, kam diesem Bedürfnis entgegen. In seinem Weltbild dominierten die Farben Schwarz und Weiß, für die Grautöne der anglikanischen via media war darin ebensowenig Platz wie später für Kompromisse mit Kritikern seiner Politik.

Die formale Aufnahme in die katholische Kirche fand vermutlich Anfang 1672 statt, doch hatte der Herzog von York schon im Vorjahr das anglikanische Abendmahl nicht mehr empfangen. Im Jahr nach seiner Konversion heiratete Jakob in zweiter Ehe – Anne war Ende März 1671 gestorben – die Prinzessin Maria Beatrice von Modena. Diese Heirat mit einer strengen Katholikin, die sich in ihrer Jugend auf ein Leben als Nonne vorbereitet hatte, war neben den Gerüchten über seine Konversion ein weiteres, für die englischen Protestanten beunruhigendes Zeichen für seine neue Position in konfessionellen Dingen.

## II. Auf dem Weg in das politische Abseits? Jakob als katholischer Thronerbe

Die Konversion des Herzogs von York war politisch deshalb besonders explosiv, weil die Ehe des Königs kinderlos geblieben war und der Herzog daher der voraussichtliche Thronerbe war. Die traditionell ausgeprägte Furcht vor dem Katholizismus wurde in England in diesen Jahren noch durch die aggressive Politik Ludwigs XIV. gesteigert, der Karl II. wenig entgegensetzte, ja, die er zeitweilig noch unterstützte. Die Proteste des Parlamentes und die Unruhe in der politischen Öffentlichkeit nötigten den König, die tolerante Politik gegenüber Katholiken und nicht-anglikanischen Protestanten, die er zum Zeitpunkt der Konversion seines Bruders verfolgt hatte, bald wieder aufzugeben und 1673 einem Gesetz, dem sogenannten ersten *Test Act*, zuzustimmen, das Nicht-Anglikaner und insbesondere alle Katholiken von Staatsämtern ausschloß. Der Herzog von York wurde dadurch u. a. genötigt, sein Amt als Lord Admiral niederzulegen. Während sein Bruder das Überleben der Dynastie durch taktisches Lavieren und Formelkompromisse sicherzustellen suchte, sah sich Jakob II., der solche Zugeständnisse ablehnte, nach Hilfe außerhalb Englands um. Durch seinen Privatsekretär Edward Coleman führte er sowohl mit dem Papst als auch mit Ludwig XIV. Verhandlungen, die seine Gesprächspartner zur finanziellen

Unterstützung der englischen Krone bewegen sollten. Subsidien dieser Art hätten den König vom Parlament unabhängiger gemacht und es Karl II. somit erlaubt, seine eigenen politischen Vorstellungen durchzusetzen. Während der Aufdeckung der angeblichen katholischen Verschwörung, den König und eine große Zahl von Protestanten zu ermorden, des sogenannten *Popish Plot* (1678), wurde auch die Geheimkorrespondenz Colemans beschlagnahmt und veröffentlicht. Jakobs Position war damit, auch wenn seine Verhandlungen nicht zu einem Erfolg geführt hatten, unhaltbar geworden. Auf Befehl des Königs mußte er Anfang März 1679 England verlassen und ging ins Exil nach Brüssel. Zwar kehrte er schon im Oktober wieder zurück, residierte jedoch einstweilen nicht mehr am Hof, sondern in Schottland, wo seine Präsenz weniger provozierend wirkte und wo er dem Zugriff des englischen Parlamentes weitgehend entzogen war. Ein Aufenthalt am Hof im Jahr 1680 blieb auf einige Monate beschränkt, dann mußte der Herzog von York sich wieder ins sichere Schottland zurückziehen, wo er im übrigen die radikalen Presbyterianer, die an die Tradition der Covenanters der Bürgerkriegszeit anknüpften, energisch und ohne große juristische Skrupel verfolgte. In England versuchten die Gegner einer katholischen Thronfolge unterdessen, Jakobs Ansprüche auf den englischen Thron durch eine sogenannte *Exclusion Bill* zu annullieren. Nach einer erbitterten politischen Auseinandersetzung gelang es Karl II. erst 1681, alle Versuche, die Thronfolge zu ändern, zunichte zu machen. Das Parlament wurde aufgelöst, und der König regierte bis zu seinem Tode 1685 recht erfolgreich ohne Ober- und Unterhaus. Der Herzog von York kehrte im März 1682 endgültig nach England zurück und konnte allmählich ein Gutteil des Einflusses und der Ämter zurückgewinnen, die er seit 1673 verloren hatte. Im Mai 1684 konnte er sogar seinen Sitz im *Privy Council* wieder einnehmen und trat wieder offiziell an die Spitze der Admiralität. Auch wenn Jakob nicht mit allen Maßnahmen des Königs einverstanden war, arbeiteten die Brüder nun doch wieder eng zusammen. Titus Oates, den Hochstapler, der 1678 das Gerücht von der katholischen Verschwörung verbreitet und damit immerhin gut dreißig Personen auf das Schafott oder an den Galgen gebracht hatte, ließ Jakob 1684 nach mittelalterlichem Vorbild wegen Beleidigung eines Hochadligen (*scandalum magnatum*) verklagen und zu einer Geldstrafe von 100 000 Pfund verurteilen. Nach Jakobs Thronbesteigung wurde Oates erneut verurteilt und öffentlich als Hochverräter ausgepeitscht, überlebte die Herrschaft des Königs aber.

## III. Ein Sieg des katholischen Absolutismus? Jakob II. als König

Trotz der starken Opposition gegen eine katholische Thronfolge während der Exclusion Crisis vollzog sich der Übergang der Herrschaft auf Jakob II. im Februar 1685 recht reibungslos, ja, Jakob II. konnte nach seiner Thronbesteigung zunächst aus einer Position der Stärke regieren. Sein Bruder Karl II. hatte in seinen letzten Regierungsjahren dafür Sorge getragen, daß die Whigs, die sich gegen ihn und seinen Bruder gewandt hatten, aus nahezu allen lokalen Machtpositionen verdrängt wurden. Das galt für städtische Ratsgremien in den *parliamentary boroughs* genauso wie für die Kollegien der Friedensrichter und die leitenden Organe der städtischen Zünfte. Jakob II. setzte diese Politik nach seinem Regierungsantritt fort, und allein in seinen ersten drei Regierungsmonaten mußten siebenundvierzig Städte auf ihre alten Stadtrechtsprivilegien verzichten. Sie erhielten zwar ihr Stadtrecht neu verliehen, aber in einer Form, die der Krone einen maßgeblichen Einfluß auf das Stadtregiment und damit auch die Parlamentswahlen in diesen Städten sicherte. Als im Mai 1685 das Parlament zusammentrat, waren von den 195 Abgeordneten, die Städte vertraten, deren Stadtverfassungen seit 1681 modifiziert worden waren, nur neun Whigs, alle anderen Tories. Die protestantischen Dissenters, von denen viele Ende der 1670er und Anfang der 1680er Jahre durch lautstarke Opposition gegen die anglikanische Kirche, den nach traditioneller Auffassung rechtmäßigen Thronfolger und zum Teil auch gegen die monarchische Regierungsform überhaupt hervorgetreten waren, wurden von den Tories, den Anhängern der High Church und des *Divine Right of Kings* seit 1681 erbarmungslos verfolgt. Zur Stärkung der Krone trugen schließlich noch konjunkturelle Entwicklungen und administrative Reformen der Finanzverwaltung bei, die dafür sorgten, daß die Krone 1685 über ein permanentes Einkommen verfügte, das sie in Friedenszeiten von parlamentarisch bewilligten Steuern weitgehend unabhängig machte.

Das im Frühjahr 1685 neu gewählte Parlament – seit 1681 hatte das Parlament trotz des *Triennial Act*, der eine Sitzungsperiode von Ober- und Unterhaus zumindest alle drei Jahre vorschrieb, nicht mehr getagt – war überdies ganz und gar von den königs- und kirchentreuen Tories dominiert. Die Loyalität gegenüber dem neuen Herrscher wurde noch gestärkt durch eine Rebellion, die im Juni 1685 dessen Halbbruder James Scott, Herzog von Monmouth, anführte. Monmouth, der schon vor 1685 als protestantischer Prätendent auf den Thron ins Spiel gebracht worden war, landete, aus den Niederlanden kommend, im Südwesten Englands, ließ sich zum König ausrufen, und konnte unter Webern und Bauern auch mehrere tausend Anhänger rekrutieren. Der kleinen, aber leidlich schlagkräftigen Armee des Königs war der Heerhaufen der Rebellen allerdings nicht gewachsen. Bei Sedgemoor am 5. Juli geschlagen, wurden die Aufständischen einer drakonischen Bestrafung unterworfen. In standrechtlichen Verfahren unmittelbar nach Sedgemoor und in den sogenannten *Bloody Assizes*, über die Jakobs Chief Justice und späterer Lordkanzler, George Jeffreys, präsidierte, wurden zahlreiche Rebellen zum Tode verurteilt. Monmouth selbst wurde trotz seiner flehentlichen Bitten um Gnade auf dem Tower Hill hingerichtet.

Die für die Niederschlagung des Aufstandes rekrutierte Armee ließ Jakob II. in den beiden folgenden Jahren noch vergrößern, so daß er in England schließlich über etwa 19000 Mann verfügte. In erheblichem Umfang wurden bereits 1685 auch Katholiken zu Offizieren dieses Heeres befördert, obgleich dies eigentlich nicht zulässig war. Als das Parlament im November wieder zusammentrat, wurde im Unterhaus eine Protestresolution gegen diese Vergünstigungen für Katholiken verabschiedet, und während der Debatte im Oberhaus mußte sich der an der Sitzung teilnehmende König scharfe Angriffe auf seine katholischen Glaubensbrüder anhören. Jakob II. schickte das Parlament daraufhin nach Hause, auch wenn es zunächst nur vertagt und nicht aufgelöst wurde. Unter den Protestanten der Stuart-Monarchie hatte die Katholikenfurcht mittlerweile noch zugenommen. Die Aufhebung des Toleranzediktes von Nantes in Frankreich am 8. Oktober 1685, der eine drastische Verschärfung der Verfolgung der französischen Protestanten folgte, hatte allem Anschein nach ein weiteres Mal unter Beweis gestellt, was protestantische Untertanen von einem katholischen Herrscher zu erwarten hatten. Zwar ist es außerordentlich unwahrscheinlich, daß Jakob den Protestantismus in England wirklich gewaltsam unterdrücken wollte, aber er arbeitete mit Ludwig XIV. außenpolitisch zusammen – eine Zusammenarbeit, die in der Öffentlichkeit für noch weit enger gehalten wurde, als sie es in Wirklichkeit war –, und ohne Zweifel versuchte er das Los seiner katholischen Glaubensbrüder in seinen Königreichen nicht nur zu erleichtern, sondern begünstigte sie auch bei der Vergabe von Ämtern und Privilegien. Er scheint der Überzeugung gewesen zu sein, daß diese Politik die Mehrheit seiner Untertanen ohnehin über kurz oder lang zu überzeugten Katholiken werden lassen würde, ohne daß es dazu eines Verbotes des protestantischen Glaubens bedürfe. Sein weitgehendes Unverständnis für konfessionelle und politische Positionen, die mit seinen eigenen Ansichten nicht vereinbar waren, führte ihn zu einer vollständigen Fehleinschätzung der politischen Lage; eine Fehleinschätzung, in der er durch seine politischen Berater, oft selber Katholiken, wie der politisch unerfahrene aber außerordentlich ehrgeizige Jesuitenpater Edward Petre, oder Konvertiten, bestärkt wurde. Selbst der einflußreiche Lord President des *Privy Council*, der Earl of Sunderland, der bis 1681 den Ausschluß Jakobs II. von der Thronfolge befürwortet hatte und als geschickter politischer Taktiker galt, war zu opportunistisch und skrupellos, um den König zu warnen, und trat statt dessen im Juni 1688 selber zum Katholizismus über, um sich so das dauernde Wohlwollen seines Herrn zu sichern.

Aus der Sicht der englischen Protestanten war schon die Förderung des Katholizismus durch die Krone mit friedlichen Mitteln – mit dem Ziel, massenhafte Konversionen herbeizuführen – bedrohlich genug, zumal in Frankreich Ludwig XIV. die Aufhebung des Ediktes von Nantes offiziell damit begründet hatte, es gebe kaum noch Protestanten, weil diese ohnehin schon alle freiwillig Katholiken geworden seien. Offiziell war also auch hier von Gewissenszwang nicht die Rede gewesen. Jakob II. vergrößerte das Mißtrauen, das sich gegen ihn richtete, noch durch seine Politik in Irland. Dort förderte er die katholische Bevölkerungsmehrheit nachhaltig. Bald waren schon 40% der Offiziere und die Mehrheit der Soldaten der in Irland stationierten Truppen Katholiken, und diese erhielten auch zahlreiche Positionen in der Verwaltung. Dies war für die irischen Protestanten und für englische Eigentümer irischen Landes besonders beunruhigend, weil der engste Vertraute Jakobs II. in Irland, Richard Talbot Earl of Tyrconnel (seit 1687 Statthalter in Dublin), und andere Wortführer des Katholizismus deutlich zu erkennen gaben, daß sie eine zumindest partielle Revision der Enteignungen der 1650er Jahre, durch die so viele Katholiken ihr Land verloren hatten, erwarteten, wenn nicht sogar eine Rücknahme, zumindest teilweise, der früheren Konfiskationen, insbesondere in Ulster.

Da sich schon Ende 1685 abzeichnete, daß die sonst königs-, aber auch durch und durch kirchentreuen Tories sich einer vollständigen Tolerierung des Katholizismus in England und den anderen beiden Königreichen entgegenstellen würden, schwenkte Jakob 1686–87 auf eine Politik um, die darauf abgestellt war, die nicht-anglikanischen Protestanten, die Dissenters, für sich zu gewinnen. Als Kompensation für die auch und gerade in ihren Kreisen unpopuläre Duldung und Förderung des Katholizismus sollte ihnen Gewissens- und Kultusfreiheit gewährt werden. Im April 1687 ließ Jakob II. eine *Declaration of Indulgence* verkünden, die die Strafklauseln der Gesetze, die sich gegen Katholiken und Dissenters richteten, und auch die *Test Acts* von 1673 und 1678, auf Jahre außer Kraft setzte. Zwar war nahezu unumstritten, daß der Herrscher einzelne Untertanen begnadigen oder vor der Wirkung strafrechtlicher Sanktionen durch besondere Privilegien und Gnadenerweise schützen konnte, aber es war sehr zweifelhaft, ob er ganze Gesetze – ohne Mitwirkung des Parlamentes – vollständig außer Kraft setzen konnte. Mit einem ernsthaften Widerstand der Gerichte gegen seine Politik mußte Jakob II. allerdings nicht rechnen, da er unbotmäßige Richter sofort ihres Amtes enthob. Die Stimmung der politisch und sozial maßgeblichen Kreise schlug jedoch immer mehr gegen ihn um, zumal er durch zahlreiche Provokationen zusätzlichen Widerstand weckte. So zwang er im

Frühjahr 1687 Magdalen College in Oxford, entgegen den Statuten einen von ihm nominierten Katholiken als Präsidenten zu akzeptieren, und reagierte auf den Widerstand der Mitglieder des College durch Umwandlung von Magdalen in ein katholisches Priesterseminar – unter Ausschluß, naturgemäß, der bisherigen protestantischen fellows. Durch solche Willkürmaßnahmen verlor der König rasch die Unterstützung der Anglikaner. Er hoffte offenbar, dies durch ein Bündnis mit den Dissenters kompensieren zu können. Zahlreiche neue Eingriffe in die Stadtverfassung der *parliamentary boroughs* und in die lokale Verwaltung sollten dafür sorgen, daß das nächste Parlament, an dessen Einberufung für 1688 gedacht war, durch eine Koalition von Katholiken oder Kryptokatholiken und Dissenters dominiert wurde. Die Dissenters stellten zwar in England eine relativ kleine Minderheit von vermutlich deutlich weniger als 10 % der Bevölkerung, aber sie waren unter der wohhabenden Mittelschicht und zum Teil auch Oberschicht zahlreicher Städte – die als *parliamentary boroughs* wichtig waren – überrepräsentiert. Die Unterstützung dieser Gruppe konnte für den König also in der Tat wertvoll sein. Zweifelhaft blieb aber, ob sie ein ausreichendes Gegengewicht gegen den wachsenden Widerstand der meist streng anglikanischen ländlichen Oberschicht darstellen konnte, zumal auch viele Dissenters dem König mißtrauten, der ihnen als Verkörperung des gegenreformatorischen Absolutismus erschien.

## IV. Die Glorious Revolution in England und der ‹War of the Two Kings› in Irland

In England hatte zumindest seit der Thronbesteigung Jakobs I. 1603 eine enge Verbindung zwischen den Prinzipien des Gottesgnadentums und der ebenfalls göttlich sanktionierten bischöflichen Amtsgewalt bestanden, die durch den Bürgerkrieg und die Restauration noch gefestigt worden war. Die Bischöfe standen an der Spitze einer hierarchisch gegliederten, die Kontinuität zur mittelalterlichen kirchlichen Tradition wahrenden Kirche und nahmen für sich, obwohl vom König nominiert, in theologisch-dogmatischen und spirituellen Fragen eine gewisse Autonomie in Anspruch, die ihnen von früheren Stuart-Herrschern auch nie wirklich streitig gemacht worden war. Ihrerseits waren die Bischöfe stets bereit gewesen, für das göttliche Herrschaftsrecht des Monarchen und gegen jedes aktive Widerstandsrecht einzutreten. Jakob II. wollte sie nun jedoch zwingen, seine Duldung und Förderung des Katholizismus auch noch offiziell gutzuheißen. Eine zweite Toleranzerklärung zugunsten der Katholiken und Dissenters vom 27. April 1688 sollte von allen Kirchenkanzeln verlesen werden. Die meisten anglikanischen Geistlichen weigerten sich jedoch, diesem Befehl zu folgen, und der – wie sich auch nach 1688 zeigen sollte – prinzipienfeste Erzbischof von Canterbury William Sancroft, der seit 1677 amtierte, protestierte zusammen mit sechs anderen Bischöfen öffentlich gegen die Kirchenpolitik des Königs, die er als illegal brandmarkte. Damit war die Legitimität der Herrschaft Jakobs II. nachhaltig in Frage gestellt, zumal es dem König nicht gelang, die sieben Bischöfe von einem Londoner Geschworenengericht wegen Aufruhr und Verleumdung verurteilen zu lassen. Sancroft selber hielt stets am Prinzip des leidenden Gehorsams fest und lehnte jeden gewaltsamen Widerstand gegen den gesalbten König ab, aber der Bischof von London, Compton, unterzeichnete am 30. Juni 1688 zusammen mit sechs anderen führenden englischen Protestanten, darunter den Earls of Shrewsbury, Devonshire und Danby, ein Schreiben an Wilhelm von Oranien, den Generalstatthalter der Niederlande und Schwiegersohn Jakobs II., in dem dieser zur Intervention in England aufgefordert wurde. Dieser Schritt war nicht nur durch die Zuspitzung des Konfliktes zwischen dem König und der Church of England motiviert, sondern auch durch die Aussicht auf die dauerhafte Herrschaft einer katholischen Dynastie, die sich 1688 plötzlich eröffnete. Königin Maria, die Gattin Jakobs II., gebar am 10. Juni ein gesundes männliches Kind, den Prinzen James Francis Edward Stuart – alle Kinder, die sie zuvor geboren hatte, waren entweder kurz nach der Geburt oder jedenfalls noch im Säuglingsalter gestorben, und es wurde allgemein angenommen, daß der König ohne einen leiblichen Erben aus seiner Ehe mit Maria von Modena sterben würde. Mit der überraschenden Geburt des Prinzen schien eine katholische Thronfolge gesichert, und statt auf ein – im Hinblick auf das fortgeschrittene Alter des Königs – kurzes katholisches Intermezzo mußten sich die Protestanten Englands nun auf eine dauerhafte Förderung des Katholizismus durch die Krone einstellen. Wilhelm von Oranien war seinerseits an der Lage in England vor allem unter außenpolitischen Gesichtspunkten interessiert, obgleich die Aussicht auf den Verlust der Anwartschaft auf den englischen Thron durch die Geburt James Edward Stuarts seine Beziehungen zu seinem Schwiegervater naturgemäß schon an sich belastete. Den Ausschlag für die Invasion in England, zu der er sich im Herbst 1688 entschloß, gab aber die Bedrohung der Niederlande durch Frankreich. Um ihr zu widerstehen, war es von essentieller Bedeutung, England zumindest zu neutralisieren oder aber auf die Seite der Niederlande zu ziehen. Als Wilhelm am 5. November mit seinen Truppen in Torbay landete, scheint es zunächst nicht seine Absicht gewesen zu sein, den König zu stürzen, er wollte ihn vielmehr lediglich zu einer «protestantischen» Innen- und Außenpolitik zwingen. Für einen Sturz des Königs hätte er in England auch keine ausreichende Unterstützung besessen. Jakob II. geriet jedoch in Panik und wich nicht nur einer militärischen Auseinandersetzung aus, sondern versuchte am 11. Dezember sogar aus England zu fliehen. Er wurde freilich gefangengenommen und konnte erst am 22. Dezember – mit der stillschweigenden Duldung der Soldaten Wilhelms – nach Frankreich entkommen.

Wenn es die Gefahr eines englisch-französischen Bündnisses war, die Wilhelm zur Intervention in England veranlaßt hatte, so war es nun die Unterstützung Frankreichs für Jakob II., die es diesem ermöglichte, sich noch einmal um eine Rückgewinnung seiner drei Kronen zu bemühen. Am 12. März 1689 landete er zusammen mit einem französischen Gefolge aus Beratern und Offizieren in Kinsale im Südwesten Irlands. Hier konnte er auf die Loyalität der katholischen Bevölkerung rechnen, und ihm wurde in der Tat ein enthusiastischer Empfang bereitet. Es war daran gedacht, von Irland aus Schottland zurückzugewinnen, wo Jakob die Unterstützung zahlreicher Clans der Highlands besaß. Allerdings stießen die katholischen Truppen in Irland auf den Widerstand der Protestanten in Ulster. Der Versuch, Derry (Londonderry) für den Stuart-König zu gewinnen, scheiterte, ja die Verteidiger der Stadt schossen sogar auf ihn, als er vor den Mauern Derrys erschien. Auch eine langwierige Belagerung führte nicht zum Erfolg und mußte Ende Juli abgebrochen werden. Jakob II. berief in Irland das Parlament ein, das nun vollständig von Katholiken dominiert wurde. Den Forderungen nach einer weitgehenden Restitution des katholischen Besitzes gab er jedoch nicht nach, und er weigerte sich auch, die katholische Religion zur einzig zulässigen zu erklären. Vielmehr gewährte er den Katholiken lediglich volle Gewissensfreiheit und die Gleichberechtigung mit den Protestanten. Die protestantische Gegenoffensive gegen Jakob II., geleitet vom deutschstämmigen Herzog von Schomberg, der vor 1685 in französischen Diensten gestanden hatte, kam jedoch auch nicht voran. Erst mit der Landung Wilhelms von Oranien in Irland am 14. Juni 1690 änderte sich die Lage. Der Oranier verfügte nicht nur über Truppen, die in Ulster und England rekrutiert worden waren, sondern auch über niederländische und deutsche Einheiten sowie über insgesamt 7000 dänische Soldaten. Seine 36 000 Mann waren der Armee Jakobs, ca. 25 000 Mann, daher numerisch eindeutig überlegen, obgleich der Stuart-König nunmehr ein 7000 Mann starkes französisches Expeditionskorps, das ihm Ludwig XIV. gesandt hatte, einsetzen konnte. In der Schlacht am Fluß Boyne am 1. Juli 1690 erlitt er dennoch eine vernichtende Niederlage. Auch wenn der katholische Widerstand in Irland noch bis zum Herbst 1691 anhielt, entschloß sich Jakob II. doch abermals, wie 1688, zur Flucht und verließ Irland bereits am 4. Juli 1690. Die katholischen Iren gälischer und englischer Herkunft sahen ihn später als verantwortlich für ihr Unglück an, das mit der Schlacht am Boyne besiegelt wurde, und ein zeitgenössisches katholisches Spottgedicht stellte fest: «It is the coming of King James that took Ireland from us, / with his one shoe English and his one shoe Irish, / he would neither strike a blow nor would he come to terms.»

## V. Exil und Tod

Nach dem Scheitern seines Planes, in Irland ein Sprungbrett für die Rückkehr nach England zu gewinnen, zog sich Jakob II. nach St. Germain en Laye zurück; Ludwig XIV. hatte ihm und seiner Familie dieses Schloß an der Seine nördlich von Paris schon 1688 zur Verfügung gestellt und fuhr zunächst auch fort, seine Bemühungen um eine Rückgewinnung seiner Herrschaft zu unterstützen. Der gestürzte König selber war jedoch mittlerweile zu der Überzeugung gelangt, er sei durch seine Vertreibung aus England von Gott selber für seine zahlreichen Sünden – Jakob bereute nun vor allem seine früheren erotischen Eskapaden – bestraft worden. Er widmete sich ganz religiösen Meditationen, zog sich tagelang nach La Trappe oder in andere Klöster zu Gebet und Andachtsübungen zurück und kasteite sich sogar durch eiserne Stachelketten, die er um seine Schenkel legte. Sein Sturz hatte ihm, wie er meinte, die Nichtigkeit irdischer Macht und Herrlichkeit gezeigt. Die Aussichten auf eine Restauration wurden freilich – vor allem nach dem englischen Seesieg über die französische Flotte bei La Hogue (1692) – immer geringer, und nur widerwillig ließ sich Jakob dazu bewegen, im April des folgenden Jahres in einer öffentlichen Erklärung wesentliche Zugeständnisse an die britischen Protestanten zu machen, um die Sicherheit des evangelischen Glaubens für den Fall seiner Wiedereinsetzung als König zu verbürgen. Er zog es eigentlich vor, als unbeugsamer Märtyrer einer gerechten, aber verlorenen Sache zu leben und zu sterben. Der erhoffte jakobitische Aufstand blieb ohnehin aus, und der Frieden von Rijswijk (1697), in dem Ludwig XIV. zwar nicht expressis verbis, aber doch faktisch die Herrschaft Wilhelms III. in England anerkannte, oder doch zumindest versprach, keine gegen ihn gerichteten Umsturzversuche mehr zu unterstützen, machte alle Hoffnungen auf eine Rückkehr nach England auf längere Zeit zunichte. Der Exilhof des Königs wurde nun mehr denn je zum Ort einer weltabgewandten katholischen Frömmigkeit. Jakob selber verfaßte kleinere religiöse Schriften, die von der Sehnsucht nach dem Tod und einer besseren Welt erfüllt waren. Am 5. September 1701 ging sein Wunsch in Erfüllung. Zeitgenossen sprachen davon, er sei wie ein Heiliger gestorben, und für englische Katholiken wurde sein Körper zu einer Reliquie. Dies erklärt u. a., warum seine Gebeine auf eine Reihe von Begräbnisstätten aufgeteilt wurden. Der Körper selber wurde in der Kirche der englischen Benediktiner in Paris beigesetzt, sein Hirn im schottischen Seminar in Paris, sein Herz im Nonnenkloster von Chaillot, wie er testamentarisch verfügt hatte, und die Eingeweide in der Gemeindekirche von St. Germain und in der Kirche der englischen Jesuiten in St. Omer. An seinem Grabe in der Benediktinerkirche in Paris wurden in den folgenden Jahren angeblich Kranke, die Jakob II. um seine Interzession angefleht hatten, geheilt. Der Versuch, den König heiligsprechen zu lassen, scheiterte jedoch 1734.

Das Leben und die Regierung Jakobs II. spiegeln nicht, wie John Miller, sein Biograph, festgestellt hat, «die Geschichte... von papistischem Despotismus, der durch Wilhelms gottgewolltes Eingreifen verhindert wurde, sondern von extremer politischer Inkompetenz und schlichtem Pech». Für das Herrscheramt, das er erst spät im Leben erlangte, weitgehend ungeeignet, gelang es Jakob II. innerhalb kürzester Zeit, die Machtposition, die sein Bruder in seinen letzten Lebensjahren aufgebaut hatte, vollständig zu zerstören. Widrige Umstände, wie der Zeitpunkt der Geburt seines Sohnes oder die von ihm nicht zu verantwortenden Fehler seines französischen Verbündeten, Ludwigs XIV., spielten hier zwar auch eine gewisse Rolle, aber dies ändert nichts daran, daß Jakob II. jedes Augenmaß bei der Auswahl politischer Berater und der Umsetzung seiner konfessionellen Zielvorstellungen fehlte und er zum Zeitpunkt der Glorious Revolution nicht einmal mehr die notwendige Tatkraft und den Mut besaß, die ihn als jungen Mann ausgezeichnet hatten.

*Eckhart Hellmuth*

# Wilhelm III. und Maria II.
## 1689–1702 und 1689–1694

*Wilhelm III., geb. 14. November 1650 in Den Haag; ab 1672 militärischer Oberbefehlshaber der Vereinigten Niederlande und zugleich erblicher Statthalter in den meisten Provinzen; 5. November 1688 Landung in England; im Winter 1688/89 zentraler Akteur der «Glorreichen Revolution»; 11. April 1689 Krönung zum König von England; gest. 19. März 1702 in London; Vater: Wilhelm II. von Oranien (1626–1650); Mutter: Maria (1631–1660), älteste Tochter Karls I.; Eheschließung: 1677 Vermählung mit Maria II.*

*Maria II., geb. 30. April 1662 in London; danach Übersiedlung in die Niederlande; Rückkehr nach England zu Beginn des Jahres 1689; Krönung zur Königin von England 11. April 1689; gest. 28. Dezember 1694; Vater: Jakob II. (1633–1701), damals Herzog von York; Mutter: Anne Hyde (1638–1671); keine Kinder.*

Am 11. April 1689 erlebte London ein in der Tat bemerkenswertes Schauspiel: Wilhelm von Oranien und seine Gemahlin Maria wurden zum König und zur Königin Englands gekrönt. Die englische Monarchie entfaltete bei dieser Gelegenheit all jenen Pomp, dessen ein barocker Hof im ausgehenden 17. Jahrhundert fähig war. Das sorgfältig geplante, gleichwohl übervolle Krönungsprogramm hielt die beiden Monarchen dermaßen in Atem, daß sie diesen Tag als Last empfanden. Bereits kurz nach 10 Uhr hatten sie sich von ihrem Palast in Whitehall auf den Weg nach Westminster, dem Sitz des Parlamentes gemacht, Wilhelm von Oranien mit seiner Prunkbarkasse auf der Themse, seine Gemahlin Maria mit der Sänfte durch die Straßen Londons. Nach ihrer Ankunft in Westminster Hall wurden die Krönungsinsignien vor ihnen ausgelegt, darunter das Staatsschwert Curtana. Danach bewegte sich ein imposanter Zug vom Parlamentsgebäude zur Krönungskirche. Angeführt von Pauken und Trompeten, begleitet von den Chören von Westminster Abbey und der Royal Chapel zogen Wilhelm und Maria mitsamt ihrem Hofstaat, der hohen Geistlichkeit und dem hohen Adel des Königreiches an der Bevölkerung der Metropole vorbei. Die Krönungsfeierlichkeiten in Westminster Abbey begannen mit einem Gottesdienst, in dessen Mittelpunkt die Predigt des Bischofs von Salisbury über einen alttestamentarischen Text stand. Danach folgte der eigentliche Krönungsakt, den ein zeitgenössischer Chronist auf folgende Weise festhielt: «Nach der Predigt ... leisteten Ihre Majestäten den neu festgelegten Eid, und nachdem das Veni Creator gesungen und das Heilige Öl geweiht worden war,

Wilhelm III. (1689–1702)

Maria II. (1689–1694)

wurden Ihre Majestäten zu Ihren Königlichen Sesseln geleitet, die (nahe der östlichen Seite) der Bühne aufgestellt worden waren, damit sie für die Mitglieder des Unterhauses (die mit ihrem Speaker im nördlichen Kreuzgang saßen) leichter zu sehen waren, und ihnen wurden... die Sporen und das Schwert gereicht, und sie wurden mit den Reichsmänteln und Reichsäpfeln und dann mit den Ringen und Szeptern ausgestattet. Und um vier Uhr wurden von dem Bischof von London die Kronen auf die Häupter Ihrer Majestäten gesetzt; angesichts dessen riefen alle Menschen, die Trommeln schlugen und Trompeten schallten, und alle großen Geschütze im Tower und im St. James Park wurden abgefeuert, und alle Mitglieder des Oberhauses und ihre Gemahlinnen setzten ihre Diademe auf. Dann wurde Ihren Majestäten die Heilige Bibel gereicht; und nach der Weihe geruhten Ihre Majestäten, die Bischöfe zu küssen. Und nachdem das Te Deum gesungen worden war, bestiegen Ihre Majestäten Ihre Throne.»

Das Monarchenpaar und die Magnaten des Landes versammelten sich am Abend des Krönungstages zu einem Festbankett; für die Bevölkerung Londons endete dieser 11. April mit Freudenfeuern, Illuminationen, Glockengeläut und Trinkgelagen.

Auf den ersten Blick bewegten sich diese Krönungsfeierlichkeiten im Rahmen der Konvention. Bewußt lehnte sich der Lord Great Chamberlain, der für das Protokoll dieses Tages verantwortlich war, an das Zeremoniell an, wie es Jakob II. mit seinem ausgeprägten Sinn für Ritual und Etikette anläßlich seiner eigenen Krönung im Jahre 1685 festgelegt hatte. Und doch wurde mit dem 11. April 1689 ein neues Kapitel in der Geschichte der englischen Monarchie aufgeschlagen. Denn was sich an diesem Tage in Westminster Abbey abspielte, brach in mehrfacher Hinsicht mit der Tradition.

Ungewöhnlich war allein schon der Sachverhalt, daß es sich um eine Doppelkrönung handelte. Hier wurde nicht einfach ein Monarch in Anwesenheit seiner Gemahlin gekrönt, vielmehr bestiegen zwei im Prinzip gleichberechtigte Souveräne den Thron. Folglich mußten alle Krönungsinsignien – Krone, Zepter, Reichsapfel etc. – jeweils in zweifacher Ausführung angefertigt werden. Der Grund für diese in der Geschichte der englischen Monarchie singuläre Situation war darin zu suchen, daß mit diesem Krönungsakt im Frühjahr des Jahres 1689 das dynastische Prinzip vehement verletzt wurde; oder, um die Perspektive zu wechseln: Dieser Krönungsakt war das Ergebnis einer Kette höchst dramatischer Ereignisse, die wir gemeinhin als «Glorreiche Revolution» bezeichnen. Folgte man allein der Logik des dynastischen Prinzips, so hatte Wilhelm von Oranien nicht den geringsten Anspruch auf den englischen Thron; allenfalls konnte ihn seine dem Hause Stuart entstammende Gemahlin für sich reklamieren. Nur indem Wilhelm gemeinsam mit Maria, der Tochter des geflohenen Jakobs II., gekrönt wurde, konnte zumindest ein Schatten von Legitimität auf ihn fallen. Dieser Mangel an Legitimität manifestierte sich in einer weiteren Anomalie des Krönungszeremoniells: Die Krönung wurde ganz entgegen der Tradition durch den Bischof von London vorgenommen; eigentlich wäre dies die Sache des Primas der anglikanischen Kirche gewesen. Der Erzbischof von Canterbury hatte sich aber, da er nach wie vor Jakob II. für den legitimen Souverän hielt und Wilhelms Anspruch auf den Thron bestritt, dieser Aufgabe entzogen.

Was nun aber vor allem in dem Krönungszeremoniell vom 11. April 1689 sinnfällig wurde, war das neue Verhältnis zwischen Krone und Parlament, insbesondere zwischen Krone und Unterhaus. Zum ersten Mal in der Geschichte der englischen Monarchie nahmen die Mitglieder des *House of Commons* einen prominenten Platz in der Krönungskirche ein. Von ihrer Tribüne aus konnten sie «überwachen», wie Wilhelm und Maria jenen neuen Eid leisteten, der aus Verhandlungen zwischen dem Parlament und den beiden zukünftigen Souveränen hervorgegangen war. Hatte die bis dahin gängige Eidesformel den jeweiligen Monarchen lediglich verpflichtet, die von ihm selbst erlassenen Gesetze zu respektieren, so banden sich Wilhelm und Maria nun an den legislatorischen Willen des Parlamentes. Mit der neuen Eidesformel versprachen die beiden Monarchen «to govern the people of this kingdom of England ... according to the statutes in parliament agreed on, and the laws and customs of the same». So wurden die Mitglieder des Unterhauses Zeugen der Geburt eines Verfassungsarrangements, bei dem sich die Gewichte zugunsten des Parlaments zu verschieben begannen und das langfristig in die Richtung einer «konstitutionellen» Monarchie wirken sollte.

Nun gab es aber noch ein weiteres Novum, das an diesem Tage Eingang in das Krönungszeremoniell fand: Wilhelm und Maria wurde während des Krönungsaktes jeweils eine Bibel überreicht. Mit dieser Geste wurde allen kryptokatholischen und katholischen Tendenzen, wie sie sich unter Karl I., Karl II., vor allem aber unter Jakob II. gezeigt hatten, eine entschiedene Absage erteilt. Denn die Heilige Schrift galt als Symbol protestantischen Glaubensverständnisses und protestantischer Glaubenspraxis. Kaum eine andere Frage hatte die englische Nation während des 17. Jahrhunderts so sehr entzweit wie die der Religion. Die Bibeln in den Händen von Wilhelm und Maria machten aller Welt klar, daß die englische Monarchie unzweideutig eine protestantische war.

Wer waren nun diese beiden Personen, die im Mittelpunkt dieses denkwürdigen Krönungstages standen? Maria war das älteste Kind des Duke of York (späterhin Jakob II.); sie entstammte dessen erster Ehe mit Anne Hyde. Maria erhielt eine Erziehung im Geiste der Reformation und wurde 1677 im Alter von 15 Jahren mit Wilhelm von Oranien vermählt. Diese Heirat entsprang, wie es im 17. Jahrhundert üblich war, politischem Kalkül. Die Krone wollte jene Mitglieder des Parlamentes, die eine Rekatholisierung Englands befürchteten, beruhigen. Die Verbindung Marias, die nach ihrem Vater an zweiter Stelle der Erbfolge stand, mit Wilhelm von Oranien, dem prominentesten Vertreter der protestantischen Sache in Europa, sollte signalisieren, daß das Haus Stuart nicht daran dachte, die eingelebte anglikanische Religion zu unterminieren. Mit ihrer Eheschließung siedelte Maria in die Niederlande über. Nachdem ihr Vater 1685 als Jakob II. den Thron bestiegen hatte, wurde sie, da es bis zu diesem Zeitpunkt keinen männlichen Erben gab, zur Thronprätendentin. Doch als Jakob II. im Sommer 1688 in zweiter Ehe ein männlicher Erbe geboren wurde, verlor sie diesen Anspruch. Erst die «Glorreiche Revolution» brachte sie zurück in ihr Mutterland. Sie starb 1694 an den Pocken.

Maria war eine ungewöhnlich schöne und stattliche Frau, deren Erscheinung Zeitgenossen nachhaltig beeindruckte. Hinzu kam, daß sie über Qualitäten verfügte, die man bei den meisten Regenten des 17. Jahrhunderts vergeblich suchte: Herzenswärme, Zuwendung zu ihren Mitmenschen und Hilfsbereitschaft. Es waren nicht zuletzt diese Charaktereigenschaften, die ihr sowohl in den Niederlanden als auch in ihrem Mutterland zu Ansehen und Popularität verhalfen. Im Gedächtnis der englischen Nation fand sie u. a. deswegen ihren festen Platz, weil sie – angerührt vom Schicksal kranker, verwundeter und verstümmelter Marinesoldaten – den Bau des Marinehospitals in Greenwich initiierte. Solche karitativen Anstrengungen korrespondierten mit tiefer Religiosität. Maria lebte in ständiger «Furcht des Herrn». Selbst bei den kleinsten Vergnügungen, an denen sie teilhatte, sah sie die Strafe Gottes heraufziehen. Ihren frühen Tod im Alter von nur 32 Jahren akzeptierte sie in Gottergebenheit.

Überhaupt lag über ihrem Leben ein tragischer Zug. Ihre Ehe mit Wilhelm stand unter keinem guten Stern. Zwar gab es gegenseitigen Respekt, sporadisch sogar Zuneigung füreinander, aber es wäre ein Euphemismus, Wilhelm unter die Kategorie des «guten und treusorgenden Gatten» zu subsumieren. Bezeichnenderweise blieben dieser Ehe Kinder versagt. Vor allem aber wurde Maria zu einer tragischen Figur, weil sie durch die «Glorreiche Revolution» in einen traumatischen Konflikt hineingezogen wurde. Die politischen Verhältnisse des Jahres 1688/89 zwangen sie, sich zwischen Gemahl und Vater zu entscheiden. Konsequent ergriff sie in dieser Situation für Wilhelm Partei. Allein schon ihr entschiedener Protestantismus verbot es ihr, sich anders zu entscheiden. So stand Maria denn auch während der Krisen der frühen neunziger Jahre loyal an der Seite ihres Ehegemahls. Während Wilhelm auf den Schlachtfeldern Irlands, Schottlands und des Kontinents gegen seinen Schwiegervater Jakob II. und Ludwig XIV. focht, leitete Maria die Regierungsgeschäfte in London. Sie tat dies mit Umsicht und Kompetenz, auch wenn administrative Tätigkeiten eigentlich nicht ihren Neigungen entsprachen. Gleichzeitig litt sie unter der Entfremdung von ihrem Vater. So blieben ihr nur die Erinnerungen an glücklichere Tage in den Niederlanden. Das zivilisierte, wenig aufwendige Hofleben, das sie dort zwischen 1677 und 1689 geführt hatte, entsprach ihrem Naturell fraglos mehr als die große Politik, in die sie durch die «Glorreiche Revolution» hineingezogen wurde.

Wilhelm wurde 1650 in Den Haag geboren. Er war der Sohn Wilhelms II. von Oranien und Marias, der Tochter Karls I. Enge familiäre Beziehungen zum Hause Stuart bestanden also schon vor Wilhelms Vermählung im Jahre 1677. Aufgrund der Herkunft seiner Mutter war Wilhelm Enkel Karls I., der 1649 in den Wirren der «puritanischen» Revolution hingerichtet worden war, und Neffe seines späteren Schwiegervaters. Zwar erwuchs aus diesen engen familiären Beziehungen zum Hause Stuart kein Anspruch auf den englischen Thron, sie garantierten aber doch intime Vertrautheit mit den Verhältnissen am Hofe von Whitehall und mit der Politik in Westminster. Die Jugend Wilhelms war überschattet von dem allzu zeitigen Tod des Vaters, der noch vor der Geburt seines Sohnes verstarb. Dieser frühe Tod wurde in zweifacher Hinsicht zur Hypothek: Zum einen fehlte in Kindheit und Adoleszenz die Vaterfigur, die dem kleinwüchsigen, asthmatischen Wilhelm hätte Sicherheit und Halt geben können. Zum zweiten mußte Wilhelm allzu rasch in die Rolle des Hauptes des Hauses Oranien hineinwachsen – eine Rolle, die ihn angesichts der Wirren und Intrigen der inneren Politik der Vereinigten Niederlande zunächst überforderte. Seine Erziehung erfuhr er an der Universität Leiden. Seit 1672 war Wilhelm von Oranien der militärische Oberbefehlshaber der Vereinigten Niederlande und zugleich erblicher Statthalter in den meisten Provinzen. In dieser Eigenschaft führte er zwischen 1672 und 1678 Krieg gegen Ludwig XIV. und etablierte sich als Hauptopponent der französischen Expansionspolitik. Obwohl Wilhelm der durchschlagende militärische Erfolg versagt blieb, gelang es ihm, im Vertrag von Nimwegen (1678) die territoriale Integrität der Vereinigten Niederlande zu sichern. 1681 schmiedete er eine antifranzösische Allianz, der neben den Vereinigten Niederlanden Schweden, Spanien und das Reich angehörten. Unmittelbar nach der Glorreichen Revolution zog er England in den Konflikt mit Frankreich hinein, der im Frieden von Ryswijk (1697) ein vorläufiges Ende fand. Aber noch vor seinem Tode im Jahre 1702 sah sich Wilhem durch den Ausbruch des Spanischen Erbfolgekrieges erneut mit Ludwig XIV. konfrontiert. Zwei Motive waren es vor allem, die Wilhelm bei dieser antifranzösischen Politik bestimmten: Zum einen wollte er das Prinzip des Gleichgewichts der Mächte in Europa gewahrt sehen. Zum zweiten ging es ihm um die protestantische Sache, die er durch Ludwigs Politik der Intoleranz und Aggression bedroht sah.

Die Persönlichkeit Wilhelms stand in deutlichem Kontrast zu der seiner Gemahlin. War Maria offen und menschenfreundlich, so war Wilhelm schroff und abweisend. Dieser harsche Zug in seinem Wesen konnte bis an den Rand von Zynismus und Menschenverachtung gehen. Seine Kontakt- und Menschenscheu hatten u. a. zur Konsequenz, daß das Hofleben während seiner Regierungszeit auf ein Minimum reduziert wurde. Mehr und mehr zog er sich aus dem Palast von Whitehall zurück und wich vor die Tore Londons nach Hampton Court und Kensington aus. Seinen neuen Untertanen stand er mir großer Reserve gegenüber. Der Zugang zur «Seelenverfassung» der Engländer sollte ihm zeitlebens verschlossen bleiben. Hinzu kam, daß seine moralische Reputation nicht die allerbeste war. Es war allgemein bekannt, daß sich Wilhelm eine Mätresse hielt (Elizabeth Villier, die spätere Duchess of Orkney). Außerdem liefen Gerüchte um, daß er homosexuelle Beziehungen zu zwei seiner niederländischen Favoriten unterhielt. Beide erhob er in den Adelsstand. Willem Bentinck erhielt 1689 den Titel eines Duke of Portland, Arnald Joost van Keppel 1696 den eines Earl of Albemarle. Generell machte sich bei Wilhelm die Tendenz geltend, bei der Vergabe von Hof- und Staatsämtern seine Landsleute zu protegieren. Unter diesen Umständen ist es nicht erstaunlich, daß Wilhelm in seiner neuen Heimat eine wenig populäre Figur blieb.

Der harsche Zug, der über Wilhelms Wesen lag, ist gelegentlich darauf zurückgeführt worden, daß er im Alter von 22 Jahren die Zerstörung seiner Heimat durch die Truppen Ludwigs XIV. erleben mußte. Dies ist eine These, die eher in den Bereich der Spekulation gehört. In jedem Falle aber waren diese Ereignisse dafür verantwortlich, daß die Eindämmung der französischen Expansionspolitik zum eigentlichen Lebensinhalt Wilhelms wurde. In diesem Konflikt mit Ludwig XIV. zeigte er all jene Qualitäten, die ihn zu einem der großen politisch-militärischen Führer des ausgehenden 17. Jahrhunderts machten: Willenskraft, Durchsetzungsvermögen und beharrliches Festhalten an den einmal ins Auge gefaßten Zielen. Dabei fällt seine Bilanz als Staatsmann positiver aus als die als Militär. Während er auf dem Schlachtfeld aufgrund seiner schwachen Gesundheit und seiner mangelnden militärischen Expertise nur in Grenzen reüssierte, war er als politischer Kopf Ludwig XIV. ebenbürtig. Mit sicherem Instinkt nutzte er die Krise, die sich mit dem Regierungsantritt Jakobs II. im Jahre 1685 in England zu entfalten begann. Seine gegen Frankreich gerichtete Außen- und Machtpolitik war es, die ihn im Jahre 1688/89 zum Hauptakteur auf der englischen Bühne werden ließ.

Diese Rolle konnte Wilhelm von Oranien allerdings nur spielen, weil Jakob II. den Vertrauensvorschuß, der ihm bei seiner Thronbesteigung noch gewährt worden war, durch seine desaströse Politik rasch verspielt hatte. Zwischen 1685 und 1688 ergriff er ein ganzes Bündel von Maßnahmen, die zur Entfremdung zwischen Monarch und weiten Teilen der Nation führten. Dazu zählten u. a. der Ausbau des stehenden Heeres, die Durchsetzung der Führungskader dieses Militärapparates mit Katholiken, die den *Test Acts* widersprechende Zulassung von Katholiken zu Hof- und Staatsämtern, der Eingriff in die Selbstverwaltung der Kommunen, die Manipulation von Parlamentswahlen und nicht zuletzt die Verunsicherung und Entmachtung der alteingesessenen, toryistisch und anglikanisch gesonnenen Gentry. Durch diese aggressive Politik Jakobs II. brach die Allianz zwischen traditionaler Führungsschicht und Krone, die dem Regime bisher Halt gegeben hatte, auseinander. Die Krise erreichte einen Kulminationspunkt, als am 10. Juni 1688 die Geburt eines männlichen Thronerben verkündet wurde. Da Jakob II. in zweiter Ehe mit der katholischen Maria von Modena verheiratet war, sah sich die Nation nun mit einem Thronerben konfrontiert, der nicht der anglikanischen Staatskirche angehörte. Sofort begannen Gerüchte zu zirkulieren, daß es sich bei diesem auf den Namen James Francis Edward getauften Kind nicht um den leiblichen Sohn des bereits im fortgeschrittenen Alter befindlichen Jakob II. handelte, sondern um einen von den Jesuiten der Mutter untergeschobenen Säugling. Solchen Gerüchten wurde durch den Sachverhalt Nahrung gegeben, daß keine neutralen Zeugen bei der Geburt hinzugezogen worden waren. Folglich wurden sie selbst von Maria und Anna, den beiden protestantischen Töchtern Jakobs II. aus erster Ehe, und Wihelm von Oranien geglaubt.

In dieser sich dramatisch zuspitzenden Situation avancierte Wilhelm zum «Hoffnungsträger» derjenigen, die sich durch die Politik Jakobs II. brüskiert sahen. Dieser Teil der politischen Elite Englands ging mit gutem Grund davon aus, daß auch Wilhelm von Oranien durch die jüngsten Ereignisse auf der Insel alarmiert sein mußte. In der Tat warf die Geburt eines männlichen, zudem katholischen Thronfolgers alle langfristigen Kalkulationen Wilhelms über den Haufen. Denn bis zum Sommer 1688 konnte er davon ausgehen, daß seine Gemahlin Maria ihrem Vater Jakob II. auf dem englischen Thron nachfolgen würde. Dies hätte Wilhelm von Oranien zu einer Art Mitregenten gemacht und ihm die Möglichkeit eröffnet, die englische Militär- und Außenpolitik für seine eigenen Ziele zu instrumentalisieren. So aber waren die Karten neu gemischt worden. Es drohte nun die Gefahr, daß sich in England auf Dauer eine katholische Dynastie etablieren würde. Solch eine Entwicklung hätte wiederum zur Konsequenz gehabt, daß sich die Gewichte innerhalb des europäischen Mächtesystems zugunsten des katholisch-absolutistischen Frankreich verschieben würden. Wohlwissend, daß solch ein Szenarium für Wilhelm von Oranien eine Art Alptraum war, wandten sich am 30. Juni 1688 sieben englische Magnaten – Whigs wie Tories – mit einem «Einladungsbrief» an das Haupt des Hauses Oranien. Diesen «Einladungsbrief» hatten seine Autoren bewußt vage formuliert, um sich nicht dem Vorwurf des Hochverrats auszusetzen. Trotzdem enthielt er einige der zentralen Gravamina der politischen Elite Englands. Wichtig war aber vor allem etwas anderes: Wilhelm von Oranien wurde in diesem «Einladungsbrief» zur Intervention aufgefordert, um Jakob II. zu einer Revision seiner Politik zu zwingen.

Für Wilhelm von Oranien kam solch eine Aufforderung nicht unerwartet. Denn er hatte seit den frühen 70er Jahren Fühler nach England ausgestreckt. Vom Jahre 1687 an unterhielt er intensive Kontakte zu Politikern, die in Opposition zu Jakob II. standen. Wilhelm ließ dabei erkennen, daß er, wenn er dazu aufgefordert würde, zur Intervention in England bereit sei. Gleichzeitig unternahm er massive Propagandaanstrengungen, um die öffentliche Meinung in England für sich zu gewinnen. Wie kaum ein anderer Staatsmann des ausgehenden 17. Jahrhunderts hatte Wilhelm erkannt, daß es nicht nur Waffen waren, die über Sieg oder Niederlage entschieden, sondern daß auch das gedruckte Wort eine entscheidende Rolle zu spielen vermochte. Mit welcher Meisterschaft er diesen Propagandakrieg führte, erhellt die Deklaration vom 20. September 1688, mit der er von Den Haag aus seine Intervention ankündigte. In diesem Dokument präsentierte sich Wilhelm als Anwalt eines protestantischen England, der traditionalen englischen Freiheiten und des überkommenen Rechtssystems. Er verlor kein Wort darüber, daß er bereits zu diesem Zeitpunkt plante, Jakob II. von seinem Thron zu vertreiben. Überhaupt enthielt er sich aller persönlicher Angriffe auf die Person seines Schwiegervaters und machte vielmehr dessen Berater für die Misere verantwortlich. Als politisches Ziel seiner Intervention definierte er die Einberufung eines aus freien Wahlen hervorgegangenen Parlamentes, das England aus der Krise herausführen sollte.

Wann Wilhelm den Entschluß zur Intervention faßte, ist umstritten. Wahrscheinlich ist, daß er zu Beginn des Jahres 1688 mit seinen Planungen begann, also zu dem Zeitpunkt, da bekannt wurde, daß Maria von Modena schwanger war. Nach dem «Einladungsschreiben» der sieben Magnaten intensivierte Wilhelm seine Vorbereitungen. Während des Sommers 1688 begann er in den Niederlanden Truppen zusammenzuziehen. Darunter befanden sich neben Niederländern auch Deutsche, Schweden, Polen und Engländer, die ins Exil gegangen waren. Die Stärke dieses Truppenkontingentes dürfte 14000–15000 Mann betragen haben. Hinzu kamen 3600 Pferde sowie eine Landungsflotte von etwa 400 Schiffen.

Die Aufstellung solch eines gewaltigen Expeditionskorps konnte natürlich nicht geheim bleiben. Folglich war man auch in England relativ rasch über die Existenz dieser Streitmacht informiert. Es begannen nun die Spekulationen darüber, was Wilhelm von Oranien damit anzufangen gedachte. Für viele Zeitgenossen war offensichtlich, daß er ein

Landungsunternehmen in England plante. Jakob II. weigerte sich jedoch, diese Möglichkeit ins Auge zu fassen. Er wollte einfach nicht glauben, daß sein eigener Schwiegersohn gegen ihn vorgehen würde. Diese Haltung war keineswegs so paradox, wie sie auf den ersten Blick scheint. Denn die persönlichen Beziehungen zwischen Jakob II. und Wilhelm waren keinesfalls schlecht. Sie hatten regelmäßig miteinander korrespondiert und sich u. a. über private Dinge wie die Gesundheit von Familienmitgliedern oder die Jagd ausgetauscht. Jakob II. adressierte diese Briefe bezeichnenderweise stets an «seinen Sohn, den Prinzen von Oranien». Erst im Laufe des Jahres 1688 sollten sich die Beziehungen abkühlen, ohne jedoch ganz zum Erliegen zu kommen. Insofern fiel es Jakob II. schwer, an ein bevorstehendes Landungsunternehmen zu glauben. Ende September 1688 hatte jedoch auch er keinen Zweifel mehr daran, daß sein Schwiegersohn beabsichtigte, in England militärisch zu intervenieren. Er mobilisierte die Flotte, die Armee wurde in Kriegsbereitschaft versetzt, Truppen von Irland und Schottland nach England verlegt und Befestigungen ausgebaut. Trotzdem war Jakob II. nicht allzusehr beunruhigt, denn er ging davon aus, daß sein Schwiegersohn im Herbst oder Winter, also zu einer Zeit, da Stürme über die Nordsee und den Atlantik fegten, kein Landungsunternehmen riskieren würde.

Aber genau dies tat Wilhelm. Dabei war ihm bewußt, daß er sich auf ein riskantes Unternehmen einließ. Daß er gleichwohl die Entscheidung traf, noch im Herbst des Jahres 1688 nach England überzusetzen, hing mit der aktuellen europäischen Mächtekonstellation zusammen. Wilhelm mußte nicht befürchten, daß Ludwig XIV. zugunsten Jakobs II. eingreifen werde. Der Sonnenkönig operierte nämlich zu dieser Zeit mit seiner Landstreitmacht auf dem deutschen Kriegsschauplatz, und die französische Flotte war durch den «kalten Krieg» zwischen Ludwig XIV. und der Kurie im Mittelmeer gebunden. Unter diesen für ihn günstigen Voraussetzungen suchte Wilhelm seine Chance. Dabei wurde das Wetter zum geschichtsmächtigen Faktor. Das erste Landungsunternehmen, das Mitte Oktober gestartet wurde, endete beinahe in einem Desaster. Heftige Stürme zwangen das Expeditionskorps zur Umkehr, ein großer Teil des Proviantes ging über Bord, mehr als tausend Pferde erstickten, weil während des Sturmes die Luken der Schiffe geschlossen werden mußten. In den nächsten Wochen konnte die Flotte nicht auslaufen, da der Wind von Westen blies. Zeitgenossen sprachen vom «popish wind». Dann, spät im Oktober, drehte der Wind und blies von Osten. Dieser Wind, der als «protestant wind» Eingang in das kollektive Bewußtsein der englischen Nation finden sollte, hatte den gewünschten Effekt. Er hielt die Flotte Jakobs II. in der Mündung der Themse fest, gleichzeitig ermöglichte er es Wilhelm, mit seinem Expeditionskorps am 5. November 1688 in England Fuß zu fassen.

Nach der Landung in Torbay machte sich Wilhelm auf den Weg nach Exeter, das er am 9. November errreichte. Hier verharrte er die kommenden zwei Wochen, um Truppen und Pferden, die durch Überfahrt und Landung erschöpft waren, Ruhe zu gönnen. Insgesamt war Wilhelm in keiner glücklichen Lage. Entgegen seinen Erwartungen waren nur wenige Offiziere und Mannschaften von Jakob II. zu ihm übergelaufen. So stand ihm eine Armee gegenüber, die zahlenmäßig weit stärker war (ca. 25 000 Mann). Die Situation war für Wilhelm so kritisch, daß er einen Rückzug ins Auge faßte. Was Wilhelm rettete, war die Kopflosigkeit seines Opponenten. Jakob II. – eine ohnehin psychisch labile Persönlichkeit – verlor die Nerven und traf eine ganze Reihe fataler Fehlentscheidungen. So machte sich Jakob II. zunächst auf den Weg nach Salisbury zu seiner Armee. Statt nun mit einer zahlenmäßig überlegenen Streitmacht westwärts zu marschieren, um Wilhelm gegenüberzutreten, zog er sich überaschend nach London zurück. Etliche Militärs wechselten nun das Lager, darunter Lord Churchill, der spätere Herzog von Marlborough. Zudem kam es Anfang Dezember in einzelnen Landesteilen zu Erhebungen gegen den Monarchen. Mit politischen Kurskorrekturen suchte Jakob II. seine Opponenten zu beschwichtigen. Diese Konzessionen kamen aber zu spät und waren in ihrer Zweckgebundenheit zu durchsichtig, um noch irgendeinen Erfolg zu haben. Der politische Zickzackkurs, den Jakob II. während dieser Wochen steuerte, führte schließlich zur Paralyse seines Regimes. Es folgte die panische Flucht des Monarchen am 11. Dezember 1688. Bevor er jedoch Frankreich erreichen konnte, wurde er an der englischen Küste gefaßt und nach London zurückeskortiert. Am 16. Dezember kehrte Jakob II. noch einmal für kurze Zeit in seine Hauptstadt zurück.

Während der Abwesenheit des Monarchen hatte in London das totale Chaos geherrscht. Recht und Ordnung brachen zusammen. Der Mob wütete in den Straßen Londons, insbesondere Katholiken hatten ihn zu fürchten. Eine Armee, die für Ordnung hätte sorgen können, gab es nicht mehr. Denn Jakob II. hatte vor dem Verlassen Londons ihre Auflösung verfügt. Die demobilisierten Soldaten trugen zu den anarchischen Zuständen in London bei. Mitglieder des Oberhauses, der Bischof und der Lord Mayor von London versuchten Ordnung in dieses Chaos zu bringen. Schließlich war es der Lord Mayor, der Wilhelm aufforderte, die Hauptstadt zu besetzen. Am 18. Dezember 1688 zog Wilhelm von Oranien in London ein. Er nahm von der Stadt Besitz, in der er vier Monate später zum König von England gekrönt werden sollte. Zuvor hatte er Jakob II. aufgefordert, London unter der Begleitung niederländischer Truppen zu verlassen. Jakob II. stand von nun an unter einer Art Hausarrest. Am 23. Dezember 1688 gelang es ihm jedoch, sich in Rochester, wohin er verbracht worden war, seinen Bewachern zu entziehen und nach Frankreich zu fliehen. Damit endete die «heiße» Phase der Glorreichen Revolution.

Selbst in dieser «heißen» Phase war es kaum zu militärischen Aktionen gekommen, und Protest, Unruhe und Gewalt waren – sieht man von den Tumulten in London ab – marginale Phänomene geblieben. Einige Historiker haben folglich dafür plädiert, die Ereignisse des Jahres 1688/89 als Staatsstreich zu bezeichnen. Solch eine Kategorisierung greift aber zu kurz. Denn in den Monaten, die dem Einzug Wilhelms in London folgten, wurde die englische Verfassung und mit ihr die englische Monarchie auf eine neue Grundlage gestellt. Insofern kann man in diesem Zusammenhang in der Tat von einer «Revolution» sprechen. Die zweite Phase dieser Revolution, die Ende Dezember begann und die keine Gewalt mehr sah, war von politischen Manövern gekennzeichnet. Wilhelm erwies sich dabei als Meister politischer Taktik, der mit Geduld, Umsicht und Hartnäckigkeit sein Ziel verfolgte, den englischen Thron zu besteigen.

Nach der Flucht Jakobs II. am 23. Dezember 1688, die innerhalb der politischen Elite des Königreiches mit einer gewissen Erleichterung aufgenommen wurde, war England eine Monarchie ohne Monarch. In dieser Situation ergriff Wilhelm die Initiative. Schon am 20. Dezember, also drei Tage vor der Flucht Jakobs II., rief er die Mitglieder des Oberhauses, die sich zu diesem Zeitpunkt in London aufhielten, zusammen. In ihre Hände legte er gleichsam das Schicksal des Königreiches. Nach intensiven Beratungen forderten diese Mitglieder des Oberhauses Wilhelm von Oranien am 24. Dezember auf, die Regierungsgeschäfte zu übernehmen und Wahlen für ein Parlament auszuschreiben, das den Weg aus dieser Verfassungskrise weisen sollte. Wilhelm zögerte jedoch, diesem Wunsch zu entsprechen. Er tat dies nicht aus Rücksichtnahme auf seinen unterdessen ins Exil gegangenen Schwiegervater, sondern weil er sich bewußt war, daß er für diesen «revolutionären» Schritt mehr als das Mandat einiger Magnaten des Landes brauchte. Erst als Mitglieder des Unterhauses und das politische Establishment Londons sich dem Wunsche der Mitglieder des Oberhauses anschlossen, stimmte er zu. Am 28. Dezember schrieb Wilhelm von Oranien Wahlen zum sogenannten Konventionsparlament aus.

Das Konventionsparlament trat zum erstenmal am 22. Januar 1689 zusammen. Unter- und Oberhaus sahen sich in dieser in der Geschichte der englischen Monarchie singulären Situation mit der Frage konfrontiert, wem der englische Thron legitimerweise zustehe. Beide Häuser des Konventionsparlamentes konnten sich relativ rasch darüber verständigen, daß der im Sommer 1688 geborene James Francis Edward Stuart von der Thronfolge ausgeschlossen werden sollte. Dabei war für das Konventionsparlament die Frage, ob es sich tatsächlich um den leiblichen Sohn Jakobs II. und Marias von Modena handelte, von sekundärer Bedeutung. Entscheidend war vielmehr, daß James Francis Edward

Stuart katholisch war. Das Konventionsparlament traf den weitreichenden Entschluß, daß in Zukunft kein Katholik den englischen Thron innehaben durfte. Am 29. Januar verabschiedete das Unterhaus eine Resolution, in der es u. a. hieß: «Das es sich durch Erfahrung gezeigt hat, daß es unvereinbar mit der Sicherheit und Wohlfahrt dieses protestantischen Königreichs ist, von einem papistischen Fürsten regiert zu werden.» Das Oberhaus stimmte dieser Formulierung zu. Mit dieser radikalen Entscheidung war aber nun noch keineswegs die Frage geklärt, wer Jakob II. auf dem englischen Thron nachfolgen sollte. Sollte dies Maria, die protestantische Tochter Jakobs II. aus erster Ehe, allein sein, oder sollte sie gemeinsam mit ihrem Ehegemahl Wilhelm von Oranien den Thron besteigen. Der Versuch, dieses Problem zu lösen, führte in beiden Häusern des Parlamentes zu Debatten, die fundamentale Probleme der englischen Verfassung betrafen. Oberhaus und Unterhaus, Whigs und Tories standen miteinander im Dialog beziehungsweise im Konflikt, um zu einem neuen Verfassungsarrangement zu finden.

Dabei waren die Verhältnisse im Unterhaus einfacher als im Oberhaus. Hier überwog der Gedanke des Konsensus. Niemand fand mehr ein gutes Wort für Jakob II. Am 28. Januar 1689 verabschiedete das Unterhaus eine Resolution, in der der verfassungspolitische Zustand nach der Flucht Jakobs II. auf folgende Weise beschrieben wurde: «Daß König Jakob II., indem er versucht hat, die Verfassung des Königreichs zu unterlaufen, dadurch, daß er den ursprünglichen Vertrag zwischen König und Volk gebrochen hat und den Ratschlägen von Jesuiten und anderen bösen Personen folgend die Grundgesetze [dieses Königreichs] verletzt hat und sich außer Landes begeben hat, abgedankt hat, so daß der Thron vakant ist.» Diese Resolution, die zu den Schlüsseldokumenten der Glorreichen Revolution zählt, war so abgefaßt worden, daß sich sowohl Whigs wie auch Tories mit ihrem jeweiligen Verfassungsverständnis in ihr wiederfinden konnten. Denn der komplizierte Text offerierte zwei Lesarten der Geschehnisse der letzten Monate: Für Tories, die der Idee des aktiven Widerstandes gegen einen legitimen Monarchen mit größter Reserve gegenüberstanden, hatte Jakob II. freiwillig abgedankt («has abdicated the government, and that the throne is thereby vacant»). Er war also nicht mit Gewalt um seinen Thron gebracht worden. Für Whigs, die von der Annahme ausgingen, daß die englische Monarchie im Sinne Lockes auf einem Kontrakt zwischen König und Volk basiere, hatte sich Jakob II. eines Vertragsbruchs schuldig gemacht und damit das Recht auf den englischen Thron verwirkt («That king James the second, having endeavoured to subvert the constitution of the kingdom, by breaking the original contract, between king and people»).

Diese Resolution des Unterhauses wurde zur Beratung an das Oberhaus weitergeleitet. In der ersten Kammer, in der bittere Zwietracht herrschte, stieß das Dokument auf Ablehnung. So drängte eine Mehrheit der Bischöfe und Peers darauf, das Wort «abdicated« durch das Wort «deserted» zu ersetzen. Was auf den ersten Blick wie eine Marginalie aussah, war es mitnichten. Dieser Änderungsvorschlag hatte – und dies war den Mitgliedern des Oberhauses zutiefst bewußt – gravierende verfassungspolitische Konsequenzen: Das Wort «abdicated» implizierte, daß Jakob II. freiwillig und endgültig auf den englischen Thron verzichtet hatte; das Wort «deserted» ließ hingegen die Deutung zu, daß sich der geflohene Monarch nur temporär seinen Pflichten entzogen hatte. Diese Version wurde aus naheliegenden Gründen vor allem von den unter den Tories zu findenden «Loyalisten» favorisiert, die im stillen auf eine Rückkehr Jakobs II. hofften. Aber auch diejenigen standen dahinter, die, um das Legitimitätsprinzip zu wahren, für eine Regentschaft Marias eintraten. Dies war nun nicht der einzige Änderungsvorschlag, der im Oberhaus diskutiert wurde und eine Mehrheit fand. Zusätzlich votierte man dafür, die Formel «the throne is hereby vacant» zu eliminieren. Damit sollte – und hierin lag die Brisanz dieser Korrektur – die Nachfolgefrage präjudiziert werden: Gab es – wie die Streichung signalisierte – keine Vakanz auf dem englischen Thron, konnte Wilhelm von Oranien auch nicht zum Monarchen «gewählt» werden. Vielmehr mußte man dann der Logik des dynastischen Prinzips folgen, und dies bedeutete, daß allein seine Gemahlin Maria zur Thronfolge berechtigt war. Die Rolle Wilhelms hätte sich bei solch einer Lösung auf die Rolle des Prinzgemahls beschränkt. Genau dieses war die Intention eines beträchtlichen Teils der Mitglieder des Oberhauses.

Wilhelm von Oranien hatte die Verhandlungen des Oberhauses sorgfältig beobachtet, und ihm war zutiefst bewußt, worauf Bischöfe und Peers mit ihren Versuchen, die Deklaration des Unterhauses zu modifizieren, zielten. Mit bemerkenswertem Durchsetzungsvermögen meisterte er diese schwierige Lage. Er rief führende Politiker des Oberhauses zu sich und drohte ihnen mit seiner Rückkehr in die Niederlande für den Fall, daß ihm nicht gemeinsam mit seiner Gemahlin Maria die englische Krone angeboten würde. Dies war selbst für diejenigen Mitglieder des Oberhauses, die eine andere Lösung favorisierten, ein Szenarium, das Ängste weckte. Denn das politische Vakuum, das nach solch einem Rückzug Wilhelms von Oranien entstanden wäre, hätte die Möglichkeit eines neuen Bürgerkrieges heraufbeschworen. Für eine politische Elite, auf der noch das Trauma einer nur wenige Dekaden zurückliegenden Revolution lastete, war dies eine wenig attraktive Perspektive. Am 6. Februar 1689 stimmte auch das Oberhaus der Resolution des Unterhauses zu und erklärte damit den Thron für vakant. Für solch einen Schritt fand sich unter Bischöfen und Peers nicht zuletzt deswegen eine Mehrheit, weil Maria die von ihrem Gemahl geforderte Lösung entschieden befürwortete. Damit war für Wilhem von Oranien und Maria der Weg auf den englischen Thron frei.

Am 13. Februar 1689 trug das Konventionsparlament im Banqueting House Wilhelm von Oranien und Maria offiziell die Krone an. Zuvor war Einverständnis darüber erzielt worden, daß die Regierungsgeschäfte von Wilhelm allein wahrgenommen werden sollten (lediglich im Falle seiner Abwesenheit trat Maria an seine Stelle). Mit der Zeremonie vom 13. Februar 1689 wurde in gewisser Weise sinnfällig gemacht, daß die Inhaber des englischen Throns Geschöpfe des Konventionsparlamentes waren. Auch wenn man sich innerhalb der politischen Elite des Landes bemühte, das ungewöhnliche Ereignis mit einem traditionalen Verfassungsvokabular zu rechtfertigen, de facto war die englische Monarchie zumindest an diesem Tage zur Wahlmonarchie degeneriert. Erbrecht und Gottesgnadentum galten nicht mehr. Unter den revolutionären Umständen des Jahres 1688/89 wurden die Koordinaten der englischen Verfassung neu bestimmt. Eine wesentliche Rolle spielte dabei die *Bill of Rights*», die Wilhelm und Maria an eben diesem 13. Februar überreicht wurde.

Was hatte es nun mit dieser *Bill of Rights* auf sich, die ähnlich wie die *Magna Charta* zu den Mythen der englischen Verfassungsgeschichte gehört? Die *Bill of Rights* war der Versuch, in der Krise des Jahres 1688/89 die Grenzen monarchischer Gewalt zu bestimmen. Oder um die Perspektive zu wechseln: Vor dem Hintergrund der «Verfassungsbrüche» Jakobs II. schien es dem Konventionsparlament geboten, katalogartig die Rechte von Parlament und Untertanen der englischen Krone zu fixieren. Die Initiative ging dabei vom Unterhaus aus, das dem Oberhaus die sogenannten *Heads of Grievances* präsentierte. Gegen diese *Heads of Grievances*, die bereits im Unterhaus einer ersten Revision unterzogen worden waren, regte sich bei Bischöfen, Peers aber auch Wilhelm von Oranien Widerstand. Erst nachdem dieses Dokument weiter entschärft worden war, wurde es in Form der *Bill of Rights* von den beteiligten Parteien akzeptiert. Ohne Frage trug die *Bill of Rights* Züge eines Kompromisses; dies bedeutete jedoch nicht, daß man hier lediglich der Tradition Respekt zollte. Denn keineswegs enthielt die *Bill of Rights* lediglich überkommenes Rechtsgut, wie dies ihre zeitgenössischen Anwälte behaupteten. Der sorgfältige Vergleich der Regelungen von 1689 mit dem vorangehenden Rechts- und Verfassungszustand ergibt ein sehr viel differenzierteres Bild.

Zweifellos entsprach ein Teil der in der *Bill of Rights* getroffenen Regelungen überkommenem Recht: so das Verbot, ohne gesetzliche Ermächtigung durch das Parlament Steuern zu erheben; die Petitionsfreiheit gegenüber der Krone; das zur Aufrechterhaltung des Milizsystems notwendige Recht der protestantischen Untertanen, Waffen zu tragen; das Recht auf freie Wahl des Parlamentes; das Verbot von exzessiven Geldbußen und von grausamen beziehungsweise unangemessenen Strafen. Dem standen nun aber eine ganze Reihe von Regelungen gegenüber, die in dieser Form neu waren: die Illegalisierung königlicher Ausnahmegesetze (Beseitigung der königlichen Suspendierungs- und Dispensationsgewalt); das Verbot, ein stehendes Heer in Friedenszeiten ohne Zustimmung des Parlamentes zu unterhalten; die Forderung nach rechtsförmiger Auswahl der Geschworenen in Strafprozessen; die Forderung nach *frequent parliaments*. Mit diesen Bestimmungen wurden lange schwelende Streitfragen zwischen Krone und Parlament definitiv gelöst, und zwar zu einem guten Teil im Sinne «liberaler» Prinzipien: Indem man die Krone zur Respektierung der vom Parlament erlassenen Gesetze verpflichtete, ihr die Steuerhoheit versagte und ihre militärische Autorität einschränkte, ging sie eines Teils ihrer Souveränität verlustig. Damit einher ging die Stärkung der Rolle des Parlamentes: durch das Recht auf freie Wahl, das Recht auf freie Debatte und die Forderung nach *frequent parliaments*. Und schließlich gab es mit der Petitionsfreiheit sowie den Regelungen, die die Justiz betrafen, einen Komplex, der die Freiheiten des Individuums stärkte.

Daß aufgrund der Genese und des Inhalts der *Bill of Rights* der Eindruck entstehen konnte, die englische Monarchie sei nun zu einer Art eingeschränkter Monarchie geworden, war Wilhelm zutiefst bewußt. Solch einer Sicht der Dinge suchte er entgegenzuwirken. Als das Konventionsparlament ihm und seiner Gemahlin Maria am 13. Februar 1689 im Banqueting House den englischen Thron antrug und die *Bill of Rights* überreichte, gestaltete er die Ansprache, mit der er auf diesen Akt reagierte, so aus, daß die Integrität monarchischer Macht akzentuiert wurde. Er erklärte zunächst seine Bereitschaft, gemeinsam mit seiner Gemahlin die Krone zu akzeptieren, bevor er versprach, Religion und Freiheiten seiner Untertanen zu schützen. Mit dieser Reihenfolge wollte er signalisieren, daß die Annahme der Krone der Anerkennung der *Bill of Rights* vorangegangen sei, daß letzteres folglich auch nicht als Bedingung für die Thronerhebung angesehen werden konnte. Solche «Sprachspiele» konnten jedoch nicht darüber hinwegtäuschen, daß mit der *Bill of Rights* absolutistischen Tendenzen, wie sie sich unter Karl II. und Jakob II. geltend gemacht hatten, ein Riegel vorgeschoben wurde.

Durch die Politik des Konventionsparlamentes sah sich Wilhelm vor allem in seinen innenpolitischen Handlungsmöglichkeiten eingeengt. Dies galt nicht in gleicher Weise für seine Macht- und Militärpolitik, denn bestimmte Bereiche der monarchischen Prärogative hatte das Konventionsparlament nicht angetastet. Dazu zählte u. a. das Recht, über Krieg und Frieden zu entscheiden. Von diesem Recht machte Wilhelm raschen Gebrauch. Bereits am 5. Mai 1689 erklärte er Frankreich den Krieg. England trat damit der «Großen Koalition» bei, der neben den Niederlanden das Reich, Brandenburg, Sachsen, Hannover, Schweden, Savoyen und Spanien angehörten. Gekämpft wurde mit wechselndem Kriegsglück zu Wasser und zu Lande. Der Seesieg der verbündeten englischen und niederländischen Flotte über die französischen Seestreitkräfte bei La Hogue im Jahre 1692 sicherte dem Inselreich für die Zukunft die maritime Vormachtstellung; darüber hinaus war dieser militärische Erfolg zugleich eine entscheidende Etappe auf dem Weg zum Frieden von Ryswijk (1697). Mit dem für England und die Niederlande vorteilhaften Frieden von Ryswijk war Wilhelm von Oranien seinem Ziel, die Hegemonie des katholisch-absolutistischen Frankreich zu brechen, einen großen Schritt näher gekommen.

Der Krieg, den Wilhelm von Oranien mit Frankreich führte, war nun nicht nur einer der großen Machtkämpfe im Europa des ausgehenden 17. Jahrhunderts, vielmehr war diese Auseinandersetzung in ihrer Anfangsphase auch ein Kampf um den englischen Thron. Ludwig XIV. hatte sich nämlich zum Anwalt Jakobs II. gemacht und unterstützte den vertriebenen Monarchen finanziell und militärisch. Jakob II. war bereits im März 1689 nach Irland übergesetzt, um von hier aus den Sturz Wilhelms zu betreiben. Irland befand sich zu diesem Zeitpunkt in Aufruhr; die katholische Bevölkerung bekannte sich zu Jakob II., der mit Hilfe französischer Truppen zunächst erfolgreich auf dem irischen Kriegsschauplatz operierte. Bis zum Herbst 1689 war es den Jakobiten gelungen, den größten Teil des Landes unter ihre Kontrolle zu bringen. Lediglich in den protestantischen Enklaven konnte die Londoner Regierung weiterhin auf Loyalität zählen. Das grausame Ringen um die Vorherrschaft in Irland hielt zwei Jahre an. Es war nicht zuletzt das persönliche Eingreifen Wilhelms, das das Blatt zugunsten Londons wendete. Am 14. Juni 1790 landete er in Belfast, um von hier aus auf Dublin vorzustoßen. Mit einer protestantischen Streitmacht, die aus Engländern, Niederländern, Deutschen und französischen Hugenotten bestand, konnte er am 1. Juli 1690 die Schlacht an der Boyne für sich entscheiden – eine Schlacht, deren Kommemorierung bis in unsere Gegenwart in Irland tiefe Emotionen weckt. Obwohl sich Jakob II. bereits im Sommer 1690 aus Irland zurückzog, sollte der Konflikt zwischen Jakobiten und Wilhelmiten noch ein weiteres Jahr anhalten und erst im September 1691 mit dem Frieden von Limerick sein Ende finden.

Kriege kosten Geld, und die Beschaffung von Geld fordert ihren politischen Preis. Diese Erfahrung blieb auch Wilhelm von Oranien nicht erspart. Die enormen Summen, die der Konflikt mit Frankreich verschlang, konnten nur mit Hilfe des über das Steuerbewilligungsrecht verfügenden Parlamentes aufgebracht werden. Folglich war Wilhelm wie kein Monarch vor ihm zur Kooperation mit Ober- und Unterhaus gezwungen. Zwangsläufig wurde er damit in die Auseinandersetzungen zwischen Whigs und Tories, zwischen Court und Country hineingezogen. Dies hatte wiederum zur Konsequenz, daß Wilhelm und seine Administration neue Macht- und Herrschaftstechniken entwickeln mußten, um im Parlament eine Mehrheit für seine Politik zu finden. Dazu zählte übrigens auch eine höchst subtile Presse- und Propagandaarbeit. Wichtig aber ist in diesem Zusammenhang noch etwas anderes: Die durch Wilhelms kriegerische Unternehmungen hervorgerufene Finanznot hatte zur Konsequenz, daß die Krone sich veranlaßt sah, das englische Parlament zum ersten Mal in seiner Geschichte jährlich zusammentreten zu lassen. Ohne Frage war dies ein weiterer Schritt auf dem Wege zur Domestizierung der englischen Monarchie. Die zunehmende Abhängigkeit der Krone vom Parlament fand ihren Ausdruck nicht zuletzt in der *Triennial Bill* von 1694, die die Legislaturperiode auf drei Jahre festlegte und damit den Monarchen zwang, in relativ kurzen Intervallen Neuwahlen auszuschreiben.

Überhaupt war Wilhelms Regime eine Ära der Innovationen, auch wenn sie zum Teil nicht die Billigung des Monarchen fanden: 1689 verabschiedete das Parlament die Toleranzakte, die zwar nicht die Diskriminierung der protestantischen Dissenter in der politisch-öffentlichen Sphäre beseitigte, die aber doch den Abschied von dem rigiden Kirchen- und Religionssystem der Restaurationsära einleitete. Von nun an genossen Protestanten, die nicht der anglikanischen Kirche angehörten, weitgehende Kultus- und Religionsfreiheit. 1695 fiel die Vorzensur, ein im europäischen Rahmen singulärer Vorgang. 1701 wurde die Machtfülle der Krone durch die *Act of Settlement* weiter beschnitten. Dieses Dokument ebnete nicht nur dem protestantischen Hause Hannover den Weg auf den englischen Thron, sondern korrigierte auch verfassungspolitische Fehlentwicklungen, die sich unter dem Regiment Wilhelms von Oranien abzuzeichnen begannen. – All diese Entwicklungen beeinflußten die englische Geschichte des 18. Jahrhunderts nachhaltig. Sie blockierten nicht nur die Durchbildung eines «absolutistischen» Regimes, vielmehr zogen sie einen politischen und religiösen Pluralismus nach sich, der Englands «Sonderrolle» in der europäischen Welt des 18. Jahrhunderts mit begründete.

*Ulrike Jordan*

# Anna
## 1702–1714

*Anna, geb. 6. Februar 1665 in London; Krönung am 8. März 1702 in London; gest. am 1. August 1714 in Kensington; begraben in der Westminsterabtei; Vater: Jakob II. (1633–1701); Mutter: Anna Hyde (1637–1671); Geschwister: Maria II. (1662–1694); Jakob (1688–1766), «The Old Pretender», im Exil von Ludwig XIV. von Frankreich als Jakob III. anerkannt; Eheschließung: 1683 mit Prinz Georg von Dänemark (1653–1708); insgesamt 17 Schwangerschaften; von fünf lebend geborenen Kindern überlebte nur ein Sohn, der Herzog von Gloucester, die frühen Kindesjahre.*

Im England des 17. und frühen 18. Jahrhunderts gab es vor dem Hintergrund von Revolutionswirren, Bürgerkrieg und Parteikämpfen ein Idealbild, das im Bewußtsein des Volkes noch lebendig war: Königin Elisabeth I., «Gloriana», die der Nation ein unvergleichliches Selbstbewußtsein vermittelt hatte. Dies fand seinen Ausdruck nicht nur im machtpolitischen Bereich, sondern auch vor allem im Reich der Künste und der Lebensweise. Fast ein Jahrhundert nach ihrem Tod bestieg wiederum eine Königin den englischen Thron, eine Persönlichkeit, die in Charakter und politischem Einfluß denkbar verschieden von Elisabeth war, sie aber dennoch zu ihrem eigenen Vorbild erkor und sich sogar in Kleidung und Erscheinungsbild an sie anzugleichen suchte: Königin Anna, die letzte Monarchin aus dem Hause Stuart. Ihre persönliche Beliebtheit erreichte in der Tat – gerade aufgrund ihres offenkundigen menschlichen Leidens – ein hohes Ausmaß. Die Stellung der Königin in der politischen und sozialen Welt des frühen 18. Jahrhunderts hatte sich indes grundlegend gewandelt. Die Regierungszeit Königin Annas, die sich von 1702 bis 1714 erstreckte, war eingebettet in eine entscheidende Ära der Geschichte Englands und Großbritanniens. Dieser Zeitraum läßt sich mit den Eckdaten der Revolution von 1689 und der Tronfolge des Hauses Hannover in Großbritannien im Jahre 1714 charakterisieren. Dabei handelte es sich um einschneidende verfassungspolitische Ereignisse, die den Rahmen für eine überaus bewegte, von langwierigen Kriegsjahren, aber auch wirtschaftlicher und kultureller Prosperität bestimmten Epoche bildeten. Ihr Einfluß auf die Jugend, die Person und damit auch die persönliche Biographie Annas ist daher hoch einzuschätzen.

Anna (1702–1714)

## I. Anna: Persönlichkeitsprofil

Prinzessin Anna, geboren im Februar 1665, wuchs am kosmopolitischen Hof Karls II. auf und erlebte in ihrer Kindheit und Jugend die Anfänge der kulturellen und musischen Vielfalt, die sich während ihrer eigenen Regierungszeit zu voller Blüte entwickeln und den Namen «Augustan England» für das frühe 18. Jahrhundert prägen sollte. Im kulturell aufgeschlossenen Klima des Hofes protestantisch erzogen, entwickelte Prinzessin Anna eine lebenslange starke Anhänglichkeit an die anglikanische Hochkirche, jedoch auch ein großes Interesse an den musischen Strömungen der Zeit, hier vor allem an der musikalischen Ausgestaltung der Gottesdienste.

Anna wurde jedoch schon früh mit den politischen und religiösen Konflikten der Epoche konfrontiert, und zwar in sehr persönlicher Weise. 1688, im Alter von 23 Jahren, wurde sie unmittelbar in die Revolutionsgeschehnisse um den Sturz ihres zum Katholizismus konvertierten Vaters Jakob II. verwickelt: Ebenso wie der einflußreiche Lord Churchill, der spätere Herzog von Marlborough, wandte sie sich gegen ihren Vater und unterstützte den Kandidaten des englischen Parlamentes, Wilhelm von Oranien. Das Verhältnis zu ihrem Vater war und blieb äußerst gespannt, und die Verflochtenheit familiärer und politischer Spannungen erhielt sich auch in den Folgejahren. In diesem Zusammenhang sei besonders das Verhältnis zu ihrer Schwester Maria genannt, das sich von einer engen Vertrautheit in der Kindheit, besonders nach dem Tod der Mutter, den Anna im Alter von sechs Jahren erlebte, zu einem starken Gegensatz in späteren Jahren wandelte. Im Mittelpunkt dieser negativen Entwicklung stand das problematische Verhältnis Annas zu ihrem Schwager Wilhelm II. Nach Marias Tod im Jahre 1694 suchte dieser zwar eine Verbesserung der Beziehungen zu seiner Schwägerin, setzte die erwachsene, fast 30jährige Anna jedoch bezeichnenderweise nicht zur Regentin während seiner Abwesenheiten vom Hof ein.

Die psychologischen Voraussetzungen, die Prinzessin Anna in ihre Regierungszeit einbrachte, erscheinen dem späteren Betrachter in ihrem Zusammenwirken somit fast unüberwindlich schwierig: Fundamentale religiöse und politische Gegensätze in der Herrscherfamilie hatten Anna weitgehend menschlich isoliert. Insbesondere von Vater und Halbbruder – beide im Exil – entfremdet, fand sie intellektuelle und emotionale Sicherheit vor allem in zwei Bereichen: zum einen auf dem Felde der Politik durch das Prinzip verfassungskonformen Verhaltens und die Akzeptanz der Rolle und Machtbegrenzung der Krone, zum anderen durch den Aufbau enger emotionaler Bindungen. Hier muß vor allen Dingen Annas überaus glückliche Beziehung zu ihrem Gemahl, Prinz Georg von Dänemark, genannt werden, der sich durch seine menschlichen Qualitäten, nicht aber sein politisch eher blasses Profil auszeichnete. Die Ehe zwischen der achtzehnjährigen Anna und dem zwölf Jahre älteren Georg wurde im Jahre 1683 geschlossen und stellte für 25 Jahre – neben engen Freundschaften zu vertrauten Hofdamen – die hauptsächliche Quelle persönlichen Rückhaltes dar. Die Stärke dieser Bindung wurde auf einen Prüfstein gestellt, der die Prinzessin und spätere Königin an den Rand ihrer Belastbarkeit führte: Sie ertrug 17 Schwangerschaften, die von dem sofortigen oder nur kurz verzögerten Tod aller Kinder (bis auf den Herzog von Gloucester, der bis zum elften Lebensjahr überlebte) gefolgt waren. Eine quälende Gicht trat hinzu, die der zunehmend körperlich unbeweglichen Anna zusätzliche Dauerbelastungen auferlegte. Im Jahre 1702, als sie im Alter von 37 Jahren ihrem Schwager Wilhelm III. auf dem Thron folgte, war sie daher bereits gesundheitlich stark geschwächt und psychisch ausgelaugt.

Ihr Regierungsantritt bedeutete aber nicht nur eine entscheidende neue Epoche in ihrer persönlichen Biographie, sondern stellte auch verfassungsrechtlich gesehen einen neuen Schritt in der Position der englischen Krone dar.

## II. Verfassungsrechtliche Position der Krone

Vor Annas Regierungsantritt 1702 hatte das Parlament 1689 über eine Reihe von weitreichenden Verfassungsgesetzen, vor allem der *Bill of Rights*, der Toleranzakte und des Meutereigesetzes nicht nur die Grundzüge der ungeschriebenen Verfassung Englands und die Rechte der Untertanen geregelt, sondern 1701 mit der *Act of Settlement* auch die zukünftige Thronfolge zugunsten des Hauses Hannover in diesem Gesetzespaket festgelegt. Bei ihrem Regierungsantritt repräsentierte Königin Anna demnach dieses neue Profil der Krone in England, als Folge einer protestantisch ausgerichteten politischen Kultur, die in der Politik des Parlaments ihren Ausdruck fand. Dies bedeutete für Anna zugleich auf persönlichem Gebiet das schmerzhafte und individuell traumatische Eingeständnis eigener Kinderlosigkeit. So trat die Königin ihre Regierung wie noch kein englischer Monarch vor ihr mit klar umrissenen Grenzen ihrer Machtbefugnis, ihrer finanziellen Möglichkeiten und ihrer Stellung gegenüber dem Parlament an.

Dies manifestierte sich auf verschiedenen Ebenen: Die Gesetzgebung im Gefolge der Revolution sah vor, daß das Parlament regelmäßig alle drei Jahre einzuberufen war – darüber hinaus war die Steuerhoheit des Unterhauses und dessen Recht auf Bewilligung einer königlichen «Zivilliste» ebenfalls garantiert. Demnach war das Verhältnis von Monarch und Parlament insgesamt auf neue Grundlagen gestellt worden. Die verfassungsrechtliche Stellung der Krone beschränkte sich fast nur auf die Ernennung und Entlassung der Minister, ein Recht, von dem Anna in ihrer Regierungszeit durchaus Gebrauch machte. Insgesamt kann die Regierungszeit der letzten Monarchin aus dem Hause Stuart als Beginn der Übergangsphase von der nachrevolutionären Regierung Wilhelms III. zum beginnenden Kabinettsystem verstanden werden.

Dieser Epochencharakter, der die gesamte Regierungszeit Annas kennzeichnet, manifestiert sich auf verfassungsrechtlichem Gebiet auch in der Tatsache, daß sie 1707 im Falle der Verweigerung ihrer Zustimmung zum schottischen Militärgesetz (*Militia Bill*) zum letzten Mal die königliche Prärogative des Vetos nutzte. Als politischer Faktor trat die Königin jedoch zumeist nicht direkt, sondern auf dem Umweg über persönlichen Einfluß in Erscheinung.

In Fragen, die speziell die wechselnde Kabinettszusammensetzung bestimmten, war Anna zentral plaziert und doch oft passiv in diesem Machtspiel der Hofintrigen befangen, wie später zu zeigen sein wird. So spielte sie eine für den auswärtigen Betrachter und den Historiker oft nur sehr schwer zu bestimmende Rolle; einerseits hatte sie stets das Ideal überparteilicher Herrschaft vor Augen, andererseits forderte dies politische Distanz, die ihrer psychologischen Disposition zuwiderlief.

## III. Annas Rolle in der innen- und außenpolitischen Entscheidungsbildung

Annas Herrschaft stellte, wie schon gesagt, in vieler Hinsicht eine Übergangszeit zwischen der postrevolutionären Situation und dem beginnenden Kabinettssystem dar. In diesem Zusammenhang erhebt sich die Frage nach der Reichweite und Freiheit persönlicher Entscheidungen der Monarchin. Auf zwei Gebieten wird diese Spannung zwischen königlichem Einfluß, politischer Parteienlandschaft und Hofintrige ganz besonders deutlich: im Bereich der Außenpolitik mit dem alles bestimmenden Spanischen Erbfolgekrieg, und bei den Regierungswechseln von Whigs zu Tories. Beide Aspekte hängen eng zusammen, auch dies ein Kennzeichen dieser Epoche in ihrem Übergangscharakter.

Anna regierte in Kontinuität der Politik Wilhelms von Oranien und der Revolution von 1688, und doch unter ganz neuen innenpolitischen und ausgesprochen dynamischen außenpolitischen Bedingungen. Richtet sich der Blick zunächst auf die Rolle Großbritanniens im Geflecht der internationalen Beziehungen, wie sie sich während Königin Annas Regierungszeit darstellten, so fällt auf, daß sie vor allem unter den Vorzeichen des langjährigen Krieges gegen die französische Vorherrschaft in Europa standen. Über die Außenpolitik hatte Wilhelm III. mit seiner Schwägerin eine eindringliche zweistündige Unterredung auf seinem Totenbett geführt, und sie setzte seine antifranzösische Politik in den Grundzügen fort. Einen spontanen Zuwachs an Popularität gewann die Königin durch die Spende von 100 000 Pfund Sterling aus ihren eigenen Einkünften für die Kriegskasse. Der Spanische Erbfolgekrieg, selbst eine

Fortsetzung des Krieges der Augsburger Liga gegen Ludwig XIV., begründete den Ruhm des Herzogs von Marlborough als herausragendem englischen Feldherrn und kann in der historischen Längsschnittperspektive als eine Epoche des rund hundertjährigen Kampfes gegen Frankreich bis 1815 angesehen werden. Die Monarchin gab Marlborough, mit dem sie in seinem Drängen auf einen Landkrieg in Europa in militärischer Hinsicht übereinstimmte, fast uneingeschränkte diplomatische und militärische Handlungsfreiheit.

An diesem Punkt sei von der chronologischen Darstellung jedoch kurz abgewichen, um das charakteristische Kennzeichen der Epoche einzuführen, nämlich die enge Verflochtenheit und gegenseitige Bedingtheit außen- und innenpolitischer Entwicklungen. Annas Entscheidungen und Einflüsse auf dem einen Gebiete berührten stets auch das andere. Mit der Ernennung Marlboroughs zum Obersten Feldherrn traf sie gleichzeitig auch eine eindeutige Aussage hinsichtlich ihrer politischen Neigung in diesen Jahren: Marlborough stand wegen seiner strategischen Zielsetzung der politischen Gruppierung der Whigs nahe. Da die außen- und innenpolitischen Entscheidungen nur vor der Folie der beginnenden Parteienlandschaft zu denken sind, seien die politischen Gruppierungen hier vorgestellt. Allgemein gilt, daß die sogenannten Whigs, ein lose organisierter Vorläufer der liberalen Partei des 19. Jahrhunderts, die Finanzinteressen der City of London repräsentierten und daher wegen einträglicher Kriegsanleihen an einer Verlängerung der Kriegführung interessiert waren. Ein kostspieliger Landkrieg lag dieser politischen und ökonomischen Denkrichtung am nächsten. Die historischen Wurzeln der Whigs lagen in der parlamentarischen Opposition in der Zeit der sogenannten *Exclusion Crisis*, als es um die Thronfolge des katholischen Prinzen Jakob in den Jahren 1679 und 1681 ging. Demgegenüber unterstützten die Tories – Grundstein der späteren konservativen Partei – die Interessen der anglikanischen Hochkirche und der Landbesitzer. Aufgrund ihrer Gründungsgeschichte hielten sie darüber hinaus am Prinzip des Widerstandsverbotes gegen die königliche Gewalt fest. Als Partei des sogenannten *landed interest* waren sie nicht an einer Ausdehnung des Krieges, d. h. demnach auch höheren Steuern interessiert, und sie traten daher – erfolglos – für das Konzept eines reinen Seekriegs ein, setzten dagegen später erfolgreich einen Separatfrieden Großbritanniens im Spanischen Erbfolgekrieg durch. Seit der Entstehung dieser politischen Gruppierungen, deren finanzielle Präferenzen vor allem ihre Einstellung zum See- und Landkrieg bestimmten, und besonders im Verlaufe des Zeitraums von 1694 bis 1716 eskalierte die politische Auseinandersetzung auf landesweiter Ebene dann in einer derartig atemberaubenden Weise, daß alle Aspekte des täglichen Lebens, in der Großstadt wie auf dem Dorfe, von ihr betroffen waren. Schlüsselfiguren in diesem Drama waren die Mitglieder in den wechselnden Whig-

und später in den Tory-Kabinetten, die im Zusammenspiel mit Parlament und Königin erst die Kriegsjahre, dann die Friedenszeit in Annas letzten Regierungsjahren bestimmten. Neben dem Herzog von Marlborough waren dies auf der Seite der Whigs vor allem sein Schwiegersohn im Staatsrat, der Graf von Sunderland, und der einflußreiche Finanzminister Lord Godolphin.

Im folgenden sei die Wechselwirkung der außen- und innenpolitischen Entscheidungen und Königin Annas Einfluß näher betrachtet. Im Mittelpunkt einer solchen Analyse steht zunächst der alles überschattende Spanische Erbfolgekrieg. Die Kriegführung und auch die Persönlichkeit Marlboroughs spiegeln die Widersprüche des beginnenden Zweiparteiensystems und beleuchten so auch die außerordentlich enge Verflochtenheit der außen- und innenpolitischen Entwicklungen: Marlborough war von Geburt Tory, jedoch Whig durch spätere Verbindungen, und stand seinen persönlichen Interessen nach über beiden Parteien. Ähnlich erscheint das allgemeine Gepräge des Krieges: die Whig-Kabinette führten und gewannen den Krieg, die Tories schlossen 1713 den Frieden zu Utrecht.

Der Krieg hatte 1701 mit dem Anschein überragender französischer Vorteile – ausgenommen der Marine – begonnen. Frankreichs Armeen hielten die gesamten spanischen Erbterritorien besetzt, eine Situation, die sich innerhalb weniger Jahre fast gänzlich zugunsten der antifranzösischen Allianz umkehrte. In England fand der Krieg Unterstützung bei den moderaten Vertretern beider Parteien, mit Marlborough und Godolphin als hervorragenden Akteuren auf der politischen und militärischen Seite. Mehr und mehr setzte sich aufgrund von politischen und militärischen Interessensverlagerungen ein Pro-Whig-Kriegsministerium durch, eine Entwicklung, die 1708 mit einem reinen Whig-Ministerium ihren Höhepunkt fand. Königin Anna akzeptierte, trotz eigener Präferenz der Tories, denen sie vor allen Dingen in kirchenpolitischen Belangen näherstand, diese Anfänge moderner Kabinettspolitik.

Marlboroughs Sieg bei Blenheim 1704 sicherte Österreich und unterwarf Bayern, die Spanischen Niederlande wurden von ihm 1706 bei Ramillies erobert, und die Kampagnen Eugens von Savoyen, des kaiserlichen Feldherrn, im selben Jahr sicherten unter anderem die Hegemonie der Allianz auf der italienischen Halbinsel. Obwohl Spanien selbst dem bourbonischen Thronkandidaten erhalten blieb, wurden die spanischen Besitzungen in Europa erobert und aufgeteilt: Resultat war die dauerhafte Sicherheit Hollands und Großbritanniens, der einstigen Gegner und nunmehrigen Verbündeten. Ein Friedensschluß auf dieser Grundlage, so argumentierten die Tories überzeugend, stellte das Höchstmaß des politisch Erreichbaren dar, repräsentierte gewissermaßen die «Realpolitik» der Situation. Diese Argumentation, untermauert von starken wirtschaftspolitischen Vorteilen, obsiegte.

Der Sonderfriedensschluß von Utrecht im Jahre 1713, in dem England seine Alliierten im Stich ließ, brachte Großbritannien große Gewinne und legte tatsächlich die Grundlage für den Ausbau des Empire im 18. Jahrhundert: Gibraltar und Kap Mahon im Mittelmeer, Neufundland in Kanada und St. Kitts in den Westindischen Inseln blieben bei Großbritannien, und britische Händler erhielten überdies den sogenannten *Asiento*, ein Monopol im Sklavenhandel in den spanischen Provinzen Amerikas. Die Spanischen Niederlande wurden an Österreich abgetreten, was eine wirkungsvolle Eindämmung Frankreichs bewirkte. Schließlich wurde auch der Stuart Prinz Jakob (*The Old Pretender*) aus Frankreich vertrieben. Dies stellte insofern eines der wichtigsten Ergebnisse des Utrechter Friedens dar, als damit die Ergebnisse der Revolution von 1688 – vor allem die ausschließlich protestantische Thronfolge – international anerkannt wurden. Dieser Sonderfrieden Großbritanniens stieß allerdings – dies sei nebenbei bemerkt – auf Kritik seitens der Allianz, vor allem des Kaisers, die diesen Alleingang zum Teil als Treuebruch werteten.

Aufs Ganze gesehen machte der Friedensschluß Großbritannien zu einer enorm einflußreichen Wirtschaftsmacht, engagiert in aufblühenden Wirtschaftszweigen wie z. B. dem Fischereihandel zwischen Kanada und Nordamerika und dem barbarischen, aber potentiell sehr gewinnträchtigen Sklavenhandel. Darüber hinaus war Großbritannien nun tatsächlich «Herrscherin der Meere», die größte Seemacht der Welt, die ohne die Bedrohung durch französische Expansion in der veränderten außenpolitischen Lage die britische Prämisse eines Mächtegleichgewichts auf dem Kontinent umzusetzen vermochte. Diese Politik erlaubte ihrerseits die Förderung britischer Expansion in Übersee. Die Monarchin selbst hatte während des Kriegsverlaufs und in der entscheidenden Phase der Friedensverhandlungen staatsmännische Einsicht und überparteiliches Denken in ausreichendem Maße bewiesen, um einerseits die expansiven und fortschrittlicheren Whigs in der Frühphase, andererseits die friedenswilligen Tories in der Spätphase zu unterstützen.

Vor diesem Hintergrund war Annas Regierungsstil im Spannungsfeld nachrevolutionärer Veränderungen von der bereits geschilderten wirkungsvollen Verfassungsgesetzgebung des Jahres 1689 geprägt, und die Monarchin hatte die staatsphilosophische Grundlage des in seiner Machtfülle beschränkten, das Gemeinwohl beachtenden und Toleranz befördernden Staatsoberhaupts verinnerlicht. Zwar stand sie, wie schon gezeigt, den Tories persönlich nahe, lehnte eine unumstößliche Parteinahme für die Whigs oder Tories jedoch stets zugunsten eines «government above party» ab. Dennoch spielten individuelle Persönlichkeiten in ihrem Umkreis oftmals eine entscheidende Rolle, wie auch insgesamt der Ebene der «backstairs diplomacy» zumindest in Gestalt weitverbreiteter Gerüchte hohe Wichtigkeit beigemessen wurde. Eine genaue

Bestimmung der politischen Entscheidungsmacht Annas ist vor diesem Hintergrund nur sehr schwer möglich. Es gibt jedoch historische Situationen, die durch eine klarere Überlieferung schlaglichtartig diese Zusammenhänge erhellen.

Eine solche stellte der entscheidende Regierungswechsel von 1710 dar, der gleichzeitig die Kriegswende markierte und den Weg zum Frieden von Utrecht ebnete. Politisch gesehen war dies eine erdrutschartige Umorientierung zugunsten der Tories, und Annas Entscheidungsspielraum erscheint hier deutlicher definiert als in anderen politischen Wendepunkten ihrer Regierungszeit. Als Faktoren wirkten in diesem Zusammenhang pragmatische, d.h. militärische und nicht zuletzt auch wirtschaftspolitische Zwänge sowie persönliche Einflußnahme auf die Königin. Wie bereits früher dargelegt, war Anna aufgrund ihrer psychologischen Erfahrungen und Disposition in außerordentlichem Maße empfänglich für die Schwankungen persönlicher Gunst und neigte in der Vergabe und dem Entzug ihrer Favorisierung zu extremen Reaktionen.

In diesem Zusammenhang müssen die Namen der Herzogin von Marlborough sowie Lady Abigail Mashams als zwei entgegengesetzte Pole politisch-persönlichen Einflusses genannt werden. Sarah Churchill, später Herzogin von Marlborough, war eine Vertraute der Königin seit Jugendzeiten. Sie hatte seit vielen Jahren diese Vertrauensstellung bei der Prinzessin als Erste Kammerdame («First Lady of the Bedchamber») ausbauen können und vertrat als entschiedene Anhängerin der Whigs die Interessen ihres Gemahls, John Churchill, Herzog von Marlborough. Gewandt, berechnend und klug, dabei von enormem politischen Ehrgeiz, gelang es der Herzogin für lange Zeit, diese Sonderstellung zu halten. In den Jahren bis etwa 1705, in der Hochzeit ihres Einflusses, spiegelt die Entwicklung des Verhältnisses zwischen Anna und den Marlboroughs nicht nur dramatische persönliche Auseinandersetzungen, sondern auch die Macht parteipolitischer Interessen und Intrigen im Zusammenhang mit übergreifenden Fragen nationaler Politik wider. Allerdings mißt die neuere Forschung dem Einfluß, den die sogenannte Whig-Junta – hier vor allem Minister Godolphin – über die Herzogin von Marlborough durch Intrigen auf die Königin ausübte, einhellig wesentlich geringere Bedeutung bei als bisher angenommen.

In der Phase nach dem politischen Umbruch im Jahre 1710, die der Vertrauenskrise zwischen der Herzogin und der Königin folgte, trat Lady Abigail Masham, 1711 nobilitiert, in den engsten Kreis um Anna ein. Dieser Wechsel war nicht ohne heftige persönliche Anwürfe zwischen ihr und der Herzogin von Marlborough vonstatten gegangen. Abigail Masham übernahm ihrerseits nun das Amt der «First Lady of the Bedchamber» und damit das Potential persönlicher Einflußnahme auf die Königin. Lady Masham verfügte über hochrangige Verbindungen im

Lager der Tories und setzte die Monarchin dadurch einem starken Einfluß dieser politischen Richtung aus; ein Wechsel, der dem Denken Annas naturgemäß durchaus nahelag. Lady Mashams politische Verbindungslinien liefen zu Lord Harley, dem einflußreichen Schatzmeister im neuen Kabinett. Insgesamt sind die Strategien politischer und persönlicher Beeinflussung, die den Regierungswechsel von 1710 umgeben, seit der Veröffentlichung der persönlich gefärbten und von Rachegedanken beherrschten Memoiren von Sarah, Herzogin von Marlborough, Gegenstand von Legende und Geschichtsschreibung.

In der allgemeinen politischen Landschaft, die sich durch die Verschärfung politischer Konflikte kennzeichnen läßt und die Strategien der Sicherung machtpolitischen Einflusses auf allen Ebenen in den Mittelpunkt rückte, spielten somit der königliche Hof, die Monarchin und ihre Präferenzen sowie eine Vielzahl von Imponderabilien eine fast anachronistische Rolle: Im Verlaufe einer Überschneidung historischer Entwicklungen traf der langsam entstehende moderne britische Parteienstaat in den frühen Jahren des 18. Jahrhunderts auf einen immer noch beachtlich starken Einfluß von Hofzirkeln aus dem Umkreis der Königin, der aus dem höfischen Selbstverständnis früherer Epochen herrührte.

## IV. Kirchenkonflikt und Annas Religiosität

Eng verbunden mit der politischen Polarisierung im Zeitalter Annas war der Kirchenkonflikt, in den Königin Anna persönlich stark involviert war. Religionsfragen lagen ihr am Herzen, sie war zutiefst anglikanisch ausgerichtet und nahm so starken Anteil an den Auseinandersetzungen der Zeit. Die Verzahnung der konfessionellen Problematik mit der Frage der Thronfolge hatte für die Königin eine sehr persönliche Bedeutung – einerseits wegen ihrer protestantischen Erziehung, zum anderen wegen ihres katholischen Vaters, der sie drängte zu konvertieren. In ihren letzten Lebensjahren wurde sie erneut mit diesem Thema konfrontiert. Die Tories, vor allem Viscount Bolingbroke, standen in Verbindung mit dem katholischen Prätendenten auf den englischen Thron und brachten die Monarchie damit in potentiellen Zugzwang. Damit war die prekäre Frage von Annas «Jakobitismus» aufgeworfen, ein mit allgemeiner Entrüstung vorgetragener Vorwurf, der sich im Volksmund noch lange hartnäckig hielt. Vorwürfe dieser Art, die der Königin eine Stellungnahme zugunsten einer «papistischen» Thronfolge in Großbritannien unterstellten, sind jedoch im Licht der neueren Forschung nicht haltbar. Im zeitgenössischen Empfinden rief dieser vermeintliche Skandal wohl auch deshalb solche Emotionen hervor, weil Königin Anna als die standfesteste Hüterin der anglikanischen Staatskirche galt. Aufgrund ihrer persönlichen Verbundenheit mit deren Lehren und Liturgie hatte sie sich nicht zuletzt für die finanzielle Absicherung des niederen Klerus eingesetzt, was den noch heute bekannten Begriff von *Queen Anne's Bounty* prägte.

Bei solch tiefem Interesse für religiöse Fragen blieb die Königin auf der «Alltagsebene» von religionspolitischen Auseinandersetzungen daher ebenfalls nicht unberührt. Es gab in der Tat viele Anlässe zu einem solchen Engagement während ihrer Regierungszeit. Der religiösen Vielfalt war seit der Toleranzakte des Jahres 1689 die rechtliche Legitimität verliehen worden – rund 4000 nonkonformistische *meeting houses* waren im Gefolge dieses Gesetzes lizensiert worden. Auch die publizistische Auseinandersetzung, erleichtert durch den Wegfall der Zensur im Jahre 1695, bedeutete oftmals harsche Kritik am anglikanischen Klerus und erreichte eine ungekannte Brisanz. Die Fraktionsbildung innerhalb der anglikanischen Kirche war eng mit der politisch brisanten Frage der Loyalität zur Krone verbunden: Die sogenannten *Non-Jurors*, die den Treueeid auf die Krone aufgrund ihrer Überzeugung, daß die Krone im Jahre 1689 usurpiert worden sei, verweigerten, stellten ein ernstes gesellschaftliches und religionspolitisches Problem dar. Ihnen standen andere Fraktionen innerhalb der Kirche gegenüber, die auf eine friedliche Koexistenz und mögliche personelle Fluktuation in der Besetzung von Positionen durch Anglikaner und Nonkonformisten setzten. Francis Atterbury, der spätere Bischof von Rochester, führte die Sympathisanten der erstgenannten, die sogenannten *high flyers* an, während Erzbischof Tillotson eine tolerante Politik in puncto Nonkonformität vertrat. Skandalträchtig wurde der Fall des Oxforder Pfarrers und *high flyers* Dr. Henry Sacheverell im Jahre 1709, der aufgrund einer Predigt gegen «False Brethren» von der Whig-Regierung wegen Staatsverrats angeklagt wurde. Der Prozeß und die leichte Bestrafung Sacheverells führte zu Tumulten und Aufständen in London und zu seinem Triumphzug nach Shropshire. Rund 2000 Zuschauer hatten in Westminster Hall seinem Prozeß beigewohnt, und die Gewalt auf den Straßen Londons überschritt noch die des Bürgerkriegs.

Die Polarisierung der Gesellschaft in Tories und Whigs, in Anhänger der anglikanischen Hochkirche, der kompromißorientierten *low church* und der Nonkonformisten war allerorten zu spüren. Die daraus resultierende Unruhe in der Gesellschaft und in der politischen Sphäre wurde für die harmoniebedürftige Königin, deren monarchisches Selbstverständnis als überparteiliche Herrscherin stets Vorrang vor ihren persönlichen politischen und auch religiösen Neigungen hatte, immer belastender. Die Krise des Jahres 1713 mit seinen Komplikationen im Gefolge der Friedensverhandlungen und des Gespenstes der papistischen Tory-Intrigen brachte die Herrscherin körperlich und nervlich an ihr Ende. Ihre Gesundheit hatte sich schon während der Friedensverhandlungen zum Frieden von Utrecht stetig verschlechtert. Psychisch war sie bereits seit Prinz Georgs Tod im Jahre 1708 und dem endgültigen Bruch mit Sarah, Herzogin von Marlborough, im April 1710 entscheidend geschwächt. Das friedliche Ende der Königin, die am 1. August 1714 im Schlaf starb, war gefolgt von einer reibungslosen Thronfolge König Georgs I. von Großbritannien und Hannover auf dem britischen Thron. In einer ihrer letzten privaten Anordnungen hatte Königin Anna dem Herzog von Marlborough eine Rückkehr aus seinem selbst auferlegten Exil ermöglicht. Seine Unterstützung im Falle einer Rebellion war bereits durch den designierten König Georg I. gewonnen worden. Diese Vorsichtsmaßnahmen erwiesen sich indes als unnötig, und das Haus Hannover trat die Thronfolge auf friedlichem Wege an.

Mit der Herrschaft des Welfen Georg I. von England und Hannover begann 1714 der Ausbau britischer Expansion mit ihrer Hinwendung auf die amerikanischen Kolonien. Die Errungenschaften der folgenden Jahrzehnte waren jedoch nicht denkbar ohne die vorangegangene Regierungszeit Annas, die durch ihre prinzipielle Anerkennung der 1688/89 neu definierten nachrevolutionären Rolle des Monarchen und durch ihre persönliche Beliebtheit zur Stabilisierung der innenpolitischen Verhältnisse und der konsequenten Festigung der internationalen Position beigetragen hatte. Insgesamt läßt sich sagen, daß die Maxime überparteilicher Regierung, die Königin Anna stets – teilweise im Widerspruch zu ihrer eigenen, konservativ-hochkirchlichen Ausrichtung – zum Leitmotiv ihrer Herrschaft gemacht hatte, durch die zwölf Jahre ihrer Regierungszeit hindurch einen festigenden Einfluß auf die innen- und außenpolitische Entwicklung Großbritanniens ausübte. Die Monarchin selbst trat zu ihrer Lebenszeit und in der historischen Betrachtung dagegen eher in den Schatten der prägenden politischen und militärischen Persönlichkeiten ihrer Zeit – so etwa der Herzogin und des Herzogs von Marlborough, Godolphins und Harleys. Allerdings sollte festgehalten werden, daß es der dringend nötigen Übergangszeit zwischen Revolution und der «Hannoverschen Ära» ohne Annas Anerkennung der nachrevolutionären Situation, vor allem also der gesetzgeberisch beschränkten Rolle des britischen Monarchen und seiner neuen Position im lebhaften politischen Wechselspiel des frühen Parteienstaates, an ihren Grundvoraussetzungen gemangelt hätte. Abschließend sei eine zeitgenössische Einschätzung Königin Annas zitiert, die erstaunlich früh – achtzehn Jahre nach ihrem Tode – den Blick des Betrachters auf die versteckten Qualitäten der letzten Stuart-Monarchin lenkte: Das ‹Große Universallexikon Aller Wissenschaften und Künste› (Leipzig 1732) hielt dazu fest: «Übrigens war sie eine Prinzessin, welche sich die Religion vornemlich (sic) angelegen seyn ließ, und eine grosse Liebe vor ihre Unterthanen hatte, wiewohl ihrer viele deren stille und gütige Gemüths-Art aus Eigennützigkeit sehr mißbrauchten.»

*Lothar Kettenacker*

# Georg I.
## 1714–1727

*Georg Ludwig, geb. am 28. Mai 1660; als Offizier im Dienst des Reiches; 1699 Kurfürst von Hannover; 1707 Oberbefehl über die Reichsarmee am Oberrhein; 1701 durch Thronfolgegesetz Anspruch auf den englischen Thron; König: 1. August 1714; Landung in Greenwich 18. September 1714; Krönung in Westminster Abbey: 20. Oktober 1714; gestorben am 12. Juni 1727 in Osnabrück; begraben in der Kirche des Leinenschlosses 30. August 1727 (heute ruht der Sarkophag in einem Mausoleum im Schloßgarten zu Herrenhausen); Vater: Ernst August, zunächst Fürstbischof von Osnabrück, danach Herzog, ab 1692 Kurfürst von Hannover; Mutter: Sophie, jüngste Tochter der Elisabeth, Königin von Böhmen, und Enkelin Jakobs I. von England; Eheschließung: 1682 mit Sophie Dorothea (1666–1726), der einzigen Tochter seines Onkels; 1694 geschieden; Kinder: Georg August (1683–1760), später Georg II. von Großbritannien; Sophie Dorothea (1687–1757) vermählt mit Friedrich Wilhelm I. von Preußen; lebenslange Mätresse: Gräfin Melusine von der Schulenburg (1667–1743).*

Gern verweisen Festredner auf die deutsche Abstammung des englischen Herrscherhauses, als sei damit schon das gute, ja familiäre Verhältnis zwischen beiden Ländern verbürgt. In Wahrheit aber stiften dynastische Verbindungen noch keine Völkerfreundschaft, sie wecken allenfalls Illusionen. Auch mit der Thronbesteigung Georgs I. aus dem Hause Hannover im Jahre 1714 wurde kein neues Zeitalter in den deutsch-britischen Beziehungen eingeläutet. Die Anfänge sind so prosaisch, daß sie zu späterer Mythenbildung wirklich nicht taugen. In der deutschen Historiographie war es lange Zeit umstritten, ob der Kurfürst Georg Ludwig die englische Krone wirklich begehrte oder ob er nicht die neue Machtfülle nur für die bessere Wahrnehmung seiner deutschen Interessen erstrebte. Und in England wird die landfremde Dynastie auch heute noch in erster Linie im Hinblick auf ihre funktionale Bedeutung für die Konsolidierung der parlamentarischen Verfassung gewürdigt: Je unbedarfter der Monarch, um so wichtiger das Parlament. Nun war Georg I. alles andere als ein «Nincompoop»; er kannte seine Grenzen und wahrte seine Würde. Unter den gegebenen Umständen war das, wie noch zu zeigen ist, schon eine große Leistung.

Wie kam es überhaupt dazu, daß ein deutscher Fürst, dessen Haus gerade zwei Jahrzehnte früher (1692) die Kurfürstenwürde erlangt hatte, König von England und Schottland werden konnte? Georg I., geboren 1660 und bei seiner Krönung nicht mehr jung an Jahren, hatte diesen

Aufstieg nicht irgendwelchen persönlichen Verdiensten zu verdanken, sondern einer Fülle von Zufällen oder richtiger, einer einzigartigen Mischung aus dynastischen, konfessionellen und genuin englischen Voraussetzungen. Ansprüche auf den englischen Thron hatte seine Mutter, die alte Kurfürstin Sophie; sie war als Enkeltochter Jakobs I. mit den Stuarts verwandt und, wichtiger noch, gut protestantisch geblieben, im Unterschied zu Jakob II., den das Parlament wegen seines Übertritts zum Katholizismus 1688 aus dem Land gejagt hatte. Der Protestantismus in seiner gemäßigt-anglikanischen Ausprägung war inzwischen ein unverzichtbarer Bestandteil der parlamentarischen Verfassung geworden. Er bot Gewähr dafür, daß die 1688 errungenen politischen Rechte und Freiheiten (*Bill of Rights*) erhalten blieben und römisch-katholischer Absolutismus und Dogmatismus in England nichts zu bestellen hatten. Um weiteren Spekulationen Einhalt zu gebieten, legte das Parlament 1701 die Thronfolge genau fest (*Act of Settlement*), indem es sich eindeutig für die Sukzession des Hauses Hannover aussprach. Im Jahr zuvor war der Duke of Gloucester im Alter von 11 Jahren gestorben, das letzte von sieben früh verstorbenen Kindern der Thronerbin Anna, der Tochter Jakobs II. Bis zu diesem Thronfolgegesetz hatten nicht weniger als vierundfünfzig katholische Nachkommen der Stuarts direkteren Anspruch auf den englischen Thron als die Hannoversche Kurfürstin und ihre Nachkommen; an erster Stelle natürlich James Edward, der Sohn Jakobs II., der sich nach dem Tod des Vaters Jakob III. nannte, in England aber regierungsoffiziell nur «the old Pretender» hieß.

Stand nun Georg Ludwig auf dem Weg in den Londoner St. James Palast nichts mehr im Wege als die eigene Mutter von 71 Jahren und die kränkliche Königin Anna, die 1702 Wilhelm III. auf den englischen Thron gefolgt war? Im nachhinein weiß man, daß es so war. Nur der Kurfürst konnte es nicht wissen, denn 1710 kam es in London zu einem ominösen Regierungswechsel, zu einer Ablösung der ganz auf die Hannoversche Sukzession festgelegten Partei der Whigs durch die Tories, die allgemein jakobitischer Neigungen verdächtigt wurden. Der Hauptgrund für den Regierungswechsel war die Frage der Fortsetzung des Spanischen Erbfolgekrieges: Das Land, vor allem der hochbesteuerte, landbesitzende Adel (*gentry*), war den kostspieligen, sich endlos hinziehenden Krieg leid und wählte im Herbst 1710 ein mehrheitlich aus Tories bestehendes Parlament. Damit war indes auch die Thronfolge erneut dem Streit der Parteien ausgeliefert, so jedenfalls hatte es den Anschein. Mußte der Königin, der letzten ihres Geschlechts auf dem englisch-schottischen Thron, der katholische Halbbruder in Frankreich nicht näher stehen als die landfremde deutsche Dynastie, für die sich das alte Parlament unter dem Einfluß der Whig-Partei entschieden hatte? So dachten viele im Lande und wohl auch der hannoversche Kurfürst und seine Mutter. Mit der Dynastie der Stuarts wäre nicht nur ein katholi-

Georg I. (1714–1727)

scher Monarch mit absolutistischen Neigungen zurückgekehrt, sondern zugleich auch die alte Gesellschaftsordnung, die unangefochtene Herrschaft des Landadels, des Dorfpfarrers, der Zünfte. Diese Sozialordnung hatte gerade unter den kleinen Leuten in Stadt und Land noch viele Anhänger, die den neuen Verhältnissen zutiefst mißtrauten. Die von den Whigs im Parlament repräsentierte Unternehmerschicht (*moneyed classes*), meist alter Hochadel und neuer Geldadel, mochte viel zur Steigerung des Nationaleinkommens und zur außenpolitischen Machtentfaltung Englands beigetragen haben, populär war sie deshalb noch lange nicht. So ist es zu erklären, warum der erste Londoner Volksaufstand im 18. Jahrhundert eher reaktionären Charakter hatte und mit dem Schlachtruf einherging «The Church in Danger». Ein Dr. Henry Sacheverell hatte in einer Predigt in St. Pauls die Whig-Administration gegeißelt, die unternehmerischen Nonkonformisten angegriffen und die Errungenschaften der glorreichen Revolution von 1688 in Frage gestellt. Er war über Nacht zum Idol der Massen geworden, und als ihm der Prozeß gemacht wurde, fiel der Pöbel über die Gebetshäuser der Dissenters her und konnte gerade noch durch den Einsatz von Militär davon abgehalten werden, die Bank of England zu stürmen. Auch wenn er persönlich von ganz anderen Motiven bewegt sein mochte, durch seine Assoziierung mit den Whigs verkörperte Georg I. in den Augen seiner englischen Untertanen den neuen Zeitgeist. Die Erfordernisse der Kriegführung gegen Frankreich und seine Verbündeten hatten einen Transformationsprozeß zur Folge, der später von Historikern als «finanzielle Revolution» charakterisiert worden ist: Geld wurde zu Kapital. Die neugegründete Bank von England (1694) gestattete es der Regierung, riesige Staatsanleihen aufzunehmen, um so die gewaltige Expansion der Flotte und der auf dem Kontinent agierenden Armeen des Herzogs von Marlborough zu finanzieren. Zur Deckung des Finanzbedarfs wurde die Landsteuer drastisch erhöht, und bald besaß England die effizienteste Steuer- und Zollverwaltung Europas. Börsenspekulanten, Kriegsgewinnler, Postenjäger – das schienen die eigentlichen Nutznießer der neuen Verhältnisse zu sein. Hatten es der Kurfürst und seine deutschen Höflinge nicht auch am Ende nur darauf abgesehen, sich die Taschen zu füllen?

Tatsächlich war der Kaiser und Reich treu ergebene Kurfürst Georg Ludwig über die Abberufung Marlboroughs, des erfolgreichsten aller auf dem Kontinent operierenden englischen Feldherren, und das Ausscheiden Englands aus der Allianz mitten auf dem Schlachtfeld zutiefst empört. Daß Ludwig XIV. im Frieden von Utrecht (1713) allen Ernstes die protestantische Thronfolge in England anerkannte, wollte der Kurfürst einfach nicht glauben.

In den letzten Jahren der Herrschaft Annas war man in Hannover fest davon überzeugt, daß die führenden Minister der Krone, Oxford und Bolingbroke, nur nach Mitteln und Wegen suchten, um die gesetzlich festgelegte Sukzession zu hintertreiben. Gewiß, sie standen mit dem Exilhof der Stuarts in St. Germain und Bar-le-Duc in Verbindung. Doch nur ein Übertritt des Prätendenten zum Protestantismus konnte die Thronfolge des Hauses Hannover noch verhindern. Und dazu war der unter dem Einfluß seiner bigotten italienischen Mutter stehende frommkatholische James Edward nicht bereit. Die Informationsquellen Hannovers waren indes höchst einseitig: die aus ihren Ämtern verdrängten Whig-Politiker konnten es nicht lassen, der Regierung ständig und immerfort jakobitische Machenschaften zu unterstellen, um sich beim Thronfolger anzubiedern und ihn zu ermuntern, energischer als bisher seine Interessen wahrzunehmen. Nur die reibungslose Thronfolge des Hauses Hannover eröffnete für sie die Aussicht auf eine Rückkehr an die Macht und zu den zahlreichen Pfründen, die der Hof zu vergeben hatte. Umgekehrt mußte sich beim Kurfürsten und seinen Gewährsleuten vor Ort der Eindruck festsetzen, daß nur auf die großen Magnaten der Whigs Verlaß war. Die politische Konstellation am Vorabend der Thronfolge sollte die Herrschaft Georgs I., ja auch die seiner Nachfolger, in entscheidendem Maße prägen: Hier wurden die Grundlagen für die Jahrzehnte währende Whig-Oligarchie gelegt. In den letzten Monaten vor dem Ableben Annas wurde Georg Ludwig von seinen Londoner Gefolgsleuten erneut gedrängt, seinen Sohn, den 1706 durch Naturalisierung zum Herzog von Cambridge ernannten Kronprinzen, als Garanten der hannoverschen Thronfolge nach London zu entsenden. Lange Zeit hatte er sich gegen diesen Wunsch gesträubt, wußte er doch, daß Königin Anna von diesem Gedanken nicht angetan war; damit wäre ein Gegenhof etabliert worden, um den sich die Häupter der Opposition geschart hätten. Ebenso widerstrebte es dem Kurfürsten, die Anhänger Hannovers, zumal unbemittelte Mitglieder des Oberhauses, durch Geldzuwendungen davon abzuhalten, im Ernstfall die Fronten zu wechseln. Diese Form des Stimmenkaufs war in England gang und gäbe. Die deutschen Ratgeber Georg Ludwigs rieten zu einer Anleihe in Holland und waren verzweifelt darüber, daß sich ihr Gebieter die Thronfolge nichts kosten lassen wollte. Ging ihm auch der Ruf großer Knauserigkeit voraus, so sah sich der Kurfürst freilich um so mehr in die Pflicht genommen, die Anhänger seines Hauses nach der Thronbesteigung mit Posten und Pensionen zu belohnen.

Im Sommer 1714 überstürzten sich die Ereignisse. Am 8. Juni traf die alte Kurfürstin Sophie der Schlag, wohl, so nimmt man an, weil sie die Briefe der Königin Anna so in Aufregung versetzt hatten, in denen diese ihren entschiedenen Widerwillen gegen eine Übersiedlung des Kronprinzen nach England bekundet hatte. Am gleichen Tage rückt ihr Sohn, der Kurfürst Georg Ludwig, als Kron- und Thronanwärter an die erste Stelle. Die Reaktion in London auf diese Nachricht war so korrekt, daß man an geheime Machenschaften der Regierung gegen Hannover nicht mehr glauben mag: Am 16. Juni wurde Georg Ludwig statt seiner Mutter in das offizielle Kirchengebet aufgenommen, und zwar als «Elector of Brunswick». Nach dem Regentschaftsgesetz stand es dem Kurfürsten jetzt zu, seine Regenten im Falle des Ablebens der Monarchin in einem versiegelten «Instrumentum Regiminis» zu benennen. Die Zusammensetzung der Regentschaftsliste ist aufschlußreich: dreizehn Whig-Aristokraten, vier Hannover gewogene Tories, ein Unabhängiger; Gegner der bisherigen Regierung Oxford-Bolingbroke, Verfechter der Union mit Schottland, erfahrene Administratoren und Höflinge, die in der Krone das nationale Interesse repräsentiert sahen, einflußreiche Mitglieder beider Häuser im Parlament. Georg Ludwig wollte also zunächst kein reines Parteienregime der Whigs. Er wußte wohl, daß er den Whigs und der von ihnen forcierten Parlamentssouveränität die Thronfolge zu danken hatte. Gleichwohl sympathisierte er natürlich insoweit mit den Tories, als diese die traditionelle Prärogative der Krone und das im Gottesgnadentum wurzelnde Erbrecht betonten. Was dem aufgeklärten deutschen Fürsten allerdings nicht paßte, war die von der Hochkirche sanktionierte Intoleranz gegenüber religiösen Nonkonformisten, die von allen Staatsämtern ausgeschlossen blieben. Mit Vehemenz setzte er sich während seiner Regierungszeit für eine Lockerung dieser Gesetze ein.

Am 1. August 1714 verstarb die seit langem kränkelnde Königin Anna. Nur wenige Tage vor ihrem Tod hatte sie Schatzkanzler Oxford entlassen und auf ihrem Sterbebett den hannoverfreundlichen Herzog von Shrewsbury zu seinem Nachfolger ernannt. Entgegen allen Befürchtungen verlief der Thronwechsel gemäß den gesetzlichen Vorkehrungen ohne alle Zwischenfälle. Unter Pauken- und Trompetenschall wurde die Proklamation des neuen Herrschers vor dem St.-James-Palast verlesen.

Indes, Georg I., wie er sich fortan nannte, eilte es gar nicht mit der Übersiedlung nach London. Über einen Monat ließ er sich Zeit. In Schloß Herrenhausen hatte er sich stets wohler gefühlt, unbeobachteter auch als in der Metropole London, wo er ständig den Augen einer neugierigen, kritischen Öffentlichkeit ausgesetzt war. Am liebsten wäre er, allem Pomp und aller Schaustellung abgeneigt, in Harwich von Bord gegangen, um sich von dort möglichst unauffällig in seine neue Residenz zu begeben. Widerwillig ließ er sich von seinen deutschen Ratgebern dazu überreden, in Greenwich an Land zu gehen, um sich der Volksmenge zu zeigen. Nachdem sich der über der Themse liegende Nebel gelichtet hatte, betrat der neue Monarch am Abend des 18. September englischen Boden. Der Begrüßung durch den hohen Adel und die Würdenträger des

Königreiches an Ort und Stelle folgte am 20. September der feierliche Einzug in die Hauptstadt mit 200 sechsspännigen Karossen. Die Zuschauermenge, welche die Straßen säumte, dürfte der Einwohnerzahl des gesamten Kurfürstentums Hannover entsprochen haben. Diese verordnete Rücksichtnahme auf die Schaulust des Volkes wird Georg zu Bewußtsein gebracht haben, daß er in England kein absoluter Fürst war, der sein Leben einrichten konnte, ganz wie es ihm gefiel. Immerhin setzte er durch, daß die Höflinge nicht länger direkten Zugang zu seinem Schlafgemach hatten. Ankleiden ließ er sich von seinen treuen Kammertürken, Mehmet und Mustafa, um erst dann, vollbekleidet, in der «großen Bettkammer» Lever zu halten. Georg I. war eine eher private Natur und kam dem Bedürfnis seiner neuen Untertanen nach «Pomp and Circumstance» nicht in dem erwarteten Umfang nach. Diese wollten an der Hofhaltung, da sie über die Bewilligungen des Parlaments dafür zahlten, soweit wie möglich partizipieren.

Der großartige Empfang, der dem neuen König in der Hauptstadt bereitet wurde, galt mehr der Institution als der Person, über die das Volk wenig wußte: Man hatte einen neuen Monarchen bekommen, ganz ohne Bürgerkrieg und zu den gewünschten Bedingungen. Am positivsten reagierte die Börse auf die sichere Ankunft des Herrschers: Pfandbriefe der Regierung und Wertpapiere aller Art schnellten nach oben. Die Direktoren der Bank of England hatten allen Grund zur Freude, verbürgte doch dieses Ereignis die ungeschmälerte Zinsleistung für die gewaltigen Anleihen, die der Staat für die zur Sicherung der protestantischen Thronfolge geführten Kriege aufgenommen hatte. Die Masse des Volkes, die nicht zu den Nutznießern des neuen Regimes zählte, war von dem landfremden Monarchen keineswegs so angetan wie die politische Klasse. So kam es am Krönungstag, dem 20. Oktober 1714, vielerorts zu Ausschreitungen der unzufriedenen Unterschicht, nicht in London, wo das Militär seine einschüchternde Wirkung nicht verfehlte, aber in Norwich, Reading, Birmingham, Bedford, vor allem in Bristol, wo die Menge die illuminierten Fenster der loyalen Bürger zertrümmerte, die im Rathaus versammelten Honoratioren mit Steinen bewarf und immer wieder den Ruf erschallen ließ: «Down with the Roundheads! God bless Doctor Sacheverell». Die Wut des zeitgenössisch als «Mob» bezeichneten einfachen Volkes richtete sich im besonderen gegen die religiösen *Dissenters*, die der anglikanische Geistliche Sacheverell als «Kinder des Teufels» gebrandmarkt hatte. Recht besehen war Georg I. als Lutheraner auch ein Nonkonformist. Politischer und religiöser Protest bildeten noch eine untrennbare Einheit; in der Terminologie der Zeit war der unzufriedene ‹Mob› jakobitisch und hochkirchlich gestimmt, heute würde man sagen, er war nationalistisch, intolerant und antikapitalistisch, mit einem Wort reaktionär, den Aufstand gegen den Zeitgeist probend. Der Regierungsantritt Georgs I. fiel mitten in die Gründerjahre des englischen Finanzkapitalismus. Die mit ihm an die Macht gekommene Whig-Elite setzte die gesetzmäßige Herrschaft der rücksichtslos Besitzenden und Besitzergreifenden durch.

Die Machtergreifung der Whigs, einer Adelsclique unter Führung von Halifax, Sunderland, Stanhope, später vor allem Walpole und Townshend, vollzog sich nach allen Regeln der politischen Manipulation. Als erstes wurde durch geschickte Einflußnahme auf die über Wählerstimmen gebietenden Magnaten dafür gesorgt, daß eine klare Mehrheit der eigenen Parteigänger in das sechs Monate nach dem Tode Annas zu wählende Parlament entsandt wurde. Als nächstes klagte man die Führer der vorausgehenden Tory-Regierung des Hochverrats an; Bolingbroke entzog sich dem Urteil durch Flucht an den Hof des Prätendenten und diskreditierte damit seine Partei erst recht. Im Jahre darauf wurde die Legislaturperiode des Parlaments von drei auf sieben Jahre verlängert (*Septennial Act*); Wahlen waren teuer, angesichts des üblichen Stimmenkaufs, und sie waren riskant, denn nur im House of Lords verfügte die Regierung über sichere Mehrheiten. Zu letzterem hatte auch beigetragen, daß alle Bischöfe systematisch nach Parteigesichtspunkten ausgewählt wurden, so daß es bald kaum mehr Tories wie zu früheren Zeiten unter ihnen gab. Überhaupt war es selbstverständlicher Brauch, daß sich die Regierung die Loyalität einer Vielzahl von Abgeordneten durch Vergabe lukrativer, aber nicht arbeitsintensiver Posten (*placemen*) sicherte. Die Haupttätigkeit des nur wenige Monate im Jahr tagenden Parlaments bestand in der Bewilligung von Finanzmitteln für die Regierung, durchaus nicht in der Verabschiedung weitreichender Gesetze (allenfalls privater Gesetzesvorlagen). Die Korruption, von Sir Robert Walpole meisterhaft gehandhabt, war systemimmanent und systemstabilisierend. Dem Monarchen wurde von seinen Ministern ständig versichert, und zwar mit einiger Glaubwürdigkeit, dies alles geschehe zur Sicherung seiner Herrschaft. Dagegen konnte er im Grunde nichts einwenden.

Wie ernst die Gefahr eines jakobitischen Umsturzes tatsächlich war, ist auch heute noch umstritten. Weil sie den Machthabern zur Sicherung ihrer Herrschaft so sehr ins Konzept paßte, ist man versucht, sie herunterzuspielen. Walpole nahm die Möglichkeit einer erfolgreichen Rebellion zeitlebens sehr ernst. Seit dem Anschluß Schottlands (1707), der so populär nicht war, galten die *Highlands*, Heimat der Stuart-Dynastie, als Hauptgefahrenherd. Im September 1715 wagte der Earl of Mar (Bobbing John) den Aufstand, indem er die *Highland Clans* um sich scharte, Perth besetzte und James III. zum König proklamierte. Dieser ließ sich zwar im Dezember blicken, vermochte aber das Kriegsglück nicht zu wenden. Die Rebellion blieb auf Schottland beschränkt. Mit erfahrenen Truppen, die unter Marlborough in Flandern gedient hatten, machte der Herzog von Argyll dem Spuk bald ein Ende. Eines stand jetzt fest: Eine Einbeziehung der Tories in die Regierung, wie es der König gern gesehen hätte, war fortan politisch undenkbar. Über allen Tories schwebte der Verdacht des Hochverrats. In Zukunft stritten nur noch verschiedene Fraktionen der Whig-Elite um die Macht im Staat.

Der König war keineswegs nur eine Funktionsgröße im Machtkampf der Parteien und Fraktionen, er stand vielmehr an der Spitze der politischen und gesellschaftlichen Pyramide. Im Unterschied zu heute waren die Minister auch nach ihrem Selbstverständnis Diener der Krone und ganz und gar vom Vertrauen des Monarchen abhängig. Dieser betrachtete Armee- und auswärtige Angelegenheiten als seine ureigenste Domäne, wo er sich unter allen Umständen letzte Entscheidungen vorbehielt, auch wenn er in Hannover weilte. Flotte und Heer waren neben der Diplomatie die wichtigsten Instrumente der Außenpolitik, freilich auch die kostspieligsten Posten im Staatshaushalt, die das Parlament zu bewilligen hatte. Wer Georgs Vertrauen behalten wollte, durfte seine kurhannoverschen Interessen nicht aus dem Auge verlieren. Nunmehr galt es, zwei Figuren höchst unterschiedlichen Gewichts auf dem europäischen Schachbrett zu bewegen. Am besten verstand sich der König mit James Stanhope, wie er von Beruf Offizier, sprachgewandt, diplomatisch versiert und Befürworter einer aktiven Außenpolitik. Die beiden für den Norden (Townshend) und Süden Europas (Stanhope) zuständigen Staatssekretäre waren die wichtigsten Ratgeber der Krone. Stanhope begleitete den König bei seinem ersten längeren Aufenthalt in Hannover. Wie dieser, war er fest entschlossen, das durch den einseitigen Frieden von Utrecht isolierte Land als respektablen Mitspieler in den Kreis der europäischen Mächte zurückzuführen. Der Besitz Hannovers und das neue Bündnis mit Frankreich, das waren die britischen Trumpfkarten. So jedenfalls sahen es Georg und Stanhope.

Für britische Historiker ist es nicht ersichtlich, welche Vorteile der Besitz Hannovers für die britische Krone mit sich brachte, während es allzu offenkundig ist, daß sich das Machtgleichgewicht im nordeuropäischen Raum zugunsten des Kurfürstentums und seiner Expansionsmöglichkeiten geändert hatte. Im *Act of Settlement* (1701) war Georg zwar nicht untersagt worden, seine kontinentalen Interessen zu verfolgen, wie häufig in englischen Darstellungen behauptet wird, aber er konnte keine Kriege zur Verteidigung seines Festlandbesitzes führen ohne ausdrücklichen Beschluß des Parlamentes. Dieser Umstand erklärt es, weshalb der Regierung, *His Majesty's Government*, von der Opposition bei jeder Gelegenheit vorgehalten wurde, daß sich ihre Mitglieder bei Georg durch fragwürdige Hilfsdienste einzuschmeicheln suchten, mit anderen Worten, daß sie in Wahrheit nicht britische Interessen verfolgte, sondern kontinentaleuropäische. Die deutschen Minister und Diplomaten des Monarchen, die sich vornehmlich um seine hannoverschen Belange kümmerten, vor allem Andreas Gottlieb von Bernstorff und Hans Kaspar von Bothmer, machte man als die Drahtzieher im Hintergrund aus; ihnen wurde ständig, auch von den britischen Ministern, ein zu weit gehender, unkontrollierbarer Einfluß auf den König unterstellt.

Daß Großbritannien seit dem spanischen Erbfolgekrieg seine Flotte enorm vergrößert hatte und über ein stehendes Heer gebot, kam dem König natürlich auch in seiner Eigenschaft als Kurfürst von Hannover zustatten. Aber auch den Handelsinteressen Großbritanniens war damit gedient: einmal durch die von der Ausrüstung des Heeres und der Flotte ausgehenden Wirtschaftsimpulse, zum anderen durch die militärische Sicherung der Handelsrouten. Gerade die Flotte erlaubte eine höchst flexible, weiträumige Außenpolitik, britische Präsenz sowohl in der Ostsee wie im Mittelmeer, zumal nach der Eroberung von Gibraltar und Menorca. Gegenüber dem Parlament ließ sich die Aufrechterhaltung der kostspieligen Flotte jederzeit mit der Gefahr einer jakobitischen Invasion begründen. Die Machtmittel, über die Georg nach der Thronbesteigung gebot, stärkten seine Stellung als Kurfürst im Reich und gegenüber den nordeuropäischen Mächten, d.h. Schweden, Rußland, Dänemark und Preußen; er war mit einem Mal ein begehrter Bundesgenosse. Im Westfälischen Frieden (1648) waren Schweden die beiden säkularisierten Bistümer Bremen und Verden zugesprochen worden. Auf sie hatte es der Kurfürst abgesehen, weil sie im Norden an seine Territorien angrenzten. Die Vertreibung der Schweden lag zudem im reichsdeutschen Interesse. Seit der Niederlage von Poltawa (1709) war Karl XII. von Schweden so geschwächt, daß er seine deutschen Besitzungen westlich der Elbe nicht länger verteidigen konnte. Mit dem Vertrag vom 2. Mai 1715 zwischen Georg I. und Friedrich IV. von Dänemark fiel das Herzogtum Bremen-Verden an Hannover. In den nächsten fünf Jahren beschäftigte Georg I. nichts so sehr, abgesehen von der Abwehr jakobitischer Ansprüche, wie die Legitimierung der neuen Erwerbungen, durch die Hannover neben Brandenburg zur führenden Macht in Norddeutschland aufgerückt war. Besonders wichtig war Georg und seinen deutschen Ratgebern die formelle Lehensübergabe der Herzogtümer durch den Kaiser; erst damit war der Besitz in den Augen eines deutschen Fürsten vollends rechtmäßig. Karl VI. zögerte diesen Akt immer weiter hinaus, um Georg ständig diplomatisch unter Druck setzen zu können, etwa um ihn dazu zu bewegen, die Interessen Habsburgs in Italien zu unterstützen. Die britischen Minister, allen voran der für den Norden zuständige Townshend, ließen sich auf diese Machenschaften höchst ungern ein. Für sie war die Sicherung der neuen Besitzungen eher eine Frage der Macht, weniger der Legitimität. Es bedurfte auch keines Kaisers, um britische koloniale Erwerbungen abzusegnen. In einem zentralen Punkt waren sich Georg und seine britischen Ratgeber indes völlig einig: Nach langen Jahren des Krieges war ein über die Verständigung mit Frankreich hinausreichendes, dauerhaftes Friedensarrangement aller Mächte im hohen Maße erwünscht. Der Handelsstaat England wollte sich seinen außereuropäischen Interessen zuwenden können, für Hannover war mit jedem neuen Vertragswerk die Anerkennung der neuen Territorien gewährleistet. In den Jahren 1719/20 war dieses Ziel erreicht, als auch Schweden nach dem Tod Karls XII. schließlich zu Verhandlungen bereit war. Der einzige Schönheitsfehler in britischen Augen war die nach wie vor starke, das Mächtegleichgewicht beeinträchtigende Stellung Rußlands.

Ab 1720 hat sich Georg zunehmend die außenpolitische Perspektive seiner britischen Minister zu eigen gemacht, zumal nachdem Townshend und Walpole nach dreijähriger Opposition wieder in die Regierung aufgenommen worden waren. Dafür gibt es eine Vielzahl von Indizien: Memoranden mußten nicht länger ins Französische übersetzt werden, der Einfluß der deutschen Ratgeber des Königs ließ spürbar nach. Und Georg zeigte gegenüber dem Kaiser ein Selbstbewußtsein, das früher so nicht erkennbar war. Als Karl VI. und Phillipp V. von Spanien zur allgemeinen Überraschung im April 1725 ein Bündnis schlossen, sahen sich Georg und seine britischen Minister genötigt, eine Gegenallianz zustande zu bringen, ganz im Sinne der britischen *Balance of Power*-Maxime. Wenige Monate später schlossen Großbritannien, Preußen (der König war Georgs Schwiegersohn) und Frankreich einen Beistandspakt, dem bald darauf auch Schweden, Dänemark und die Generalstaaten beitraten. Ungeachtet aller regierungskritischen Rhetorik im House of Commons war das Kurfürstentum bei Konstellationen dieser Art, wäre es zum Krieg gekommen, viel mehr bedroht als der von Wasser umgebene und einer starken Flotte beschützte Inselstaat.

Schon sehr früh hat Georg die langfristige Unvereinbarkeit britischer und hannoverscher Belange erkannt und eine Auflösung der Personalunion ins Auge gefaßt. Das wachsende Mißtrauen zwischen seinen deutschen und britischen Ratgebern muß ihn in diesem Entschluß bestärkt haben. Auch war er sich bewußt, daß der Verzicht auf sein deutsches Erbe die Stellung der Monarchie gegenüber den Ansprüchen der Stuarts stärken würde; das Haus Hannover war dann nicht länger eine landfremde Dynastie beziehungsweise eine solche mit außerbritischen Interessen. Bereits im Februar 1716 setzte er ein Testament auf, das die Trennung vorsah: Sollte sein Enkelsohn Friedrich Ludwig (1701–51) mehr als einen Sohn zeugen, so sollte der erste die Königskrone erhalten und der zweite die Kurfürstenwürde. Sollte indes kein zweiter Nachkomme seines Hauses zur Verfügung stehen, würde das Kurfürstentum in den Besitz des anderen Zweiges des Hauses übergehen, die Nebenlinie Braunschweig-Wolfenbüttel. Georg hinterlegte je eine Ausfertigung des Testamentes beim Erzbischof von Canterbury, in der Wiener Hofburg und in Wolfenbüttel. Die Reaktion auf die Pläne des Königs war ganz anders als erwartet. Allem Anschein nach waren die deutschen Ratgeber damit einverstanden, befürchteten sie doch nach 1720, so einer von ihnen nachweislich, daß Hannover bald wie Irland zu einer britischen Kolonie absinken werde. Dagegen trugen die britischen Minister und Rechtssachverständigen Bedenken gegen eine Auflösung der Union. Man weiß nicht so recht, ob man den juristischen Einwendungen Glauben schenken soll, oder ob sich dahinter nicht die handfesten Machtinteressen einiger Whigpolitiker verbargen, die ungern auf ihr verbrieftes Mitspracherecht auf dem Kontinent verzichten wollten. Tatsächlich hat sich auch das *House of Commons* nicht mehr freiwillig von Besitzungen getrennt, die einmal von der Krone erworben worden waren. Als Georg und Stanhope erwogen, Gibraltar an Spanien zurückzugeben, drangen sie damit im Parlament nicht durch. Das individuelle Besitzdenken des Landadels erstreckte sich durchaus auch auf das Gemeinwesen, an dessen Reichtümern alle zu partizipieren hofften. Wenn dem aber so ist, dann sind alle Argumente hinfällig, so oft sie auch im *House of Commons* vorgebracht wurden, wonach Hannover eine Belastung für Großbritannien war, nur geeignet, das Land in unnütze europäische Händel zu verwickeln. Als englischer Zeitungsleser konnte man mitunter den Eindruck haben, als konzentriere sich das außenpolitische Engagement auf den Schutz der Sommerresidenz des Königs, wo dieser sich den Wonnen und Ausschweifungen eines absolutistischen Fürsten hingeben konnte. Insgesamt hat sich Georg fünfmal außer Landes begeben, und jedesmal mußte er diese Aufenthalte in der Heimat seinen britischen Ministern regelrecht abtrotzen. Im *Act of Settlement* war zunächst sogar vorgesehen, daß Georg die Zustimmung des Parlaments vor seinen Reisen einholen sollte. Aber nach der erfolgreichen Abwehr der jakobitischen Rebellion im Jahre 1715 hat das *House of Commons* als Akt der Dankbarkeit diese demütigende Klausel aufgehoben.

Mit den komplexen Zusammenhängen der Außenpolitik waren nur wenige britische Politiker vertraut. Die Betrachtungsweise der meisten Zeitgenossen war eine völlig andere. Da war ein König ins Land gekommen, gewiß auf Wunsch des Establishments, aber nicht mit einer Königin, sondern mit zwei Mätressen und zwei türkischen Kammerdienern, ein Monarch, der sich nicht ihrer Sprache bediente, vielmehr der des Erzfeindes Frankreich, der lieber mit seinen deutschen Hofschranzen verkehrte als mit den einheimischen Würdenträgern, lieber in seiner trostlosen deutschen Residenz weilte, als den Regierungsgeschäften des Vereinigten Königreiches nachzugehen; ein Fürst, der seinen Sohn, den Prinzen von Wales, aus dem gemeinsamen Palast gejagt hatte und bei jeder Gelegenheit öffentlich demütigte. Die Liste der Merkwürdigkeiten ließe sich fortsetzen. Man kann sich vorstellen, daß die Person des Monarchen viel Stoff für Klatsch und Tratsch in den Kaffeehäusern der Metropole lieferte. Hatte er nicht seine Frau in ein einsames Schloß verbannt und ihren Liebhaber, einen schwedischen Grafen namens Königsmarck, auf mysteriöse Weise beseitigen lassen? Nun schien er sich mit zwei Mätressen zu vergnügen, die im Volksmund wegen ihrer unterschiedlichen Körperfülle ‹the Maypole and the Elephant› hießen. Tatsächlich war nur die Gräfin Melusine von der Schulenburg (später Duchess of Kendal) seine Mätresse, dagegen war Sophie Charlotte von Kielmannsegg (später Countess of Darlington) eine Halbschwester des Königs. Aber wer wollte das schon so genau wissen.

In fast allen englischen Handbüchern wird moniert, daß der König des Englischen nicht mächtig gewesen sei. Als ob man von einem älteren deutschen Fürsten im Zeitalter des Absolutismus, der noch dazu widerstrebend, eher der Pflicht als der Neigung gehorchend, sein Erbe antrat, erwarten konnte, daß er sich dem Sprachunterricht unterzog. Daß er sich keine Mühe gab, seinen neuen Untertanen zu gefallen, gerade darin erwies er sich als Souverän. Er sprach und schrieb Französisch, die Hofsprache der Zeit, bei weitem besser als die meisten englischen Politiker, mit denen er es zu tun hatte, und er wollte sich mit seinem mangelhaften Englisch nicht dem Gespött der Öffentlichkeit preisgeben. Es hat sich inzwischen als Legende herausgestellt, daß er wegen des Sprachhandicaps bald nicht mehr an den Beratungen seiner Minister teilgenommen haben soll. Gewiß aber ist, daß er es vorzog, seine Berater einzeln im Privatkabinett zu empfangen. Der einflußreichste unter ihnen erhielt im Laufe der Zeit den Titel ‹Prime Minister›, wiewohl Walpole, der erste in der langen Reihe, die Bezeichnung strikt ablehnte. Insgesamt kann man wohl feststellen, das die Sprachhemmungen Georgs ihr Gutes hatten und mit zur Entwicklung des Kabinettsystems, d. h. der Ministerrunde unter Ausschluß des Monarchen, beitrugen.

Abgesehen von der latenten Gefahr eines jakobitischen Umsturzes hatte Georg während seiner dreizehnjährigen Regierungszeit zwei gravierende Krisen zu bewältigen: die Auseinandersetzung mit seinem Sohn, die sich durch das Ausscheiden zweier einflußreicher Minister zu einer Regierungskrise ausweitete, und den Börsenkrach um die South Sea Company, der vielen im Lande zu bestätigen schien, daß die fremdländische Monarchie nur das Feigenblatt für einen zügellosen Kapitalismus darstellte. Der König war im März 1717 schlecht gelaunt aus Hannover zurückgekehrt und unterstellte dem Sohn, sich in seiner Abwesenheit die Rolle des Monarchen angemaßt zu haben. Der Anlaß für das Zerwürfnis ist nicht der Rede wert. Der Prinz of Wales errichtete eine Art Gegenhof in Leicester-Haus, der bald zum Zentrum der politischen Opposition wurde. Beide Höfe konkurrierten miteinander, zur großen Erheiterung der Londoner Gesellschaft. Während dieses Zwistes sah sich Georg veranlaßt, mehr als zuvor höfischen Prunk zu entfalten, ganz gegen seine Natur. Verfassungsexperten gehen davon aus, daß sich unter diesen Gegebenheiten die Institution der loyalen Opposition herausschälte, denn die Opposition, bestehend aus früheren Ministern der Whig-Administration, akzeptierte das bestehende System, die hannoversche Sukzession. Drei Jahre dauerte die Fehde zwischen Vater und Sohn. Die Schwiegertochter Georgs, Prinzessin Karoline von Ansbach-Bayreuth, und Robert Walpole, den es wieder an die Macht drängte, brachten die Versöhnung zustande und begannen damit eine politische Partnerschaft, die sich vor allem während der Regierungszeit Georgs II. bewähren sollte. Walpole war es dann auch, der die Monarchie nach dem schlimmsten Börsenkrach der frühen Neuzeit vor größerem Schaden bewahrte. Was war geschehen?

Bedingt durch den spanischen Erbfolgekrieg waren die Staatsschulden zwischen 1688 und 1714, dem Regierungsantritt Georgs I., von einer Million Pfund Sterling auf 54 Millionen angewachsen; allein die Zinsleistungen verschlangen ein Drittel des jährlichen Haushalts von 10 Millionen Pfund. Durch einen Tilgungsfonds (*sinking fund*) und weitere Staatsanleihen zu günstigeren Bedingungen sollte die Staatsschuld allmählich reduziert werden. Gegen die Zeichnung von Staatsanleihen vergab die Regierung Konzessionen an Handels- und Finanzierungsgesellschaften. Drei dieser Gesellschaften teilten sich das Kreditgeschäft mit dem Staat: die Bank of England, die East India Company (Monopol des Handels mit Indien) und die erst 1711 gegründete South Sea Company, die sich vom Sklavenhandel und gewissen spanischen Handelskonzessionen das große Geschäft erhoffte. Schon die gekaperten spanischen Gold- und Silbertransporte hatten die Gemüter der Spekulanten erhitzt. Die sagenhaften Reichtümer Lateinamerikas übten eine ungeheuere Faszination aus, obwohl sich das tatsächliche Handelsvolumen bescheiden ausnahm. Mit Zustimmung des Schatzamtes übernahm die South Sea Company einen Großteil der Staatsschuld, nämlich Obligationen im Werte von 31 Millionen Pfund, und gab diese als Wertpapiere zum Nominalwert von 1:1 aus. Das Geschäft der Regierung bestand darin, daß sie einen geringeren Zinssatz zahlen mußte; außerdem wurde die ganze Führungsmannschaft des Schatzamtes mit großen Aktienpaketen bestochen. Durch eine geschickte Werbekampagne wurde der Aktienwert künstlich in die Höhe getrieben, vor allem auch durch günstige Kredite auf bereits erworbene Papiere. Ein nie gekanntes Spekulationsfieber erfaßte das Land. Jeder wollte schnell reich werden; es gab so gut wie keine ständischen Schranken, wie sie auf dem Kontinent gegen hemmungslose Bereicherung und prunkvolle Lebensführung bestanden. Von den Finessen des modernen Finanzkapitalismus verstand der Durchschnittsengländer noch weniger als heute. Der König selbst ist wohl nicht bestochen worden (wohl aber seine Mätresse); aber auch er und zahlreiche Mitglieder der Regierung und des Hofes verfielen dem Geldrausch und investierten hohe Summen. Dem Nominalwert von 100 Pfund entsprach im April 1720 ein Aktienwert von 128 Pfund, im Juni

745 Pfund, im Juli 1000 Pfund; im Oktober kam der Krach: «The bubble had burst». Über Nacht waren Tausende ruiniert, Landadelige und reiche Kaufleute ebenso wie kleine Anleger. Die Volkswirtschaft insgesamt hatte zwar nicht sonderlich gelitten, wie man heute weiß, aber private Vermögen wurden im großen Maße umverteilt. Der Ruf nach einer Generalabrechnung mit den Schuldigen erschütterte die Regierung; Georg eilte aus Hannover zurück. Walpole, als Paymaster General nicht persönlich belastet, erwies sich als Retter in der Not. Statt das Rachebedürfnis der Öffentlichkeit zu befriedigen und die Schuldigen an den Pranger zu stellen, verteidigte er mit großem Geschick die Regierung, selbst persönliche Widersacher wie Sunderland, während er es gleichzeitig verstand, die Staatsfinanzen auf Dauer zu konsolidieren. Bald hieß er im Volksmund ‹der große Vertuscher› – ‹The Screenmaster General› oder kurz ‹The Screen›. Aber er wußte genau, worauf es letzlich ankam: das Vertrauen des Königs. Dessen Belohnung ließ nicht auf sich warten; im März 1721 ernannte er ihn zum Schatzkanzler. Für die nächsten zwanzig Jahre sollte Walpole als erster Diener der Krone und als erster Prime Minister in der Geschichte Großbritanniens die Zügel der Regierung fest in der Hand behalten. Mit seinem einzigartigen Manipulationstalent sorgte er für verläßliche Mehrheiten im *House of Commons* und damit für eine Epoche der Stabilität, in der die Fundamente für die spätere Weltmachtstellung Großbritanniens gelegt wurden.

Wenn von britischen Historikern im nachhinein die politische Stabilität dieser Epoche gerühmt worden ist, dann vor dem Hintergrund des turbulenten 17. Jahrhunderts, aber auch in Anbetracht der latenten Gefahren für das so offenkundig korrupte Hof- und Parlamentsregiment. Darüber hinaus muß man sich vor Augen halten, daß die Sicherheit des bürgerlichen Daseins keineswegs gewährleistet war. Im England Georgs I. ging es sehr viel ungezügelter zu als im Wilden Westen Amerikas anderthalb Jahrhunderte später. In manchen Städten, wie etwa in Manchester im Juni 1715, regierte tagelang der Pöbel. Die religiösen Nonkonformisten waren ihres Lebens nie sicher. Das Unwesen der Straßenräuber (*highwaymen*) war kaum zu bändigen; Überfälle auf Postkutschen sowie Mord und Totschlag gehörten zu den gängigen Tagesmeldungen. Da es keine regulären Polizeikräfte gab, mußte die öffentliche Ordnung, nicht zuletzt die Sicherheit des privaten Besitzes und die Loyalität zu dem fremdländischen Herrscherhaus, durch die abschreckende Wirkung von Gesetz und Gesetzesanwendung erzwungen werden. Die bekanntesten Rechtsinstrumente waren der *Riot Act* von 1715, im Volksmund *The Hanoverian Proclamation*, hervorgerufen durch ständige Unruhen in Oxford und basierend auf der Annahme von Aufrührern aus der Oberschicht, sowie der vor allem gegen das Wildern in aristokratischen Gehegen gerichtete *Waldham Black Act*, der im Mai 1723 ohne viel Federlesens vom *House of Commons* verabschiedet wurde und auf einen Schlag etwa 50 Vergehen mit Todesstrafe bedrohte. Im übrigen unterhielt die Regierung ein weitverzweigtes Spionagenetz, um ständig über das Ausmaß der jakobitischen Sympathien im Untergrund der breiten Bevölkerung informiert zu sein. Oftmals wanderten gerade auch anglikanische Geistliche schnell ins Gefängnis, wenn sie bei losen Reden ertappt wurden und so verräterischer Umtriebe bezichtigt werden konnten.

Nachdem er in Walpole einen Mann gefunden hatte, der die Heimatfront fest im Griff hatte, konnte sich Georg in seinen letzten Jahren ganz der Außenpolitik widmen. Am 12. Juni 1727, im Alter von 67 Jahren, erlag er einem Schlaganfall; er befand sich gerade in Osnabrück auf dem Weg zu seinem geliebten Herrenhausen. Auf Veranlassung Georgs II. wurde er neben seiner Mutter im Leineschloß zu Hannover beigesetzt.

*Hermann Wellenreuther*

# Georg II.
## 1727–1760

*Georg August, geb. 10. November 1683 auf Schloß Herrenhausen bei Hannover; 1705 durch Parlamentsgesetz auf Grund der im Act of Settlement geregelten Thronfolge englischer Staatsbürger; 1706 von Königin Anna zum Baron von Tewkesbury, Viscount Northallerton, Graf von Milford Haven und Herzog von Cambridge ernannt; Prinz von Wales 1714; König und Kurfürst von Hannover 12. Juni 1727; Krönung: am 11. Oktober 1727; gest. in Kensington am 25. Oktober 1760; beigesetzt am 11. November 1760 in Westminster Abbey neben Königin Caroline. Vater: Georg Ludwig (1660–1727), Kurfürst von Hannover, seit 1714 Georg I. von England; Mutter: Sophia Dorothea (1666–1726), Prinzessin von Braunschweig und Lüneburg, Tochter Herzog Georg Wilhelms von Sachsen-Lauenburg; die Ehe wurde 1694 geschieden. Schwester: Sophie Dorothea (1685–1757), verh. mit Friedrich Wilhelm I., König in Preußen. Eheschließung: am 2. September 1705 mit Wilhelmina Charlotte Caroline (1683–1737), Tochter des Markgrafen von Brandenburg-Ansbach Johann Friedrich. Kinder: Friedrich Ludwig (1707–1751), Prinz von Wales, Vater des späteren Georg III.; Georg Wilhelm (*† 1717); Wilhelm Augustus (1721–1765), Herzog von Cumberland; Anna (1709–1759), verh. mit Prinz Wilhelm IV. von Oranien; Amelia (1711–1786); Carolina Elisabeth (1713–1757), verh. mit Friedrich II., Landgraf von Hessen-Kassel; Marie (1723–1772); Luisa (1724–1751), verh. mit Friedrich, Kronprinz von Dänemark.*

Am 10. November 1683 *stilum novum* wurde in Schloß Herrenhausen bei Hannover der einzige Sohn der fürstlichen Eheleute Georg Ludwig, später Georg I., und Sophia Dorothea geboren und auf den Namen Georg August getauft. Nur in wenigen Personen spiegeln sich mit gleicher Intensität die Unwägbarkeiten politischer und dynastischer Entwicklungen wider wie in der Lebensgeschichte dieses Neugeborenen. Denn weder war zu dieser Zeit erkennbar, daß der Vater des Erstgeborenen Kurfürst von Hannover, dann 1714 König von England, Schottland und Irland werden würde, noch daß der Sohn als Georg II. in die Erbschaft seines Vaters eintreten würde.

Zur Zeit der Geburt von Georg August verdichteten sich in Westeuropa die Ereignisse zu jenen Konstellationen, aus denen die Neuordnung Europas des 18. Jahrhunderts, aber auch die Voraussetzungen für die Verbindung Englands und Hannovers entstehen sollten. 1681 hatte Frankreich mit der Annexion von Straßburg die Politik der Sicherung seiner Ostgrenze begonnen; diese «Reunionspolitik» sollte zur Bildung

Georg II. (1727–1760)

der gegen Frankreich gerichteten Augsburger Liga von 1686 führen als Vorläufer der Großen Allianz. In dieser schlossen sich 1689 unter der Führung des Stadthalters der Vereinigten Niederländischen Provinzen, Wilhelm III. von Oranien, die Niederlande, Habsburg und Teile des Reiches zur Abwehr weiterer französischer Expansion im Pfälzischen Erbfolgekrieg zusammen.

Zeitgleich hatten sich in England die Ereignisse gleichfalls zugespitzt: Im Geburtsjahr von Georg August konnte Karl II. von England zwar die Versuche der ständisch-adeligen Opposition, den zum Katholizismus konvertierten Bruder des Königs, Jakob, von der Thronfolge auszuschließen (sogenannte *exclusion crisis*), abwenden; es gelang ihm aber nicht, die Kluft zwischen Parlament und Monarchie zu schließen. Im Gegenteil: Diese Kluft zwang ihn wie seinen Bruder und Nachfolger Jakob II. zum engen Bündnis mit Frankreich in der Außenpolitik. Nach Innen intensivierten beide Monarchen ihre Politik der Aushöhlung der regionalen Machtstellung von Aristokratie und Landadel und der Erschließung einer neuen Machtbasis durch die Annäherung an die von der Teilhabe am politischen Leben ausgeschlossenen religiösen Gruppen, die außerhalb der anglikanischen Kirche stehenden Protestanten (Independenten, Presbyterianer, Quäker) auf der einen, die Katholiken auf der anderen Seite. Diese Politik sollte in dem Jahr, in dem die Große Allianz abgeschlossen wurde, zur Landung Wilhelms von Oranien in England, der Vertreibung von Jakob II. und – nach mühseligen Verhandlungen – der Proklamation des niederländischen Stadthalters und seiner Frau (Tochter von Jakob II.) Maria zu den neuen englischen Monarchen führen.

Auch in Hannover begann sich in der Dekade nach 1683 die Entwicklung zum Knoten zu schürzen: Zwischen 1683 und 1692 konnte der Großvater von Georg August, Herzog Ernst August (1629–1698) die verschiedenen Teile des Herzogtums zu einem Ganzen vereinigen; für seine energische Unterstützung Habsburgs und der Politik der Großen Allianz erhielt er 1692 die Zusicherung der 9. Kurwürde. Im gleichen Jahr sollte sich auch die persönliche Lebenssituation des nunmehr neunjährigen Georg August dramatisch verändern: Denn die tiefgreifende Entfremdung zwischen seinen Eltern entlud sich in der sogenannten Königsmarck-Affäre, die 1694 zur Ermordung des dänischen Adeligen Graf Philip von Königsmarck und im gleichen Jahr zur Scheidung der Eltern und Verbannung von Georgs Mutter führen sollte. Der zehnjährige Prinz wurde den Großeltern zur Erziehung anvertraut.

Georg August beobachtete die Karriere seines Vaters aus der Distanz des abgeschobenen Sohnes: Die militärischen Erfolge des Vaters, die hektischen diplomatischen Aktivitäten zwischen Kurhannover und England nach der Verabschiedung der *Act of Settlement* von 1701 mit der damit eröffneten Aussicht auf den englischen Thron, die die Großmutter und Enkelin Jakobs I. eher zu fesseln schien als den Vater, dann dessen Nachfolge in der Grafschaft Kalenberg 1698 und in die Kurwürde nach dem Tod von Georg Wilhelm im Jahr 1705, endlich die dynastische Vereinigung von Großbritannien und Kurhannover mit der Thronbesteigung und Krönung des Vaters im September 1714.

Auch die Stellung von Georg August blieb von diesen Ereignissen nicht unberührt. 1705 wurde die hannoversche Kurfürstin und Großmutter mit all ihren Nachkommen per Gesetz des englischen Parlamentes naturalisiert; Georg August heiratete noch im gleichen Jahr in Herrenhausen am 2. September 1705 die gleichaltrige Wilhemina Charlotte Caroline (1683–1737), verwaiste Tochter von Johann Friedrich, Markgraf von Brandenburg-Ansbach; im folgenden Jahr ernannte die englische Königin Anna I. Georg August einen Tag vor dessen Geburtstag zum Baron von Tewkesbury in Gloucestershire, Viscount Northallerton in Yorkshire, Graf von Milford Haven in Wales, endlich zum Marquis und Fürsten von Cambridge und verlieh ihm den Hosenbandorden. Zwei Jahre später begann Georg August den letzten Teil seiner förmlichen Erziehung: Er nahm den aktiven Militärdienst auf; Chronisten damals und später notierten und priesen seine rühmliche Rolle in der Schlacht von Oudenarde (11. Juli 1708) als Vorbote seiner Ruhmestaten in der Schlacht von Dettingen.

Als Anfang September 1714 Georg August seinen Vater, den Nachfolger der verstorbenen Königin Anna und neuen König von England, nach London begleitete, war er 31 Jahre alt, seit neun Jahren verheiratet und Vater der beiden Töchter Anna und Amelia und des wenig geliebten Sohnes Friedrich; als Fürsten von Cambridge hatte ihm ein parlamentarisches Gesetz 1711 Vortritt vor allen englischen Fürsten und Adeligen eingeräumt; im September 1714 wurde er überdies zum Prinzen von Wales und damit zum offiziellen Thronfolger proklamiert. Er war in einem Alter, in dem seine Zeitgenossen Ruhmestaten angesammelt hatten, Herrschaft ausübten und auf dem Parkett europäischer Herrscherhäuser ihre ersten glänzenden Auftritte und Intrigen schon hinter sich hatten. Aus der kurhannoverschen Perspektive heraus hatte Georg August dagegen vor allem eine Aussicht: auf Jahre hinaus – denn sein Vater war gesund und 1714 mit 54 Jahren noch nicht so alt, daß sich eine baldige aktivere Laufbahn für den Sohn abzeichnete – zum Warten verdammt zu sein. Ändern sollte sich dies erst mit dem 22. Juni 1727, als der Vater in Osnabrück an einem Schlaganfall verschied.

Georg August war die ersten drei Jahrzehnte seines Lebens in einer politischen Welt aufgewachsen, die sich in vielen Elementen in radikaler Weise von der Englands unterschied. In Kurhannover war der Kurfürst *primus absolutus*, in England war der König *primus inter pares*, der in allen entscheidenden politischen Fragen letztlich auf den Konsens des Unter- und Oberhauses, damit aber auf die Kooperation des Adels und des einflußreichen Großbürgertums vor allem Londons angewiesen war. In Kurhannover liefen letztlich alle politischen Fäden in der Hand des Herrschers zusammen; zwar beriet sich dieser beinahe täglich mit seinen Geheimen Räten; aber im Zweifelsfalle besaß der Herrscher die letzte Entscheidungskompetenz. In England berief der König zwar seine Minister, aber diese besaßen aufgrund der spezifischen Verfassung in ihrer mehr oder weniger großen Anhängerschaft im Unter- und Oberhaus eine eigenständige Machtbasis, die ihnen auch beachtliche Unabhängigkeit gegenüber dem Monarchen verschaffte. In Kurhannover hörten der Kurfürst und sein Geheimer Rat öffentlich nur Lob und Ruhmgerede – wer anderes wagte, mußte schnell entweder ins benachbarte Territorium flüchten oder sah sich im Gefängnis; in England dagegen wurde in einer kräftigen, mit Emotion und kühlem Verstand gleichermaßen geführten und von den Verlegern aus ökonomischem Interesse ständig belebten öffentlichen Diskussion auch der Monarch von Lob und Kritik keineswegs verschont. Es war wahrlich eine merkwürdige, andere Welt, in die Vater Georg Ludwig und Sohn Georg August 1714 kamen.

Natürlich aber gab es auch Gemeinsamkeiten: Das Hofzeremoniell war in seinen Grundzügen durchaus dem ähnlich, was auch in Herrenhausen zelebriert worden war; dem Lever folgte die Audienz, den Gesprächen mit den Räten folgte die Geselligkeit, das Essen, die Ruhe, dann wieder das Spiel im Salon, die Jagd vielleicht, später erneut die Geselligkeit mit den Spitzen des Adels, gelegentlich Theater oder die Masquerade. Hier wie da waren beide umgeben von *valets*, Kammerdienern, hohen Adeligen als Vertrauten, Mätressen und Intrigen; parliert wurde in Herrenhausen allerdings zumeist auf Französisch oder Deutsch, in London dagegen in der Regel auf Englisch, welches Georg II. vorzüglich beherrschte. Hier wie da war die Lebenswelt geschieden in die der Privatgemächer, in die nur die Mitglieder der *Privy Chamber* Zutritt hatten, und in die öffentlichen Gemächer, wo das ostentative, von Georg II. jedoch wenig geschätzte herrscherliche Gebaren gefragt war. Während in Kurhannover jedoch Verhalten in beiden Sphären zu den in der Öffentlichkeit nicht kommentierbaren Bereichen gehörte, war in England das Verhalten in der «public sphere» auch Gegenstand des öffentlichen Diskurses.

Georg August war, wie natürlich auch sein Vater, in einer ständisch scharf gegliederten Gesellschaft aufgewachsen. Unterschiede des Standes waren in Kurhannover wie im Reich allgemein festgeschrieben; Grenzen zwischen den einzelnen Stufen konnten nur durch die Verleihung neuer Privilegien durch den Souverän überwunden werden. Wer einen niedrigeren Stand bekleidete, diente dem, der einen höheren Stand innehatte, auch, wenn beide durch persönliche Freundschaft miteinander verbunden waren. Wer an der Spitze der ständischen Pyramide stand, erwartete von allen anderen Dienst und Ehrerbietung, ohne daß er damit die Verpflichtung verbunden hätte, diese über das normale Maß der Belohnung hinaus zu würdigen.

In England hatten sich die Beziehungen zwischen den Ständen und auch jene zwischen dem Adel auf der einen und dem Monarchen auf der anderen Seite in die entgegengesetzte Richtung entwickelt. Letztlich war spätestens seit der Glorreichen Revolution der Monarch als gleichberechtigter Partner auch im politischen Entscheidungsprozeß in ein Beziehungsnetz mit dem Unter- und Oberhaus eingebunden, da ihm nur noch wie den beiden anderen Institutionen ein eigenes, nicht aber mehr ein absolutes, die anderen Institutionen überstimmendes Zustimmungsrecht zustand. Dieses Beziehungsnetz funktionierte letztlich als ein System des Austausches von Dienstleistungen. Oder, um es mit George Bubb Dodington zu formulieren: «Dienst verpflichtet, Verpflichtungen implizieren Gegenleistungen.»

Georg August verhielt sich als Thronfolger wie als Monarch entsprechend den Prinzipien, mit denen er in den ersten drei Jahrzehnten seines Lebens aufgewachsen war. Dies bedeutete zugleich auch, daß er permanent gegen Grundprinzipien der englischen politischen Verfassung, Kultur und Gesellschaft verstieß. Was im kurhannoverschen Kontext korrektes politisches Verhalten des Souveräns bedeutete, war z. B. in den Augen von Mary Wortley Montagu nichts anderes, als die Dienstfertigkeit anderer schnöde auszunutzen, sie herumzukommandieren, die anderen von oben herab zu behandeln.

Aus den gleichen Quellen speiste sich eine weitere Grundproblematik: In Kurhannover hatte ein nach hohem Amt am Hofe strebender Adeliger nur eine Machtbasis: Das Vertrauen des Souveräns, welches in der Regel durch die Fürsprache anderer Adeliger gestützt wurde. Letztlich entschied der Fürst allein, wen er zu seinen Dienern und Beratern etwa ins Gremium des Geheimen Rates berief; selbst Seniorität, Verdienste und Erfahrung halfen im politischen Leben nur bedingt, wiewohl diese in der Armee durchaus Ansprüche auf Beförderung begründen konnten.

In England wiederum lagen die Verhältnisse anders: Schon Königin Anna I. hatte erfahren müssen, daß sie bei der Auswahl ihrer Minister auf deren Machtbasis im Unterhaus besondere Rücksicht nehmen mußte. Nur innerhalb bestimmter, von den Zeitgenossen sehr wohl erkannter Grenzen erfreute sie sich einer eingeschränkten Wahlfreiheit. Nur mit begrenztem Erfolg konnte sie sich zuerst der Umklammerung durch die Whigs, dann nach 1711 der der Tories erwehren. Natürlich beschwerte sie sich über diese Beschränkungen ihrer Handlungsfreiheit; dies taten auch die hannoverschen Könige, auch Georg August als Georg II. Sie standen dieser Einengung ihrer Entscheidungskompetenz in aller Regel eher fassungslos gegenüber. Die kurhannoverschen Geheimen Räte aber – und dies illustriert die scharfen Gegensätze zwischen beiden Ländern – betrachteten solche Vorgänge einfach verständnislos. Auf die Wiederernennung der Regierung unter Henry Pelham 1746 reagierte der Geheime Rat Otto Christian von Lenthe mit folgenden Bemerkungen: «Eben jetzt nachmittags 4 Uhr laufen die englischen Briefe ein und setzen diejenige wieder in ihre Charge, welche am vorigen Posttage niedergelegt. Dergleichen Vorfälle sind wohl nie geschehen [...]. Ohnmöglich kann was Gutes aus diesen allen erwachsen und ich unsern teuersten König nicht genug beklagen.»

Was letztlich der englischen Verfassung immanente Handlungszwänge waren, wurde von englischen Zeitgenossen als Schwäche des Königs ausgelegt. Horace Walpole kommentierte 1746 das Verhalten des Königs so: «Die Beleidigungen, die er von den Seinen und den ergebenen Dienern erfuhr, provozierten ihn nie genug, daß er seine Ruhe oder die seines Volkes aufs Spiel setzte. Wenn ihm ein verhaßter Gegenstand in den Weg kam, brüstete er sich zwar nicht seiner heldenhaften Nachsicht, aber er gab sich ihr dennoch bis zum Verlust seiner Integrität, wenn auch nicht seiner Sicherheit, hin.»

Jene englischen Politiker aber, die im politischen Alltag mit dem König verkehrten, kannten ihn als alles andere denn als einen schwächlichen, zurückhaltenden, farblosen und kenntnisarmen Gesprächspartner. So berichtet etwa Newcastle seinem Freund Richmond von stürmischen Szenen mit dem König: «Das *Kabinett* wird schlimmer denn je. Wir sind jetzt bei Beleidigungen, ‹*Unfähigkeit*› – zu meinem Bruder, ‹Beobachter von anderer Leute *Torheiten* und *Maßnahmen*›, und gestern ‹*bedauernswürdige Gestalten*›. Das ist nicht zu ertragen.»

In Hannover wäre es wohl zu solchen Szenen nicht gekommen; undenkbar aber wäre, was Newcastle im Anschluß seinem Freund berichtete: «Wir haben überlegt, was zu tun ist. Der Lordkanzler und ich sind der Meinung, daß es unmöglich ist, bei solcher Behandlung und solcher Verwaltung seiner Angelegenheiten weiter im Amt zu bleiben.»

Denn in Hannover wäre ein solches Verhalten einem Umsturz der Machtverhältnisse gleichgekommen. Angesichts dieser grundsätzlichen Schwierigkeiten verwundert es kaum, daß sich Georg II. nach den geordneten, ihm wohlvertrauten kurhannoverschen Verhältnissen zurücksehnte.

Hinzu kam freilich noch ein wichtigeres Element: Vater wie Sohn fühlten sich, so scheint es, wiewohl Könige von England, in gleichem Maße noch als Landesvater ihres Kurfürstentums. Die mannigfachen Schwierigkeiten in England mochten sogar noch ihre Bindungen an Kurhannover vertieft haben. Denn in Kurhannover zumindest konnten sie sich so als Herrscher verhalten, wie sie es gewohnt waren; in Kurhannover fanden sie die Verhältnisse vor, die sie kannten und für richtig befanden; in Kurhannover endlich waren sie nicht ständig mit Unbekanntem und

Fremdem, sondern mit Vertrautem und Vertrauten konfrontiert. Kurhannover war zumindest in eben dem Maße Gegenstand ihrer Sorge wie das unvergleichlich größere und mächtigere England. Mehr noch. Zumindest Georg II. verband mit Kurhannover eine tiefe, persönliche Zuneigung. Auf dem Höhepunkt der politischen Krise Hannovers Anfang August 1741 schrieb der keinesfalls zu Übertreibungen neigende Secretary of State William Stanhope, Lord Harrington, in einem persönlichen Brief seinem Amtsbruder Thomas Pelham-Holles, Duke of Newcastle: « ... die Angst und Niedergeschlagenheit, in der ich ihn [d. h. Georg II.] jeden Tag sehe; und der Entschluß, den er scheinbar gefaßt hat, lieber sein eigenes Leben zu opfern, als den Ruin seines Kurfürstentums zu überleben, der ihm fast unabwendbar erscheint...» mache die Zusammenarbeit mit dem König äußerst schwierig. Die widersprüchlichen Anforderungen, die sich aus seiner Doppelrolle als König und Kurfürst ergäben, trieben Georg II. zur Verzweiflung. Diese widersprüchlichen Anforderungen bezeichnen das Grunddilemma der Herrschaftszeit von Georg II.

Jede Darstellung des Lebens von Georg II. muß sich der Herausforderung stellen, die sich aus diesen tiefgreifenden Gegensätzen zwischen England und Kurhannover den Zeitgenossen und Betroffenen ergaben. Es gehört jedoch mit zu den Eigenarten der englischen Historiographie, daß diese, wie schon die englischen Kommentatoren in der ersten Hälfte des 18. Jahrhunderts, Leben, Taten, Verhalten und Werk Georgs II. ausschließlich aus der englischen Perspektive beurteilten; die das Verhalten des späteren Königs prägenden Erlebnisse seiner ersten dreißig Jahre werden konsequent ausgeklammert; die Widersprüche zwischen den kurhannoverschen und englischen Lebenswelten bleiben unberücksichtigt.

Georg August hatte zwischen 1714 und 1727 genügend Zeit, die angedeuteten Grundprobleme, mit denen sich auch sein Vater auseinanderzusetzen hatte, zu studieren. Allerdings behinderten zwei Faktoren eine tiefere Beschäftigung mit der Grundstruktur der englischen Politik und Verfassung: Zum einen die deutsche Umgebung an seinem eigenen Hofe, zum anderen aber, und dies war wohl wichtiger, die Tatsache, daß Georg August als Prinz von Wales und Thronfolger schnell zum Mittelpunkt für alle jene englischen Politiker wurde, deren Hoffnungen auf Ämter am *eigentlichen* Hofe enttäuscht worden waren. Kurz: Die englische politische Kultur designierte und funktionalisierte den Kronprinzen zum Zentrum der politischen Opposition gegen die Regierung seiner Majestät um. Angesichts der eher kühlen Beziehungen zwischen Vater und Sohn war es kaum verwunderlich, daß Georg August den Vereinnahmungsversuchen englischer Adeliger nur geringen Widerstand entgegensetzte; mehr noch, der Sohn suchte werbend bei seiner englischen Umgebung jene Anerkennung, die ihm seine Eltern verweigerten.

Sein vertrautes Verhältnis mit John Campbell, second Duke of Argyll, seit 1715 wurde, ebenso wie seine scheinbar guten Beziehungen zu Charles Townshend, von seinem mißtrauischen Vater als Opposition gegen den König gedeutet. Geholfen hat hier sicherlich auch, daß sich Georg August 1715 während der ersten Abwesenheit seines Vaters in Hannover als Regent zum ersten Mal im Mittelpunkt fühlte.

1717 reichte ein lächerlicher Zwischenfall zum beinahe endgültigen Zerwürfnis zwischen Sohn und Vater aus: Nachdem Georg I. darauf bestanden hatte, daß neben ihm nicht Onkel Ernst August, sondern der Georg August verhaßte Duke of Newcastle zweiter Pate des gerade erstgeborenen Sohnes von Georg August und Karoline werden sollte, inszenierte der wütende Sohn unmittelbar nach dem Taufakt einen Eklat. Georg I. reagierte damit, daß er das Ehepaar aus dem königlichen Palast verwies und bis zur formellen Aussöhnung jeden persönlichen Kontakt mit dem Sohn vermied. Georg August und seine Frau Karoline etablierten sich in Leicester House in Leicester Fields; nachdem der unbotmäßige Sohn aller Ämter, auf die der König Einfluß hatte, entkleidet worden war, entwickelte sich der Wohnsitz des Prinzen nun endgültig zum Mittelpunkt der politischen Opposition gegen den König. Ironischerweise sollte Leicester House bis zum Tod Georgs II. das Zentrum politischer Adelsopposition gegen den König bleiben. Denn dorthin zog später sein eigener Sohn Friedrich. Merkwürdigerweise nämlich war Georgs II. Verhältnis zu seinem Sohn Friedrich zumindest genauso schlecht wie sein eigenes zu seinem Vater. Nachdem Friedrich, von seinen Eltern weitgehend vergessen, seit 1714 in Hannover, umgeben von Erziehern, allein aufgewachsen war, verschlechterten sich nach seiner Ankunft in London 1728 seine Beziehungen zu beiden, zu König wie Königin, vor allem auch deshalb, weil Georg seinem ältesten Sohn und Prinzen von Wales den größten Teil der ihm zustehenden Apanage vorenthielt. Politisch war dies zwar unklug, der königlichen Privatschatulle schadete es allerdings kaum. Nach Friedrichs Heirat mit Augusta, der Tochter des Fürsten von Sachsen-Coburg, kam es – in schöner Parallele zu den Beziehungen zwischen Georg I. und seinem Sohn – zum tiefen Zerwürfnis bei und nach der Geburt des ersten Kindes. Nach einer kühlen Aussöhnung zog Friedrich mit seiner wachsenden Familie auf Vorschlag des Vaters nach Leicester House, welches damit erneut zum Zentrum der Opposition gegen den König wurde. Nach Friedrichs Tod am 20. März 1751 blieb die Familie in Leicester House wohnen – und Georgs II. Enkel gleichen Namens, als Georg III. sein Nachfolger, wurde wiederum schnell Mittelpunkt der politischen Opposition.

Diese Entwicklung lag freilich in weiter Ferne; sie weist aber auf eine gravierende Schwäche Georgs hin: Er war wahrscheinlich noch weniger als sein eigener Vater fähig, zu seinen Kindern ein vernünftiges Verhältnis zu entwickeln. Erst 1720, also drei Jahre nach dem erwähnten Bruch über die Taufe, kam es zu einem mühsam gekitteten Ausgleich zwischen Georg I. und seinem Sohn, in dessen Folge der künftige Georg II. seine Aktivitäten als Zentrum der politischen Opposition stark reduzierte. Kühle Distanz markierte die Beziehungen zwischen Thronfolger und König bis zu dessen Tod 1727. Als Sir Robert Walpole am 14. Juni dem Sohn die Nachricht vom Tod Georgs I. überbrachte, war dieser zwar überrascht, aber ohne jede Gefühlsregung. Verwunderlich war dies kaum.

Georg August war neununddreißig Jahre alt, als er zum König von England proklamiert wurde; er sollte das Amt mehr als dreißig Jahre bekleiden. In seiner Zeit als König wurde England zur ersten europäischen Macht, erreichte das erste englische Reich seine größte Ausdehnung, formten sich englische Kultur, Geselligkeit und Handel zu der Blüte, die die Grundsteine für die spätere Weltgeltung Englands legen sollten. Zur Zeit seines Todes war der Erzfeind, Frankreich, endgültig, so schien es, niedergerungen. Kurz: Von den äußeren Errungenschaften her gesehen war die Herrschaft Georgs II. mehr als die eines jeden englischen Herrschers im 18. Jahrhundert von glänzenden Erfolgen gekrönt. So sahen es viele Zeitgenossen, so sahen es jedenfalls bis zur Besetzung Kurhannovers durch französische Truppen 1757 auch seine Untertanen in Deutschland. Trotz dieser Erfolge blieb die Haltung der englischen Zeitgenossen ihrem König gegenüber – folgt man den einflußreicheren Tagebuchschreibern der Zeit – von Reserve, Skepsis und Ablehnung geprägt; die Historiker haben dies eher negative Urteil übernommen.

Die Literatur zu Georg II. konzentriert sich ganz wesentlich auf einige wenige Krisen: Zu diesen gehören die Kindheit, der Transfer nach England, die Entfremdung des Prinzen von Wales von seinem Vater, insbesondere nach der schon erwähnten Taufe, die kühle Reaktion auf den Tod von Georg I., Georgs Beziehung zu Kurhannover, die ihn allein in seiner Außenpolitik geleitet habe, seine Vorliebe für alles Militärische einerseits, für das liebe Geld andererseits, welches er sogar während seiner immer pünktlichen Besuche bei seinen Mätressen gezählt habe, endlich seine Unfähigkeit, sich der Unverschämtheit der beiden Pelham Brüder zu erwehren.

Die Bemerkungen zum privaten Leben, zu seinen intellektuellen Fähigkeiten und zu seinen Beziehungen zu Kultur, zu Gesellschaft und zu anderen Menschen werden so gut wie alle in den Kontext der Erörterung von Georgs Beziehungen zu seiner Frau gestellt. Alle Kommentatoren stimmen hier darin überein, daß der König in allen entscheidenden Fragen von seiner von ihm geehrten und verehrten Frau regiert worden sei, sich aber andererseits von Beeinflussungsversuchungen seiner Mätressen freigehalten habe. Walpoles Einfluß auf den König und damit seine Stellung als einflußreichster Minister habe wesentlich auf Walpoles gutem Einvernehmen mit der Königin geruht – eine Theorie, die freilich dadurch in Zweifel gezogen wird, daß das Verhältnis Walpoles zu Georg auch nach dem Tod der Königin nicht schlechter, sondern möglicherweise noch enger wurde.

Im geselligen Umgang war Georg II. nach Ansicht englischer Zeitgenossen gefällig, kalt und berechnend. Seine intellektuellen Fähigkeiten werden von den Zeitgenossen und den Historikern im wesentlichen als entweder unbedeutend oder als nicht vorhanden beurteilt. Die Herausgeberin der ‹Memoirs of Lady Sundon› faßt ihre Ansicht in folgende Worte: «Er war, wenn nicht völlig ohne Scharfsinn, so doch frei von Gefühl und Vorstellungskraft. Ohne wissenschaftliche Ambitionen, verachtete er die Literatur und ihre Verehrer, und Walpole zufolge hätte er eine Pfundmünze einer so perfekten Dichtung wie Alexander's Feast vorgezogen. Seine Leidenschaften, wenn sie überhaupt als solche bezeichnet werden können, da sie kaum seinen trägen methodischen Geist bewegten, waren wie die seines Vaters ganz unverblümt vulgär und entwürdigend. Seine Prinzipien waren die derjenigen deutschen Schule, die ohne zu erröten das Laster neben der Tugend auf dem Thron des häuslichen Lebens etabliert.»

Die einzelnen Episoden, die aus dem Leben von Georg II. intensiver dargestellt werden, ebenso wie deren Deutung, sind kaum geprägt durch intensive quellennahe Studien, sondern durch die in Memoiren niedergelegten Urteile englischer Zeitgenossen. Unter diesen ragen neben den für die Herrschaftszeit von Georg II. wichtigsten Memoirenschreibern Lord Hervey, Earl of Egmont, und Horace Walpole vor allem die Memoiren der beiden Hofdamen, Lady Suffolk und Lady Sundon, hervor. Eine aus den Quellen geschöpfte gründlichere Darstellung fehlt.

Der Einfluß der englischen Tagebuch- und Memoirenliteratur auf das Bild von Georg II. ist zu einem beträchtlichen Maße dafür verantwortlich, daß die bisher vorliegenden biographischen Bemühungen zu Georg II. sich auf dessen Wirken in England beschränken und sein Verhalten als Kurfürst von Hannover weitgehend ausklammern. Diese Tendenz der Forschung hat nicht zuletzt auch dazu geführt, daß das Wirken von Georg II. in die Problematik der Personalunion selbst eingebettet wurde. Anders formuliert: Englische Urteile über die Vor- oder Nachteile der Personalunion mit Hannover implizierten immer auch ein Urteil über Georg II. Mit dieser Haltung übersieht die englische Forschung freilich, was eine Personalunion ausmacht: Herrschaft über *zwei* nur durch die Person des Herrschers vereinte Nationen. Zugleich unterwirft sich die englische Forschung damit auch der zeitgenössischen Forderung an den König, sich nur um das Wohl und den Gemeinnutz ihres Landes, nämlich Großbritanniens, zu kümmern.

Gerade dies aber weigerte sich Georg II. zu tun, woran er im Juni 1744 in einer besonders heftigen Auseinandesetzung den Duke of Newcastle erinnerte: «Über alles haben wir äußerst gründlich gestritten. Er sagte, er überlasse uns die Inneren Angelegenheiten, aber er denke doch, daß er alles andere besser als jeder andere verstände.»

An diese Aufgabenteilung scheint sich der König auch im wesentlichen gehalten zu haben; Konflikte konzentrierten sich deshalb auch zwischen ihm und seinen Ministern im wesentlichen auf außenpolitische Probleme oder – und auch in diesem Bereich behielt sich Georg II. seine eigene Entscheidung vor – auf Patronageangelegenheiten insbesondere im Bereich von Marine und Armee.

Konflikte über die rechte Außenpolitik Englands waren schon deshalb unumgänglich, weil die englischen Politiker die Konsequenzen, die sich notwendigerweise aus der Personalunion ergaben, nicht zu akzeptieren bereit waren. Lord Hervey faßte das grundsätzliche Dilemma aus englischer Sicht so zusammen: «Bei allen Ereignissen konnte er nicht umhin, zu bedenken, daß er als Kurfürst von Hannover Teil des Reiches war, dem der Kaiser vorstehe; und diese Vorurteile, die auf alle Angelegenheiten, die er nur nach seinen Interessen als König von England hätte betrachten sollen, Einfluß nahmen, machten dem Minister, der sich nur um die Interessen Englands kümmerte, ständige Schwierigkeiten, denn er mußte sie jedes Mal überwinden, wenn er seine Majestät davon überzeugen mußte, nur den letzteren zu folgen.»

Das «interest as King of England» implizierte nach englischer Überzeugung, daß sich England außenpolitisch durch ein Bündnissystem auf dem Kontinent nur soweit absichern mußte, daß es seine außenhandels- und kolonialpolitischen Interessen innerhalb und außerhalb Europas ungebrochen verfolgen konnte. Für Georg II. wie für seinen Vater implizierte dagegen, wie übrigens für die Mitglieder des kurhannoverschen Geheimen Rates, die Personalunion auch die englische Fürsorge für die Sicherheit und Unversehrtheit des Kurfürstentums Hannover und damit die direkte permanente englische Verwicklung in mitteleuropäische machtpolitische Angelegenheiten ebenso wie in solche des Reiches, soweit die Unversehrtheit des Kurfürstentums durch die Personalunion selbst bedroht sei. Der Vertrag von Hannover von 1725 und die Neutralitätskonventionen von 1741 und 1757 sind wesentlicher Ausfluß dieser Überzeugungen; die Konvention von 1741 trägt die Handschrift des Königs. In dem schon zitierten Brief an Newcastle faßte Harrington diesen Zusammenhang so zusammen: «Nicht, daß der König große Erwartungen hätte, daß man ihm in der gegenwärtigen Situation irgendwelche Hilfe aus England schicken will oder kann, die in irgendeiner Weise den Gefahren, von denen er [als Kurfürst] umgeben ist, angemessen ist. Aber Seine Majestät denkt, daß es vernünftigerweise erwartet werden würde, daß er die Notlage des Kurfürstentums erst seinem englischen Kabinett vorlege, bevor er eine Erklärung der englischen Nation erhalte, daß sie entschlossen sei, Ihn in Seinen kurfürstlichen Besitzungen gegen alle Gewalttätigkeiten oder Verletzungen zu verteidigen, die Ihm dort wegen irgendwelcher Maßnahmen, die er als König zur Unterstützung Österreichs ergreift, drohen könnten.»

Hinzu traten weitere Differenzen: Als Kurfürst mußte der König das außenpolitische Verhalten seines Kurfürstentums nicht nur am Gebaren seiner unmittelbaren Nachbarn, sondern auch an dem Verhalten Habsburgs und der anderen Machtblöcke im Reich wie dem der Wittelsbacher Fürsten mitorientieren. Hieraus entstanden Rücksichtsnahmen wie etwa im Falle der Wahl des römischen Königs Anfang der 1750er Jahre, die sich auf die englische Außenpolitik eher hinderlich als förderlich auswirken mochten – jedenfalls stellte sich dies so im innerenglischen Diskurs dar. Endlich hegte Georg II. nicht nur als König von England, sondern auch als Kurfürst von Hannover außenpolitische Ambitionen. Jenen als Kurfürst unterlagen zwar eher dynastische als etwa am ökonomischen Wohl des Kurfürstentums orientierte Interessen – aber außenpolitische Ambitionen etwa auf Mecklenburg, auf Jülich und Berg oder auf Ostfriesland waren es doch, und als solche entwickelten sie ihre eigene außenpolitische Dynamik, die insbesondere die Beziehungen zu Preußen und zum Kaiser belasteten.

Umgekehrt läßt sich zeigen, daß auch die kurhannoverschen Geheimen Räte die Implikationen der Personlunion mißverstanden. In ihrem außenpolitischen Kalkül, aber kaum in dem von Georg II., lebte Großbritannien als eine nur auf den europäischen Kontinent fixierte Macht; englische Verpflichtungen in Asien, Afrika und vor allem Amerika existierten für sie nicht. Sie gingen davon aus, daß die Personalunion für England nicht nur die Verpflichtung über die Erhaltung des europäischen Gleichgewichtsystems zu wachen mit sich brachte, sondern auch jene, Schutzschild für das schwächere Kurhannover zu sein. Dieser Verpflichtung kam, wenn auch nicht ohne deutlichen Druck Georgs II., die englische Politik bis zum Ausbruch des Siebenjährigen Krieges innerhalb gewisser Grenzen durchaus nach. Um so grausamer fiel das Erwachen in Hannover aus, als der Brief des Duke of Newcastle vom 18. Juli 1755 eintraf. Natürlich nicht ohne Vorwissen des Königs teilte Newcastle dem Geheimen Rat darin mit, daß Großbritannien angesichts der Kosten eines Krieges in Amerika nicht in der Lage sein werde, sich selbst in einem größeren Krieg auf dem Kontinent zu engagieren – auch nicht einem solchen zum Schutz von Kurhannover.

Die nachfolgende eigentlich – trotz aller Besserwisserei – letztlich unvermeidliche Niederlage des Heeres unter Georgs II. ältestem Sohn Augustus, Fürst von Cumberland, bei Hastenbeck und die Besetzung des Kurfürstentums durch französische Truppen brachte nicht nur Leiden und schwere ökonomische Einbußen für das Kurfürstentum, sondern zerbrach auch das Image des Königs als guten und fürsorglichen Landesvater seiner deutschen Untertanen. Mit bitterem Spott bemerkte der Göttinger Professor Samuel Christian Hollmann in einem 1765 anonym in Frankfurt und Leipzig veröffentlichten Traktat, der König habe auf die Nachricht vom Ausbruch des englisch-französischen Krieges, die ihn 1755 während seines letzten Besuches in Hannover ereilte, «etliche Tage hindurch weder Spiele, noch andere Lustbarkeiten vorgenommen».

Die Zeit des Siebenjährigen Krieges zeigte, daß Vorstellungen von der Personalunion, wie sie von den Engländern auf der einen und von Georg II. ebenso wie von seinem Vater, aber auch von den hannoverschen Geheimen Räten auf der anderen Seite gehegt wurden, unvereinbar waren. Schon seinem Vater waren nur wenige Jahre nach seinem Thronantritt Zweifel an der Personalunion gekommen; sein Testament, welches der Sohn einfach verschwinden ließ, enthielt Bestimmungen für deren Auflösung. Spätestens nach der Nachricht von der Niederlage (26. Juli 1757) des englisch-hannoverschen Heeres unter dem Fürsten von Cumberland durch französische Truppen am 3. August verstärkten sich auch bei Georg II. die Zweifel an der Personalunion. Cumberlands unglückliche, zwar vom König autorisierte, aber sowohl hannoversche als auch englische Interessen verletzende Neutralitätskonvention vom 8. September 1757 gab den letzten Ausschlag. Entweder vor oder unmittelbar nach der Ankunft von Cumberland in London wies der König brieflich den Geheimen Rat des Kurfürstentums an, in jeweils getrennten Stellungnahmen die Frage zu diskutieren, «ob die Englische Crone von deren Chur-Landen salvo-jure getrennet werden – auch solches derer letzteren nützlich seyn könne». Die Gutachten der Geheimen Räte zeigten deutlich, wie verunsichernd die Ereignisse der letzten Jahre gewirkt hatten. Drei der sechs Räte votierten für eine Auflösung der Personalunion; angesichts dieses Patts, aber auch der Wendung im Kriegsverlauf nach 1758 zugunsten Englands blieb die Personalunion zwar erhalten, aber mit einem völlig anderen Selbstverständnis. Dies zu beschreiben fällt freilich in die Herrschaftszeit des Enkels von Georg II.

Die Ereignisse von 1757 hatten Georg II. gezeigt, daß die Interessen Englands, zumindest in zugespitzten Krisenzeiten, mit jenen seines Kurfürstentums nicht vereinbar waren. In dieser Unvereinbarkeit, der letztlich wohl auch unterschiedliche Vorstellungen von nationalem Interesse und den Kriterien, an denen sich die Außenpolitik eines Landes orientieren sollte, zugrunde lagen, liegt die eigentliche Problematik der Herrschaftszeit von Georg II. Indem er sich gerade außenpolitisch, zumindest aus der Sicht und Warnehmung der Engländer, eher als kurhannoverscher denn als englischer Herrscher gerierte, distanzierte er sich während des Siebenjährigen Krieges in ihren Augen auch von den großen Erfolgen Englands in seiner Auseinandersetzung mit Frankreich. Der Triumph der englischen Heere war nicht seiner, sondern der der englischen Nation; in den *Te Deums* feierte die Nation sich selbst, nicht den König.

Georg II. identifizierte sich, und dies erkannten die Engländer richtig, nie völlig mit dem Geschick Englands; und dies nahmen sie ihm schlicht übel. Sowohl der englischen innenpolitischen Ordnung wie der Betonung ökonomischer Zielsetzungen in der englischen Außenpolitik stand er skeptisch gegenüber. Auch gegen Ende seines Lebens hatte er sich noch Kernelemente einer kontinentaleuropäischen absoluten Herrscherkonzeption bewahrt, die ihn sicherlich nicht nur mit einem nostalgischen Blick über den Kanal in sein Kurfürstentum blicken ließ, sondern ihm auch kritische Distanz zum englischen politischen System bewahrte. In einer langen Unterredung mit James, Earl of Waldegrave faßte Georg II. am 11. Juni 1757 seine Haltung zu England selbst zusammen. Waldegrave notierte sich: «Daß wir in der Tat ein sehr außergewöhnliches Volk seien, das ständig von seiner Verfassung, seinen Gesetzen und seinen Freiheiten rede. Was unsere Verfassung beträfe, so gebe er zu, daß es eine gute sei, und er fordere jedermann heraus, eine einzige Episode zu benennen, in der er die ihm gezogenen Grenzen überschritten habe; er werde nie versuchen, einen Diener, der Unrecht getan habe, zu beschützen, aber er habe immer noch das Recht, sich seine Diener auszuwählen; im Moment aber habe er nicht nur keine Wahl, sondern nicht einmal ein Vetorecht. Was unsere Gesetze beträfe, so würden wir in jedem Parlament um die hundert erlassen, die keinen anderen Zweck zu haben schienen, außer uns das Vergnügen zu bereiten, sie übertreten zu können. Und unser Eifer für die Freiheit sei an sich sehr lobenswert, aber unsere Vorstellungen davon doch etwas seltsam, da etwa die Häupter unseres Adels lieber Anhänger des Herzogs von Newcastle als die Freunde und Ratgeber ihres Souveräns sind.»

Durch die Rede klingt eine gewisse resignative Bitterkeit, die aber Georgs konkretes politisches Verhalten nur wenig beeinträchtigte. Zwei Wochen später wurde die neue Regierung unter dem Duke of Newcastle und unter William Pitt dem Älteren offiziell eingesetzt; bis über den Tod von Georg II. hinaus leiteten beide in überwiegend schöner Harmonie und mit weitgehender Zustimmung des Königs das Staatsschiff.

Georg II. erlitt am Samstag, den 25. Oktober 1760, nur weniger als drei Wochen vor seinem 77. Geburtstag, einen Schlaganfall.

Von seiner Herrschaftszeit zwischen 1727 bis 1760 hatte Georg II. insgesamt fünfzig Monate in seinem Kurfürstentum verbracht. Am 15. September 1755 kehrte er von seinem letzten Besuch Kurhannovers nach England zurück. Inwieweit der König während seiner Aufenthalte in Hannover oder vermittelt durch die deutsche Kanzlei an seinem Hof, die den steten Kontakt zum Geheimen Rat in Hannover aufrechterhielt, noch auf die Regierungstätigkeit des Geheimen Rates Einfluß nahm, bleibt ein umstrittener, von der Forschung noch näher zu untersuchender Fragenkomplex. Daß er um das Wohl seiner deutschen Untertanen durchaus besorgt war, scheint außer Zweifel. Diese Sorge richtete sich aber möglicherweise weniger auf die Entwicklung der Wirtschaft und die allgemeine innere Entwicklung des Landes, sondern eher auf die außenpolitischen Probleme des Kurfürstentums.

Ebenso wie noch vieles über die Beziehungen zwischen Georg II. und dem Kurfürstentum im dunkeln liegt, bleibt das Wirken Georgs II. in England weitgehend unklar. Immerhin: Man wird nachdrücklich Zweifel daran anmelden müssen, ob die zeitgenössischen Memoirenschreiber, die bisher das Bild Georgs II. bestimmten, so zuverlässig sind, wie es bisher die Forschung angenommen hat. Schaut man genauer hin, dann wissen wir über des Königs Leben und Wirken in England nur sehr wenig. Das Bild eines eher gefühlsarmen, wenig fleißigen, eher dümmlichen, jedem Frauenrock nachstellenden, ansonsten seine Zeit mit Kartenspielen zubringenden Monarchen, der nur *eine Passion* neben Frauen, nämlich sein Kurfürstentum gehabt haben soll, scheint wenig überzeugend. Der König, in dessen Herrschaftszeit England seine größte Machtentfaltung erlebte, verdiente eine eingehendere Biographie.

*Hans-Christoph Schröder*

# Georg III.
## 1760–1820

*Georg Wilhelm Friedrich, geb. 4. Juni 1738 in Norfolk House, London; März 1751 Kurprinz von Braunschweig-Lüneburg, Herzog von Edinburgh etc.; 19. April 1751 Prinz von Wales und Herzog von Chester; König: 25. Oktober 1760, seit 1811 wegen einer psychischen Krankheit nicht mehr mit den Regierungsgeschäften betraut; gest. 29. Januar 1820; begraben am 16. Februar 1820 in der St. Georgskapelle, Windsor. Vater: Friedrich Ludwig, Prinz von Wales (1707–1751), Sohn Georgs II.; Mutter: Augusta (1719–1772), Tochter Friedrichs II. von Sachsen-Gotha; Geschwister: Edward Augustus (1739–1767), Herzog von York und Albany: William Henry (1743–1805), Herzog von Gloucester und Edinburgh; Henry Frederick (1745–1790), Herzog von Cumberland; Frederick William (1750–1765); Augusta (1737–1813), verh. mit Karl Wilhelm Ferdinand, Erbprinz von Braunschweig-Wolfenbüttel; Caroline Matilda (1751–1775), verh. mit König Christian VII. von Dänemark; Eheschließung: am 8. September 1761 mit Charlotte Sophia (1744–1818), Schwester von Adolf Friedrich IV., Herzog von Mecklenburg-Strelitz; Kinder: Georg (1762–1830), Prinz von Wales, als Georg IV. König; Frederick (1763–1827), Herzog von York; William (1765–1837), Herzog von Clarence und als Wilhelm IV. König; Edward (1767–1820), Herzog von Kent; Ernest (1771–1851), Herzog von Cumberland, später König von Hannover; Augustus (1773–1843), Herzog von Sussex; Adolphus (1774–1850), Herzog von Cambridge; Octavius (1779–1783); Alfred (1780–1782); Charlotte (1766–1828), verh. mit Friedrich Wilhelm, König von Württemberg; Augusta (1768–1840); Elisabeth (1770–1840), verh. mit Friedrich Joseph Ludwig, Prinz von Hessen-Homburg; Mary (1776–1857), Herzogin von Gloucester; Sophia (1777–1848); Amelia (1783–1810).*

Georg III., der am 25. Oktober 1760 als Nachfolger seines Großvaters, Georg II., König wurde, brachte für sein Amt nur unzureichende Voraussetzungen mit. Der neue Monarch verfügte über keine hohe Intelligenz und keine große geistige Beweglichkeit. Nach Ansicht des Historikers J. H. Plumb war Georg III. sogar «sehr dumm, wirklich dumm». Seine Intelligenz hätte, wäre er in einfachen Verhältnissen aufgewachsen, nur für den Beruf eines ungelernten Arbeiters ausgereicht.

Gegen diese Behauptung sprechen allerdings manche Aussagen von Zeitgenossen. Die Kenntnisse des Königs über die Vorgänge in der literarischen und politischen Welt, urteilte z. B. der Publizist Samuel Johnson 1767 nach einem langen Gespräch mit ihm, seien «ausgedehnter» als

Georg III. (1760–1820)

man gemeinhin glaube. James Boswell, der Biograph Samuel Johnsons, hörte im September 1762 die Thronrede Georgs III. und schrieb über sie in sein Tagebuch: «Seine Majestät sprach besser als irgendjemand sonst, den ich gehört habe: mit Würde, Takt und Leichtigkeit, und ich bewunderte ihn.» Einen «vortrefflichen Mann» und «weisen König» nannte Georg Christoph Lichtenberg Georg III., der als erster englischer Monarch in den Naturwissenschaften unterrichtet worden war, ein starkes Interesse an der Universität Göttingen nahm und sich während der Englandaufenthalte Lichtenbergs oft und lange mit ihm über seine wissenschaftlichen Untersuchungen unterhielt. Auch der Astronom Herschel wurde von Georg III. gefördert. Gegen die These von der großen Dummheit des Königs spricht ferner die Tatsache, daß er ein Büchersammler und der Gründer der britischen Nationalbibliothek war. Dem British Museum schenkte er die berühmte Thomason Collection, die er 1762 gekauft hatte. Diese Sammlung von Büchern, Broschüren, gedruckten Predigten und Zeitungen aus der Zeit der Englischen Revolution enthält zahlreiche, sehr radikale Schriften, so daß sich die Schenkung des Königs auch als ein erstaunlicher Akt politischer Liberalität darstellt.

Kann man unterschiedlicher Meinung darüber sein, wie unintelligent Georg III. war, so ist dagegen die Unreife des 1760 mit 21 Jahren an die Regierung kommenden Königs, mit dessen Thronbesteigung eine Generation übersprungen wurde, ganz unbestritten. Ihm fehlte es an Erfahrung und Weltläufigkeit. Dieser Nachteil wurde noch durch eine starke Fixierung auf seinen Erzieher, Lord Bute, verstärkt. Bute war für Georg III., dessen Vater 1751 starb, zur Vaterfigur geworden. Als Kronprinz idealisierte er Bute, den er an Integrität und Fähigkeiten allen Politikern turmhoch überlegen glaubte. Der Gedanke, dieser könne vielleicht «eines künftigen Tages» das Amt des Premierministers ablehnen, erfüllte ihn mit «Entsetzen».

Bute war ein unbedeutender schottischer Adliger – ernst, fromm, wohlmeinend und hochgesinnt, aber ohne jede politische Erfahrung. Die enge Bindung an ihn machte Georg III. nicht nur jahrelang innerlich unfrei, auch der Einfluß seines Erziehers auf ihn war höchst nachteilig. Indem Bute unablässig die Fehler seines Zöglings und vor allem dessen Neigung zur Indolenz kritisierte, gab er ihm ein Gefühl der Insuffizienz. Das bedeutete, zumal es mit einer hohen Auffassung von der Bedeutung eines Königs und der Vorstellung von dessen sehr aktiver Tätigkeit verbunden war, eine starke psychische Belastung. Außerdem vermittelte Bute dem jungen Mann ein unrealistisches, allzu erhabenes Wunschbild von Politik, das für seine Rolle als König denkbar ungeeignet war.

Dieses Bild war geprägt von Bolingbrokes Schrift ‹The Idea of a Patriot King›, die dieser um 1738 für den damaligen Kronprinzen, den Vater Georgs III., geschrieben hatte. Die beiden Grundgedanken der Schrift Bolingbrokes waren Einheit und Erneuerung. Die Idee der Einheit fand ihren Ausdruck in der Anweisung an den patriotischen Monarchen: «Anstatt die Spaltungen seines Volkes zu vertiefen, wird er bemüht sein, es zu einigen und selbst zum Zentrum seiner Einheit zu werden: anstatt sich selbst an die Spitze einer Partei zu stellen, um sein Volk zu regieren, wird er sich an die Spitze seines Volkes stellen, um alle Parteien zu regieren oder genauer: zu unterdrücken.» Auf der solcherart geschaffenen Grundlage der Einheit konnte dann dieser Schrift zufolge das Werk der nationalen Erneuerung begonnen werden. Nach Bolingbroke war der Patriot King der «mächtigste aller Reformer», der die ehrlichen Menschen mit Bewunderung und Liebe, die Schuldigen aber mit Schrecken erfüllte. Die anvisierte «regeneration» war nach den Worten Bolingbrokes ein Vorgang umfassender Transformation und Läuterung, der in einer geradezu religiösen Sprache mit den Worten beschrieben wurde: «Ein neues Volk scheint mit einem neuen König aufzuerstehen.» Die Menschen fühlten sich danach fast in andere Wesen verwandelt.

Unter dem Einfluß dieser Ideen sah Georg III. in den ersten Jahren nach seiner Thronbesteigung seine Aufgabe darin, das Land «von der Korruption zu reinigen» – ein Werk, für das er nach seinen eigenen Worten die Unterstützung von Bute benötigte. Den bösen Machenschaften von Parteiungen, schrieb der König an seinen «liebsten Freund», müsse das Handwerk gelegt werden. Eine «reformation in Government» sei notwendig. Der Monarch konstatierte die «Schlechtigkeit» der Menschen und insbesondere der Politiker; er klagte über die «Gier, mit der dieses Zeitalter geschlagen ist». Bute und sich selber sah der König als Lichtgestalten und Drachentöter. Das Bewußtsein ihrer moralischen Überlegenheit, eine manichäische Weltsicht und die Freundschaft mit Bute, die seine idealistisch-emotionalen Bedürfnisse befriedigte, führten beim König zu einem distanzierten und manipulativen Verhältnis gegenüber den Politikern, mit denen er zu tun hatte. Im April 1763 schrieb er an Bute: «aber Gott sei Dank habe ich einen Freund und das ist, dessen wenige Monarchen außer mir sich rühmen können, das mich tröstet und mich meine Minister in meiner öffentlichen Funktion nur als meine Werkzeuge betrachten läßt». Die Überzeugung, lautere Ziele zu verfolgen und den Politikern sowie der Mehrzahl seiner Zeitgenossen moralisch überlegen zu sein, erleichterte es dem König – was bei «Idealisten» nicht selten der Fall ist –, in seinen Methoden wenig wählerisch zu sein und seine politischen Gegenspieler zu täuschen.

Die von Georg III. mehrfach geäußerte Ansicht, daß die Minister seine «Werkzeuge» seien, führt zu der umstrittenen Frage, ob der König die Verfassungsentwicklung durch eine Stärkung der monarchischen Gewalt habe zurückdrehen oder gar ein persönliches Regiment nach dem Vorbild Karls I. habe einführen wollen. Whighistoriker des 19. Jahrhunderts hatten ihm eine solche Absicht unterstellt, andere haben sie geleugnet. Sicher ist, daß Georg III. die britische Verfassung bejahte. Auf die konventionelle, in fast allen politischen Lagern übliche Weise pries er sie als die beste der Welt. Es war nach seiner Überzeugung «die edelste Verfassung, die sich der menschliche Verstand ausdenken konnte». Nicht zu bezweifeln ist ferner, daß Georg III. generell keine verfassungswidrige Machtstellung für die Krone anstrebte. Das zeigen einzelne Schritte zu Beginn seiner Regierung, die außerdem seine idealistische Zielsetzung erkennen lassen. So wurde 1760 die Zivilliste, die vorher mit bestimmten (steigenden) Steuereinnahmen und den Einnahmen aus den Kronländereien verbunden war, unter dem Einfluß Butes und angesichts der Mahnung zur Sparsamkeit im Testament des Vaters Georgs III. auf eine fixe Summe (800 000 Pfund) begrenzt. Ein Monarch, der sich zum Alleinherrscher hätte machen oder auch nur die Prärogativrechte hätte ausweiten wollen, hätte sich schwerlich eine solche finanzielle Beschränkung auferlegt. Dasselbe gilt für die Entscheidung des Königs, die Richter auf Lebenszeit zu ernennen, was sie von der Krone unabhängig machte. In die gleiche Richtung weist, daß der König bei den ersten Wahlen nach seinem Herrschaftsantritt verbot, Regierungsgelder zur Unterstützung von Kandidaten zu verwenden.

Dafür war Georg III. um so mehr entschlossen, das Gewicht der Krone in der Exekutive zur Geltung zu bringen. Er glaubte, daß unter seinem Großvater die Monarchie zu sehr in Abhängigkeit von der Whigpartei und einigen aristokratischen Magnaten geraten war. Er wollte sie aus diesen Fesseln befreien. Auf seine Weise verfolgte er dasselbe Ziel, das traditionsorientierte Oppositionelle – das sogenannte *Country* – wie auch Parlamentsreformer seit dem ausgehenden 17. Jahrhundert von der entgegengesetzten Seite her angestrebt hatten. Auch Georg III. wollte die Verfassung auf ihre ursprünglichen Prinzipien zurückführen. Wie die Countrygruppen und Parlamentsreformer das volkstümlich-repräsentative Element, so wollte er das monarchische Element in der «mixed constitution» in dem ihm zustehenden Umfang wiederherstellen. Es ist bemerkenswert und spricht dafür, daß die Ansichten des jungen Königs nicht ganz abwegig waren, daß sie anfangs auch von Charles James Fox – dem späteren Gegenspieler Georgs III. – geteilt wurden. Georg I. und Georg II., so Fox, seien von einer habgierigen Aristokratie unterjocht worden. Deren Macht, erklärte er im Jahre 1771, müsse gebrochen werden.

Mit dem Bestreben, die unabhängige Macht der Krone wiederherzustellen, verband sich bei dem jungen Georg III. der persönliche Ehrgeiz, mit dem Volk, dem er sich durch eine ausdrückliche Distanzierung von Hannover und ein emphatisches Bekenntnis zu «Britannien» als eine Art nationaler König empfahl, in eine unmittelbare Beziehung zu treten. Dabei betrachtete er den älteren Pitt als Konkurrenten, obwohl ihm dieser mit seiner Ablehnung des Parteiwesens und seiner «patriotischen» Haltung durchaus nahestand. Pitt war jedoch ein unabhängiger und charismatischer Politiker, der über eine eigene Popularitätsbasis besonders in der hauptstädtischen Bevölkerung verfügte, sich als Sieger des Siebenjährigen Krieges und sogar «in gewissem Sinne mit der Stimme des Volkes» ins Amt Berufener betrachtete. Georg III. sah bei seiner Thronbesteigung die in einem Brief an Bute dargestellte Gefahr, in kürzester Zeit von Pitt in Fesseln geschlagen zu werden. Das war nach seinen Worten ein Joch, unter dem sein Großvater als «alter Mann von mehr als siebzig Jahren stöhnte und einer von zweiundzwanzig alles eher riskieren wird, als sich ihm zu unterwerfen». Im Augenblick, argumentierte Georg III., besitze er die Liebe seiner Untertanen. Er hielt es jedoch für sicher, daß sie ihn eines Tages seiner Krone für unwürdig halten würden, wenn er seinen Ministern erlauben würde, auf ihm «herumzutrampeln».

Daß der junge Monarch nach seinem Regierungsantritt überhaupt den Versuch unternehmen konnte, das Eigengewicht der Krone zu stärken, war eine Folge der Fundamentalstabilisierung, die sich in der ersten Hälfte des 18. Jahrhunderts in England vollzogen hatte. Die beiden ersten hannoverschen Könige waren in ihrem politischen Verhalten von dem Bewußtsein der Unsicherheit ihrer Dynastie bestimmt gewesen. Sie mußten sich, wie ein zeitgenössischer Politiker (Shelburne) einmal sehr treffend sagte, darauf konzentrieren «durchzukommen». Auch Georg II. war gegenüber politischem Druck empfindlich gewesen, hatte sich 1744/45 «eingeengt» gefühlt und geklagt: «Minister sind die Könige in diesem Land.» Er konnte jedoch wenig dagegen tun, solange die jakobitische Gefahr bestand, die hannoversche Monarchie noch nicht gefestigt und er auf die Whigpartei angewiesen war.

Eine solche Festigung der Dynastie war bei Regierungsantritt Georgs III. ganz offensichtlich erfolgt und bildete eine Voraussetzung für den Versuch des Königs, einen Befreiungsschlag für die Monarchie zu unternehmen. Eine weitere Voraussetzung war die sich seit den 1750er Jahren vollziehende Auflösung der Parteien, die ebenfalls weitgehend eine Folge der vorausgegangenen Fundamentalstabilisierung darstellte. Die Whigpartei, die nicht mehr die bestehende Dynastie verteidigen mußte, verlor ihre eigentliche Daseinsberechtigung; Tories, die – erstmals durch den älteren Pitt – in lokale Ämter zugelassen wurden, Offiziersstellen in der Miliz bekleiden konnten und sich mit dem Haus Hannover versöhnten, verloren ihren Zusammenhalt und ihr Unterscheidungsmerkmal. Es war die neue Welt, in der die alten Parteien ihre Konturen verloren hatten und die Grenzen zwischen ihnen flüssig geworden waren, die es Georg III. ermöglichte, ja ihn geradezu dazu einlud, in der Politik eine aktivere, gestaltende Rolle zu spielen. Die Strategie des Königs war es, wie er 1763 – eine Formulierung von Bute übernehmend und bekräftigend – schrieb, in den «aktiven Regierungsämtern keine zu eng miteinander verbundenen Männer» zu haben, damit seine «Unabhängigkeit erhalten werden konnte». Eine solche Strategie setzte eine weitgehende Fragmentierung und Prinzipienlosigkeit politischer Gruppierungen voraus. Die Reaktion, die sie auslöste, führte jedoch dazu, Ideologien und Prinzipien wieder stärker in die britische Politik einzuführen, einer neuen Whigpartei Grundlage und Verklammerung zu geben.

Schon bald nach dem Regierungsantritt Georgs III. wurde die Stellung von Lord Bute als «Favorit» des Königs zur Zielscheibe der Kritik. Es geschah das, was Georg selber vorausgesehen und in einem Brief an Bute vom Mai 1760 ausgesprochen hatte: Man erkannte, selbst wenn dieser nicht die Position eines Ministers einnahm, die Schlüsselstellung des Schotten und die Tatsache, daß man seine Wünsche und Ziele nur über diesen erreichen konnte. 1762 gelang Georg III., was er sich seit seiner Kronprinzenzeit sehnlichst erwünscht hatte: Der Rücktritt von Pitt und Newcastle machte den Weg für Bute frei, der First Lord of the Treasury und damit auch nach außen hin der wichtigste Mann wurde. Im Winter 1762 wurden die Freunde Newcastles zudem systematisch aus ihren Ämtern in der Lokalverwaltung entfernt, wodurch die Demütigung der alten Garde der Whigs und der Sieg des Königs vollständig zu sein schienen.

Die sich unter Lord Rockingham neu formierenden Whigs reagierten mit dem Vorwurf, daß der König mit der Ernennung Butes zum Minister verfassungswidrig gehandelt habe. Dessen Vorgehen war in der Tat bis dahin unter der hannoverschen Dynastie präzedenzlos. Zwar besaß er als Monarch das Ernennungsrecht, aber es verstieß gegen die Konvention der Verfassung im 18. Jahrhundert, einen Mann zum ersten Minister zu machen, der nur Höfling war und über keine politischen Erfahrungen oder Verbindungen verfügte.

Das Ministerium Bute scheiterte bald, und ihm folgten bis zu einer gewissen Restabilisierung unter Lord North im Jahre 1770 in dichter Folge vier Regierungen (Grenville: 1763–65; Rockingham: 1765–66; Chatham: 1766–68; Grafton: 1768–70). Trotz des Rücktritts von Bute hielt sich das Mißtrauen gegenüber dem Schotten. Man sagte ihm noch lange einen «geheimen Einfluß» auf die Krone nach. Der Argwohn bestand nicht zuletzt gerade deshalb, weil der König – der sich nach einem treffenden Wort von Namier zwar mit seiner Patronage Abgeordnetenmehrheiten, aber keine parlamentarischen Führer verschaffen konnte – gezwungen war, Männer wie Grenville, Rockingham und den älteren Pitt (Lord Chatham) zu berufen.

Eine radikale und vulgäre Variante der Angriffe auf Lord Bute entwickelte der Demagoge John Wilkes, der den alten Topos von den «bösen Ratgebern» des Monarchen mit antischottischen Ressentiments und der Behauptung einer angeblichen Liaison zwischen der Königinmutter und dem Favoriten verknüpfte. Wilkes wurde 1763 wegen Beleidigung des Königs und seines Ministers Lord Bute in der Nr. 45 der Zeitung ‹North Briton› angeklagt, nachdem die Regierung in rechtlich sehr anfechtbarer Weise auf der Grundlage allgemeiner Haftbefehle gegen ungenannte Personen die Drucker festgesetzt und sich Material gegen Wilkes verschafft hatte. Wilkes floh nach Paris, kehrte aber 1768 nach England zurück und wurde als Abgeordneter der Grafschaft Middlesex ins Unterhaus gewählt. Nach einem blutigen Zusammenstoß zwischen seinen Anhängern und Militär, der Wilkes zufolge von der Regierung geplant worden war, entschloß sich diese, ihm seinen Unterhaussitz aberkennen zu lassen. Wilkes wurde am 3. Februar 1769 aus dem House of Commons ausgeschlossen und ins Gefängnis geworfen. Obwohl die Wähler ihn kurz darauf zweimal hintereinander zum Abgeordneten wählten, ohne daß ein Gegenkandidat gegen ihn angetreten war, wurde ihm von der Unterhausmehrheit der Sitz im Parlament verweigert und schließlich nach einer weiteren Wahl am 13. April 1769 sogar der unterlegene Gegenkandidat für gewählt erklärt. Für den gegen Wilkes aufgestellten Kandidaten, den die Regierung schließlich gefunden hatte, waren nur 269 Stimmen, für Wilkes dagegen 1143 Stimmen abgegeben worden. Die Anmaßung der Regierung und der Unterhausmehrheit, die sich über den Wählerwillen hinwegsetzten, war um so provozierender, als Middlesex ein großer Wahlkreis war und Teil der Hauptstadt bildete.

Die Auseinandersetzung um John Wilkes ist einerseits deshalb wichtig, weil sie eine neue Form politischer Partizipation der nicht zur Elite gehörenden Schichten hervorbrachte. Wilkes wurde zu einer Art Gegenkönig der plebejischen Protestbewegung. Sein Bildnis zierte Teekannen, Krüge, Schnupftabakdosen und andere Gegenstände. In halbkarnevalistischer Form wurde sein Geburtstag gefeiert, und es wurden Trinksprüche auf ihn ausgebracht. Von zentraler Bedeutung ist die Wilkesaffäre aber auch deshalb, weil sie den Zeitgenossen den Mißbrauch von Parlamentsmehrheiten und Regierungsmacht vor Augen führte, Pressefreiheit, Freiheit und Rechte der Untertanen sowie Rechte der Wähler gleichermaßen gefährdet erscheinen ließ. Ein Jahrzehnt nach dem Regierungsantritt Georgs III. waren viele Engländer der Überzeugung, daß es einen verschwörerischen Anschlag auf die Verfassung, ja einen «Zeitplan des Despotismus» gebe und daß die Verschwörer am Königshof zu suchen seien.

Die Erinnerung an die Revolutionen des 17. Jahrhunderts wurde wieder geweckt. Die am 27. Mai 1768 erscheinende Nummer des ‹North Briton› begann mit den Worten: «Jeder König von England sollte das denkwürdige Jahre 1648 vor Augen haben.» Ein unter dem Pseudonym «Junius» schreibender und ungemein erfolgreicher Publizist warnte den König mit dem Hinweis auf das Schicksal Karls I. und Jakobs II. Es sei fraglos richtig, daß dem Monarchen auf der Grundlage der bestehenden Verfassungsordnung nicht der Prozeß gemacht werden könne. Dieses Privileg sei jedoch an seinen «Charakter» geknüpft, also von seinem Wohlverhalten abhängig: «Wie lange und in welchem Ausmaß ein König von *England* durch die Formen der Verfassung geschützt werden kann, wenn er gegen ihren Geist verstößt, ist zu bedenken.» Schonungslos verwies «Junius» auf die ganz unsentimentalen Nützlichkeitserwägungen, die das englische Volk zur Einsetzung des Hauses Hannover veranlaßt hatten. Der König müsse sich außerdem klarmachen, daß das, was durch eine Revolution gewonnen wurde, durch eine andere wieder verlorengehen könne.

Wie der Fall Wilkes belegt, gab es in den 1760er Jahren in England zweifellos autoritäre, freiheitsbedrohende Tendenzen. Zu fragen ist allerdings, weshalb sie weithin als zusammenhängende Unterdrückungsmaßnahmen sowie als Indizien für eine Konspiration gesehen und warum sie, obwohl sie zum großen Teil auf anmaßende Ansprüche des Parlaments zurückgingen, überwiegend dem König oder dem Hof angelastet wurden.

Was die erste Frage angeht, so muß ein allgemeiner Hinweis genügen: Verschwörungsvorstellungen waren, wie auch ein Blick auf das zeitgenössische Frankreich vor und während der Revolution lehrt, im 18. Jahrhundert üblich. Das Zeitalter der Aufklärung war auf eine eigentümliche Weise zugleich das Zeitalter der Verschwörungstheorien. Sie waren besonders im anglo-amerikanischen Bereich mit seiner ausgeprägten politischen Kultur des Argwohns verbreitet. Ein Mann wie Edmund Burke konnte offenbar ohne sie nicht auskommen. Er benutzte sie zunächst als Interpretationsschema für die englische Krise der 1760er Jahre. Als bei ihm 1790 die Frontstellung gegen den Hof durch die gegen die Französische Revolution abgelöst wurde, hat er auch diese als Verschwörung gedeutet. Bemerkenswert ist, daß sich selbst bei Georg III. Ansätze zu einer Verschwörungstheorie finden, wie er im übrigen auch in auffälliger Übereinstimmung mit der Sprache und den Argumenten seiner Kontrahenten den Korruptionstopos benutzte und ihnen die Absicht unterstellte, ihn «versklaven» zu wollen. Seine Vorstellungen glichen spiegelbildlich denen seiner Gegner. Es scheint, daß der paranoide Zug im Denken der Opposition und im Denken des Königs zum Teil auf die Unklarheit der Kompetenzzuweisungen innerhalb einer ungeschriebenen Verfassung zurückzuführen ist, die in einer Situation der politischen Unsicherheit und Konturenlosigkeit übertriebene Befürchtungen auf beiden Seiten weckte.

In bezug auf die Frage, warum gerade der Hof Mißtrauen weckte, ist zunächst zu betonen, daß der König an der Wilkesaffäre in der Tat einen starken persönlichen Anteil nahm. Er fühlte sich durch die Angriffe des «Teufels» Wilkes nicht nur unmittelbar getroffen, vielmehr forderte das respektlose, ungebärdige und unmoralische Verhalten des Demagogen (der eine obszöne Schrift verfaßt hatte) zugleich seinen starken Sinn für Subordination, Ordnung und Moral heraus. Es war Georg III., der 1768 den Ausschluß von Wilkes aus dem Unterhaus vorschlug und ein Jahr darauf schrieb, von einer solchen Maßnahme hänge fast seine Krone ab. Edmund Burke hatte also nicht so ganz Unrecht, wenn er konstatierte: «Die wahre Auseinandersetzung findet zwischen den Wählern des Königreiches und der Krone statt; die Krone handelt durch das Unterhaus als ihrem Instrument.» Es gab jedoch über das durch die Beteiligung des Königs oder des Hofes gerechtfertigte Mißtrauen hinaus einen «Überschuß» an Argwohn gegenüber der Krone, der auf eine Reihe von Ursachen zurückzuführen ist. Darunter ist an erster Stelle die Tatsache zu nennen, daß fast überall in Europa absolutistische Herrschaftssysteme bestanden und auch der englische König in Hannover «despotisch» regierte. Der Argwohn verstärkende Demonstrationseffekt des kontinentalen Absolutismus, der bereits bei dem Widerstand gegen Karl I. und Jakob II. eine erhebliche Rolle gespielt hatte, läßt sich in abgeschwächter Form auch für die Regierungszeit Georgs III. nachweisen. Der Despotismus konnte gleichsam als die Norm betrachtet werden, auf die sich jede Regierung natürlicherweise zubewegte. Diese Interpretation lag um so näher, als im anglo-amerikanischen politischen Denken das Axiom von der unausrottbaren Machtgier des Menschen fest verwurzelt war. Nur äußerstes Mißtrauen und größte Anstrengung konnten nach verbreiteter Auffassung eine sich der Norm angleichende absolutistische Entwicklung im eigenen Land verhindern und den englischen Sonderweg erhalten.

Die antimonarchische Stoßrichtung des Mißtrauens hing ferner damit zusammen, daß der König und die Exekutive traditionell die größten Gefahrenquellen für die «Freiheiten der Engländer» darstellten. Ein Zeitgenosse (Sir Thomas Hamner) hatte diese Erfahrung sogar zu der generellen Aussage verdichtet, daß «das Mißtrauen gegenüber der Exekutive das Prinzip bildet, auf das unsere Verfassung sich gründet». Auch machte die Konzentration auf den König, den «Favoriten» oder den Hof die höchst komplexen Probleme der um die Jahrhundertmitte einsetzenden autoritären Verhärtung faßlich. Außerdem erleichterte die traditionelle Form der Personalisierung die Mobilisierung von Protest.

Daß die bestehende Verfassungsstruktur intakt blieb und der Monarch keine Versuche zur förmlichen Ausweitung seiner Prärogative unternahm, bedeutete keine Widerlegung dieser Sicht. Es war ein verbreiteter Grundsatz anglo-amerikanischen politischen Denkens, daß die Strukturelemente einer Verfassung bestehen bleiben konnten, selbst wenn ihre Substanz längst zerstört war. Die äußeren Formen einer freien Regierung waren – so die verbreitete Auffassung – mit den Zielen einer Willkürregierung nicht unvereinbar. Außerdem ging man seit dem frühen 18. Jahrhundert im oppositionellen Denken von einem Formwandel absolutistischer Bedrohung aus. Nicht mehr durch den direkten Frontalangriff, sondern auf indirekte, schleichende Weise, durch Korruption und «Einfluß» werde versucht, eine despotische Herrschaft zu errichten. Eine Schlüsselstellung nahm in dieser Sicht der «influence» der Krone auf das Parlament ein. Es ging dabei vor allem um die Praxis, durch die Vergabe von Ämtern und Pfründen den Ausgang von Wahlen zu beeinflussen. Der königliche *influence* war zuerst von dem Premierminister Walpole systematisch eingesetzt und zur Verklammerung von Exekutive und Legislative benutzt worden, wodurch ein relativ reibungsloses Regieren im Rahmen einer Mischverfassung überhaupt erst möglich wurde.

Das Neue und für viele Besorgniserregende unter der Herrschaft Georgs III. war nicht eigentlich die Tatsache, daß die parlamentarische Patronage des Königs vor allem infolge von Ämtervermehrungen und gesteigerter Staatstätigkeit im Siebenjährigen Krieg ihren Höhepunkt erreichte und 1761 insgesamt 261 Abgeordnete des Unterhauses durch Ämter oder auf andere Weise (z. B. Geschäftskontrakte) mit der Exekutive verbunden waren. Neu war vielmehr, daß diese Patronage nicht mehr wie in den vergangenen Jahrzehnten ganz selbstverständlich von den Whigs kontrolliert wurde. Das sensibilisierte diese für die Gefahr, die in dem «influence» des Königs lag. Die an den Rand der Macht gedrängten Whigs übernahmen die oppositionelle Kritik an der Korruption sowie dem übergroßen, freiheitsbedrohenden Gewicht der Exekutive und wurden zu Bannerträgern des Kampfes gegen die königliche Patronage. Die Haltung spiegelte genuine Befürchtungen wider, entsprach aber auch dem Bedürfnis, ihrer sich neu formierenden Partei eine ideologische Grundlage und Rechtfertigung zu geben.

Beide Motive finden sich in Edmund Burkes Schrift ‹Thoughts on the Present Discontents›, die 1770 erschien. Sie enthält eine systematische Analyse und Verurteilung des ersten Jahrzehnts der Herrschaft Georgs III., wobei die bereits erörterten Gedanken vom Formwandel des Absolutismus, der immer neuen Wege und Ziele eines maßlosen Ehrgeizes und der geringen Sicherheit, die Institutionen als solche bieten, eine zentrale Rolle spielten. Burke, der Ideenfabrikant der Rockingham Whigs, ordnete das Vorgehen Georgs III. im großen und ganzen zutreffend in den Prozeß der Stabilisierung des Hauses Hannover ein: Die neue, noch unsichere Dynastie habe zunächst der Unterstützung durch einflußreiche Männer (d. h. der Whigs) bedurft, sich aber mit ihrer Festigung auf eine solche Hilfe nicht mehr angewiesen gesehen. Diese sei vielmehr jetzt als Belastung empfunden worden; denn den Anhängern einer «absoluten Monarchie» seien alle Kräfte zuwider, die über ein politisches Eigengewicht verfügten, zwischen ihr und einem schwachen Volk standen. Intermediäre Gewalten und vermittelnde Einflüsse konnten sie nicht dulden.

Die Abhalfterung der Whigoligarchie durch Georg III. wurde von Burke als Teil einer umfassenden Strategie dargestellt, wodurch seine Vorwürfe weniger als Ausdruck des Eigeninteresses einer bestimmten Gruppe erscheinen konnten. In Sätzen, die sich gelegentlich wie eine Analyse des modernen Totalitarismus mit seiner Tendenz zur sozialen Atomisierung lesen, wurde dem Hof die Absicht unterstellt, sämtliche gesellschaftlich-politischen Verbindungen und jegliches Vertrauen zwischen den Untertanen zu zerreißen. Selbst die Mitglieder der Regierung sollten nur noch über die Person des Monarchen miteinander zusammenhängen (was, wie bereits gezeigt, Georg III. zur Erhaltung seiner «Unabhängigkeit» in der Tat angestrebt hatte). Burke schrieb damit dem «court» die Intention zu, den natürlichen Einfluß des Eigentums sowie alle Zusammenhänge und Abhängigkeiten bis auf eine zerstören zu wollen. Er unterstellte dem Hof gewissermaßen die Absicht einer Generaloffensive gegen die Grundstruktur Englands im 18. Jahrhundert mit seinen allgegenwärtigen Dependenz- und Verpflichtungsketten. Auch behauptete er, Rang und Ehre sollten bei der Besetzung von Ämtern nicht mehr zählen, und selbst einfache Bedienstete (*footmen*) sollten vom König zu Ministern gemacht werden können. Solche Vorwürfe in Verbindung mit Georg III., der der Adelsgesellschaft seiner Zeit stark verhaftet war und ein ausgeprägtes Empfinden für die soziale Hierarchie besaß, waren geradezu absurd!

Aus seiner Anklage formte Burke dann die Rechtfertigung für eine oppositionelle Parteibildung. Die Idee der Partei, argumentierte er, werde systematisch diskreditiert, weil Parteien Verbindungen schaffen, durch die man sich gegenseitig rasch über Gefahren und böse Absichten informieren kann. Die Parteibildung war nach Burke mit der Existenz eines Parlaments ohnehin natürlicherweise verknüpft. In der gegenwärtigen besonderen Gefahrensituation hielt er jedoch die «feste Verbindung in der Öffentlichkeit wirkender Männer» mit der Unterstützung des Volkes gegen eine hinterhältige, die Grundlagen der Freiheit untergrabende «Faction» geradezu für unverzichtbar. Burke schrieb: «Wenn die schlechten Männer sich verschwören, müssen die guten sich zusammentun.» Nur so ließ sich nach seiner Meinung die Verfassung wieder auf ihre ursprünglichen Prinzipien zurückführen. Es entbehrt nicht der Ironie, daß zehn Jahre nach dem Angriff des Königs auf das Parteiwesen eine Schrift erscheinen konnte, in der ausgerechnet mit dem Hinweis auf die vom Hof drohenden Gefahren eine defensive Parteibildung emphatisch bejaht und legitimiert wurde.

Obwohl Georg III. nicht die Initiative zur Besteuerung der nordamerikanischen Kolonien ergriffen hatte und der Konflikt mit Amerika anfangs primär eine Auseinandersetzung zwischen Legislativversammlungen mit aufeinanderprallenden Kompetenzansprüchen darstellte, wurde die Amerikapolitik von den Whigs als weitere Bestätigung ihrer These herangezogen, daß der Hof sich gegen englische Freiheiten verschwöre und die Krone einen korrupten, das Land ruinierenden Einfluß ausübe. Die nordamerikanischen Kolonisten haben dagegen den Monarchen in ihrer Kritik zunächst ausgespart. In ihren sich fast ausschließlich an Georg III. wendenden Petitionen betonten sie sogar, daß sie allein unter der Herrschaft des Monarchen stünden. Den Umschwung brachte erst die Veröffentlichung von Thomas Paines Schrift ‹Common Sense› im Januar 1776, in der die monarchische Staatsform grundsätzlich verworfen und Georg III. als «the royal brute» bezeichnet wurde. Die *Declaration of Independence* vom 4. Juli 1776 gab der Unabhängigkeit dann die klassische Form der Absage an einen Tyrannen, der gegen sein eigenes Volk Krieg führe.

Die von den Amerikanern vollzogene Frontstellung gegen den König sowie die gegen ihn gerichteten Anklagen in der Unabhängigkeitserklärung waren jedoch insofern gerechtfertigt, als Georg III. tatsächlich seit 1774/75 – nachdem die Protestbewegung der Kolonisten immer mehr den Charakter einer offenen Rebellion angenommen hatte – einen aktiven, antreibenden Einfluß auf die Amerikapolitik nahm. Der etwas träge Premierminister Lord North, der seit 1770 im Amt war, in dem der König endlich einen Mann nach seinem Herzen gefunden hatte und unter dem eine relative politische Stabilisierung im Innern des Landes gelang, setzte ihm wenig Widerstand entgegen.

Der König nahm tätigen Anteil an der Bereitstellung von Truppen für Amerika und deren Versorgung; er kümmerte sich sogar um die Qualität des für sie gelieferten Mehls. Als der Krieg in Amerika sich als immer kostspieliger erwies und eine Niederlage der anderen folgte, bestand Georg III. auf seiner Fortsetzung. Er argumentierte, daß ein Verlust der nordamerikanischen Kolonien auch zum Verlust der (ökonomisch sehr viel wertvolleren) westindischen Inseln sowie Irlands führen müsse, den Ruin der britischen Wirtschaft zur Folge haben und Großbritannien in Europa auf einen niedrigeren Rang hinabdrücken würde. Auch seine eigene Stellung in England würde so erniedrigt werden, da er sie dann nicht weiter bekleiden könnte.

Die Inflexibilität Georgs III., die sein hervorstechendster Wesenszug war, machte sich im amerikanischen Unabhängigkeitskrieg besonders nachteilig geltend. Kompromißlösungen kamen für ihn nicht in Betracht. Mit einer Festigkeit, die nach den Worten Macaulays «wenig Verwandtschaft mit Tugend oder mit Weisheit» aufwies, bestand er darauf, die amerikanischen «Rebellen» zu unterwerfen. Der König nahm dabei eine starre, gesinnungsethische und zutiefst unpolitische Position ein. In seinen Briefen an Lord North erklärte er wiederholt, daß er nur seine Pflicht erfülle und der Stimme seines Gewissens folge, dabei «nicht links noch rechts» schaue, sondern alles Gott anheimgebe.

Lord North, der wegen der Aussichtslosigkeit der Lage in Amerika schon mehrmals hatte zurücktreten wollen, aber vom König daran gehindert worden war, sah seine Mehrheit im Unterhaus dahinschwinden. Die unabhängigen, in den Grafschaften gewählten Country Gentlemen, die normalerweise für die Regierung des Königs stimmten, entzogen Lord North zunehmend ihre Unterstützung.

Am 27. März 1782 trat Lord North zurück, der sich die königliche Erlaubnis dazu förmlich hatte erkämpfen müssen. Rockingham, der zwei Wochen zuvor in Sondierungsgesprächen seine Amtsübernahme an die Voraussetzung geknüpft hatte, daß der König kein Veto gegen die Unabhängigkeit Amerikas einlegte, bildete seine zweite Regierung. Im Rückblick auf die leidvollen Erfahrungen mit einem Monarchen, der sich bis zuletzt den notwendigen Schlußfolgerungen aus der Situation widersetzt, mit Abdankung gedroht hatte und die Preisgabe der nordamerikanischen Kolonien noch jahrelang als Akt des Verrats betrachtete, urteilte Lord North später: «Der König sollte mit jeder Form von Respekt und Aufmerksamkeit behandelt werden, aber der Anschein der Macht ist alles, was ein König in diesem Land haben kann.»

Mit dem Rücktritt von Lord North erfolgte wiederum eine Phase der Destabilisierung mit vier Regierungswechseln zwischen März 1782 und Dezember 1783. Rockingham starb am 1. Juli 1782, nachdem er genau drei Monate im Amt gewesen war. Zu dessen Nachfolger ernannte der König Shelburne, dessen parlamentarische Gruppierung mit den Rockingham Whigs in einer sehr spannungsreichen Koalition verbunden gewesen war und dessen außenpolitische Vorstellungen denen des Königs am nächsten standen. Die nunmehr von Charles James Fox geführten und die Bestimmung eines Nachfolgers von Rockingham für sich beanspruchenden Whigs verbündeten sich jedoch mit der parlamentarischen Gruppierung von Lord North, der von Fox während des Krieges gegen Amerika aufs schärfste kritisiert worden war, und entzogen Shelburne ihre Unterstützung. Dieser trat am 24. Februar zurück. Der König wollte sich nicht einer politischen Verbindung unterwerfen, die er als eine unnatürliche, prinzipienlose und parteiegoistische Koalition betrachtete. Zweimal wandte er sich an den jungen Pitt – den zweiten Sohn Chathams, der unter Shelburne Schatzkanzler gewesen war –, um ihn mit der Regierungsbildung zu betrauen. Dieser lehnte jedoch ab, und der König dachte wiederum an Abdankung. Am 1. April 1783 wich er jedoch dem Druck der Fox-North Koalition und ernannte den Duke of Portland zum First Lord of the Treasury. Fox und North wurden Minister.

Der König war jedoch entschlossen, sich bei der ersten passenden Gelegenheit von der verhaßten Koalition zu befreien. Sie bot sich bei einer

Indien betreffenden Gesetzesvorlage, die der Regierung und der Parlamentsmehrheit (nicht dem König) beträchtliche Patronagemöglichkeiten verschafft hätte. Die *India Bill* wurde im Unterhaus angenommen. Bevor jedoch das Oberhaus über sie abstimmte, ließ der König über Lord Temple ausdrücklich erklären, er werde jeden Peer als seinen persönlichen Feind betrachten, der ihr seine Zustimmung gebe. Am 15. September 1783 wurde die *India Bill* vom House of Lords mit einer Mehrheit von acht Stimmen abgelehnt. Unmittelbar nach Bekanntwerden des Abstimmungsergebnisses wurde die Regierung der Fox-North Koalition vom König brüsk entlassen.

Die Intervention Georgs III. wurde vor allem von Fox in scharfer Sprache als Bruch der Verfassung gegeißelt. Das Unterhaus nahm mit einer Mehrheit von 54 Stimmen eine von ihm eingebrachte Entschließung an, in der erklärt wurde, daß der Name des Königs in verfassungswidriger Weise benutzt worden sei. Fox, der glaubte, bis zur nächsten Parlamentswahl im Jahr 1787 über eine sichere Unterhausmehrheit zu verfügen, sah zunächst eher die Vorzüge, die sich für die Whigs aus dem Verhalten Georgs III. ergaben. Der König hatte sich, wie er meinte, durch sein verfassungswidriges Vorgehen decouvriert. Es war jetzt offensichtlich, daß er eine Gefahr darstellte. Nach Fox ging es nunmehr unverkennbar darum, ob die Engländer frei bleiben oder versklavt werden würden. Er spielte auf den Bürgerkrieg des 17. Jahrhunderts und eine Rückkehr des «Stuartdespotismus» an.

Das Urteil darüber, ob das Verhalten des Königs verfassungswidrig war oder nicht, hängt weitgehend davon ab, ob er von der Regierung über die *India Bill* ausreichend informiert worden war. Das ist offenbar nicht der Fall gewesen, so daß sein Vorgehen gerechtfertigt oder doch verständlich erscheint. Daß er selber wiederum glaubte, in Übereinstimmung mit der Verfassung zu handeln, ist unbestreitbar und gilt auch für seine nächsten Schritte: die Einsetzung eines Minderheitsministeriums unter dem jungen Pitt (am 19. Dezember 1783) und die seit zwei Generationen ganz unüblich gewordene vorzeitige Auflösung des Parlaments im April 1784. Es gehe, erklärte er, um die Wahrung seiner verfassungsmäßigen Rechte, wie sie während der *Glorious Revolution* festgelegt worden seien. Es gehe darum, «ob es einer vor nichts zurückschreckenden Partei gelinge, den Souverän zu einem bloßen Werkzeug in ihren Händen zu machen» und die exekutive Gewalt an sich zu reißen.

Man hat die Entscheidung des Königs, das erst 1780 gewählte Parlament lange vor dem Ende der siebenjährigen Legislaturperiode aufzulösen, als den «gewagtesten Verstoß gegen die politische Konvention während seiner ganzen Regierungszeit» bezeichnet. Dieses Prärogativrecht sei 1784 ebenso veraltet gewesen wie das Vetorecht gegen vom Parlament verabschiedete Gesetze. Tatsächlich hatte das heute ganz unbestrittene Auflösungsrecht, das seit langem faktisch vom amtierenden Premierminister ausgeübt wird, im 18. Jahrhundert in der Hand des Königs einen nicht ungefährlichen Charakter, zumal Georg III. auch die anderen ihm zur Verfügung stehenden Möglichkeiten voll ausschöpfte und dabei raffiniert, ja skrupellos vorging.

Die wichtigste Waffe, über welche die Krone verfügte – die Verleihung von Adelstiteln –, wurde zugunsten von Pitt eingesetzt. Nachdem der König der Fox-North Koalition jegliche Erhebung in den Peersstand verweigert hatte, wurde dieses Mittel, Anhänger zu gewinnen und auf die Zusammensetzung des neuen Unterhauses Einfluß zu nehmen, dem neuen Premierminister sogleich voll zur Verfügung gestellt. Im Januar 1784 wurden vier Peers kreiert, von denen zwei Wahlkreispatrone waren, also der Regierung Unterhaussitze zuführen konnten; anderen wurde die Peerswürde für die Zeit nach den Wahlen versprochen. Im Mai wurden dann nicht weniger als zehn Standeserhöhungen vorgenommen, die wiederum vier Wahlkreispatrone betrafen. Zum ersten Mal hatte der König diesen Teil seiner Prärogative ungeniert dazu benutzt, seiner Regierung im Parlament eine Mehrheit zu verschaffen. Der Whig Portland klagte: «die ganze Macht der Krone ist ungehemmt losgelassen worden». Georg III. nahm auch ein detailliertes persönliches Interesse am Wahlkampf. So gab er z. B. Anweisung, die Quäkerwähler bei der heißumkämpften Wahl in Westminster zu mobilisieren.

Daß Regierungen Mehrheiten bei Wahlen gewannen und nicht die Wahlen Regierungen hervorbrachten, war eine politische Grunderfahrung im England des 18. Jahrhunderts. Sie wurde auch 1784 wieder bestätigt, und insofern war das Wahlergebnis keine Überraschung. Überraschend war jedoch, daß Pitt (und der König) in den Grafschaften und großen Boroughs, die dem «Einfluß» der Krone oder den Wahlkreispatronen nicht zugänglich waren, Majoritäten errangen. Darin lag ein moralischer Erfolg der Regierung, und das war ein gewisses Indiz für ihre Popularität. Geld scheint bei diesen Wahlen von Regierungsseite nicht mehr ausgegeben worden zu sein als bei den vorausgegangenen Wahlen. Auch das oft angeführte Gold der *East India Company* hat offenbar keine besondere Rolle gespielt.

Die Ursachen der genuinen Unterstützung, die Pitt und der hinter ihm stehende König fanden, waren vielfältig. Eine verbreitete Abneigung gegen die Fox-North Koalition verband sich mit einem allgemeinen Antiparteienaffekt, der bei bürgerlichen Wählern mit einem antiaristokratischen Affekt verknüpft war. Die Propaganda der Regierung hatte den Kampf gegen die Fox-North Koalition als Kampf gegen eine übermächtige Aristokratie präsentiert. Der König und seine Regierung wurden nicht ohne Erfolg als Verfechter bürgerlicher Gleichheit gegen aristokratische Anmaßung dargestellt, wobei es freilich nicht der Ironie entbehrte, daß ausgerechnet das Oberhaus als Hebel zum Sturz der Fox-

North Koalition benutzt worden war und auch sonst die zuverlässigste Stütze des Königs bildete. Die antiaristokratische Frontstellung war allerdings insofern nicht ganz unglaubwürdig, als der König ein vorbildliches, geradezu bürgerlich-viktorianisches Familienleben führte. Das machte Georg III. für das Bürgertum, das von der Unmoral der Aristokratie abgestoßen wurde, anziehend. Pitt wiederum war für viele Wähler als Sohn seines Vaters und als Befürworter einer Parlamentsreform, mit der korrupte Boroughs zugunsten einer erweiterten Repräsentation der Grafschaften ihre Sitze verlieren sollten, attraktiv.

Die Wahlen von 1784 waren in erster Linie eine hochgradig personalisierte Auseinandersetzung zwischen Georg III. und Charles James Fox, die gleichsam im Schatten der englischen Geschichte des 17. Jahrhunderts ausgetragen wurde. Hatte Fox den Stuartdespotismus beschworen, so ist er selber von seinen Gegnern beschuldigt worden, den König entthronen und die Rolle eines Oliver Cromwell spielen zu wollen. Von den Karikaturisten wurde Fox am häufigsten als Cromwell dargestellt.

Fox hatte im Zusammenhang mit der vorzeitigen Parlamentsauflösung von 1784 den Vorwurf erhoben, das Unterhaus werde in seiner «Wichtigkeit» geschmälert und die Entwicklung zu «einer Monarchie auf der Basis einer angeblichen Popularität, unabhängig und unkontrollierbar durch das Parlament», eingeleitet. Tatsächlich deuteten die Vorgänge von 1783/84 auf die Möglichkeit hin, daß ein politisch erfahren gewordener Monarch auf plebiszitärer Grundlage und unter rücksichtsloser Ausnutzung seiner Prärogativrechte eine höchst aktive politische Rolle spielen und eine Art «persönlichen Regiments» einführen würde. Die Politik, die Georg III. ganz eigenmächtig als deutscher Fürst für Hannover handelnd in Zusammenhang mit dem Fürstenbund von 1785 verfolgte und die zu den britischen Interessen im Widerspruch stand, wies vorübergehend ebenfalls in diese Richtung. Aufschlußreich ist die Feststellung des österreichischen Botschafters in London in einem Bericht an Kaunitz vom August 1785, daß «die Macht der Krone ihren höchsten Punkt und das Prestige der Minister seinen niedrigsten Punkt erreicht hat, seitdem das Haus Hannover die Regierung dieses Landes übernahm».

Daß es zu einem «persönlichen Regiment» nicht kam, hing zunächst mit der Persönlichkeit Pitts zusammen. Dieser war kein willfähriges Instrument in den Händen Georgs III. Er blieb immer auf Distanz zum Hof und hat nie ein persönlich enges Verhältnis zu Georg III. entwickelt, was schon durch seine Reserviertheit unmöglich gemacht wurde. Die Prärogativrechte hat der jüngere Pitt niemals besonders betont. Wie sein Vater war er überdies ein Politiker, der eine von der Krone unabhängige Stütze in der Öffentlichkeit suchte. Als ein großer Parlamentarier und glänzender Redner, der wie später Winston Churchill sogar noch militärische

Katastrophen in das Gold brillanter parlamentarischer Reden zu verwandeln wußte, besaß er eine sehr eigenständige Stellung und ein starkes Selbstbewußtsein. 1785 warnte Pitt den König kaum verhüllt davor, das Vorgehen gegen die *East India Bill* gegenüber seiner eigenen Vorlage zur Wahlrechtsreform zu wiederholen. Für den Fall, daß der Monarch seine Mißbilligung der Bill bekanntmachen würde, drohte der Premierminister mit dem Rücktritt. Georg III. versprach, Zurückhaltung zu üben.

Eine weitere Erklärung dafür, weshalb das Gewicht des Monarchen im politischen Prozeß trotz der Ereignisse von 1783/84 nicht zunahm, ist in der fünf Jahre später zum Ausbruch kommenden schweren Erkrankung des Königs zu suchen. Schon 1766 hatte Georg III. darüber geklagt, daß ihn die Auseinandersetzungen mit den Politikern aufs äußerste erregten, ihm Schlaf und Appetit raubten. Gehe es mit den Aufregungen so weiter, so schrieb er damals, werde man im nächsten Jahr einen Regentschaftsrat einsetzen müssen. Ende Oktober 1788 wurde Georg III. geisteskrank. Seine Krankheit drückte sich unter anderem darin aus, daß sich eine radikale Umwertung der Werte bei ihm vollzog. Er nannte Pitt einen Schurken und Fox seinen Freund. Auch wurde der sonst so prüde Monarch obszön und belästigte Hofdamen.

Besonders dieser Umstand hat wohl von Freud beeinflußte Historiker dazu geführt, die Krankheit des Königs als Folge der Triebunterdrückung zu deuten, die ihm sein Präzeptor Bute auferlegt hatte. Inzwischen ist man dagegen überwiegend der Ansicht, daß der König an der Stoffwechselkrankheit Porphyrie gelitten habe, die ihrer Natur nach keine Geisteskrankheit darstellt, aber – ausgelöst durch andere Formen von Erkrankung oder durch Aufregung – Schmerz- und Verwirrungszustände hervorruft. Diese Diagnose wird durch die inzwischen bekanntgewordene Tatsache gestützt, daß noch heute einige Angehörige des Hauses Hannover an dieser erblichen Krankheit leiden.

Die Erkrankung von 1788/89 – die eine schwere Verfassungskrise um die Einsetzung einer Regentschaft auslöste, so daß manche zeitgenössische Beobachter eher eine Revolution in England als in Frankreich erwartet hätten – hat die Kraft des Königs gebrochen. In dem ersten Brief, den er nach seiner Genesung an Pitt schrieb, erklärte er, daß er es nicht nur im Augenblick ablehnen müsse, sich «dem Druck der Geschäfte» auszusetzen. Auch für den Rest seines Lebens könne er nur «jene Oberaufsicht ausüben, die ohne Mühe und Ermüdung bewältigt werden kann». War der Monarch 1760 zur Wiedergewinnung der nach seiner Ansicht von der Whigoligarchie usurpierten Positionen der Monarchie *offensiv* vorgegangen, so beschränkte er sich nach 1789 im wesentlichen auf die *Defensive*. Er wollte keine Stellung preisgeben und keine Neuerung dulden, die er mit der Verfassung für unvereinbar hielt.

Das betraf in erster Linie das Problem der Katholikenemanzipation, die von Pitt als notwendige Ergänzung der 1800 vollzogenen staatlichen

Verbindung mit Irland gefordert, aber vom König als «jakobinisch» abgelehnt und unter Berufung auf seinen Krönungseid verweigert wurde. Offenbar im Zusammenhang mit diesem Konflikt wurde Georg III. wieder von derselben Krankheit heimgesucht wie 1788. Ende Februar 1801 schien sogar sein Leben in Gefahr zu sein. Pitt entschloß sich unter diesen Umständen zu einem sehr weitgehenden Schritt. Er ließ dem König die Nachricht überbringen, er werde – ob im Amt oder außerhalb der Regierung – nie wieder die Katholikenfrage aufgreifen. Am 14. März 1801 trat Pitt zurück. Der Rücktritt von Pitt, dem wiederum eine anhaltende und angesichts der Kriegführung gegen Frankreich besonders nachteilige Phase der Regierungsinstabilität folgte, demonstrierte, daß Georg III. nach wie vor einen sehr nachteiligen direkten Einfluß auf die britische Politik ausüben konnte. Dennoch bilden die 1780er Jahre aus der Rückschau eine Art Wasserscheide in bezug auf die unmittelbare politische Macht der Monarchie. Sie brachten insgesamt eine Minderung des persönlichen Anteils des Monarchen an der Regierung, was angesichts des triumphalen Erfolges des Königs 1783/84 besonders erstaunlich und nicht allein mit der Erkrankung Georgs III. zu erklären ist. Andere Faktoren kamen hinzu: Mit dem jüngeren Pitt, der ein am Geschäft des Regierens interessierter, reformbereiter Administrator war, wurde der Premierminister zum ersten Mal der effektive Chef der Verwaltung. Das Kabinett erhielt einen stärkeren Zusammenhalt und eine eigenständige, vom Monarchen unabhängige Bedeutung. Mit der von den Rockingham Whigs durchgeführten «ökonomischen Reform», die eine Reihe von Ämtern abschaffte, sowie der vor allem aus Gründen der Effizienz betriebenen Verwaltungsreform Pitts begann ein Prozeß des Abbaus der Kronpatronage, der um etwa 1870 abgeschlossen war. Der fast ununterbrochene, nahezu zwei Jahrzehnte währende Krieg gegen Frankreich führte zu einer Ausweitung und Komplexität der Verwaltung, die sie vom Monarchen entfernten.

Was Georg III. an gestaltendem Einfluß auf die Regierungsgeschäfte verlor, wuchs ihm jedoch an Popularität wieder zu. Der König war zunächst keineswegs populär gewesen. Der Methodistenführer John Wesley, der viel im Land herumkam, verglich 1775 die Situation sogar mit der vor Ausbruch der Englischen Revolution, wobei nach der Beobachtung Wesleys im Unterschied zu den 1630er Jahren von der Mehrheit des Volkes aber nicht das Ministerium, sondern der König persönlich angegriffen wurde: «Sie verachten Seine Majestät von Herzen und hassen ihn mit einem vollkommenen Haß.»

Seit Beginn der 1780er Jahre gab es jedoch ein Anwachsen der Popularität des Königs. Sein Auftreten gegen die Fox-North Koalition und ein auf ihn unternommener Attentatsversuch verschafften ihm viele Sympathien. 1786 berichtete John Adams aus London an Thomas Jefferson, die Liebe zu ihrem Souverän sei die «vorherrschende Leidenschaft» der Engländer. Das bei seinem Regierungsantritt erkennbare Bestreben des Königs, die Monarchie als Machtfaktor im Verfassungsgefüge zu stärken, führte letztlich nicht zum Erfolg. Dafür war er mit dem Wunsch, die Liebe seiner Untertanen zu besitzen, am Ende um so erfolgreicher. Dazu trugen freilich äußere Umstände viel bei.

Zu ihnen gehörte die schwere Erkrankung 1788/89, die den König noch populärer machte. Als Georg III. im April 1789 genesen wieder in seine Hauptstadt zurückkehrte, sprach die Zeitschrift ‹Gentleman's Magazine› überschwenglich von dem «mehr als triumphalen, dem religiösen Einzug unseres geliebten Souveräns». Die Gesundung des Königs schien zugleich die Robustheit der britischen Verfassung zu bestätigen, und in dem begeisterten Empfang für den zurückkehrenden Monarchen sowie der riesigen Zahl von Glückwunschadressen schlug sich fraglos auch die Erleichterung über das Ende der durch seine Krankheit ausgelösten Verfassungskrise nieder. Daß die Krankheit selber dem Ansehen des Königs ganz offensichtlich nicht schadete, hatte mit der spezifischen Auffassung von Geistesgestörtheit zu tun, die im 18. Jahrhundert verbreitet war. Diese wurde als eine Art von «englischer Krankheit» angesehen, die besonders Angehörige der Oberschichten befiel und speziell mit den Bürden des Amtes verbunden war. Geisteskrankheit wurde auf diese Weise geradezu «geadelt». Es hat z. B. der Popularität des älteren Pitt nicht geschadet, daß er manisch-depressiv war und von Anfällen schwerer geistiger Störungen heimgesucht wurde.

Die Vorgänge in Frankreich bewirkten bei den meisten Briten eine noch stärkere Hinwendung zu ihrem Monarchen. Es war bezeichnenderweise der 5. Oktober 1789, als die französische Königsfamilie gewaltsam nach Paris gebracht wurde, der in England zu einer überwiegend negativen Haltung gegenüber der Französischen Revolution führte. Die Einkerkerung und Hinrichtung Ludwigs XVI. haben die britische Öffentlichkeit mehr als alles andere seit der Hinrichtung Karls I. bewegt.

Die Monarchie war 1660 in England primär aus der Erfahrung heraus wiederhergestellt worden, daß es ohne einen Monarchen nicht ging – ein «settlement» und eine stabile Regierung nur mit einem König möglich waren. Diese Erfahrung war angesichts der Fundamentalstabilisierung Englands im 18. Jahrhundert verblaßt (was auch zum Teil die politischen Konflikte in der ersten Phase der Regierungszeit Georgs III. erklärt). Sie wurde dann gleichsam durch eine andere Revolution in einem anderen Land reaktiviert, und darin ist eine wesentliche Ursache für die große Popularität Georgs III. zu sehen. Dem Monarchen kam ferner der «Ordnungsreflex» zugute, den die Französische Revolution in England auslöste. Er profitierte davon, daß er Garant und Symbol der bestehenden Ordnung sowie die Spitze der sozialen Hierarchie war.

Der monarchistische Effekt der Französischen Revolution beschränkte sich aber nicht nur auf die Mittel- und Oberschichten. Als Reaktion auf die Ereignisse in Frankreich gab es auch bei den Unterschichten ein ganz neuartiges Phänomen: einen unduldsamen Royalismus der Menge, der sich mit ihrem traditionellen xenophoben Nationalismus verband. Antifranzösischer Patriotismus, Königsverehrung und bigotter Anglikanismus verschmolzen miteinander. «Church and King» Mobs gingen vor allem gegen die Dissenters vor, die man als Sympathisanten der Französischen Revolution, aber mehr noch wegen ihrer führenden Rolle in der Englischen Revolution als «King Killers» angriff. Die Französische Revolution hat insgesamt in England eher den Loyalismus als den Radikalismus gestärkt.

Vieles an dem neuen Royalismus wurde von oben her in Gang gesetzt und gesteuert, um sich gegen das revolutionäre Frankreich ideologisch zu wappnen. Die Regierung stellte den König propagandistisch heraus. Georg III. war zudem für die Zwecke einer «Verstaatlichung des Nationalismus» (Linda Colley) und seiner Ausrichtung auf den Monarchen vorzüglich geeignet. Er besaß einen Sinn für Zeremonien und für die Selbstdarstellung der Monarchie, der seinen beiden Vorgänger gefehlt hatte. John Adams, der den französischen Hof gut kannte und nach dem amerikanischen Unabhängigkeitskrieg der erste Botschafter seines Landes in London wurde, stellte 1785 fest, daß die Zeremonien am britischen Hof zahlreicher waren und auch länger dauerten als die in Versailles, wobei Georg III. sich nach seiner Beobachtung als überaus robust und gewandt erwies.

Der schlichte Hausvater, der besonders deutschen Englandbesuchern wie Johann Reinhold Foster und Helferich Peter Sturz so gefiel und den britischen Mittelschichten so kongenial war, stellte nur die eine Seite des Königs dar. Die andere Seite bildete seine Neigung zu Pomp und Festlichkeiten. Sie war zunächst auf Kritik gestoßen, wurde aber höchst willkommen, als man den bürgerverbindenden Festen der Französischen Revolution auf britischer Seite etwas entgegensetzen mußte. Auch paßte Georgs III. Vorliebe für Uniformen in eine lange Zeit fast ununterbrochener Kriegführung. Er war so uniformfixiert, daß seine Ärzte ihm bei einem Wiederauftreten seiner Krankheit im Jahre 1804 im Interesse seiner geistigen Gesundheit davon abrieten, von ihm selbst entworfene Uniformen anzuziehen.

Die Anhänglichkeit an den König wurde auch durch die langen Kriege gegen Frankreich gestärkt, die viele Briten Anlehnung an eine Vaterfigur suchen ließen. Ebenso wurde seine lange Regierungszeit zum Symbol nationaler Stabilität und Identität. Das Ansehen Georgs III. ist außerdem noch durch die Unbeliebtheit anderer gefördert worden. Es ist zum Teil auf die Unpopularität seiner schwächlichen Regierungen seit dem Rücktritt Pitts zurückzuführen. Sie hatten nur wenige militärische Erfolge vorzuweisen, warteten aber mit Korruptionsskandalen auf und belasteten das Land mit hohen Steuern. Auch stach die exemplarische Lebensführung des Königs vorteilhaft von der Verschwendungssucht und der Unmoral des Kronprinzen und seiner anderen Söhne ab. Hier floß auch ein starkes Mitgefühl ein, das sich noch steigerte, als Georg III. 1810 wiederum erkrankte, wobei seine alte Erkrankung in anhaltenden Altersschwachsinn überging und man 1811 dem Kronprinzen Georg die Regentschaft übertragen mußte. Der «gute alte König» wurde für viele Briten zu einer tragischen, anrührenden Figur. Bezeichnenderweise wurde von Oktober 1810 bis April 1820 auf keiner einzigen Londoner Bühne «King Lear» aufgeführt. Die Parallele zum kranken König, möglicherweise auch zu seinen ungeratenen, mit ihm zerstrittenen Söhnen, war offenbar zu schmerzlich.

Zurückgezogen lebte Georg III. bis zu seinem Tod zehn Jahre auf Schloß Windsor. Zu seiner geistigen Verwirrung traten Blindheit und Taubheit. Unablässig spielte er auf einem alten Cembalo, das einst Händel gehört hatte. Manchmal sagte er von einem Musikstück, es sei das Lieblingsstück des verstorbenen Königs gewesen, als er noch lebte. Der Tod und die Beerdigung Georgs I. sowie Georgs II. waren ohne viel Aufheben vonstatten gegangen. Als Georg III. am 29. Januar 1820 starb, schlossen alle Läden im Land, und 30 000 Menschen strömten zur Beerdigungsfeier nach Windsor, obwohl es nur ein privates Begräbnis war.

Von Georgs III. Popularität in der zweiten Hälfte seiner Regierungszeit leitete sich keine kontinuierliche Tradition monarchischen Ansehens her. Das verhinderten Charakter und Lebensführung seiner Kinder, die wohl die unbeliebteste Generation einer königlichen Familie in der englischen Geschichte bildeten. Die öffentlichen Auseinandersetzungen zwischen Georg IV. und seiner Frau Karoline im Zusammenhang mit der Krönungsfeier im Jahre 1821 stellten den absoluten Tiefpunkt der Monarchie dar. Seinen wahren Nachfolger fand der Protoviktorianer Georg III. in dem Prinzen Albert, dem deutschen Gemahl Königin Viktorias.

*Rudolf Muhs*

# Georg IV.
## 1820–1830

*Georg Augustus Friedrich, geboren 12. August 1762, St. James Palast, London; Regent: 5. Februar 1811; Regierungsantritt aus eigenem Recht: 31. Januar 1820; Krönung: am 19. Juli 1821 in der Abteikirche von Westminster; gestorben am 26. Juni 1830 auf Schloß Windsor und dort am 15. Juli in der St. Georgs-Kapelle beigesetzt. Vater: Georg III. (1738–1820): Mutter: Charlotte Sophie (1744–1818), geborene Prinzessin von Mecklenburg-Strelitz; Geschwister: William Herzog von Clarence (1765–1837), als Wilhelm IV. sein Nachfolger in der Herrschaft; Edward Herzog von Kent (1767–1820), der Vater der Königin Viktoria (1819–1901); Ernest Augustus Herzog von Cumberland (1771–1851), seit 1837 als Ernst August I. König von Hannover; sowie Adolphus Herzog von Cambridge (1774–1850), von 1816 bis zum Ende der Personalunion Vizekönig von Hannover, sowie 10 weitere Geschwister; Eheschließungen: 1. am 15. Dezember 1785 heimliche und gesetzlich ungültige Ehe mit Mrs. Maria Anne Fitzherbert (1756–1837); 2. am 8. April 1795 mit Prinzessin Karoline von Braunschweig (1768–1821); nach wenigen Wochen Trennung von Tisch und Bett; Scheidung 1821; Kinder: Prinzessin Charlotte (1796–1817), verh. mit Prinz Leopold von Sachsen-Coburg-Saalfeld (1790–1865), dem späteren ersten König der Belgier.*

«Nie ist ein Verstorbener von seinen Mitmenschen weniger betrauert worden als dieser König», so donnerte die ‹Times› am Tage nach seinem Begräbnis in einem Leitartikel, der Vorwurf an Vorwurf reihte und mit den Worten schloß: «Weiter bleibt nichts zu sagen über Georg IV. Nur zahlen müssen werden wir noch lange für seine Verschwendungssucht, können daraus aber wenigstens insofern einigen Nutzen ziehen, als wir seinen Nachfolgern die Hände binden, was die Staatskasse angeht.» Dermaßen stark und nachhaltig war die Entrüstung des Publikums, daß die ‹Encyclopaedia Britannica› noch achtzig Jahre nach dem Tode des Monarchen als schlichte Tatsache verkünden konnte: «George IV was a bad king.»

Daß dies von einem Herrscher gesagt wird, unter dessen Regierung der Aufstieg Großbritanniens zur Vormacht der Welt besiegelt wurde, wirft ein bezeichnendes Licht auf den abnehmenden Einfluß des Königtums auf die Geschicke der Nation. Wenn Georg III. noch mit einiger Berechtigung persönlich für den Verlust der amerikanischen Kolonien verantwortlich gemacht werden konnte, so hat, von ihm selbst einmal abgesehen, niemand je behauptet, Georg IV. habe Wesentliches zum

Georg IV. (1820–1830)

Sturz Napoleons beigetragen. Was ihm zeitgenössisch an Verdiensten zugeschrieben wurde, hatte – ebenso wie die Tatsache, daß sich sein Image in jüngerer Zeit etwas gebessert hat – mit anderen Dingen zu tun. Als «erster Gentleman Europas» wirkte er stilbildend für seine Epoche. Die Trends in Mode, Möbeln und Malerei, die sich unter seiner Patronage durchsetzen konnten, verraten den Mann von Geschmack, und sein (im britischen Königshaus erst wieder in unseren Tagen, bei Prinz Charles, anzutreffendes) Interesse an Architektur ließ Bauwerke entstehen, deren bleibende Attraktivität die anfängliche Kritik an ihren Kosten schließlich verdrängt hat.

Als mutmaßlicher Thronfolger erhielt Georg eine sorgfältige und breit angelegte Ausbildung, vorwiegend per Einzelunterricht durch Privatlehrer. Neben den Elementarfächern einschließlich Religion und Moral standen im Hinblick auf seine künftige Stellung Geschichte, Regierungslehre und Gesetzeskunde im Vordergrund, aber auch Fertigkeiten wie Zeichnen, Reiten, Tanzen und Fechten sowie alte und neuere Sprachen – außer Englisch und Deutsch beherrschte er Italienisch und Französisch. Wirkungsmächtiger für seine Persönlichkeitsentwicklung war aber, daß sich diese Erziehung in einem Klima der Gefühlskälte und in weitgehender Isolierung von der Außenwelt vollzog. Der Mangel an emotionaler Zuwendung von seiten einer ständig schwangeren Mutter und einem strengen Vater, der bei jeder Begegnung Charakterfehler an ihm entdeckte, sind zweifellos mitverantwortlich für seine innere Haltlosigkeit und sein großes Anlehnungsbedürfnis. Daß er damit alleingelassen wurde, stieß den jungen Prinzen an der bürgerlichen Familienidylle, in der sich seine Eltern eingerichtet hatten, schon früh ab, und es verlangte ihn danach, auszubrechen und seinen Sehnsüchten nachzujagen.

In einem Liebesbrief an die sechs Jahre ältere Hofdame Mary Hamilton hat sich der Siebzehnjährige 1779 als überdurchschnittlich hochgewachsen beschrieben, mit wohlproportionierten Gliedmaßen und insgesamt gut gebaut, wenn auch leider mit einer Veranlagung zum Dickwerden. Seine Gesichtszüge seien entschlossen und männlich und allenfalls etwas hochmütig. Nach wohlwollend kritischer Musterung von Stirn und Augenpartie, von Nase, Mund und Kinn benannte er unumwunden auch einen Makel, an dem die Nachfahren der Hannoveraner bis auf den heutigen Tag leiden: «very ugly ears». Nicht minder klarsichtig war Georgs Analyse seines eigenen Charakters. Als offen und großzügig empfand sich der Prinz, als frei von aller Boshaftigkeit, doch sei er zu leicht geneigt, andere Menschen für seine Freunde zu halten und ihnen vorschnell Vertrauen zu schenken. Wahre Freundschaft aber stoße bei ihm auf Dankbarkeit und Herzlichkeit im Übermaß. Daß seine Empfänglichkeit für Leidenschaften aller Art und zumal die Leichtigkeit, mit der er sich für jemanden oder etwas begeistern konnte, eine

Schwäche war, räumte Georg ebenso unumwunden ein wie seinen Hauptfehler: Er sei «too fond of Wine and Women».

Letzteres sprach sich auch in der Öffentlichkeit bald herum, nachdem ihm mit achtzehn Jahren seine eigene Haushaltung eingerichtet worden war. Daß deren finanzielle Ausstattung absichtlich knapp gehalten war und strenge Auflagen die Unabhängigkeit des Kronprinzen bis zu seiner Volljährigkeit noch erheblich einschränkten, bewirkte wenig mehr als eine nachhaltige Störung des Verhältnisses zwischen Vater und Sohn. Um so näher kam er dafür seinen beiden Onkeln, den Herzögen von Gloucester und Cumberland, deren ausschweifender Lebenswandel sie ihrem königlichen Bruder seit langem verhaßt gemacht hatte. Als kundige Mentoren lehrten sie den Prinzen von Wales die Freuden der großen, weiten Welt genießen und vermittelten ihm Freundschaften, die seiner Reputation nur abträglich sein konnten. Daß Georg nicht genug Geld hatte, um mithalten zu können, bildete kein wirkliches Hindernis, da ihm überall gern Kredit eingeräumt wurde. Diese frühe Erfahrung begründete seinen lebenslangen Hang, in großem Umfang Schulden zu machen.

Stoff zum Klatschen gab es jedenfalls in Menge, und was erst einmal in den besseren Kreisen zirkulierte, fand bald auch seinen Weg in die Massenpresse. Zu einem offenem Skandal drohte sich 1781 die Affäre des Kronprinzen mit Mrs. Robinson auszuwachsen, einer verheirateten Schauspielerin, die für die Rückgabe von kompromittierenden Briefen ein Vielfaches von dem verlangte, was sie in ihrem Bühnenleben noch an Gagen hätte einnehmen können. Um größeren Schaden für das Ansehen der Monarchie zu verhüten, mußte der König tief in seine eigene Schatulle greifen, was ihn verständlicherweise in der Überzeugung bestärkte, daß «Prinny», wie das Volk den Thronfolger respektlos zu nennen begann, nichts taugte.

Daß dieser sich um die gleiche Zeit mit Fox und Sheridan angefreundet hatte, zwei führenden Whigs, die Libertinage in der Lebenspraxis mit Liberalismus im Parlament verbanden, gab dem Vater-Sohn-Konflikt zunehmend auch eine politische Dimension. Um ihn auf Dauer an sich zu binden, drängte das Whig-Ministerium, als der Prinz von Wales 1783 das Majoritätsalter erreichte, auf die Festsetzung einer großzügig bemessenen Apanage. Eine entsprechende Vorlage konnte der König jedoch unterlaufen, indem er, unter Hinweis auf die sonst stets beschworene Notwendigkeit einer Senkung der Staatsausgaben, anbot, die laufende Finanzierung seines Sohnes selber übernehmen zu wollen, allerdings zu einem deutlich geringeren Jahresbetrag. Da der Steuerzahler nach diesem Vorschlag nur zur Deckung der aufgelaufenen Schulden und für die Einrichtung einer separaten Residenz in Anspruch genommen werden sollte, blieb der Regierung nichts anderes übrig als zu akzeptieren. Das ohnehin erschütterte Vertrauen des Königs in seine

Minister war aber durch diese Episode weiter untergraben worden, was noch Ende 1783, nach jahrzehntelanger Vorherrschaft, zur Entlassung der Whigs führte. Für diese Brüskierung seiner Freunde und mehr noch die Schmälerung seines Einkommens suchte sich der Kronprinz dadurch zu rächen, daß er bei den Wahlen von 1784 demonstrativ für die Opposition Partei ergriff.

Um die gleiche Zeit begegnete er der großen Liebe seines Lebens. Doch so beruhigend sich dieses Erlebnis auf sein unstetes Wesen auch auswirkte, so unweigerlich mußte es den Gegensatz zu seinen Eltern verschärfen. Daß Maria Anne Fitzherbert sechs Jahre älter war als Georg, zudem bürgerlicher Abkunft und zweifach verwitwet, wäre noch angegangen. Das eigentliche Problem bestand darin, daß sie katholisch war. Als Ehepartnerin kam sie deswegen gesetzlich nicht in Frage, und ohne Heirat war bei ihren strengen Moralvorstellungen nichts zu machen, wie der Prinz frustriert erkennen mußte. So ließ sich das Paar 1785 von einem anglikanischen Geistlichen heimlich trauen. Die Ungültigkeit dieser vielfach bestrittenen Eheschließung, deren dokumentarischer Nachweis erst Anfang des 20. Jahrhunderts gelang, änderte nichts an ihren vorteilhaften Folgen: Mrs. Fitzherberts Gewissen war beruhigt, und Georg brauchte nicht zwischen der Anwartschaft auf die Thronfolge und seinem privaten Glück zu wählen. Hof und Volk aber sahen einen gewissen Fortschritt darin, daß der Prinz von Wales, statt London unsicher zu machen, nun fest mit einer Mätresse zusammenlebte. Es waren seine schönsten Jahre. Daß aus dieser Verbindung auch Kinder hervorgegangen seien, wurde zwar häufig vermutet, doch fehlen dafür alle Belege.

Das Leben in luxuriöser Zurückgezogenheit hätte beinahe ein Ende genommen, als Georg III. im Winter 1788/9 durch einen Ausbruch von Wahnsinn erstmals mehrere Monate an der Ausübung der Herrschaft gehindert war. Die Whigs drängten auf eine Übernahme der Regentschaft durch den Prinzen von Wales, in der Hoffnung, mit seiner Hilfe selbst wieder an die Regierung zu gelangen, während sich Pitt und sein Tory-Ministerium diesem Schritt aus dem gleichen Grunde widersetzten. Daß Georg für den Eventualfall auf der Wahrnehmung seiner Rechte bestand, ist ihm nicht vorzuwerfen. Wider alles Erwarten erholte sich der König jedoch kurz vor der entscheidenden Abstimmung, und der Thronfolger stand fortan, nicht nur bei seinen Eltern, in dem Ruch, vorzeitig nach der Krone gegriffen zu haben. Über seinen anhaltenden Ausschluß von den Staatsgeschäften grämte er sich indes nicht allzusehr. Politik um ihrer selbst willen besaß für ihn ohnehin immer weniger Attraktion, gab es doch Mrs. Fitzherbert und daneben so viele andere Ablenkungen.

Oper und Schauspiel wollten besucht sein, Bälle und Bankette desgleichen, und am Spieltisch mochte der Prinz selbst dann nicht fehlen, wenn ein Pferderennen alles verfügbare Geld verschlungen hatte. Billige Zerstreuungen waren seine Sache nicht. Das Defizit aus der Unterhaltung eines eigenen Rennstalls suchte er durch hohe Wetteinsätze wieder hereinzuholen, verlor dabei aber nur noch mehr Geld und gab, tief beleidigt, den Sport erst auf, als der Jockeyklub 1791 nach dem spektakulären Gewinn eines seiner Pferde wegen vermuteteter Unregelmäßigkeiten eine peinliche Untersuchung anordnete.

Georgs kostspieligste Leidenschaft aber war das Bauen. Umbau und Einrichtung seiner 1783 bezogenen Londoner Residenz Carlton House zogen sich über Jahre hin und verschlangen Unsummen. Als kommerzielle Kreditgeber auf Distanz gingen, wurden wohlhabende Freunde und Verwandte angepumpt, und doch stand der Prinz von Wales bei Handwerkern und Lieferanten immer tief in der Kreide. Da sein Vater, als Vorbedingung einer höheren Apanage, eine ordentliche Eheschließung verlangte und einen Bruch mit den Whigs, entschloß sich Georg 1786 zu einer drastischen Geste: Er löste seinen Hofstaat auf und zog sich, da er in London nicht standesgemäß leben könne, mit Mrs. Fitzherbert nach Brighton zurück. Der König stand vor der Öffentlichkeit als Geizhals da, und sogar das Parlament zeigte Einsehen. Nur das Gemunkel von der katholischen Ehefrau irritierte die Abgeordneten, während sie an der Tatsache des Konkubinats keinen Anstoß nahmen. Doch nachdem Fox und Sheridan im Namen und wohl auch im Auftrag des Prinzen die Trauung bestritten hatten, was Mrs. Fitzherbert sehr irritierte, beschloß das Unterhaus 1787 die Übernahme seiner Schulden auf die Staatskasse und bewilligte ihm obendrein einen großzügigen Zuschuß für die Fertigstellung von Carlton House.

Sofort wurden die Arbeiten wiederaufgenommen und obendrein wurde mit dem Bau einer Sommerresidenz in Brighton begonnen, zumal sich Georgs Vater nunmehr genötigt sah, seine jährlichen Zuwendungen ebenfalls zu erhöhen. Der (in seiner Urform) klassizistische Pavillon mit exquisiter Inneneinrichtung wurde bald zum bevorzugten Aufenthaltsort des Kronprinzen. Mit ihm kamen seine Freunde nach Brighton und alle, die es werden oder an ihnen verdienen wollten. Das bis dahin unscheinbare Hafenstädtchen an der Küste von Sussex entwickelte sich binnen kurzem zum bevorzugten Badeort der fashionablen Gesellschaft.

Ihr vergnügtes Dasein wurde jedoch immer häufiger durch Nachrichten von jenseits des Kanals getrübt. Einmal konnte Georg sogar persönlich beobachten, wie eine Bootsladung von französischen Aristokraten, die auf der Flucht vor der Guillotine waren, im Brighton an Land kam. Diese Erfahrung muß ihm zu denken gegeben haben. Zur Überraschung der Whigs, die seit langem von der Notwendigkeit einer Reform sprachen, ließ sich der Prinz von Wales 1792, in seiner Jungfernrede im Oberhaus, über die unverletzliche Heiligkeit der englischen Verfassung vernehmen. Nach längeren Bemühungen um eine Armeelaufbahn schließlich zum Obersten eines Dragonerregiments ernannt, dessen Offiziersstellen er dann ausschließlich mit seinen Freunden besetzte, blieb ihm gleichwohl die erhoffte Gelegenheit versagt, sich militärischen Ruhm zu erwerben, als Frankreich 1793 den Krieg gegen Großbritannien aufnahm. Der König weigerte sich, dem Thronfolger ein Kommando auf dem Kontinent zu übertragen, wie er auch an seiner Isolierung von der politischen Entscheidungsebene festhielt.

Besorgniserregend wie die Französische Revolution war, erregte es doch noch größere Besorgnisse bei Georg, daß sein Schuldenberg schon wieder eine bedenkliche Höhe erreicht hatte. Mitte der 1790er Jahre mußte er sich dringender als je Gedanken machen, wie wohl an Geld zu kommen wäre. Das Parlament, soviel war klar, würde ihm nur dann eine höhere Jahresrente zubilligen, wenn ein Stammhalter in Aussicht stünde. In der Tat stellte sich die Frage, wie es mit den Hannoveranern auf mittlere Sicht weitergehen sollte, da Georgs zahlreiche Brüder sämtlich unorthodoxe Liaisons unterhielten. Es gab nur eine Lösung: Schuldendienst und dynastische Pflicht verlangten gleichermaßen eine legitime Eheschließung.

Nach knapp zehn Jahren war die Leidenschaft des Prinzen für Mrs. Fitzherbert ohnehin etwas abgekühlt, und schon bevor sie im Sommer 1794 den Abschied erhielt, hatte er sich mit der Gräfin Jersey liiert, der Gemahlin eines Höflings, die sich bereits mehrerer Enkelkinder zu erfreuen hatte. Seine plötzliche Ankündigung, sich, wie es der Familientradition und der Staatsräson entsprach, mit einer protestantischen deutschen Prinzessin verheiraten zu wollen, kam insofern etwas überraschend, stieß aber nichtsdestoweniger auf freudige Zustimmung. Da dem prospektiven Bräutigam jedoch «one damned German frow as good as another» erschien, entschied er sich ohne weiteres für Prinzessin Karoline von Braunschweig, eine Nichte seines Vaters. Es war dies der größte Fehlgriff seines an Irrtümern nicht eben armen Lebens.

Daß Karoline exzentrisch war, haben selbst die wohlwollendsten Zeitzeugen eingeräumt. Die meisten fanden ihren Umgangston und ihr Benehmen schlichtweg ordinär. Auch wenn nicht alles stimmte, was man sich über ihren vertraulichen Umgang mit gemeinen Soldaten und Stallknechten erzählte, ließen ihre moralischen und vor allem ihre hygienischen Standards unbestreitbar manches zu wünschen übrig. Für einen feinsinnigen Ästheten, der Georg trotz aller Neigung zum Exzeß immer blieb, war sie jedenfalls nicht attraktiv genug. Als er seine künftige Gattin bei ihrer Landung in Greenwich am 5. April 1795 zum ersten Mal zu Gesicht bekam, wurde ihm schlecht, und während der Trauung drei Tage später war der Bräutigam so betrunken, daß er sich kaum auf den Beinen halten konnte. Der Erzbischof von Canterbury, der wie alle Anwesenden einschließlich der Braut gerüchteweise von Georgs Verheiratung mit Mrs. Fitzherbert gehört hatte, wiederholte mehrfach die Frage, ob Ehehindernisse bestünden, und als sich niemand meldete, las er, vergeblich den dumpf vor sich hinstarrenden Prinzen fixierend, mit beschwörender Stimme den Passus vor, daß die Ehe ein Bund fürs Leben sei.

Nach übereinstimmenden Aussagen beider Seiten ist diese Ehe nur ein einziges Mal, in der Hochzeitsnacht, vollzogen worden, nachdem sich der ausgenüchterte Prinz von Wales am frühen Morgen aus dem Kamin im Schlafzimmer seiner Frau aufgerappelt hatte, wo er am Abend zuvor eingeschlafen war. Fast auf den Tag neun Monate später, am 7. Januar 1796, wurde eine Tochter geboren und die rechtmäßige Thronfolge war gesichert. Zu diesem Zeitpunkt verkehrten die Eheleute aber längst nur noch schriftlich miteinander, und im Herbst 1796 zog die Prinzessin von Wales für immer aus.

In Blackheath, südöstlich von London, ließ sie sich häuslich nieder. Als Mutter der Prinzessin Charlotte, die dereinst den britischen Thron erben würde, verkehrte sie nach wie vor bei Hofe, denn eine förmliche Trennung hatte ihr Schwiegervater seinem Sohn verweigert und damit die Distanz zwischen Vater und Sohn weiter vergrößert. Aber nicht nur Georg III., ganz London hielt Karoline für die verfolgte Unschuld, der ihr herzloser Mann gleich nach der Hochzeit seine Mätresse als Hofdame und manches andere zugemutet hatte. Für die nächsten 25 Jahre verband sich alle persönliche Abneigung, alle politische Opposition gegen Georg mit einer demonstrativen Parteinahme für seine Frau. Je unpopulärer er wurde, desto höher stieg die Begeisterung des Publikums für Karoline.

Daß ihr Verhalten in der Folgezeit ebenfalls Anlaß zu Vorwürfen gab, änderte nichts daran, daß für sie einzutreten das beste Mittel blieb, um den Prinzen zur Weißglut zu bringen. Gelegenheit dazu bot sich immer wieder, da Geldfragen und die Aufsichts- und Besuchsregelung für Prinzessin Charlotte umstritten waren. Um seine Frau ein für allemal loszuwerden, suchte Georg sie daher des Ehebruchs zu überführen, was ihre Anhänger wiederum für kurios hielten, insofern ja sein ehebrecherisches Treiben sie überhaupt erst in die Lage einer alleinstehenden Frau gebracht hatte. Doch da Karoline häufiger Männerbesuche empfing und Gerüchten zufolge sogar noch einmal schwanger gewesen war, wurde auf Georgs Drängen 1806 eine regierungsamtliche Untersuchungskommission zur Ermittlung der Elternschaft eines kleinen Jungen eingesetzt, den die Prinzessin von Wales wie ihr eigenes Kind aufzog.

Bewiesen werden konnte indes nichts. So blieb das Verhältnis aufs äußerste gespannt, bis Karoline sich nach Wiederherstellung des europäischen Friedens 1815 auf den Kontinent begab und die nächsten Jahre auf Reisen, vorwiegend in Italien, zubrachte, wo sie ihrem Faible für jüngere Männer endlich freien Lauf lassen konnte. Georg dagegen kultivierte weiter seine Gefühle für ältere Frauen. Nach der Verabschiedung von Lady Jersey 1798 hatte er zunächst noch einmal Mrs. Fitzherbert reaktiviert, die allerdings erst einen päpstlichen Dispens einholte, bevor sie Ende 1799 zu ihm zurückkehrte, um 1811 schließlich mit einer großzügigen Abfindung für immer entlassen zu werden.

Alles dies hatte sich abgespielt vor dem Hintergrund des welthistorischen Ringens mit dem revolutionären bzw. napoleonischen Frankreich. Doch die erdumspannenden Fragen von Krieg und Frieden, von Diplomatie und Strategie tangierten den Prinzen von Wales nur am Rande. Er wurde weder amtlich informiert noch auch um seine Meinung gefragt und konnte allenfalls von Zeit zu Zeit seinem Ärger Luft machen, keine militärische Rolle spielen zu dürfen. Sofern nicht der Kampf gegen seine Frau oder eine seiner periodischen Schuldenkrisen alle Aufmerksamkeit in Anspruch nahmen, frönte er daher hauptsächlich dem guten Leben.

Insofern war Georg, obwohl seit seiner Geburt zum Herrscher bestimmt und 48 Jahre alt, nicht angemessen auf seinen Beruf vorbereitet, als der Ernstfall eintrat. In der Vergangenheit hatte sich Georg III. mehrfach von zeitweiligen Geistesstörungen erholt. Ein neuerlicher Krankheitsschub im Herbst 1810 ließ aber bald keine Hoffnung auf Wiederherstellung mehr zu, und so wurde dem Prinzen von Wales am 5. Februar 1811 die Regentschaft übertragen.

Die Feier seines Regierungsantritts fiel äußerst extravagant aus, aber er tat sich schwer, in seiner Amtsausübung markante Akzente zu setzen. Zu allgemeiner Überraschung blieb der erwartete Ministerwechsel aus. Georgs vielbeschworener Whiggismus war immer in erster Line Ausfluß seiner persönlichen Freundschaft mit Fox gewesen, und Fox war seit 1806 tot. Im Sitzungszimmer des Kronrats wurde zwar seine Büste aufgestellt, seine Prinzipien aber fanden kaum Eingang in die Beratungen. Vor einer Parlamentsreform schreckte der Prinzregent aus Furcht vor dem Radikalismus des Volkes zurück, einer Emanzipation der Katholiken mochte er zumindest nicht zu Lebzeiten seines Vaters nähertreten, der jedesmal den Verstand verloren hatte, wenn dieses Projekt ernsthaft zur Sprache gekommen war, und Frieden mit Frankreich zu schließen, erschien ihm unter anderem deshalb unangezeigt, weil der Krieg in Spanien gerade gut lief und ein ehrenvoller Sieg winkte. Georgs wachsende Distanz zu den Whigs dürfte aber auch damit zu tun haben, daß er seit längerem eine enge Beziehung mit der Markgräfin von Hertford unterhielt, der fülligen Gemahlin eines führenden Tory-Lords, die ihren guten Namen der Sache der Partei zum Opfer brachte und schließlich Mrs. Fitzherbert ganz verdrängen sollte. Seine Bemühungen, zunächst einzelne persönliche Freunde aus dem Lager der Opposition zum Eintritt in die bestehende Regierung zu bewegen, blieben ohne Erfolg, und die spätere Anregung einer förmlichen Koalition war von vornherein zum Scheitern verurteilt.

Unter Hinweis auf seine für die Dauer eines Jahres noch eingeschränkten Vollmachten, durch die Abreise nach Brighton und verschiedene Krankheiten konnte es der Prinzregent lange vermeiden, sich politisch festzulegen. Was seine finanzielle Ausstattung und die Inanspruchnahme von Patronagerechten anging, hatte er von Anfang an weniger Wankelmütigkeit gezeigt. Die Ermordung des amtierenden Premierministers im Mai 1812 zwang ihn jedoch zu einer Entscheidung, und daß Georg schließlich die Tories unter Lord Liverpool im Amt beließ, wurde zur entscheidenden Weichenstellung für seine gesamte Regierungszeit.

Mit der im Parlament abgegebenen Erklärung, der Prinzregent habe seine Versprechungen an die Katholiken gebrochen und werde von seiner Geliebten am Gängelband geführt, zeigten die Whigs, daß er sich seine früheren Freunde auf immer zu Gegnern gemacht hatte. Die Tories ganz zu versöhnen, gelang ihm indes nie, zumal sie, obwohl prinzipiell Anhänger einer starken und unabhängigen Monarchie, bald zu der Einsicht kamen, daß der Amtsinhaber außerstande war, die ihm zugedachte Rolle zu spielen. Seine Flatterhaftigkeit nötigte die Minister zur möglichst selbständigen Führung der Geschäfte, so daß der Einfluß der Krone unter Georg de facto rapide abnahm.

Das Hofleben der Regentschaftszeit aber war glanzvoll und hatte vorwie nachher nicht seinesgleichen. Den strahlenden Höhepunkt sah der Frühsommer 1814, als, unmittelbar nach dem Fall von Paris, die Führer der alliierten Mächte England, dem unbeugsamen Gegner der Revolution und Napoleons, die Ehre ihres Besuches erwiesen. Der russische Zar, der König von Preußen sowie Fürst Metternich als Vertreter des Kaisers von Österreich fanden sich in London ein, gefolgt von einem Schwarm kleinerer Souveräne sowie Heerführern und Diplomaten in großer Zahl. Georg war in seinem Element. Das Arrangement der mehrtätigen Festivitäten ließ seine besten Talente als Designer, Choreograph und Regisseur zum Vorschein kommen, und der Beifall war allgemein.

Seiner persönlichen Popularität konnten jedoch selbst der Triumph über den französischen Erbfeind und die grandiosen Siegesfeiern kaum aufhelfen, wie sich bei der abschließenden Festvorstellung in der Oper zeigen sollte. Die Nationalhymne war verklungen, und alles hatte wieder Platz genommen, als tosender Beifall und Hurrarufe das Haus durchbrausten. Geschmeichelt stand der Prinzregent auf, um sich zu verbeugen, mußte aber zu seinem Entsetzen bemerken, daß der Jubel des Publikums einer anderen Loge galt, in der die von allen offiziellen Empfängen ferngehaltene Karoline gerade Platz genommen hatte. Der Herrscher von Großbritannien und Irland stand vor den Augen seiner Kollegen aus ganz Europa blamiert da.

Nach Karolines Abreise aus England ein Jahr darauf versuchte Georg, in Demonstration seiner väterlichen Autorität, seine inzwischen erwachsene Tochter gegen ihren Willen mit dem Prinzen von Oranien zu verheiraten, dem Thronfolger der Vereinigten Niederlande, was auf längere Sicht eine Wiederherstellung der Personalunion aus der Zeit nach der glorreichen Revolution bedeutet hätte. Prinzessin Charlotte erwies sich jedoch als kaum weniger widerspenstig als ihre Mutter und beharrte mit Erfolg darauf, den von ihr favorisierten Prinzen Leopold von Sachsen-Coburg-Saalfeld zu ehelichen. Die 1816 geschlossene Verbindung markierte den Einstieg der Coburger in das europäische Dynastengeschäft, auch wenn dieser erste Vorstoß in das britische Königshaus noch folgenlos blieb. Charlotte starb nämlich im November 1817, nur wenige Stunden nachdem sie einen totgeborenen Sohn zur Welt gebracht hatte.

Angesichts der Opfer, die der über zwei Jahrzehnte währende Krieg von der Bevölkerung gefordert hatte, und der Entbehrungen der Nachkriegszeit, als eine schwere Wirtschaftskrise und Teuerung das Land überzog, wirkte Georgs gesamte Existenz wie eine Provokation. Zu sehr kontrastierte die Hungersnot in weiten Teilen des Landes mit seiner Vorliebe für gutes und üppiges Essen, zubereitet von den besten – noch dazu französischen – Köchen, oder mit der großzügigen Versorgung seiner exotischen Menagerie. Daß die Kosten für seinen aufwendigen Lebensstil zum allergrößten Teil nicht aus Steuergeldern kamen, war für den Eindruck, den er hervorrief, unerheblich.

Daran, daß man ihm außerhalb des Hofes nicht mit Respekt begegnete, ja ihn sogar auszischte, hatte sich der Prinzregent schon gewöhnt. Jetzt aber flogen mitunter Steine, wenn er in der Öffentlichkeit erschien, und selbst Schüsse sollen bei einer Gelegenheit auf ihn abgegeben worden sein. Andererseits konnte es keinen Zweifel geben, daß der Prinzregent mehr ein Symptom als die Ursache der Krise war, und die radikale Verschwörergruppe, die im Februar 1820 verhaftet wurde, wollte ihren geplanten Umsturz denn auch mit der Ermordung des Kabinetts einleiten. Jedenfalls war die Gefahr einer Revolution in Großbritannien nie wieder so akut wie in dem Jahrfünft nach der Schlacht von Waterloo. Peterloo, das in Analogie dazu so bezeichnete und von den Ordnungskräften verursachte Blutbad nach einer Großdemonstration bei Manchester, hatte 1819 eine Welle repressiver Gesetze ausgelöst, die Metternichs Karlsbader Beschlüssen wenig nachstanden. Seine Zustimmung zu diesem Kurs gab Georg geradezu mit Begeisterung.

Was Imagepflege anging, war der Prinzregent um originelle Methoden nie verlegen. Verdeckt hatte er gleich 1812 die Morning Post erworben und ließ sich in deren Spalten als «Adonis der Anmut» feiern. Daß der radikale Examiner daraufhin von einem «zügellosen Fettsack von fünfzig» sprach, mußte der verantwortliche Journalist zwar mit Gefängnis büßen, aber ganz unterdrücken ließ sich die Pressefreiheit in Großbritannien nicht. Weder vorher noch nachher ist ein regierender britischer Monarch in aller Öffentlichkeit so häufig, so bösartig und so unwidersprochen angegriffen worden. Die Zahl der Karikaturen und Spottgedichte auf den Regenten und König ist Legion, und manch ein Künstler machte sich einen Namen und ein hübsches Einkommen mit monströsen Darstellungen Georgs. Als sich herumsprach, daß der Monarch selber noch mehr bezahlte, um nicht so dargestellt zu werden, beflügelte dies nur die Produktion gräßlicher Zerrbilder. Dabei kultivierte Georg ein genuines Interesse an allem Schönen. Er war ein ausgezeichneter Kunst- und Literaturkenner, förderte Jane Austen, war ein begeisterter Leser von Sir Walter Scott, und die von ihm erworbene Bildersammlung bildet den Grundstock der Nationalgalerie. Was Möbel und Architektur anging, ließ er sich von erstklassigen Experten wie Lord Hertford, dem Ehemann seiner Geliebten, und John Nash beraten. Ihrer Zusammenarbeit ist die Eleganz des Londoner West Ends zu verdanken, von Waterloo Place über Regent Street bis zum Regent's Park, oder die King's Library im Britischen Museum. Wenn Georg sich allzusehr seinem eigenen Geschmack überließ, konnte das Resultat dagegen etwas fragwürdig ausfallen, zum Beispiel bei der Umgestaltung des Pavillons in Brighton zu einem orientalischen Phantasiebau, mit seiner eklektischen Mischung von Stilmerkmalen aus China, Japan, Indien und Arabien.

Buckingham House, den Wohnsitz seiner vielgeprüften Mutter, ließ der Prinzregent nach ihrem Tode im Jahre 1818 zu einem anständigen Palast erweitern, während er Carlton House, in das so viel geliehenes Geld investiert worden war, als zu klein abreißen ließ. Buckingham Palace und auch Windsor Castle, das nach dem Tode seines Vaters von Grund auf erneuert wurde, sind so, wie sie sich heute präsentieren, ganz Schöpfungen Georgs IV. So entschieden sich also die königliche Familie über Generationen hinweg von ihm distanziert hat, hat sie ihm doch ihre Hauptresidenzen zu verdanken. Mehr noch, was Georg immer wieder an den Rand des Bankrotts brachte, wurde für seine Nachfolger zu einer sprudelnden Einnahmequelle, seitdem nicht nur Staatsbesucher, sondern auch zahlende Touristen die Anlagen besichtigen können. Den Pavillon aber hat schon Königin Victoria, vermutlich wegen seiner Assoziation mit Sittenlosigkeit, an die Stadt Brighton abgetreten, deren von Georg begründete Reputation als Zielort für «dirty weekends» sich erst mit dem Schwinden viktorianischer Moralvorstellungen nach dem Zweiten Weltkrieg verloren hat.

Was Georg das Leben vergällte und seine verbleibende Regierungszeit überschattete, nachdem er Ende Januar 1820 im eigenen Namen den Thron bestiegen hatte, war die Rückkehr Karolines. Am 5. Juni landete sie in Dover und verlangte in symbolischer Anerkennung ihres Ranges als Königin die Aufnahme in das Kirchengebet. Daß sie überall mit Jubel und Ehren empfangen wurde, ließ ihn um so entschlossener seine lange gehegte Absicht verfolgen, sich ihrer ein für allemal zu entledigen, wenn er erst einmal König wäre. Eine zivilrechtliche Scheidungsklage kam nicht in Frage, ohne sein eigenes Verhalten zur Verhandlung zu stellen und seine Position als weltliches Oberhaupt der Anglikanischen Kirche zu kompromittieren. Da eine bereits 1818 nach Italien entsandte Kommission aber jede Menge Belastungsmaterial gesammelt hatte, ließ sich die Regierung dazu überreden, einen Gesetzentwurf einzubringen, der Karoline auf Grund ehebrecherischen Verhaltens ihres Status als Gattin und Königin für verlustig erklärte.

Dergleichen war noch nie dagewesen. Drei Monate lang, von August bis November 1820, fuhr die Königin, unter tumultuösen Sympathiebezeugungen des Volkes, tagtäglich ins Oberhaus, um sich mit Leidensmiene anzuhören, was Kellner und Zimmermädchen aus dem Mittelmeerraum gesehen haben wollten. Ihrem Anwalt Henry Brougham, Oppositionsführer im Unterhaus und künftigen Lordkanzler von England in der Whig-Regierung nach 1830, gelang es, die Glaubwürdigkeit der ausländischen Zeugen zu erschüttern und das ganze Verfahren als Kabale eines verfolgungssüchtigen Ehemannes darzustellen, der Freiheit für seine eigenen Eskapaden wolle. Die an sich massive Regierungsmehrheit schmolz dahin, da mehr und mehr Tory-Lords lieber zu Hause blieben, als sich unbeliebt zu machen, nur um einem diskreditierten Mann zu Gefallen zu sein, der sich die ganze Zeit über in Brighton versteckt hielt. Am Rande einer Abstimmungsniederlage zogen die Minister ihre Vorlage schließlich zurück. Die Scheidung war gescheitert, die Demütigung des Königs vollkommen, und in einer Mischung aus Volksfest und -aufstand feierte das Land Karolines Triumph.

Von diesem Schlag hat sich Georg IV. nie wirklich erholt. Der Versuch, seine Niederlage durch eine aufsehenerregende Krönung vergessen zu machen, hatte nur eine zeitlich begrenzte Wirkung. Über alle Maßen eindrucksvoll gestaltete sich die von ihm persönlich minuziös geplante Feierlichkeit aber in der Tat. So gebannt war das zuschauende Publikum, daß es in Buhrufe ausbrach, als die nicht geladene Karoline mit ihrem Erscheinen vor der Westminster-Abtei einen Zwischenfall auslöste, ohne sich jedoch als Königin Einlaß zur Krönung erzwingen zu können. Als sie dagegen wenige Monate später starb, waren die Fronten wieder eindeutig, und ihr Leichenzug nahm die Form einer alles andere als würdevollen Demonstration gegen den König an.

Daß die Monarchie unter ihm einen hohen Unterhaltungswert für das Publikum bekam, gehört zu den modernen Zügen an Georg IV. Damit ist nicht nur gemeint, daß sein Privatleben reichlich Gesprächsstoff lieferte, sondern auch, daß er sich mit größter Sorgfalt um die öffentliche Inszenierung des Königtums kümmerte, während ihn die politischen Tagesgeschäfte eher langweilten. Seinen Vorgängern wäre es nie eingefallen, einzig in populistischer Absicht Irland oder Schottland zu besuchen, und obwohl er hauptsächlich deshalb dort Zustimmung suchte, weil ihm das Volk seine Auftritte in London so verleidete, sollte diese Art von peripatetischer Präsenz («walk-about») für die Zukunft der Institution entscheidend werden. Die schärfste Kritik ihrer Regierungszeit traf Königin Viktoria, als sie sich nach dem Tode des Prinzen Albert jahrelang nicht in der Öffentlichkeit zeigte. Daß Georg IV. bei seinem Umritt durch Edinburgh 1822 einen Schottenrock in den Farben der Stuarts trug, symbolisierte zugleich die endgültige Versöhnung der Hannoveraner mit der jakobitischen Tradition.

Nicht minder erfolgreich war im Herbst 1821 auch seine Reise nach Deutschland verlaufen, der erste Besuch eines hannoveranischen Herrschers in seinen Stammlanden seit 1755. Ehrenpforten und -jungfrauen standen an jeder Ecke, als Georgs Kutsche, nach dem Grenzübertritt bei Osnabrück, durch das Land rumpelte. Mit keinem respektlosen Wort wurde er an seine in Braunschweig begrabene Frau erinnert, an seine Schulden oder seine Körperfülle; im Gegenteil, nichts als Schmeichelei. So war es denn kein Wunder, daß sich der König, als ihm die Bürgerschaft der Residenz am 24. Oktober einen Fackelzug mit Ständchen brachte, sehr zufrieden zeigte mit seinen, wie er sich ausdrückte, «lieben Kindern», denen er auch «in den schrecklichsten Umständen» stets die Treue bewahrt habe: «Hannoveraner will ich bleiben. – Hannoveraner will ich leben! – Hannoveraner will ich sterben!» Diese Worte, «deren schwerer tiefer Sinn sein teutsches Volk fortreißen mußte in Berauschung und den Taumel des höchsten Stolzes», wie es ein Zeitgenosse formulierte, hätte man, nach Meinung eines anderen, «in dauernd Erz eingraben» sollen, «damit noch Hannoveraner der spätesten Nachwelt sich daran erwärmen, und zum Schutz und Trutz wider alle Feinde des Vaterlandes dadurch angefeuert werden könnten». Das geschah dann aber doch nicht, und so wurde die «ewig denkwürdige» Äußerung der Nachwelt nur auf «vergänglichem Papier» überliefert.

In zeitlos unterwürfiger Manier vor deutschen Potentaten waren auch «bedeutende Zurüstungen» für eine Treibjagd getroffen worden. Schon Wochen vorher «durfte ohne besondere Erlaubnis keiner das Hallerbruch oder die benachbarte Holzung betreten, noch weniger war es erlaubt, während dieser Zeit darin zu jagen oder gar zu schießen. Unterdes wurde alles Wild in diesem Umkreise gefüttert. Dann hatten seit mehreren Tagen einige Tausend Landleute, von Jägern angeführt, das Wild auf einen immer kleiner werdenden Raum zusammengetrieben, so daß sich am 18. Oktober über tausend Säue und sechshundert Hirsche auf einem Plätzchen beisammen befanden, das nicht einmal eine Viertelstunde im Umkreis enthielt.» Doch Georgs Unpäßlichkeit, «dieser wahrhafte Würgeengel, der so manche Freude vernichtete», hinderte den König an der Teilnahme, und der anhaltende Regen, «der das Terrain am Deister sehr weich und schlüpfrig gemacht hatte», verdarb auch der übrigen Jagdgesellschaft das Vergnügen. So kam es, daß von den aufgetriebenen Tieren «nur einzelne wenige Stücke durch Gewehrfeuer getötet» wurden, «wenngleich kein Wild lebend das Theater verließ». Dabei blieb es freilich nicht; auch «mehrere Individuen» wurden im Zuge des Massakers «schwer blessiert» und man zweifelte an ihrem Aufkommen.

Daß Herrscher und Untertanen sich nicht allzugut kannten, dürfte ihr Gefallen aneinander erheblich gefördert haben. Als eine Studentendelegation in Göttingen dem König ein lateinisches Gedicht vortrug, war er sichtlich gerührt. Während seine britischen Minister sich über unprofessionelles Verhalten mokierten, wenn Georg sie mit Tränen und Küssen regalierte, sahen die Hannoveraner in derlei Ausbrüchen die Empfindsamkeit eines deutschen Gemüts und waren begeistert. Alles in allem, so fand Georg, war es weitaus angenehmer, in einem deutschen Mittelstaat König zu sein als in Großbritannien. Es war indes auch entschieden langweiliger, und mit diesem Eindruck kehrte er nach Hause zurück.

Alter schützte auch damals schon vor neuen Torheiten nicht. Bereits gegen Ende der Regentschaftszeit war klargeworden, daß Georg von Lady Hertford genug hatte. Als Lord Beauchamp, ihr Enkel, eines Tages dem König zu Pferde in Begleitung einer anderen Dame begegnete, soll er entsetzt ausgerufen haben: «Um Gottes willen, Oma muß reiten lernen, sonst sind wir alle verloren.» Es half aber nichts. Lady Conyngham war die neue Favoritin des Königs und blieb es bis an sein Lebensende. Allerdings scheint es mehr kindliche Liebe als Sinnenlust gewesen zu sein, was Georg noch umtrieb. «Er begnügte sich», so wurde dem Londonreisenden Theodor Fontane dreißig Jahre später erzählt, «mit wenig und zählte es zu seinen Hauptvergnügungen, den schönen fleischigen Arm der Marquise zu streicheln.» In der Tat war Lady Conyngham nicht nur älter und korpulenter als alle ihre Vorgängerinnen, sondern auch noch fromm bis zur Bigotterie. Die inzwischen eingetretene Impotenz des Königs trug ebenfalls dazu bei, sexuellen Ausschweifungen einen Riegel vorzuschieben, doch war dies kein Hindernis für allerlei Spekulationen.

Noch größere Rätsel gab Georgs Verhältnis zu Sir William Knighton auf, der ihm seit etwa 1817 als ärztlicher und mehr noch als Finanzberater beim Überleben half, zugleich aber in merkwürdiger Intimität mit ihm verkehrte und ihn weitgehend von sich abhängig machte. Bald galt Knighton als die graue Eminenz, auf deren Intervention selbst die Minister angewiesen waren, um den alles verschleppenden König zum Aktenstudium oder zum Treffen von Entscheidungen zu veranlassen. Besonderes Gewicht hatte sein Wort in Personalfragen.

Eine eigenständige politische Linie hat Georg IV. nie verfolgt. Zwar hatte er George Canning, einem liberalen Tory, 1822 nur unter größtem Widerstreben das Auswärtige Amt übertragen, wie es das Kabinett verlangte, aber es war mehr die frühere Beziehung des Ministers zu Karoline gewesen als sein politisches Programm, was ihn abstieß. Den halbherzigen Versuch, Cannings Abweichen von der restaurativen Außenpolitik der Heiligen Allianz in seiner Eigenschaft als Souverän von Hannover zu unterlaufen, gab der König bald auf. Nach einiger Zeit hatte sich Georg so sehr an Canning gewöhnt, daß er ihn als seinen Freund behandelte, und als Lord Liverpool 1827 krankheitshalber ausschied, wurde der von seinen konservativeren und aristokratischen Parteigenossen mit Argwohn beobachtete Emporkömmling zum Premierminister ernannt. Daß er eine Koalitionsregierung mit den gemäßigten Whigs bildete, bewirkte, daß auch die Tory-Rechte Georg IV. spätestens jetzt herzlich satt hatte.

Die Aufmerksamkeit des Königs wurde allerdings mehr von anderen Dingen in Anspruch genommen. Seit Jahren schon plagte ihn die Gicht, und die Schmerzen wurden immer schlimmer. Andere Krankheiten kamen hinzu, als die jahrzehntelange Maßlosigkeit im Essen und Trinken ihren Preis zu fordern begann. Erbliche Belastungen mögen hinzugekommen sein. Jedenfalls lag er während der 1820er Jahre mehrfach sterbenskrank darnieder, und den Ärzten fiel wenig anderes ein, als ihn ständig und ausgiebig zur Ader zu lassen, was Georg schon für sich genommen bei mehr als einer Gelegenheit an den Rand des Grabes brachte.

Auch war das Gewicht des Königs mittlerweile so enorm geworden und seine Gelenke waren so schwach, daß er selbst in gesundem Zustand nicht mehr für längere Zeit gehen oder stehen konnte. Auch wurde es immer schwieriger und gefährlicher, ihn auf ein Pferd zu hieven. Am liebsten verbrachte Georg seine Tage, von Kissen gestützt, auf einem Diwan liegend, angetan mit farbenfrohen, weiten Gewändern, die er selbst entworfen hatte. Seine bevorzugten Aufenthaltsorte waren Brighton und zuletzt vor allem Windsor Castle, wo ihn niemand zu sehen bekam. Mit einer fast schon weiblichen Eitelkeit schämte sich der König nämlich für sein Aussehen. Mit gewaltigen Korsetts wurde sein unförmiger Körper in eine präsentable Gestalt gezwängt, wenn offizielle Anlässe sein Einscheinen in London unumgänglich machten.

Als Augenzeuge bei einer solchen Gelegenheit, der Parlamentseröffnung von 1826, hat Fürst Pückler eindringlich beschrieben, wie Georg IV. im Oberhaus erschien, «von Kopf bis Fuß in den alten Königsornat gekleidet, mit der Krone auf dem Haupt und dem Szepter in der Hand. Er sah blaß und geschwollen aus und mußte lange auf seinem Throne sitzen, ehe er genug zu Atem kommen konnte, um seine Rede abzulesen. Währenddessen warf er einigen begünstigten Damen freundliche Blicke und herablassende Grüße zu.» Was in Pückler «ein lebhaftes Gefühl des Komischen» erregte, war aber weniger die Person des Monarchen als das Schauspiel an sich. Den weitgereisten Hofmann, der wußte, wie wirkliche Macht sich darstellt, «erinnerte die ganze Szene des Ein- und Ausgangs wie das Kostüm des Königs frappant an die Art, wie hier die historischen Theaterstücke aufgeführt werden». Die politische Realität schien ihm jedoch dadurch gekennzeichnet zu sein, daß der dem Namen nach «mächtigste Monarch der Erde als Hauptakteur vor einem [...] so tief unter ihm stehenden Publikum auftreten» und das Regierungsprogramm seines Kabinetts ablesen mußte. Es ist insofern fast schon folgerichtig, daß die prachtvollen Krönungsgewänder, als Georgs gesamte Garderobe nach seinem Tode zur Versteigerung gelangte, von Madame Tussaud aufgekauft wurden und, bis sie zu brüchig wurden, jahrzehntelang im Wachsfigurenkabinett zu besichtigen waren.

Kapriziös und launenhaft wie Georg IV. war, konnte er doch nach allgemeiner Aussage im persönlichen Umgang einen außergewöhnlichen Charme entfalten. Bis zum Schluß behielt er die Fähigkeit, Freunde zu gewinnen und, oft entgegen dem besseren Urteil der Betroffenen, Loyalitäten zu stiften. Sein Liebesbedürfnis war groß, aber ein zynischer Lüstling, wie dies seine Gegner wahrhaben wollten, war er nie. Seine Frauenbeziehungen, auch die flüchtigeren, waren sämtlich von starker emotionaler Beteiligung geprägt.

Das Bewußtsein persönlicher Unzulänglichkeit war Georg IV. durchaus nicht fremd, aber da er zugleich eine hohe Meinung von seiner königlichen Würde hatte, wechselte Selbstmitleid ab mit herrischem Auftrumpfen. Eine politische Stellung gemäß seinem eigenem Anspruch wahrzunehmen, machte seine Charakterschwäche unmöglich. Im Ergebnis gab der König immer nach, wenn er einmal etwas anderes wollte als seine Regierung.

Das beste Beispiel dafür bietet die Zuspitzung des seit langem schwelenden Streits um die Aufhebung der gesetzlichen Diskriminierung für Katholiken. Nach Cannings vorzeitigem Tode hatten die Tories 1828 das Staatsruder wieder ganz an sich gezogen, mit einem entschieden konservativen und protestantischen Kabinett unter dem Herzog von Wellington. Als die Regierung jedoch ein Jahr später zu der Einsicht kam, daß nur die sofortige Emanzipation einen gewaltsamen Aufstand in Irland verhindern könne, stellte Georg sich quer. Wertvolle Zeit verstrich, und das Gesetzgebungsverfahren stockte. Schließlich machten sich Wellington und Sir Robert Peel, der Innenminister, auf nach Windsor, um dem König die drohende Unregierbarkeit des Landes vor Augen zu stellen. Die oppositionellen Whigs seien noch entschiedener für eine Emanzipation der Katholiken, und die bedingungslosen Emanzipationsgegner in den Reihen der Tories verfügten über keine parlamentarische Mehrheit. Georg blieb stur, weinte und flehte und drohte ein letztes Mal damit, sich ganz nach Hannover zurückzuziehen, wenn Wellington und Peel nicht im Amt blieben und seinen Willen ausführten. Die Minister erklärten jedoch ihre Demission und verabschiedeten sich.

Sie waren aber noch auf dem Heimweg, als der König sich eines Besseren besann, sie zurückrufen ließ und seine Zustimmung gab. Im April 1829 wurde die politische Gleichberechtigung der Katholiken Gesetz. Der letzte Versuch eines britischen Monarchen, dem parlamentarisch verantwortlichen Kabinett gegenüber seine politische Initiative zu behaupten, war gescheitert.

Als Georg IV. ein Jahr später starb, ging die Trauer über das vorgeschriebene Maß nirgends hinaus, selbst in der königlichen Familie nicht. Sein Bruder und Nachfolger, der von Anfang an durch pietätloses Benehmen aufgefallen war, verließ die Beisetzungsfeierlichkeiten vorzeitig. Auf den Straßen von London herrschte Gleichgültigkeit, mancherorts gar unverhohlene Freude. Nur Mrs. Fitzherbert, deren Bildnis der König auf seinem Totenbett in einem Medaillon um den Hals trug, soll geweint haben, als sie davon hörte.

Daß Georg IV. die britische Monarchie auf einem bislang nicht unterbotenen Tiefpunkt ihrer Popularität hinterließ, ist unbestreitbar. Festzuhalten bleibt aber auch, daß Land und Volk durch seine Unzulänglichkeit keinen nennenswerten Schaden genommen haben und mit einem Musterknaben als König kaum besser gefahren wären. Für Mit- und Nachwelt war dies jedoch kein Kriterium. Weil dem englischen Herrscher fast nur noch repräsentative Aufgaben zukommen, in deren Vollzug er oder sie sich einzig durch persönliche Makellosigkeit auszeichnen kann, wurde lange nichts vergeben und nichts vergessen, was Georg IV. getan hatte. Als Roger Fulford 1935 eine maßvoll apologetische Biographie vorlegte, warfen ihm, wie er 1949 im Vorwort zur zweiten Auflage berichtete, nicht nur professionelle Rezensionen, sondern auch empörte Leserzuschriften vor, zu wohlwollend mit dem König umgegangen zu sein. Dabei lief seine Interpretation nur darauf hinaus, daß Georg IV. sehr viel weniger verschwenderisch gewesen sei und sehr viel talentierter, als es dem gängigen Vorurteil entspricht. Über dieses zweischneidige Lob wird eine Neubewertung seiner Person aber wohl auch kaum je hinausgehen.

*Benedikt Stuchtey*

# Wilhelm IV.
# 1830–1837

*Wilhelm Heinrich IV., geb. 21. August 1765 in Buckingham House, London; 1786 Kapitän; 19. Mai 1789 Herzog von Clarence und St. Andrews und Graf von Munster; 1790 Konteradmiral; 1811 Großadmiral; 17. April 1827 Lord High Admiral; König: 26. Juni 1830; Krönung: 8. September 1831 in Westminster Abbey; gest. 20. Juni 1837 in Windsor, dort 8. Juli 1837 begraben; Vater: Georg III. (1738–1820); Mutter: Charlotte Sophia von Mecklenburg-Strelitz (1744–1818); Eheschließung: 11. Juli 1817 Heirat in Kew mit Adelaide (1792–1849), älteste Tochter des Herzogs Georg von Sachsen-Meiningen: Kinder: zwei Töchter starben kurz nach der Geburt; zehn uneheliche Kinder mit Dorothy Jordan (1761–1816).*

## I. Zwischen Schiff und Thron

Die Thronbesteigung Wilhelms IV. beschreibend, meint Charles Greville in seinen Memoiren, der Unterschied zwischen Georg IV. und dem neuen König habe kaum größer ausfallen können: habe der eine noch ein unglaublich aufwendiges Leben am Hofe geführt und den Umgang mit Schmeichlern gesucht, so sei sein Bruder nun ein offener, wenn auch gelegentlich ausfallender und grobschrötiger Mann gewesen. Dieser übernahm die Krone, als seine zehn unehelichen Kinder, die er mit der Schauspielerin Dorothy Jordan hatte, längst erwachsen waren. Frederick Fitzclarence, seinen zweiten Sohn, beauftragte er mit der Organisation der Krönung. Der Herzog von Wellington mußte sogar darauf bestehen, daß sich der neue König vom Parlament £50 000 für die Krönungsfeierlichkeiten bewilligen ließ; das war geradezu bescheiden, verglichen mit den £240 000, die Georg IV. noch zehn Jahre zuvor beansprucht hatte. Wie ungeschickt sich der zukünftige König dann aber benommen und damit die altmodischen Rituale des Krönungszeremoniells lächerlich gemacht habe, berichtet der Historiker und Unterhausabgeordnete T. B. Macaulay, der an der Feier in Westminster Abbey teilnahm; während der Erzbischof undeutlich und der Bischof von London nur mittelmäßig gepredigt hätten, habe das unbeholfene Auftreten Wilhelms den würdevollen Teilen der Zeremonie ihre Wirkung genommen. So war von den drei Thronwechseln, die England im 19. Jahrhundert erlebte, derjenige Wilhelms IV. sicher der unspektakulärste.

Seine kurze Herrschaft von 1830 bis 1837 zwischen den beiden mächtigen Epochen der Georgs und Königin Viktorias hat in der Geschichtsschreibung bisher wenig Aufmerksamkeit erfahren. Wilhelm IV. scheint bis in die Gegenwart nicht viel Nachruhm vergönnt zu sein. Seine Zeit als König war aber keineswegs undramatisch. Denn in diese sieben Jahre fielen beispielsweise revolutionäre Bewegungen in Frankreich und Belgien, die erste Wahlreform in England, der Beginn der katholischen, anti-liberalen *Oxford Movement* um John Henry Newman, die Aufhebung der Sklaverei im gesamten British Empire, das für die Konservative Partei legendäre *Tamworth Manifesto* von Peel sowie einige Regierungskrisen mit nicht weniger als sechs Kabinetten. Für die englische Sozialstruktur wirkte sich neben dem wichtigen *Poor Law* 1834 auch einschneidend aus, daß seit etwa 1830 jährlich ungefähr 50 000 Menschen nach Kanada auswanderten sowie Tausende nach Australien, Neuseeland und in die Kapkolonie.

Wilhelm IV. wurde erst mit 65 Jahren König – von seiten der Thronfolge wie seiner eigenen Lebensplanung ein unerwartetes Ereignis. Sein Leben war das eines Schiffsoffiziers, der zufällig König wurde, und nicht eines Königs, der auch Seemann war. Macaulays Großneffe und einer der meistgelesenen britischen Historiker, G. M. Trevelyan, beschreibt den König im Zusammenhang mit der Wahlrechtsreform von 1832 als einen «kopflosen, aber ehrlichen Schiffer in einem Sturm, wie ihn noch kein Lenker des Staatsschiffes mitgemacht hatte». So wird Wilhelm IV. bis heute oftmals als ‹Matrosenkönig› bezeichnet, was möglicherweise auf Spencer Walpoles ‹History of England from 1815› (1878 ff.) zurückgeht. Traditionell haben englische Monarchen der Marine viel Bedeutung beigemessen, vor allem zu Expansionszwecken und zum Schutz des Handels. Wilhelm IV. aber war der erste englische König, der eine volle Ausbildung in der Marine erhalten hatte und diese stets in den Mittelpunkt seines Interesses stellte.

## II. Seemann ohne Krone

Ein leichter Werdegang war Wilhelm in der Marine allerdings nicht beschieden. Diesen sollte er nach dem Willen des Vaters bereits im Alter von 13 Jahren beginnen, auch um Wilhelm dem schlechten Einfluß der beiden älteren Brüder zu entziehen. Der junge Fähnrich zur See war mit Admiral Digby und Lord Hood vor allem in Nordamerika und den Westindischen Inseln unterwegs. Er lernte Kapitän Nelson kennen, von dem er tief beeindruckt war, und welcher seinerseits über den Fähnrich schrieb, daß dieses junge Mitglied der königlichen Familie die besten Qualitäten eines Seefahrers besitze. In dieser Zeit entwickelte sich eine langjährige freundschaftliche Beziehung zwischen Nelson und Wilhelm. Viele Jahre nach Nelsons Tod wurde der heute zentrale, damals noch namenlose Platz vor der zu errichtenden Londoner National Gallery auf Wilhelms Veranlassung hin vergrößert und Trafalgar Square ge-

Wilhelm IV. (1830–1837)

nannt. 1840 entschied man dann, hier nicht dem König, sondern dem Admiral eine Säule mit Statue zu widmen.

Von einem Aufenthalt in Hannover zwischen 1783 und 1785 erhoffte sich Georg III. eine Verbesserung der schlechten Umgangsformen seines Sohnes. Doch Wilhelm interessierten Sprachunterricht und militärische Studien nur wenig, er hatte ständig neue Liebschaften und frönte dem Spielen, bei dem er große Geldsummen verlor. Zurück in England erhielt er 1785 den Rang eines Leutnants und segelte ein Jahr später als Kapitän der Fregatte Pegasus nach Neufundland, Neuschottland und zu den Westindischen Inseln. Während der Reise begann Wilhelm jedoch wieder sein ausschweifendes Leben und führte auf dem Schiff ein unberechenbares und oft ungerechtes Kommando. Dadurch verschlechterte sich das Verhältnis zu seiner Mannschaft und insbesondere zum Ersten Offizier Schomberg, den er zunehmend als seinen Rivalen sah und zuletzt unter Arrest stellte.

Angesichts dieser mangelnden Führungsqualitäten weigerte sich die Admiralität fortan, ihm wirkliche militärische Verantwortung zu übertragen. Zudem versuchten seine beiden älteren Brüder, ihn als Verbündeten gegen den König zu gewinnen, was offenbar gelang, denn Wilhelm nahm Kontakte zu Whig-Politikern auf und begann sogar, sich um einen Parlamentssitz zu bemühen. Vor allem während der vier Koalitionskriege mit Frankreich zwischen 1792 und 1806/07 wurden alle Bewerbungen Wilhelms abgelehnt, so beispielsweise auch ein Ansuchen 1796, britischer Marineminister zu werden.

Als Herzog von Clarence (seit 1789) hielt er mehrfach Reden im Oberhaus, zum Beispiel 1792 über die Gefährdung der Monarchie, sowie ein Plädoyer gegen die Abschaffung des Sklavenhandels. In zahlreichen Briefen beklagte er sich über seine erzwungene berufliche Untätigkeit. Als Georg III. Ende 1810 endgültig dem Wahnsinn verfiel und der Prinz von Wales zum Regenten ernannt wurde, erhielt Wilhelm wiederum keine politische Funktion. Erst 1812 stimmte Liverpool einer Mission Wilhelms zu einem britischen Expeditionskorps nach Flandern und den Niederlanden zu.

1811 trennte sich Wilhelm nach 20jährigem eheähnlichen Leben von Dorothy Jordan, um wegen seines wachsenden Schuldenbergs eine wohlhabende Frau zu heiraten. Seine zahlreichen Heiratsanträge waren allerdings zunächst wenig erfolgreich. Als aber 1817 das einzige Kind des Regenten, Prinzessin Charlotte, unerwartet im Kindbett starb, wurde eine Eheschließung Wilhelms auch zu einem nationalen Anliegen. Im Palast von Kew fand so am 11. Juli 1817 eine Doppelhochzeit statt: Wilhelm heiratete die 26jährige Adelaide von Sachsen-Meiningen, der Herzog von Kent die Witwe des Prinzen Ernst von Leiningen, die spätere Mutter Königin Viktorias. Zwischen 1818 und 1822 war Adelaide viermal schwanger, doch zwei Fehlgeburten und zwei Kinder, die kurz nach der Geburt starben, ließen die großen Hoffnungen auf Nachkommen unerfüllt. Die Ehe selbst war erfolgreich, der Einfluß seiner Frau hatte auf Wilhelm viele positive Auswirkungen und milderte seine derben, unliebenswürdigen Eigenschaften. 1823 wurde Wilhelm in den Rang eines Marinegenerals erhoben.

Durch den Tod des kinderlosen Herzogs von York (1827) rückte Wilhelm an die Spitze der Thronfolge. Im gleichen Jahr wurde bei der Umgestaltung der Regierung wieder der Posten des Marineministers frei. Um dem Thronfolger diesen aber nicht geben zu müssen, besann sich George Canning auf den alten Titel eines Lord High Admiral, welcher zwar den Oberbefehl über die Marine hatte, aber kein Kabinettsmitglied war. Wilhelm erhielt diesen Titel, konnte jedoch keine Entscheidung ohne die Zustimmung des Kabinetts und eines sechsköpfigen Rates treffen, in dem auch frühere Gegner wie Sir William Hope saßen. Daran hielt sich Wilhelm freilich nicht und unterstützte beispielsweise die umstrittene Zerschlagung der ägyptisch-türkischen Flotte im Oktober 1827 bei Navarino, die später, nach Wellingtons Berufung zum Premierminister 1828 und dessen pro-türkischer Politik, als Unglücksfall deklariert wurde. Wilhelm entschied sich im August 1828, nach nur zehnmonatiger Amtszeit, angesichts wachsender Unstimmigkeiten zurückzutreten. Obgleich seine Reformvorhaben in der Marine oft begründet waren und nach seinem Rücktritt auch teilweise durchgeführt wurden, fehlte ihm doch politisches Fingerspitzengefühl.

## III. König ohne Segel

1829 unterstützte Wilhelm mit einer Rede im Oberhaus Wellingtons Vorlage für eine Katholikenemanzipation in Irland, was ihm in der Öffentlichkeit das Image eines toleranten Staatsmannes gab. Als Nachfolger Georgs IV., der im Juni 1830 starb, suchte Wilhelm IV. die Nähe zum Volk, öffnete die königlichen Parks Londons und den von Windsor Castle und kümmerte sich wenig um monarchische Konventionen. Das Volk sah ihn als einen «nautical John Bull», gutherzig, liebenswert und manchmal grotesk und unberechenbar. Er räumte Clarence House, 1825–27 von John Nash für Wilhelm als damaligen Herzog von Clarence erbaut, und bezog St. James's Palace. Die exotischen Vögel und Raubtiere, die sich der prahlerische Georg IV. hier gehalten hatte, verschenkte er an die Zoologische Gesellschaft. Macaulay erzählt von einem Besuch einer Parlamentsdelegation im St. James's Palace 1831 und meint, jeder Londoner Club sei besser eingerichtet gewesen als der königliche Palast. Spärlich mit Gemälden und Möbeln ausgestattet, machten die Teppiche in den langen Fluren des Palastes den Eindruck auf ihn, als habe seine Majestät die Angewohnheit, mit der gesamten königlichen Jagdgesellschaft regelmäßig darüber zu reiten. Dies paßt in das

Bild eines Mannes, der zu alt, vielleicht auch nicht mehr fähig war, seine Rolle als Monarch noch zu erlernen. Das Gegenteil hiervon stellte später seine Nichte Viktoria dar, der Wilhelm IV. herzlich zugeneigt war und deren Volljährigkeit er gerade noch erlebte, so daß nicht seine ungeliebte Schwägerin, die Herzogin von Kent, die Regentschaft übernehmen konnte.

Der königstreuen Tory-Regierung unter dem Herzog von Wellington sicherte Wilhelm IV. seine Unterstützung zu. Noch im November des gleichen Jahres löste aber ein neues Whig-Kabinett unter Earl Grey das konservative Ministerium ab und blieb bis Juli 1834 im Amt, genügend Zeit also, die lange erwartete Parlamentsreform einzubringen, die das ungerechte Wahlrecht und die Aufteilung der Wahlkreise neu regeln sollte, um damit das mittlere Bürgertum in den politischen Entscheidungsprozeß einzubeziehen. Denn seit der Krönung Georgs III. 1760 hatte sich die Bevölkerung zwar verdoppelt, ihre Vertretung im Parlament bzw. die Anzahl der Wahlkreise war aber schon seit Elisabeth I. nicht mehr wesentlich verändert worden (ausgenommen die Sitze für Schottland seit 1707 und Irland seit 1801). Große Industriestädte wie Liverpool und Manchester waren im Parlament z. B. gar nicht vertreten, während kleinste Landstriche und sogenannte *rotten boroughs* im Süden des Landes ihre Abgeordneten nach Westminster schickten; aus London kamen nur zehn, aus dem dünnbesiedelten Cornwall dagegen über 40. Überdies war das ganze Wahlsystem korrumpiert und das Wahlrecht an Geburt, Grundbesitz und Zensus gebunden.

Während Wilhelms IV. Herrschaft erfuhren liberale Strömungen, die unter anderem von den Unruhen auf dem Kontinent herrührten, einen starken Auftrieb. Allmählich verfiel die Ordnung des Wiener Kongresses. Statt Revolution aber war Reform zur Losung in England geworden, so daß eine Generation später der Historiker Lecky feststellen konnte, England habe durch die erfolgreiche Wahlreform von 1832 bedeutend an Stabilität gewonnen. Freilich war es bis dahin noch ein weiter Weg, für dessen Verlauf auch der König nicht unmaßgeblich war. Zunächst mußte die *Reform Bill* das Unterhaus passieren, aber sie scheiterte schließlich am Veto des Oberhauses und hier weniger an der alten Aristokratie als am jungen Adel, der natürlich um seine gerade errungenen Privilegien fürchtete. Trotz des Drucks der Straße und zahlreicher Unruhen in den Industriestädten mit der Devise «Keine Bill, keine Steuern» sowie der Überlegung, dem Oberhaus mit einem Peersschub zu drohen (zuletzt 1712 geschehen), der die notwendige Mehrheit für eine Reform bringen würde, fiel diese bei den Lords durch. Wilhelm IV. hatte unter anderem mit der Auflage in einen möglichen Peersschub eingewilligt, daß die ältesten Söhne der Lords ins Oberhaus bestellt werden würden. Als dieses versuchte, die vorgesehene Abschaffung der *rotten boroughs* doch noch zu verhindern und Wilhelm IV. glaubte, erneut Wellington als

Vermittler ins Feld schicken zu müssen, trat Greys Kabinett zurück. Selbst der konservative Wellington nannte in diesem Kontext Wilhelm IV., der den zuvor von ihm prinzipiell versprochenen Peersschub plötzlich wieder ablehnte, einen «alten Dummkopf». «Silly Billy», ein geflügeltes Wort aus dieser Zeit, das nach wie vor mit Wilhelm IV. assoziiert wird, bezieht sich indessen nicht auf den König, sondern auf seinen Vetter Wilhelm Frederick, Herzog von Gloucester. Wellingtons Regierung konnte sich erwartungsgemäß angesichts der Demonstrationen im Land, unzähliger Petitionen und einer nahenden Finanzkrise nicht lange halten. So betraute der König wiederum die Whigs unter Grey mit der Regierung, willigte nun auch ein, wenn es nötig würde, einen Peersschub zu gewähren, und die Bill wurde schließlich von einem schwachbesetzten Oberhaus akzeptiert.

Damit war dem Premierminister, der die Reformbill mit Durham und Lord John Russell ausgearbeitet hatte, bestätigt worden, daß die Reformbewegung eine die Revolution ausschließende Volksbewegung sein mußte, obwohl England zeitweilig am Rande eines Bürgerkrieges gestanden hatte. Die Arbeiter zählten zu den Verlierern von 1832, der Hochadel mußte einige Einbußen hinnehmen, während die Whigs mit ihrem wohlhabenden Mittelstand und einer kleineren adligen Oberschicht als Gewinner gelten konnten. Eine gerechtere Verteilung der Wahlbezirke fand statt, einige wurden abgeschafft, andere neu geschaffen, insgesamt jedoch war die Reform nach wie vor sehr gemäßigt. Rasch war man sich einig, daß das Reformgesetz selbst unzureichend war, jedoch einen wichtigen verfassungsgeschichtlichen Prozeß in Gang gebracht hatte. Einschneidender waren dann wohl das *Poor Law*, die Städteordnung von 1835, die die kommunalen Selbstverwaltungsgremien reformierte, erste Fabrik- und Sozialgesetze sowie unter dem Eindruck der Cholera-Epidemie im Winter 1831 die Errichtung eines staatlichen Gesundheitswesens. Der König spielte im Zusammenhang dieser Reformpolitik keine aktive Rolle.

Seit der Katholikenemanzipation in Irland 1829 war die Irische Frage wieder aktuell geworden, zumal die Stimmen für eine Auflösung der Union nicht überhört werden konnten. Erst nachdem die Wahlrechtsreform in England geklärt war, widmete sich die Regierung einem zentralen Problem, der irischen Kirchenreform, die 1834 verwirklicht wurde. Der König hatte das unterstützt und diesbezüglich Briefe an die Erzbischöfe von Canterbury und York geschrieben, obwohl er die Sprengkraft dieser Reform, die schließlich das anglikanische Establishment in Frage stellte, als nicht geringer einschätzte als jene der Reform von 1832. Doch Wilhelm IV. interessierte sich im Gegensatz zur inneren viel mehr für die äußere Politik seines Landes, die er freilich in sehr vereinfachten diplomatischen Konstellationen betrachtete. Dabei prägte ihn ein in 25 Jahren unaufhörlich gewachsener Haß auf Frankreich, gegen das er schon als Seemann so viele Kriege geführt hatte und dessen Bürgerkönig er nicht anerkennen konnte. Selbst sein ansonsten einflußreicher Minister Palmerston konnte ihn da nicht umstimmen: Wilhelm IV., der sich als Verteidiger monarchischer Prinzipien sah, mußte das revolutionäre Frankreich ablehnen, doch sich in dessen Angelegenheiten einzumischen, lag ihm fern. Noch deutlicher trat seine reaktionäre Einstellung gegenüber den liberalen Bewegungen in Deutschland zutage, da er aber kein absoluter Herrscher war, beschränkte sich seine Außenpolitik glücklicherweise auf seine Meinungsäußerung.

In der Regierungskrise 1834/35 wurden in rascher Folge Melbourne, Wellington, Peel und schließlich im April 1835 wieder Melbourne Premierminister. Daß der König aufgrund von Peels schwacher Regierung die Whigs wieder in die Regierungsverantwortung zurückrufen mußte, war auch ein Eingeständnis des Einflußverlustes der mit den Tories sympathisierenden Krone. Wilhelms IV. Aufgaben bestanden fortan beinahe nur in der Erfüllung repräsentativer Pflichten, aus Vertrauensbekundungen gegenüber seinen Ministern und aus öffentlichen Erklärungen, die die Politiker von ihm erwarteten. Sein eigener Handlungsspielraum aber war stark eingegrenzt. Erst mit Königin Viktoria sollte die Monarchie wieder Ansehen und Macht zurückgewinnen.

*Edgar Feuchtwanger*

# Viktoria
## 1837–1901

*Viktoria, geb. am 24. Mai 1819 im Kensington Palast, London; getauft Alexandrina Viktoria am 24. Juni 1819; seit dem Tod Georgs IV. am 26. Juni 1830 Präsumtivthronerbin; Königin: 20. Juni 1837; Krönung: 28. Juni 1838; 1876 Kaiserin von Indien; gest. am 22. Januar 1901 im Osborne House, Isle of Wight; begraben neben ihrem Gemahl im Frogmore Mausoleum im Park von Windsor; Vater: Eduard Herzog von Kent (1767–1820), vierter Sohn Georgs III. von England; Mutter: Viktoria von Sachsen-Coburg-Saalfeld (1786–1861), Schwester von Herzog Ernst I. (1784–1844) und Prinz Leopold von Sachsen-Coburg-Saalfeld (1790–1865), später Gotha, ab 1830 König der Belgier; Geschwister: aus erster Ehe ihrer Mutter mit Emich Karl von Leiningen (1763–1814) Halbbruder Karl (1804–1857) und Halbschwester Feodora von Leiningen (1807–1872), später Gemahlin von Ernst von Hohenlohe-Langenburg; Eheschließung: am 10. Februar 1840 mit Prinz Albert von Sachsen-Coburg-Gotha (1819–1861), Sohn Herzog Ernsts I. Kinder: Viktoria (1840–1901), Kronprinzessin Friedrich Wilhelm von Preußen, 1888 Kaiserin Friedrich; Albert Edward (1841–1910), König Eduard VII. von England; Alice (1843–1878), Großherzogin Ludwig von Hessen-Darmstadt; Alfred (1844–1900), Herzog von Edinburgh und später von Sachsen-Coburg-Gotha; Helena (1846-1923), Prinzessin Christian von Schleswig-Holstein: Louise (1848–1939), Herzogin von Argyll; Arthur (1850–1942), Herzog von Connaught; Leopold (1853–1884), Herzog von Albany, und Beatrice (1857–1944), Prinzessin Heinrich von Battenberg.*

Die moderne englische Monarchie entstand, sowohl in politischer Hinsicht als auch in ihrer vielleicht noch wichtigeren symbolischen Funktion, in der langen Regierungszeit der Königin Victoria. Mit ihr gewann die alte Institution jene Respektabilität, die sie wahrscheinlich vor dem Untergang rettete. Die Umstände, unter denen die zukünftige Königin das Licht der Welt erblickte, waren jedoch alles andere als würdig. Unter den zahlreichen Enkelkindern Georgs III. war es nur die Prinzessin Charlotte, durch welche die legitime Thronfolge gesichert erschien. Nach ihrer Heirat mit Prinz Leopold von Sachsen-Coburg- Saalfeld (später Gotha), dem künftigen Onkel von Königin Victoria und König von Belgien, starb Charlotte nach der Totgeburt ihres ersten Kindes im November 1817 im Kindbett. Schon vor diesem Tiefpunkt in der Geschichte des Hauses Hannover trugen sich einige der überlebenden Söhne Georgs III. mit dem Gedanken, langjährige Verbindungen mit ihren Mätressen schweren Herzens zu beenden und legitime Ehen einzuge-

Viktoria (1837–1901)

hen, zumal dann zu erwarten stand, daß sich das Parlament freigebiger zeigen und die drückende Last ihrer Schulden etwas erleichtern würde. Der Tod der unglücklichen Prinzessin Charlotte eröffnete daher nun ein wahrhaftes Wettrennen um die Sicherung der gefährdeten Thronfolge, aus dem schließlich der Herzog von Kent, der vierte Sohn Georgs III., als Sieger hervorging.

Eduard, Herzog von Kent, im Jahre 1767 geboren, hatte lange Zeit in der Armee gedient, bis ein Verfahren wegen Brutalität in einem Disziplinarfall ihn gezwungen hatte, in den Ruhestand zu treten. Seit 1790 lebte er mit einer Französin unsicherer Herkunft, Julie, Madame de St Laurent, in einer fast bürgerlichen Menage. Später, als Viktoria bereits Königin war, gab es gelegentlich Gerüchte über angebliche Kinder aus dieser Verbindung, und sicher hatte Kent eine Tochter aus einem früheren Verhältnis, die aber nach 1830 von der Bildfläche verschwand. Seit 1815 lebten Kent und seine Gefährtin aus Sparsamkeitsgründen in Brüssel. Um diesem armseligen Exil zu entrinnen und durch eine passende Heirat seine Finanzen aufzubessern, hielt Kent Ausschau nach einer Braut, aber vorerst ohne seine Gefährtin unnötig zu alarmieren. Sein neuer Schwager Leopold ermutigte ihn, sich für seine Schwester, die verwitwete Prinzessin Viktoria von Leiningen, zu interessieren, die 1803, im Alter von siebzehn Jahren, den Prinzen Erich Karl von Leiningen geheiratet hatte. Doch ihr Gemahl starb bereits 1814, nachdem sie ihm zwei Kinder geboren hatte. Eduard war schon 1816 zu einem diskreten Besuch bei der Witwe gewesen. Nach Charlottes Tod wurde es ernst mit der Werbung. Madame de St Laurent fiel am Frühstückstisch in Ohnmacht, als sie in den Londoner Zeitungen las, was nun in der englischen Öffentlichkeit als die dringende Pflicht der nicht legitim verheirateten Söhne des Königs angesehen wurde. Nichtsdestotrotz wurde die Verlobung Eduards mit Viktoria von Leiningen schon sechs Monate später offiziell bekanntgegeben, und die Eheschließung folgte kurz danach in Coburg. Im Juli 1818 fand dann im Palast von Kew eine zweite Zeremonie nach den Riten der Anglikanischen Kirche statt. Es war eine Doppelhochzeit, denn der Herzog von Clarence, der dritte Sohn Georgs III. und später Wilhelm IV., hatte auch seine Pflicht getan und sich die Prinzessin Adelaide von Sachsen-Meiningen als Braut erkoren. Das Wettrennen um die Thronfolge war noch längst nicht entschieden.

Ein Jahr nach der Heirat des Herzogs von Kent, am 24. Mai 1819, wurde die Herzogin von einer Tochter entbunden. Bei der Taufe stand der Onkel der kleinen Prinzessin, der Prinzregent und spätere Georg IV., Pate. Er war über die Heirat des Bruders alles andere als erbaut und verbat sich, daß dem Kind, wie es die Eltern wollten, sein Name, in der weiblichen Form Georgiana, vor dem des anderen Paten, des Zars Alexander I., gegeben werde. Auch andere Namen, die vorgeschlagen wurden, wies er zurück und verlangte barsch, das Kind nach seiner

Mutter Viktoria zu nennen, also Alexandrina Viktoria. Zu diesem Zeitpunkt war die neue Prinzessin auf dem fünften Platz in der Thronfolge, und keineswegs konnte sicher sein, daß sie tatsächlich einmal den Thron besteigen werde. Doch als auch künftig den übrigen älteren Söhnen Georgs III. Kinder versagt blieben und ihr Vater bereits acht Monate nach ihrer Geburt starb, erhöhten sich die Chancen Viktorias zunehmend. Zur Erleichterung der englischen Öffentlichkeit war sie ein robustes Kind, denn hätte sie nicht überlebt, dann wäre der als Erzreäktionär berüchtigte Herzog von Cumberland, der zukünftige König von Hannover, ihr nachgefolgt. Hinter diesem stand der sechste überlebende Sohn Georgs III., der Herzog von Cambridge, der sich ebenfalls am Wettrennen um die Thronnachfolge beteiligt und es auch im Jahre 1819 zu einem männlichen Kind, Georg, also einem Vetter von Alexandrina Victoria, gebracht hatte. Sowohl eine Cumberland wie eine Cambridge Thronfolge hätte die Personalunion mit Hannover aufrechterhalten, was sicherlich vor allem die Geschichte Deutschlands maßgebend beinflußt hätte. Und so war während der ganzen Kindheit ihrer Tochter die verwitwete Herzogin von Kent von der Angst geplagt, daß von seiten Cumberlands ein Attentat auf ihr Kind geplant würde, was dazu führte, daß die Prinzessin bis zu ihrer Thronbesteigung als Achtzehnjährige mit ihrer Mutter das Schlafzimmer teilen mußte.

Alexandrina Viktoria, in der engeren Familie Vickelchen genannt, verbrachte eine recht isolierte Kindheit im Kensington Palast. Ihre Mutter, immer noch mit den Schulden ihres Mannes belastet, wurde von ihrem Bruder Leopold unterstützt und beraten. Die Herzogin stand aber auch unter dem Einfluß von John Conroy, dem Stallmeister des verstorbenen Herzogs von Kent, der in der Erinnerung Viktorias der böse Geist ihrer Jugend war. Conroy, aus verarmter anglo-irischer Familie, hegte die Hoffnung, daß es einmal zu einer Regentschaft der Herzogin für ihre unmündige Tochter kommen würde und daß er dann als graue Eminenz entscheidenden Einfluß ausüben werde. Er schürte alle Ängste der Mutter um ihr kostbares Kind. So ging man auf Distanz zu Georg IV., dem unpopulären König, der seinen Bruder Kent nie hatte leiden können und dessen Zeit auf dem Thron, so zumindest hoffte man, nach einem langen Leben voller Ausschweifungen ohnehin knapp bemessen sein dürfte. Später erinnerte sich Königin Viktoria daran, daß sie als siebenjähriges Kind einmal, bei einem der selten erlaubten Besuche bei Hofe, von dem grotesk aufgeputzten «Onkel König» auf den Schoß genommen wurde, ihm aber trotzdem ein Blumensträuchen überreichte. Sicher war sie ein kluges Kind, das sich früh seiner außergewöhnlichen Stellung bewußt war und nicht einfach den Eingebungen seiner Umgebung folgte. Daraus entwickelte sich jener Eigensinn, der es der späteren Herrscherin unmöglich machen sollte, jemals gegen ihren Willen oder auch nur gegen ihr Gefühl zu handeln.

Viktoria war keine Intellektuelle, aber sie verfügte über gesunden Menschenverstand. Bis zu ihrem dritten Lebensjahr sprach sie Deutsch, dann Englisch, ohne jeden Akzent, mit einer klaren, silbrigen Stimme, an der viele Gefallen fanden. Als Viktoria fünf war, wurde Louise Lehzen, die Tochter eines lutherischen Pastors, ihre Erzieherin und engste Vertraute und bildete so bald einen Gegenpol zu der unter dem Einfluß Conroys stehenden Mutter.

Nach der Thronbesteigung Wilhelms IV. im Jahre 1830 wurde Viktoria direkte Thronfolgerin. Der König war schon 65, und seine Frau, obwohl erst 38, hatte eine Kette von Fehlgeburten hinter sich. Das königliche Paar stand der jungen Thonfolgerin und ihrer Mutter viel wohlwollender gegenüber als der verstorbene Georg IV. Trotzdem blieben die Beziehungen zwischen Wilhelm IV. und dem Haushalt der Herzogin von Kent und ihrer Tochter wenig freundlich. Schuld daran trug vor allem Conroy, der weiterhin verbissen das Ziel verfolgte, dereinst zum heimlichen Herrscher aufzusteigen. Sein Einfluß auf die Herzogin war jetzt um so größer, als ihr Bruder Leopold, inzwischen König von Belgien, ihr nicht mehr unmittelbar zur Seite stehen konnte. Viele, darunter auch der Herzog von Wellington, der von 1828 bis 1830 das Amt des Premierministers bekleidete, hielten Conroy sogar für den Liebhaber der Herzogin. Schon von 1832 an waren die Herzogin und ihr Ratgeber darum bemüht, das junge Mädchen, unabhängig vom Hofe, der Öffentlichkeit zu präsentieren. Auf Reisen durchs Land wurde ihr von breiten Bevölkerungskreisen ein warmer Empfang bereitet. Dahinter stand auch ein politischer Zweck. Es waren unruhige Zeiten. Das Land war durch den Kampf um die Reform des Wahlrechts tief aufgewühlt worden und blieb es auch noch, nachdem das Reformgesetz 1832 endlich verabschiedet worden war. Wilhelm IV. hatte sich als ein eingefleischter Tory der Politik seines Whig-Ministeriums nur ungern gefügt. Nach den Gepflogenheiten des Hauses Hannover, wo bislang der Thronfolger stets in entschiedener Opposition zum jeweils regierenden Herrscher gestanden hatte, war es daher nur zu erwarten, daß die «Conroyals», wie der Haushalt der Herzogin von Kent spöttisch genannt wurde, für die Whigs Partei ergreifen würden. In all dem war die Prinzessin zunächst nur ein Spielball, aber bald, vielleicht früher als es unter normalen Umständen der Fall gewesen wäre, mußte sie ihre eigene Rolle finden. Und so wurde ihre Persönlichkeit eine einzigartige Mischung von ungezierter, oft naiver Natürlichkeit, gemischt mit Argwohn und starkem Geltungsdrang, Charaktereigenschaften, die im Laufe eines langen Herrscherlebens nur noch stärker ausgeprägt wurden. Im Jahre 1835, als sie sich gerade von einer schweren Typhuserkrankung erholte, wollte Conroy sie dazu zwingen, ein Patent zu unterschreiben, das ihn bei ihrer Thronbesteigung zu ihrem Privatsekretär ernannt hätte. Sie weigerte sich erfolgreich. In solchen Kämpfen leisteten ihr vor allem ihre geliebte Lehzen und, aus der Entfernung, ihr Onkel, der König Leopold von Belgien Beistand. Ab und zu beauftragte Leopold, der sich selbst als Ausländer Zurückhaltung auferlegen mußte, den vertrauten Berater des Hauses Coburg, Baron Stockmar, ihn über die Vorgänge im Kensington Palast auf dem laufenden zu halten.

Wilhelm IV. blieb gerade lange genug am Leben, um eine mögliche Regentschaft der Herzogin von Kent auszuschließen. Am 24. Mai 1837 war Prinzessin Viktoria – diesen Rufnamen hatte die Mutter gegen den Willen des Königs durchgesetzt – achtzehn und damit im Sinne des Thronfolgerechts volljährig geworden. Am 20. Juni starb der König um zwei Uhr in der Frühe. Als um sechs Uhr der Lord Chamberlain, Lord Conyngham, und der Erzbischof von Canterbury im Kensington Palast erschienen, um die neue Königin mit ihrem Schicksal bekannt zu machen, mußte die Mutter vor der Tür des Empfangssalons bleiben. Die Zeit der «Conroyals» war abgelaufen, und das Verhältnis von Viktoria zu ihrer Mutter blieb bis zu deren Tod im Jahre 1861 zwiespältig. Noch am selben Tag, um neun Uhr, empfing die Königin Viktoria allein ihren Premierminister, Lord Melbourne, der ihr seinen Vorschlag zur Antrittsproklamation unterbreitete. Als sie um elf Uhr diese Rede vor dem Privy Council verlas und dessen Huldigung entgegennahm, waren die Großen des britischen Reiches von der klaren, silbrigen Stimme, der Anmut und dem natürlichen königlichen Gebaren des jungen Mädchens entzückt.

Die Monarchie, an deren Spitze Viktoria nun trat, war schon eine parlamentarische, aber noch keine konstitutionelle. Der Monarch ernannte die Minister, die zwar ohne eine Mehrheit im Unterhaus nicht regieren konnten, aber um diese Mehrheit zu sichern, bedurfte es zunächst fast mehr noch der Gunst des Monarchen als der Unterstützung durch eine Partei, zumal zu Beginn von Viktorias Regierungszeit die Parteien als organisierte politische Körperschaften noch kaum voll ausgebildet waren. Allerdings sollte die 1832 durchgeführte Erweiterung des Wahlrechts allmählich die Gewichte innerhalb des politischen Systems verlagern, ein Vorgang, der sich angesichts der ungeschriebenen englischen Verfassung nur langsam durch Präzedenzfälle bemerkbar machte.

Im Jahre 1834 war der grundsätzlich reformfeindlich eingestellte Wilhelm IV. froh, sich nach vier Jahren seines Whig Reformministeriums entledigen zu können. Es bedurfte nicht viel Drucks seitens des Königs, um dessen Premierminister Melbourne zur Demission zu bewegen. Sein Kabinett war zerstritten, er selbst, ein weltweiser, wenig dynamischer Aristokrat, der letzte, der am Amt kleben würde. Sir Robert Peel, der Tory Premierminister, der ihm folgte, war zweifellos die führende politische Persönlichkeit der Epoche, aber es gelang ihm nicht, sich an der Macht zu halten. In der Vergangenheit waren Unterhauswahlen gewöhnlich das Mittel gewesen, die Minister des Königs in ihrer Stellung im Unterhaus zu stärken. In den Wahlen von 1835 gewannen die Tories, nach 1832 politisch erheblich geschwächt, zwar deutlich an Sitzen, aber nicht genügend, um die Whigs davon abzuhalten, mit ihren Koalitionspartnern, den Radikalen und den Iren O'Connells, Peel durch ein Mißtrauensvotum aus dem Amt zu jagen. Für die Monarchie war dies ein Zeichen, daß königliche Gunst allein nicht mehr ausreichte, eine Regierung an der Macht zu halten. Gerade in der Phase eines solchen Verfassungswandels, der in seinem Ausmaß von den Zeitgenossen noch gar nicht registriert wurde, kam die junge Viktoria auf den Thron. Der Thronwechsel zog automatisch erneute Unterhauswahlen nach sich, bei der die Tories zwar erneut Gewinne erzielten, aber diese reichten nicht aus, um das Melbourne-Ministerium zu stürzen.

Melbourne blieb somit der erste Ratgeber der jungen Königin. Einst mit Lady Caroline Lamb verheiratet, deren Affäre mit Lord Byron seinerzeit großes Aufsehen erregt hatte, nun verwitwet, war er nach wie vor einer der großen Salonlöwen der englischen aristokratischen Gesellschaft. Sein Verhältnis mit Mrs. Norton, einer der drei schönen Töchter des Bühnendichters Sheridan, sorgte abermals für einen Skandal und hätte ihn fast um seine politische Laufbahn gebracht. Dieser erfahrene Weltmann verbrachte nun die meisten Stunden des Tages und des Abends in der Gesellschaft, teils im Salon, teils im Sattel, des bis jetzt fast klösterlich behüteten jungen Mädchens. Sie war von ihm fasziniert und hat in ihm wohl die seit frühester Jugend vermißte Vaterfigur gefunden. Für ihn, der nie eine Tochter hatte, bot der Umgang mit ihr nicht nur die Möglichkeit, väterliche Gefühle zu entwickeln, sondern war zugleich eine große politische Aufgabe, wie sie sich seit dem 16. Jahrhundert, als der Lordprotektor Somerset über den jungen Eduard VI. wachte, bislang nicht mehr einem leitenden Staatsmann gestellt hatte.

Obwohl der Reiz, der von der jungen Königin ausging, viele jene langen Jahre vergessen ließ, in denen liederliche und charakterschwache Sprößlinge des Hauses Hannover die Monarchie in Verruf gebracht hatten, so blieben dennoch auch die frühen Jahre der Herrschaft Viktorias nicht frei von Skandalen und politischen Kontroversen. Eine der Hofdamen der Herzogin von Kent, Lady Flora Hastings, schien im Februar 1839, 29jährig und unverheiratet, schwanger zu sein. Die Königin, Lehzen und Melbourne wurden in ihrem Verdacht vom Hofarzt Sir James Clark eher bestätigt als davon abgebracht. Man munkelte, daß der Erzfeind, Sir John Conroy, der Vater sein könnte. Bald stellte sich heraus, daß Lady Flora nicht schwanger war, und Anfang Juli 1839 starb sie an Leberkrebs. Die Bemühungen des Herzogs von Wellington, die Angelegenheit beizulegen, bevor sie in die Öffentlichkeit drang, waren erfolglos, und das Ansehen der Königin war schwer angeschlagen. Die Familie der Flora Hastings waren Tories, und so hatte der Skandal auch politische Auswirkungen. Sollte vielleicht die Königin als williges

Instrument einer Whig-Verschwörung gehandelt haben? – so fragten manche.

In ähnlichem Zusammenhang ist die *Bedchamber crisis* zu sehen, so genannt, da die königlichen Hofdamen zumeist den Titel *Ladies of the Bedchamber* führten. Im Mai 1839 mußte Melbourne seinen Rücktritt erklären, da seine Unterhausmehrheit auf fünf Sitze geschrumpft war. Viktoria war stundenlang in Tränen, aber auch ihr geliebter Lord M. konnte sie nicht davor bewahren, den Toryführer Sir Robert Peel mit der Bildung einer neuen Regierung beauftragen zu müssen. Peel, Sohn eines ungemein erfolgreichen Textilfabrikanten, besaß als sozialer Aufsteiger nicht die selbstverständliche Eleganz des Aristokraten Melbourne und war noch dazu steif und reserviert im persönlichen Umgang. Der Königin kam er wie ein Tanzmeister vor, der von einem Fuß auf den anderen hin und her hüpfte – wohl Peels ihm unbewußte Art, seine Verlegenheit zu überspielen. Zum Zusammenstoß kam es, als Peel, um die überparteiliche Position der Krone zu demonstrieren, vorschlug, einige Damen aus den Kreisen der Tories zu *Ladies of the Bedchamber* zu ernennen. Die junge Königin, so oft dazu ermutigt, sich als Herrscherin zu gebärden, weigerte sich schlicht, in ihrem Hofpersonal irgenwelche Veränderungen vorzunehmen. Schließlich gab Peel seinen Auftrag zur Regierungsbildung zurück und Melbourne blieb noch einmal für zwei Jahre im Amt. Wie immer man auch diese Episode im einzelnen verfassungshistorisch interpretieren mag, so stand doch Viktorias Verhalten der Tendenz entgegen, die sich schon bei der Entlassung von Melbourne durch Wilhelm IV. gezeigt hatte, daß nämlich das königliche Vorrecht, den Premierminister zu wählen, inzwischen an das Unterhaus als die Vertretung des Volkes übergegangen war. Daß das eigensinnige und naive, vielleicht sogar manipulierte junge Mädchen auf dem Thron dies nicht einsehen wollte, machte es weithin unbeliebt.

Über kurz oder lang mußte die Königin heiraten, und viele der Schwierigkeiten, in die sie verstrickt war, würden, so bestand Grund zu hoffen, durch die Wahl eines geeigneten Gemahls gelöst werden. Viktoria wollte den Zeitpunkt der Heirat anfangs aufschieben, denn die Selbstherrlichkeit, mit der sie nun schalten und walten konnte, war ihr nach den langen Jahren der Abhängigkeit von der Mutter doch zu Kopfe gestiegen. Eine Heirat und die dann zu erwartenden Schwangerschaften würden sie in ihrer Freiheit wesentlich beschränken. Bei der Wahl unter den Prinzen aus dem schier unerschöpflichen Reservoir standesgemäßen Blutes und protestantischer Religion, wie es in deutschen Landen zur Verfügung stand, und die zugleich für die herausragende Rolle des Gemahls der regierenden Königin von England in Frage kamen, war schließlich der Rat des Onkel Leopold auschlaggebend. Schon früh hatte dieser seinen Neffen Prinz Albert, den jüngeren Sohn des Herzogs Ernst von Sachsen-Coburg-Gotha, dazu auserkoren. Albert, Viktorias

Vetter also und drei Monate jünger als die Königin, war schon lange mit dem Schicksal vertraut, das ihm beschieden war. Es war für ihn kein leichtes Los, denn Viktoria fühlte sich, auch nach dem ersten Besuch des Prinzen in Windsor im Jahre 1836 und nach einem Austausch von Briefen, keineswegs gebunden. Sollte sie sich schließlich für jemand anderen entscheiden, dann hätte Albert inzwischen viel Zeit vergeudet. Aber als Albert und sein älterer Bruder im Oktober 1839 zum zweiten Mal nach Windsor reisten, verwirklichte sich der Plan Onkel Leopolds schnell. Viktoria war nun von der männlichen Schönheit und der lauteren Persönlichkeit des Coburger Prinzen so eingenommen, daß sie ihm schon fünf Tage nach seiner Ankunft ihre Absicht eröffnete, ihn zu heiraten. Er antwortete ihr auf deutsch, daß er glücklich sei, «das Leben mit dir zuzubringen». Es war ein entscheidender Schritt für die Zukunft der Monarchie. Die fast drei Jahre, die seit ihrem Regierungsantritt bis zu ihrer Heirat im Februar 1840 verstrichen waren, kann man als die erste Phase ihres Königtums bezeichnen. Nun begann die zweite, die bis zum Tod Alberts im Dezember 1861 dauerte.

Die vollkommene Hingabe, die Viktoria mit der ihr eigenen Leidenschaft ihrem Gemahl entgegenbrachte, darf nicht darüber hinwegtäuschen, da es auch in dieser Ehe ab und zu stürmisch zuging. Albert mußte manchmal all die Ausgeglichenheit und den Ernst, Eigenschaften, über die er von Natur aus in reichlichem Maße verfügte, aufbieten, um seine Frau, die Königin, zur Vernunft und zum Einlenken zu bringen. Die Verwirklichung mancher Pläne, die sie hegte, z. B. den Gemahl zum König zu machen, hätte die öffentliche Meinung niemals zugelassen, und nur der Titel eines Prinzgemahl wurde ihm schließlich, nämlich erst 1857, zuerkannt. Dennoch wurden schon bald die politischen Geschäfte der Monarchie in der Substanz mehr von Albert als von der Königin wahrgenommen, so daß man ihn als den eigentlichen Urheber der konstitutionellen Monarchie, wie sie sich dann von 1840 an entwickelte, ansehen kann. Unter dem Einfluß des bereits erwähnten Stockmar war Albert von Anfang an darauf bedacht, dem Hof eine Position über den Parteien zu sichern. Mit Hilfe seines ihm von Melbourne überlassenen Privatsekretärs, George Anson, bereitete er den Regierungsantritt Peels und der Konservativen im August 1841 so vor, daß diesmal nicht jene Schwierigkeiten entstanden, die zwei Jahre zuvor die Monarchie in Verruf gebracht hatten. Peel wurde Premierminister, weil seine Partei in den Unterhauswahlen eine klare Mehrheit errungen hatte. Erstmals in der Geschichte war die amtierende Regierung eines Monarchen von der Wählerschaft zurückgewiesen worden, und um so wichtiger sollte es fortan sein, daß die Monarchie über dem Kampf der Parteien stand. In diesem Zusammenhang war es wichtig, daß die Königin schon bald davon überzeugt war, daß Peel der größte aller Premierminister sei, und als auch er, der Albert in vielem sehr ähnlich war, schließlich 1846 seinen

Abschied nehmen mußte, fiel ihr die Trennung fast so schwer wie seinerzeit von Melbourne.

Ohnehin war Viktoria, die innerhalb von weniger als vier Jahren vier Kinder geboren hatte, nun in hohem Maße auf die Tatkraft und die Fähigkeiten ihres Ehemanns angewiesen. Nach Peels Sturz infolge der Spaltung seiner Partei, die in der Frage: Schutzzölle oder Freihandel? – keine einheitliche Linie finden konnte, wuchs der politische Einfluß des Prinzen zusehends. Die parteipolitische Neutralität der Krone blieb zwar gewahrt, aber in den fünfziger Jahren waren die Mehrheitsverhältnisse im Unterhaus, vor allem wegen der Spaltung der Tories, oft so unsicher, daß dem Monarchen ein gewichtiger Einfluß bei der Regierungsbildung zukam. Vor allem im Bereich der Außenpolitik, wo neben angestammten Vorrechten der Krone die besonderen Beziehungen zwischen den Höfen oft ausschlaggebend sein konnten, gewann Prinz Albert mit zunehmender Erfahrung bedeutenden Einfluß. Nach dem Regierungswechsel im Sommer 1846 war Lord Palmerston abermals Außenminister. Obwohl das königliche Paar seine im ganzen liberale Orientierung, besonders im Hinblick auf die Lage in Deutschland, teilte, kam es oft zu Zusammenstößen zwischen Minister und Hof. Palmerston, von Albert Pilgerstein genannt, handelte oft auf eigene Faust und ließ das Recht der Krone, in außenpolitischen Angelegenheit besonders gehört zu werden, unbeachtet. Palmerstons Lebenstil, typisch für die vor-viktorianische Aristokratie – er hatte einmal im Schloß Windsor eine Hofdame der jungen Königin vergewaltigt – paßte nicht mehr an den Hof von Viktoria und Albert. Und so waren für seinen Sturz im Dezember 1851, nachdem er ohne weitere Beratung mit Hof oder Kabinett den Staatstreich Louis Napoleons anerkannt hatte, großenteils Viktoria und ihr Gemahl verantwortlich. Da solcher Einfluß, wie ihn Prinz Albert tatsächlich auf die Außenpolitik ausübte, im Urteil Außenstehender noch ins Vielfache gesteigert wurde, führte dies zu xenophobischen Angriffen auf ihn. Beim Ausbruch des Krimkriegs ging sogar das Gerücht um, Albert, der sich sehr für die Verhinderung des Kriegs eingesetzt hatte, sei als russischer Verräter im Tower von London gefangengesetzt worden.

Premierminister Aberdeen wies unverzüglich dergleichen absurde Angriffe im Unterhaus zurück und zollte der selbstlosen und patriotischen Staatsarbeit des Prinzen vollen Tribut. Trotzdem blieb der Prinz in mancher Hinsicht ein Ausländer und erwarb nie das Fingerspitzengefühl für die Reaktionen der großen britischen Öffentlichkeit, die seine Frau hingegen oft instinktiv erfaßte. Wie oft bei Monarchen, deren Regierungszeit sich über eine ganze Epochen erstreckt, wurde die Persönlichkeit der Königin in erstaunlicher Weise repräsentativ für die Gefühlswelt und die Vorurteile des englischen Mittelstands ihrer Zeit. Albert dagegen konnte sich nie mit der undisziplinierten, robust individuellen Seite des englischen Volkscharakters, der auf verschiedene Weise in allen Gesellschaftsschichten zum Vorschein kam, anfreunden.

Auch außerhalb der Politik übte die Königin, zusammen mit ihrem Gemahl, in dieser zweiten Phase ihrer Regierungszeit prägenden Einfluß in vielen Gebieten des nationalen Lebens aus. Die Respektabilität, das Ethos von Anstand und Sittsamkeit, manchmal zur Prüderie gesteigert, wurden in vollem Maße vom Hof Viktorias und Alberts reflektiert. Natürlich waren dergleichen Leitbilder, die, wie das Beispiel Palmerstons zeigt, viele Gesellschaftskreise nicht teilten, aus mannigfaltigen, vor allem religiösen Quellen gespeist. Sie wurden aber durch die Haltung der königlichen Familie, die sich so deutlich von der ihrer Vorgänger abhob, sehr unterstützt. Sowohl Viktoria als auch Albert besaßen in ihrer nächsten Familie zu viele abschreckende Beispiele dafür, wohin eine andere Art von Lebensstil führen konnte. Und so wirkte auf manchen Gebieten das königliche Paar bahnbrechend und beispielhaft. Der deutsche Weihnachtsbaum, unter dem die festlichen Geschenke ausgebreitet werden, wurde durch die königliche Familie in England populär gemacht. Die Königin führte die Anwendung von Chloroform bei den Geburten ihrer späteren Kinder ein, entgegen den auf der Bibel fußenden Vorurteilen. Denn obwohl sie neun Kinder zur Welt brachte und die sexuelle Seite ihres Ehelebens keineswegs entbehren wollte, haßte sie Schwangerschaft und Geburtswehen und hatte nicht viel für neugeborene Kinder übrig. Auch die Künste pflegte man im Kreise der königlichen Familie auf gut bürgerliche Art. Die Königin besaß ein gewisses Talent zum Malen und hatte eine gute Singstimme. Albert war ein mehr als talentierter Musiker, dessen Kompositionen auch heute noch manchmal zur Aufführung gelangen. In einer Zeit, in der Herrscher als Kunstmäzene weniger maßgebend waren als früher, übte das königliche Paar immer noch einen erheblichen Einfluß aus. Franz von Winterhalter wurde zum bevorzugten Maler des viktorianischen Hofes. Viktoria und Albert erbauten sich zwei Landsitze, Osborne auf der Insel Wight, und Balmoral am Dee Fluß in Schottland, in denen sie viel Zeit verbrachten, wobei besonders die lange Reise nach Balmoral und die Monotonie des Lebens fern der Metropole auf viele Jahre hinaus bei jenen gefürchtet waren, die von Amts wegen an den Hof gebunden waren.

Der Prinzgemahl war nur zweiundvierzig Jahre alt, als er starb. Noch kurz vor seinem Tod, im Dezember 1861, hatte er maßgeblich dazu beigetragen, daß England nicht auf der Seite der Südstaaten in den amerikanischen Bürgerkrieg involviert wurde. Hätte er noch weiterhin die Politik der Krone so maßgeblich mitgestalten können, wäre wahrscheinlich, selbst in einem zunehmend demokratischen Zeitalter, die politische Reichweite des monarchischen Staatsoberhauptes für längere Zeit in unverändertem Maße erhalten geblieben. Viktoria, die schon immer das pathetische Schwelgen im Schmerz über Verlust und Tod demonstrativ zu pflegen verstand – sie war hierin ganz Kind ihrer Epoche – wurde nun die zurückgezogene Witwe von Windsor, die sich kaum mehr in der Öffentlichkeit zeigte. Zwar studierte sie weiterhin voller Pflichtgefühl den endlosen Strom der Staatspapiere, die in den sogenannten «boxes», kleinen roten Lederkoffern auf ihren Schreibtisch gelangten und deren Bearbeitung Albert ihr zwanzig Jahre lang großenteils abgenommen hatte; doch die mindestens ebenso wichtigen repräsentativen Pflichten der Krone wurden nun jahrelang vernachlässigt. Nur mit größtem diplomatischen Geschick konnten Minister und Privatsekretäre die Königin ab und zu einmal dazu bringen, das Parlament in Person zu eröffnen oder bei einem ähnlich wichtigen öffentlichen Ereignis aufzutreten. In außenpolitischen Angelegenheiten hielt die Königin allerdings weiterhin daran fest, ihre Vorstellungen mit Nachdruck zur Geltung zu bringen. Ihre Ansichten waren dabei oft weniger intellektuell als mehr instinktiv begründet und nicht so diplomatisch formuliert wie in den Tagen des Prinzgemahls. Aber ignorieren konnte man sie nicht, denn sie kamen doch von der Königin, die zudem immer wieder betonte, wie schwer die Bürde sei, die sie allein zu tragen hatte, und wie unheilbar der Schmerz ihres Verlusts.

Dieser tiefgreifende Wandel im persönlichen Geschick Viktorias, der damit den dritten Abschnitt ihrer Biographie einleitete, fiel weitgehend zusammen mit folgenreichen innenpolitischen Veränderungen. Vor allem die nochmalige Erweiterung des Wahlrechts (1867) und die damit verbundene allmähliche Integration weiterer Teile der Bevölkerung in die allgemeine politische Öffentlichkeit führten zu einer erneuten Verlagerung der Gewichte im System der ungeschriebenen englischen Verfassung. In einem weiteren Schritt auf dem Wege der Demokratisierung wurde der politische Einfluß der Krone abermals reduziert. Als in den sechziger Jahren Walter Bagehot, der Herausgeber des ‹Economist› und renommierte politische Kommentator, seine klassische Analyse der Verfassung veröffentlichte, definierte er in einer berühmt gewordenen Wendung die Rechte der Monarchie als das Recht, zu Rat gezogen zu werden, zu ermutigen oder zu warnen.

In diesem anbrechenden Massenzeitalter war jedoch, wie auch Bagehot erkannte, die symbolische Funktion der Krone wichtiger denn je, und gerade diese vernachlässigte die verwitwete Königin. Das Ergebnis war, daß Ende der sechziger Jahre eine ernstzunehmende republikanische Bewegung, die nicht nur die äußerste Linke des politischen Spektrums umfaßte, für Großbritannien nach erfolgter Demokratisierung des Wahlrechts nun die Abschaffung der Monarchie als politisches Ziel proklamierte. Der weitgehende Rückzug der Königin aus der Öffentlichkeit, aber auch die vielen Anträge auf Apanagen für ihre zahlreichen Familienmitglieder, gaben der Bewegung Auftrieb. Auch in anderer, recht skurriler Weise lieferte die Königin Anlaß für Kritik. In ihrer nächsten Umgebung war sie immer mehr auf einen schottischen Diener angewiesen, John Brown, ursprünglich der «gillie», dessen Pflicht es war, bei ihrem Aufenthalt in Balmoral ihr Pferd zu führen. Zunehmend tauchen sein Name und seine Meinungen in ihrem Tagebuch und in ihren Familienbriefen auf. Bald sprach man von ihr als «Mrs. Brown», und es kursierten Gerüchte, sie habe ihn wirklich geheiratet. Wie bei manchen Einheimischen des schottischen Hochlands spielte die Whiskyflasche eine ziemliche Rolle in Browns täglichem Leben, und er soll über das «zweite Gesicht» verfügt haben und so über die Fähigkeit, mit den Geistern der Verstorbenen Kontakt aufzunehmen. Und die vereinsamte Königin interessierte sich ebenfalls für Spiritualismus. Die Gerüchte über Brown flauten erst ab, als die Königin in den späteren sechziger Jahren etwas aus ihrer Abgeschlossenheit herauskam, aber bis zu seinem Tod 1883 war er ihr ein notwendiger Bestandteil ihres täglichen Lebens.

Zwischen 1868 und 1885 lag die Regierung abwechselnd in den Händen von Disraeli und Gladstone, die beide, jeder auf seine Art, so nachhaltig der Politik ihrer Zeit ihren Stempel aufprägten. Und beide waren sich der Gefahr bewußt, welche die Zurückgezogenheit der Königin für die Monarchie in sich barg. Disraeli war schon während seiner ersten Regierungszeit, die nur zehn Monate im Jahr 1868 dauerte, erfolgreich und mit wenig Skrupel darum bemüht, die Königin auf seine Seite zu bringen. Damals lebte seine Frau noch, und der romantische Zauber, der seine Beziehungen zur Königin umgab, konnte sich erst in seiner zweiten Regierungszeit, von 1874 bis 1880, voll entfalten. Disraeli war ja nicht nur Politiker, sondern auch ein romantischer Schriftsteller von Bedeutung, der sich in seiner Jugend Byron zum Vorbild genommen hatte. Er verstand sich immer besser mit Frauen als mit Männern, sagte auch einmal, mit nur vorgegebenem Zynismus, daß man bei ihnen, aber besonders wenn sie königlichen Bluts seien, die Schmeicheleien mit der Mauerkelle auftragen müsse. Als Viktoria ihr Buch ‹Blätter von unserm Tagebuch im schottischen Hochland› veröffentlichte, von dem sofort 20 000 Exemplare verkauft wurden, sprach sie Disraeli mit der Wendung an: «Wir Schriftsteller, Madam».

Mit Gladstone, der im Dezember 1868 erstmals Premierminister wurde und das Amt noch dreimal danach bekleiden sollte, stand es ganz anders. Er war, wie die Königin selbst, und anders als Disraeli, ein typischer Viktorianer. Der Prinzgemahl, und daher auch die Königin, hatten ihn während seiner Amtszeit als Finanzminister als bahnbrechenden Reformer sehr geschätzt. Aber zwischen dem Monarchen und dem Premierminister besteht notwendigerweise ein enger und häufiger Kontakt, der immer auch Reibungsflächen bietet. Schon vor Gladstones Amtsantritt warnte Gerald Wellesley, der als Dekan von Windsor die Königin gut kannte, seinen früheren Eton Mitschüler, daß die Königin jetzt nervöser und viel reizbarer sei als früher und daß man Meinungsverschiedenheiten mit ihr nur sehr vorsichtig austragen sollte. Gladstone erkannte, daß eine solche Zurückhaltung nicht in seiner Natur lag, denn er schrieb zurück, daß er sich immer für seine Sache so ereifere, daß er darüber leicht vergesse, was man der anderen Person schuldig sei. Aber er war ein durch und durch loyaler Anhänger der Monarchie und wollte der Königin auf keinen Fall unnötigen Kummer bereiten. Aber nur zu bald kam es zu Mißverständnissen. Gladstone versuchte die republikanische Bewegung dadurch zu schwächen, daß er die Gewissenhaftigkeit der Königin in der Erfüllung ihrer öffentlichen Pflichten herausstellte. Als daher im August 1871 die Königin schon vor dem verspäteten Ende der parlamentarischen Sitzungsperiode nach Balmoral abreiste, durchkreuzte das die guten Absichten des Premierministers, obschon dieses Mal ihr schlechter Gesundheitszustand, auf den sie sich gewohnheitsgemäß immer berief, nicht nur ein Vorwand war. Bald kam es jedoch zu gravierenderen Meinungsverschiedenheiten. Gladstone schlug vor, daß der Prinz von Wales eine verantwortungsvollere politische Rolle übernehmen sollte, besonders in Irland. Er wollte dadurch die Königin entlasten, die Bindung Irlands an das Vereinigte Königreich bekräftigen und generell die Monarchie stärken. Für die Königin war solch ein Ratschlag völlig inakzeptabel, denn Bertie, der Prinz von Wales, hatte sich zum Gegenteil dessen entwickelt, was sich seine Eltern von ihm erhofft hatten. Sein genußsüchtiger, z. T. ausschweifender Lebensstil und die vielen Skandale, in die er verwickelt wurde, hatten die Königin schon längst davon überzeugt, daß man ihm wichtige Staatsgeschäfte nicht anvertrauen könne. Aber Gladstone kam nochmals in langen Ausführungen auf seine Vorschläge zurück, bis es ihm klar wurde, daß er damit bei der Königin nichts ausrichten konnte. Im Gegenteil, von nun an ging sie, wie er bemerkte, deutlich auf Distanz zu ihm, und verhielt sich entsprechend ihrer Erziehung so, wie eine Königin ihren Untertanen gegenüber aufzutreten hatte.

Disraeli kehrte als Premierminister zurück, nachdem Gladstone die Wahl vom Februar 1874 verloren hatte. In den nächsten sechs Jahren gestalteten sich die persönlichen Beziehungen zwischen der Königin und dem nun verwitweten konservativen Führer immer enger. Der nunmehr Siebzigjährige machte ihr in ähnlich romantischer Weise den Hof wie zwei anderen ältlichen Damen, den Ladies Bradford und Chesterfield, die er mit bedeutungsschweren Briefen bedachte. Dazu kam eine politische Übereinstimmung der nun zunehmend konservativen Königin mit ihrem Minister, die sich besonders in der Außenpolitik niederschlug. Die Gestaltung der Außenpolitik wurde in den siebziger Jahren zu einem der wichtigsten Unterscheidungsmerkmale zwischen den Konservativen und den Liberalen und zwischen ihren beiden hochprofilierten Führern. Disraeli hatte sich zum Erben Palmerstons erklärt, der die nationalen und besonders die imperialen Belange Englands entschieden vertreten hatte. Er fügte sich damit zweifellos dem Zeitgeist mehr als Gladstone, der einer Bändigung des nationalen Egoismus durch das Bewußtsein einer gemeinsamen christlichen europäischen Zivilisation anhing und weiterhin den Freihandel als Mittel der internationalen Verständigung betrachtete. Die Königin ergriff geradezu leidenschaftlich für Disraeli Partei. Als dieser im November 1875 durch einen politischen Handstreich die Mehrheit der Suezkanal-Aktien erwarb, fand er ihren vollen Beifall und meldete ihr triumphierend «nun haben Sie ihn, den Kanal». Doch bald danach gab sich Disraeli eine politische Blöße, als er den Titel einer «Kaiserin von Indien» gesetzlich für die Königin festlegen ließ. Ein so unenglischer Titel wie Kaiserin erregte weitreichendes Mißtrauen, aber Viktoria war entzückt, und ihr Interesse an Indien und seinen Einwohnern wuchs stark, obwohl sie das «Juwel» in ihrer Krone nie in ihrem Leben besuchen konnte.

Kurz danach begann die große Balkankrise, in deren Verlauf es zwischen Rußland und der Türkei zum Krieg kam und die schließlich 1878 mit dem Kongreß von Berlin eine Lösung fand. Diese Krise hatte weitreichende Rückwirkungen auf die englische Innenpolitik. Gladstone, der nach seiner Wahlniederlage die Führung der Liberalen Partei niedergelegt hatte, stellte sich an die Spitze einer Protestbewegung gegen Disraelis Politik der Unterstützung für die Türkei, gegen deren Herrschaft die Bulgaren sich erhoben hatten. Die Königin, und darin war sie nicht allein, hielt Gladstone nun für einen Fanatiker, kaum mehr geistig gesund, der gegen das nationale Interesse agitiere. Disraeli dagegen, nun Lord Beaconsfield, konnte sein gutes Verhältnis zur Königin dazu benutzen, sie gegen seine Kabinettskollegen auszuspielen, wenn ihm das bei den vielen Meinungsverschiedenheiten im Verlauf der Krise ins Konzept paßte. Die Monarchie war also immer noch ein bedeutender politischer Faktor. Aber ihre Macht reichte nicht mehr aus, Gladstone etwa das Amt des Premierministers zu verweigern, wenn dies der Wille der Wähler war. Für Viktoria war es somit ein schwerer Schlag, als die Wahlen des April 1880 den Rücktritt Beaconsfields zur Folge hatten und es für sie unumgänglich wurde, Gladstone wieder zu berufen. Andere liberale Führer waren nicht in der Lage, ohne ihn eine Regierung zu bilden, und er war nicht bereit, in eine liberale Regierung einzutreten, ohne selbst die politische Führung zu beanspruchen. Daraus kann allerdings nicht geschlossen werden, daß die Königin selbst in dieser späten Phase ihrer Regierungszeit völlig ohne Einfluß auf die Wahl des ersten Ministers blieb. Zumeist gab es in beiden Parteien mehr als eine Person, die für das höchste Regierungsamt in Frage kam, und der Premier konnte aus dem Oberhaus so gut wie aus dem Unterhaus kommen. Als die Königin 1885 Lord Salisbury zum ersten Mal zum Ministerpräsidenten berief, in einem Moment, in dem die Konservativen im Unterhaus noch keine Mehrheit hatten, besiegelte diese Entscheidung Salisburys Anspruch auf die politische Führung der Tories, die bis zu seinem Rücktritt im Jahr 1902 dauern sollte. Als schließlich Gladstone 1894, im Alter von 84 Jahren, seine lang aufgeschobene letzte Demission einreichte, war sie nicht bereit, ihn über die Person seines Nachfolgers überhaupt zu Rat zu ziehen, wie es üblich gewesen wäre. Ihre Wahl fiel auf Lord Rosebery, der damit sowohl Premierminister als auch Führer der Liberalen Partei wurde. Wenn Gladstone gefragt worden wäre, hätte der zurücktretende Premierminister seinen Kollegen, Lord Spencer, Vorfahr der Lady Diana Spencer, Prinzessin von Wales, als Nachfolger vorgeschlagen. Gladstone grübelte auch noch lange darüber nach, daß die Königin nicht bereit zu sein schien, in irgendeiner Form ihr Bedauern über das Ende seines mehr als sechzigjährigen öffentlichen Dienstes auszudrücken. Unehrlichkeit gehörte einfach nicht zu ihrem Repertoire. Ihre persönliche und politische Abneigung gegen Gladstone widersprach sicherlich dem Geist der konstitutionellen Monarchie. Allerdings drang nicht viel von diesen Spannungen in die breitere Öffentlichkeit. Salisbury, der so lange wie Gladstone der Königin als erster Minister diente, kam gut mit ihr zurecht. Als Mitglied der hocharistokratischen Cecil Familie, dessen Ahne schon der Minister Elisabeths I. gewesen war, brauchte er weder um ihre Gunst zu werben noch bei ihr ein Blatt vor den Mund zu nehmen.

Der politische Einfluß der Königin beschränkte sich auch in diesen letzten Jahrzehnten ihrer Regierungszeit nicht nur auf die Wahl des Premierministers. Kandidaten für Ministerposten, die ihr aus persönlichen Gründen, etwa wegen ihrer Verwicklung in eine der immer noch seltenen Ehescheidungen, nicht genehm waren, konnte sie dann aus Kabinettsposten halten, wenn diese häufigen direkten Kontakt mit der Monarchin voraussetzten. Die Karriere von Sir Charles Dilke, der vielerseits als der Nachfolger Gladstones in der Führung der Liberalen angesehen wurde, kam 1885 zu einem plötzlichen Ende, als gegen ihn ein etwas anrüchiger Scheidungsprozeß eingeleitet worden war. Da er ein führender Republikaner in den frühen siebziger Jahren gewesen war, war er sowieso bei der Königin besonders unbeliebt. Auch mußte Gladstone viel Zeit darauf verwenden, den anderen Führer des radikalen Flügels seiner Partei, Joseph Chamberlain, bei der Königin in Schutz zu nehmen. Gleichzeitig mußte er Chamberlain mahnen, den Ton seiner klassenkämpferischen öffentlichen Reden zu mildern. Doch die Königin machte ihren Einfluß keineswegs nur gegen Vertreter der politischen Linken geltend. Sie war vor allem darauf bedacht, Konflikte, die in ihren Augen eventuell zu gefährlichen oder sogar zu revolutionären Zusammenstößen führen könnten, aus dem Weg zuräumen. So ermutigte sie die Konservativen, nachdem diese 1866 die liberale Gesetzesvorlage zur Erweiterung des Wahlrechts zu Fall gebracht hatten, nun ihrerseits eine solche Vorlage einzubringen.

Zuweilen vermittelte die Königin zwischen den Parteien, so bei der dritten Wahlrechtsreform im Jahr 1884. Ein weiteres Gebiet, auf dem sie an dem traditionellen Einspruchsrecht des Souveräns bewußt festhielt, waren die Streitkräfte. Und so konnte ihr Vetter Georg, Herzog von Cambridge, von 1856 bis 1895 traditionsverhafteter Oberbefehlshaber der Armee, durch seinen direkten Zugang zu ihr den Offizieren und Politikern, die das Militärwesen modernisieren wollten, das Leben schwermachen.

Natürlich wurde es für die Königin immer schwieriger, sich mit den politischen und gesellschaftlichen Auswirkungen einer allgemeinen Modernisierung abzufinden. Konzepte, wie sie etwa im Umfeld der Arbeiterbewegung entwickelt wurden, mit dem Ziel, die gesellschaftlichen Verhältnisse grundlegend zu verändern, fanden bei ihr kaum Verständnis. Jedoch behielt sie ihren Instinkt für das, was die Mehrheit ihrer Untertanen bewegte, und trat für das ein, was ihrem gesunden Menschenverstand zufolge faire und gerechte Antworten auf die soziale Frage implizierten. Es war ihr eine Selbstverständlichkeit, daß man Armut mit Wohltätigkeit begegnen sollte. Selbst das Vertrauen zu John Brown war ein Zeichen dafür, daß die Königin Personen nicht nur nach ihrer sozialen Stellung beurteilte. In den neunziger Jahren zeigte sie ein fast ähnliches Vertrauen einem indischen Diener gegenüber, dem Munschi. Ihr enges Verhältnis zu diesem persönlichen Diener wurde auch von ihren engsten Mitarbeitern, zum Beispiel von ihrem langjährigen Privatsekretär Sir Henry Ponsonby, einem überzeugten Liberalen, mit Unruhe beobachtet. Der Munschi, angeblich Sohn eines indischen Doktors, war auch vielleicht nicht ganz das, was er vorgab. Dennoch begegnete sie allen Warnungen gegen ihn mit der Antwort, daß diese auf rassistischen Vorurteilen beruhten.

Man kann von den siebziger Jahren an von einer vierten und letzten Phase der viktorianischen Monarchie sprechen. Es war jetzt eine imperiale Monarchie, und die kleine alte Frau, die Königin-Kaiserin, war die Mutter der vielen Nationen und Stämme, die das britische Weltreich bildeten. Wenn diese Auffassung auch hier und dort nicht geteilt wurde, so etwa von den irischen Nationalisten, so war sie doch weit verbreitet, nicht nur in den von britischen Siedlern bewohnten Gebieten in Übersee. Vielerorts, in Indien, in Südostasien, in Afrika, war ein Denkmal der Königin das Monument, das man am häufigsten auf öffentlichen Plätzen antraf. Die imperiale Monarchie erreichte ihren Höhepunkt in der Feier des goldenen und des diamantenen Jubiläums des Regierungsantritts der Königin in den Jahren 1887 und 1897. Viktoria, altmodisch gekleidet mit ihrem Häubchen auf dem Kopf, stand beide Male im Mittelpunkt aufwendiger Zeremonien. Bei ihrer Krönung im Jahr 1838 war es noch recht unwürdig zugegangen, vor allem während des fünfstündigen Gottesdienstes, als damals Sandwiches und Weinflaschen zur Erfrischung der amtierenden Bischöfe auf dem Altar lagen. Aber bei den Jubiläumsfeiern war alles bis aufs letzte durchdacht, und man hatte Traditionen erfunden und ausgebildet, die ursprünglich gar nicht existierten und deren aufwendige Inszenierung den Massen jenes Schauspiel lieferte, das so entscheidend zur Popularität der modernen Monarchie beitrug.

Viktoria war nun auch die Matriarchin aller europäischen Monarchien, besonders der protestantischen. Sehr eng blieben ihre Beziehungen zu ihrem ältesten Kind, der preußischen Kronprinzessin und späteren Kaiserin Friedrich. Ihr jüngstes Kind, die Prinzessin Beatrix, stand bis zu ihrer Heirat im Jahre 1885 mit Prinz Heinrich von Battenberg ihrer Mutter zur Seite und kehrte wieder zu ihr zurück, als sie schon 1896 Witwe wurde. Sie war es auch, die nach dem Tod ihrer Mutter einen großen Teil der Tagebücher der Königin verbrannte. Die Korrespondenz zwischen Victoria und ihrer ältesten Tochter jedoch blieb erhalten und ist ein besonders wichtigstes persönliches Dokument. Auch politisch ist diese Korrespondenz von hohem Interesse, da die Kronprinzessin am Hohenzollernhof als vermeintliche Repräsentantin des englischen Liberalismus und Gegnerin der Bismarckschen Politik einen schweren Stand hatte.

Immer wieder wurde die Königin in die dynastischen Verwicklungen an den europäischen Höfen und ihre politischen Folgen hineingezogen. So lag der Kronprinzessin Friedrich die Verlobung ihrer Tochter Viktoria, Moretta genannt, mit Prinz Alexander von Battenberg (Sandro), zeitweise regierender Fürst von Bulgarien, sehr am Herzen und sie wurde darin von ihrer Mutter kräftig unterstützt. Die Battenberger galten jedoch dem Hause Hohenzollern als nicht standesgemäß. Sowohl von seiten Bismarcks als auch vom Zarenhof gab es zudem politischen Widerstand gegen diese Heirat, auch wegen des deutlichen englischen Einflusses, und das Projekt scheiterte schließlich. Auch das tragische Schicksal der Kaiserin Friedrich belastete die alternde Königin zusehends. Im April 1888, während der kurzen Regierungszeit Kaiser Friedrichs, kam sie nach Berlin und hatte sogar ein Treffen mit Bismarck. Der Kanzler und die Königin begegneten sich mit Höflichkeit und Respekt, und das Gespräch wurde für beide zu einer angenehmen Überraschung. Der Besuch der Königin konnte jedenfalls vorübergehend die Atmosphäre in Berlin etwas entgiften. Später wurde Viktoria durch die brüske Behandlung, die ihr Enkel Kaiser Wilhelm seiner Mutter zuteil werden ließ, sehr beunruhigt. Seiner Großmutter gegenüber blieb der Kaiser zwar ehrerbietig, aber das änderte nichts daran, daß sein Verhältnis zu England, das die europäische Geschichte in der Zeit vor dem Ersten Weltkrieg nicht unerheblich beeinflußte, zwiespältig blieb.

Als die Königin ihrem Ende entgegenging, befand sich England in dem zweiten größeren Waffengang ihrer Regierungszeit, dem Burenkrieg. Am Anfang des Krieges gelang es dem kleinen südafrikanischen

Bauernstaat, das große britische Weltreich auf dem Schlachtfeld mehrmals zu demütigen. Privat war Viktoria voll Zorn über die Unfähigkeit ihrer Generäle und Politiker, aber in der Öffentlichkeit zeigte die über Achtzigjährige wiederum den instinktiven robusten Patrotismus, der sie zum Symbol ihres Weltreiches gemacht hatte. Zu dem Neffen und schließlichen Nachfolger Salisburys, Arthur Balfour, sprach sie den berühmten Satz: «Bitte verstehen Sie, daß in diesem Haus niemand deprimiert ist; die Möglichkeit einer Niederlage interessiert uns nicht, sie existiert nicht.» Es war der Königin noch beschieden, die Wendung des Kriegsglücks zu erleben. Die Nachricht von der Befreiung von Mafeking, die so frenetisch gefeiert wurde, daß das Wort «mafficking» in die englische Sprache einging, erreichte London gerade vor ihrem einundachtzigsten Geburtstag.

Als Viktoria am 22. Januar 1901 im Osborne House im Sterben lag, stützte ihr Enkel, der deutsche Kaiser, die letzten zweieinhalb Stunden mit seinem gesunden rechten Arm ihr Bettkissen. Jedermann fühlte, daß es das Ende eines Zeitalters war, dem sie nicht nur ihren Namen gegeben hatte, sondern das sie auch in vielen seiner Widersprüche verkörpert hatte.

*Johannes Paulmann*

# Eduard VII.
## 1901–1910

*Albert Eduard («Bertie»), geb. 9. November 1841, Buckingham Palace, London; Prinz von Wales 8. Dezember 1841; König (u. Kaiser von Indien etc.): 22. Januar 1901; Krönung: 9. August 1902; gest. 6. Mai 1910, Buckingham Palace, London; bestattet 20. Mai 1910, St. George's Chapel, Windsor; Vater: Prinz Albert von Sachsen-Coburg und Gotha (1819–1861); Mutter: Königin Viktoria (1819–1901); 5 Schwestern (darunter Viktoria, 1840–1901. verh. mit Friedrich III., Deutscher Kaiser 1888, Mutter Kaiser Wilhelms II.) und 3 Brüder; Eheschließung: am 10. März 1863 in der St. George's Chapel Windsor mit Prinzessin Alexandra von Dänemark (1844–1925), Tochter König Christians IX. aus dem Hause Schleswig-Holstein-Sonderburg-Glücksburg, Schwester König Friedrichs VIII. von Dänemark, König Georgs I. von Griechenland, Kaiserin Marija Fedorovnas (verh. mit Kaiser Alexander III. von Rußland, Mutter Kaiser Nikolaus' II.) sowie Thyras (verh. mit Ernst August, Herzog von Cumberland u. Sohn Georgs V., König von Hannover bis 1866); Kinder: 3 Söhne (darunter Albert Victor, Duke of Clarence, 1864–1892, und König Georg V., 1865–1936) und 3 Töchter (darunter Maud, 1869–1938, verh. mit Prinz Carl von Dänemark, ab 1905 König Haakon VII. von Norwegen).*

Wenn es nach dem Willen Königin Victorias gegangen wäre, dann wäre dieser Artikel ‹Albert I.› überschrieben und wir würden vom ‹albertinischen England› anstatt vom edwardianischen Zeitalter reden müssen. Daß es dazu nicht kam, lag an Eduard selbst, der sich bewußt seiner gerade verstorbenen Mutter widersetzte, als er am 23. Januar 1901 dem *Privy Council* und damit der Nation verkündete: «Ich habe beschlossen, den Namen Eduard, der von sechs meiner Vorfahren getragen worden ist, zu führen.» Die Entscheidung über den Namen kann auch auf die veränderte gesellschaftlich-politische Rolle der Monarchie im späten 19. und frühen 20. Jahrhundert zurückgeführt werden. ‹Eduard› galt als *englischer* Name, während ‹Albert› an den «deutschen Prinzen», seinen Vater, erinnerte. Der neue König erfüllte durch seine Selbstbenennung die in die Institution gesetzten nationalen Erwartungen in mancher Hinsicht besser als seine Mutter. Viktoria war zum Objekt nationaler Verehrung geworden. Eduard handelte als Subjekt nationalstaatlicher Politik. Auch das gesellschaftliche Leben Eduards war ganz unviktorianisch, erregte nicht nur das Gemüt seiner Mutter, sondern auch die Aufmerksamkeit einer weiteren Öffentlichkeit. Trotz alledem blieb Eduard zugleich seiner Vorgängerin eng verbunden und stand damit am Ende einer Phase der englischen Monarchie. Es ist kein Zufall, daß nach Eduard VII. keine Epoche mehr nach der herrschenden Dynastie oder dem Throninhaber bezeichnet worden ist. Das edwardianische war das letzte monarchische Zeitalter der britischen Geschichte.

## I. Der Monarch in der Familie

Die Geburt eines Sohnes der Königin erregte 1841 besondere Aufmerksamkeit. Nach den ungeordneten Familienverhältnissen und den daraus resultierenden politischen Unsicherheiten bei der vorangegangenen Generation schien die Ankunft eines, seit 1762 erstmals wieder direkten männlichen Erbens eine gewisse Stabilität zu versprechen. Die Thronfolge war durch seine ein Jahr ältere Schwester Viktoria zwar bereits gesichert, weil Töchter die Krone übernehmen durften; doch war das Erbfolgerecht des englischen Königshauses nicht geschlechtsneutral: Später geborene Söhne rangierten vor den Töchtern. Die Presse begrüßte den zukünftigen Mann auf dem Thron mit so eindeutigem Vorzug, daß die satirische Zeitschrift ‹Punch› diesen «ausgesprochenen Mangel an Galanterie» rügte. Man könne glauben, schrieb das Magazin am 11. November, die Engländer bedauerten es, eine Frau auf dem Thron zu haben. ‹Punch› sprach dagegen die Hoffnung aus, daß die Königin «den Prinzen von Wales noch mit Falten und weißen Haaren erleben» möge. Viktoria tat ihr Bestes.

An den Neugeborenen wurden ganz bestimmte Erwartungen geknüpft. Seine Mutter schrieb, als das Kind noch keine drei Wochen alt war, an ihren Onkel, Leopold I. König der Belgier: «Ich *hoffe* und *bete*, daß er wie sein liebster Papa werden möchte. Er soll *Albert* genannt werden, und Eduard wird sein zweiter Name sein.» An diesem ausdrücklichen und im Namen enthaltenen Auftrag sollte der Sohn, im Familienkreis verniedlichend «Bertie» gerufen, bis zum Tode Viktorias schwer tragen. Sein Vater wurde ihm jahrzehntelang als Vorbild und, nachdem er ihm offensichtlich nicht nachschlug, als Gegenbild vorgehalten. Der Entschluß des Neunundfünfzigjährigen, sich bei seinem Thronantritt Eduard zu nennen, muß eine persönliche Befreiungstat gewesen sein. Sie war aber auch eine politische Handlung, denn seine beiden Namen besaßen nationale Konnotationen. Die ‹Times› druckte zur Taufe des Kindes demonstrativ mehrere Spalten über die Feierlichkeiten für diejenigen Vorfahren, welche den «nationalen und populären Namen Eduard» getragen hatten. ‹Albert› hingegen galt als fremder Name, der insbesondere auf die deutsche Herkunft der Dynastie auf dem englischen Thron hinwies. Dem nationalen Selbstbild der Engländer im 19. Jahrhundert widerstrebte das zunehmend. Schon Prinzgemahl Albert litt stark darunter, und auch sein Sohn blieb nicht verschont. Noch 1897 vermerkte Beatrice Webb, eine Angehörige der politischen Linken,

Eduard VII. (1901–1910)

kritisch in ihrem Tagebuch über Eduard, den immer noch Prinzen von Wales: «Der großen britischen Nation haftet etwas Komisches an: mit ihrer unendlichen Vielfalt an Talenten hat sie diesen gewöhnlichen und geistig beschränkten deutschen Bourgeois als ihren gesellschaftlichen Souverän.» Solchen patriotischen Verurteilungen mußte sich ein Eduard VII. nicht mehr ausgesetzt fühlen.

Die Erziehung des jungen Prinzen von Wales lag in der Verantwortung der Eltern, sie fand unter ihrer strengen Kontrolle im Privatbereich der königlichen Familie statt. «Bertie» wuchs zweisprachig auf und bediente sich des Deutschen zunächst leichter als des Englischen, das Zeit seines Lebens Spuren eines Akzentes nie ganz verlor. Seine Schwester und er blieben nicht lange allein; 1843, 1844, 1846 und 1848 wurden ihnen Geschwister geboren (weitere folgten 1850, 1853 und 1857). Die Kinder und jungen Menschen, die «Bertie» darüber hinaus in seiner Kindheit näher kennen lernte, stammten aus dem Kreis der Dynastie, waren in der Regel Verwandte aus Coburg oder Brüssel. Was in den Räumen und Anlagen von Buckingham Palace und Windsor Castle mit Albert Eduard geschah, war allerdings keine reine Familienangelegenheit. Den Auftrag hatte die ‹Times› bereits zur Taufe, stellvertretend für die bürgerlichen Schichten des Landes, formuliert: «Das Kind Königin Viktorias und Prinz Alberts soll und wird, wie wir erwarten, ein Muster an Frömmigkeit und Tugend sein [...] und wir dürfen zuversichtlich sein, daß Eltern, die den Anfang so gut eingerichtet haben, ihre Pflicht bis zum Ende nicht versäumen werden.» Der überdeutlichen Mahnung, die Zeitgenossen hatten den Lebenswandel der Söhne Georgs III. noch in schlechter Erinnerung, hätte es kaum bedurft. Prinzgemahl Albert wußte, daß das Leben des jungen Prinzen von Wales «eine *öffentliche Angelegenheit* ist, die nicht unverbunden ist mit dem gegenwärtigen und zukünftigen Wohl des Staates».

Gesellschaftliches Vorbild, staatspolitisches Bewußtsein: das waren die Ziele des Erziehungsprogramms, dem Albert Eduard ab seinem siebten Lebensjahr unterworfen wurde. Es sollte ihm kein Vergnügen bereiten. Der Vater stellte in Zusammenarbeit mit Baron Stockmar, dem persönlichen Berater des königlichen Paares, den Lehrplan auf. Unter unablässiger Aufsicht sorgfältig ausgewählter Hauslehrer – alles ernste junge Männer bürgerlicher Herkunft mit Universitätsabschluß – mußte der Junge verschiedene Gebiete aus Literatur, Naturwissenschaft, Geschichte, Archäologie und Kunst studieren. Kontakte mit Gleichaltrigen außerhalb der Familie wurden aus Furcht, der Thronfolger könnte verdorben werden, bewußt beschränkt. Ab seinem zehnten Lebensjahr durften ihn gelegentlich einige Aristokratensöhne vom benachbarten Eton besuchen – immer in Anwesenheit des Prinzgemahl Vaters. Diese Erziehung ist von Biographen als deutsch und rigide bezeichnet worden. Das sind Urteile, die aus einer Deutschland wenig geneigten Zeit um den Ersten Weltkrieg stammen oder von späteren pädagogischen Reformen geprägt sind. Die Erziehungsziele und ihre Umsetzung waren tatsächlich nicht ungewöhnlich für das viktorianische England. Bemerkenswert war nur, daß sie in einem königlichen Haushalt praktiziert wurden. Glücklich machten sie «Bertie» dennoch nicht. Am nachhaltigsten dürfte gewirkt haben, daß er die Erwartungen seiner Eltern nicht erfüllte. Seine Leistungen genügten den Erziehern nicht; statt ihn zu loben, hielt man ihm seine Mängel vor. Der schwerwiegendste Vorwurf kam ausgesprochen und unausgesprochen von der eigenen Mutter, denn «Bertie» glich nicht, wie sie es gegenüber Leopold I. gewünscht hatte, «seinem engelhaften teuersten Vater in *jeder, aber auch jeder* Hinsicht, in Körper und Geist». Er konnte in ihren Augen nie den albertinischen Standard erreichen. In manchem entsprach seine Erziehungserfahrung der seines Neffen, des späteren Kaisers Wilhelm II., der von seiner Mutter, der Tochter Königin Viktorias und älteren Schwester «Berties», einem ähnlich bürgerlich anmutenden Programm unterworfen wurde. Auch Prinz Wilhelm gelang es nicht, an seinen Vater Friedrich und den verehrten Großvater Prinzgemahl Albert heranzureichen. In Preußen wurde der Erziehungsplan der Kronprinzessin als «englisch» denunziert, obgleich die Tochter Viktorias nur das aus der eigenen Familie übernommen zu haben scheint, was in ihrer Heimat als «deutsch» abgetan wurde. Tatsächlich handelte es sich offenbar um einen nationenübergreifenden Versuch, die Prinzenerziehung zeitgemäß zu gestalten, verbunden mit einem übermächtigen Vaterbild.

Im Alter von 16 Jahren wäre der Prinz von Wales gerne Soldat geworden, doch die Eltern gaben seinem Wunsch nicht statt, sondern schickten ihn 1859–60 zunächst nach Oxford, und im Anschluß 1861 nach Cambridge. In beiden Orten lebte er gemeinsam mit seinem kleinen Haushalt von quasi Aufsehern getrennt von den anderen Studenten. Er wurde in verschiedenen Fächern unterrichtet, u. a. in den Naturwissenschaften, in Theologie und Kirchengeschichte, in Deutsch und deutscher Literatur sowie in neuerer Geschichte. Der Prinz sollte auch durch Reisen gebildet werden. Immer unter pädagogischer Aufsicht unternahm er ohne seine Eltern verschiedene Reisen außerhalb der britischen Inseln. Die Tour im Sommer 1860 auf dem nordamerkanischen Kontinent war schon durch die große Entfernung und die Präsenz eines Thronfolgers im überseeischen Empire bemerkenswert. Sie markierte auch einen Übergang im Leben des jungen Mannes. In Kanada trat der Prinz von Wales erstmals als offizieller Vertreter der Königin in den Mittelpunkt öffentlicher Aufmerksamkeit. Vor Ort konnte er die Wirkung seiner eigenen Person auf die Menge erfahren; die ‹Times› sowie die ‹London Illustrated News› sandten einen Korrespondenten mit auf die Reise. Seine Gesten und Worte wurden in den englischen sowie amerikanischen Zeitungen und Zeitschriften verbreitet. «Bertie» trat mit dieser Fahrt gewissermaßen aus dem Familienkreis heraus und als Prinz von Wales in die Öffentlichkeit.

Die Isolation von «schädlichen» Einflüssen ließ sich auf solchen Reisen und ab einem gewissen Alter nicht mehr so vollständig bewerkstelligen. 1861 schließlich gaben die Eltern den Wünschen des Kronprinzen nach und erlaubten ihm, im Sommer zehn Wochen im Armeelager von Curragh, Irland, zu verbringen. Seine zukünftigen Pflichten als Monarch erforderten zumindest so viel militärische Übung, daß er seine repräsentativen Aufgaben würde absolvieren können. Ohne daß sie es zunächst wußten, erfüllten sich im Camp allerdings die schlimmsten Befürchtungen der Eltern. Offizierskollegen brachten eines Nachts eine Schauspielerin, Nellie Clifden, in das Bett des Prinzen. «Bertie» mußte hart dafür bezahlen, denn seine vermutlich ersten sexuellen Erfahrungen sprachen sich herum und kamen über Baron Stockmar aus Deutschland den entsetzten Eltern zur Kenntnis. Prinzgemahl Albert reiste am 25. November 1861 umgehend zu seinem Sohn nach Cambridge. Er hielt Albert Eduard eine Moralpredigt und ließ ihn versprechen, daß so etwas nie wieder vorkommen werde, auch weil er damit die Stellung der Monarchie gefährde. Prinzgemahl Albert war bereits seit einiger Zeit durch seine rastlose Tätigkeit körperlich und psychisch ausgezehrt. Er hatte sich, vermutlich kurz zuvor, mit Typhus infiziert. Nach Windsor Castle zurückgekehrt verließen ihn seine Kräfte, und er verstarb am 14. Dezember 1861. Königin Viktoria stellte eine unmittelbare Verbindung zwischen den Verfehlungen ihres Sohnes und dem Tod ihres Mannes her. Sie scheint überzeugt gewesen zu sein, daß «Bertie» die Schuld am Ableben ihres vergötterten Gatten trug. «Oh, dieser Junge», schrieb sie an ihre Tochter «Vicky», «[...] ich kann und werde ihn nie wieder ohne Schaudern anschauen.» Der Prinz von Wales mußte fortan mit einer schweren psychischen Bürde leben. Hatte er bisher schon keinen Gefallen bei seiner Mutter gefunden, weil er dem Vater nicht genügend ähnelte, so mußte er jetzt auch noch den unheimlichen Vorwurf ertragen, seinem Vater das «Herz gebrochen» zu haben. Der Öffentlichkeit blieben diese gespannten Familienbeziehungen verborgen. Die ‹Evening Mail› schrieb, was man erwartete, den Tatsachen aber gar nicht entsprach, nämlich daß der männliche Thronfolger «schon seinen Platz an der Seite der Mutter eingenommen hat, als Halt und Stütze in ihrer Pein», während sie, die trauernde Witwe, danach trachte, «sich mit ihm in der mühsamen Arbeit der britischen Monarchie zu vereinigen«.

Der Prinz gründete bald eine eigene Familie. Seine Verheiratung war bereits vor dem Tod des Vaters in die Wege geleitet worden; eine freie Wahl hatte »Bertie« nicht. Seine künftige Frau mußte nach den geltenden Staatsgesetzen protestantisch sein; Mutter und Schwester glaubten ferner, daß sie nicht nur geistig gewandt, sondern auch hübsch sein müsse, damit sie «Bertie's» Aufmerksamkeit fesseln werde. Die ‹Times› beteiligte sich gleichfalls an der Suche nach einer geeigneten Kandidatin. Bereits im Juli 1858 druckte sie eine Liste mit sieben jungen, protestantischen Prinzessinnen und sprach sich für Alexandra von Dänemark aus. Hätte damals jemand auf sie gewettet, wäre ihm fünf Jahre später ein hoher Gewinn zugefallen, denn es gab durchaus politische Gründe, die gegen diese Verbindung sprachen. Auch der zukünftige Bräutigam sträubte sich, erwarteten seine Eltern doch, daß er Alexandra nach der ersten, von der Schwester eingefädelten Begegnung 1861 in Speyer lieben würde. «Bertie» zögerte lange. Unter starkem Druck fügte er sich schließlich, erklärte den Eltern seine Liebe zu Alexandra, mit der er im September 1862, zu Gast bei Leopold I. in Brüssel, verlobt wurde. Die Hochzeit fand dann im März des folgenden Jahres in Windsor Castle statt.

Die Ehe als «trotz allem glücklich» darzustellen, wie das manche Biographen tun, fällt schwer. Sicher, Eduard und Alexandra wurden bis 1869 zwei überlebende Söhne und drei Töchter geboren. Das sicherte die Nachfolge. Die beiden ließen sich nicht scheiden, und sie etablierten einen gemeinsamen Haushalt in der Stadt (Marlborough House in Pall Mall) sowie auf dem Lande (Sandringham in Norfolk). Hier konnten sie ihren gesellschaftlichen Pflichten nachkommen. Eduard verbrachte auch immer wieder Zeit mit seiner Frau in Kopenhagen, im Kreise ihrer Familie, obwohl das dortige Hofleben europaweit als extrem langweilig bekannt war. Das englische Königspaar vernachlässigte seine dynastischen Beziehungen nicht. Über die Coburger, das dänische Haus und die Verheiratung ihrer Tochter Maud besaßen sie ein weites Netz, das Eduard den zeitgenössichen Titel eines «Onkels von Europa» einbrachte. Alexandra begleitete ihren Mann auch auf manchen, beileibe nicht allen Reisen ins Ausland und empfing gemeinsam mit ihm fremde Gäste. Das Königspaar erfüllte seine staatspolitischen Repräsentationsaufgaben mit Eleganz oder, wie es des Königs stellvertretender Privatsekretär 1907 gegenüber einem Franzosen ausdrückte, indem er das englische Paar mit dem französischen Präsidentenpaar verglich: «Was können Sie erwarten? Die Ihren sind Amateure und die Unseren sind Professionelle in diesem Spiel.» Das Bild einer in mehrfacher Hinsicht – dynastisch, gesellschaftlich, staatspolitisch – funktionierenden Königsfamilie aufrechtzuerhalten, war also wohl möglich. Die ‹Times› konnte daher 1888, damit zugleich wieder die bürgerlichen Erwartungen anmahnend, auf den Beitrag der Prinzessin und des Prinzen von Wales zu «der großen Religion der Familie» verweisen. Dennoch, auf der persönlichen Ebene waren die Beziehungen zwischen den Ehepartnern gestört.

Eduard knüpfte im Laufe seines Ehelebens eine ganze Kette von Frauenbekanntschaften: Viele kurzfristige sexuelle Kontakte – hierin lag eine der Attraktionen von Paris – wurden ihm nachgesagt, aber er ging auch drei langfristige, intime Freundschaften ein. Die erste hatte er mit der

Schauspielerin Lillie Langtry. Die zweite ernsthafte Freundschaft pflegte Eduard mit Lady Brooke, der späteren Countess of Warwick, in den 1890er Jahren. Prinzessin Alexandra zeigte ihr gegenüber deutlich weniger Toleranz als bei anderen Freundinnen ihres Mannes, denn die Wahl einer Dame aus der Gesellschaft bedeutete, daß Eduards Liebschaft sich mehr oder weniger vor ihren Augen in den Kreisen, in denen sie selbst verkehrte, abspielte. Die letzte Freundschaft Eduards hielt bis zu seinem Tod: Alice Keppel, die neunundzwanzigjährige Frau des Hon. George Keppel, eines jüngeren Sohns des Earl of Albemarle, der als gehobener Verkäufer sein Geld verdienen mußte, begegnete dem Prinzen erstmals 1898. Sie sollte seitdem immer wieder dort auftauchen, wo Eduard sich aufhielt, bei den Wochenenden auf den aristokratischen Landsitzen, seinen verschiedenen Reisen in Europa und seinem jährlichen Aufenthalt in Biarritz. Gelegentlich diente sie dem ‹Foreign Office› als diskreter Kommunikationskanal zum König. Königin Alexandra schien sich mit ihrer Existenz abgefunden zu haben. Daß bei ihr keine Verletzungen auftraten, ist unwahrscheinlich. Alexandra und der Thronfolger verhielten sich gegen Mrs. Keppel zwar stets höflich, «ihre Gegenwart war aber den höchsten Herrschaften nichts weniger als angenehm». Daraus machte George V. in vertraulichen Gesprächen mit dem österreichischen Botschafter Mensdorff kein Hehl. Als der König im Sterben lag, bestand Mrs. Keppel darauf, in sein Zimmer eingelassen zu werden. Alexandra gewährte ihr Zutritt; Eduard war aber bereits bewußtlos, so daß er seine Geliebte nicht mehr erkannte. Sie kehrte später noch einmal zum Buckingham Palast zurück, wurde nun jedoch nicht mehr eingelassen, denn der Thronfolger mißbilligte ihren Versuch, in den Kreis der Familie um den sterbenden König einzudringen.

Die Familienbeziehungen Eduards waren gespannt. Unter den Bedingungen des 19. Jahrhunderts blieben die Störungen indes weitgehend Teil seines privaten, nicht öffentlichen Lebens. Sowohl mit seinen Eltern als auch mit seiner Frau ereignete sich keine persönliche Krise, die nicht durch elterliche Disziplin, kindlichen Gehorsam, eheliche Leidensbereitschaft oder kompensatorisches Verhalten der Partner aufgefangen worden wäre. «Bertie» erfüllte seine Familienrolle letztlich so, daß ihre öffentliche Seite keinen schweren Schaden nahm. Der aristokratischen und extrem reichen Gesellschaft sowie den diplomatischen Kreisen boten seine Familien- und Ehebeziehungen viel Gesprächsstoff. ‹Die bessere Gesellschaft› behielt diese für sie keineswegs neuartigen Vorfälle innerhalb der Grenzen ihrer beschränkten Öffentlichkeit gewöhnlich für sich. Als Prinz von Wales bewegte sich Eduard allerdings auf einem schmalen Grat. Mehrfach gefährdete er durch seine Verwicklung in Skandale die Vorbildfunktion, die ihm die bürgerliche Gesellschaft Großbritanniens zuschrieb. Sein Verhalten war nicht ungefährlich für die britische Monarchie.

## II. Der Monarch in der Gesellschaft

Geburt und Taufe, Erziehung und Heirat, spektakuläre Reisen: das waren die Gelegenheiten, bei denen der junge Prinz von Wales im Lichte der Öffentlichkeit stand und Gelegenheit bot, über ihn zu reden oder zu schreiben. Die gesamte britische Gesellschaft nahm erneut großen Anteil an seinem Dasein, als er 1871 lebensbedrohlich an Typhus, der Krankheit, an der sein Vater zehn Jahre zuvor gestorben war, erkrankte. Seine Rettung vor dem Tod wurde mit einem nationalen Tag der Danksagung am 27. Februar 1872 gefeiert. Am Gottesdienst in der St. Paul's Kathedrale nahmen Eduard, Alexandra und die Königin teil. Der Dekan Stanley, sein ehemaliger Lehrer in Oxford, nutzte die Gelegenheit in doppelter Hinsicht: zum einen, indem er von der Chance des Prinzen sprach, sein Leben zum zweiten Mal zu beginnen, zum anderen, indem er seine Predigt mit einem Appell für die Restauration der Kathedrale schloß. Beides wies auf die unterschiedlichen Rollen hin, welche die Monarchie in der Gesellschaft spielte.

Der Aufruf zur Pflege des Kirchengebäudes war nicht ungewöhnlich, denn das Königshaus stellte den Angelpunkt der freien Wohlfahrtspflege im Lande dar. Die königlichen Familienmitglieder übten diese Funktion aktiv durch Geldspenden aus, aber auch passiv, indem sie sich als Schutzpatrone für bestimmte Vorhaben zur Verfügung stellten und so den verschiedenen Projekten einen Glanz verliehen, der andere zur Nachahmung animieren sollte. Als König war Eduard VII. der Schutzherr von 250 *Charities* und spendete ca. £ 9000 im Jahr an Wohlfahrtseinrichtungen. Er stand damit in einer langen Tradition, aus der er trotz seiner eigenen prekären Finanzlage nicht ausbrach. Die genannte, aus der Sicht der Empfänger beträchtliche Summe war ebenso hoch wie die, welche Königin Victoria ausgab, Eduard verteilte sie nur auf eine größere Zahl von Einrichtungen. Im übrigen nahm er durch seine Zuchtpferde mehr ein, als er für wohltätige Zwecke spendete. Durch *charity* konnten Untertanen königliche Ehren erlangen. Der Lebensmittelhändler Thomas Lipton aus Glasgow beispielsweise spendete 1897 £ 25 000 (etwa 2,4 Millionen Mark in heutiger Währung) an den Prinzessin-Alexandra-Fond für die Speisung der Londoner Armen. Das brachte nicht nur Werbung für sein Unternehmen. 1898 wurde er, auf die persönliche Bitte der Prinzessin von Wales hin, zum Ritter geschlagen. *Charity* sicherte und verbesserte den gesellschaftlichen Status, sie band auch, wie Ordens- und Ehrenverleihungen generell in einer monarchischen Gesellschaft, die Spender an das Königshaus. Eduard VII. weitete den Kreis derjenigen, die auf diesem Weg zu Ehren kommen konnten, in sozialer Hinsicht aus, allerdings in einer bis heute für die englische Monarchie charakteristischen, hierarchisch gegliederten Weise. Sozial niedrig Gestellte konnten lediglich die niedrigen Ordensklassen erhalten, auch wenn sie mehr als höher Plazierte leisteten, denen die oberen Ränge der Ehrenmedaillen vorbehalten blieben.

Der König stand über der Parteipolitik, wie es schien, doch war das Engagement der Monarchie für die freie Wohlfahrt in der Regierungszeit Eduards VII. keineswegs unpolitisch. In den Jahrzehnten vor dem Ersten Weltkrieg war diese Form der sozialen Sicherung nämlich umstritten, weil sie als ineffizient und unzureichend galt. Staatliche Sozialpolitik befand sich in der politischen Diskussion und in der Gesetzgebung der Zeit auf dem Vormarsch. Die monarchische Wohlfahrtspolitik stärkte nun dagegen die hergebrachte Form freiwilliger Fürsorge, indem sie sich mit den konservativen Kräften in der Gesellschaft verband, die sich in den unzähligen Einrichtungen der freien Wohlfahrtspflege organisierten. Diese Stellungnahme der Monarchie geschah durchaus bewußt. Die Berater des Königs sahen im sozialen Engagement der Krone einen Beitrag zum Kampf gegen «Sozialismus», staatlichen «Zwang» und unpersönliche Bürokratie. Sie glaubten damit gleichzeitig der Kritik am britischen Empire begegnen zu können, das in ihren Augen eine gemeinschaftsstiftende, individuelle Opferbereitschaft fördernde Wirkung ausübte. Die Krone verhielt sich unter Eduard VII. gesellschaftspolitisch nicht neutral.

Die zweite Anspielung des Dekans in der Kathedrale von St. Paul's aus dem Jahre 1872, daß Eduard eine Chance erhalten habe, sein Leben neu zu beginnen, konnte als Mahnung interpretiert werden, der Prinz von Wales möge seine Funktion als moralisches Vorbild für die Gesellschaft wahrnehmen. Diese Rolle schien mit «Bertie» nämlich falsch besetzt. 1870 war der Prinz von Wales als Zeuge in einem Scheidungsfall vor Gericht geladen worden. Die Befragung des Prinzen von Wales verlief schonend, die Königin selbst hatte über ihren Privatsekretär beim Richter Zurückhaltung angemahnt. Der Prinz entging dennoch nicht der Kritik: Er wurde von der Menge mehrfach ausgezischt, bei einem öffentlichen Diner in der City antworteten die Gäste auf den Toast «Auf den Prinzen von Wales!» mit dem Ruf «Auf die Prinzessin!», und das radikalliberale Blatt ‹Reynold's Newspaper› suggerierte am 20. Februar 1870: «solch ein Mann, in der Position, in der er sich befindet, sollte nicht nur aus der anständigen Gesellschaft verstoßen werden, sondern er ist auch völlig unfähig und unwürdig, über dieses Land zu herrschen.» Eduard hatte die Regeln der bürgerlichen Gesellschaft gebrochen, anstatt sie durch sein Vorbild zu festigen.

Die britische Monarchie sah sich am Ende der 1860er Jahre Angriffen von mehreren Seiten ausgesetzt, denn auch die Königin erfüllte durch ihre Zurückgezogenheit nicht, was von ihr erwartet. wurde. Das Verhalten des Prinzen von Wales erhielt deshalb so große Aufmerksamkeit, weil es nicht den herrschenden Moralvorstellungen der bürgerlichen Zeit entsprach und er als Thronfolger leichter angreifbar war als die

Monarchin selbst, über die als Trägerin der Krone und als Frau nur in engen Grenzen gesprochen werden durfte. Eduard zog vor seiner Thronbesteigung republikanische Kritik auf sich, die in den 1870er Jahren einen Höhepunkt erreichte. Ihm galten aber auch moralische Vorwürfe, die sowohl generell erhoben wurden wie auch gegen die Aristokratie gerichtet waren. Als Zielscheibe eignete sich der Prinz von Wales nur zu gut, denn sein Lebenswandel entsprach nicht dem eines rechtschaffenen und gesitteten Briten.

Es ging in den öffentlichen Debatten gar nicht darum, was der Prinz konkret getan hatte, sondern um die Umgebung, in der er sich aufhielt. Sehr scharfe und grundsätzliche Angriffe kamen vor allem aus den strenggläubigen nonkonformistischen Kreisen des Landes, die zur Zeit des Tranby-Croft-Skandals von 1890/91 gerade in Versammlungen des hundertjährigen Todestages John Wesleys, des Mitbegründers der Methodistenbewegung, gedachten. Ein Prediger in Leeds etwa mahnte als Gegenleistung für die Loyalität zur Krone «ein Recht» an, «verlangen zu dürfen, daß der zukünftige König von England ein aufrechtes Beispiel gibt, und er die Gesetze des Landes befolgt, von denen er erwartet, daß seine Untertanen sie respektieren». Es ging um die moralischen Gesetze des Landes, die mit Kartenspiel, Wetten beim Pferderennen, Alkoholkonsum und den sagenumwobenen Wochenenden auf den aristokratischen Landhäusern verletzt würden. Der Unmut beschränkte sich nicht nur auf die besonders frommen Kirchenkreise. In den seriösen Zeitungen tauchten, auch in dieser Zeit, immer wieder Gerüchte über die hohen Schulden auf, die der Prinz mache, um seinen aufwendigen, exzessiven Lebensstil aufrechtzuerhalten. Der Thronfolger hatte eine denkbar schlechte Presse und erfüllte überhaupt nicht, was der Journalist Walter Bagehot 1867 bereits reklamierte: «Wir haben uns daran gewöhnt, die Krone als das Haupt unserer *Moralität* zu betrachten.» Bagehot nannte den Prinzen von Wales nicht beim Namen, aber er erinnerte an Georg IV., der «ein Muster des Gegenteils häuslicher Tugend» gewesen war. Wer das in der zweiten Hälfte des 19. Jahrhunderts las, mußte unweigerlich an Eduard denken.

Der Prinz von Wales wurde 1891 von konservativen Presseorganen gemahnt, er sei bei der Wahl seines Freundeskreises, der «natürlicherweise nur ein außergewöhnlich begrenzter» sein könne, «einzigartig unglücklich» gewesen – ein Vorwurf, den seine Mutter schon 1865 nicht moralisch, sondern politisch begründet formuliert hatte, als sie ihm schrieb: «Du hast schon 2 Besuche bei Lord Leicester absolviert & Du gehst wieder da hin, wo Du bereits warst & es wird häufig bemerkt, daß Du so wenig ruhig zu Hause bist, & so viel herumgehst & ich kann nicht verhehlen, daß ich glaube, 2 oder drei Besuche *pro Jahr* sind durchaus genug & besonders würde ich nicht dieselben Leute jedes Jahr besuchen, noch würde ich zu denselben *in London* & *auf dem Lande* gehen, denn das stellt Dich sofort in eine freundschaftliche Beziehung und macht Deine Besuche nicht länger zu einer Ehre & einer Auszeichnung.» Der Prinz von Wales etablierte in der Tat ein anderes Verhältnis zur gesellschaftlichen Führungsschicht als seine Mutter. Während sie sich zu Lebzeiten Prinzgemahl Alberts ausschließlich im Kreis der respektablen Hocharistokratie bewegte, öffnete Eduard den Zugang zu seiner Umgebung für manche schillernde Figur des britischen Adels, reichgewordene Geschäftsleute, jüdische Bankiers und Personen aus der Diplomatie sowie natürlich für attraktive Frauen. Nach dem Stadtpalast des Prinzen sprach man vom ‹Marlborough House set›, dessen flotte und verschwenderische Lebensweise gleichzeitig Bewunderung und Ablehnung hervorrief.

Bei aller bürgerlichen, moralischen Kritik, die während der Kronprinzenzeit geäußert wurde, leistete Eduard mit seinem Lebensstil dennoch etwas. Nicht nur bot er unwillentlich gleichsam eine Negativfolie für die Verbreitung viktorianischer Moral, sondern seine Empfänge und Festlichkeiten, die einen weiteren Kreis als nur die engen Bekannten bedienten, schufen eine Art Ersatz-Hof. Das war nicht wie in früherer Zeit ein Gegenstück zu dem der regierenden Monarchin, wo sich eine Kronprinzenpartei hätte sammeln können, sondern tatsächlich der einzige, für gesellschaftliches Leben verfügbare königliche Hof, nachdem Viktoria seit dem Tod ihres Gemahls ihren eigenen in dieser Hinsicht völlig vernachlässigte. Der Hof spielte in Großbritannien zwar nicht die soziale Rolle, die er etwa in den deutschen Staaten noch ausfüllte, weil die englische aristokratische Gesellschaft sich auch selbst genügte. Eduard und Alexandra vermochten aber während der langen Kronprinzenzeit den königlichen Hof als *ein* Element des sozialen Lebens zu erhalten und ihn während ihrer Regierungszeit wieder in größerem Umfang weiterzuführen. Eduard VII. verbreiterte damit im Vergleich zu seiner Vorgängerin diejenige soziale Basis der Monarchie, die auf dem persönlichen Kontakt mit dem Träger der Krone beruhte. Die potentielle Gefährdung durch eine weitgehende Isolierung von allen Teilen der Gesellschaft, wie sie Königin Viktora praktizierte, wurde gebannt.

In seiner persönlichen Umgebung lockerte Eduard VII. das bei seinen Eltern vorherrschende steife Zeremoniell etwas auf, war aber dennoch genau auf die Einhaltung aller Formen, die seine prinzliche oder königliche Würde unterstrichen, bedacht. Er scheint im persönlichen Umgang ein über Autorität gebietender Mensch gewesen zu sein. Dennoch verstand er es, seinem Gegenüber und besonders seinen Bekannten und Freunden die Scheu zu nehmen. Man konnte sich offenbar in Anwesenheit des Prinzen und auch noch des Königs recht ungezwungen fühlen. Diese gewisse Informalität verleitete jedoch leicht zum Fehltritt. Bei seinem Hofstaat und seinen Gästen achtete Eduard beispielsweise, in an Zwanghaftigkeit grenzender Manier, peinlich genau auf korrekte

Kleidung. Er selbst wechselte dem Anlaß entsprechend mehrfach am Tage die Kleidung. Er reagierte auf Dinge, die ihm mißfielen, häufig impulsiv, wetterte ungehalten gegen die Verursacher seines Ärgers, so daß sein Privatsekretär und andere Sprachrohre des Königs immer wieder gezwungen waren, seine Äußerungen in der Form zu mäßigen.

Für einen gewissen Teil der wohlhabenden Schichten wurde Eduard VII. zur gesellschaftlichen Führungsfigur. Das reichte von der Kopfbedeckung (dem sogenannten Homburg) über den Besuch von Kurorten (Bad Homburg, Marienbad und Biarritz) bis hin zur Gründung eines neuen Londoner Clubs (Marlborough-Club, 1869–1952), in dem das Rauchen weniger eingeschränkt war als in anderen Häusern. Die Verbreitung des persönlichen Lebensstils war dabei nicht so sehr Sache des Monarchen selbst, seine Gewohnheiten wurden vielmehr von anderen benutzt, um bestimmte Produkte zu vermarkten. Dem König wurde beispeilsweise 1903 und 1905 die Schirmherrschaft über die Automobilausstellung angetragen, und der ‹Automobile Club› erhielt 1907 das Prädikat ‹Royal›. Der Probst von Tepl in Böhmen versprach sich durch die regelmäßige Anwesenheit des englischen Königs Reklame für den Tourismus in Marienbad, wo sein Stift ausgedehnten Grundbesitz besaß. Eduard schuf keine Moden, sondern sie wurden nach ihm kreiert. In der Breitenwirkung sollte Eduards soziale Führungsrolle nicht überschätzt werden. Weder die Aristokratie folgte dem ‹fast life› der Marlborough-Gruppe geschlossen, geschweige denn die gesamte britische Gesellschaft. Nicht jeder fand Gefallen daran, gemeinsam mit Freunden an einem Tag 3000 Hasen abzuschießen. Nicht jeder konnte es sich leisten, auf den Ausgang eines Tennisspiels von Freunden £200 (in heutiger Währung 8000 Mark) zu setzen – und zu verlieren. Die endlose Kette von Besuchen auf englischen oder schottischen Landsitzen, bei denen die von Eduard VII. sehr geschätzten ‹practical jokes› gemacht wurden (man mischte zum Beispiel Seifenstücke auf der Käseplatte unter), deutet eher auf ein gründlich langweiliges Leben hin. Eduard sammelte eine gemischte Gruppe extrem wohlhabender Männer und Frauen um sich, damit es zumindest kurzweilig ablief.

Als König war er gegen die offene Kritik, die er in seiner langen Kronprinzenzeit auf sich zog, geschützter, weil die Konventionen das Reden über ihn beschränkten. Auch war sein Lebensstil mit 59 Jahren etwas gesetzter geworden. Das schlug sich allerdings nicht in örtlicher Ruhe nieder. Sein Jahresablauf sah gewöhnlich wie folgt aus: Anfang des Jahres nahm er an der feierlichen Eröffnung des Parlaments teil; im Frühjahr besuchte er Biarritz, auf der Hin- oder Rückreise mit Aufenthalt in Paris; im Anschluß kreuzte er durchs Mittelmeer; im April stand Familienbesuch in Kopenhagen an; im Juni brachten das Derby und Ascot angenehme Unterhaltung; Juli und August sahen ihn auf verschiedenen Landsitzen der britischen Inseln und in Cowes zur Segelregatta; im September erholte er sich in Marienbad; ‹shooting› fand im Oktober auf Balmoral statt; in den letzten beiden Monaten des Jahres hielt er sich in Windsor oder London auf, zu Weihnachten und Neujahr immer in Sandringham.

Eduard VII. lebte fast bis zum letzten Atemzug seinen Vergnügungen und blieb seinem umstrittenen gesellschaftlichen Image bis zum Todestage treu: Von seinem Frühjahrsaufenthalt in Biarritz nach London zurückgekehrt, erkrankte er am 2. Mai 1910 wieder an der in den letzten Jahren häufiger aufgetretenen Bronchitis. Am 6. Mai nachmittags brach der geschwächte König zusammen, eine Reihe von Herzinfarkten folgte, und um 23.45 Uhr verstarb er. Am selben Nachmittag noch hatte das Pferd Eduards «Witch of the Air», nachdem es nach ausdrücklicher Rückfrage beim Palast zum Start geführt worden war, gegen den Favoriten in Kempton Park ein Rennen gewonnen. Als sein Sohn ihm die Nachricht gegen 17 Uhr überbrachte, sagte der König: «Ja, ich habe davon gehört. Ich bin sehr erfreut.»

## III. Der Monarch in der Politik

Fast wäre die Regierungszeit Eduard VII. noch viel kürzer gewesen, als sie ohnehin war. Die Krönungsfeierlichkeiten waren für den 26. Juni 1902 geplant. Sie sollten, ganz im Stile der zeremoniellen Monarchie, wie sie sich mit den beiden Regierungsjubiläen Königin Viktorias 1887 und 1897 auch in England wieder auszuprägen begann, großartig inszeniert werden. Die Sondergesandtschaften fremder Souveräne reisten an, das Empire war durch Delegationen aus allen seinen Teilen prominent repräsentiert. Zwei Tage vor Beginn wurde das monarchische Fest plötzlich verschoben: Der König litt unter einer akuten Blinddarmentzündung und mußte sofort operiert werden. Eduard war über 60 Jahre alt, als er sich dieser Operation, die damals noch keine Routine war, unterzog. Er überstand sie überraschend gut, so daß die Krönung am 9. August 1902 mit großem Pomp gefeiert werden konnte. Eduard VII. war gewissermaßen zum dritten Mal sein Leben, diesmal sein politisches, geschenkt worden.

Er hatte sehr lange darauf warten müssen. Königin Viktoria gewährte ihrem Sohn nicht nur kein Mitspracherecht im politischen Entscheidungsprozeß, sie ließ bis 1895 (!) nicht einmal zu, daß der Thronfolger durch Aktenumlauf Einblick in die Staatsgeschäfte gewann. Premierminister Gladstone hatte 1872 erfolglos versucht, die Königin dazu zu bewegen, dem arbeitslosen jungen Mann eine Aufgabe, sei es in Indien oder in Irland, zuzuteilen. Viktoria überließ ihrem Sohn nur Reisen, bei denen er entweder sie gegenüber fremden Souveränen vertrat, wie in Rußland 1866, 1874, 1881 und 1894, oder bei deren andere seine Königliche Hoheit für ihre Zwecke als nützlich erachteten, wie etwa die Regierung Disraeli, die seine Reise nach Indien 1875/76 zur Demonstration des Zusammenhalts im Empire anregte. Ferner durfte Eduard als Prinz von Wales zahllosen Eröffnungen von Gebäuden und Einrichtungen verschiedenster Art vorstehen. Er übernahm also lediglich einen Teil der Repräsentationspflichten, welche die Königin nicht mehr geneigt war, persönlich auszuüben.

Seit den 1880er Jahren beobachtete Eduard mit reger Anteilnahme die Regierungsbildungen, bei denen einige seiner guten Bekannten Minister- oder Staatssekretärsposten erhielten (Earl Granville, Sir Charles Dilke, Joseph Chamberlain, Lord Randolph Churchill, Earl Cadogan, Marquis of Londonderry, Lord Charles Beresford und Earl of Rosebery). Auf informellem Wege war er nun über die hohe Politik wenigstens ausschnittweise informiert. Gladstone erreichte dann 1892 bei der Königin, daß er dem Prinzen von Wales über die Entschließungen des Kabinetts Mitteilung machen durfte. 1895 endlich wurde ihm von Viktoria ein Schlüssel überlassen, damit er die außenpolitischen Dokumente, die zwischen den Ministern zirkulierten, einsehen konnte. Wirkliche Erfahrung mit dem politischen Entscheidungsprozeß und dem Geschäftsgang der britischen Regierung konnte der Prinz bis zu seiner Thronbesteigung nicht sammeln.

Kennzeichnend für die lange Kronprinzenzeit war der informelle, persönliche Zugang zu Informationen gewesen. Während seiner Amtszeit nahm sein Einfluß auf die Regierungsgeschäfte einen ähnlichen Charakter an. Der König erhielt nun zwar regelmäßig den Bericht des Premierministers über die Kabinettssitzungen. Im Unterschied zu seiner Mutter, die darauf fast immer detailliert in schriftlicher Form reagierte und die Regierungsgeschäfte ständig kritisch kommentierte, nahm Eduard VII. aber die Information meist kommentarlos an, gelegentlich nur äußerte er sich in einer Audienz mündlich dazu. Der König besaß offenbar zu vielem keine Meinung oder war nicht festgelegt in seiner Haltung. Generell war seine Einstellung konservativ, die Ordnung der Dinge sollte möglichst so bleiben, wie sie war. Dennoch existierte so etwas wie ‹die Meinung des Königs›. Eduard hielt sich selten zurück, wenn er zu konkreten Gegenständen wirklich Stellung beziehen wollte. Formfragen, die häufig die Darstellung seiner monarchischen Würde und den dafür reklamierten persönlichen Entscheidungsfreiraum betrafen, gehörten zu den öfter diskutierten Themen.

Die Art und Weise, wie sie vermittelt wurde, prägte allerdings ganz entscheidend die Wirkung der ‹Meinung des Königs›. Es gab zwei Wege, die intensiver genutzt wurden als unter Königin Viktoria. Eduard besaß eine Reihe von Freunden oder guten Bekannten unter den Ministern und Beamten. Hierzu zählte u. a. Admiral Sir John Fisher, der sich im Streit mit Admiral Lord Charles Beresford um die Marinerüstung gegen das Deutsche Reich der Unterstützung des Monarchen bediente. Die soziale Herkunft der Admiralitätsführung war so privilegiert, daß gute Beziehungen zum König ein entscheidendes Gewicht in politischen Auseinandersetzungen auf Kabinettsebene ausüben konnten. Ein weiterer Vertrauter des Monarchen war Viscount Esher. Dieser hatte sich schon unter Queen Victoria im königlichen Umkreis bewegt; er hatte als Beamter im *Office of Works* das Jubiläum von 1897 organisiert und ihr Begräbnis wie auch die folgende Krönung in Szene gesetzt. Unter Eduard VII. gelangte er in mehrere wichtige Untersuchungsausschüsse, die sich mit der Reform von Armee und Kriegsministerium befaßten; 1905 wurde er permanentes Mitglied des *Commitee of Imperial Defence* (Reichsverteidigungsrat). Esher galt als Mann hinter den Kulissen, als Sprachrohr des Königs, als jemand, auf den der König hörte. Er war für Eduard VII. derjenige, welcher ihm sagte, was verfassungsmäßige Praxis im Verhältnis zwischen König und Regierung war. Mit seinem Wissen aus der Zeit Königin Viktorias (Esher gab 1907 eine offizielle Auswahl ihrer Briefe heraus) stärkte er Eduards Bestreben, die Rechte der Krone gegenüber dem Kabinett nicht schmälern zu lassen. Mit Hilfe seiner persönlichen Beziehungen war Eduard VII. somit in der Lage, seine Meinung indirekt kundtun zu lassen. Seine Vertrauensmänner hingegen konnten aufgrund ihres engen Kontakts sowohl ihre eigene Position aufwerten als auch vorausgreifend annehmen, was denn die Ansichten des Monarchen zu bestimmten Fragen sein würden. Die Minister wußten umgekehrt, daß mit Hilfe der Männer des Königs auf den Monarchen einzuwirken war.

Der zweite Weg, um ‹die Meinung des Königs› zu vermitteln, waren die Privatsekretäre. Sir Francis Knollys übte seit 1870 das Amt des Sekretärs beim Prinzen von Wales aus; ihm wurden mit dem Regierungsantritt zwei Offiziere (Colonel Arthur Davidson und Captain Sir Frederick Ponsonby) als Gehilfen zur Seite gestellt. Der offizielle Kontakt zum König lief in der Regel über die Schreibpulte dieser Privatsekretäre: sie faßten häufig die Antworten des Königs in schriftliche Form – bei der impulsiven Art des Königs zu reagieren eine verantwortungsvolle Aufgabe. Sie selektieren aber auch die Informationen, die an den König gelangten. Während des Konflikts zwischen Liberaler Regierung und Konservativem Oberhaus beispielsweise erfuhr Knollys im Dezember 1909 von Überlegungen des Kabinetts, der Krone das Recht zur Erhebung in den Peers-Stand zu nehmen. Alternativ plante man, vom König eine Garantie zu verlangen, daß er genügend Liberale ‹Peers› schaffen würde, damit der Haushalt das Oberhaus passieren könne. Knollys entschied, dies Eduard VII. nicht wissen zu lassen, «weil es ein Fehler wäre, ihn noch mehr gegen seine Minister einzunehmen». Diese Art von Informationspolitik sollte den König, so gut es nur ging, aus dem Parteienstreit heraushalten – eine Entscheidung vermutlich im Sinne des Erhalts der Monarchie, die allerdings nicht von Eduard VII. selbst getroffen wurde.

Die Umgebung des Königs glaubte, daß die Krone mehr und mehr aus ihrer rechtmäßigen Stellung verdrängt werde. In der Verfassungskrise von 1909/10 sprach man von Rücktrittsabsichten des Königs, falls die Forderungen der Liberalen Regierung zu unverschämt ausfielen. Das war eine ‹Meinung des Königs›, die nicht nachweisbar aus seinem Mund stammte, sondern von den Männern in seiner unmittelbaren Nähe fabriziert worden war. Generell achteten Eduard VII. und seine Berater darauf, daß seine Rechte nicht offen vermindert wurden, sondern die konstitutionellen Formen zumindest äußerlich gewahrt blieben. Der König bestand etwa darauf, daß die Minister erst ihn über wichtige Entscheidungen informierten, bevor sie sie öffentlich bekanntmachten. Die Anzahl ministerieller Entschuldigungen zeugen von Eduards steter Defensive, aber auch von der andauernden Verletzung seines Anspruchs. Jenseits der internen Beziehungen zur Regierung konnte er seine Stellung ohnehin nicht ausweiten. Als er im April 1906 Asquith von England nach Biarritz kommen ließ, um ihn mit der Kabinettsbildung zu beauftragen, reagierte die britische Presse pikiert. So etwas war noch nicht vorgekommen, daß der Monarch diese Zeremonie in einem ausländischen Hotel vollzog. Die Times nannte es «ein unpassendes und gefährliches Abweichen vom Herkommen». Eduard hatte einen für ihn ungewöhnlichen Formfehler begangen. Die Botschaft, die er damit aussandte, hinterließ einen für die Stellung der Monarchie gefährlichen Eindruck: Ihm schien seine persönliche Bequemlichkeit wichtiger als die korrekte Bildung einer neuen britischen Regierung. Die kritische Reaktion der Öffentlichkeit zeigte sofort, daß selbst eine formale Ausdehnung königlicher Prärogativen nicht denkbar war. Der Premierminister küßte dem Monarchen bei der Amtsübergabe zwar die Hand, er sollte ihm aber nicht nachlaufen müssen.

Das Verhältnis Eduards VII. zu seinen leitenden Ministern war zwar nicht reibungslos, verlief aber ohne wirklich ernsthafte Zwischenfälle. Die Beziehung zu Lord Salisbury war von gegenseitigem Respekt gekennzeichnet. Mit dessen Schwiegersohn, dem Konservativen Premierminister Arthur Balfour (1902–1905), zankte der König sich häufig, ohne daß sie sich tatsächlich entzweiten. Freundlich gestaltete sich dagegen der Umgang mit dem Liberalen Sir Henry Campbell-Bannerman (1905–1909). Seinen Nachfolger, Herbert Asquith, empfand der Monarch als verschwiegen. Dessen Versicherungen, den König nicht mit schwierigen Dingen belästigen zu wollen, brachten ihn bei Eduard zu Recht in den Verdacht, daß er Informationen zurückhielt. Die Kabinettsberichte des Ersten Ministers hoben relativ Unwichtiges hervor, während sie strittige Angelegenheiten eher unterbelichteten.

Eduard VII. unterließ es nicht, die Regierungspolitik wie seine Mutter ‹privat› zu kritisieren, wenn sie ihm mißfiel. Er besaß allerdings nicht die Ausdauer seiner Vorgängerin und war nicht interessiert genug, um ihre

Form der detaillierten Stellungnahme im gleichen Maße aufrechtzuerhalten. Sein Vorgehen war eher indirekt: durch die Verbreitung der ‹Meinung des Königs›. Das hatte langfristige Konsequenzen für die Stellung des Monarchen im politischen Entscheidungsprozeß. Seine Vorgängerin war im Vergleich zu ihren kontinentalen Kollegen gewissermaßen nur eine ‹Monarchin zweiten Grades› gewesen, denn ihre Einflußnahme im politischen Entscheidungsprozeß war auf die kritische Reaktion der Regierungspolitik eingeschränkt. Ihre schriftlichen Kommentare waren nicht Teil des öffentlichen Diskurses, sie fanden gleichsam im Privaten zwischen ihr und dem Premierminister statt. Eshers Publikation von Viktorias Briefverkehr wirkte letztlich dahin, ihre Stellungnahmen nachträglich wieder öffentlich zu machen und damit auch das Recht Eduards VII. auf königliche Kritik zu bestärken. Viktoria konnte weder die Politik bestimmen (was ihre kontinentalen Kollegen im übrigen in der zweiten Jahrhunderthälfte persönlich auch immer weniger taten) noch ihre Minister entlassen. Eduard VII. war ebenfalls ein Monarch in der Defensive, der mehr reagierte als agierte. Dadurch daß er dies überwiegend in vermittelter Form tat, leitete er die Entwicklung zum ‹Monarchen dritten Grades› ein. Die innere Entmachtung der Monarchie in bezug auf die Regierungspolitik schritt weiter fort. Seinem Thronfolger Georg V. mangelte es an Persönlichkeit, um der ‹Meinung des Königs› ähnlichen Nachdruck zu verleihen wie sein Vater. Der Erste Weltkrieg veränderte die britische Politik dann so sehr, daß auch die indirekte Form monarchischer Einflußnahme immer unverbindlicher und damit im Rahmen des politischen Entscheidungsprozesses unwichtiger wurde. Unter Eduard VII., der im monarchischen Selbstbewußtsein noch ganz viktoranisch erscheint, besaß die Krone durch ihre Beziehungen zu den meist aristokratischen Politikern und Beamten und durch ihre unmittelbare Umgebung noch eine relativ wirksame Methode, um politisch reagieren zu können. In der Außenpolitik gab es sogar noch Möglichkeiten, auf einer bestimmten Ebene in begrenzter Weise zu *agieren*.

Das politische Hauptinteresse Eduards VII. galt den Beziehungen zwischen den europäischen Staaten. Er faßte sie in der für seine Zeit typischen Weise stark personalisiert auf und besaß gewisse Vorlieben und Abneigungen, auch hinsichtlich der verschiedenen Nationen. Bereits während seiner Kronprinzenzeit lernte er zahllose Persönlichkeiten kennen, denn seine Aufenthalte auf dem Kontinent oder im Mittelmeerraum führten ihn selbstverständlich an die Höfe vieler fremder Souveräne. Schon früh setzte die bis zum Lebenende anhaltende, rastlos erscheinende Reisetätigkeit ein. Man könnte Eduard in Anlehnung an eine Bezeichnung für den deutschen Kaiser Wilhelm II. durchaus den ‹Reiseprinzen‹ oder ‹Reisekönig› nennen. Eduard VII. war allerdings kein Diplomat: Er schloß keine Verträge ab oder nahm unmittelbar Einfluß auf ihre Verhandlungen. Als das Kabinett 1908 ausdrücklich wünschte, er möge bestimmte Themen bei seiner Begegnung mit Kaiser Wilhelm II. persönlich besprechen, ignorierte der König dieses Verlangen.

Eduard VII. wirkte in der internationalen Politik vor allem auf der Ebene symbolischer Handlungen. Durch Reisen zum richtigen Zeitpunkt an bestimmte Orte, durch öffentliche Begegnungen mit dieser oder jener Person, durch Gesten und Worte, die über die Medien verbreitet wurden: mit diesen Mitteln konnte der Monarch das Reden und Schreiben über die Beziehungen zwischen den Staaten anregen. In einer Zeit, in der die Kaiser und Könige zum Symbol nationalstaatlicher Außenpolitik geworden waren, übten die Amtsinhaber politische Wirkungen aus, auch wenn sie keine konkreten Verhandlungen miteinander führten. Eduard VII. eignete sich für Zuschreibungen im Sinne nationaler Repräsentation nach außen besser als Königin Viktoria, allein schon weil er ein Mann war. Er nahm zugleich – ähnlich wie seine kontinentalen Partner auch – einen gewissen Entscheidungsfreiraum in Anspruch. Der König ließ sich von seinen Regierungen nicht vorschreiben, wann er wohin reiste und wen er besuchte. Sein Nachfolger besaß diesen Freiraum schon nicht mehr. Die Minister gaben Eduard VII. zwar Ratschläge oder versorgten ihn mit Informationen. Ihr willfähriges Werkzeug wurde er dennoch nicht. Schwerwiegende Konflikte entstanden aus diesem monarchischen Anspruch gegenüber der parlamentarischen Regierung nicht, denn Eduards demonstrative Gesten befanden sich generell mit der Zielsetzung der Politiker im Einklang. Die symbolischen Handlungen des Königs hatten aber nicht nur beabsichtigte Folgen, und ihre Konsequenzen waren zudem nur bedingt kontrollierbar.

Das bekannteste Beispiel außenpolitischser Aktivität Eduards VII. ereignete sich 1903. In diesem Fall ergriff der König selbst die Initiative. Ihm schwebte schon lange vor, persönlich etwas zur Verbesserung der britisch-französischen Beziehungen beizutragen. Er entschloß sich daher, den französischen Präsidenten in Paris zu besuchen, und setzte die Planungen dafür sogar in Gang, bevor er seine eigene Regierung informierte. Das britische Kabinett sprach sich, als der König es konsultierte, nicht für das Unternehmen aus, besaß aber auch keinen überzeugenden Grund, es abzulehnen. Außenminister Lansdowne befürwortete den politischen Zweck, stand der demonstrativen Geste jedoch kritisch gegenüber, weil er nicht an einen erfolgreichen Ablauf glaubte. Die Reaktionen der französischen Presse und der Pariser Bevölkerung schienen nicht vorhersagbar. Bei seiner Ankunft wurde Eduard VII. tatsächlich zunächst kühl empfangen, was die Beobachter an unfreundlichen Zurufen ablasen, die dem Gast auf der Straße entgegenschallten. Es gelang dem Monarchen aber durch sein geschicktes Auftreten und die richtigen, in den Zeitungen verbreiteten Worte, das Klima völlig zu verändern. Als er wieder abreiste, rief das republikanische Paris «Vive notre bon Edouard!»

Eduards symbolische Handlung von 1903 wurde oft über-, aber genauso auch unterschätzt. Ohne die Rückendeckung seiner eigenen Regierung und ohne die französische Bereitschaft, ihn zum empfangen, hätte er gar nichts tun können. Die Politiker mußten der demonstrativen Geste einen gewissen Wert beimessen, damit sie wirken konnte. Falls bei einer solchen Reise nichts erkennbar schiefging, eignete sie sich, um der eigenen Wählerschaft eine bestimmte Politik zu verkaufen. Präsident Lobet und Außenminister Delcassé fiel es nach dem Besuch des englischen Königs leichter, ihr Ziel einer britisch-französischen Verständigung in Frankreich durchzusetzen. Die 1904 durch einen Vertrag zum kolonialen Interessenausgleich weiter gefestigte *entente cordiale* zwischen den beiden Ländern lag durchaus in der Logik der bündnis- und rüstungspolitischen Situation vor dem Weltkrieg. Eduard VII. beschleunigte durch seine eigenwillige Geste ihr Zustandekommen, indem er gleichsam die bereits geöffnete Tür ein Stück weit aufstieß. In anderen Fällen, wie zum Beispiel der englisch-russischen Konvention von 1907 über Persien, Afghanistan und Tibet, machten seine symbolischen Akte die Logik des Systems lediglich sichtbar: Der englische König bot den Politikern, Diplomaten und Zeitungsschreibern im Zeitalter geheimer diplomatischer Verhandlungen Gelegenheit, die Beziehungen zwischen den Staaten öffentlich zu definieren.

Kommentatoren aus dem In- und Ausland interpretierten die Besuche des englischen Königs jeweils, während die Minister und Diplomaten sich bemühen mußten, die von ihnen selbst gewünschte Deutung zu verbreiten. Im Falle Eduards VII. wichen die zeitgenössischen Urteile weit voneinander ab. Daß der englische König ein «Künstler der internationalen Politik» war, wie der russische Premierminister Stolypin es 1908 ausdrückte, dem stimmten vermutlich die meisten Zeitgenossen zu. Eduards Absicht war es, den europäischen Frieden zu sichern. Von einer Seite wurden seine Handlungen auch in dieser Richtung gedeutet. Französische Journalisten verliehen ihm 1904 den Titel ‹le roi pacificateur›. Auch in englischen Music Halls erlangte Eduard als Friedensstifter Popularität. 1909 sang man dort zum Beispiel: «There'll be no wo'ar / As long as there's a King like good King Edward / There'll be no wo'ar / For 'e 'ates that sort of thing! [...] Peace with 'Onner / Is his Motter / So God Save the King!» Auf der anderen Seite allerdings verdammte man Eduard VII. Der letzte russische und der letzte deutsche Kaiser bezeichneten den englischen König in ihrer Korrespondenz 1905 als «Erzintriganten und Unheilstifter» in Europa. Die deutsche Diplomatie fühlte sich von Eduards Reisetätigkeit und seinen weitgespannten dynastischen Verbindungen eingekreist. Dies scheint eine unbeabsichtigte Folge von Eduards Politik der symbolischen Akte gewesen zu sein. Den negativen Eindruck konnte er auch durch seine häufigen Begegnungen mit Wilhelm II. nicht wettmachen. Er war in gewisser Weise ein Gefangener seines eigenen Bildes.

Eduard VII. stand als Monarch nicht über der Politik. An der britischen Außenpolitik nahm er auf einer repräsentativen Ebene, die zu seiner Zeit ein wesentliches Element der internationalen Beziehungen war, aktiv teil. Der englische König war hier Partei im Rahmen der nationalstaatlichen Politik Europas. Sein Handeln konnte in der gespannten Lage vor 1914 daher kaum neutral wirken. Es gelang ihm gemeinsam mit der britischen Regierung nicht, die monarchische Besuchstätigkeit in überzeugender Weise friedensstiftend einzusetzen. In der britischen Innenpolitik, in der der König weder das gleiche Engagement zeigte noch einen ähnlichen Spielraum besaß, blieb ihm zu Lebzeiten eine vergleichbare Lage gerade noch erspart. Es ist nicht eindeutig, ob das Bemühen seiner Berater, die Krone aus der parteipolitischen Auseinandersetzung herauszuhalten, erfolgreich durchgehalten worden wäre, hätte Eduard VII. länger gelebt. Die inneren Spannungen Großbritanniens waren so groß, daß der König zumindest nach seinem Tod für die bitteren Auseinandersetzungen zwischen den Parteien herhalten mußte. Am 24. Juni 1911 schrien unnachgiebige Konservative Abgeordnete im Unterhaus den Liberalen Premierminister Asquith nieder. Sie hetzten gegen ihn mit der infamen Frage: «Wer hat den König umgebracht?» Ihre Anhänger sollen auf den Straßen den Liberalen die Antwort präsentiert haben: «Ihr habt den König umgebracht!»

## IV. Das edwardianische Zeitalter

Mit dem Tod Viktorias wollten manche zeitgenössischen Beobachter eine neue Ära beginnen lassen. Die Benennung «edwardianisches Zeitalter» proklamierte also noch einmal die Abkehr vom vorhergehenden, von dem sich die soziale, kulturelle und politische Entwicklung schon vor der Jahrhundertwende getrennt hatte. Es schien nahezuliegen, die neue Zeit, noch ganz traditionell, wenn schon nicht nach der Dynastie, dann wenigstens nach dem Monarchen zu benennen. Warum war das aber möglich? Eduard VII. eignete sich aufgrund seiner Lebensweise, seiner Stellung und seines Handelns vorzüglich als Projektionsfläche für gesellschaftlich-politische Debatten. Er war zeit seines Lebens umstritten, so daß sich an ihm fromme Eiferer, bürgerliche Moralisten, republikanische Kritiker und fremde Regierungen reiben konnten. Durch einen Angriff auf ihn ließen sich eigene Ziele und Vorstellungen gut vermitteln. In diesem Sinne stand er im Brennpunkt zeitgenössischer Konflikte. Der englische König eignete sich gleichfalls für positive Zuschreibungen – vor allem nach seinem Tod. Ihn als nationales Symbol in der europäischen Politik zu sehen bedurfte keiner großen Anstrengung, denn Eduard VII. unterstützte dies durch sein sichtbares Handeln. Ihn zum Repräsentanten des englischen Nationalcharakters zu stilisieren erforderte größere Anstrengung. Es wurde dennoch, nicht ohne Erfolg, versucht. Die Zeitschrift ‹New Age› schrieb am 12. Mai 1910 anläßlich seines Todes: «Keiner seiner Untertanen war tatsächlich jemals typischer englisch, und kein König wurde jemals dazu veranlaßt, sein Volk besser [...] zu symbolisieren. [...] Seine Liebe zum Sport, seine Abneigung gegen die Ästhetik, seine Reiselust und sein Drang, sich unter Männer von Welt zu mischen, seine Indifferenz gegenüber Wissenschaftlern und Studenten, seine Liebe zum Vergnügen und seine strenge Pflichterfüllung teilte die große Mehrheit seiner Untertanen. Diese Qualitäten wurden verstanden und geschätzt, gerade weil sie gewöhnlich waren; und in ihrer vergrößerten Form machten sie aus Eduard den populärsten und repräsentativsten König, der vielleicht jemals auf einem modernen Thron saß.» Die hier deutlich erkennbare Absicht, Eduard VII. zum *englischen* König zu formen, wurde von verschiedenen Seiten seit seiner Geburt im Jahre 1841 bis über den Tod hinaus immer wieder verfolgt, sosehr er selbst dies auch durch sein tatsächliches Leben häufig erschwerte. Vielleicht erklärt dieser Widerspruch, warum die letzten Jahre der britischen Geschichte vor dem Ersten Weltkrieg nach Eduard benannt wurden. Sein Nachfolger war langweilig, denn er erfüllte die Wünsche, die an ihn von der Gesellschaft und Politik herangetragen wurden. Er tat es so gut, daß Historiker das ‹edwardianische Zeitalter› erst vier Jahre nach seinem Regierungsantritt enden lassen. Seit dem Ersten Weltkrieg – und das gehört zum Bild, das sich die Überlebenden und Nachgeborenen von der Epoche machten – schien die Welt nicht mehr zu sein, was sie zuvor gewesen war. Die britische Monarchie würde im kleinen Maße weiter ihren Teil dazu beitragen, durch den Ausbau des zeremoniellen Scheins und vorbildliche Lebensführung zu retten, was zu retten war. Prägend und zugleich typisch für ihre Zeit, wie unter Eduard VII., würde sie nicht mehr sein.

*Hartmut Pogge von Strandmann*

# Georg V.
# 1910–1936

## Die Monarchie in der Defensive

*Georg Friedrich Ernst Albert, geb. 3. Juni 1865 in Marlborough House, London; König: 6. Mai 1910, Krönung: am 22. Juni 1910 in der Westminster Abtei; gest. 20. Januar 1936; begraben am 28. Januar 1936 in der St. Georgskapelle, Windsor; Vater: Eduard VII. (1841–1910); Mutter: Alexandra (1844–1925) aus dem Hause Schleswig-Holstein-Sonderburg-Glücksburg; Geschwister: Albert Victor, Herzog von Clarence und Avondale, Earl von Athlone (1864–1892); Louise, Princess Royal (1867–1931); Maud (1869–1938) verh. mit Haakon, König von Norwegen; Victoria (1868–1935); Eheschließung: am 6. Juli 1893 mit Victoria Maria von Teck (1867–1953), Tochter von Franz Paul Karl Ludwig Alexander von Teck (1837–1866), in England lebender Verwandter des Königs von Württemberg, und Prinzessin Mary Adelaide Wilhelmina Elizabeth von Cambridge (1833–1897). Enkelin Georgs III; Kinder: Eduard (1894–1972), als Eduard VIII. König; Albert, Herzog von York (1895–1952), als Georg VI. König; Henry, Herzog von Gloucester (1900–1974); George, Herzog von Kent (1902–1942); John (1905–1919); Mary, Princess Royal und Gräfin von Harewood (1897–1965).*

### I.

Am 20. Januar 1936, kurz vor Mitternacht, starb Georg V. Er war der vorletzte englische Monarch, der noch 1911 als Kaiser von Indien in Delhi gekrönt worden war. Nicht ganz 26 Jahre waren seit seiner Londoner Thronbesteigung vergangen. In dieser Zeit hatte er den Höhepunkt des British Empire erlebt wie auch den Beginn seines Abstiegs. Zwar erreichte das Empire nach dem 1918 erfochtenen Sieg über Deutschland, die Türkei und Österreich-Ungarn seine größte territoriale Ausdehnung, aber wirtschaftlich war Großbritannien so geschwächt, daß es seine frühere Spitzenposition im Vergleich zur aufstrebenden Weltmacht Amerika nicht zu behaupten vermochte. Durch die Übernahme von zu Völkerbundsmandaten erklärten ehemaligen deutschen und türkischen Kolonien war der langgehegte Traum einer Landverbindung von «Cape to Cairo» verwirklicht worden. Auch im Mittleren Osten konnte das Empire seine koloniale Position stärken. Aber der Krieg hatte mit seinen Menschenopfern und den horrenden Kosten die Leistungsfähigkeit des Inselreichs überschritten. Außerdem gewann in Indien, dem wertvollsten Kolonialbesitz, die Unabhängigkeitsbewegung an Bedeutung. Der Weltkrieg und seine

Folgen sowie die Schwächung des Empire haben Georg V. in seiner Zeit als König stark belastet. Doch haben diese Faktoren wahrscheinlich wenig zu seinem Tod im Januar 1936 beigetragen. Seine schwache Gesundheit sowie persönliche Umstände gaben den Ausschlag.

Schon acht Jahre vorher hatte bereits eine schwere Rippenfellentzündung fast zu seinem Tod geführt. Trotz seiner Gesundung blieb sein Zustand danach geschwächt. Seit dieser Krankheit gehörte Sister Black vom London Hospital zum Stab der Bediensteten des Königs. Zusammen mit dem Leibarzt, Lord Dawson, und der Königin hielt sie ein wachsames Auge auf den Gesundheitszustand des Königs, der wiederholt von bronchialen Krankheitszuständen heimgesucht wurde. Außerdem litt er an den Folgen eines Reitunfalls, seit er 1915 in Frankreich, kurz hinter der Front, vom Pferd geworfen worden war. Hinzu kam, daß der König wie sein Vater vor ihm und seine beiden Söhne nach ihm, Eduard VIII. sowie Georg VI., Kettenraucher war. Heute wird allgemein angenommen, daß die Raucherleidenschaft der letzten vier britischen Könige wesentlich zu ihrem Tod beigetragen hat. In der Medizin hatte sich die Überzeugung von der Gefährlichkeit des Rauchens zu Lebzeiten Georgs V. noch nicht durchgesetzt. So erlaubte Dawson, der selber viel von körperlicher Fitness hielt, seinem königlichen Patienten drei Tage nach der 1928 erfolgten Operation bereits die erste Zigarette.

Nicht nur die Raucherei schwächte den König. Die Beziehung zwischen seinem Sohn, dem späteren Eduard VIII., und Mrs. Simpson belastete ihn psychologisch sehr. Georg V. äußerte sich auch besorgt darüber, daß sein ältester Sohn im Alter von nahezu vierzig Jahren noch nicht verheiratet sei. Der Prinz von Wales wies dann darauf hin, daß er keine Lust habe, irgendeine ausländische Prinzessin zu heiraten. Nun hatten Georg V. und die Königin schon 1917 ihren Söhnen erklärt, daß eine englische oder schottische Aristokratin akzeptabel seien. Eine Frau bürgerlicher Herkunft würde allerdings auch weiterhin abgelehnt werden. So meinte der König auch, daß eine Ehe mit Mrs. Dudley Ward, der langjährigen Mätresse des Kronprinzen, nicht zulässig sei. Diese Unterhaltung hatte 1932 stattgefunden. Drei Jahre später unternahm es der königliche Privatsekretär, angesichts der schwindenden Kräfte des Königs, von sich aus den Prinzen von Wales aufzusuchen, um ihn gegen seine Verbindung mit Mrs. Simpson zu warnen. Er wies auf die mangelnde Toleranz des nonkonformistischen Englands hin, das eine Liaison zwischen dem zukünftigen König und der Frau eines anderen Mannes nicht hinnehmen würde. Außerdem glaubte er nicht, daß sich die Presse weiterhin Zurückhaltung auferlegen werde, wenn es wieder, wie auf Edwards letzten Reise nach Kitzbühl, Wien und Budapest zu Gerüchten über sein Verhältnis zu seiner Begleiterin, Mrs. Simpson, käme. Der König hatte keine Bedenken gegen die Initiative seines Privatsekretärs geäußert, aber er vertraute ihm dann an, daß er sich über seinen Sohn auf-

Georg V. (1910–1936)

geregt habe, als dieser Mrs. Simpson zum Hochzeitsempfang des Herzogs von Kent in den Buckingham Palast geschmuggelt und dann die Frechheit besessen habe, sie dem König und der Königin vorzustellen. Der Ärger mit seinem Sohn veranlaßte den König, Mrs. Simpson von den Feierlichkeiten zu seinem 25jährigen Regierungsjubiläum und der königlichen Loge beim Pferderennen von Ascot auszuschließen. Kurz darauf kam es zu einer erneuten Auseinandersetzung zwischen Vater und Sohn, in welcher der Sohn dem Vater versicherte, daß seine Freundschaft zu Mrs. Simpson eine «saubere» sei. Das Wort des Prinzen von Wales veranlaßte dann den König, seine vorherige Entscheidung zu revidieren und die Simpsons zu verschiedenen Anlässen bei Hof einzuladen.

Georg V. soll depressive Anfälle wegen der Simpson-Affäre erlitten und geäußert haben, daß er nicht mehr an die Nachfolge seines ältesten Sohnes glaube und er es lieber sähe, wenn der jüngere Sohn, der spätere Georg VI., den Thron besteigen würde. Allerdings führte die Bereitschaft des Prinzen von Wales, doch König zu werden, wenn auch nur unter seinen Bedingungen, den Vater dazu, die potentielle Entwicklung zur Republik nicht mehr auszuschließen.

Sicherlich war der Ärger mit seinem Sohn dem Gesundheitszustand des Königs nicht förderlich. Hinzu kam, daß Georg V. gar nicht mit den außenpolitischen Eskapaden seines Sohnes einverstanden war, der zu dieser Zeit in Hitlers Staat ein wünschenswertes Bollwerk gegen den Kommunismus sah. Die Sorge um den Erhalt des Friedens in Europa sowie der Tod der jüngeren Schwester des Königs im Dezember 1935 haben nach Meinung Dawsons den Gesundheitszustand des Königs verschlechtert. Jedoch verlief die Weihnachtsansprache Georgs V. im Rundfunk störungsfrei, die er seit 1932 regelmäßig jedes Jahr hielt. Im Januar wurde der Gesundheitszustand des Königs allerdings so besorgniserregend, daß die Königin Dawson und den Prinzen von Wales am 17. Januar nach Sandringham rufen ließ. Am Abend erschien dann das erste Bulletin, mit dem die Öffentlichkeit auf eine Herzschwäche des Königs aufmerksam gemacht wurde. Drei Tage später, nachdem sich der Zustand des Königs laufend verschlechtert hatte, traf sich der Council of State am Krankenbett des Königs, um die Geschäfte des Sterbenden zu übernehmen. Der König selber war nämlich in diesen letzten Tagen regierungsunfähig geworden, schaffte es jedoch noch am Montag, dem 20. Januar, wie schon einmal vorher im Jahre 1928, seine Initialen unter den diesbezüglichen Erlaß zu setzen, um damit seine Einwilligung zur Übertragung der Regierungsgeschäfte zu geben.

Während sich sein Gesundheitszustand im Lauf des Tages weiter verschlechterte, entwarf Dawson das letzte berühmte Bulletin, das die Zustimmung der königlichen Familie erhielt: «The King's life is moving peacefully towards its close». Es wurde dann dem BBC gegen 21.30 zur Übertragung übermittelt.

Die Königin und der Prinz von Wales hatten zuvor Dawson bereits zu verstehen gegeben, daß sie nicht für eine unnötige Verlängerung des Leben des Königs seien. Dawson hatte zugesagt, seine Behandlungsweise dementsprechend einzurichten. Zu dieser Zeit wurde in der Presse die Einführung der freiwilligen Euthanasie ausführlich diskutiert. Ein entsprechender Gesetzentwurf wurde noch im Lauf des Jahres 1936 dem Parlament vorgelegt, jedoch von beiden Häusern abgelehnt. Dawson selber gehörte zu den Gegnern des Gesetzentwurfs und war der Ansicht, daß solche Fragen dem Gewissen der behandelnden Ärzte zu überlassen seien. Für ihn durfte ein Krankenzimmer nicht in ein juristisches Amt umgewandelt werden. Für ihn selber stand es jedoch außer Frage, daß in bestimmten Fällen Sterbehilfe zu leisten sei.

In den letzten Tagen seines Lebens ist Georg V. immer wieder mit Morphium behandelt worden. An seinem Todestag entschied Dawson gegen 23.00, daß sich der Todeskampf seines königlichen Patienten unnötigerweise noch über Stunden hinziehen könnte. Das Warten auf das «mechanische Ende», so schrieb der Arzt in sein Notizbuch, wenn das wirkliche Leben bereits erloschen ist, würde die Anwesenden zu sehr strapazieren und der Würde des Königs nicht gerecht werden. «Ich beschloß deshalb», so notierte Dawson, «das Ende herbeizuführen und spritzte (selber) ¾ Gramm Morphium und kurz danach 1 Gramm Kokain in die Halsschlagader: ‹selber›, weil es offensichtlich war, daß die anwesende Sister Black mit diesem Vorgehen nicht ganz einverstanden war. Nach etwa einer viertel Stunde – das Atmen war ruhiger – und der Ausdruck friedlicher [geworden] – war der physische Kampf vorbei. Als die Königin und die Familie sich am Bett versammelten – die Königin würdevoll und kontrolliert – andere weinend, aber nicht geräuschvoll – wurden die Pausen zwischen den Atemzügen länger und länger. Das Leben wich so ruhig und leicht, daß es schwierig war, den tatsächlichen Augenblick des Todes zu bestimmen.» Die Todesnachricht wurde dann kurz nach Mitternacht der ‹Times› übermittelt und vom BBC gesendet.

Dawson hatte jedoch nicht nur die Verkürzung der Leidenszeit des Königs geplant, sondern dachte auch an die Druckzeiten der Presse. Ihm kam es darauf an, wie er schrieb, «die Todesnachricht zuerst in den Morgenausgaben der Presse erscheinen zu lassen und nicht in den weniger geeigneten Abendblättern». Folglich hatte er auch seine Frau im Lauf des Abends gebeten, bei der ‹Times› anzurufen und den Druck der Dienstagausgabe so lange hinauszuschieben, bis der von ihm herbeigeführte Tod eingetreten sei. Die Rücksichtnahme auf die Druckzeiten der ‹Times› zeigt, wie sehr selbst das Leben eines Monarchen im 20. Jahrhundert bis zum letzten Augenblick als Teil einer interessierten Öffentlichkeit gesehen wurde.

Die Königin war in der letzten Phase sehr gefaßt, während der Prinz von Wales für kurze Zeit hysterisch wurde. Beide haben sich aber gegenseitig unterstützt, um über die letzten Stunden hinwegzukommen. Nach dem Tod ihres Mannes hat die Königin dann, einem alten monarchischen Brauch folgend, dem neuen König die Hand geküßt. Sie vertraute ihrem Tagebuch an, daß ihr «Herz gebrochen sei», aber für persönliche Trauer war keine Zeit. Für die folgenden Begräbnisfeierlichkeiten diente die 1910 erfolgte Beerdigung von Eduard VII. als Vorbild. Allerdings bestand Queen Mary darauf, den Zeitraum von der Aufbahrung bis zur Beerdigung um die Hälfte zu verkürzen. Obwohl der König selbst, die Königin und Dawson für eine Verbrennung der Leiche votiert hatten, mußte sie in Windsor Castle beerdigt werden. Zunächst erfolgte eine Aufbahrung in der Kirche von Sandringham. Am Tag darauf wurde das königliche Testament verlesen, und der neue König, Eduard VIII., soll sich darüber aufgeregt haben, daß er vom Vater nicht bedacht worden sei. Der Grund dafür war, daß Georg V. annahm, die Einnahmen des Herzogtums von Cornwall, der *Civil List* und der *Privy Purse* seien ausreichend für den neuen König, aber es mutete die Anwesenden merkwürdig an, daß sich Eduard VIII. trotzdem über seine finanzielle Lage beklagte.

Nachdem der Leichnam sechsundreißig Stunden in der Kirche von Sandringham aufgebahrt gewesen war, wurde er per Bahn zum Bahnhof von King's Cross in London transportiert. Von dort geleiteten die vier Söhne die Lafette mit dem Sarg und der Imperial Crown zur Westminster Hall, wo der Sarg vier Tage auf einem Katafalk ruhte. Um Mitternacht des ersten Tages hielten die vier Söhne für kurze Zeit die Nachtwache. Auf seiner letzten Reise wurde der Sarg des Königs von Westminster Hall nach Paddington Station gebracht, um von dort mit der Bahn nach Windsor gefahren zu werden. Wie schon bei den Beerdigungen von Viktoria und Eduard VII. zogen Matrosen in Windsor in einem eindrucksvollen Marsch die Lafette vom Bahnhof zur Kapelle, wo dann die Beisetzung stattfand. Aber nicht alles sollte so klappen, wie es geplant war. Die Züge nach London und nach Windsor hatten erhebliche Verspätung. Die kaiserliche Krone auf dem Sarg verrutschte so stark, daß das zur Krone gehörige, juwelenbedeckte Malteser Kreuz abbrach und auf die Straße fiel. Harold Nicolson, der erste Biograph Georgs V., notierte in seinem Tagebuch – «was für ein schreckliches Omen».

Bei den Trauerfeierlichkeiten für Eduard VII. im Jahre 1910 waren noch alle großen europäischen Monarchien vertreten vertreten, im Januar 1936 waren es nur noch fünf Könige kleinerer Staaten, nämlich die von Dänemark Norwegen, Rumänien, Bulgarien und Belgien. Aus Deutschland kamen als Verwandte Prinz Friedrich von Preußen sowie der ehemalige Herzog von Sachsen-Coburg und Gotha. Ebenso waren die großherzogliche Familie aus Hessen wie die ehemals königliche Familie aus Hannover vertreten. Zu den Trauerfeierlichkeiten gehörte auch ein Diner im Buckingham Palace, an dem auch die deutschen Verwandten teilnahmen. Die ‹Times‹ veröffentlichte am gleichen Tag Hitlers Kondolenzschreiben an den neuen König und Queen Mary. Der Reichskanzler schrieb Eduard VIII.: «The sad news of the death of His Majesty King George has filled me with deep grief. I beg Your Majesty to accept together with my own and my Government's condolence, the assurance that with me the entire German people sincerely sympathize in the heavy loss which has befallen the Royal House and the British nation.» In Berlin wehten die Fahnen über dem Reichstag, über der Reichskanzlei, über dem Palais des Präsidenten sowie über dem Auswärtigen Amt auf halbmast, und in der St. Georg's Kirche fand ein Trauergottesdienst statt, an dem Hitler, Goering, Goebbels und Hess teilnahmen. Während die deutsche Geste ein politisch motivierter Akt war, fanden in Frankreich Sympathiekundgebungen statt, die an den gemeinsamen Kampf im Ersten Weltkrieg erinnerten. Außerdem wurde die Trikolore auf allen öffentlichen Gebäuden auf halbmast gesetzt. Dem weltweiten Echo entsprach in London die große Zahl der Menschen, die den Weg des Sarges durch London säumten und die in der Westminster Hall am Katafalk vorbeidefilierten. Es sollen rund eine Million Menschen gewesen sein, welche die Gelegenheit nutzten, sich von ihrem König zu verabschieden. Seine Popularität war eigentlich erst nach seiner ersten schweren Krankheit 1928, nach seinen Weihnachtsansprachen im Rundfunk und schließlich nach seinem silbernen Regierungsjubiläum 1935 gewachsen. Wie die ‹Times› kommentierte, galten die Menschenmengen nicht der Monarchie, sondern dem König als Menschen, für den seit 1928 Mitgefühl und Sympathie gestiegen waren. Gerade deswegen erinnerte das Blatt jedoch seine Leser daran, wie wichtig die Krone als einzige Institution sei, «that liberates and harmonizes the diversities of our state». Georg V. selber war überrascht über die Zuneigung, die ihm während der Feiern zu seinem silbernen Regierungsjubiläum entgegengebracht wurde. Ihm schien die Monarchie nicht so gesichert zu sein, daß ihm nicht gelegentlich Zweifel an ihrer uneingeschränkten Weiterdauer kamen. Das gleiche galt für seinen Sohn. Doch wie hielt es die Nation – Schottland, Nordirland und Wales mit einbezogen – mit ihrer Monarchie?

## II.

Wie kürzlich ein Oxforder Historiker, Andreij Olechnowicz, argumentiert hat, sind es eigentlich drei Begriffe, welche die öffentliche Einstellung zur Monarchie umschreiben: Anerkennung, Interesse und Popularität. Georg V. wurde von der Öffentlichkeit Anerkennung gezollt, weil er trotz der Folgen seiner Krankheit von 1928 die Pflichten seines Amtes wahrnahm. Ein gutes Beispiel für «Interesse» ist die Bemerkung in Evelyn Waugh's Tagebuch über die Simpson-Krise, an der «jeder regen Anteil nimmt». Deshalb konnte in einem Pflegeheim festgestellt werden, daß sich seit der Krise das Befinden aller Patienten gebessert hätte. Allerdings schwand die Popularität der Monarchie während der Abdankungskrise dann so weit, daß bei einer Meinungsumfrage im Dezember 1936 fast die Hälfte der Bevölkerung für die Abschaffung der Monarchie eintrat. Popularität ist schwer meßbar, und große Menschenansammlungen bei königlichen Ereignissen sind vielleicht kein überzeugender Maßstab. In den 1870er Jahren wurde von der großen Verbreitung republikanischer Ansichten gesprochen, aber 1908, zwei Jahre vor dem Tod Eduards VII., hatte das Pendel nach der anderen Richtung hin ausgeschlagen. Zu Lebzeiten Georgs V. schien seine Popularität am Anfang des Ersten Weltkriegs beachtlich gewesen zu sein, aber gegen Ende des Krieges war davon nicht mehr viel übriggeblieben, wie Lord Cromer beobachtete. So soll der König dem russischen Zaren das Asyl mit dem Hinweis verweigert haben, daß der Widerstand gegen die Monarchie zu stark geworden sei. Und bei der Parlamentseröffnung im Februar 1918 war kaum jemand bereit, von König und Königin viel Notiz zu nehmen. Diese negative Einstellung hatte sich anscheinend bis 1935 wieder geändert, als der alternde Monarch als «Vater» seines Volkes gefeiert wurde. Im Zweiten Weltkrieg hat sich dieses Gefühl im bombenzerstörten East End von London wieder in sein Gegenteil verkehrt. In den achtziger Jahren war die Monarchie durchaus beliebt, aber 1992, als entschieden wurde, den Brandschaden in Windsor Castle mit etwa 150 Millionen Mark Steuergeldern zu reparieren, waren laut Meinungsumfrage nur noch 3 % der Befragten bereit zuzugeben, daß Großbritannien ohne den Weiterbestand der Monarchie schlechter dran sei als vorher. Gleichmäßig und beständig scheint demnach die Zustimmung zur Monarchie nicht gewesen zu sein.

Das gilt auch für die Labour Party, die jedoch in Verfassungsfragen weniger radikal ist, als von ihr zu erwarten gewesen wäre. In den Jahren 1923 und 1924 wurden auf den Parteitagen von Labour Anträge zur Abschaffung der Monarchie eingebracht und debattiert, aber schließlich abgelehnt. Die Delegierten begründeten diesen Schritt einmal damit, daß sie nicht eine kapitalistische Monarchie mit einer kapitalistischen Republik vertauschen wollten. Zum andern sah man keinen unüberbrückbaren Gegensatz zwischen einem sozialistisch aufgebauten Staat und der Monarchie. Und schließlich kamen die guten Beziehungen hinzu, die Georg V. zu einigen führenden Labour-Politikern unterhielt. Obwohl der König streng konservativ war und nur die ‹Times› las, waren seine Beziehungen zu Jimmy Thomas und Ramsay MacDonald, dem Labour Premierminister, ausgezeichnet und teilweise sogar herzlich. Zwar mag der König zu einigen Labourpolitikern ein gutes Verhältnis gehabt haben, aber die Labour Party als solche lehnte er ab, wie Neville

Chamberlain 1923 bezeugen konnte. Diese grundsätzlich ablehnende Einstellung des Monarchen stärkte aber keinesfalls republikanische Neigungen bei Labour. In den dreißiger Jahren kam hinzu, wie Clement Attlee es nach dem Tod Georg V. aussprach, daß man froh war, einen parlamentsneutralen König anstatt eines Parteidiktators zu haben. Auch die Parlamentsdebatte über die Civil List im Jahre 1936 zeigte nur, wie loyal sich Labour gegenüber der Monarchie verhielt. Und war Großbritannien nicht, wie einige Labour-Politiker argumentierten, demokratisch, mit gleichberechtigten Bürgern? So wundert es auch nicht, daß Attlee Georg V. einen Demokraten nannte.

Allerdings wies der Sozialist Keir Hardie bereits 1897 darauf hin, daß sich Monarchie und Demokratie eigentlich ausschlössen, aber er stand damals mit dieser Auffassung ziemlich allein. Der Mangel an Kritik an der Monarchie zu Lebzeiten Georgs V. ist um so erstaunlicher, da es sich ja um eine konservative Einrichtung handelte, die das Prinzip der Ungleichheit verkörperte. Da England erst auf dem Weg war, sich zu einer vollen Demokratie zu entwickeln, konnte die Labour Partei wohl die Monarchie tolerieren, da ihr andere gesellschaftspolitische Fragen wichtiger waren. Wenn also Großbritannien bis zum Ende des Zweiten Weltkriegs eigentlich noch keine Demokratie war, dann war der soziale und verfassungsmäßige Widerspruch zwischen Monarchie und Demokratie auch noch nicht so ausgeprägt wie nach 1950. Sicherlich war das Inselreich unter Georg V. parlamentarisch und wurde in vielem von liberalen Prinzipien beherrscht, aber aus der Entwicklung zur Demokratie ergab sich noch nicht die Notwendigkeit, die Monarchie in diesem Stadium abzuschaffen oder ihren Einfluß auf das Staatsgeschehen zu beschränken. Erst in der Gegenwart ergibt sich aus der Unvereinbarkeit von Demokratie und Monarchie, daß andere Argumente herangezogen werden müssen, um den Bestand der Monarchie zu rechtfertigen. Weder die Aufrechterhaltung moralischer Werte noch der Bezug auf politische Romantik sind ausreichend. Sie wurden auch zu Lebzeiten Georgs V. kaum als Argumente benutzt. Anders zu bewerten ist der Hinweis, daß über der sozialen Schichtung stehende nationale Werte für die Langlebigkeit der Monarchie sprechen. Wenn die Monarchie somit den traditionellen, konservativen und auf England konzentrierten Nationalismus verkörpert, dann wird auch verständlich, warum Labour nicht auf die Abschaffung der Monarchie gedrängt hat.

Aus der Arbeiterschaft selbst sind noch andere Gesichtspunkte laut geworden, die auf eine positive Einstellung zur Monarchie schließen lassen. Die Mitglieder der königlichen Familie sind oft als Opfer eines ihnen aufgezwungenen Publizitätsrummels dargestellt worden. Mit dergleichen Einschränkungen persönlicher Freiheit konnten sich Angehörige von Arbeiterfamilien identifizieren. Auch wurde es geschätzt, daß sich die Mitglieder der königlichen Familie in der Öffentlichkeit als gewöhnliche Bürger gaben. Dieses Verhalten war von Georg V. im Krieg bei seinen Rundgängen in Fabriken eingeführt worden, wo er sich einfach gab und mit den Arbeitern scherzte. In ihrem Nachruf auf Georg V. charakterisierte die ‹Times‹ daher auch den König als einen gewöhnlichen Menschen in einer außergewöhnlichen Situation. Auf kultureller Ebene ging dieses Verhalten so weit, daß der König operettenhaften Musicals den Vorzug vor Opern gab und Theater ablehnte. Nachdem er das erste Mal als König einer Vorführung von Hamlet beigewohnt hatte, erklärte er, daß er lieber abdanken würde, als nochmals dieses langweilige Schauspiel ansehen zu müssen. Seine anti-intellektuelle Einstellung war in der Öffentlichkeit bekannt und ist sicherlich von verschiedenen Gruppen in der englischen Gesellschaft durchaus geschätzt worden. Allerdings würde es zu weit führen, daraus die Popularität des Königs abzuleiten. Wenn die Monarchie das Symbol des englischen Nationalismus ist, dann ist den Quellen zu folgen, die besagen, daß die Popularität Georgs V. in den ersten Monaten des Ersten Weltkriegs und während der Weltwirtschaftskrise am größten war. Der König war stets bemüht, sich sozusagen aus der Defensive heraus für die Erhaltung der Monarchie einzusetzen und hat deswegen um die Gunst des Volkes geworben. Dabei ist er auch sehr von Queen Mary unterstützt worden. Gelegentlich haben ihre vereinten Anstrengungen allerdings das Gegenteil dessen erreicht, was beabsichtigt war. Bei Besuchen von Lazaretten, in denen schwerverwundete Soldaten behandelt wurden, übergaben sie Bleistifte, auf denen die Namen von Georg und Mary eingraviert waren. Viele dieser Bleistifte sollen anschließend von den Verwundeten zerbrochen worden sein.

## III.

Das bedeutet, daß nicht jedem Aspekt der königlichen Öffentlichkeitsarbeit Erfolg beschieden war. Auf jeden Fall bemühte sich der König darum, als Vater seines Volkes anerkannt zu werden und die Ansatzpunkte wegzuräumen, die dazu benutzt werden konnten, um den Bestand der Monarchie in Frage zu stellen. In der Hauptsache kam es dem König darauf an, sich und seiner Familie keine Blöße zu geben. Zwei Ereignisse sind für diese Einstellung symptomatisch, die Ablehnung der Asylbwerbung des russischen Zaren, Nikolaus II., und die Namensänderung der königlichen Familie.

Nach der Abdankung des Zaren während der Februarrevolution von 1917 bat die russische Provisorische Regierung darum, den Zaren nach Großbritannien ins Exil schicken zu dürfen. In einer Besprechung, die am 22. März 1917 stattfand, entschieden Lloyd Georg, Bonar Law, Hardinge und Stamfordham, dem Zaren und seiner Familie Asyl in Großbritannien anzubieten. Miljukovs Antwort wurde dadurch verzögert, daß russische Extremisten die Forderung stellten, den Zaren für seine Herrschaft zur Verantwortung zu ziehen oder in irgend einer Weise Vergeltung an ihm zu üben. Die Verzögerung veranlaßte Georg V., vor einem Asyl des Zaren in England zu warnen und Lloyd George zu bitten, das Angebot erneut zu überdenken. Der *Foreign Secretary* ließ sich anfangs nicht von Einwänden des Königs beeinflussen und bestand zunächst auf dem Asylangebot. Jedoch war der König nicht bereit nachzugeben und meldete verstärkte Zweifel an der Aufnahme seines leiblichen Vetters an, der mit Alix von Hessen, einer Cousine Georgs V., verheiratet war. Seine Trumpfkarte war, daß die Monarchie gefährdet sei, wenn die Zarenfamilie in England aufgenommen werden würde.

Die Ängstlichkeit des Königs war überraschend, da die Beziehungen zwischen König und Zar besonders herzlich waren. Als Herzog von York hatte Georg V. 1894 an der Zarenhochzeit teilgenommen, und ihre verwandtschaftliche Freundschaft erhielt eine weitere Bestätigung 1913 bei ihrem letzten Zusammentreffen in Berlin anläßlich der Hochzeit der Tochter des Kaisers, Prinzessin Luise, mit Herzog Ernst August von Braunschweig-Lüneburg. Während des Krieges hielt die Korrespondenz zwischen Nikolaus II. und Georg V. an, und es war geradezu natürlich, daß Miljukov bei dem englischen Botschafter wegen des Asyls anfragte. Aber die englische Zusage führte auf russischer Seite nicht sofort zu einer Reaktion.

Unterdessen war das Asylangebot in der britischen Öffentlichkeit bekannt geworden, und die Proteste aus linken Kreisen veranlaßten den König, seine Anstrengungen zu verdoppeln, um die Regierung zu bewegen, die Asylzusage zurückzuziehen. Da die Öffentlichkeit annehmen werde, daß Georg V. hinter dem Angebot stehe, drängte der Monarch unter Hinweis auf eine wachsende Opposition darauf, seine Stellung zu schonen. Hinzu kam noch der Hinweis auf die Zarina als deutsche Prinzessin, deren Stellung sich in England schwierig gestalten würde und den König und seine Frau kompromittieren könnte. Unter dem Druck der königlichen Einwände gaben *Foreign Secretary* and Premierminister schließlich nach. Der britische Botschafter, Buchanan, wurde angewiesen, die Asylfrage auf sich beruhen zu lassen, es sei denn, die russische Seite käme auf sie zurück. Damit war die britische Geste hinfällig geworden. Buchanan, der sich anfangs für eine Asylgewährung eingesetzt hatte, ließ sich von dem Hinweis auf die potentielle Gefährdung der Monarchie in Großbritannien überzeugen. Er unterstützte dann den Plan, in Frankreich anzufragen. Als Begründung wollte er angeben, daß die russische Februarrevolution in Großbritannien ein so positives Echo gefunden habe, daß die Ankunft der Vertreter des vorherigen Regimes zu öffentlichen Demonstrationen führen könnte. Allerdings war auch Frankreich nicht bereit, Asyl zu gewähren, da der Zar und seine Frau dort als «kriminell» galten.

Als die spätere Ermordung der Zarenfamilie im Juli 1918 in London bekannt wurde, betrauerte der König seinen Vetter und beschimpfte die Täter. Aber bisher ist keine Quelle für ein Zeichen des Bedauerns gefunden worden, in der Georg V. das Schicksal der Zarenfamilie mit seinem intensiven Drängen in Verbindung gebracht hat, das Angebot rückgängig zu machen. Er scheint etwaige Schuldgefühle einfach unterdrückt zu haben. Später hat Lord Mountbatten behauptet, daß an Lloyd George's Händen Zarenblut klebe, weil sich der Premierminister gegen das Asylangebot gewandt habe. Diese Version ist jedoch reine Legende, die den König auch nicht zu entlasten vermag. Der zweite Biograph Georgs V., Kenneth Rose, hingegen meint, daß das Verhalten des Königs gegenüber seinem Vetter so gar nicht zu ihm passe. Zur Ehrenrettung des Monarchen führt er dann an, daß der König möglicherweise im Sommer 1917 an eine Kommandoaktion des britischen Geheimdienstes zur Rettung des Zaren geglaubt habe. Die Anregung dazu soll möglicherweise auf ihn selber zurückgehen. Jedoch gibt es keine Beweise für diese Hypothese. Viel wahrscheinlicher ist es, daß der König, der sich in die Defensive gedrängt fühlte, auf einige Proteste überempfindlich reagiert hat. Diese Episode weist auf eine Schwäche seiner Persönlichkeit sowie die Überschätzung von möglichen Gefahren hin. Es ist nämlich sehr unwahrscheinlich, daß die Ankunft der Zarenfamilie in London zur Abschaffung der Monarchie geführt hätte.

Einige Jahrzehnte früher hatte England die Familie Napoleons III. aufgenommen, zu der keine verwandtschaftlichen Beziehungen bestanden. Der französische Kaiser war 1871 nicht ein Alliierter wie 1917 der Zar und war in England sehr unbeliebt. Von einer Gefahr für den Bestand der Monarchie wurde damals aber nicht gesprochen.

## IV.

Was immer auch die sehr subjektiven Befürchtungen Georgs V. gewesen sein mögen, seine Handlungsweise verstärkte die Entwicklung zu einer Nationalisierung der Monarchie, die ihre verwandtschaftlichen und traditionellen Verbindungen zum Hochadel des Kontinents allmählich abbrach. In die gleiche Richtung deutet die Änderung des Familiennamens, die Georg V. nur einige Wochen nach der Asylepisode in Angriff nahm. Man munkelte damals, daß der König wegen seines deutschen Namens als zu pro-deutsch angesehen werden könnte. Das erscheint jedoch fast drei Jahre nach Kriegsbeginn und nach der unter Beweis gestellten Haltung des Königs eher unwahrscheinlich. Wenn die Öffentlichkeit an dem deutschen Ursprung der königlichen Familie Anstoß genommen hätte, dann wohl eher im Herbst 1914. 1917 wäre eine solche Reaktion, wenn sie überhaupt ernst zu nehmen ist, als verspätet zu werten. Trotzdem beschloß der König den Namen seines Hauses zu anglisieren. Die ‹Times› kommentierte die Entscheidung Georgs V.: «Due to dislike of Teutonism, George expunged the memory of it and this is a wise act.»

Seit der Heirat von Prinz Albert und Queen Victoria herrschte das Haus Sachsen-Coburg und Gotha mit dem Familiennamen Wettin in London. Im dritten Kriegsjahr wurde der Druck der öffentlichen Meinung als Vorwand benutzt, um einer hochgespielten Gefahr zu entgehen. Es sieht so aus, als ob man die Gelegenheit dazu benutzen wollte, die Anglisierung der Monarchie voranzutreiben. Es wurde an alle möglichen Namen gedacht, bis der Privatsekretär, Lord Stamfordham, «Windsor» als Familiennamen vorschlug. Der frühere Premierminister, Rosebery, gratulierte Stamfordham «zur Taufe einer [neuen] Dynastie», fügte jedoch warnend hinzu, daß die Namensänderung lächerlich wirken könne. Wie in der Asylfrage verletzte Georg V. auch hier monarchisch-verwandtschaftliche Gewohnheiten, denn eine königliche Familie kann ihren Namen, außer durch Heirat oder neue Erben, nicht so ohne weiteres ändern, wie Graf von Montgelas nach dem Krieg zutreffend bemerkte. Heute würde man sagen, daß das Motiv der «politischen Korrektheit» die Handlungsweise des englischen Monarchen bestimmt habe. Die gleichzeitige Aufgabe aller deutschen Titel und Ansprüche betraf auch die Brüder der Königin, die ihre deutschen Titel, Herzog und Prinz von Teck, mit denen des Marquis of Cambridge und Earl of Athlone eintauschten. Außerdem galt für sie jetzt der Familienname Cambridge. Die Battenbergs änderten ebenfalls ihren Namen in Mountbatten, und die beiden männlichen Namensträger erhielten die Titel Marquis of Milford Haven und Marquis of Carisbrooke. Bei all diesen Entscheidungen war es das Ziel des Königs, wie die ‹Times› bemerkte, die königliche Familie mit der britischen Aristokratie enger zu vernetzen.

Es ist nicht deutlich geworden, wie die englische Öffentlichkeit auf diese verhältnismäßig späte Namensänderung reagiert hat, aber der deutsche Kaiser und Vetter Georgs V., Wilhelm II., machte sich in einem Brief an seinen englischen Vetter über die Namensänderung lustig. Er drehte den Spieß um und fragte, ob nun das Shakespeare-Stück «Die Lustigen Weiber von Windsor» in «Die Lustigen Weiber von Sachsen-Coburg und Gotha» umbenannt werden solle.

In den beiden Biographien Georgs V. wird nicht erwähnt, ob die Namensänderung eine Reaktion auf Entwicklungen in Coburg war. Anfang 1917 hatte nämlich der gemeinsame Landtag von Coburg und Gotha eine Verfassungsänderung mit folgender Begründung beschlossen: «Wie unsere Brüder draußen mit eiserner Entschlossenheit und unerschütterlicher Siegeszuversicht einen deutschen Frieden erringen werden, so wollen wir daheim unser Verfassungsrecht von undeutschen Flecken befreien». Der Landtag beschloß mit Genehmigung des Herzogs, daß

«Mitglieder des Herzoglichen Hauses, die einem außerdeutschen Staat angehören,... das Recht der Regierungsnachfolge für sich und ihre Nachkommen [verlieren], wenn ihr Heimatstaat Krieg gegen das Deutsche Reich führt». Der Ausschluß des englischen und belgischen Teils der Coburger Familie von Statthalter-, Nachfolge- und Erbschaftsrechten hätte nur akut werden können, wenn die männliche Erbfolge ungesichert gewesen wäre. Das war aber 1917 nicht der Fall, so daß die Entscheidung des gemeinsamen Landtags ein nationalistisch motivierter Akt war. Gegen dieses neue Gesetz stimmte die sozialdemokratische Minderheit im Gothaischen Landtag mit der Begründung, daß, wenn das «Herzogliche Haus aussterben [sollte], es am besten wäre, wenn das Herzogtum einem anderen thüringischem Staat angegliedert würde, um den Kleinstaatenjammer zu vermindern».

Von den anwesenden Abgeordneten stimmten einundzwanzig für das neue Gesetz, während die sieben Sozialdemokraten aus Gotha es ablehnten. Der Herzog selber soll sehr unglücklich über dieses Gesetz gewesen sein, da es ihn in einen Loyalitätskonflikt stürzte. «Was das Haus Coburg zur Höhe europäischer Geltung geführt hatte, schlug ihm in diesem Weltkrieg zum Verhängnis aus», urteilten die Autoren einer 1978 erschienenen Geschichte Thüringens. Jedoch konnten weder der Landtag noch der Herzog die möglichen Folgen übersehen, die der Landtagsbeschluß auf englischer Seite gehabt haben könnte. Es ist z. Z. noch völlig ungesichert, ob die Namensänderung Georg V. eine direkte Antwort auf die antibritische Aktion des gemeinsamen Landtags war, wie es die Landesgeschichte annimmt. Auszuschließen ist diese Möglichkeit nicht, aber bisher ist kein Indiz aus dem Archiv in Schloß Windsor bekannt geworden, das auf einen Zusammenhang zwischen dem Coburger Ausschlußgesetz und der Namensänderung Georgs V. schließen läßt. Die Anwesenheit des Herzogs bei den 1936 stattfindenden Trauerfeierlichkeiten Georgs V. läßt zweierlei vermuten. Entweder ist der Landtagsbeschluß in London gar nicht bekannt geworden oder man wußte, daß dieser Beschluß 1918 durch die Abdankung und anschließende Revolution seinen anti-englischen Charakter verloren hatte. Da außerdem der Herzog mit dem Beschluß nicht einverstanden war, stand einer Einladung des Herzogs 1936 nichts im Wege.

## V.

Es scheint die Absicht Georgs V. gewesen zu sein, die englische Monarchie mit der Namensänderung zu anglisieren und in diesem Sinn auch zu nationalisieren. Er gab u. a. als Begründung für diesen Schritt an, daß er sich um den weiteren Bestand der Monarchie und deren Popularität sorge. Diese Befürchtungen waren wahrscheinlich unbegründet, aber wie Harold Nicolson in seiner bekannten Biographie über Georg V. festhielt, soll der König schon als Kind überempfindlich auf jede Kritik reagiert haben. Dadurch sei er leicht beeinflußbar geworden. Zwar mag er innerhalb der Familie als verunsichert gegolten haben, aber nach außen ist diese Seite seiner Persönlichkeit nicht sehr bekannt geworden. Es gab eigentlich auch kaum äußere Anlässe, die zu seiner Empfindlichkeit hätten beitragen können. Sein Leben verlief ereignisreich und manchmal auch nicht ungefährlich, aber zu Existenzkrisen ist es nicht gekommen. Seine Empfindlichkeit scheint also ein Charakterzug gewesen zu sein. Wenn man sich einen kurzen Überblick über sein Leben verschafft, dann wird die Normalität in einer äußerst ungewöhnlichen Lage deutlich.

Georg V. wurde 1865 als zweiter Sohn des späteren Eduard VII. und der Königin Alexandra geboren. Noch im selben Jahr wurde er in Windsor auf die Namen Georg, Friedrich, Ernst, Albert getauft. Die formale Erziehung für ihn und seinen älteren Bruder begann sechs Jahre später. Ihr Privatlehrer war John Dalton, der 14 Jahre ihre Erziehung leitete, aber nicht in der Lage gewesen sein soll, ein durchschnittliches Maß von Allgemeinbildung zu vermitteln. Als die Brüder in die Marine eintraten, wurden sie von Dalton begleitet. Der ältere und geistig etwas zurückgebliebene Bruder brauchte zur Anregung die Gesellschaft des jüngeren Georg. Die erste Phase größerer Seereisen war 1882 beendet. Beide Prinzen kamen tätowiert zurück, und Georg ließ seine Tätowierungen noch nach seiner Hochzeit auf Anregung seiner Frau verbessern. Man bemühte sich darum, ihnen Französisch und Deutsch beizubringen, aber diese Anstrengungen blieben ohne Erfolg. Der britische Konsul in Berlin stellte während des letzten Deutschlandbesuchs des Königs im Jahr 1913 fest, daß er nicht ein einziges Wort Deutsch sprechen könne und daß sein Französisch entsetzlich sei.

1883 fuhr Georg wieder zur See, aber dieses Mal ohne seinen älteren Bruder. Er wurde Marineoffizier und übernahm 1889 sein erstes Kommando auf einem Torpedoboot und ein Jahr später auf einem Kanonenboot. Zu dieser Zeit unterhielt Georg V. intime Beziehungen zu zwei Frauen und verehrte eine dritte, die er aber, da sie katholisch war, nicht heiraten konnte. Es sah so aus, als ob Georg fest an eine Laufbahn in der Marine gebunden sei. Erst der 1892 erfolgte überraschende Tod seines älteren Bruders, des Herzogs von Clarence, sollte sein Leben entscheidend ändern. Im Alter von sechsundzwanzig Jahren mußte er sich auf die Thronfolge vorbereiten, für die er bisher wenig geeignet schien und nicht genügend vorgebildet war. Zunächst galt es für den neuernannten Herzog von York eine Frau zu finden. Sein älterer Bruder hatte sich kurz vor seinem Tod mit Mary von Teck verlobt. Achtzehn Monate später verlobte sie sich dann mit Georg und heiratete ihn im Juli 1893. Sie war gut erzogen, beherrschte mehrere Sprachen und war weitaus gebildeter als die Söhne des späteren Eduard VII. Ihr württembergischer Vater hatte nach England geheiratet, weil ihm wegen seiner Mutter, die nicht königlichen Geblüts war, einer ungarischen Gräfin Rhedey, die Höfe auf dem Kontinent versperrt blieben.

Das junge Paar hatte es zunächst nicht leicht mit den Verwandten, aber die Geburt der ersten beiden Söhne, die späteren Könige Eduard VIII. und Georg VI., enthob die Königin der familieninternen Kritik, während Georg sich auf seine späteren Aufgaben vorbereitete. Aber das Leben am Hof, die Reisen zu Verwandten auf dem Kontinent sowie die politischen Tagesgeschäfte erfüllten ihn nicht. Für ihn waren seine eigene wachsende Familie und die Jagdleidenschaft von größerer Bedeutung. Wie bei anderen passionierten Jägern seiner Zeit wurde sein Erfolg in «Strecken» gemessen. Im ganzen verlief sein Leben sorglos und eintönig. Er wurde leidenschaftlicher Briefmarkensammler und hatte bis zu seinem Tod ein Sammlung von 250 000 Stücken angelegt. Nach dem Tod Queen Victorias und einer achtmonatigen Reise zu den White Dominions wurde er von seinem Vater zum Prinzen von Wales ernannt. Er führte diesen Titel bis zum Tod seines Vaters im Jahr 1910. In den Jahren bis zu seiner Thronbesteigung gaben der König und sein Sohn ein merkwürdiges Paar ab. Eduard VII. war Kosmopolit, interessiert, kultiviert und sybaritischer Natur, während sich Prinz Georg selbstdiszipliniert, insular und auf künstlerischem Gebiet als Philister gab. Jedoch war er der leichten Muse zugetan und belesen. Zu Hause kümmerte er sich viel um seine Familie, aber die Kinder klagten über eine gewisse Härte und Distanz.

## VI.

Prinz Georg war nahezu fünfundvierzig Jahre alt, als sein Vater 1910 starb und er den Thron bestieg. Er nahm seine neuen Pflichten so ernst wie vorher seine alten, war pünktlich, arbeitete altpreußisch pflichtbewußt und gab sich bescheiden. Ein Jahr später wurde er als Georg V. gekrönt. Der neue König unternahm auch als erster und einziger britischer Monarch eine Reise nach Indien, um sich dort als Kaiser von Indien krönen zu lassen. In die Zeit seiner Herrschaft fallen eine Reihe wichtiger Entscheidungen, die der Oxforder Historiker und Politologe Vernon Bogdanor in seinem kürzlich erschienenen Buch über Monarchie und Verfassung beschrieben hat. Ihm geht es vor allem darum, zu zeigen, daß die Verbindung von Monarchie und Demokratie nicht widersprüchlich ist, sondern daß monarchische Einrichtungen geeignet sind demokratische Institutionen zu erhalten und zu stärken. Bogdanor versucht seine These mit einer Reihe historischer Beispiele zu untermauern, die aus der Regierungszeit Georgs V. stammen.

So habe im August 1931 der König von seinem königlichen Recht Gebrauch gemacht, die Bildung einer Nationalen Regierung unter der Leitung von Ramsay MacDonald vorzuschlagen. Obwohl diese Idee in der Öffentlichkeit schon vorher diskutiert worden ist, soll es der König gewesen sein, der von sich aus eine Konferenz der drei Parteivorsitzenden im Buckingham Palace einberief, um in einer finanziellen Notlage eine Regierungsbildung zustande zu bringen. Nach Meinung von Bogdanor setzte sich der König mit seinem Plan durch, unter MacDonald eine solche Regierung zu bilden. Entgegen den Abmachungen im Buckingham Palace stellte sich dann diese Nationale Regierung einige Wochen später den Wählern und gewann mit einer überwältigenden Mehrheit. Der König selber hat geglaubt, daß der «Souverän nun doch einmal die entscheidende Rolle gespielt und den verunsicherten Ministern den Weg gewiesen habe». Jedoch ist diese Interpretation der politischen Lösung der nationalen Krise bestritten worden, und es sieht so aus, als ob Bogdanor die Rolle des Königs aus verfassungshistorischen Gründen überschätzt hat. In der Kritik gegen seine Sichtweise wird darauf hingewiesen, daß der König wahrscheinlich der Letzte gewesen sei, der von der Idee einer National Government gehört habe. Deshalb brauchten sich auch die Parteiführer nicht mehr vom König instruieren zu lassen. Sie hätten sich schon vorher auf die Bildung einer Nationalen Regierung geeinigt, und MacDonald habe bereits vorher überlegt, wie er ohne die Unterstützung von Labour im Parlament überleben könne. Demnach beschränke sich die Rolle des Königs darauf, den letzten Anstoß gegeben zu haben.

Wie auch in anderen Situationen scheint der König mehr ein «facilitator» als ein Initiator gewesen zu sein. Es ist auch problematisch, ob Georg V. in der irischen Frage von 1914 tatsächlich noch ein bindendes Vetorecht ausgeübt hatte, denn jemand, der so um den Erhalt der Monarchie besorgt war wie der König, hätte eine sich aus der Vetoanwendung ergebende Verfassungskrise unbedingt vermieden. Die Probleme und Krisen, die Georg V. in seiner Regierungszeit erlebt und möglicherweise gelegentlich auch mit beeinflußt hat, sind eigentlich eher als ein Zeichen der Strukturschwächen des parlamentarischen Systems in Großbritannien zu deuten als ein Indiz für die Stärke der Monarchie in einem sich zur Demokratie entwickelnden Staat. Jedoch scheint sich Georg V. in diesen Zeiten als gut beratener Monarch verhalten zu haben, der nüchtern verfassungskonform und vorsichtig die jeweilige Lage beurteilte, sich informieren ließ und gelegentlich auch warnte. Getrieben von dem Wunsch, die Monarchie auch für seine Nachkommen zu erhalten, wählte er den Weg der Anglisierung, mit dem er zwar die Monarchie zum nationalen Symbol erhob, aber gleichzeitig den Boden der traditionellen europäischen Monarchiefamilie verließ. Es war sicherlich kein Zufall, daß die ‹Times› seinen Tod mit folgenden Worten kommentierte: «History which now prefers to construct its chapters in movements rather than reigns». Folglich werden die fast sechsundzwanzig

Jahre seines Königtums nicht mehr nach ihm benannt. Auch unter seinen Nachfolgern wird es in dieser Hinsicht nicht mehr zu einer Rückkehr zu den Gewohnheiten des 18. und 19. Jahrhunderts kommen. Die Zeichen des beginnenden Abstiegs der Monarchie, die unter Georg V. Kontur gewonnen haben, sind nicht nur eine Folge der politischen Veränderungen. Mitbestimmend für diesen Vorgang sind auch die Entscheidungen und Entwicklungen innerhalb der königlichen Familie.

*Gottfried Niedhart*

# EDUARD VIII.
# 1936

*Eduard Albert Christian Georg Andreas Patrick David, geb. 23. Juni 1894 in Richmond, Surrey; Prinz von Wales 1911; König: 20. Januar 1936; Abdankung: 11. Dezember 1936; danach Herzog von Windsor; 1940–1945 Gouverneur auf den Bahamas; gest. 28. Mai 1972 in Paris; begraben in Frogmore, Windsor Park; Vater: Georg V. (1865–1936); Mutter: Victoria Maria von Teck (1867–1953), seit dem Tod ihres Gatten Queen Mary; Geschwister: Albert Georg (1895–1952), als Georg VI. 1936–1952 König; Mary (1897–1965), seit 1932 Princess Royal; Henry (1900–1974), seit 1928 Herzog von Gloucester; George (1902–1942), seit 1934 Herzog von Kent; John (1905–1919); Eheschließung: am 3. Juni 1937 mit Wallis Simpson, geb. Warfield; keine Kinder.*

Im Jahr 1894, als Prinz Eduard Albert Christian Georg Andrew Patrick David geboren wurde, entstand ein Photo, das vier Generationen der Königsfamilie zeigte: Königin Viktoria, seine Urgroßmutter, seinen Großvater und seinen Vater, die späteren Könige Eduard VII. und Georg V., und ihn selbst, den späteren König Eduard VIII. Königin Viktoria hatte zu diesem Zeitpunkt schon mehr als ein halbes Jahrhundert regiert. Eduard sollte es auf ganze 326 Tage bringen. Sein Leben fällt in eine Umbruchphase, nicht nur der britischen, sondern der europäischen Geschichte insgesamt, die durch sozialen Wandel und außenpolitischen Machtverlust Großbritanniens gekennzeichnet ist. Er hatte ein waches Gespür dafür, auch wenn er den damit verbundenen Herausforderungen weder intellektuell noch charakterlich gewachsen war.

Seine Popularität als Thronfolger stand in krassem Gegensatz zu den Unsicherheiten und Belastungen, die er ihm vertrauten Personen gegenüber unablässig offenbarte. Zu diesen gehörten allerdings nicht seine Eltern, insbesondere nicht sein Vater, unter dessen engstirniger Strenge und Konventionalität er litt. Es war Eduard wie den meisten Kindern der englischen Oberschicht ergangen. Er wurde von Fremden erzogen und war ein einsames Kind. Es sollte ihm aber schwerer als anderen fallen, den Mangel an emotionaler Zuwendung zu kompensieren oder im Zuge einer eigenen Persönlichkeitsentwicklung sogar auszugleichen.

Mit zwölf Jahren steckte man ihn in eine Kadettenanstalt der Marine. Eine akademische Ausbildung sollte er seit 1912 in Oxford erhalten, doch erwies er sich als wenig interessierter Student, der darüber hinaus auch objektiv nur eine geringe Aufnahmekapazität für die Welt der Bücher hatte. Bildung und Kultur blieben ihm fremd. Als Zwanzigjähriger war er eine unausgeglichene Persönlichkeit, die über wenig Kenntnisse verfügte und zudem ohne konkrete Aufgabe war. Größere Auslandsreisen hatten ihn nach Frankreich und Deutschland geführt. Seine deutsche Verwandtschaft empfand er als angenehme Gastgeber, Kaiser Wilhelm II. eingeschlossen. Die Deutschen insgesamt aber erschienen ihm «fett, stur, unsympathisch und extrem militaristisch».

Im Ersten Weltkrieg fiel ihm keine verantwortungsvolle Position zu, aber längere Aufenthalte bei den britischen Truppen in Frankreich erweiterten sein Bild von der Gesellschaft. Während er bisher nur in Berührung mit seinesgleichen gekommen war, lernte er jetzt aus unmittelbarer Nähe auch die unteren sozialen Schichten kennen. Im Unterschied zu vielen Zeitgenossen ahnte er, daß der Krieg von langer Dauer sein und eine verheerende Wirkung haben würde. Intuitiv erfaßte er bei Kriegsende auch, daß die Institution der Monarchie einer Anpassung an den gesellschaftlichen Wandel nicht entgehen könne. Die revolutionären Erschütterungen auf dem Kontinent vor Augen, hielt er die britische Monarchie 1918 zwar für solide verankert, betonte aber zugleich, daß sie einen engeren Kontakt zum Volk herstellen müsse. Mehr noch als zuvor empfand er den Leerlauf des höfischen Zeremoniells als Belastung.

Im Bereich der Sozialpolitik teilte er in jeder Hinsicht die Überzeugung von Premierminister Lloyd George, daß England nur dann ein *home fit for heroes* sein könne, wenn auf die Opfer, die im Krieg «heldenhaft» gebracht worden waren, ein Ausgleich in Form einer gezielten Reformpolitik zugunsten breiter gesellschaftlicher Schichten folgte. Die Alternative wären soziale Unruhe und eine Verstärkung der Gefahr von Links gewesen. Das politische Weltbild des Prinzen, der für seine Person zur Vorkriegsnormaliät eines unermeßlichen Reichtums und zur ausgedehnten Erlebniswelt seiner sozialen Schicht zurückkehrte, war nicht nur von der Furcht vor der politischen Linken geprägt, sondern auch von der Idee, die Bevölkerung durch eine entsprechende Arbeitsmarkt- und Wohnungsbaupolitik, durch Bildungs- und Sozialpolitik dagegen immunisieren zu können. Immer wieder bereiste er in den zwanziger und dreißiger Jahren die wirtschaftlichen Krisengebiete Großbritanniens, um sich ein Bild von der zum Teil verzweifelten Lage zu machen. In gewissem Umfang versuchte er auch selbst durch Mitwirkung in Gremien und durch Schaffung von Organisationen aktiv zu werden, nicht zuletzt mit Erträgen aus den ausgedehnten Besitzungen des Herzogtums Cornwall, über die er verfügte. In Verbindung damit, daß er im Krieg die Uniform getragen hatte und hinter den Fronten die Begegnung mit einfachen Soldaten gesucht hatte, verschaffte ihm sein sozialpolitisches Interesse ein hohes Ansehen.

Die außenpolitischen Vorstellungen des Thronfolgers waren wenig entwickelt. Nach dem Krieg betrachtete er die Welt ganz und gar aus der Perspektive des britischen Weltreichs. Den Eintritt der USA in die Welt-

Eduard VIII. (1936)

politik registrierte er zwar, plazierte die neue Großmacht aber hinter Großbritannien nur an zweiter Stelle in der internationalen Hierarchie. Für Deutschland forderte er 1919 einen harten Frieden, und erst 1922/23 schwenkte er auf die Linie der britischen Entspannungspolitik ein, die Deutschland wieder in das internationale Gefüge integrieren wollte. Wiederholt war er als Weltreisender in Sachen Empire unterwegs. Er besuchte die Dominions und Indien, um auf diese Weise zum Zusammenhalt des Weltreichs beizutragen. Weiterhin waren die USA, Japan und Südamerika Ziele seiner Goodwill-Diplomatie, die auch die Chancen der britischen Exportwirtschaft fördern sollte.

Seit der Weltwirtschaftskrise war Eduard in seiner Beurteilung der internationalen Lage zunehmend darauf fixiert, daß die Sowjetunion und der internationale Kommunismus zur gefährlichsten Bedrohung der westlichen Gesellschaften geworden seien. Deutschland erschien ihm seit 1933 als starkes Bollwerk gegen diese Gefahr. Dasselbe galt für das faschistische Italien, dessen Krieg gegen Äthiopien 1934/35 er tolerierte. Der gemeinsame Antikommunismus erschien Eduard als geeignete Grundlage für eine weitreichende deutsch-britische Verständigung. Nie wieder dürfe es zum Krieg zwischen Großbritannien und Deutschland kommen. Damit unterschied sich der Prince of Wales deutlich von der Appeasement-Politik der britischen Regierung, die niemals eine derart simplifizierende Sicht vertrat. Als Georg V. im Januar 1936 starb und der Prinz ihm als Eduard VIII. auf dem Thron folgte, blickte die nationalsozialistische Führung mit einer gewissen Hoffnung auf den neuen König. Joachim von Ribbentrop, 1936 deutscher Botschafter in London und seit 1938 deutscher Außenminister, nannte ihn einmal einen «englischen Nationalsozialisten». Auch bei der politischen Rechten in England, die *British Union of Fascists* eingeschlossen, erfreute sich Eduard VIII. großer Sympathie. Solche Einschätzungen überbewerteten allerdings die politischen Vorlieben des Königs. Für Großbritannien wünschte er sich in der Tat einen charismatischen Führer, der die anstehenden sozialen Fragen anzupacken in der Lage wäre, aber weniger nach dem Muster Hitlers, sondern nach dem Vorbild Franklin D. Roosevelts.

Eduard VIII. wollte ein moderner Monarch sein, der sich unkonventionell gab. Er verkürzte manches Ritual und wurde auch gelegentlich zu Fuß angetroffen, statt sich stets im Auto fahren zu lassen. Er versuchte, die Monarchie weniger abgehoben erscheinen zu lassen. Im Gegenzug glaubte er, sein Privatleben um so stärker vor der Öffentlichkeit abschirmen zu können. Dies schien auch erforderlich zu sein, weil der neue König nicht nur unverheiratet war und also eine seiner Hauptpflichten, eine Königin an seiner Seite zu haben und Thronerben vorzuweisen, nicht erfüllte. Er war darüber hinaus mit einer Frau liiert, die in zweiter Ehe selbst verheiratet war und nach einer eventuellen Scheidung keinesfalls als Königin in Frage kommen konnte. Wallis Simpson, eine Amerikanerin, beseitigte das erste Ehehindernis, indem sie im Herbst 1936 geschieden wurde. Sie war die letzte in einer Reihe verheirateter Frauen, zu denen Eduard intime Beziehungen hatte. Zwar erschien der königlichen Familie die Vorliebe des Thronfolgers für mütterliche Frauen, die er selbst nicht heiraten konnte, keineswegs als Idealfall. Aber die englische Oberschicht tolerierte traditionsgemäß nicht gesetzlich sanktionierte Liebesbeziehungen, sofern sie im Einvernehmen aller Beteiligten erfolgten und keine übergeordneten Werte verletzt wurden. Der Skandal begann recht eigentlich erst in dem Moment, als Mrs. Simpson sich scheiden ließ und damit der Weg für eine Ehe des Königs frei wurde. Eduard VIII. ließ keinen Zweifel daran, ihn gehen zu wollen.

Sowohl das politische, gesellschaftliche und kirchliche Establishment als auch die breitere Öffentlichkeit in Großbritannien und in den Dominions empfanden den Plan einer Ehe des Königs mit einer zweimal geschiedenen Frau als schockierend. Der Politiker und Publizist Harold Nicolson notierte Ende November 1936, das Establishment stoße sich vor allem daran, daß Mrs. Simpson Amerikanerin sei. Dies störe die Unterschichten weniger, um so mehr aber die Tatsache, daß sie schon zwei Ehen hinter sich habe.

Informiert wurde die Öffentlichkeit von der amerikanischen Presse, während die britischen Zeitungen bis Ende November 1936 das Thema diskret aussparten. Ein Vorschlag Eduards VIII., eine morganatische Ehe schließen zu wollen, fand keine Zustimmung. Dazu hätte es eines eigenen Gesetzes bedurft, das aber die Regierung nicht auf den Weg bringen wollte und das wohl auch keine Mehrheit im Parlament gefunden hätte. Als Ausweg blieb allein die Abdankung, die am 10. Dezember 1936 beurkundet wurde. Am folgenden Tag verabschiedete das Unterhaus die *Abdication Bill*. Eduard gab in einer Radioansprache, die von vielen Sendern rund um den Globus übernommen wurde, zu verstehen, er halte es für unmöglich, «die schwere Bürde der Verantwortung auf mich zu nehmen und die Pflichten, die mir als König obliegen, zu erfüllen ohne die Hilfe und Unterstützung der Frau, die ich liebe». Der König konnte sich durchaus öffentlicher Sympathiebekundungen erfreuen und hatte politische Verbündete wie Winston Churchill oder den Pressemagnaten Lord Beaverbrook, die einen Öffentlichkeitsfeldzug zur Verhinderung der Abdankung starten wollten. Aber abgesehen davon, daß auch sie die Vorstellung des Königs, Mrs. Simpson heiraten zu wollen, nicht eigentlich unterstützten und in erster Linie Zeit gewinnen wollten, um die Abdankung herauszuschieben und vielleicht ganz verhindern zu können, waren sie politische Außenseiter und standen außerhalb des Entscheidungsprozesses in Regierung und Parlament. Vor allem wollte sich Eduard selbst nicht auf eine ‹Partei des Königs› stützen, die die integrative Kraft der Krone, ihre Hauptfunktion in der britischen Politik und im

Commonwealth, notwendigerweise hätte schwächen müssen. Eduard VIII. vermied alles, was die Abdankungskrise zu einer Verfassungskrise hätte werden lassen. Er respektierte die Grenzen, die dem Monarchen durch die Verfassung gesetzt waren. So verzichtete er aufgrund des Widerstands seitens des Kabinetts auf eine Radioansprache, mit der er sich in den ersten Dezembertagen direkt an die Bevölkerung wenden wollte. Selbst die Monarchie als Institution nahm keinen Schaden. Was vielfach als Erschütterung empfunden worden sein mag, hatte seine Wurzeln in erster Linie in der Person des Königs und wurde durch seinen Weggang sowie durch den unzweideutigen Bann der königlichen Familie beendet.

Sofort nach der Abdankung verließ Eduard das Land. Er war jetzt Seine Königliche Hoheit, der Herzog von Windsor, zu dem ihn sein Bruder, der neue König Georg VI., gemacht hatte. Sein weiteres Leben sollte der Herzog überwiegend in Frankreich verbringen. Dort heiratete er im Juni 1937, sofort nachdem die Scheidung von Wallis Simpson rechtskräftig geworden war. Kein Mitglied der königlichen Familie erschien zur Hochzeit, und es gelang Eduard auch nicht, die Anerkennung seiner Frau, die durch die Heirat Herzogin von Windsor geworden und damit in den höchsten Adelsrang aufgestiegen war, als Königliche Hoheit durchzusetzen und ihre Aufnahme in die königliche Familie zu erreichen.

Ziemliches Aufsehen erregte der Herzog von Windsor, als er im Oktober ohne Abstimmung mit der britischen Regierung nach Deutschland reiste und dabei auch Hitler seine Aufwartung machte. Er bewunderte, ohne jede Kritik an den politischen Verhältnissen in Deutschland zu üben, die Arbeitsbeschaffungspolitik der Nationalsozialisten. Daß ein direkter Zusammenhang mit Aufrüstung und Kriegsvorbereitung bestand, dürfte er nicht gesehen haben, wie er überhaupt die Realität der NS-Diktatur nicht erfaßte. Er war nicht der einzige Brite, der ein positives Bild vom Nationalsozialismus hatte, wenn er auch nicht die Regierungsmeinung repräsentierte. Als Regierungsmitglied kam kurz nach dem Herzog von Windsor Lord Halifax auf den Obersalzberg. Er begegnete Hitler allerdings auf einer anderen Ebene. Auch Halifax betonte den Wunsch nach Frieden. Er zeigte aber auch auf, wo nach Londoner Meinung die Grenzen der deutschen Handlungsfreiheit lagen. Im Unterschied dazu betonte der Herzog von Windsor nicht nur bei dieser Gelegenheit seinen Wunsch nach Frieden um jeden Preis.

Bemerkenswert ist, daß Churchill dem Herzog zum Verlauf seiner Deutschlandreise gratulierte. Das Verhältnis zwischen beiden sollte sich allerdings bald ändern, was mit dem Beginn des Krieges zusammenhing. Zunächst trat der Herzog von Windsor wieder in die Armee ein und übernahm einen Posten in der britischen Militärmission in Vincennes. Dies hielt ihn aber nicht davon ab, für ein Friedensangebot an

Deutschland einzutreten. Ohne Vertrauen in die alliierte Kriegführung, befürwortete er eine Pax Germana und rechnete mit einem deutschen Sieg. Ob er darüber hinaus bewußt Landesverrat betrieb, indem er der deutschen Seite Informationen zukommen ließ, ist nicht defenitiv geklärt. Auf jeden Fall ließ er nicht in ausreichendem Maße Vorsicht walten, um Nachrichten aus seiner Umgebung nicht in deutsche Hände gelangen zu lassen. Was mit Sicherheit festgehalten werden kann, ist die Tatsache, daß er sich nach dem deutschen Angriff im Westen 1940 mehr um sein und seiner Frau privates Wohlergehen sorgte als um die Kriegslage. Er setzte sich nach Südfrankreich ab, was seinen militärischen Vorgesetzten zwar recht war, zugleich aber auch eine Desertion darstellte. Wenig später weigerte er sich, einer Aufforderung Premierminister Churchills Folge zu leisten, unverzüglich nach Großbritannien zurückzukehren. Ihn erreichte diese Aufforderung in Madrid, wohin er mit seiner Frau geflohen war, um dem Krieg zu entgehen. Bevor nicht der Status der Herzogin zufriedenstellend geklärt war, wollte er britischen Boden nicht betreten. Anfang Juli reiste das Paar nach Lissabon weiter. Unter Hinweis auf den militärischen Rang des Herzogs, aufgrund dessen er der Befehlsstruktur der britischen Armee unterstand, forderte ihn Churchill abermals – und wieder vergeblich – zur Rückkehr nach London auf. Eine Lösung des Konflikts kam dadurch zustande, daß der Herzog den Posten des Gouverneurs der Bahamas übernahm. Damit wurde er gewissermaßen aus dem Verkehr gezogen, was vor allem die deutsche Führung enttäuschte. Sie hatte sich vorgestellt, nach einem Sieg über Großbritannien den Herzog von Windsor als willfährigen neuen englischen König einsetzen zu können. Man weiß nicht, wie dieser in einer entsprechenden Situation reagiert hätte. Sie blieb Großbritannien erspart, denn entgegen den Erwartungen des Herzogs zeigte es sich in der Lage, die Dynamik des deutschen Blitzkriegs zu brechen.

Nach dem Krieg kehrte der Herzog von Windsor als Privatmann nach Frankreich zurück. Politisch machte er nicht mehr von sich reden. Seine Auffassungen blieben aber die alten. Er vertrat einen militanten Antikommunismus und bewunderte weit rechts stehende Politiker wie den amerikanischen Präsidentschaftskandidaten Barry Goldwater. Gestorben ist er 1972 nach schwerer Krankheit. Kurz zuvor hatte ihn seine Nichte, Königin Elisabeth II., am Krankenbett besucht, als sie zu einem Staatsbesuch in Paris weilte. Zu einer gewissen Wiederannährung mit der königlichen Familie war es schon 1967 gekommen, als Elisabeth II. das Herzogspaar empfing. Die Begegnung fand ausgerechnet anläßlich der Einweihung einer Gedenktafel für Queen Mary, Eduards Mutter, statt, die sich allen Bitten des Sohnes strikt widersetzt hatte, den Familienbann aufzuheben.

*Bernd Jürgen Wendt*

# Georg VI.
# 1936–1952

*Albert Friedrich Arthur Georg, geb. 14. Dezember 1895 in Sandringham (Norfolk); König: 11. Dezember 1936 nach der Abdankung Eduards VIII. am Tage vorher; Krönung: 12. Mai 1937 in der Westminster Abbey; gest. 6. Februar 1952 in Sandringham (Norfolk); begraben 16. Februar 1952 in der St. Georgskapelle, Windsor; Vater: George, Herzog von York, Sohn Eduards VII. und Enkel Königin Viktorias, nachm. König Georg V.; Mutter: Viktoria Maria Fürstin Teck, nachm. Königin Mary; Geschwister: Prinz Eduard, nachm. König Eduard VIII.; vier jüngere Geschwister; Eheschließung: am 26. April 1923 mit Lady Elizabeth Bowes-Lyon. Tochter des 14. Earl of Strathmore und Nina Cecilia Cavendish-Bentick; Kinder: Elizabeth Alexandra Mary, geb. am 21. April 1926, seit 1952 als Elisabeth II. Königin; Margaret Rose, geb. am 21. August 1930.*

«Wenn die ‹Größe› eines Königs», würdigte der französische Botschafter in London, René Massigli, Leben und Regierung des gerade verstorbenen Monarchen, «sich nach dem Ausmaß bemißt, in dem seine Qualitäten mit den Bedürfnissen einer Nation in einem bestimmten Augenblick ihrer Geschichte im Einklang stehen, dann war Georg VI. ein großer König, und vielleicht ein sehr großer König.» «Durch seine Schlichtheit», schloß der Diplomat, «seinen guten Willen, seinen Mut, sein Pflichtgefühl, seinen Respekt für die Verfassungsprinzipien und das Beispiel seines privaten Lebens hat König Georg VI. um seinen Thron ein Kapital von Sympathie und Loyalität angesammelt, auf das er im Falle einer Krise bauen konnte. Auf den Thron gelangt in einem Klima der dynastischen und konstitutionellen Krise, hat Georg VI. nach seinem Tode seiner Tochter einen Thron hinterlassen, der stabiler ist, als England es fast in seiner ganzen Geschichte gekannt hat.» «Nur wenige Menschen», formulierte der Labour-Oppositionsführer Attlee im Unterhaus in seinem Nachruf, «realisieren, wieviel Zeit und Fürsorge er den öffentlichen Angelegenheiten gewidmet hat, aber Besucher aus Übersee waren oft erstaunt über seine enge Vertrautheit mit allen möglichen Fragen. Mit diesem intensiven Studium verbanden sich eine gute Urteilskraft und ein sicherer Instinkt für das, was wirklich wichtig war. Während seiner Regierungszeit gab es Entwicklungen im Commonwealth, von denen einige die Aufgabe äußerer Formen zur Folge hatten, auf die zu verzichten, ein geringerer Mann für schwierig gehalten hätte. Aber er war in wesentlichen Dingen weitherzig und bereit, Wandel zu akzeptieren, der notwendig schien.» Der Trauerkranz seines bewunder-

Georg VI. (1936–1952)

ten und eng vertrauten Kriegspremiers Winston Churchill trug nur die schlichte Inschrift «For Valour» - «für Tapferkeit». Diese Worte des Gedenkens waren keine protokollarischen Pflichtübungen. In ihnen äußerten sich vielmehr quer durch alle sozialen Schichten und politischen Gruppierungen Respekt und Zuneigung für einen Monarchen, der allen Widrigkeiten zum Trotz, auch solchen, die in seiner labilen Gesundheit und seiner schwierigen psychischen Disposition begründet lagen, seinem Land in den schwersten Krisen seiner jüngeren Geschichte mit Hingabe und Pflichtbewußtsein bis zur völligen körperlichen und nervlichen Erschöpfung gedient hat. Ehrlich waren die vielen Bekundungen der Trauer über das Ableben eines Mannes, dem nur gut sechsundfünfzig Lebensjahre vergönnt waren, davon die letzten überschattet von einer fortschreitenden Arteriosklerose und einem zu spät erkannten Lungenkarzinom.

Dramatisch waren die Wandlungsprozesse und Geschehnisse, die «Bertie», wie er allgemein genannt wurde, in seinen verschiedenen Lebensphasen - als junger Prinz, als Duke of York und schließlich als König - und in wechselnder Verantwortung erleben, teilweise aktiv mitgestalten und innerlich verarbeiten mußte. Es war eigentlich mehr, als ein Mensch mit seiner zerbrechlichen Konstitution verkraften konnte. Er hat auf die Herausforderungen im eigenen Hause, im Lande und in der Welt stets mit hoher Sensibilität und intensiver Anteilnahme reagiert: zwei Weltkriege, von denen der zweite als «totaler Krieg» die «Heimatfront» und mit ihr die königliche Familie radikal mit einbezog, der Fall Großbritanniens aus der viktorianischen Saturiertheit einer Weltmacht in die machtpolitische Zweitrangigkeit, die Auflösung des Empires und die Umformung des Commonwealth in eine Gemeinschaft sich selbst regierender autonomer Staaten, der Untergang von dreizehn regierenden Dynastien in Europa und das Zerreißen eines einst dicht geknüpften gesellschaftlichen Netzes royalistischer Bande, soziale Spannungen, der Aufstieg der Arbeiterbewegung und der allgemeine Prozeß der gesellschaftlichen und politischen Demokratisierung mit dem Abbau von Geburtsprivilegien, der gewaltsame Griff brauner und roter Diktaturregimes über weite Teile Europas und der «kalte Krieg», der atemberaubend kurze Weg von den ersten Flugversuchen der Gebrüder Wright Anfang des Jahrhunderts bis zur Eröffnung des atomaren Zeitalters mit den Bomben auf Hiroshima und Nagasaki gut vierzig Jahre später; der Durchbruch der modernen Massenmedien Film, Fernsehen und Rundfunk, denen der König bis zuletzt mit erheblicher Distanz gegenüberstand, und die Abdankungskrise 1936 - um nur die wichtigsten Ereignisse zu nennen. Es herrschte in Politik und Gesellschaft, in Ökonomie und Technik ein in dieser geballten Form vorher nicht gekannter und nicht mehr aufzuhaltender Modernisierungsdruck, dem der Monarch zwar um Aufgeschlossenheit bemüht, aber doch oft mit tiefen Ängsten und einem in seiner Erziehung begründeten Unverständnis gegenüberstand. Zunehmend menschlich wie auch gesellschaftlich und politisch belastend und bitter für ihn war das schließlich unheilbare Zerwürfnis mit seinem Bruder Edward, obwohl er bis zuletzt seine brüderliche Zuneigung zu ihm nicht verhehlen konnte.

Albert, wie er bis zu seiner Thronbesteigung am 11. Dezember 1936 hieß, war der Weg ins höchste Staatsamt bis wenige Wochen vor der Abdankung seines Bruders in keiner Weise vorgezeichnet. Er hat bis zuletzt «that dreadful day» gefürchtet, ihn verdrängt und alle Anstrengungen unternommen, um ihm zu entrinnen, war ihm doch stets gegenwärtig, welch hohe Hürden auf diesem Weg seit seiner Jugend für ihn aufgetürmt waren. Es gehört wohl mit zu den bemerkenswertesten und allseits hoch respektierten Leistungen als Mensch und dann auch in seinem hohen Amt, wie er mit seinen Aufgaben gewachsen ist und wie er gegen seine eigenen körperlichen und psychischen Unzulänglichkeiten und all die Hindernisse, die auf seinem Lebensweg standen, mit oft verbissener Energie und eiserner Selbstdisziplin, mit Selbstüberwindung, Durchhaltewillen und vorbildlichem Pflichtbewußtsein gekämpft und sie schließlich gemeistert hat, gemeistert in einer Weise, die der französische Diplomat mit gutem Recht als «groß» bezeichnen konnte.

Alberts Geburt schien unter einem Unstern zu stehen. Der Junge, an dessen Stelle sich der Vater eine Tochter gewünscht hatte, kam zum Entsetzen der königlichen Familie gerade am «Mausoleum Day» zur Welt, an dem seine Urgroßmutter, die Queen Victoria, seit 1861 ihren Gemahl Albert und seit 1878 außerdem noch ihre Tochter Alice betrauerte und nicht abgelenkt zu werden wünschte. Der Name Albert vermochte jedoch die Queen, die inzwischen in der Familie und im Lande zu einer ebenso abgehobenen wie bewunderten Institution geworden war, mit der Ankunft ihres Urenkels voll zu versöhnen.

Viel ist darüber diskutiert worden, wieweit Albert das unglückliche Produkt einer verfehlten und gefühlsarmen Erziehung durch Eltern, Gouvernanten und Tutoren und einer allzu harten Kindheit und Jugend gewesen ist und wieweit nicht auch seine Veranlagung ihn geprägt hat. Die Wahrheit dürfte in der Mitte liegen: Angeborene Schwächen wurden durch das eher distanzierte und förmliche Verhältnis der Eltern zu ihren Kindern nicht liebevoll abgefangen und gemildert, sondern noch verstärkt. Seine Schüchternheit und Selbstzweifel, seine Nervosität und leichte Erregbarkeit bis hin zu gelegentlichen unkontrollierten Ausbrüchen des Jähzorns (das berühmte königliche «gnashing»), seine sich bis hin zur Klaustrophobie steigernde Scheu im Auftreten vor dichtgedrängten Menschenmassen und das Gefühl, oft psychisch und physisch erschöpft zu sein, haben ihn zeit seines Lebens belastet und die öffentlichen Pflichten, die er schon als prinzlicher Seekadett und dann ab 1920 als Duke of York wahrnehmen mußte, vielfach zur Qual werden lassen. Immer wieder mußte er sich zu diesem Dienst an Staat und Monarchie überwinden. Auch Eifersucht und ein Gefühl der Unterlegenheit gegenüber dem älteren Bruder, dem stets vorgezogenen Thronerben und vielumworbenen «Prince charming», haben ihm das Leben selbst dann noch schwergemacht, als der Herzog von Windsor längst im selbstverschuldeten Exil lebte. So war sein Stottern, das ihn trotz enormer Heilerfolge später doch immer wieder bei öffentlichen Auftritten hemmen und unsicher machen sollte, ebenso Symptom ständiger nervöser innerer Unausgeglichenheit und Spannung wie die schweren Gastritisanfälle und Darmerkrankungen, die ihn noch in seiner Dienstzeit bei der Marine bis zum Ende des Ersten Weltkrieges heimsuchten.

Kompensiert wurden diese körperlichen und psychischen Anfälligkeiten jedoch durch charakterliche Vorzüge, die ihn bei seinem Volk als Menschen und als «the People's King» schnell populär machten und ihm aus allen Schichten und politischen Kreisen, gerade auch aus sehr einfachen Bevölkerungsgruppen, viel Sympathie zuführten: Schlichtheit im Auftreten, Liebenswürdigkeit im Umgang mit Menschen jeder Herkunft, Fürsorge gerade auch für die Untergebenen und ihre Familien, wenn sie in Not geraten waren, Feingefühl und Takt, Bescheidenheit, ein, wenn auch bisweilen etwas rauhbeiniger Humor (das «chaffing» scheint ein Familienzug der Windsors bis heute!), Zuverlässigkeit, Hilfsbereitschaft und Kameradschaftlichkeit und vor allem ein hohes und immer wieder gelobtes Amtsethos und Pflichtgefühl, Fleiß und Hingabe an die einzelnen Aufgabenfelder, die bis zur Detailversessenheit gehen konnte. Stets waren seine Besucher verblüfft von seinen bis ins einzelne gehenden politischen, technischen oder auch militärisch-strategischen Kenntnissen. Was er tat, tat er gründlich und zuverlässig. Leider ging seinem nüchternen Pragmatismus jedes Interesse für künstlerische Fragen und Entwicklungen ab. Selbst wenn seine Frau hier manches kompensierte, strahlte und strahlt wohl bis heute vom britischen Hof nichts Prägendes auf das künstlerische Leben im Inselreich aus.

Seine politische Philosophie, der britischen Monarchie als einer seit Jahrhunderten bewährten Institution die ihr zukommende Würde und Autorität nicht zuletzt durch eine penible Beachtung von Ritus und Zeremoniell zu bewahren, verband sich mit dem Bestreben, als Monarch und Mensch bescheiden hinter dem hohen Amt zurückzutreten. Durch sein Beispiel an Pflichterfüllung und Lebensführung und, was er sehr ernst genommen hat, als «the head of our morality» (Bagehot) wollte er die Monarchie tief im Volk verankern und die Beziehungen zwischen Krone und Nation festigen. Tatsächlich ist es dem Monarchen mit intensiver Unterstützung seiner Frau gerade im Zweiten Weltkrieg gelungen, zu einer nationalen Identifikationsfigur zu werden.

Pflichtethos und Amtsverständnis sollten dann auch langsam mithelfen, eine menschliche Brücke zwischen dem als eine Art Zuchtmeister gefürchteten dominanten Vater und dem von Selbstzweifeln geplagten Sohn zu schlagen, selbst wenn Georg V. seinen Zweitgeborenen nur sehr schwer und spät erwachsen werden ließ und eine seltsame Scheu zwischen den beiden bestand, ein Gefühl der Zuneigung zu zeigen. Der sehr persönlich gehaltene Brief, mit dem der König seinen Sohn nach seiner Heirat 1923 im Alter von achtundzwanzig Jahren gleichsam aus seiner Aufsicht in die Ehe entließ, sagt sehr viel aus, nicht nur über das Verhältnis zwischen beiden, sondern auch darüber, wie sehr sich Albert noch als Duke of York seit 1920 durch die autoritären Fesseln seines Vaters bis zu dessen Tode hat eingeengt fühlen müssen, bis er sich nicht zuletzt mit der Hilfe seiner Frau, durch die Gründung einer eigenen Familie und die Übernahme der Königswürde wirklich von ihnen emanzipieren konnte: «Du bist immer so vernünftig und leicht in der Zusammenarbeit und immer bereit gewesen, auf meinen Rat zu hören und mit meinen Ansichten über Menschen und Dinge übereinzustimmen, daß ich das Gefühl habe, wir sind immer sehr gut miteinander ausgekommen (sehr unterschiedlich zum lieben David – Familienname für den älteren Bruder Edward). Ich vertraue darauf, daß dieses Verhältnis immer dasselbe zwischen uns bleiben wird und daß Du zu mir um Rat kommen wirst, wenn immer Du ihn wünschst.»Man wird den Eltern freilich zugute halten müssen, daß sie wohl beide zu sehr noch in die erstarrte höfische Etikette und Förmlichkeit des Viktorianismus und in die damaligen Erziehungsideale der Oberschicht, aber auch in ihre öffentlichen Aufgaben eingebunden waren, als daß sie ihren Kindern, und gerade Bertie mit seinen Ängsten eine intensive liebevolle Zuwendung hätten geben können. Kinder wurden damals wie kleine Erwachsene behandelt. Die eigentliche Tragik für Albert und auch für seine Geschwister lag darin, daß ihre Eltern gleichsam «zwischen den Zeiten» sich an den Erziehungsidealen des vergangenen Jahrhunderts ausrichteten und es darüber versäumten, ihre Kinder auf das schwierige und revolutionäre zwanzigste Jahrhundert angemessen vorzubereiten. Dies galt um so mehr für einen Zweitgeborenen, der in der Thronfolge an sich auf einem aussichtslosen Platz rangierte und dementsprechend völlig unvorbereitet gewissermaßen über Nacht in das verhaßte und gefürchtete Amt gestoßen wurde.

Das nach außen abgeschottete und spartanische Leben im Duke of York Cottage in Sandringham, ohne gleichaltrige Spielkameraden und unter der Aufsicht ihres Tutors Henry Peter Hansell, eines zwar wohlmeinenden und bemühten aber doch wenig inspirierten und inspirierenden Lehrers, war wenig dazu angetan, in den Kindern eine besondere Lebensfreude zu wecken und sie auf ihre späteren öffentlichen Aufgaben vorzubereiten. Doch hat der Vater dem Zweitgeborenen etwas sehr Wesentliches als Erbe mitgegeben, aus dem er bis unmittelbar vor seinem Tode immer wieder viel Kraft schöpfen sollte, um die verzehrenden Strapazen seines Amtes zu bewältigen: das Erleben einer unbeschwerten ländlichen Atmosphäre in den ausgedehnten Sommer- und Winterferien in Sandringham und im schottischen Balmoral mit Jagen, Fischen, Reiten und stundenlangen Naturbeobachtungen im Kreis engster Freunde und den gern übernommenen Pflichten eines Grundherrn.

Dem Zweitgeborenen schrieb der Vater nach eigenem Vorbild die Karriere als Marineoffizier vor, die ihn unter normalen Umständen wohl bis hinauf in den Rang eines Kapitäns zur See geführt hätte. Die festgelegten Ausbildungsphasen – Junior Royal Naval College in Osborne 1909/11, Royal Naval College in Dartmouth 1911/13 und schließlich erste dienstliche Verwendung als Marineleutnant und -oberleutnant auf dem Schlachtschiff «Collingwood» 1913/17 – durchlebte und durchlitt der Prinz mit allen Höhen und Tiefen: Heimweh des Dreizehnjährigen, häufige Krankheiten, Seekrankheit, Schikanen der Vorgesetzten, Neckereien der Gleichaltrigen, völliges Versagen in den technischen und mathematischen Unterrichtsfächern, strenge Mahnungen des Vaters bis hin zur Drohung mit der unehrenhaften Abschulung, aber auch Kameradschaft und Freundschaften mit gleichaltrigen und älteren Kameraden, die über das ganze Leben halten sollten. Immer wieder auftretende Magen- und Darmbeschwerden und dadurch notwendig werdende Operationen, führten zu monatelangen Unterbrechungen der Dienstzeit auf der «Collingwood», zu ausgedehnten Lazarett- und Rekonvaleszenzaufenthalten und Abordnungen zur Routinearbeit am Schreibtisch in der Londoner Admiralität. Der Stolz, wenigstens die Seeschlacht vor dem Skagerrak am 31. Mai/1. Juni 1916 auf Gefechtsstation in einem Geschützturm der «Collingwood» und damit den Krieg wirklich, wenn auch nur für wenige Tage und nicht einmal in vorderster Front, miterlebt zu haben, konnte jedoch nicht darüber hinwegtäuschen, daß die Marinekarriere Alberts mit der krankheitsbedingten Ausmusterung im Herbst 1917 beendet war, bevor sie noch recht eigentlich begonnen hatte. Wieder mußte der Prinz eine ihn noch lange begleitende traumatische Erfahrung des Scheiterns und das Gefühl verarbeiten, den Erwartungen des Vaters nicht entsprochen zu haben. Überdies machte bald das Gerücht die Runde, der Prinz habe im Krieg Privilegien genossen, während der kleine Mann an der Front gestanden habe.

Ein kurzes Intermezzo bei der gerade gegründeten «Royal Air Force» 1918/19, das ihn in den Rang eines Staffelkommandeurs und Majors führte, brachte ihm immerhin drei prägende Erfahrungen und Erlebnisse: eine beeindruckende Begegnung mit seinem Vorgesetzten General Sir Hugh Trenchard, dem legendären Luftmarschall des Zweiten Weltkrieges, eine erste Berührung mit dem modernen Luftkrieg in Nordfrankreich, auch dies eine Vorwegnahme späterer Erfahrungen, und den

Empfang der begehrten «wings», des Pilotenabzeichens, das Georg VI. als erster und bisher einziger Monarch erwerben sollte, wenn auch mit dem Vorbehalt, daß er niemals ohne Begleitung fliegen durfte.

Ein Zwischenspiel im Trinity College in Cambridge vom Herbst 1919 bis zum Frühjahr 1920 mit dem Studium der Geschichte, der Ökonomie und der Verfassungsgeschichte dürfte keine bleibenden intellektuellen Spuren beim Prinzen hinterlassen haben mit der Ausnahme, daß er sich hier intensiver mit zwei Klassikern der britischen Verfassungsgeschichte, A. V. Dicey's «Law of the Constitution» und Walter Bagehot's «The English Constitution», beschäftigt zu haben scheint, dessen im Viktorianischen Zeitalter geschriebene brillante Analyse des Wesens der britischen Monarchie bis heute unübertroffen sein dürfte.

Der Erste Weltkrieg sollte Alteuropa bis in seine politischen und gesellschaftlichen Grundfesten hinein erschüttern, seine Gestalt gründlich ändern und erst eigentlich das zwanzigste Jahrhundert mit seinen revolutionären Umwälzungen einleiten. Die enormen Herausforderungen des «Zeitalters der Ideologien», des Bolschewismus in Rußland und des Wilsonianismus in den USA mit seiner Parole «to make the world safe for democracy», der Sturz der Throne auf dem europäischen Festland, Antikolonialismus weltweit, Klassenspannungen, sozialistische und republikanische Strömungen allenthalben, auch im Inselreich, der politische Aufstieg der Arbeiterbewegung, Massenstreiks, Arbeitslosigkeit, Wohnungsnot und allgemeine Verbitterung in der Bevölkerung, das vom Kriegspremier Lloyd George als Kriegsziel proklamierte, wenn auch bald verfehlte «land fit for heroes to live in» – all dies waren umwälzende Erscheinungen, die auch und gerade für die britische Monarchie einen entscheidenden Test für ihre Überlebens- und Anpassungsfähigkeit an die Tendenzen der Moderne darstellten. In einer ihrer gefährlichsten Existenzkrisen mußte die Monarchie wieder fest im Volk verankert werden. Sie hatte sich durch die Leistungen und das Vorbild der königlichen Familie als eine attraktive moderne Verfassungsform und als Identifikationsobjekt in den Augen der Bevölkerung zu legitimieren, dies nicht zuletzt durch eine moderne Imagepflege der königlichen «Familienfirma» – ein Begriff, den Albert 1919 in Cambridge geprägt haben soll und den seine Tochter Elizabeth II. bis heute häufig verwendet. Hier hat der Duke of York (seit 1920), so unvorbereitet er auch von seiner Erziehung und seiner bisherigen Karriere her den Aufgaben der Zukunft gegenübergestanden haben mag, ein hohes und allseits anerkanntes Maß an Sensibilität bewiesen und Bleibendes geleistet, sicher am Ende Dauerhafteres als sein schillernder und zur Oberflächlichkeit neigender Bruder Edward. Drei herausragende Ereignisse machen dies deutlich: das ehrliche und keineswegs als protokollarische «show» mißzuverstehende soziale Engagement des Duke, seine 1923 geschlossene Ehe und die erste große Commonwealthreise des Duke und der Duchess of York 1926 nach Australien und Neuseeland in einer kritischen Übergangszeit dieser Staatengemeinschaft. Albert war und blieb zwar «conservative», achtete aber in seiner überparteilichen Stellung stets, auch als König darauf, nicht als «Conservative» vereinnahmt zu werden. Alberts in der königlichen Familie bisher beispiellose Aufgeschlossenheit für die sozialen Probleme der modernen kapitalistischen Arbeitswelt, die ihm auch nach seiner Thronbesteigung Respekt und Zuneigung in der Bevölkerung eingebracht hat, äußerte sich in der Präsidentschaft der 1919 aus der *Boys' Welfare Association* hervorgegangenen *Industrial Welfare Society*, in dem legendären 1921 gegründeten *Duke of York's Camp* sowie in zahllosen ganz unprätentiösen und protokollarisch bewußt niedrig aufgehängten Fabrikbesuchen und Kontakten mit einfachen Arbeitern und Arbeiterinnen. Sein intensives Interesse für die Arbeitsbedingungen vor Ort, für soziale Chancengleichheit und Gerechtigkeit, für moderne Arbeitsbeziehungen und generell sein feines Gespür für die wachsende Bedeutung des «human factor» in der Produktion brachten ihm den Ehrentitel «the Industrial Prince» oder auch «the Foreman» ein. Diese Aktivitäten als hoffnungslos rückwärtsgewandten «Sozialpatriarchalismus» zu diffamieren, wie geschehen, hieße wohl, an die Einsatzbereitschaft und das Weltbild eines königlichen Prinzen einen völlig unangemessenen Maßstab anzulegen.

Das berühmte *Duke of York's Camp* oder einfach *My Camp* ging zurück auf ein Fußballspiel zwischen jugendlichen Arbeitern aus einem Stahlwerk und Zöglingen der renommierten Londoner Westminster School am 10. März 1921 in Anwesenheit des Herzogs. Daraus entwickelte sich ab August 1921 auf Initiative Alberts ein jährlich stattfindendes «Camp», in dem je 200 Jungen zwischen siebzehn und neunzehn Jahren aus Fabriken und Public Schools (je zwei aus einer Fabrik und Privatschule) für eine Woche eng zusammenlebten, gemeinsam arbeiteten und Sport trieben. Das «Camp» sollte soziale Klassenvorurteile und Standesunterschiede abzubauen helfen. Höhepunkt jedes Jahr war *the Duke's Day*, an dem der Herzog und spätere König einen ganzen Tag in legerer Sportkleidung als «Great Chief» ungezwungen und begeistert am «Camp»-Leben teilnahm und nach Aussagen von Teilnehmern in seiner natürlichen Lockerheit und Jugendlichkeit wie umgewandelt erschien. Allen Unkenrufen aus dem Arbeitgeber- und dem Gewerkschaftslager zum Trotz war dieses Experiment ein voller Erfolg. Es wurde, mit einer Ausnahme 1930, Jahr für Jahr regelmäßig bis August 1939 auf energisches Betreiben Alberts fortgesetzt und gewann von Jahr zu Jahr an Popularität. Unzählige hier geschlossene Freundschaften quer durch die sozialen Schichten sollen sich im Kriege und auf den Schlachtfeldern bewährt haben. Das stolze Bewußtsein, etwas sehr Schwieriges «on his own» zumindest versucht zu haben und dies mit bemerkenswertem Erfolg, stärkte das Selbstbewußtsein des Herzogs.

Ein ausgesprochener Glücksfall für die psychische Konstitution des Herzogs, für die königliche «Familienfirma» und für die gesamte Nation gerade in ihrer noch bevorstehenden Bewährungsprobe war – hier besteht volle Übereinstimmung unter den Zeitgenossen und den Biographen bis heute – die «Traumhochzeit» in der Westminster Abbey mit Lady Elizabeth Angela Margherite Bowes-Lyon am 26. April 1923. Einer uralten schottischen Familie entstammend, die ihren Stammbaum bis ins Mittelalter zurückführen konnte, war Elizabeth sicher kein Produkt der «roaring twenties», wie sie Edward unter seinen Favoritinnen bevorzugte, sondern in ihrem Moralkodex, ihren gesellschaftlichen Anschauungen, ihrem aparten Äußeren und wohl auch in ihrem modischen Geschmack eher altmodisch wie der Herzog selbst. Mit ihrem vielgerühmten, unwiderstehlichen Charme, ihrer Vitalität und heiteren Gelassenheit, ihrer Selbstsicherheit und ihren vollendeten Umgangsformen, ihrem natürlichen Wesen und ihrer menschlichen Zugänglichkeit, ihrer Schönheit und musischen Begabung, zudem eine gute Tänzerin und anregende Gesellschafterin, war Elizabeth 1920 eine umschwärmte und attraktive Debütantin der Londoner «high society». Sie weckte manche Hoffnungen unter ihren Verehrern und war durchaus auch mit dem sicheren Gespür für den «show effect» ihres Auftretens ausgestattet, später ein unschätzbarer Gewinn für die Imagepflege der «Familienfirma» an der Seite ihres eher introvertierten Gatten. Elizabeth besaß eine Gabe, die sie schon als Duchess of York die Herzen der Menschen im Mutterland und im Empire gewinnen ließ und sie dann in den harten Zeiten des Krieges und der Nachkriegsperiode enorm populär machen sollte: ihren jeweiligen Gesprächspartnern und Gesprächspartnerinnen das ganz persönliche Gefühl zu vermitteln, als lägen gerade deren Sorgen und Nöte ihr besonders am Herzen. Ungebrochen ist ihre Popularität als Queen Elizabeth The Queen Mother bis in die Gegenwart, unnachahmlich auch bis heute ihre Art, in die Menge zu winken.

Die junge Frau schreckte lange davor zurück, sich in das starre Korsett des Hofzeremoniells der Windsors einzwängen zu lassen und auf ihre jugendliche Freiheit und Unabhängigkeit zu verzichten. Auch war es wohl eher bei ihm als bei ihr die sprichwörtliche Liebe auf den ersten Blick. Erst nach gut eineinhalb Jahren hartnäckigen Werbens gab sie dem Herzog beim dritten Antrag (es sollte nach seiner Vorstellung endgültig der letzte sein!) am 13. Januar 1923 ihr Ja-Wort. König Georg und Königin Mary verhehlten nicht ihre starken Sympathien für die neue Schwiegertochter. Albert sollte seiner Frau in einer glücklichen und menschlich wie in der gemeinsamen Wahrnehmung der öffentlichen Pflichten geradezu ideal aufeinander abgestimmten Partnerschaft all das verdanken, was ihm in seinem emotional blockierten Elternhaus und seiner schwierigen Kindheit und Jugend versagt geblieben war und was Elizabeth in ihrer Kindheit im schottischen Glamis Castle bei ihren Eltern in reichem

Maße genossen hatte: ein harmonisches und heiteres Familienleben als Quelle der Kraft und Entspannung von den schwierigen politischen Tagesgeschäften und von dem nach wie vor als belastend empfundenen öffentlichen Auftreten. Hier entwickelte er Selbstvertrauen und Selbstsicherheit, fand Ermunterung und Rat bei den Staatsgeschäften, hier wurde er endgültig erwachsen, nachdem er der sterilen und abgeschotteten Atmosphäre von Buckingham Palace entronnen war und in das lebhafte und gesellige Stadthaus 145 Picadilly einzog und – nicht zuletzt – wurden seine gelegentlichen Temperamentsausbrüche hier feinfühlig gedämpft. «Ich habe Dich», schrieb er in einem sehr bewegenden persönlichen Brief, mit dem er seine Tochter Elizabeth gleichsam in die Ehe mit Prince Philip 1947 und damit in ihre eigene neue Familie entließ, «mit Stolz unter der geschickten Lenkung durch Mami aufwachsen sehen, die, wie Du weißt, in meinen Augen die wunderbarste Frau in der Welt ist». Elizabeth Mary Alexandra wurde am 21. April 1926 geboren und entwickelte sich, als «Lilibet» nicht nur von Vater und Großvater verzogen, zum «darling» einer ganzen Nation und zum Ebenbild ihres Vaters in ihren Anschauungen, ihren sportlichen und ländlichen Hobbys und ihrer Einstellung zum hohen Amt der Monarchin später. Die am 21. August 1930 geborene Margaret Rose dagegen scheint mit einem gewissen Hang zur extrovertierten Exzentrik eher ihrer Mutter nachgeschlagen zu sein.

Vor der ersten großen Überseereise des jungen Paares galt es noch, ein Problem nunmehr gemeinsam zu meistern, das nicht nur den Herzog persönlich bei seinen öffentlichen Auftritten schwer belastete, sondern auch den Gastgebern und Auditorien wiederholt peinliche Situationen beschert hatte: das Stottern. Die am 19. Oktober 1926 bei dem australischen Logopäden Lionel Logue eingeleiteten zunächst täglichen, dann wöchentlichen sprechtherapeutischen Sitzungen, in die auch Elizabeth einbezogen wurde, sollten innerhalb einer sensationell kurzen Zeit eine schnelle und langanhaltende Wirkung zeigen. Regelmäßige Atem- und Sprechübungen, eine eiserne Selbstdisziplin des Patienten und die liebevollen Zuwendungen seiner Ehefrau wurden unterstützt durch den suggestiven Einfluß des genialen Therapeuten, daß dieses Leiden durchaus heilbar und nicht, wie Albert schließlich in seiner Verzweiflung glaubte, Ausdruck eines geistigen Defektes sei. Obwohl Logue fortan jede wichtige öffentliche Rede vorher mit dem Herzog auf sprechtechnische «Fußangeln» durchging, blieben gewisse Hemmungen in der Öffentlichkeit zu reden bestehen, besonders auch gegenüber dem Mikrophon und die Angst, plötzlich vom Stottern wieder überrascht zu werden, verging nie ganz.

Die am 6. Januar 1927 angetretene Reise des herzoglichen Paares nach Neuseeland und Australien war nur vordergründig eine protokollarische Pflichtübung; offizieller Anlaß war die Eröffnung des Parlamentes in dem neuen Parlamentsgebäude in Canberra, der in den Jahren zuvor gleichsam aus der Retorte geschaffenen Hauptstadt des *Commonwealth of Australia*, durch den Herzog. Die Reise fiel in eine Phase des grundlegenden Wandels im «Commonwealth of Nations» zu einer Gemeinschaft unabhängiger und gleichberechtigter Staaten zwischen Empirekonferenz und Balfour-Formel 1926 und dem Statut von Westminster 1931. Der Herzog meisterte eine schwierige und wichtige Mission zusammen mit seiner Frau mit Bravour und unter allgemeiner Anerkennung. Den Gastgebern sollen gleich mehrere Steine vom Herzen gefallen sein. Mit der Balfour-Formel und dem späteren Statut von Westminster – die Dominions als «autonome Gemeinschaften innerhalb des Britischen Empires, von gleichem Rang, in keiner Weise gegenseitig hinsichtlich ihrer inneren oder äußeren Angelegenheit untergeordnet, aber verbunden durch gemeinsame Loyalität zur Krone und als Mitglieder des British Commonwealth of Nations frei assoziiert» – wuchs der Krone als Symbol des Commonwealth und durch das gemeinsame Band der Treue zu ihr eine zentrale Funktion für den Fortbestand dieser einzigartigen Staatengemeinschaft zu. Georg hat schon als Duke of York und dann später als König die aus dieser wichtigen Funktion abgeleiteten Aufgaben des Monarchen in den Mittelpunkt seines Amtsverständnisses und seiner staatlichen Verantwortung gerückt. Die Lebensfähigkeit und innere Kraft des *British Commonwealth of Nations* stand für ihn als dessen Oberhaupt stets an vorderer Stelle.

Damit erschließt sich auch ein wesentlicher Aspekt der Abdankungskrise im November/Dezember 1936 für den Thronfolger. Diese Krise hat zwar die britische Monarchie nicht, wie bisweilen behauptet, in ihren Grundfesten erschüttert, stand doch ein Nachfolger Edwards VIII. mit dem jüngeren Bruder bereit, der, wenn auch widerstrebend, in der Lage war, das Amt bruchlos zu übernehmen. Aber vieles machte Albert oder Georg VI., wie er sich als König nannte, um die Kontinuität zu seinem Vater zu demonstrieren, schwer zu schaffen: Die tiefe menschliche Enttäuschung und das unheilbare persönliche Zerwürfnis mit seinem Bruder, der ihn, ohne vorher Kontakt mit ihm aufzunehmen, erst am 17. November von seinen Rücktrittsabsichten informierte und mit dem er dann noch um die jährliche Apanage von £ 25 000 feilschen mußte, um erst kurz danach zu erfahren, daß er Millionär war; der Ingrimm, daß der «Direktor» der königlichen «Familienfirma» aus egoistischen privaten Gründen die Kommandobrücke verlassen hatte; Sorgen um die Integrität von Krone und Monarchie und vor allem Angst um den inneren Zusammenhalt des Commonwealth, dessen «in Treue zur Krone verbundene» Mitglieder nach dem Statut von Westminster nunmehr bei der Nachfolge auf dem Thron ein Wort mitzusprechen hatten; die angeborene Scheu vor dem Rampenlicht und der beängstigende Mangel an «Lehrzeit» für das hohe Staatsamt. Angewidert fühlte er sich schließlich von den jahrelangen Haßtiraden der Wallis Simpson, weil er ihr als Ehefrau seines Bruders und als Duchess of Windsor bis zuletzt die Aufnahme in die königliche Familie als «Her Royal Highness» verwehrte. «Prinz Albert befand sich», wie seine Biographin treffend bemerkt, «in der Position eines Ersatzspielers, der an der Seitenlinie wartete, nur daß er in seinem Fall außerordentlich darum besorgt war, daß der Ruf, auf das Spielfeld zu laufen, nicht an ihn ergehen werde.»

Als dann aber am 11. Dezember 1936 der Ruf an ihn doch erging, zeigte er sich seiner neuen Aufgabe erstaunlich schnell gewachsen. Er füllte sein Amt schon bald in einer Weise aus, die ihm allenthalben im eigenen Lande und im Empire Zuneigung und Achtung verschaffte und ganz seiner Absicht entsprach, die Monarchie in den Herzen der Bevölkerung zu verankern. Glanzvoller Auftakt war die – schon längst für Edward VIII. auf den 12. Mai 1937 festgesetzte – Krönungszeremonie in Westminster Abbey. In einer nahezu perfekten Regie brachte der neue König in engem Zusammenwirken mit dem Erzbischof von Canterbury (und nicht ohne die fürsorgliche Hilfe seiner Frau und seines Sprachtherapeuten Logue) die hohe Symbolkraft und Außenwirkung des genau festgelegten Krönungszeremoniells, seine spirituelle und moralische Bedeutung für das eigene Land, für das Commonwealth und für die Weltöffentlichkeit überzeugend zur Geltung. Hier wurde noch einmal in eindrucksvoller Weise nicht nur das enge «Bündnis von Thron und Altar» in einem christlichen Staat, sondern das demonstriert, was ein gewaltiges Weltreich allem Veränderungsdruck zum Trotz immer noch zusammenhielt: die Loyalität zur Krone und ihrem Träger. Der Krönungseid wurde zum ersten Mal dadurch dem Statut von Westminster angepaßt, daß alle Commonwealthmitglieder und das Kaiserreich Indien einzeln aufgeführt wurden, und den Protesten katholischer Repräsentanten dadurch Rechnung getragen, daß in der anschließenden Verpflichtung der König als Verteidiger des protestantischen Glaubens nur noch im Vereinigten Königreich in seiner Eigenschaft als Titularoberhaupt der Anglikanischen Kirche auftrat, sich sonst aber mehr allgemein verpflichtete, «the true profession of the Gospel» aufrechtzuerhalten. Eine unmittelbare Live-Übertragung der Zeremonie durch das Fernsehen lehnte der Erzbischof von Canterbury aus Angst davor ab, daß der König sich den Anforderungen des gerade anbrechenden modernen Medienzeitalters nicht gewachsen zeigen und dann eine – stets bei seiner Konstitution befürchtete – «Panne» sofort die Runde um die Welt machen und ihn und mit ihm die Monarchie der Lächerlichkeit preisgeben würde.

König Georg VI. hat seine Prärogative als Staatsoberhaupt von Anfang an peinlich genau wahrgenommen: gegenüber dem Kabinett Warnungen zu formulieren, zu ermutigen, Anstöße und Ratschläge zu geben, wenn es ihm denn erforderlich schien, und vor allem, stets rechtzeitig und umfassend informiert zu werden. Er vertrat die Kontinuität gegenüber wechselnden politischen Konstellationen und Kabinetten. Als er am 20. Februar 1937 frühmorgens aus der Presse zu seiner Überraschung von Rücktrittsabsichten des Außenministers Eden erfuhr, ließ er sofort scharf beim Kabinettssekretär Sir Maurice Hankey protestieren und setzte es durch, daß ihm künftig die Entwürfe der Kabinettsprotokolle noch vor ihrer Verabschiedung gleichzeitig mit dem Premierminister umgehend zugestellt würden.

Georg VI. hat mit vier Premierministern zusammengearbeitet: Stanley Baldwin (Rücktritt 28. 5. 1937), Neville Chamberlain (28. 5. 1937–10. 5. 1940), Winston Churchill (10. 5. 1940–27. 7. 1945 und dann noch einmal ab 27. 10. 1951) und Clement Attlee (27. 7. 1945–27. 10. 1951). Mochte auch jeder für sich eine ausgeprägte Persönlichkeit sein mit einem eigenen Arbeitsstil und unterschiedlichen politischen Konzeptionen, so hat der Monarch doch mit allen loyal und vertrauensvoll, mit zweien sogar ausgesprochen freundschaftlich kooperieren können und sich dabei stets im Rahmen seines streng konstitutionellen Amtsverständnisses gehalten.

Mit Baldwin verband ihn eine tiefe Dankbarkeit für seine intensive Unterstützung bei der Bewältigung der Abdankungskrise. Bei Chamberlain schätzte er seinen physischen und moralischen Mut, seine Integrität, seine bis zum Eigensinn gehende Prinzipienfestigkeit, seine Führungskraft und vor allem seine unermüdlichen Anstrengungen um die Erhaltung des europäischen Friedens im Rahmen seiner – vom König bis zuletzt gestützten – «Appeasement»-Politik. Eine herzliche Sympathie verband beide Familien bis zum Tode Chamberlains, in die Lord Halifax stets mit eingeschlossen war. König und Premier waren allen innenpolitischen Anfeindungen zum Trotz bis zuletzt durch und durch «Munichois». Die persönliche Diplomatie seines Premiers scheint den Monarchen so beeindruckt zu haben, daß er 1938 auf dem Höhepunkt der Sudetenkrise und dann noch einmal im Sommer 1939 kurz vor Kriegsbeginn mehrfach angeboten hat, persönlich an Hitler «von Weltkriegsteilnehmer zu Weltkriegsteilnehmer» zu appellieren, doch den Frieden zu bewahren, und daß er im August 1939 sogar eine persönliche Botschaft an den japanischen Tenno und im April 1940 eine an den italienischen König schicken wollte. Chamberlain winkte jedes Mal entschieden ab, fürchtete er doch, die britische Monarchie könne durch eine schroffe und brüskierende Abfuhr durch Hitler Schaden nehmen.

Mit Churchill hatte der König zunächst die größten Schwierigkeiten, irritierten ihn – und nicht nur ihn – doch seine schillernde Exzentrik, seine Spielernatur, seine politische Unabhängigkeit, die ihn in kein festes parteipolitisches Schema passen ließ, und besonders seine zwielichtige Haltung in der Abdankungskrise, als er zusammen mit Beaverbrook bis zuletzt Edward VIII. auf dem Thron halten wollte, sowie sein ständiges Intrigieren gegen Chamberlain und sein «Appeasement». Aus der Tatsache jedoch, daß beide zusammen, und jeder auf seine Weise – durch ihr Amt an die gewaltige Aufgabe gefesselt waren, als politische und moralische «Leaders of the War» dem Ansturm der deutschen Wehrmacht standzuhalten und dabei die Sicherheit und den Zusammenhalt des Mutterlandes und seines Empires zu bewahren, entstand eine Freundschaft und ein Vertrauensverhältnis zwischen dem Monarchen und seinem Premierminister, wie sie an Intensität und Offenherzigkeit ihresgleichen in der britischen Geschichte kaum finden dürften. Den König faszinierten Churchills unwiderstehlicher Charme und seine Grandeur, den Premier die menschliche Großzügigkeit seines Monarchen. Das legendäre Dienstags-Lunch unter vier Augen im Buckingham Palace, bei dem sich beide ganz informell und leger von einem Beistelltisch zu bedienen pflegten, bot regelmäßig die Gelegenheit zu einem intensiven Gedankenaustausch außerhalb des Protokolls und «off the records».

Zwar ließen der schmerzliche Abschied von Churchill im Juli 1945 nach der konservativen Wahlniederlage und die lakonische und trockene Art seines Labour-Nachfolgers den König zunächst mit Attlee sehr schwer warmwerden, auch blieb bis zuletzt eine gewisse Distanz zwischen beiden; dennoch entwickelten sich bald eine solide Partnerschaft und loyale Arbeitsbeziehungen zwischen dem Monarchen, seinem Premierminister und dem Kabinett, zu dem populären Außenminister Ernest Bevin sogar ein ausgesprochen herzliches Verhältnis.

Der König achtete geradezu penibel auf seine verfassungsmäßige Prärogative und seine Pflicht, wenn er es für angebracht hielt, warnend zu intervenieren – je nach dem Gewicht der Angelegenheit und der politischen Konstellation – teils mit Erfolg, häufig auch ohne Ergebnis. Da solche Interventionen naturgemäß stets sehr diskret und hinter den Kulissen erfolgten, haben sie in den Akten kaum Spuren hinterlassen. Einige sind uns aber doch bekannt: der Druck auf Churchill 1943, die «zweite Front» nicht in der Normandie, sondern am «weichen Unterleib» Europas am Mittelmeer zu eröffnen, eine Konzeption, die der britische Premier zwar sehr unterstützte, die aber am Widerstand Roosevelts und Stalins scheiterte; das am Ende erfolgreiche Bemühen, Churchill davon abzuhalten, die Landungsarmada in der Normandie am 6. Juni 1944 auf einem der vordersten Kreuzer zu begleiten; energischer und erfolgreicher Druck auf Attlee im Juli 1945, statt Hugh Dalton, wie geplant, Ernest Bevin zum Außenminister zu ernennen; die ständigen Warnungen an Attlee, mit dem Nationalisierungsprogramm langsamer zu verfahren, um Privatinitiative und Privatkapital nicht zu verprellen, und schließlich die erfolgreiche Weigerung, in der Kabinettsliste Churchills vom Herbst 1951 Eden als «Foreign Secretary and Deputy Prime Minister» zu akzeptieren, da dies die Nachfolgefrage für den König im Falle eines Rücktrittes Churchills präjudiziere.

Unter den zahlreichen Auslandsbesuchen des Königspaares ragte die Staatsvisite in Washington und New York Anfang Juni 1939 im Anschluß an einen Kanada-Besuch in ihrer wegweisenden Bedeutung weit hinaus. Es war zunächst eine Reise «mit Fußangeln», war es doch der erste Besuch eines regierenden britischen Monarchen in den einst abtrünnigen Kolonien, und er wurde zudem von der starken Front des amerikanischen Isolationismus als unzulässige Einmischung in die US-Innenpolitik und als unangemessene Stärkung der Interventionisten um Roosevelt, der sich innenpolitisch damals in einem ausgesprochenen Tief befand, mißtrauisch beäugt. Ein vierundzwanzigstündiger Besuch auf dem privaten Landsitz der Roosevelts in Hyde Park am Hudson River am 11./12. Juni begründete nicht nur eine enge und herzliche Freundschaft zwischen den beiden Familien, die bis zum Tode des US-Präsidenten im April 1945 anhalten sollte, sondern hatte auch weitreichende politisch-strategische Implikationen: Roosevelt entwickelte hier im Rahmen einer Strategie für die Intervention an der Seite der Briten im Kriegsfall bereits die Grundzüge des späteren «Bases-for-Destroyersdeal» (Tausch von 50 US-Zerstörern gegen britische Stützpunkte in der Karibik) vom 4. September 1940 und des Leih-und Pachtgesetzes vom 11. März 1941. Der König hat über dieses strategisch wichtige Gespräch sofort ein Memorandum angefertigt, das ihn während des ganzen Krieges in seinem Aktenkoffer begleiten sollte. Wenn es in den Handbüchern immer heißt, die atlantische Partnerschaft während des Zweiten Weltkrieges habe vorwiegend auf vier Schultern geruht, denen Roosevelts und Churchills, so sollte dies endlich dahingehend korrigiert werden, daß Georg VI. durch seinen Besuch und seine engen freundschaftlichen Beziehungen zum US-Präsidenten dieser «special relationship» zwischen den beiden angelsächsischen Staaten einen tragenden weiteren persönlichen Pfeiler eingefügt hat. Es bestand so etwas wie ein Vater-Sohn-Verhältnis zwischen dem Präsidenten und dem Monarchen.

Der Beginn des Zweiten Weltkrieges am 3. September 1939 hat an der staatsrechtlichen Stellung des Monarchen grundsätzlich nichts geändert. Obwohl seinem Titel nach Oberbefehlshaber der drei Teilstreitkräfte, hatte der König weder Kommandogewalt über Truppen noch ein Mitspracherecht in militärisch-strategischen Entscheidungen. Dennoch wird man sagen können, daß Georg VI. sich besonders durch seine herausragenden Leistungen während des totalen Krieges und die seiner Frau, die stets an seiner Seite war und alle Gefahren mit ihm teilte, einen bleibenden Platz in der jüngeren britischen Geschichte gesichert und einen Grad an Popularität in der Bevölkerung erreicht hat, den ihm außer seiner Urgroßmutter, der Queen Victoria, wohl keiner streitig machen dürfte. König und Königin wurden durch ihr vorbildliches Verhalten in der «Battle of Britain» im August/September 1940 neben Churchill zu Führungs- und Leitfiguren des britischen Durchhaltewillens und wirkten beispielgebend auf die Kriegsmoral der Bevölkerung. Der König hat «seinen Völkern vom ersten Tag des Krieges an ein unfehlbares öffentliches Beispiel an Mut, Vertrauen und hingebungsvoller Energie» gegeben (‹The Times› vom 18. Mai 1943). König und Königin weigerten sich, ihre Töchter wie viele der Oberschicht nach Kanada zu evakuieren, gingen tagsüber ihren Geschäften in Buckingham Palace nach (nur nachts hielten sie sich meist in Windsor Castle auf), entkamen nur knapp dem Tode bei einem gezielten Tagesangriff auf den Palast am 13. September, teilten in ihrem halbzerbombten Domizil Mangel und Not mit der Bevölkerung, besuchten ohne Förmlichkeit und Zeremoniell die zerstörten Wohnviertel und Städte, richteten durch persönliche Ansprache und Mitgefühl die Moral der Bevölkerung auf und verbreiteten in den dunkelsten Stunden Siegeszuversicht, sammelten Möbel und Hausrat für Ausgebombte, ließen sich an Waffen zur Selbstverteidigung für den Fall der Invasion ausbilden und machten sich schon vor Kriegsende intensive Gedanken über den Wiederaufbau ihres Landes. Der König stiftete das «Georgskreuz» und die «Georgsmedaille» für besonderen Einsatz von Zivilisten an der «Heimatfront» und tat alles, sie in «Britain's finest hour» stabil und verteidigungsfähig zu halten.

Er setzte sein Prestige als König und Staatsoberhaupt und seine verwandtschaftlichen Beziehungen ein, um den defätistischen US-Botschafter in London, Joseph Kennedy, von der gerechten britischen Sache zu überzeugen, Marschall Petain vor antibritischen Schritten zu warnen, die Könige von Rumänien, Bulgarien, Griechenland und Jugoslawien auf der Seite der Alliierten oder zumindest neutral zu halten. Er nahm Königin Wilhelmina und König Haakon mit ihren Familien im Londoner Exil auf und bemühte sich vergeblich telefonisch, Leopold III. von Belgien von seinem Entschluß abzubringen, sich in deutsche Kriegsgefangenschaft zu begeben.

Um auch bei der kämpfenden Truppe als Oberbefehlshaber und Staatsoberhaupt ständig Flagge zu zeigen und die Moral zu heben, besuchte er Ende 1939 die Maginot-Linie und später die Kriegsschauplätze in Nordafrika, in der Normandie, in Italien und in den Niederlanden; er knüpfte persönliche Beziehungen zu Montgomery und Eisenhower, zu de Gaulle und dessen Erzrivalen General Giraud. Höhepunkt seiner Reisetätigkeit, und sicher auch einer der Höhepunkte seiner Amtszeit war der – angesichts der damaligen Kriegslage keineswegs unbedenkliche – eintägige Besuch auf Malta an Bord eines Kreuzers am 20. Juni 1943, der «Heldeninsel», die nach fünfzehnmonatiger Belagerung durch die «Achse» (Juni 1941–September 1942) vom König persönlich mit dem «Georgskreuz» ausgezeichnet worden war. Zu seinem großen Kummer blieb ihm ein Besuch in Indien und an der fernöstlichen Front bis zuletzt aus politischen und gesundheitlichen Gründen verwehrt.

Georg VI. leistete während des Krieges ein enormes Arbeitspensum, das bei seiner bekannten physischen und psychischen Labilität jedem hohen Respekt abverlangte, und reihte sich als Staatsoberhaupt und hochgeachtete nationale Integrationsfigur neben Churchill würdig in die Reihe der herausragenden «war leaders» ein. Und dennoch fühlte er sich inmitten der Aktivitäten seiner verantwortlichen Politiker und Offiziere oft überflüssig, an den Rand des Geschehens gedrängt und deprimiert. Der Krieg hatte ihn gleichsam ausgelaugt, ohne ihm die Möglichkeiten zu längeren Regenerationspausen zu geben und in einem Grade geschwächt, daß er sich nach 1945 in seinen letzten sieben Lebensjahren von den körperlichen und nervlichen Strapazen nicht mehr hat erholen können. So wurde diese Phase zu einem Epilog mit menschlich tragischen Zügen.

Ein Blick zurück in die saturierten und glanzvollen Jahrzehnte des Spätviktorianismus und des Edwardianismus vor dem Ersten Weltkrieg, in denen er aufgewachsen war und die ihn bei aller Härte seiner persönlichen Erfahrungen in seinen Anschauungen nachhaltig geprägt hatten, ließ dem König in der grauen Tristesse der Nachkriegszeit Tag für Tag bewußt werden, wie dramatisch und gründlich Großbritannien sein Gesicht im Gefolge des Zweiten Weltkrieges verändert hatte: Labour zum erstenmal für mehrere Jahre allein an der Macht; eine langanhaltende Wirtschafts- und Finanzkrise, «Austerity»-Politik, Wohnungsmangel und Nahrungsmittelknappheit bestimmten den Alltag. Mit der Selbständigkeit Indiens als Republik und der Niederlegung der indischen Kaiserkrone 1947 sowie dem Austritt Irlands und Burmas aus dem Commonwealth schritt die Auflösung des British Empire weiter voran. Um auch unabhängigen Republiken wie Indien und Pakistan künftig die Mitgliedschaft zu ermöglichen, konnte «a common allegiance to the Crown» – die bewährte Formel von 1926 – nicht mehr das zentrale Bindemittel dieser Staatengemeinschaft darstellen. Nach sehr langwierigen Verhandlungen, an denen der König aufmerksam Anteil nahm, und Attlee hohe diplomatische Meisterschaft bewies, einigten sich die Premierminister des Commonwealth in ihrer Erklärung vom 27. April 1949 auf eine neue Definition der Stellung der Krone, die zum ersten Mal bei der Krönung Elizabeths II. 1952 wirksam wurde: «The King as the Symbol of the free association of its independent member nations and as such the Head of the Commonwealth.» Der entscheidende Schritt vom überkommenen *Commonwealth of Nations* zum *Multiracial Commonwealth* als einer neuartigen Partnerschaft verschiedener Rassen und Staatsformen war 1949 unter Georg VI. getan, ein Schritt, der Großbritannien den Weg in die nachkoloniale Ära endgültig öffnete.

Der König und seine Familie bekamen diese Veränderungen auf ihrer letzten großen Auslandsreise nach Südafrika von Februar bis April 1947 unmittelbar zu spüren. Die Reise war nicht nur physisch und psychisch für den gesundheitlich bereits schwer angeschlagenen Monarchen eine Tortur, plante er doch mehrfach, sie abrupt abzubrechen, um im «annus horribilis», dem Jahr schwerster wirtschaftlicher Erschütterungen, in London bei seinen, unter der allgemeinen Not leidenden Landsleuten zu sein. Das korrekte Protokoll und die alte herzliche Freundschaft zum Gastgeber Jan Smuts konnten nicht darüber hinwegtäuschen, daß die Nationalen unter Malan, die dann 1948 für lange Zeit die Herrschaft antraten, die verhängnisvolle Apartheid-Politik mit aller Brutalität als Staatsdoktrin durchsetzen und als Konsequenz Südafrika 1961 aus dem Commonwealth führen sollten, der königlichen Familie die kalte Schulter bis hin zur offenen Brüskierung zeigten. Auch die ständigen Querelen mit seinem Bruder zehrten an der Gesundheit des Monarchen. Die offen bekundeten nicht nur pro-deutschen, sondern pro-nationalsozialistischen Sympathien des Duke und der Duchess of Windsor, seine geschmacklose Reise nach Deutschland 1937 unter der Betreuung ausgerechnet von Robert Ley, seine Audienz bei Hitler sowie seine Kontakte mit hochgestellten Deutschen drohten 1940 nicht nur zu einem nationalen Sicherheitsrisiko zu werden, sondern auch den Ruf der Monarchie nachhaltig zu schädigen. Selbst wenn der König die «quisling activities» seines Bruders nicht überbewertet haben soll, tat er doch 1948 nach Öffnung der deutschen Archive alles, um kompromittierende Spuren seines Wirkens vernichten zu lassen.

Auch der Kalte Krieg und die Sowjetisierung Ostmittel- und Südeuropas haben den König intensiv beschäftigt und deprimiert. Der Tod Roosevelts am 12. April 1945 war für ihn ein schwerer persönlicher Schlag. Das Verhältnis zum Nachfolger Truman blieb kühl und formell. Georg VI. fühlte sich in jeder Hinsicht «ausgebrannt» und soll allein auf seiner anstrengenden Südafrikareise über 8 kg Gewicht verloren haben. In seinen letzten Lebensjahren, als sich der Horizont für ihn immer mehr zu verdunkeln schien und sich auch unter der dauernden nervlichen und seelischen Anspannung die überwunden geglaubten Sprechstörungen bisweilen wieder einstellten, wurde seine Familie für ihn in besonderer Weise zu einem Refugium der Harmonie und der zeitweiligen Entspannung. Auch die Aufenthalte im ländlichen Balmoral und Sandringham bedeuteten für ihn Stärkung und Ablenkung. Mit stolzer Freude – und auch ein wenig Schmerz über den Auszug aus der Familie – begleitete er die «Traumhochzeit» seines Lieblings Elizabeth mit Prinz Philip in der Westminster Abbey am 20. November 1947.

Seit Herbst 1948 wurden die medizinischen Befunde und ärztlichen Bulletins immer bedrohlicher. «The King walked with the death» (Churchill): frühe Arteriosklerose mit der Gefahr einer Thrombose und fortschreitenden Nekrose und sogar eines Verlustes des rechten Beines; Mai 1951 Lungenentzündung, 8. 9. Tomographie und 16. 9. Bronchoskopie mit dem Befund eines bösartigen Tumors am linken Lungenflügel, der am 23. 9. entfernt wurde. Am 6. Februar 1952 frühmorgens führte eine Koronarthrombose zum Herzversagen und zum Tode.

Über das Amtsverständnis dieses Königs und seinen Arbeitsstil, sein Pflichtbewußtsein und seine Loyalität gibt es wohl kaum ein Zeugnis, das authentischer wäre als die sehr persönlich gehaltenen Abschiedszeilen Ende Juli 1945 aus der Feder des Mannes, der ihm als Politiker und Mensch wohl mit am nächsten gestanden hat, Winston Churchill: «Es war immer eine Erleichterung für mich, meinem Souverän all die schrecklichen Geheimnisse und Gefahren vorzulegen, die mein Gemüt bedrückten, und die Pläne, die ich schmiedete, und bei schwierigen Gelegenheiten viel Ermutigung zu erhalten. Das Verständnis Eurer Majestät für alle Angelegenheiten des Staates und des Krieges ruhte stets auf dem außerordentlich gründlichen und sorgfältigen Studium der ganzen Masse aktueller Dokumente, und dies befähigte uns, alles in angemessener Weise zu prüfen und einzuschätzen... Eure Majestät hat unsere Freundschaft erwähnt, und dies ist in der Tat eine sehr starke Empfindung in mir und eine Ehre, die ich zu schätzen weiß.»

*Peter Alter*

# Elisabeth II.
## seit 1952

*Elisabeth Alexandra Mary of York, geb. 21. April 1926 in London; Königin des Vereinigten Königreiches von Großbritannien und Nordirland und Oberhaupt («Head») des Commonwealth 8. Februar 1952; Salbung und Krönung: 2. Juni 1953 in Westminster Abbey; Vater: Prinz Albert Frederick Arthur George (1895–1952), Herzog von York (1920), 2. Sohn Georgs V., 1936–1952 als Georg VI. König von Großbritannien und Nordirland; Mutter: Lady Elizabeth Bowes-Lyon, geb. 4. August 1900; Schwester: Margaret Rose, geb. 21. August 1930; Eheschließung: 20. November 1947 in Westminster Abbey mit Philip Mountbatten, Prinz von Griechenland, geb. 10. Juni 1921 auf Korfu, Herzog von Edinburgh (1947); Kinder: Charles, Prinz von Wales, geb. 14. November 1948; Anne, geb. 15. August 1950; Andrew, geb. 19. Februar 1960; Edward, geb. 10. März 1964.*

Der Regierungsantritt Elisabeths II. im Februar 1952, nach dem überraschenden Tod ihres Vaters, des erst 57jährigen Georg VI., war ein eher nüchterner bürokratischer Akt. Zum Zeitpunkt des Thronwechsels hielt sich Elisabeth gar nicht in London auf. Die Nachricht von ihrer Thronfolge erreichte sie erst nach Stunden in der damaligen britischen Kronkolonie Kenia, wo sie sich auf dem Wege zu einem Besuch in Australien und Neuseeland ein paar Tage aufhielt. Im öffentlichen Gedächtnis geblieben ist die glanzvolle Krönung in der Londoner Westminster Abbey im Jahr darauf. Sie wurde vom neuen Medium Fernsehen in alle Welt übertragen und ließ weit über Großbritannien hinaus ein Bild der modernen, doch tief in der Geschichte wurzelnden britischen Monarchie entstehen, das bis heute fortwirkt.

Nach den furchtbaren Zerstörungen und harten Entbehrungen des Zweiten Weltkrieges und der unmittelbaren Nachkriegsjahre erschien den Briten die Thronbesteigung der jungen Königin am 2. Juni 1953 wie der Beginn eines neuen Elisabethanischen Zeitalters, einer neuen Epoche des Optimismus, des Wohlstandes und der nationalen Größe. Die Krönung vor den Augen eines Millionenpublikums wurde als historische Zäsur empfunden, zumal am Vorabend des Ereignisses in Westminster Abbey eine britisch-neuseeländische Expedition den Mount Everest, den höchsten Berg der Welt, bezwungen hatte. Gewiß, die Erwartungen, die sich an die Person der Königin knüpften, waren damals überzogen; sie konnten sich nicht erfüllen. Den politischen und wirtschaftlichen Abstieg Großbritanniens zu einer Macht zweiten Ranges in

Elisabeth II. (seit 1952)

den sechziger und siebziger Jahren und die sich überstürzende Auflösung des weltumspannenden Empire konnte sie nicht aufhalten. Aber im Rückblick auf die mehr als vier Jahrzehnte, die seit der spektakulären Krönung ins Land gegangen sind, wird man zweierlei feststellen dürfen. Zum einen, daß die Monarchie im Vereinigten Königreich weiterhin die historischen Traditionen des Landes und die Souveränität des britischen Gemeinwesens verkörpert. Nach Jahrzehnten außerordentlicher politischer, wirtschaftlicher und sozialer Veränderungen symbolisieren die Krone und ihre Trägerin am Ausgang des 20. Jahrhunderts wie kaum ein anderes Element der Verfassung nahezu unbestritten die Einheit und Identität der Nation. Gleichzeitig ist es gelungen, die britische Monarchie in vorsichtigen Schritten an die moderne Welt und die politischen Vorstellungen unserer Zeit anzunähern. Das ist ganz wesentlich ein Verdienst Elisabeths II.

Als Elisabeth 1926 als erstes Kind des Herzogspaares von York geboren wurde, stand das Land vor einer der schwersten innenpolitischen Auseinandersetzungen in diesem Jahrhundert. Ein Generalstreik, angeführt von den noch Hunderttausende zählenden Bergarbeitern, lähmte im Mai 1926 tagelang das öffentliche Leben und unterwarf das politische System Großbritanniens einer seitdem nicht wieder so intensiv erlebten Zerreißprobe. Doch die dramatischen politischen Geschehnisse vermochten die offensichtliche Freude der Bevölkerung über die Geburt einer Prinzessin im Hause Windsor, die Ende Mai standesgemäß im Buckingham Palace mit Jordanwasser getauft wurde, nur wenig zu trüben. Die Boulevardpresse und die in den zwanziger Jahren aufkommenden Illustrierten nährten bereitwillig das öffentliche Interesse am jüngsten Mitglied der königlichen Familie. Berichte und Fotos über das Kind, das bald zu Recht «the world's best known baby» genannt wurde, boten der Phantasie der Menschen zumindest für Augenblicke eine Fluchtmöglichkeit aus dem Alltag und seinen Problemen. Realität, Fiktion und idealisierende Klischees ergaben dabei schon früh eine Mischung, die der seitdem nicht mehr abreißenden Berichterstattung über die Prinzessin und spätere Königin als privater und öffentlicher Person ein eigentümliches Gepräge gibt. Die Faszination, die von Elisabeth II. als Monarchin ausgeht, hat das Medium Fernsehen eher noch verstärkt.

Das frühe öffentliche Interesse an der Tochter des zurückgezogen lebenden Herzogspaares erklärte sich aus dessen herausgehobener sozialer Stellung. Als zweitältester Sohn des Königs Georg V. stand der Herzog von York in der Thronfolge bei Elisabeths Geburt direkt hinter seinem noch unverheirateten älteren Bruder, dem Prinzen von Wales und späteren König Eduard VIII. Die Tochter des Herzogspaares rückte nun nach den Regeln der dynastischen Erbfolge in Großbritannien, die 1701 im *Act of Settlement* festgelegt worden war, an die dritte Stelle. Aber das bedeutete zum damaligen Zeitpunkt noch keineswegs, daß sie nun auch ernsthafte Aussichten auf die Thronfolge hatte. Eine solche Möglichkeit war 1926 und in den Jahren unmittelbar danach denkbar, jedoch nicht sehr wahrscheinlich. Es stand zu erwarten, daß der zweiunddreißigjährige Prinz von Wales alsbald heiraten und Nachkommen haben würde. Auch war nicht ausgeschlossen, daß die jungen Yorks weitere Kinder bekommen würden – und jeder nachgeborene Sohn hätte die Tochter Elisabeth in der Erbfolge zurückgestuft.

Was noch bei der Geburt der Prinzessin im Grunde lediglich eine interessante Spekulation war, sollte sich zehn Jahre später ganz überraschend zur Wahrscheinlichkeit verdichten. Durch die völlig unerwartete Abdankung ihres Onkels, des Königs Eduard VIII., und die Thronbesteigung ihres Vaters hatten sich die Aussichten der nunmehr zehnjährigen Prinzessin, ihrem Vater dereinst auf den britischen Thron zu folgen, auf einmal dramatisch verbessert. Aber so ganz sicher war das eben immer noch nicht. Seit 1936 war Elisabeth daher die «vermutliche» Thronerbin («heir presumptive»), aber nicht die «offensichtliche» («heir apparent»). Denn die Staats- und Verfassungsrechtler hielten es weiterhin grundsätzlich nicht für ausgeschlossen, daß das Königspaar noch einen Sohn bekommen würde. An dieser Fiktion hielten die Juristen bis zum Regierungsantritt Elisabeths unbeirrt fest. Bis 1952 blieb ihr offizieller Titel «Prinzessin Elisabeth». Der von Teilen der Presse und einigen einflußreichen Politikern unterstützte Versuch, ihr an ihrem 18. Geburtstag den Titel «Prinzessin von Wales» zu verleihen, scheiterte letztlich an den verfassungsrechtlichen Bedenken ihres Vaters. Der König, der dabei vom Premierminister Winston Churchill unterstützt wurde, vertrat die Auffassung, daß unter dem Titel «Prinzessin von Wales» traditionell die Gattin des Thronfolgers bekannt sei.

Die ebenso überraschende wie bedeutsame Wende in der Lebensperspektive der jungen Elisabeth, die 1936 unter den sensationellen Begleitumständen der «Abdankungskrise» eintrat, wirft die Frage auf, ob sie auf die neue Rolle als Thronfolgerin, wenn auch unter dem Vorbehalt des «heir presumptive», überhaupt vorbereitet war. Daran schließt sich die Frage an, wie sie dann seit 1936 auf das Amt, das ihr möglicherweise, ja sogar wahrscheinlich einmal zufallen würde, erzogen wurde. Dahinter verbirgt sich das alte und in jeder Generation wieder aktuell werdende Problem, ob es überhaupt so etwas wie eine allgemeinverbindliche Erziehung für Thronerben gibt oder geben kann. Die Maßstäbe bürgerlicher Bildungsziele und Erziehungsmethoden scheinen selbst noch im ausgehenden 20. Jahrhundert als Antwort auf die Frage kaum geeignet zu sein. Walter Bagehot, der berühmte britische Verfassungstheoretiker des 19. Jahrhunderts, hatte mit nicht zu überhörender Ironie und mit Blick auf die britische Geschichte die Meinung vertreten, der Souverän in einer konstitutionellen Monarchie müsse ein durchschnittlicher Mensch sein, ja sogar ein Mensch mit begrenzten Fähigkeiten und einer durchaus mangelhaften Erziehung. Eine königliche Familie weise im allgemeinen sowieso weniger Begabungen auf als andere Familien. Diskretion und Inaktivität, die Quellen königlicher Weisheit, wögen bei einem Monarchen, so Bagehot, mühelos alle intellektuellen Fähigkeiten auf, die eine bürgerliche Erziehung vermitteln könne.

Eine konventionelle, bürgerliche Erziehung hat die junge Prinzessin Elisabeth dann auch in der Tat nicht genossen. Eine öffentliche oder private Schule hat sie nie besucht. Sie genoß vielmehr eine Erziehung aus dem Geiste des 19. Jahrhunderts und einer auch im 20. Jahrhundert fortgeltenden aristokratischen Lebenseinstellung, für die sich Erziehung, vor allem der Mädchen, im wesentlichen auf das Erlernen einiger notwendiger gesellschaftlicher Fertigkeiten beschränkte. Die Förderung von individuellen Fähigkeiten und intellektuellen Interessen gehörte nicht dazu. Die Großmutter Königin Mary, die Gemahlin Georgs V., scheint im Kreise der königlichen Familie die einzige gewesen zu sein, die dagegen Einspruch erhob, die Erziehung Elisabeths und ihrer Schwester Margaret Rose allein den Gouvernanten zu überlassen, so bemüht diese im Einzelfall auch sein mochten. Sie schenkte den Kindern regelmäßig Bücher bekannter Autoren und begleitete sie zu «belehrenden Vergnügungen». Dazu gehörten Besuche in Museen, der Königlichen Münze und dem Tower von London. Der Vater, so überliefern es ausnahmslos alle Biographen, bestand nur auf dem Einüben einer guten Handschrift. Von ihrem 13. Lebensjahr an erhielt Elisabeth jede Woche Geschichtsunterricht durch den damaligen Vizedirektor des nahe Windsor gelegenen Eton College. Da ging es hauptsächlich um die Geschichte Englands und britische Verfassungsgeschichte. Seit 1942 bezog der Unterricht auch die Geschichte Europas ein. Diesen Unterricht übernahm die Französischlehrerin Elisabeths, eine belgische Aristokratin, die ihr Heimatland kurz vor der deutschen Invasion verlassen hatte. Madame Antoinette de Bellaigue verdankt Elisabeth II. ihre exzellenten Französischkenntnisse. Deutsch stand nicht auf dem Lehrplan der Prinzessin, ungeachtet der auch in den dreißiger Jahren fortbestehenden privaten Beziehungen der Windsors zu deutschen Fürstenhäusern. Daneben gab es noch die obligatorische Unterrichtung in Tanzen, Malen, Rechnen, Religion und Literatur sowie Reiten. Mehr ist den Biographen über die Erziehung Elisabeths II. nicht bekannt geworden. Der schon die früheste Kindheit begleitende Umgang mit Ponys und Pferden sollte bei Elisabeth eine lebenslange Passion für den Reit- und Rennsport wecken; der eigene Rennstall gilt in der Öffentlichkeit wohl zu Recht als ihr privates Hobby.

Die Kontakte zur Welt jenseits der Palastmauern, zum sogenannten «normalen Leben», scheinen für die junge Prinzessin nicht sehr intensiv gewesen zu sein. Die allgemeinen Restriktionen der Kriegsjahre spielten hierbei zweifellos eine Rolle. Auf ihr (vermutlich einmaliges) Erlebnis einer Fahrt mit der Londoner Untergrundbahn im Mai 1939, in Begleitung einer Gouvernante, versäumt deshalb kein Biograph gebührend hinzuweisen. Auch ihre sechswöchige Tätigkeit beim *Auxiliary Territorial Service*, eine Art Arbeitsdienst während des Krieges, wird gern erwähnt als Beispiel für die Konfrontation der Thronfolgerin mit der rauhen Arbeitswelt. Der Dienst begann für Elisabeth («No. 230873 Second Subaltern») am 24. Februar 1945 in Aldershot, einer kleinen Garnisonsstadt unweit Windsor, und sie beendete ihn mit dem Führerschein für Personen- und leichte Lastwagen. Jahrzehnte später soll sie gesagt haben, diese Zeit sei die einzige Gelegenheit in ihrem Leben gewesen, bei der sie ihre Fähigkeiten mit Gleichaltrigen messen konnte.

Als Elisabeth 1952 den Thron bestieg, blickte sie also auf eine Erziehung zurück, die ihre intellektuellen Fähigkeiten nur höchst unzureichend herausgefordert haben dürfte. Der schon genannte Walter Bagehot, dessen klassische Studie über ‹Die englische Verfassung› von 1867 zu Elisabeths Lesepensum gehört hatte, hätte das sicher nicht als ungewöhnlich empfunden und kritisiert, zumal ihre Eltern schon relativ früh darauf achteten, daß die Prinzessin bei Besuchen wichtiger Gäste im Buckingham Palace anwesend war. Sie lernte den Alltag und die Pflichten des Monarchen gewissermaßen von früh an aus eigener Anschauung kennen. Im Alter von 18 Jahren wurde sie Staatsrat («Counsellor of State») und übernahm damit zum erstenmal eine öffentliche Funktion, die allerdings nicht besonders verantwortungsvoll war. «In mancher Hinsicht hatte ich keine Lehrzeit», meinte die Königin viele Jahre später. «Mein Vater starb viel zu früh. Es geschah alles sehr plötzlich: Ich mußte antreten und dann die Aufgabe so gut wie möglich erfüllen. Es ist eine Frage des Hineinwachsens in das, was man tun muß. Man muß es akzeptieren: hier steht man und kann seinem Schicksal nicht entgehen». Als sie im Mai 1954 von einer ausgedehnten Reise durch das Commonwealth nach London zurückkehrte, sprach sie von ihrem Bemühen, zu lernen und die Monarchie auch den Menschen in den Commonwealth-Ländern nahezubringen: «Ich begann die Reise mit der Absicht, mehr über die Völker und Länder zu erfahren, und ihnen die persönliche Wirklichkeit der Monarchie nahezubringen. Die Struktur und der Rahmen der Monarchie können leicht als ein archaisches und bedeutungsloses Überbleibsel erscheinen. Wir haben jedoch sichtbare und hörbare Beweise erhalten, daß sie in den Herzen der Menschen lebendig ist». Ein ausgeprägtes Pflichtbewußtsein, eine natürliche Intelligenz und scharfe Beobachtungsgabe kompensierten bei Elisabeth das, was ihr an formaler Bildung vielleicht vorenthalten worden war.

In ihre Rolle als Königin ist Elisabeth nach ihrer Thronbesteigung dann sehr schnell hineingewachsen. Jugend, Anmut und Zurückhaltung halfen ihr, die Menschen für sich zu gewinnen. Aus dem «bekanntesten Baby» der Welt war die bekannteste und meistfotografierte Frau der Welt geworden. Aber besitzt sie, auf die sich das Interesse der Medien bei allen Auftritten in der Öffentlichkeit so selbstverständlich konzentriert, als Staatsoberhaupt eines europäischen Mittelstaates mit einer großen Vergangenheit und einem zum Commonwealth gewandelten Empire auch politischen Einfluß, gar Macht? Verleiht die monarchische Form letzten Endes dem republikanischen Inhalt des britischen Verfassungs- und Regierungssystems lediglich die Weihe, vielleicht auch die Legitimation? Über den Glanz und Glamour, die sich mit der Person der Königin und ihren öffentlichen Handlungen verbinden, ist die Frage nach ihrem tatsächlichen politischen Einfluß in einem parlamentarisch regierten Staat oft in den Hintergrund getreten. Es ist dies ein Problem, für das sich die breite Öffentlichkeit in Großbritannien und anderswo wenig interessiert. Mit ihm beschäftigen sich die Verfassungsrechtler und seriöse Biographen wie jüngst der Londoner Historiker Ben Pimlott oder der Oxforder Politologe Vernon Bogdanor.

Für Walter Bagehot stellte das aufwendige königliche Zeremoniell nur noch die willkommene Fassade dar, hinter der die eigentlichen Regierungsgeschäfte ungestört von monarchischer Einflußnahme erledigt werden könnten. Angeregt von Bagehot wird deshalb auch heute meist die Auffassung vertreten, daß die unbestreitbare Popularität der Krone in Großbritannien mit der Machtlosigkeit der Monarchen zusammenhängt. Seit dem späten 19. Jahrhundert sei die faktische, staatsrechtliche und politische Bedeutung des jeweiligen Trägers der Krone gering. Auf politische Entscheidungsprozesse vermöge der Monarch nicht mehr einzuwirken, wenn auch nach außen hin alle politischen, staats- und völkerrechtlichen Akte in Großbritannien weiterhin im Namen der Königin geschehen. Der Monarch müsse sogar, meinte schon Bagehot sarkastisch, sein eigenes Todesurteil unterschreiben, wenn es das Parlament beschlossen hätte.

Die verfassungsrechtlichen Befugnisse des britischen Monarchen sind nirgends formell kodifiziert. Zwar geht von der Krone theoretisch immer noch alle Regierungsgewalt aus, erfolgt alle Gesetzgebung in ihrem Namen, tritt sie in Prozessen als Ankläger auf, löst sie das Parlament auf, ernennt sie die Minister, erhebt sie in den Adelsstand – aber alle diese Akte geschehen auf Veranlassung des Parlaments und des Premierministers. Ebenso ist Elisabeth II. nur formal Oberkommandierende der Streitkräfte und Oberhaupt der Anglikanischen Staatskirche mit dem Recht, Bischöfe zu ernennen. Angesichts der klaren verfassungsrechtlichen Lage und Praxis scheint die Antwort auf die Frage nach der tatsächlichen Macht der Monarchin eindeutig zu sein: Sie verfügt nicht mehr über politische Macht. Doch es wäre sicher falsch, in der Königin nur ein willenloses Werkzeug zum Vollzug von Staatsakten sehen zu wollen. Der erste Labourpremierminister nach dem Zweiten Weltkrieg, Clement Attlee, hat die Stellung der Krone in Großbritannien einmal in eine seither gern zitierte Formel zusammengefaßt: «Der Monarch ist eine Art Schiedsrichter, obwohl die Gelegenheiten, bei denen er oder sie pfeift, heute nur noch selten sind.» Das Bild von der Monarchin als Schiedsrichter wird ihrer Funktion im politischen System Großbritanniens nicht ganz gerecht. Aber es weist darauf hin, daß die Monarchin bei bestimmten, wenigen Gelegenheiten einen eng begrenzten politischen Handlungsspielraum hat, etwa dann, wenn ein Premierminister zurücktritt und ein anerkannter Nachfolger fehlt. Das war 1957 beim Rücktritt Anthony Edens der Fall und zuletzt, im Jahre 1963, beim Rücktritt Harold Macmillans. Doch auch in diesen Ausnahmefällen, in denen Elisabeth II. letztlich dem Rat der Politiker folgte, ist der monarchische Handlungsspielraum seither weiter eingeengt worden. Seit 1965 nimmt auch die Konservative Partei Großbritanniens, dem Beispiel der Labour-Partei folgend, für sich allein das Recht in Anspruch, beim Ausscheiden eines Premierministers aus dem Amt zunächst dessen Nachfolger zu bestimmen und ihn dann als Kandidaten für das Amt des Premierministers der Königin vorzuschlagen.

Es ist vermutlich wenig sinnvoll, die oft verschwimmenden Grenzen zwischen formaler und tatsächlicher Macht der britischen Königin am Ausgang des 20. Jahrhunderts schärfer ziehen zu wollen. Entscheidend ist, daß ihr auch heute noch vielfältige Möglichkeiten offenstehen, ihren Einfluß informell, indirekt und diskret zur Geltung zu bringen. Nach Walter Bagehot hat der Monarch das Recht, befragt zu werden, zu ermutigen und zu warnen. Diese Beschreibung der monarchischen Kompetenzen wurde vor 130 Jahren formuliert. Aber sie ist heute noch unverändert gültig, da sie die wirkliche Stellung der Krone in der Politik Großbritanniens besser erfaßt als das Bild vom Schiedsrichter, das Attlee gebrauchte. Doch es hängt dabei weitgehend von der Persönlichkeit des Monarchen ab, inwieweit er die ihm noch zugebilligten, vage umschriebenen Rechte wahrnimmt. So hat Elisabeth II. keine Macht mehr in dem Sinne, daß sie politische Entscheidungen erzwingen kann. Aber es ist unbestritten, daß sie über politischen Einfluß verfügt.

Zweierlei kommt der Königin als Gesprächspartnerin der jeweils amtierenden Regierung bzw. des Premierministers dabei zustatten. Sie verkörpert Kontinuität jenseits der Tagespolitik mit ihren wechselnden Unterhausmehrheiten, Kabinetten und Ministern. Die Königin verfolge keine eigennützigen Ziele, heißt es in einer modernen Darstellung des britischen Regierungssystems, denn «sie hat keine politische Vergangenheit und keine politische Zukunft». Die Stärke der konstitutionellen Monarchie, meinte daher einmal der Journalist Antony Jay, liege nicht in der Macht, über die sie verfüge, sondern in der Macht, die sie anderen vorenthalte.

Ein zweites kommt hinzu. Die Königin wird aufgrund einer seit langem eingespielten verfassungsrechtlichen Praxis von der Regierung umfassend informiert. Sie erhält Einblick in die Kabinettsprotokolle und alle wichtigen diplomatischen Schriftstücke, sie empfängt hohe Beamte und ausländische Politiker. Sie sieht den Premierminister in wöchentlicher Audienz, und durch ihre zahlreichen Staatsbesuche kennt sie fast alle Länder und alle führenden Staatsmänner der Welt. Kein Monarch ist so viel gereist wie Elisabeth II. Seit ihrer Thronbesteigung hat sie praktisch alle 51 Länder des Commonwealth, deren Oberhaupt und manchmal auch engagierter Fürsprecher sie ist, besucht. Allein in Kanada hielt sie sich siebzehnmal auf, in Australien neunmal, in Neuseeland achtmal, oft mehrere Wochen lang. In Deutschland war sie dreimal zu Staatsbesuchen (1965, 1978 und 1992). Einen solchen offiziellen Besuch hatte zuletzt Elisabeths Urgroßvater Eduard VII. in Deutschland absolviert, im Februar 1909. Kurzum: Es ist keine Übertreibung, wenn die Königin häufig als die welterfahrenste und bestinformierte Persönlichkeit im Vereinigten Königreich bezeichnet wird. Ihr unvergleichlicher Informationsstand über die nationale und internationale Politik, das persönliche Prestige der Monarchin in der Öffentlichkeit, ihre Stellung als respektiertes Oberhaupt und stärkstes einigendes Band des Commonwealth, ihre parteipolitische Neutralität – alles dies gibt dem Rat der Königin, ihren Ermutigungen und Warnungen bei ihren Kontakten mit der Regierung ein schwer meßbares, aber zweifellos nachhaltiges Gewicht.

Der konservative Premierminister Harold Macmillan (1957–63) äußerte sich beeindruckt vom politischen Sachverstand der Königin und ihrem Bemühen, die ihr zugeleiteten Akten zu studieren. Der mehrfache Labour-Premierminister Harold Wilson (1964–70, 1974–76) meinte rückblickend: «Ich werde meinem Nachfolger im Amt gewiß raten, seine Hausaufgaben stets sorgfältig zu erledigen, bevor er die Königin zur Audienz aufsucht. Ich werde ihm raten, alle Telegramme und Kabinettsprotokolle rechtzeitig und genau zu lesen. Täte er es nicht, wird er sich vor der Königin wie ein unvorbereiteter Schuljunge fühlen.» Und Margaret Thatcher (1979–90), deren Verhältnis zur Königin oft als gespannt bezeichnet wurde, schreibt in ihren Erinnerungen: «Alle Audienzen bei der Königin finden auf der Basis strikter Vertraulichkeit statt – einer Vertraulichkeit, die für die Arbeit der Regierung und die Aufrechterhaltung der verfassungsmäßigen Ordnung unabdingbar ist ... Es sei mir gestattet, nur zwei Anmerkungen zu diesen Begegnungen zu machen. Wer glaubt, sie seien eine reine Formalität oder beschränkten sich auf den Austausch von Höflichkeiten, unterliegt einem Irrtum. Vielmehr verlaufen sie betont sachlich und geschäftsmäßig, und Ihre Majestät weiß sie mit einem außergewöhnlichen Verständnis der Gegenwartsprobleme und einem großen Schatz von Erfahrungen zu bereichern. Und obwohl die Presse nicht der Versuchung widerstehen konnte, besonders in Fragen des Commonwealth ab und zu Meinungsverschiedenheiten zwischen Palast und Downing Street zu unterstellen, empfand ich die Haltung der Königin gegenüber der Regierung immer als völlig korrekt und von Anteilnahme geprägt.» «Strikte Vertraulichkeit» ist das Schlüsselwort. Für den königlichen Einfluß sei es von entscheidender Bedeutung, meinte deshalb jüngst Vernon Bogdanor in seiner bedeutenden Studie über die britische Monarchie, daß von ihm nichts in der Öffentlichkeit bekannt werde, er also nicht faßbar sei.

Bei der Frage nach dem politischen Einfluß der Königin im Großbritannien von heute sollte auch nicht übersehen werden, daß sie die Spitze der sozialen Pyramide im Vereinigten Königreich einnimmt. Sie ist «the fountain of honour» («Quelle aller Ehren»). Die wenigen Kritiker der Monarchie als Institution in Großbritannien setzen häufig hier an, indem sie auf den angeblich grotesken Gegensatz zwischen altertümlicher Adels- und moderner Industriegesellschaft verweisen. Durch das Festhalten an überholten sozialen Wertvorstellungen und das Zelebrieren aristokratischer Lebensformen trage die Monarchie zur Zementierung der Klassengesellschaft in Großbritannien nachhaltig bei. Der Vorwurf ist nicht ganz unberechtigt. Dagegen wird jedoch ins Feld geführt, daß die Krone als politisches Symbol selbst in der modernen Gesellschaft von kaum zu überschätzender Bedeutung ist. Abgehoben von den Problemen des täglichen Lebens und den Kontroversen der Parteien sei die Krone anschauliches Symbol der nationalen Einheit, des Staates und zugleich der historischen Kontinuität des Landes. Die Königin ist für die überwältigende Mehrheit der Briten der Bezugspunkt ihrer Loyalität. In einer Zeit enormen sozialen und wirtschaftlichen Wandels, der Krisen und der Entwurzelungen ist für den Historiker David Cannadine «die bewußt prunkvolle Präsentation eines machtlosen, aber verehrten Monarchen als einem verbindenden Symbol von Kontinuität und nationaler Einheit sowohl möglich als auch notwendig».

Die Monarchie besitzt in einem modernen Staat, so scheint es die historische Erfahrung zu lehren, nur dann eine Überlebenschance, wenn sie sich strikt auf ihre rein repräsentative Funktion zurückzieht und jede politische Stellungnahme in der Öffentlichkeit vermeidet. Elisabeth II. hat das erkannt und ebenso zur Kenntnis genommen, daß die Monarchie ihren «Stil» der Zeit anpassen muß. Doch das Bestreben, die Monarchie zu modernisieren, birgt unverkennbar Gefahren. Durch ihre zahllosen Reisen und das Fernsehen ist die Königin den Menschen nicht nur in Großbritannien und im Commonwealth, in dessen Mitgliedsländern ein Viertel der Menschheit lebt, so bekannt wie kein Monarch zuvor. Das hat zur Popularisierung der Monarchie zweifellos im positiven Sinne beigetragen. Im Jahre 1969 gestattete die Königin die Produktion des TV-Films «Royal Family», der ihre Familie als (fast) normale, etwas altmodisch gekleidete Mitbürger vorstellte, die allenfalls durch die Zahl und Größe ihrer Wohnsitze und ihre Vorliebe für Hunde und Pferde auffallen. Anfang der neunziger Jahre folgten «Elizabeth R» und «Charles:

The Private Man, the Public Role». Das Interesse des Publikums an diesen Filmen war enorm. Aber schon im 19. Jahrhundert hatte Walter Bagehot gewarnt: «Unser Königshaus soll Verehrung genießen. Wenn man damit beginnt, in ihm herumzuschnüffeln, kann man es nicht mehr verehren ... Es lebt von seinem Mysterium. Wir dürfen nicht zulassen, daß der Zauber vom Tageslicht zerstört wird.» Die Fernsehkameras brachten Tageslicht und stimulierten zugleich das Verlangen der Öffentlichkeit nach immer mehr, möglichst indiskreten Einblicken in das Privatleben Elisabeths II. und ihrer Familie. Seit den siebziger Jahren droht das Thema «Königliche Familie» zur TV- Seifenoper zu degenerieren.

Im Grunde ist das befürchtete Verblassen des Zaubers, der die Königin bislang umgab, und die Entmystifizierung der Monarchie in Großbritannien nur eine Umschreibung für eine Entwicklung, die von Elisabeth II. und ihren Beratern vielleicht in bestimmten Aspekten bewußt gewollt ist. Man mag dies als die «Demokratisierung» der Monarchie bezeichnen. Die Königin, ihre Familie und ihr Hof, die der Alltagssphäre noch bis in die sechziger Jahre auf merkwürdige Weise entrückt schienen, wurden Gegenstand eines öffentlichen Interesses, ja öffentlicher Neugierde, wie dies vor einem halben Jahrhundert noch unvorstellbar war. Die Distanz zwischen Souverän und Bürgern verringerte sich zusehends. Presseberichte über das Privatleben der Königin und ihrer Familie schrecken heute vor keinem Tabu mehr zurück. Die Kosten der Monarchie für den britischen Steuerzahler und die finanziellen Verhältnisse der Königin wurden beispielsweise in den Medien so lange diskutiert, bis sich Elisabeth II. schließlich im November 1992 bereit erklärte, wie jeder Bürger ihres Landes auch Einkommens- und Kapitalertragssteuer zu zahlen. Traditionelle Privilegien des Monarchen wie der Unterhalt einer königlichen Yacht mit öffentlichen Geldern wurden in Frage gestellt. Die Befähigung des Thronfolgers Charles für das ihm einmal zufallende Amt wird in aller Öffentlichkeit ausgiebig erörtert, ebenso ein solch triviales Problem, welchen Titel die künftige oder ehemalige Gattin eines königlichen Prinzen tragen solle. Doch, und darauf ist noch einmal hinzuweisen, das Königshaus kam unter Elisabeth II. dieser «Demokratisierung» nicht nur durch die Einladung an TV-Teams, praktisch seit ihrer Krönung, bereitwillig entgegen. Interviews von Mitgliedern der königlichen Familie und «autorisierte» Biographien wurden seit den siebziger Jahren häufiger. Mehrere «Royals» haben Bürgerliche geheiratet; Scheidungen wurden akzeptabel. Teile vom Buckingham Palace und die königliche Gemäldesammlung wurden dem Publikum zugänglich gemacht. Ist die königliche Familie also doch eine ganz normale britische Familie, die vielleicht nur durch den Besitz einiger ungewöhnlicher Privilegien auffällt? Sicherlich nicht.

Elisabeth II. wird wahrscheinlich einmal wie Elisabeth I., wie Georg III. oder Viktoria zu den britischen Monarchen gezählt werden, die in ihrer langen Regierungszeit die über tausendjährige Institution der Monarchie in aufgeregten Zeiten stabilisiert und von einer Ära in eine neue überzuleiten hatten. Sie wurde seit ihrer Thronbesteigung mit enormen politischen, sozialen und wirtschaftlichen Veränderungen konfrontiert, mit Ansprüchen, Erwartungen und Zumutungen wie vielleicht keiner ihrer Vorgänger auf dem britischen Thron. In ihrer Regierungszeit wandelte sich das abhängige Empire endgültig zum lockeren Staatenbund des Commonwealth, schloß sich Großbritannien dem europäischen Einigungswerk an, verlor es viele seiner traditionellen Industrien, wurde die britische zur multikulturellen Gesellschaft und büßte das Land seinen im 18. Jahrhundert gewonnenen Weltmachtstatus ein. Die Monarchie blieb von allen diesen Wandlungsprozessen ebensowenig unberührt (und konnte es auch nicht sein) wie von den sie begleitenden mentalen Veränderungen. Obwohl eine nennenswerte republikanische Bewegung in Großbritannien nicht existiert, blieb die Monarchie als Institution von Kritik nicht verschont. Die Loyalität der britischen Bevölkerung der Monarchin gegenüber ist jedoch ungebrochen. Im 45. Jahr nach ihrer Krönung, im Januar 1997, ergab eine Meinungsumfrage, die das Londoner Massenblatt *The Mirror* organisierte, daß zwei Drittel der Briten für die Monarchie sind. 34 Prozent der Bevölkerung sprachen sich für eine Änderung der Staatsform aus, die meisten in Schottland (56 Prozent). In anderen Umfragen lag der Prozentsatz derer, die sich für die Monarchie aussprachen, wesentlich höher, manchmal bei über 80 Prozent. Ein zutreffendes Bild von «Volkes Stimme»?

«Seit 1952,» schreibt Vernon Bogdanor, «hat die Königin die Nation repräsentiert. Man kann sich nur schwer vorstellen, welche andere Persönlichkeit das so erfolgreich hätte tun können, zumal in einer Zeit, in der Politiker und andere Personen des öffentlichen Lebens im allgemeinen keine große Wertschätzung genossen.» Mithin scheint das Ansehen und die Verehrung Elisabeths II. die Turbulenzen um Mitglieder ihrer Familie unbeschadet überstanden zu haben; ihre Stellung als Souverän ihres Landes und als Oberhaupt des Commonwealth ist am Ausgang des 20. Jahrhunderts unangefochten, ihre Popularität ungebrochen. Trotzdem ist es Mode geworden, über die Zukunft der Monarchie in Großbritannien zu spekulieren. Wird sie Elisabeth II. überleben? Bei der Krönung Viktorias im Jahre 1838 fiel unter den adeligen Diplomaten und fürstlichen Gästen der Vertreter der Vereinigten Staaten von Amerika als schlichter »Mister« auf. Selbst das königsköpfende Frankreich war damals wieder zur Monarchie zurückgekehrt. Bei der Krönung Elisabeths II. befanden sich die Repräsentanten jener Länder, in denen es noch erbliche Monarchien gab, in der Minderzahl. Ist die britische Monarchie also doch ein Anachronismus, den die Masse der Bevölkerung nicht erkennt, weil sie vom Charme und der untadeligen Amtsführung Elisabeths II. geblendet ist?

Allen Spekulationen und voreiligen Prognosen ist entgegenzuhalten, daß zur Geschichte der Monarchie in Großbritannien unvermeidlich die Propheten gehören, die ihre baldige Abschaffung vorhersagen. Der Publizist und Volkstribun Thomas Paine gab der Monarchie 1792 noch sieben Jahre. Der prominente Politiker Joseph Chamberlain erwartete die Errichtung der britischen Republik 1871 noch in seiner Generation. Die Abdankung Eduards VIII. gebe der Monarchie den Todesstoß, hieß es 1936. Der Schriftsteller John Osborne, der Journalist Malcolm Muggeridge und der aristokratische Republikaner Lord Altrincham erwarteten 1957 das Ende der Monarchie im Stil einer TV- Seifenoper, da sie mit der Realität im zeitgenössischen Großbritannien nichts mehr gemein habe. Der Politologe Stephen Haseler sah 1993 das «Ende des Hauses Windsor» gekommen. Nichts von alledem ist eingetroffen. Seit der Krönung Elisabeths II. ist die Monarchie in Großbritannien geachteter und populärer denn je. In einer Welt raschen Wandels, in der alles und jedes in Frage gestellt ist, sehen die Briten in ihr mehr denn je ein Symbol für Stabilität, Kontinuität und ein liberales Gemeinwesen. Wenig spricht für die Abschaffung der Monarchie. Und ist es Zufall, daß die monarchisch verfaßten Staaten Europas zu den wohlhabendsten, politisch stabilsten und liberalsten Ländern der Welt gehören?

# Anhang

# Bibliographie

## Einleitung
(P. Wende)

Einen Einstieg in die englische Geschichte bietet das vorzügliche Essay von *Hans-Christoph Schröder, Englische Geschichte (1995)*; ausführlicher: *Peter Wende, Geschichte Englands ($^{2}$1996)*, beide Darstellungen mit weiterführenden Literaturangaben.

Ein nützliches Nachschlagewerk ist *The Royal Encyclopedia, hg. von Ronald Allison und Sarah Ridell (1991)*.

Die neueste, historisch fundierte Analyse der britischen Monarchie liefert *Vernon Bogdanor, The Monarchy and the Constitution (1995)*. Eine gute Einführung ist der Sammelband von *John Cannon und Ralph Griffiths (Hrsg.), The Oxford Illustrated History of the British Monarchy (1988)*. – Vorwiegend kritische zeitgenössische Stimmen sind gesammelt bei *Anthony Barnett (Hrsg.), Power and the Throne. The Monarchy Debate (1994)*. Der unentbehrliche Klassiker bleibt *Walter Bagehot, The English Constitution 1867*, seitdem zahlreiche Neuauflagen. Der Funktionswandel der britischen Monarchie ist überzeugend analysiert in *David Cannadine, The Context, Performance and Meaning of Ritual. The British Monarchy and the Invention of Tradition, c. 1820–1977*, in: *Eric Hobsbawm/Terence Ranger (Hrsg.), The Invention of Tradition (1983)*.

Einen nicht immer auf modernen Forschungsergebnissen basierenden, nostalgisch gestimmten, elegant geschriebenen, mit zahlreichen Bildern und Anekdoten illustrierten Band hat *Alexander Gauland, Das Haus Windsor (1996)* vorgelegt.

## Heinrich VII.
(K.-F. Krieger)

Unter den erzählenden Quellen zur Geschichte Heinrichs VII. nimmt der entsprechende Abschnitt in den *Historiae Anglicae libri viginti septem* des Italieners *Polydor(us) Vergil(ius)*, der zumindest für die letzten Lebensjahre des Königs unmittelbarer Augenzeuge war, den ersten Rang ein; vgl. hierzu *A. Gransden, Historical Writing in England. Bd. II. c. 1307 to the Early Sixteenth Century (1982), S. 425 ff.* mit Angabe der vorliegenden Editionen. Zu den anderen erzählenden Quellen kann man immer noch mit Gewinn die kritische Würdigung bei *W. Busch, König Heinrich VII. (1485–1509) (1892), S. 395 ff.* heranziehen. Eine nützliche Zusammenstellung erzählender und urkundlicher Quellen bietet: *A. F. Pollard (Hrsg.), The Reign of Henry VII. from Contemporary Sources, 3 Bde. (1913–1914) (ebd. Bd. 1, S. 6 ff.* ist auch die im Haupttext zitierte angebliche Rede König Heinrichs vor der Schlacht von Bosworth abgedruckt).

Abgesehen von dem noch nicht völlig überholten Werk von *W. Busch* liegen zwei ausführliche, moderne Biographien vor: *R. L. Storey, The Reign of Henry VII. (1968)* und *S. B. Chrimes, Henry VII. (1972)* (mit Hinweisen auf weitere Quellen und Literatur). Unter den Gesamtdarstellungen zur Tudorzeit sind vor allem das wichtige Standardwerk *G. R. Elton, England unter den Tudors (1983)* (überarbeitete deutsche Fassung) sowie *J. Guy, Tudor England (1988)* zu empfehlen.

Zu den Rosenkriegen sowie zu Heinrichs Vorgängern Eduard IV. und Richard III. vgl. *K.-F. Krieger, Geschichte Englands von den Anfängen bis zum 15. Jahrhundert ($^{2}$1996)*,

*S. 219–235* mit der angegebenen Literatur (S. 263 f.) und außerdem *J. Warren, The Wars of the Roses and the Yorkist Kings (1995); A. J. Pollard (Hrsg.), The North of England in the Age of Richard III. (1996); A. Weir, Lancaster and York (1995).*

Zu Heinrichs Jugend und seiner Exilzeit bis zur Schlacht von Bosworth liegen zwei neuere Untersuchungen vor: *R. A. Griffiths und R. S. Thomas, The Making of the Tudor Dynasty, (1985)* sowie *R. A. Griffiths, King and Country. England and Wales in the Fifteenth Century (1991), S. 115–136.*

Wichtige Beiträge zur Außenpolitik, zum Regierungssystem und zu mehreren Einzelaspekten enthält der kürzlich erschienene Sammelband *Benjamin Thompson (Hrsg.), The Reign of Henry VII. Proceedings of the 1993 Harlaxton Symposium (1995).* Vgl. außerdem zu weiteren Einzelbereichen neben der in den oben zitierten Biographien angegebenen Literatur: *M. K. Jones und M. G. Uderwood, The King's Mother. Lady Margret Beaufort, Countess of Richmond and Derby (1992). M. Bennett, Henry VII. and the Northern Rising of 1489, English Historical Review 105 (1990) S. 34–59. J. M. Currin, Pierre le Pennec, Henry VII. of England and the Breton Plot of 1492. A Case Study in «Diplomatic Pathology», Albion 23 (1991) S. 1–22. D. Dunlop, The Masked Comedian. Perkin Warbeck's Adventures in Scotland and England from 1495–1497, Scottish Historical Review (1990), S. 97–128. I. Arthurson, The Perkin Warbeck Conspiracy 1491–1499 (1994). D. A. Luckett, Crown Patronage and Political Morality in Early Tudor England. The Case of Giles, Lord Daubeney, English Historical Review 105 (1995), S. 578–595.*

Zum Regierungssystem und zur Finanzverwaltung Heinrichs vgl. *S. J. Gunn, Early Tudor Government 1485–1558 (1995). J. M. Currin, «Pro expensis ambassatorum». Diplomacy and Financial Administration in the Reign of Henry VII., English Historical Review 103 (1993), S. 589–609.* Für die Wiederaufnahme der Diskussion um die «new monarchy» und die Bedeutung der Regierungszeit Heinrichs als Wendepunkt in der englischen Geschichte sind vor allem drei Beiträge einschlägig. So bestritt bereits *A. Grant, Henry VII. The Importance of his Reign in English History (1985)* die inzwischen herrschend gewordene Kontinuitätsthese und bestand darauf, in Heinrichs Regierungsantritt «a major turning-point in English history» (S. 50) zu sehen. Wenn auch aus anderen Gründen, kam in jüngster Zeit auch *J. Watts, «A New Ffundacion of is Crowne». Monarchy in the Age of Henry VII., in: The Reign of Henry VII.* (s. oben), *S. 31–53* zu einem ähnlichen Ergebnis, indem er konstatierte, daß Heinrichs Regierungssystem die Merkmale einer «new monarchy» aufweise. Dagegen vertrat *C. Carpenter, Henry VII. and the English Policy, in: The Reign of Henry VII.* (s. oben), *S. 11–30* die provozierende These, daß Heinrich ein «poor king» gewesen sei, dessen Herrschaftspolitik im Rahmen eines nach wie vor mittelalterlichen Staatswesens auf der ganzen Linie gescheitert sei, da sie nicht zu Ordnung und Stabilität, sondern zum Gegenteil geführt habe. Ob dieses harte Urteil, das sich auf eine entsprechende Untersuchung der Verfasserin auf lokaler Ebene stützt *(C. Carpenter, Locality and Polity. A Study of Warwickshire Landed Society, 1401–1499 [1992]),* gerechtfertigt ist, wird man allerdings erst entscheiden können, wenn weitere vergleichende Untersuchungen vorliegen.

## Heinrich VIII.
(M. Erbe)

Die Quellen über Leben und Regierung des Königs sind am besten aufbereitet bei *J. S. Brewer u. a. (Hrsg.), Letters and Papers, Foreign and Domestic, of the Reign of Henry VIII., 37 Bde. (1862–1932).* Zur Verfassungsentwicklung vgl. *G. R. Elton (Hrsg.), The Tudor Constitution ($^2$1982).* Instruktiv ist die Quellenauswahl von *E. Hort und E. Jacobs (Hrsg.), Heinrich VIII. von England in Augenzeugenberichten (1969; TB-Ausgabe 1980).* Ergänzend dazu *Th. Stemmler (Hrsg.), Die Liebesbriefe Heinrichs VIII. an Anna Boleyn*

*(1988)*. Wichtig ist die Edition von *St. Ehses, Römische Dokumente zur Geschichte der Ehescheidung Heinrichs VIII. von England, 1527–1534 (1893)*. Heinrichs *Assertio septem sacramentorum* von 1523 wurde 1992 von *P. Fraenkel* neu herausgegeben.

Die ausführlichste Biographie ist die von *J. J. Scarisbrick, Henry VIII. (1968)* (darin auch reichhaltiges Bildmaterial und eine Auflistung des Quellenmaterials); vgl. ferner *J. Ridley, Henry VIII. (1984)*. Eine zufriedenstellende Gesamtdarstellung in deutscher Sprache fehlt, jedoch bietet *Th. Stemmler, Heinrich VIII. – Ansichten eines Königs (1991)* ein farbiges Bild der Persönlichkeit des Monarchen mit zahlreichen Illustrationen. Über die Frauen Heinrichs gibt es nur wenige Arbeiten: *G. Mattingly, Catherine of Aragon (1944); E. W. Yves, Anne Boleyn (1986); vgl. jetzt auch R. M. Warwicke, The Fall of Anne Boleyn Revisited, in: English Historical Review 108 (1993) ; L. B. Smith, A Tudor Tragedy. The Life and Times of Catherine Howard (1961:* dt. u. d. T. *Die fünfte Frau. Heinrich VIII. und Katharina Howard [1969])*. Weitere (neuere) biographische Arbeiten über Personen aus dem Kreis um Heinrich sind: *B. W. Beckingsale, Thomas Cromwell – Tudor Minister (1978); J. A. Guy, The Public Career of Sir Thomas More (1980); H. P. Heinrich, Thomas Morus (1984)*; zur Morus-Literatur vgl. im übrigen den Anhang bei *U. Baumann/H. P. Heinrich, Th. M. Humanistische Schriften (1986); A. F. Pollard. Wolsey (²1965)*; sowie *J. Ridley, Thomas Cranmer (1962)*.

Zur Literatur bietet ganz allgemein Informationen *U . Baumann (Hrsg.), Henry VIII. in History. Historiography and Literature (1992)*. Zur Kritik an der bisherigen Forschung war seinerzeit wichtig die Broschüre von *G. R. Elton, Henry VIII.: An Essay in Revision (1962)*. Der Verfasser hatte zuvor die Bedeutung von Thomas Cromwell in ein neues Licht gerückt; grundlegend dazu ist sein Werk *The Tudor Revolution in Government. Administrative Changes in the Reign of Henry VIII. (1953) u. ö.* Vgl. auch *G. I. Harriss/P. Williams, A Revolution in Tudor History?, in: Past and Present 25 (1963)*. Als weitere spezi elle Werke über die Zeit sind heranzuziehen: zur Kirchengeschichte *J. A. F. Thomson, The Early Tudor Church and Society (1993); A. G. Dickens, The English Reformation (²1967); J. A. Youings, The Dissolution of the Monasteries (1971)*; zur Verfassungsgeschichte *St. E. Lemberg, The Reformation Parliament (1970); ders., The Later Parliaments of Henry VIII. (1977)*; zur Kulturgeschichte *M. Dowling, Humanism in the Age of Henry VIII. (1986); St. Buck, Holbein am Hofe Heinrichs VIII. (1997)*; zum Hofleben *D. Starkey (Hg.), Henry VIII. A European Court in England (1991); E. Kroß, Am Hofe Heinrichs VIII. (1992)*.

Über die allgemeine Entwicklung informieren die entsprechenden Abschnitte bei *J. D. Mackie, The Earlier Tudors 1485–1558 (1952) (= The Oxford History of England, Bd. 7)* sowie bei *G. R. Elton, England under the Tudors (²1974; dt. 1983)*, beide mit ausführlicher Bibliographie.

## Eduard VI.
(B. Brodt)

1. Quellen: Die beste Edition von Eduards *Chronicle* und seinen wesentlichsten *Essays* besorgte *W. K. Jordan (Hrsg.), The Chronicle and Political Papers of King Edward VI. (1966)*. Umfassender, aber veraltet: *J. G. Nichols (Hrsg.), The Literary Remains of King Edward VI. (1857)*; zur Legislative vgl. zuletzt *Charles Knighton (Hrsg.), Calendar of State Papers, Domestic, Edward VI. (1992)*; nach wie vor grundlegende Quelleneditong für den *Privy Council* Eduards ist *John Roche Dasent et al. (Hrsg.), Acts of the Privy Council, Bde. II, III, IV (1890–1964)*; zu außenpolitischen Entwicklungen siehe *William B. Turnbull (Hrsg.), Calendar of State Papers, Foreign Series, of the Reign of Edward VI., 1547–1553 (1861)*.

2. Biographien: Nach wie vor illustrativ ist *Sir John Hayward, The Life and Raigne of King Edward the Sixt (1636)*; populärwissenschaftlich, aber auf guter Quellenbasis *Hester W.*

*Chapman, The Last Tudor King. A Study of Edward VI. [October 12th. 1537 – July 6th, 1553] (1958)*; sachkundig, umfassend, allerdings moralisierend und in der Bewertung Seymours und Dudleys mehr als umstritten die beiden Monographien von *W. K. Jordan, Edward VI.: The Young King (1968)* und *Edward VI.: The Threshold of Power (1970)*; zuletzt unterhaltsam, aber ohne neue Erkenntnisse *Alison Weir, Children of England. The Heirs of King Henry VIII. (1996)*.

3. Gesamtdarstellungen und Einzelfragen: Unersetzlich, obgleich stellenweise mit erheblichen Druckfehlern ist *David Michael Loades, Essays on the Reign of Edward VI. (1994); Barrett L. Beer, Rebellion and Riot. Popular Disorder in England during the Reign of Edward VI. (1982); Barrett L. Beer, Northumberland. The political Career of John Dudley. Earl of Warwick and Duke of Northumberland (1973); David Michael Loades, John Dudley Duke of Northumberland 1504–1558 (1996); Dale Eugene Hoak, The King's Council in the Reign of Edward VI. (1976); Ralph Houlbrooke, Henry VIII.'s Wills: A Comment, in: Historical Journal 37 (1994), S. 891–899; Albert Frederick Pollard, England under Protector Somerset. An Essay (1900); Jennifer Loach, Protector Somerset, a Reassessment (1994); Michael Laccohee Bush, The Government Policy of Protector Somerset (1975); David Michael Loades, The Mid-Tudor Crisis, 1545–1565 (1992); Jennifer Loach, A Mid-Tudor Crisis? (1992); Hester W. Chapman, Lady Jane Grey (1962)*.

## Maria die Katholische
(K. H. Metz)

Mary Tudor ist wohl die von der Geschichtsschreibung am wenigsten beachtete Herrschergestalt des neuzeitlichen England, stand sie doch gegen alles, was das Pathosverständnis der das nationale Geschichtsbild prägenden Whig-Historiographie ausmachte. *James A. Froudes Darstellung (The reign of Mary Tudor, hrsg. von W. Llewelyn Williams [1910])*, Teil einer weit angelegten Geschichte des reformatorischen England im 16. Jahrhundert, präsentiert und resümiert im großen Stil noch einmal das Argument der englischen Freiheit gegen die römische Sklaverei. Erschien in Froudes politisch engagierter Historie die kurze Regierungszeit Marys als wichtige Periode im Kampf um die englische Freiheit, weil sie den Engländern endgültig die moralische Häßlichkeit des «Papismus» vor Augen geführt habe, so neigten spätere, um Distanz bemühte Darstellungen dazu, diese Zeit als letztlich steriles Zwischenspiel einer dominanten Entwicklungslinie abzutun, so etwa *A. F. Pollard, The political history of England from the accession of Edward VI. to the death of Elizabeth I. (1919)*. Neuere, um persönliche Annäherung bemühte Biographien sind die Darstellungen von *Hilda F. M. Prescott, Mary Tudor (1940, dt. 1966)* und von *Carolly Erickson, Bloody Mary. The Life of Mary Tudor (1978)*. Marys Leben ist hier die Geschichte eines tragischen Scheiterns, bei deren Erzählung das Mitleid überwiegt. Einen Neuansatz bietet hingegen die gewichtige, auf breitem Quellenstudium aufgebaute Untersuchung von *David M. Loades, The reign of Mary Tudor (1979)*, zweifellos das Standardwerk zum Königtum Marys, aber keine eigentliche Biographie, vielmehr die Analyse ihrer Regentschaft und der sie gestaltenden Ereignisse, Personen und Institutionen (mit umfangreichem Quellen- und Literaturverzeichnis).

Für die Regierungszeit vgl. *G. R. Elton, Reform und Reformation 1509–1558 (1977), C. H. Garret, The Marian Exiles (1938), S. R. Gammon, Statesman and schemer: William, first Lord Paget (1973), W. Haller, Foxe's Book of Martyrs and the Elect Nation (1963), P. Hughes, The Reformation in England, Bd. II (1953), W. R. D. Jones, The Mid-Tudor Crisis 1539–1563 (1973), J. A. Muller, Stephen Gardiner and the Tudor Reaction (1926), W. Schenk, Reginald Pole, Cardinal of England (1950), F. A. Young, The proclamations of the Tudor Queens (1976)*.

## Elisabeth I.
(G. Lottes)

Elisabeth I. war von jeher ein beliebtes Sujet historisch-politischer Biographie, was für ihren festen Platz in der nationalenglisch-protestantischen Erinnerungskultur spricht. Aus der Fülle der Werke sei hier die immer noch klassische Studie von *J. Neale, Queen Elizabeth I. (1934)* genannt. Als eine Biographie, die den Akzent auf den Kontext der elisabethanischen Epoche legt, verweise ich auf meine eigene Darstellung *G. Lottes, Elisabeth I. Eine politische Biographie (1981)*. In jüngster Zeit hat *W. T. MacCaffrey* eine dreibändige, allerdings eher traditionell politikgeschichtliche Gesamtdarstellung vorgelegt, die an die Stelle der einschlägigen älteren Arbeiten von *Conyers Read* treten kann: *Bd. 1: The Shaping of the Elizabethan Regime (1968); Queen Elizabeth and the Making of Policy 1572–1588 (1981); Bd. 3: Elizabeth I. War and Politics 1588–1603 (1992)*. Als neuere Studie, welche die Verzerrungen einer die gesamte Epoche umfassenden Darstellungen zu vermeiden versucht, sei *N. Jones, The Birth of the Elizabethan Age (1993)* genannt. Vgl. auch *Christopher Haigh (Hrsg.), The Reign of Elizabeth I. (1984)* und *ders., Elizabeth I. ($^2$1989)*.

In der revisionistischen Reinterpretation der englischen Geschichte kam die elisabethanische Epoche namentlich unter dem Gesichtspunkt der Kritik an der These von einer «high road to revolution» in den Blick. Dabei ist von *C. Russell, The Crisis of Parliaments. English History 1509–1660 (1971)* bis *G. Elton, The Parliament of England, 1559–1581 (1986)* zunächst der Institution des Parlaments besondere Beachtung geschenkt worden. Einen ausgewogenen Eindruck vom Forschungsstand vermittelt *D. M. Dean, N. L. Jones (Hrsg.), The Parliaments of Elizabethan England (1990)*. In jüngster Zeit ist mit der Hinwendung zu kulturgeschichtlichen Ansätzen dagegen verstärkt die Repräsentationskultur in den Blick genommen worden. Verwiesen sei auf *H. Hackett, Virgin Mother, Maiden Queen. Elizabeth and the Cult of the Virgin Mary (1995)*.

Abschließend sei für die Kirchen- und Religionsgeschichte auf *N. Jones, Faith by Statute. Parliament and the Settlement of Religion 1559 (1982)* und auf *W. Haugaard, Elizabeth I. and the English Reformation (1968)* sowie für eine Einführung in die Sozial- und Wirtschaftsgeschichte des Zeitalters auf *D. M. Palliser, The Age of Elizabeth. England under the later Tudors 1547–1603 (1983)* und auf *P. Slack, Poverty and Policy in Tudor and Stuart England (1988)* verwiesen.

## Jakob I.
(R. G. Asch)

1. Die Quellen für die Regierungszeit Jakobs I. können hier nur in knappster Auswahl genannt werden. Sein Werk als politischer Theoretiker ist greifbar in den *Political Works of James I. Hrsg. von Charles H. McIlwain (1918 ND 1965)*, und in *King James VI. and I. Political Writings. Hrsg. von Johann P. Sommerville (1994)*. Einige seiner Briefe sind in der Auswahl *Letters of Kings James VI. and I. Hg.* von *G. P. V. Akripp (1984)* zugänglich. Nützlich ist auch die Quellensammlung von *Robert Ashton (Hrsg.), James I. by his Contemporaries (1969)*. Zu den älteren Zusammenstellungen zeitgenössischer Quellen, die stark das ungünstige Bild des Königs geprägt haben, gehört *Sir Walter Scott (Hrsg.), Secret History of the Court of James I. 2 Bde. (1811)*. Weitere für den Hof wichtige Quellen sind *Thomas Birch, The Court and Times of James I. Hrsg. von R. F. Williams. 2 Bde. (1849); John Chamberlain, The Letters of John Chamberlain. Hrsg. von N. E. McClure. 2 Bde. (1939)* und *John Nichols, The Progresses, Processions and Magnificent Festivities of King James the First. 4 Bde. (1828)*. Die Verfassungsgeschichte der Zeit ist zugänglich über *John P. Kenyon (Hrsg.), The Stuart Constitution. Documents and Commentary ($^2$1989)*, über

*J. R. Tanner (Hrsg.), Constitutional Documents of the Reign of James I. (1930)*, und über die modernen Editionen der Parlamentsdebatten, insbesondere: *Proceedings in Parliament 1610. Hrsg., von E. R. Foster. 2 Bde. (1966); Commons' Debates in 1621. Hrsg. von Wallace Notestein et al. 7 Bde. (1935)*, und *Proceedings in Parliament 1614. Hrsg. von Maija Jansson Cole (1988).*

2. Eine wirklich überzeugende moderne Biographie fehlt. *Maurice Lee Jr., Great Britain's Solomon. James VI. and I. in His Three Kingdoms (1990)*, geschrieben von einem der besten Kenner der Herrschaft des Königs in Schottland, ist eher eine Zusammenstellung von Essays zu Einzelfragen, die im Hinblick auf die englischen Aspekte der Herrschaft Jakobs I. oft wenig selbständig im Urteil ist. Hervorragend als knappe Einführung ist freilich *S. J. Houston, James I. (²1995)*. Ein anschauliches, aber sehr stark die grotesken und skurrilen Züge des Herrschers betonendes Charakterbild bietet *D. Harris Willson, King James VI. and I. (1956).*

Ergänzend sind heranzuziehen *David Mathew, James I. (1967), Caroline Bingham, The Making of a King. The Early Years of James VI. and I. (1968)* und *A. G. R. Smith (Hrsg.), The Reign of James VI. and I. (1973)*. Wesentlich zu einer Revision des Bildes von Jakob I. in der Geschichtsschreibung und Forschung hat *Jenny Wormald* mit ihrem Aufsatz *James VI. and I. – Two Kings or One. In: History 68 (1983), S. 187–209*, beigetragen. Für die von ihr hier thematisierte Regierungstätigkeit Jakobs VI. in Schottland ist auch *Maurice Lee Jr., Government by Pen. Scotland under James VI. and I. (1980)* heranzuziehen.

3. Die zuverlässigsten Gesamtdarstellungen der englischen Geschichte der Epoche sind *Barry Coward, The Stuart Age (²1994)* und *Derek Hirst, Authority and Conflict. England 1603–1658 (1986)*. Eine umfassende neuere Darstellung ist demnächst von Conrad Russell in der Oxford History of England zu erwarten. Für die Ereignisgeschichte immer noch unentbehrlich bleibt allerdings *Samuel R. Gardiner, History of England from the Accession of James I. to the Outbreak of the Civil War 1603–1642. 10 Bde. (²1883/84).*

4. Für die Beziehungen des Königs zum Parlament liegen eine Reihe neuerer Arbeiten vor. Hier ist vor allem *Conrad Russell, Parliaments and English Politics 1621–1629 (1979)* zu nennen, aber auch die gesammelten Aufsätze desselben Autors, *Unrevolutionary England (1990)*, sind wichtig. Etwas andere Akzente setzt *Thomas Cogswell, The Blessed Revolution. English Politics and the Coming of War (1989)*, das sich vor allem mit dem Parlament von 1624, aber auch der Außenpolitik dieser Jahre beschäftigt. Zentral sind die Aufsatzsammlungen *Kevin Sharpe (Hrsg.), Faction and Parliament (1973); Howard Tomlinson (Hrsg.), Before the English Civil War (1983)*; *Richard Cust und Ann Hughes (Hrsg.), Conflict in Early Stuart England (1989).*

5. Die gescheiterten Pläne für eine Union mit Schottland haben neuerdings verstärkt die Aufmerksamkeit der Forschung gefunden. Siehe insbesondere *Bruce Galloway, The Union of England and Scotland, 1603–1608 (1986)* sowie *Keith M. Brown, Kingdom or Province. Scotland and the Regal Union 1603–1715 (1992)* sowie zuletzt *Jenny Wormald, James VI., James I. and the Identity of Britain, In: Brendan Bradshaw und John Morrill (Hrsg.), The British Problem c. 1534–1707 (1996), S. 148–171 und 296–298.*

6. In das außerordentlich komplexe Gebiet der Kirchenpolitik des Königs führen ein *Kenneth Fincham* und *Peter Lake, The Ecclesiastical Policy of James I. In: Journal of British Studies 24 (1985), S. 169–207*, und *Kenneth Fincham (Hrsg.), The Early Stuart Church, 1603–1642 (1993).*

7. Über den Hof des Herrschers unterrichten *Neil Cuddy, The Revival of the Entourage. The Bedchamber of James I., 1603–25. In: David Starkey (Hrsg.), The English Court from the Wars of the Roses to the Civil War (1987), S. 173–225*, und demnächst das Werk desselben Autors *Bedchamber, Parliament and Politics under James I.* Siehe ferner *Graham Parry, The Golden Age Restored (1981); R. Malcolm Smuts, Court Culture and the Origins of a Royalist Tradition in Early Stuart England (1987)* und *Linda Levy Peck (Hrsg.), The*

*Mental World of the Jacobean Court (1991).* Mit einzelnen Figuren beschäftigen sich die wichtigen Biographien *Roger Lockyer, Buckingham. The Life and Political Career of George Villiers, First Duke of Buckingham 1592–1628 (1981)* und *Linda Levy Peck, Northampton. Patronage and Policy at the Court of James I. (1982)* sowie *David Lindley, The Trials of Frances Howard. Fact and Fiction at the Court of James I. (1993).*

8. Der ideengeschichtliche Kontext der staatstheoretischen Werke Jakobs I., aber auch seiner Auseinandersetzungen mit dem Parlament wird in recht traditionalistischer Weise umrissen in *Johann P. Sommerville, Politics and Ideology in England 1603–1640 (1986)* und – sehr viel abwägender – in *Glenn Burgess, Absolute Monarchy and the Stuart Constitution (1996)* sowie in dem Werk desselben Autors *The Politics of the Ancient Constitution (1992).*

9. Für die Außenpolitik ist das oben genannte Werk von *Cogswell, The Blessed Revolution*, grundlegend. Vgl. aber auch *Simon Adams, Spain or the Netherlands? The Dilemmas of Early Stuart Foreign Policy. In: Howard Tomlinson (Hrsg.), Before the English Civil War (wie oben), S. 79–102,* und das Kapitel *The Blessed Peacemaker*, in der Biographie Jakobs I. von *Maurice Lee* (wie oben).

10. Die wirtschaftliche und soziale Entwicklung der Epoche und ihre politischen Konsequenzen behandeln *Barry E. Supple, Commercial Crisis and Change in England 1600–1642 (1959); Lawrence Stone, The Crisis of the Aristocracy (1965); Robert Ashton, The City and the Court 1603–1643 (1979)* und *Robert Brenner, Merchants and Revolution. Commercial Change, Political Conflict, and London's Overseas Traders, 1550–1653 (1993).* Für die finanziellen Probleme der Krone sind wichtig *Robert Ashton. The Crown and the Money Market 1603–40 (1960)*; die ausgezeichnete Biographie *Menna Prestwich, Cranfield. Politics and Profit under the Early Stuarts (1966)* und der wichtige Aufsatz *A. G. R. Smith, Crown, Parliament and Finance. The Great Contract of 1610. In: P. Clark et al. (Hrsg.), The English Commonwealth 1547–1640 (1979), S. 111–128.*

## Karl I.
(P. Wende)

Zur Einführung in die Epoche seien hier lediglich auf deutsch publizierte Studien genannt, nämlich *Kaspar v. Greyerz, England im Jahrhundert der Revolutionen 1603–1714 (1994)* mit relativ ausführlichen Kapiteln zur Religions-, Mentalitäts- und Kulturgeschichte. Eine überzeugende Verknüpfung von Struktur- und Ereignisgeschichte liefert *Hans-Christoph Schröder, Die Revolutionen Englands im 17. Jahrhundert (1986)*, die historische Analyse verbindet mit einer Synopsis der Forschungsdebatte *Peter Wende, Probleme der Englischen Revolution (1980).*

Die wichtigste Quelle ist die große zeitgenössische Darstellung des seit 1641 wichtigsten Ratgebers des Königs *Edward Hyde, Earl of Clarendon, The History of the Rebellion and Civil Wars in England (1702), kritische Edition hrsg. von William Macray, 6 Bde. (1888).* Unmittelbar nach der Hinrichtung des Königs erschien *Eikon Basilike, The Portraiture of His Sacred Maiesty in His Solitudes and Sufferings*, erreichte noch im selben Jahr 37 Auflagen, denn es wurde für *The King's Book* gehalten, war tatsächlich von dem Geistlichen *Dr. Gauden*, allerdings wohl noch unter Mitwirkung des Königs verfaßt und zeichnet diesen als stilisierten Märtyrer, der die Sünden seines Volkes auf sich nimmt. Wichtigste moderne Quellensammlung für die Epoche: *John Kenyon (Hrsg.), The Stuart Constitution, 1603–1688 ($^2$1986).*

Obwohl zahlreiche Biographien Karls I. vorliegen, fehlt es bislang an einer hohen wissenschaftlichen Ansprüchen genügenden Darstellung. Zur Person des Königs, wenn auch gelegentlich zu stark psychologisierend, *Charles Carlton, Charles I. The Personal Monarch ($^2$1995).* Zu oberflächlich hingegen *Pauline Gregg, King Charles I. (1981).*

Einen in manchen Punkten aufschlußreichen Vergleich liefert *Maurice Ashley, Charles I. and Oliver Cromwell. A Study in Contrasts and Comparisons (1987)*. Wichtige Studien zu bestimmten Phasen bzw. Aspekten der Regierung Karls I. sind *L. J. Reeve, Charles I. and the Road to Personal Rule (1989)* sowie das voluminöse Werk von *Kevin Sharpe, The Personal Rule of Charles I. (1992)*, dessen Verfasser allerdings entschlossen ist, seinen Helden um jeden Preis als weitsichtigen verantwortungsvollen Politiker zu präsentieren. Zur politischen Integrationsfunktion der Monarchie vgl. die gründliche Studie von *Ronald Asch, Der Hof Karls I. von England, Politik, Provinz und Patronage 1625–1640 (1993)*.

Zum Prozeß gegen den König vgl. *Peter Wende, Der Prozeß gegen Karl I. und die englische Revolution, in: Alexander Demandt (Hrsg.), Macht und Recht. Große Prozesse in der Geschichte (1990), S. 171–186.*

## Karl II.
(P. Wende)

Neben den im vorangegangenen Abschnitt erwähnten Überblicksdarstellungen sei noch genannt das klassische Werk von *David Ogg, England in the Reign of Charles II. (²1955). Quellensammlungen: A. Browning (Hrsg.), English Historical Documents, vol. VIII., 1660–1714 (1953); John Kenyon, The Stuart Constitution (²1986); Arthur Bryant (Hrsg.), The Letters, Speeches, and Declarations of King Charles II. (1935).*

Unter den zahlreichen Biographien Karls II. sind besonders die beiden jüngst erschienenen hervorzuheben: *Ronald Hutton, Charles II. King of England, Scotland and Ireland (1989)* und *John Miller, Charles II. (1991)*. Während Hutton den gesamten Lebensweg des Königs unter strenger Konzentration auf die Person verfolgt und weitgehend auf diachronische Bezüge verzichtet, steht die Regierungszeit Karls II. und hier besonders die 70er Jahre unter starker Akzentuierung der Außenpolitik im Zentrum der Untersuchung Millers. Beide Autoren, Miller stärker noch als Hutton, zeichnen ihren Protagonisten aus einer kritischen Distanz. Außerdem seien wegen ihrer anschaulichen Darstellung noch genannt: *Maurica Ashley, Charles II. The Man and the Statesman (1971)* sowie *Antonia Fraser, King Charles II. His Life and Times (²1993)*. Reich bebildert: *Christopher Falkus, The Life and Times of Charles II. (1972)*. Den galanten Aspekten der Biographie gilt das Interesse von *Brian Masters, The Mistresses of Charles II. (1979)*.

Für die Ereignisgeschichte der Restauration vgl. *R. Hutton, The Restoration. A Political and Religious History of England and Wales 1658–1667 (1985)*. Zwei wichtige Studien zur Politik des Königs sind *John Miller, An English Absolutism? The later Stuart Monarchy 1660–1688 (1992)* sowie *J. R. Jones, Charles II.: Royal Politician (1987)*.

## Jakob II.
(R. G. Asch)

Für die allgemeine Literatur über das spätere 17. Jahrhundert sei auf die Artikel über Karl II. und Wilhelm III. verwiesen.

1. Quellen: *James Stanier Clarke (Hrsg.), Life of James II. Collected out of Memoirs Writ of his Own Hand, 2 Bde. (1816)* (beruht zum Teil auf eigenen Aufzeichnungen Jakobs II. bzw. einer Biographie des Königs, die der Jakobit William Dicconson nach seinem Tode auf der Basis dieser Aufzeichnungen und anderer Papiere des Herrschers schrieb, ist aber für die späteren Lebensjahrzehnte nur sehr begrenzt zuverlässig); *A. L. Sell (Hrsg.), Memoirs of James II.: His Campaigns while Duke of York 1652–60 (1962); Godfrey Davies (Hrsg.), Papers of Devotion of James II. (1925).*

2. Die Standardbiographie Jakobs II. ist *John Miller, James II. A Study in Kingship (1978, ²1989)*; daneben sind die ältere Biographie *F. C. Turner, James II., London (1948)* sowie *Michael Mullett, James II. and English Politics 1678–1688 (1993)* und mit Einschränkungen *Ernest Testa, James II. Bigot or Saint? (1987)* zu erwähnen. Von zentraler Bedeutung bleibt *J. R. Western, Monarchy and Revolution. The English State in the 1680's (1972)*, als erzählendes Geschichtswerk ist *David Ogg, England in the Reign of James II. and William III. (1955)* unübertroffen.

3. Mit der Absolutismusproblematik setzen sich *John Miller, An English Absolutism? The Later Stuart Monarchy 1660–1688 (Historical Association, 1992)* und *ders., Britain, in: ders. (Hrsg.). Absolutism in seventeenth-century Europe (1990), S. 195–224* und *256–260*, sowie *Michael Wagner, Ein englischer Weg zum Absolutismus? Die Tories und die Monarchie 1678–1688, in: Rolf Gundlach und Hermann Weber (Hrsg.), Legitimation und Funktion des Herrschers (1992), S. 259–284*, auseinander. Von Interesse für eine charakteristische Episode der Herrschaft Jakobs II. ist auch *Angus Macintyre, The College, King James II. and the Revolution 1687–1688, in: Laurence Brockliss et al. (Hrsg.), Magdalen College and the Crown (1988), S. 31–82*. Vgl. auch *John Miller, James II. and Toleration, in: Evelyn Cruickshanks (Hrsg.), By Force or By Default? The Revolution of 1688 (1988), S. 8–27.*

4. An Literatur über die Glorious Revolution seien hier nur *W. A. Speck, Reluctant Revolutionaries. Englishmen and the Revolution of 1688 (1989); Robert Beddard (Hrsg.), The Revolution of 1688 (1991)* und *Lois G. Schwoerer (Hrsg.), The Revolution of 1688–89. Changing Perspectives (1992)* genannt und im übrigen auf den Artikel über Wilhelm III. verwiesen.

5. Über die Politik des Königs in Irland, die so viel Anstoß in England erregte, und den «Krieg der zwei Könige» informieren *J. G. Simms, Jacobite Ireland 1685–1691 (1969); David W. Hayton, The Williamite Revolution in Ireland, 1688–1691, in: Jonathan Israel (Hrsg.) The Anglo-Dutch Moment. Essays on the Glorious Revolution and its World Impact (1991), S. 185–213; Patrick Kelly, Ireland and the Glorious Revolution: from Kingdom to Colony, in: Beddard, The Revolution of 1688, S. 163–190; J. G. Simms, The War of the Two Kings 1685–1691, in: The New History of Ireland, hrsg. von T. W. Moody et al., Early Modern Ireland, Bd. III (1976), S. 478–508*, und *W. A. Maquire (Hrsg.), Kings in Conflict, The Revolutionary War in Ireland and its Aftermath, 1689–1750 (1990)* sowie *R. G. Gillespie, James II. and the Irish Protestants, in: Irish Historical Studies 28 (1992), S. 124–133.*

## Wilhelm III. und Maria II.
(E. Hellmuth)

Literatur: Es gibt eine Reihe älterer, gleichwohl unverzichtbarer Biographien. Dazu zählen *D. Ogg, William III.* (1967); *ders., England in the Reigns of James II. and William III. (Neudruck 1984); Stephen B. Baxter, William III. (1966); A. W. Chapman, Mary II. Queen ofEngland (1953)*. Die militärischen Leistungen Wilhelms werden gewürdigt in *J. Childs, The British Army of William III. 1689–1702 (1987)*. Zur Kriegführung in Irland s. *J. C. Simms, War and Politics in Ireland 1649–1730 (1986)*. Vieles über Wilhelm und Maria findet sich in den einschlägigen Arbeiten zur «Glorreichen Revolution». Die besten Gesamtdarstellungen sind *W. A. Speck, Reluctant Revolutionaries. Englishmen and the Revolution of 1688 (1988); J. R. Jones, The Revolution of 1688 in England (1972); J. R. Western, Monarchy and Revolution. The English state in the 1680's (1972)*. Neben diesen Gesamtdarstellungen gibt es eine Reihe vorzüglicher Sammelbände. Zu nennen sind hier vor allem *R. Beddard (Hrsg.), The Revolutions of 1688 (1991); O. Grell, J. Israel, N. Tyacke (Hrsg.), From Persecution to Toleration. The Glorious Revolution in England (1991); D. Hoak, M. Feingold (Hrsg.) The World of William and Mary. Anglo-Dutch Perspectives on the Revolution of 1688–89 (1996); J. Israel (Hrsg.), The Anglo-Dutch Moment.*

*Essays on the Glorious Revolution and its World Impact (1991); J. R. Jones (Hrsg.), Liberty secured? Britain before and after 1688 (1992), R. P. Maccubin, M. Hamilton-Phillips (Hrsg.), The Age of William III. and Mary II. Power, politics and patronage 1688–1702 (1989); L. Schwoerer (Hrsg.), Revolution of 1688/89. Changing Perspectives (1991).* Einige scharfsinnige Reflexionen zu Kontext und Charakter der «Glorreichen Revolution» finden sich bei *Hans-Christoph Schröder, Die Revolutionen Englands im 17. Jahrhundert (1986).* Die beste Darstellung der «hohen» Politik in der Ära Wilhelms bietet *H. Horwitz, Parliament, Policy and Politics in the Reign of William III. (1977);* s. ferner dazu *D. W. Jones, A Parliamentary History of the Glorious Revolution (1988)* und *T. Harris, Politics under the Later Stuarts. Party Conflict in a Divided Society (1993).* Die Genese der «Bill of Rights» wird detailliert nachgezeichnet bei *L. Schwoerer, The Declaration of Rights (1981).* Kulturgeschichtlich interessant ist *M. Ede, Arts and Society in England under William and Mary (1979).* Eine ausgezeichnete Analyse der Propagandaanstrengungen Wilhelms bietet *Tony Claydon, William III. and the Godly Revolution (1996).* Zum Legitimitätsproblem s. *H. Nenner, The Right to be King. The Succession to the Crown of England 1603–1714 (1995).* Zur Beschreibung des Krönungstages s. *An exact account of the ceremonial at the coronation of their most excellent majesties King William and Queen Mary the eleventh day of this instant april, 1689, published by order of the Duke of Norfolk, Earl-Marshal of England.*

### Anna
### (U. Jordan)

Das Standardwerk zum Zeitalter Königin Annas ist nach wie vor *G. M. Trevelyan, England under Queen Anne, 3 Bände (1930–34).* Es ist immer noch unübertroffen in seiner erzählerischen Dichte, die die Entwicklung einer politischen Kultur darlegt und gleichzeitig einen detaillierten Überblick über die militärgeschichtlichen Aspekte des Spanischen Erbfolgekriegs bietet. Andere Überblicksdarstellungen zur Geschichte der Stuarts enthalten relevante Kapitel zum Zeitalter Königin Annas, so etwa *Barry Coward, The Stuart Age: England 1603–1714 (²1994), Geoffrey Holmes, The Making of a Great Power (1993)* und *J. R. Jones, Country and Court: England, 1658–1714 (1978).* Neuerdings liegt eine weitere gute Überblicksstudie von *Mark Kishlansky, A Monarchy Transformed. Britain 1603–1714 (1996)* vor.

Unter den biographischen Studien zu Anna und ihrem engeren Zirkel seien vor allen Dingen genannt *Edward Gregg, Queen Anne (1980),* die aufschlußreichste Biographie der Monarchin; daneben sei *Frances Harris, A Passion for Government (1991),* eine Studie zu Sarah, Herzogin von Marlborough, erwähnt. Zeitlos interessant bleibt *Winston S. Churchills* vierbändige Abhandlung über seinen berühmten Vorfahren und Feldherrn des Spanischen Erbfolgekriegs, den Herzog von Marlborough, *Marlborough. His Life and Times (1933–38). Corelli Barnetts* Darstellung *Marlborough (1974)* ist die zuverlässigste militärgeschichtliche Abhandlung, während die gleichnamige Studie von *J. R. Jones* aus dem Jahre 1993 die aktuellste Darstellung der Rolle Marlboroughs bietet.

Eminente Politiker der Regierungszeit Königin Annas haben ebenfalls Biographen gefunden: so z. B. *H. T. Dickinson, Bolingbroke (1970), Brian Hill, Robert Harley, Speaker. Secretary of State, and Prime Minister (1988)* und *Angus McInnes, Robert Harley, Puritan Politician (1970).* Das Leben und Werk Francis Atterburys, wichtiger Repräsentant der anglikanischen Kirche, ist in der Studie *The Tory Crisis in Church and State (1975)* von *G. V. Bennett* gut dargestellt.

Die politische Geschichte der Epoche war gekennzeichnet von der Auseinandersetzung um die innenpolitischen Strukturen des «Augusteischen Englands». Ältere

Studien, wie z. B. *Robert Walcott, English Politics in the Early Eighteenth Century (1956)* und *W. A. Speck, Tory & Whig. The Struggle in the Constituencies, 1701–1715 (1970)* sowie *B. W. Hill, The Growth of Parliamentary Parties, 1689–1742 (1976)* zeichnen die langfristigen Konturen der Regierungszeit Annas nach. Nachgerade klassische Bedeutung besitzt *Geoffrey Holmes'* Untersuchung *British Politics in the Age of Anne (²1987). Holmes* ist auch Herausgeber des wichtigen Essaysammelbandes *Britain after the Glorious Revolution, 1689–1714 (1969)*. Als Ergänzung zu den genannten Biographien und Studien zur innenpolitischen Entwicklung sei *R. O. Bucholz, The Augustan Court: Queen Anne and the Decline of Court Culture (1993)* empfohlen.

Zur Union Englands und Schottlands bietet sich die weiterhin wichtige Studie von *James Mackinnon, Union of England and Scotland (1896)* an, darüber hinaus *P. W. J. Riley, The Union of England and Scotland (1978)*. Die wirtschaftlichen Aspekte dieser Thematik werden in *Christopher Whatley, Bought and Sold for English Gold? (1994)* behandelt.

## Georg I.
(L. Kettenacker)

Der zweifellos interessanteste Aspekt der Regierungszeit Georgs I., nämlich die Sukzession seines Hauses, ist von deutscher Seite, und nur von deutscher, in nicht zu überbietender Gründlichkeit behandelt worden: einmal durch *Onno Klopp, Der Fall des Hauses Stuart und die Succession des Hauses Hannover in Großbritannien 1660–1714. 14 Bde. (1875–1888)*, zum anderen durch *Georg Schnath, Geschichte Hannovers im Zeitalter der neunten Kur und der englischen Sukzession 1674–1714. 4 Bde. (1938–1982)*. Stellungnahme zu dem Werk Klopps bei *Schnath, Bd. 4, S. XVff.*

Die umfassendste und für lange Zeit gültige Biographie Georgs I. stammt von der norwegischen, in England lehrenden und inzwischen verstorbenen Historikerin *Ragnhild Hatton, George I. Elector and King (1978)*; in den Worten *Schnaths (Bd. 4, S. XIX)* eine «großartige Biographie – die erste, die dem früher viel verkannten ersten der *Hanoverian Kings* wirklich gerecht wird.» Bis dahin war man, vor allem, was die Person des Monarchen betrifft, auf die detailreiche Darstellung im *Dictionary of National Biography* angewiesen. In älteren Beschreibungen der Epoche (z. B. *Basil Williams, The Whig-Supremacy, 1714–1760 (1939)*, vielfach wiederaufgelegt in der renommierten *Oxford History of England*, tritt die Person des Monarchen ganz in den Hintergrund, im Unterschied zur Institution und ihren Veränderungen im Rahmen der parlamentarischen Verfassung («Powers left to the Crown»).

Auf die Historiographie des frühen 18. Jahrhunderts hat kein britischer Historiker größeren Einfluß genommen als der Walpole-Biograph Sir *John Plumb*. Auf ihn geht die heute feststehende Auffassung zurück, daß sich diese Epoche jenseits des heftigen Parteienstreits und trotz aller sozialen Turbulenzen durch ein hohes Maß an politischer Stabilität auszeichnete (*The Growth of Political Stability in England 1675–1725, [1967]*). *William A. Speck* hat dieses Bild etwas korrigiert, aber nicht völlig in Frage gestellt: *Stability and Strife. England 1714–1760 (1977)*. *Plumb* hat in einer populären, später auch als Taschenbuch erschienenen Darstellung die ersten vier Hannoveraner auf dem englischen Thron skizziert: *The First Four Georges (1966)*. Das erste Kapitel über den derb-sinnenfrohen Charakter des Zeitalters ist nicht nur historisch aufschlußreich, sondern auch ein literarischer Bonbon. Die vergleichsweise stark entwickelte öffentliche Meinung tritt vor allem zutage bei *Thomas Wright, Caricature History of the Georges or Annals of the House of Hanover (1904)* (materialreich und unterhaltsam).

## Georg II.
(H. Wellenreuther)

Die ältere ebenso wie die kümmerliche moderne Forschung zu Georg II. stützt sich auf zeitgenössische Memoiren; besonders auf *John, Lord Hervey, Memoirs of the Reign of George the Second From His Accession to the Death of Queen Caroline, hrsg. John Wilson Croker, 3 Bde. (1884); Horace Walpole, Memoirs of King George II. hrsg. John Brooke, 3 Bde. (1885); The Memoirs & Speeches of James, 2nd Earl Waldegrave 1742–1763, hrsg. J. C. D. Clark (1988); Memoirs of Viscountess Sundon, Mistress of the Robes to Queen Caroline, Consort of George II.; Including Letters from the Most Celebrated Persons of her Time, comp. and ed. Mrs. Thomson, 2 Bde. (1847); Diary of Mary, Countess Cowper, Lady of the Bedchamber to the Princess of Wales, 1714–1720 (1864)*. Aufschlußreich sind darüber hinaus *Briefe der Gräfin Johanna Sophie zu Schaumburg-Lippe an die Familie von Münchhausen zu Remeringhausen 1699–1734, hrsg. Friedrich-Wilhelm Schaer (1968)*. Die Gräfin Johanna Sophie zu Schaumburg-Lippe gehörte zum engsten Kreis der Hofdamen von Georg Augusts Frau; als solche ging sie mit dem Ehepaar nach England, wo sie von 1715 bis 1728 am Hofe des Thronfolgers lebte. Die unterschiedlichen politischen Welten und Denkweisen Londons und Hannovers werden deutlich in *The Correspondence of the Dukes of Richmond and Newcastle, 1724–1750, hrsg. Timothy J. McCann (1982–1983)*, und *Briefe des Ministers Otto Christian von Lenthe an den Geheimen Kriegsrat August Wilhelm von Schwicheldt (1743–1750), hrsg. Rudolf Grieser (1977)*.

Einen vorzüglichen Überblick über die Geschichte Englands dieser Zeit bietet *Paul Langford, A Polite and Commercial People. England 1727–1783 (1989)*; zumindest ordentlich für den gleichen Zeitraum der kurhannoverschen Geschichte ist *Heide N. Roloff (Hrsg.), Großbritannien und Hannover. Die Zeit der Personalunion 1714–1837 (1989)*; in diesem Aufsatzband finden sich auch Beiträge zur Historiographie der Epoche, der Personalunion und einzelner Aspekte der Herrschaft der drei Könige als Kurfürsten. Zur Personalunion, den Reisen Georgs II. zwischen England und Kurhannover und den Auswirkungen der Personalunion auf die englische und kurhannoversche Außenpolitik muß man dies ergänzen durch *Uta Richter-Uhlig, Hof und Politik unter den Bedingungen der Personalunion zwischen Hannover und England. Die Aufenthalte Georgs II. in Hannover zwischen 1729 und 1741 (1992)*, ferner *Hermann Wellenreuther, Die Bedeutung des Siebenjährigen Krieges für die englisch-hannoveranischen Beziehungen, in: Adolf M. Birke, Kurt Kluxen (Hrsg.), England und Hannover (1986), S. 145–175*, und in größerem Kontext *derselbe, Von der Interessenharmonie zur Dissoziation. Kurhannover und England in der Zeit der Personalunion, in: Niedersächsisches Jahrbuch für Landesgeschichte 67, 1995, S. 23–42*. Für den breiteren kontinentaleuropäischen Kontext der Personalunion sei zusätzlich nachdrücklich auf die Beiträge von *Volker Press* und *Heinz Duchardt* in dem von *Birke* und *Kluxen* herausgegebenen Band verwiesen. Die Forschungsliteratur zu Georg II. selbst ist mager. Aus kurhannoverscher Sicht liegt nur vor *Wilhelm Rothert, König Georg II., in: ders. (Hrsg.), Allgemeine Hannoversche Biographie, Bd. 3 (1916), S. 192–201*, und aus englischer Sicht *Charles Chenevix Trench, George II. (1973)* – beide können wenig befriedigen. Aus englischer Sicht wurde in den letzten Dekaden mehrfach Kritik an dieser unerfreulichen Forschungslage geübt, vgl. insbesondere *Ian Christie, The Personality of King George II., in: History Today 5 (1955), S. 516–25; J. H. Plumb, First Four Georges (1957); Trench, George II.; Jeremy Black, Fresh Light on George II., in: Historical Journal 29 (1986), S. 41–64*, und *ders., George II. Reconsidered. A Consideration of George's Influence in the Conduct of Foreign Policy in the First Years of His Reigns, in: Mitteilungen des Österreichischen Staatsarchivs 35, S. 35–56; John B. Owen, George II. Reconsidered, in: Anne Whiteman, J. S. Bromley, P. G. M. Dickson (Hrsg.), Statesmen,*

*Scholars and Merchants. Essays in Eighteenth-Century History presented to Dame Lucy Sutherland (1973), S. 113–34.*

Georg III.
(H.-Chr. Schröder)

Die beste Biographie ist noch immer *John Brooke, King George III. (1972).* Eine faire und zugleich kritische Beurteilung der Politik des Königs gibt *Richard Pares, King George III. and the Politicians (1953).* Eine hilfreiche Unterscheidung zwischen verfassungswidrigen Handlungen und Verstößen gegen die Verfassungskonvention trifft *W. R. Fryer, King George III. His Political Character and Conduct, 1760–1784. A New Whig Interpretation, in: Renaissance and Modern Studies, 6 (1962).* Die alte Whigposition in bezug auf Georg III. wird neuerdings wieder emphatisch vertreten von *Conor Cruise O'Brien, The Great Melody. A Thematic Biography and Commented Anthology of Edmund Burke (1993).* Die wichtigste Arbeit über den Radikalismus der 1760er Jahre ist *John Brewer, Party Ideology and Popular Politics at the Accession of George III. (1976).* Die Haltung der nordamerikanischen Kolonisten gegenüber dem König wird behandelt von *Hans-Christoph Schröder, Die Amerikanische Revolution (1982).* Unentbehrlich für ein Verständnis der Regierungszeit Georgs III. und besonders der politischen Konflikte von 1783/84 sind zwei neuere Biographien: *L. G. Mitchell, Charles James Fox (1992),* und *John Ehrman, The Younger Pitt, 3 Bde. (1969–1996).* Die wachsende Popularität Georgs III. und seine Bedeutung für das gegen Frankreich kämpfende Großbritannien untersucht *Linda Colley, The Apotheosis of Georg III. Loyalty, Royalty and the British Nation 1760–1820 in: Past and Present 102 (1984),* und *dies., Britons Forging the Nation 1707–1837 (1992).* Zum Krankheitsbild und zur Behandlung des Königs siehe *Roy Porter, A Social History of Madness. Stories of the Insane (1987)* und die dort angeführte Literatur.

Georg IV.
(R. Muhs)

Der schriftliche Nachlaß Georgs IV. ist durch die sorgfältigen Editionen von *Arthur Aspinall* leicht zugänglich geworden: *The Correspondence of George Prince of Wales 1770–1812. 8 Bde. (1963–71); The Letters of King George IV. 1812–1830. 3 Bde. (1938).*

Angesichts des großen Publikumsinteresses an allem, was mit dem Königshaus zusammenhängt, und zumal an Skandalösem, darf es verwundern, daß derzeit keine Biographie Georgs IV. im Buchhandel erhältlich ist. Das bewegte Leben seiner Ehefrau hat dagegen unlängst eine verständnisvolle Darstellung erfahren: *Flora Fraser, The Unruly Queen. The Life of Queen Caroline (1996).* In der von der Mutter der Autorin, *Lady Antonia Fraser,* herausgegebenen populären Buchreihe über «Kings and Queens» erschien vor über zwanzig Jahren eine Biographie des Königs von *Alan Palmer, The Live and Times of George IV. Introduction by Antonia Fraser (1975),* die aber ebenso vergriffen ist wie die Lebensbeschreibung von *Johanna Richardson, George IV. A Portrait (1966)* und die maßgebliche jüngere Darstellung von *Christopher Hibbert, George IV. (1976);* ursprünglich in zwei Bänden: *George IV. Prince of Wales (1972); George IV. Regent and King (1973).* Nach wie vor lieferbar ist dagegen das weitverbreitete Taschenbuch von *J. H. Plumb* über *«The First Four Georges»* aus dem Jahre 1956 mit einem dreißigseitigen Lebensabriß des Königs. Begonnen hat die neuere Forschung mit der zweibändigen Biographie von *Lewis Melville, The First Gentleman of Europe (1906).* Am meisten verpflichtet sind jedoch alle nachfolgenden Biographen dem revisionistischen Ansatz von *Roger Fulford, George the Fourth (1935.$^{2}$1949).*

Glanz und Pracht der Regentschaftszeit behandeln *Dorothy Margaret Stuart, Portrait of the Prince Regent (1953); Doris Leslie, The Great Corinthian. A Portrait of the Prince Regent (1952, $^{2}$1967); J. B. Priestley, The Prince of Pleasure and his Regency, 1811–1820 (1969).*

In den letzten Jahren zunehmend stärker ins Blickfeld gerückt ist der Beitrag Georgs IV. zur Inszenierung der Monarchie besonders auf seiner Schottlandreise (*John Prebble, The King's Jaunt. George IV. in Scotland, August 1822 [1988]*) und in der Kunstförderung (*Dana Arnold [Hrsg.], «Sauanderous and Lavish Profusion». George IV. His Image and Patronage of the Arts [1995]*).

Ein unerschöpfliches Thema sind die Frauenbeziehungen Georgs IV. Vgl. dazu zuletzt *Cynthia Campbell, The Most Polished Gentleman. George IV. and the Women in His Life (1995)* sowie die älteren Studien von *Jim and Philippa Foord-Kelcey, Mrs. Fitzherbert and Sons (1991)* und *Philip Lindsay, The Loves of Florizel (1951).*

## Wilhelm IV.
(B. Stuchtey)

1. Quellen zur Marinezeit befinden sich vor allem im National Maritime Museum in Greenwich. Ein Großteil der offiziellen Korrespondenz Wilhelms IV. wurde nach dem Tod seines Sekretärs vernichtet. Ediert ist nur der Briefwechsel 1790–1814 *Arthur Aspinall (Hrsg.), Mrs. Jordan and her family. The Unpublished Correspondence of Mrs. Jordan and the Duke of Clarence, later William IV. (1951).* Noch in Wilhelms IV. Todesjahr erschien *G. N. Wright, The Life and Reign of William the Fourth, 2 Bde. (1837)*; Quellenwert hat auch die informative Biographie des Zeitgenossen *Robert Huich, The History of the Life and Reign of William the Fourth. The Reform Monarch of England (1837)*, ebenso *Percy Fitzgerald, The Life and Times of William IV. Including a View of Social Life and Manners during his Reign, 2 Bde. (1884).*

2. *W. Gore Allen, King William the Fourth (1960)* vermittelt einen guten Eindruck von Wilhelm, ist indes unzureichend für die historischen Zusammenhänge. Das wissenschaftliche Standardwerk zu Wilhelm IV., das den König aber insgesamt positiv schildert, ist immer noch *Philip Ziegler, King William IV. (1971, 1989).* Die jüngste Biographie von *Tom Pocock, Sailor King. The Life of King William IV. (1992)* stellt die Marinezeit in den Vordergrund und geht ausführlich auf Wilhelms Beziehung zu Nelson ein. Eine leichte Lektüre bietet der reich bebilderte Band *Anne Somerset, The Life and Times of Wilhelm IV., Introduction by Antonia Fraser (1980, $^{2}$1993).*

3. Für den geschichtlichen Hintergrund im allgemeinen ist hilfreich *Robert A. Smith, Late Georgian and Regency England 1760–1837 (1984)* sowie für die Wahlrechtsreformperiode *Hans Setzer, Wahlsystem und Parteienentwicklung in England. Wege zur Demokratisierung der Institutionen 1832 bis 1948 (1973).* Grundlegend ist das mit sprachanalytischen Modellen vorgehende Buch von *Willibald Steinmetz, Das Sagbare und das Machbare. Zum Wandel politischer Handlungsspielräume. England 1780–1867 (1993).*

## Viktoria
(E. Feuchtwanger)

Schon zu ihren Lebzeiten wurde sehr viel über die Königin Viktoria geschrieben, und sie bleibt nach wie vor eine Herausforderung für Biographen jeder Art. Die von *Elizabeth Pakenham, Countess of Longford*, im Jahre 1964 veröffentlichte, 635 Seiten starke Lebensbeschreibung *Victoria R.I.* ist immer noch als die empfehlenswerteste Standardbiographie anzusehen. Die neueste, größere Biographie stammt von einem amerikanischen Historiker und Biographen, *Stanley Weintraub*, der auch durch andere Werke über englische Staatsmänner und Künstler, wie Shaw, Disraeli und die Rossettis, hervorgetreten ist. Sein Leben der Königin, *Victoria*, erschien *1996* in einer neuen, brochierten, 692 Seiten starken Ausgabe. Die von der bekannten Historikerin *Cecil Woodham-Smith 1972* veröffentlichte Biographie *Queen Victoria. Her Life and Times, 1819–61* konnte von der Verfasserin leider nicht zu Ende geführt werden. Die von dem Schriftsteller *Lytton Strachey* stammende Biographie *Queen Victoria (1920)* ist zwar in manchem veraltet, aber immer noch lesenswert. In deutscher Sprache erschien 1978 *Königin Victoria: Eine Biographie* von *Karl Heinz Wocker*. Fast ebenso viele Werke wie über die Königin gibt es über ihren Gemahl. Bahnbrechend war *Roger Fulford, The Prince Consort (1949)*. Die wichtigste neuere Biographie stammt von *Robert Rhodes James, Albert, Prince Consort (1983)*, außerdem jetzt auch *Stanley Weintraub, Albert. Uncrowned King (1997)*. Auch lesenswert *Daphne Bennett, King without a Crown (1977)*. Die Beiträge zu einem von der Universität Bayreuth und der Stadt Coburg in Coburg abgehaltenen Konferenz, *Prince Albert and the Victorian Age*, wurden von der Cambridge University Press 1981 veröffentlicht. Die von Königin Viktoria in Auftrag gegebene Biographie ihres Gemahls wurde ins Deutsche übersetzt: *Sir Theodore Martin, Das Leben des Prinzen Albert (1876ff.)*. Auf deutsch stehen *Franz Eyck, Prinzgemahl Albert von England (1961)* und *H. R. Fischer-Aue, Die Deutschlandpolitik des Prinzgemahls Albert von England 1848–1852 (1953)* zur Verfügung.

Die dokumentarischen Zeugnisse des Lebens der Königin sind vor allem in ihrer Korrespondenz zu finden. Die *Letters of Queen Victoria* sind in drei Serien herausgegeben worden, *Series I: 1837–61. von A. C. Benson und Viscount Esher (1907), Series II: 1862–85 (1926–8)* und *Series III: 1886–1901 (1930–2). von G. E.Buckle*. Die Ausgabe enthält auch von Prinzessin Beatrice abgeschriebene Auszüge aus den Tagebüchern Viktorias. Die Korrespondenz zwischen der Königin und ihrer ältesten Tochter, wegen ihrer teilweisen Aufbewahrung im Schloß Kronberg auch oft Kronberg-Briefe genannt, existiert in verschiedenen Ausgaben. Von *Roger Fulford* herausgegeben: *Dearest Child, 1858–61 (1964), Dearest mama, 1861–64 (1968), Your dear letter, 1865–71 (1971), Darling Child, 1871–1878 (1976), Beloved mama, 1878–1885 (1981)*. Herausgegeben von *Sir Frederick Ponsonby, Letters of the Empress Frederick (1928)*. Eine lesenswerte Biographie der Kaiserin Friedrich erschien *1995*: *Hannah Pakula, An Uncommon Woman. The Empress Frederick*. Von *Egon Graf Corti*, der von den zwanziger Jahren an durch viele Bücher über die europäischen Dynastien hervorgetreten war, stammt *Wenn… Sendung und Schicksal einer Kaiserin (1954)*. Auch aufschlußreich ist die Korrespondenz zwischen der Königin und ihren Ministern: *Regina vs. Palmerston. The correspondence between Queen Victoria and her foreign and prime minister, 1837–1865, hrsg. Brian Connell (1962); The Queen and Mr. Gladstone, 2 Bde., hrsg. Philip Guedalla (1933–4)*. Viele Einzelheiten über das Leben Viktorias sind uns aus Tagebüchern und durch die Privatsekretäre der Königin bekannt, unter anderen *Charles Greville, The Greville Memoirs 1814–60, 8 Bde., hrsg. G. Lytton Strachey und Roger Fulford (1938); Arthur Ponsonby. Henry Ponsonby, Queen Victoria's Private Secretary (1942); Sir Frederick Ponsonby, Sidelights on Queen Victoria (1930)* und *Recollections of Three Reigns (1952)*. Die zwei von der Königin selbst veröffentlichten Tagebücher sind *Leaves from the Journal of Our Life in the Highlands (1868)* und *More Leaves* etc. *(1884)*.

Für die Entwicklung der konstitutionellen Monarchie sind die zwei Bände von *F. M. Hardie, The political influence of Queen Victoria, 1861–1901 (1935)* und *The political influence of the British monarchy, 1868–1952 (1970)* von Bedeutung. Der von *Walter Bagehot* im Jahre 1867 zuerst veröffentlichte kleine Band *The English Constitution* ist immer noch lesenswert. Für die frühen Jahre von Viktorias Regierungszeit ist *Philip Zieglers* Biographie von *Melbourne (1976)* wichtig. Einblick besonders in die Zeit von Palmerston gewährt *Theo Aronson, Queen Victoria and the Bonapartes (1972)*. Die neueren Biographien von Disraeli und Gladstone enthalten viel über die Beziehungen zwischen ihnen und der Königin: *Robert Blake, Disraeli (1966); Paul Smith, Disraeli – A Brief Life (1996); E. J. Feuchtwanger, Gladstone (²1989)* und *Roy Jenkins, Gladstone (1995)*. Auch zu berücksichtigen sind Politiker, deren Verhältnis zur Monarchie und zur Königin manchmal gespannt war, zum Beispiel Sir Charles Dilke und Joseph Chamberlain. Über diese beiden: *Roy Jenkins, Sir Charles Dilke. A Victorian Tragedy (1958); David Nicholls, Sir Charles Dilke. The lost Prime minister (1994); Richard Jay, Joseph Chamberlain. A political study (1981); Peter T. Marsh, Joseph Chamberlain. Entrepreneur in Politics (1994)*. Schließlich hat der Historiker *David Cannadine* neue Perspektiven eröffnet über die Entstehung von Traditionen und Zeremonien während der Regierungszeit Viktorias, die für die Monarchie im Massenzeitalter sehr wichtig wurden. Unter seinen diesbezüglichen Veröffentlichungen befinden sich *The Context: Performance and Meaning of Ritual. The British Monarchy and the «Invention of Tradition», c. 1820–1977, in: Eric Hobsbawm und Terence Ranger (Hrsg.), The Invention of Tradition (1981)* und *David Cannadine und Simon Price (Hrsg.), Rituals of Royalty. Power and Ceremonial in Traditional Societies* (1987). Anregendes über die Veränderungen, die sich in der Stellung der Monarchie innerhalb der britischen Gesellschaft seit dem spätviktorianischen Zeitalter ergeben haben, findet sich in *David Cannadine. Decline and Fall of the British Aristocracy (1990)*.

## Eduard VII.
(J. Paulmann)

Alle Quellenzitate in diesem Essay wurden vom Verfasser aus dem Englischen übersetzt. Auf Nachweise mußte aus Platzgründen verzichtet werden, doch sollte aus dem Text in den meisten Fällen die Herkunft deutlich werden. So weit dies nicht der Fall ist, stammen die Zitate aus der im folgenden angegebenen Literatur. An einer Stelle wurde aus einem unpublizierten Brief Königin Viktorias an ihren Sohn vom 30. Dez. 1865 zitiert: «Du hast schon 2 Besuche ...» (*Royal Archives, Windsor Castle, Z448/118*). Ich danke Ihrer Majestät der Königin für die gnädige Erlaubnis, diese Passage abzudrucken. Der Bericht des österreichischen Botschafters in London, Graf Mensdorff, vom 13. Mai 1910 über Mrs. Keppel liegt in Wien (*Haus-, Hof- und Staatsarchiv, P.A. VIII 146*).

Der schriftliche Nachlaß Eduards VII. wurde entsprechend seiner Verfügung nach seinem Tode durch den Privatsekretär Lord Knollys in wesentlichen Teilen verbrannt. Publizierte Quellen über den König finden sich in den Editionen der Briefe seiner Mutter – je später das Erscheinungsdatum, desto weniger geschönt. Aus der Memoirenliteratur der Zeitgenossen sind die anschaulichen Erinnerungen des stellvertretenden Privatsekretärs hervorhebenswert: *Frederick Ponsonby, Recollections of Three Reigns (1952)*; ferner aus der Sicht eines deutschen Diplomaten *Hermann Freiherr von Eckardstein, Persönliche Erinnerungen an König Eduard. Aus der Einkreisungszeit (1927)*. Wer die Wirkung von Eduards außenpolitischer Aktivität auf die deutsche Regierung studieren möchte, findet in der Aktenedition zum Ausbruch des Ersten Weltkriegs überreiches Material: *Die große Politik der Europäischen Kabinette 1871–1914. Sammlung der diplomatischen Akten des Auswärtigen Amtes, hrsg. v. Johannes Lepsius u. a. (1922–1927)*. Die verfassungsmäßige Stellung des Monarchen, wie sie ein Zeitgenosse definierte, lese man nach bei *Walter Bagehot, The English Constitution (1867)* (zahlreiche Auflagen bis heute). Einige Geschichten über Eduard VII. werden mit Quellenzitaten erzählt in *Elizabeth Longford (Hrsg.), The Oxford Book of Royal Anecdotes (1991)*.

Die erste offizielle Biographie schrieb *Sidney Lee, King Eduard VII. A Biography. 2 Bde. (1925–1927)*. Sie enthält eine Fülle von Informationen, läßt aber aufgrund ihrer Nähe zum Subjekt und dem königlichen Auftraggeber einiges aus. Im Tenor kritischer gehalten war noch die früher publizierte Studie desselben Autors im *Dictionary of National Biography. Supplement 1901–1911 (1912)*. Die zweite autorisierte Biographie trägt einiges nach, was zuvor verschwiegen wurde: *Phillip Magnus, King Edward the Seventh (1964)*. Unter den zahlreichen weiteren Biographien wahrt *Keith Middlemas, The Life and Times of Edward VII. (1972)* am besten die kritische Distanz. Middlemas ordnet mit sicherem Urteil auf knappem Raum den König in den gesellschaftlichen und politischen Kontext seiner Zeit ein.

Eduards Verhältnis zur Öffentlichkeit behandelt *Kinley Roby, The King, the Press and the People. A Study of Edward VII. (1975)*, eine für die Kronprinzenzeit vorzügliche Studie, die nur gelegentlich in der Wertung anfechtbar ist und für die Zeit als König den diskursiven Ansatz teilweise aufgibt. *Dana Bentley-Cranch, Edward VII. Image of an Era (1992)* breitet die bildliche Darstellung in den zeitgenössischen Medien (Lithographie und Photographie) aus. Die Rolle der königlichen Familien in der freien Wohlfahrtspflege und deren Nutzen für die Monarchie untersucht auf gesicherter Quellengrundlage *Frank Prochaska, Royal Bounty. The Making of a Welfare Monarchy (1995)*. Die einschlägigen Arbeiten *David Cannadines* zur britischen Monarchie (vgl. die Einleitung des Herausgebers zu diesem Band) sind mit Vorsicht zu lesen: Sehr anregend in ihrer Thesenbildung liegt ihnen ein whiggistischer Ansatz zugrunde; auch hatte der Autor keinen Zugang zum königlichen Archiv, so daß manches informierte Spekulation bleibt. Neben dem gesellschaftlichen Leben steht die außenpolitische Rolle Eduards VII. im Vordergrund der Studie von *Gordon Brook-Shepherd, Uncle of Europe. The Social and Diplomatic Life of Edward VII. (1975)*. Brook-Shephards leistet durch die Auswertung der Nachlässe des Marquis' de Soveral, Sir Ernest Cassels und Graf Albert Mensdorffs – drei Personen, die Eduard nahe standen – einen originalen Beitrag. Er ist allerdings zu sehr auf den persönlichen Gegensatz des Königs zum deutschen Kaiser fixiert, trägt zur Stilisierung Eduards als ‹Engländer› erheblich bei und urteilt ausgesprochen frauenfeindlich. Das Verhältnis zu Wilhelm II. beleuchtet *Jonathan Steinberg, The Kaiser and the British. The State Visit to Windsor, November 1907, in: John C. G. Röhl (Hrsg.), Kaiser Wilhelm II. New Interpretations (1982), S. 121–141.*

Zu den britisch-deutschen Beziehungen mit zahlreichen Hinweisen auf Eduard VII. siehe das Standardwerk von *Paul M. Kennedy, The Rise of the Anglo-German Antagonism 1860–1914 (1980)*. An *Kennedys* Werk reicht die fehlerhafte, personalistische Darstellung von *Robert K. Massie, Dreadnought. Britain, Germany and the Coming of the Great War (1992)* in keiner Weise heran.

*David Brooks, The Age of Upheaval. Edwardian Politics, 1899–1914 (1995)* schreibt eine kompetente, knappe Studie, über die die ältere Literatur zur politischen Geschichte leicht erschlossen werden kann. Gesellschaftliche, wirtschaftliche und kulturelle Geschichte werden nur gelegentlich als Hintergrund erwähnt. *Samuel Hynes, The Edwardian Turn of Mind (1968)* analysiert, von der Literaturwissenschaft ausgehend, die Konflikte der Zeit in Politik, Wissenschaft, Kunstleben und den Geschlechterbeziehungen. Er gibt die intellektuelle Entwicklung der Zeit in vielen ausführlichen Quellenzitaten wieder. Eine etwas ältere Aufsatzsammlung von *Simon Nowell-Smith (Hrsg.), Edwardian England 1901–1914 (1964)* führt ebenfalls gut in alle Bereiche von Politik und Wirtschaft über Ideengeschichte, häusliches Leben und Sport bis hin zu Theater, Musik und Kunst in die Zeit ein. Sie enthält ein gutes, 40seitiges Porträt des Königs von *Roger Fulford* sowie eine knappe, treffende Charakterisierung des edwardianischen Zeitalters im Aufsatz von *Asa Briggs*. Der 1894 geborene «junge Edwardianer» *J. B. Priestley, The Edwardians (1970)* verfaßte eine lesenswerte kulturgeschichtliche Einführung.

Georg V.
(H. Pogge von Strandmann)

An offiziellen Biographien Georgs V. stehen zur Verfügung *Harold Nicolson, King Georg The Fifth. His Life and Reign (1952)* (vgl. dazu auch *N. Nicolson (Hrsg.), Harold Nicolson. Diaries and Letters [1966])* sowie *Kenneth Rose, King George V. (1983)*. Sein Tod wird besonders behandelt in *Francis Watson, The Death of George V., in: History Today 36 (1986), S. 21–30*. Zur Stellung der Monarchie zur Zeit Georgs V. allgemein vgl. *Kingsley Martin, The Magic of Monarchy (1937), Kingsley Martin, The Crown and the Establishment (1963)* sowie demnächst *Anreij Olechnowicz, The Debate about the British Monarchy (Manuskript 1997)*. Die verfassungsrechtliche Stellung der Monarchie wurde zuletzt behandelt von *Vernon Bogdanor, The Monarchy and the Constitution (1995)*. Speziell zu den Ereignissen von 1931 siehe *Vernon Bogdanor, 1931 Revisited: The Constitutional Aspects, in: Twentieth Century British History 2 (1991), S. 1–25*, und jüngst *Philip Williamson. 1931 Revisited, The Political Realities, in: Twentieth Century British History 2 (1991), S. 328–43*.

Zur Frage der Erbfolge Georgs V. in Sachsen-Coburg und Gotha vgl. *Staatsarchiv Coburg, Verhandlungen des gemeinschaftlichen Landtags der Herzogtümer Coburg und Gotha*, 1913/7., 5. und 10. März 1917 sowie *Hans Patze, Walter Schlesinger (Hrsg.), Geschichte Thüringens, Band 5 (1978)*.

Eduard VIII.
(G. Niedhart)

Als Herzog von Windsor hat Eduard Memoiren geschrieben, die seine Zeit als Prinz von Wales und König beleuchten: *The Duke of Windsor: A King's Story (1951)*. Darüber hinaus hat er kleinere Schriften verfaßt, die ein Licht auf seine Anschauungen und sein Leben werfen: *The Duke of Windsor, The Crown and the People (1953); ders., A Family Album (1960)*. Frühe Reden des Prinzen finden sich in *Speeches by H.R.H. The Prince of Wales 1912–1926 (1927)*. Korrespondenzen sind publiziert in *Michael Bloch (Hrsg.), Wallis and Edward. The Intimate Correspondence, 1931–1937, of the Duke and Duchess of Windsor (1986); ders. (Hrsg.), The Secret File of the Duke of Windsor (1988)*. Bisher unbekannte Briefe vor allem von Wallis Simpson sind enthalten in *Alain Decaux, Eduard VIII. und Wallis Simpson. Triumph der Liebe über die Politik? Eine Windsor-Biographie (1996)*. Heranzuziehen sind auch die Erinnerungen der Herzogin: *The Duchess of Windsor. The Heart has its Reason (1956)*.

Als biographisches Standardwerk, das auf umfangreichem Archivmaterial beruht, steht zur Verfügung: *Philip Ziegler, King Edward VIII. The Official Biography (1990)*. Siehe weiterhin *Frances Donaldson, Edward VIII. (1974)*. Eine Doppelbiographie ist *Joseph Bryan III. und Charles J. V. Muryhy, The Windsor Story (1979)*.

Für speziellere Aspekte *Michael Bloch, The Reign and Abdication of King Edward VIII. (1990), ders., Operation Willi. The Plot to Kidnap the Duke of Windsor (1984); Peter Allan, The Crown and the Swastika. Hitler, Hess and the Duke of Windsor (1983)*.

Georg VI.
(B. J. Wendt)

Die Biographie Georgs VI. ist in der Forschung im wesentlichen nicht Gegenstand wissenschaftlicher Kontroversen gewesen, sieht man einmal von unbedeutenderen Details ab wie der Frage nach der Bedeutung des Einflusses, den der König auf die Besetzung des Foreign Office unter Attlee 1945 im Interesse von E. Bevin und gegen H. Dalton genommen hat. Die erste offiziell autorisierte Biographie des Königs erschien 1958 aus der Feder des renommierten Historikers *John W. Wheeler-Bennett (J. W. Wheeler-Bennett, King Georg VI. His Life and Reign [1958]). Wheeler-Bennett* hatte als erster Zugang zu den persönlichen Zeugnissen und Akten des Königs, seinen zunächst eher sporadisch und dann zwischen 1939 und 1947 minutiös geführten Tagebüchern, seinem privaten Briefwechsel und seiner offiziellen Korrespondenz, seinen Aufzeichnungen und Memoranden, in den *Royal Archives* in Buckingham Palace und Windsor Castle. Sein Ziel, das private und das öffentliche Leben des Monarchen, «the Life» and «the Times» zu einem Gesamtbild zu formen und die Regierung in den großen Ablauf der Ereignisse einzubetten, hat seine Biographie zu einem «Klassiker» werden lassen. Das hier vermittelte Persönlichkeitsprofil ist in seinen Grundzügen bis heute nicht überholt und mußte nur durch neueres Material ergänzt und hier und dort korrigiert werden. *Wheeler-Bennett* hatte offenkundig persönliche Rücksichten zu nehmen. Dies galt vor allem für den schweren und bis in heftige persönliche Verunglimpfungen eskalierenden Familienkonflikt zwischen den «two camps», der königlichen Familie auf der einen und dem Herzog und der Herzogin von Windsor auf der anderen Seite. Er hat bis zum Tode des Königs und noch weit darüber hinaus in aller Schärfe angehalten, und deshalb hat *Wheeler-Bennett* ihn offenbar mit Rücksicht auf die noch Lebenden und den Ruf des Hauses Windsor weitgehend ausgeblendet.

Mit einer eher unbedeutenden Ausnahme (*F. Donaldson, King George VI. and Queen Elizabeth [1977]*) haben sich die Biographen etwa drei Jahrzehnte erstaunlicherweise nicht mit Georg VI. beschäftigt, so daß das Bild dieses Königs bereits zu verblassen drohte. Erst die Öffnungen vieler staatlicher Archive nach dem Auslaufen der Dreißigjahresfrist sowie neue Funde in privaten Tagebüchern, Korrespondenzen und Memoiren haben weiteres Licht auf die privaten und öffentlichen Beziehungen des Königs geworfen, nicht zuletzt in der Abdankungskrise und, wie gesagt, in dem bitteren Streit mit seinem Bruder. Umfassend verarbeitet mit Rückverweisen sowohl auf *Wheeler-Bennett* als auch auf die Forschungen seit dem Erscheinen seiner Biographie sind all diese neuen Erkenntnisse bei *S. Bradford, King George VI. (1989)*. Neben ihr sind noch die Biographien von *D. Judd, King George VI. (1988)* und *P. Howarth, George VI. (1987)* zu erwähnen. Wesentlich eine Kompilation aus der bisherigen Forschungsliteratur ohne neue Quellenergebnisse ist das Buch von *D. Sinclair, Two Georges. The Making of the Modern Monarchy (1988)*. Zwar ist der Ansatz des Autors, Vater und Sohn – Georg V. und Georg VI. –, die sich in vielem so ähnlich waren, miteinander zu vergleichen und in die Kontinuitätslinie der Entwicklung der modernen Monarchie in Großbritannien zu stellen und dabei zu prüfen, welchen Beitrag die Monarchie für die erstaunliche Beständigkeit und den Durchhaltewillen der Nation in dem stürmischen 20. Jahrhundert gespielt und welche Bedeutung sie als ein vorantreibender und inspirierender oder eher als ein retardierender Faktor im Modernisierungsprozeß gehabt hat, als Frage nicht uninteressant und auch recht ertragreich. Allerdings bringt sich der Autor selbst mit seiner Kritik oft etwas allzu unsachlich ein.

Elisabeth II.
(P. Alter)

Unter den zahlreichen Biographien über die Königin, die in den letzten Jahrzehnten erschienen sind, zeichnen sich zwei durch zuverlässige Informationen und die gelungene Verbindung von individueller Lebensbeschreibung und politischer Rolle der Königin im parlamentarisch-demokratischen System Großbritanniens aus: *B. Pimlott, The Queen. A Biography of Elizabeth II. (1996)* und *S. Bradford, Elizabeth. A Biography of Her Majesty The Queen (1996)*. Das Buch von *S. Bradford* liegt auch in deutscher Übersetzung vor: *Elisabeth. Ihre Majestät die Königin. Eine Biographie (1996)*. Über weite Strecken hagiographisch und unkritisch ist *K. Harris, The Queen (1994)*. Die informative und aspektreiche Biographie des Journalisten *A. Jay, Elizabeth R. The Role of the Monarchy Today (1992)* ist das Begleitbuch zum gleichnamigen Fernsehfilm. Unter den älteren Werken ist immer noch nützlich, wenngleich allzusehr aus einer bewundernden Perspektive verfaßt, *R. Lacey, Majestät. Elisabeth II. und das Haus Windsor (1977)*. Das Buch erschien im Jahre des silbernen Thronjubiläums der Königin und hat offiziösen Charakter.

Im breiteren Rahmen der politischen und verfassungsrechtlichen Stellung der Monarchie im heutigen Großbritannien wird die Biographie der Königin von *C. Hibbert, The Court of St. James's. The Monarchy at Work from Victoria to Elizabeth II. (1983)* dargestellt. Ähnlich verfahren *R. Flamini, Sovereign. Elizabeth II. and the Windsor Dynasty (1991), J. Cannon / R. Griffiths, The Oxford Illustrated History of the British Monarchy (1988)* und *P. Miquel, Europas letzte Könige: Die Monarchie im 20. Jahrhundert (1994)* in den entsprechenden Kapiteln. Dazu ist auch interessant, weil er jüngste Entwicklungen diskutiert, der Essay von *J. M. Golby / A. W. Purdue, Elizabeth II. Dignity or Soap Opera? in: dies., The Monarchy and the British People. 1760 to the Present (1988), S. 118–133*. Aus der Perspektive der Regenbogenpresse geschrieben ist die banale Darstellung von *U. Kröger, Die Windsors. Glanz und Elend einer Monarchie (1994)*.

Unverzichtbar für das Verständnis der modernen britischen Monarchie ist immer noch *W. Bagehot, The English Constitution* (1867). Am gescheitesten und anregendsten sind unter neueren Darstellungen *D. Cannadine, Die Erfindung der britischen Monarchie 1820–1994 (1994)* und *V. Bogdanor, The Monarchy and the Constitution (1995)*. Ungeachtet seines Titels bietet auch das Buch von *B. Hoey, Monarchy. Behind the Scenes with the Royal Family (1988)* seriöse Informationen. Kurze und informative Beschreibungen der wichtigsten politischen Institutionen Großbritanniens und ihrer sich wandelnden Bedeutung geben *D. v. Ziegesar, Großbritannien ohne Krone? (1993); I. Jennings/G. A. Ritter, Das britische Regierungssystem. Leitfaden und Quellenbuch (2. Auflage 1970); A. Sampson, The Essential Anatomy of Britain. Democracy in Crisis (1992)* und *D. Schröder, Großbritannien (1969). M. Thatcher, Downing Street No. 10. Die Erinnerungen (2. Auflage 1993)* äußert sich nur knapp über ihr Verhältnis zur Königin während ihrer Amtszeit als Premierministerin.

Polemiken aus jüngster Zeit, die von einem republikanischen Standpunkt gegen die Monarchie und ihre Repräsentanten verfaßt wurden, sind *S. Haseler, The End of the House of Windsor. Birth of a British Republic (1993); T. Nairn, The Enchanted Glass. Britain and its Monarchy (1988)* und *W. Hamilton. My Queen and I (1975)*.

# Abbildungsnachweis

Die Abbildungen auf den Seiten 17, 31, 49, 61, 77, 113, 129, 145, 158, 159, 190, 205, 221, 243, 269, 311, 329, 335 wurden veröffentlicht mit freundlicher Genehmigung des Archivs für Kunst und Geschichte, Berlin; die Abbildung auf der Seite 98 mit freundlicher Genehmigung des Kunsthistorischen Museums, Wien; die Abbildung auf der Seite 177 mit freundlicher Genehmigung des © British Museum, London, die Abbildung auf der Seite 289 wurde veröffentlicht mit freundlicher Genehmigung der Royal Archives, Windsor Castle, London; die Abbildung auf der Seite 262 mit freundlicher Genehmigung der National Portrait Gallery, London (by courtesy of the National Portrait Gallery, London) und die Abbildung auf der Seite 355 mit freundlicher Genehmigung der Deutschen Presse-Agentur, München.

# Die Autoren

Peter Alter, Studium der Geschichte, Anglistik und Volkswirtschaftslehre in Köln und Oxford, Promotion 1970, Habilitation 1981 in Köln. Lehrtätigkeit in Köln, Freiburg, Brighton und Cambridge, 1976–1994 wissenschaftlicher Mitarbeiter und 1985–1994 Stellvertretender Direktor des Deutschen Historischen Instituts London, seit 1994 Professor für Neuere und Neueste Geschichte in Duisburg.

Veröffentlichungen (u. a.): *Nationalismus*, Frankfurt/M. 1985 (engl. Ausgabe: *Nationalism*, London [2]1994); *The Reluctant Patron. Science and the State in Britain 1850–1920*, Oxford 1987; *Nationalismus. Dokumente zur Geschichte und Gegenwart eines Phänomens*, München 1994; *Out of the Third Reich. Refugee Historians in Post-War Britain*, London 1997.

Ronald G. Asch, geb. 1953, Studium der Geschichtswissenschaft und Latinistik in Kiel, Tübingen und Cambridge, Promotion Tübingen 1982, Ausbildung zum Archivar des höheren Dienstes, 1985–1988 wissenschaftlicher Angestellter am Deutschen Historischen Institut London, 1988–1996 wissenschaftlicher Assistent und Hochschuldozent an der Universität Münster. 1991/92 Habilitation in Münster, seit 1996 Professor für Geschichte der Frühen Neuzeit an der Universität Osnabrück. Veröffentlichungen (u. a.): *Verwaltung und Beamtentum. Die gräflich fürstenbergischen Territorien vom Ausgang des Mittelalters bis zum schwedischen Krieg*, Stuttgart 1986; *Politics, Patronage and the Nobility*, (Hrsg. zus. mit A.M. Birke), Oxford 1991; *Three Nations a Common History?*, Bochum 1993; *Der Hof Karls I. von England. Politik und Patronage*, Köln 1993; *Der Absolutismus – ein Mythos?* (Hrsg. zus. mit H. Duchhardt), Köln 1996; *The Thirty Years War. The Holy Roman Empire and Europe*, Basingstoke 1997.

Bärbel Brodt, geb. 1963, Studium der Mittleren Geschichte, Alten Geschichte und Klassischen Archäologie in Münster und Oxford, Promotion 1993, Beschäftigung an der Abteilung für westfälische Landesgeschichte und am Institut für vergleichende Städtegeschichte an der Universität Münster, seit 1994 wissenschaftliche Mitarbeiterin am Deutschen Historischen Institut London.

Veröffentlichung: *Städte ohne Mauern. Stadtentwicklung in East Anglia im 14. Jahrhundert* (1997), Aufsätze zu Fragen der westfälischen und englischen Stadtgeschichte, zur Geschichte East Anglias und zum historischen Kriminalroman.

Michael Erbe, geb. 1940, Studium der Geschichte und Klassischen Philologie, Promotion 1967, Habilitation 1974, 1975–1989 Professor für Europäische Geschichte der Frühen Neuzeit und 1985–1989 Erster Vizepräsident an der Freien Universität Berlin, seit 1989 Professor für Neuere Geschichte an der Universität Mannheim.

Veröffentlichungen (u. a.) zur Geschichte des westeuropäischen Humanismus, zur französischen und niederländischen Geschichte der Frühen Neuzeit sowie zur vergleichenden westeuropäischen Verfassungsgeschichte des 19. Jahrhunderts.

Edgar J. Feuchtwanger, geb. 1924 in München, 1939 Auswanderung nach England, Studium in Cambridge, Professor emeritus an der Universität Southampton.

Veröffentlichungen (u. a.): *Disraeli, Democracy and the Tory Party* 1968; Gladstone $^{2}$1989; *Democracy and Empire: Britain 1865–1914*, 1985; *Preußen: Mythos und Realität*, 1972; *From Weimar to Hitler: Germany 1918–33*, $^{2}$1995.

ECKHART HELLMUTH ist Professor für Neuere Geschichte der Universität München.
Von 1983–85 war er Feodor Lynen-Fellow am Christ Church College (Oxford). Von 1985 bis 1993 arbeitete er am Deutschen Historischen Institut London. Er beschäftigt sich vorrangig mit der deutschen und englischen Geschichte des 17. und 18. Jahrhunderts. Zu seinen Publikationen zählen: Naturrechtsphilosophie und bürokratischer Werthorizont. Studien zur preußischen Geistes- und Sozialgeschichte des 18. Jahrhunderts (Göttingen 1985); (Hrsg.), The Transformation of Political Culture. England and Germany in the Late Eighteenth Century (Oxford, 1990): zusammen mit John Brewer (Hrsg.), Rethinking Leviathan. The Eighteenth Century State in Britain and Germany (Oxford, 1997).

ULRIKE JORDAN, geb. 1962, Studium der Geschichte, Kunstgeschichte und Anglistik in Köln und Manchester, Promotion 1990, seit 1994 wissenschaftliche Mitarbeiterin am Deutschen Historischen Institut London.
Veröffentlichungen (u. a.): *Anspruch und Verwirklichung des Grundrechts auf Meinungsfreiheit in Virginia im späten 18. Jahrhundert*, Frankfurt/M. 1991; *Conditions of Surrender: Britons and Germans Witness the End of the War* (Hrsg.) London 1997; Mitarbeit an *Akten der Britischen Militärregierung in Deutschland. Sachinventar 1945–1955*, München u. a. 1993.

LOTHAR KETTENACKER, geb. 1939, Habilitation 1983, seit 1976 stellvertretender Direktor des Deutschen Historischen Instituts London, außerplanmäßiger Professor an der Universität Frankfurt/M. Forschungen vorwiegend zum 20. Jahrhundert (Geschichte des Nationalsozialismus und der britisch-deutschen Beziehungen).

KARL-FRIEDRICH KRIEGER, geb. 1940, Studium der Rechtswissenschaft und Geschichte in Kiel und Poitiers, Promotion 1968 in Kiel, Habilitation 1976 in Regensburg, jetzt Professor für Mittelalterliche Geschichte an der Universität Mannheim.
Veröffentlichungen (u. a.): *Ursprung und Wurzeln der Rôles d'Oléron*, Köln/Wien 1970; *Die Lehnshoheit der deutschen Könige im Spätmittelalter*, Aalen 1979; *Geschichte Englands von den Anfängen bis zum 15. Jahrhundert*, München $^{2}$1996; *König, Reich und Reichsreform im Spätmittelalter*, 1992; *Die Habsburger im Mittelalter*, Stuttgart 1994.

GÜNTHER LOTTES, geb. 1951, Studium der Geschichte, Anglistik und Politikwissenschaft, Promotion 1977, Habilitation 1984, 1986–1993 Professor für Neuere Geschichte in Regensburg, 1990 Visiting Fellow All Souls College Oxford, seit 1993 Professor für Mittlere und Neuere Geschichte an der Universität Gießen.
Veröffentlichungen (u. a.): *Politische Aufklärung und plebejisches Publikum*, München 1992; Elisabeth I., Göttingen 1981; *Region, Nation, Europa*, Heidelberg 1992; *Eigentum im englischen politischen Denken*, Bochum 1992; zahlreiche Aufsätze zur Verfassungs-, Ideen- und Sozialgeschichte Deutschlands und Westeuropas.

KARL HEINZ METZ, geb. 1946, zunächst Schlosser, autodidaktisches Abitur, Studium der Geschichte, Germanistik, Politologie und Philosophie in München, Promotion 1976, Fellowships in Oxford und Bielefeld, Habilitation 1983, seit 1986 Professor an der Universität Erlangen, 1996 Visiting Professor an der Emory University Atlanta, USA.

Veröffentlichungen (u. a.): *Grundformen historiographischen Denkens*, München 1979; *Industrialisierung und Sozialpolitik in Großbritannien 1795–1911*, Göttingen 1988, *Oliver Cromwell*, Göttingen 1993, zahlreiche Aufsätze zur Geschichte der Sozialpolitik, des politischen Denkens und der Historiographie.

RUDOLPH MUHS, geb. 1952, Dozent für Deutsche Geschichte an der Universität London, Royal Holloway College.

Veröffentlichungen: verschiedene Publikationen zur deutschen und britischen Geschichte des 19. Jahrhunderts sowie zur Geschichte der deutsch-britischen Kulturbeziehungen.

GOTTFRIED NIEDHART, geb. 1940, Professor für Neuere Geschichte an der Universität Mannheim.

Veröffentlichungen (u. a.): *Geschichte Englands im 19. und 20. Jahrhundert*, München ²1997; *Deutsche Geschichte 1918–1933. Politik in der Weimarer Republik und der Sieg der Rechten*, Stuttgart ²1996; *Deutschland in Europa. Nationale Interessen und internationale Ordnung im 20. Jahrhundert* (Hrsg. zus. mit D. Junker und M.W. Richter), Mannheim 1997; Publikationen zur Geschichte der internationalen Beziehungen seit dem 18. Jahrhundert, zur englischen Geschichte der Neuzeit und zur deutschen Geschichte im 20. Jahrhundert.

JOHANNES PAULMANN, geb 1960, Studium der Neueren Geschichte, Sozial- und Wirtschaftsgeschichte und Englischen Literaturwissenschaft in München und Leicester, Promotion 1991 in München, wissenschaftlicher Mitarbeiter in Tübingen, München und am Deutschen Historischen Institut London, seit 1997 Habilitand in München.

Veröffentlichungen (u. a.): *Staat und Arbeitsmarkt in Großbritannien: Krise, Weltkrieg, Wiederaufbau*, 1993; *Aneignung und Abwehr. Interkultureller Transfer zwischen Deutschland und Großbritannien im 19. Jahrhundert* (Hrsg. zus. mit R. Muhs und W. Steinmetz), 1998; zum Thema Geschichte der Monarchie. *‹Germanismus› am englischen Hof, oder: Warum war Prinz Albert unpopulär?, in: P. Alter und R. Muhs (Hrsg.), Exilanten und andere Deutsche in Fontanes London*, 1996.

HARTMUT POGGE VON STRANDMANN, Professor für Neuere Geschichte an der Universität Oxford und Fellow und Praelector am University College.

Veröffentlichungen (u. a.): *Ideas into Politics. Aspects of European History 1880–1950* (Hrsg. zus. mit anderen), 1984; *Walther Rathenau. Industrialist, Banker, Intellectual, and Politician. Notes and Diaries 1907–1922* (Hrsg.), Oxford ²1988; *The Coming of the First World War* (Hrsg. zus. mit R. J. W. Evans), Oxford 1991.

HANS CHRISTOPH SCHRÖDER, geb. 1933, Studium der Geschichte in Köln und London, 1966–1972 wissenschaftlicher Mitarbeiter am Max-Planck-Institut für Geschichte in Göttingen, seit 1973 Professor für neuere Geschichte an der Technischen Hochschule in Darmstadt.

Veröffentlichungen (u. a.): *Die Amerikanische Revolution*, München 1982, *Die Revolutionen Englands im 17. Jahrhundert*, Frankfurt/M. 1986; *George Orwell, eine intellektuelle Biographie*, München 1988, *Englische Geschichte*, München 1995. Eine umfangreiche Geschichte Englands steht vor dem Abschluß.

BENEDIKT STUCHTEY, geb. 1965, Studium in Münster, Freiburg (Br.) und am Trinity College Dublin, Promotion 1994, seit 1995 wissenschaftlicher Mitarbeiter am Deutschen Historischen Institut London.

Veröffentlichungen: *W. E. H. Lecky (1838–1903). Historisches Denken und politisches Urteilen eines anglo-irischen Gelehrten*, 1997; Mithrsg. *European Review of History. Revue Européenne d'Histoire*. Aufsätze zur Geschichte der Geschichtsschreibung und Geschichte des britischen lmperialismus.

HERMANN WELLENREUTHER, Habilitation 1979, Inhaber des Lehrstuhls für Mittlere und Neuere Geschichte an der Universität Göttingen.

Veröffentlichungen (u. a.): *Repräsentation und Großgrundbesitz in England 1730–1770*, Stuttgart 1979; *Göttingen 1690–1755. Studien zur Sozialgeschichte einer Stadt*, (Göttinger Universitätsschriften Bd. 9), Göttingen 1988; *Herrenhuter Indianermission in der Amerikanischen Revolution. Die Tagebücher von David Zeisberger 1772–1881*, (Hrsg. zus. mit Carola Wessel), Berlin 1995.

BERND JÜRGEN WENDT, geb. 1934, Promotion 1960 in Alter Geschichte, Habilitation 1969 in Mittlerer und Neuerer Geschichte, 1972–1976 Professor für Geschichte in Kassel, seit 1976 Professor für Mittlere und Neuere Geschichte mit bes. Berücksichtigung der Zeitgeschichte in Hamburg.

Veröffentlichungen (u. a.): *München 1938 – England zwischen Hitler und Preußen*, Frankfurt/M. 1965; *Appeasement 1938 – Wirtschaftliche Rezession und Mitteleuropa*, Frankfurt/M. 1966; *Economic Appeasement. Handel und Finanz in der britischen Deutschlandpolitik 1933–1939*, Düsseldorf 1971; *Großdeutschland. Außenpolitik und Kriegsvorbereitung des Hitler-Regimes*, München 1987; *Die britischen Gewerkschaften heute. Strukturen und Strategien*, Rheinfelden 1991; *Deutschland 1933–1945. Das «Dritte Reich». Handbuch zur Geschichte*, Hannover 1995; zahlreiche Aufsätze zur deutschen und britischen Geschichte und zu den deutsch-britischen Beziehungen im 19. und 20. Jahrhundert.

PETER WENDE, geb. 1936, Studium in Hamburg, Leicester und Frankfurt/M., Promotion 1963, Habilitation 1972, 1972–1994 Professor für Neuere Geschichte in Frankfurt/M., seit 1994 Direktor des Deutschen Historischen Instituts London.

Veröffentlichungen (u. a.): *Probleme der englischen Revolution*, Darmstadt 1980; *Geschichte Englands*, Stuttgart $^{2}$1996; *Politische Reden 1792–1945* (Hrsg.), 3 Bde., Frankfurt/M. 1990/94.

# Personenregister